Reinhold Hölscher/Ralph Elfgen (Hrsg.)

Herausforderung Risikomanagement

Reinhold Hölscher/Ralph Elfgen (Hrsg.)

Herausforderung Risikomanagement

Identifikation, Bewertung und Steuerung industrieller Risiken

Bibliografische Information Der Deutschen Bibliothek
Die Deutsche Bibliothek verzeichnet diese Publikation in der Deutschen Nationalbibliografie;
detaillierte bibliografische Daten sind im Internet über <http://dnb.ddb.de> abrufbar.

Prof. Dr. Reinhold Hölscher ist Inhaber des Lehrstuhls für Finanzdienstleistungen und Finanzmanagement an der Universität Kaiserslautern.

Dr. Ralph Elfgen ist Geschäftsführer der Gerling Risiko Consulting GmbH.

1. Auflage November 2002

Alle Rechte vorbehalten
© Betriebswirtschaftlicher Verlag Dr. Th. Gabler GmbH, Wiesbaden 2002

Lektorat: Jutta Hauser-Fahr / Karin Janssen

Der Gabler Verlag ist ein Unternehmen der Fachverlagsgruppe BertelsmannSpringer.
www.gabler.de

Das Werk einschließlich aller seiner Teile ist urheberrechtlich geschützt. Jede Verwertung außerhalb der engen Grenzen des Urheberrechtsgesetzes ist ohne Zustimmung des Verlags unzulässig und strafbar. Das gilt insbesondere für Vervielfältigungen, Übersetzungen, Mikroverfilmungen und die Einspeicherung und Verarbeitung in elektronischen Systemen.

Die Wiedergabe von Gebrauchsnamen, Handelsnamen, Warenbezeichnungen usw. in diesem Werk berechtigt auch ohne besondere Kennzeichnung nicht zu der Annahme, dass solche Namen im Sinne der Warenzeichen- und Markenschutz-Gesetzgebung als frei zu betrachten wären und daher von jedermann benutzt werden dürften.

Umschlaggestaltung: Ulrike Weigel, www.CorporateDesignGroup.de
Druck und buchbinderische Verarbeitung: Lengericher Handelsdruckerei, Lengerich
Gedruckt auf säurefreiem und chlorfrei gebleichtem Papier
Printed in Germany

ISBN 3-409-11831-4

Vorwort

Unternehmerisches Handeln besteht in dem Treffen von Entscheidungen, wobei unsicher ist, ob die mit der Entscheidung verbundenen Ziele auch tatsächlich erreicht werden können. Die Unsicherheit über die Erreichung der unternehmerischen Ziele bildet den Ausgangspunkt für das betriebswirtschaftliche Konzept des modernen Risikomanagements.

Die Risiken, denen die Unternehmen ausgesetzt sind, haben in den letzten Jahren deutlich zugenommen. Hingewiesen wird in diesem Zusammenhang regelmäßig auf Veränderungen der technologischen, wirtschaftlichen und rechtlichen Rahmenbedingungen. Sichtbarer Ausdruck der höheren Risiken ist nicht zuletzt die gestiegene Anzahl von Unternehmenskrisen und Unternehmenszusammenbrüchen. Auch der Gesetzgeber hat auf diese Entwicklung reagiert. Aufgrund des am 1. Mai 1998 in Kraft getretenen Gesetzes zur Kontrolle und Transparenz im Unternehmensbereich hat der Vorstand einer Aktiengesellschaft „geeignete Maßnahmen zu treffen, insbesondere ein Überwachungssystem einzurichten, damit den Fortbestand der Gesellschaft gefährdende Entwicklungen früh erkannt werden" (§ 91 II AktG).

Vor diesem Hintergrund haben die Unternehmen in den letzten Jahren Erfahrungen im Umgang mit der Risikoanalyse, d.h. der Risikoidentifikation und der Risikobewertung, dem Instrumentarium der Risikobewältigung und der Risikonachbereitung gewonnen. Dennoch zeigt die Praxis, dass in vielen Unternehmen weiterhin noch Ansatzpunkte für eine Optimierung des Risikomanagements bestehen. An dieser Stelle setzt das vorliegende Werk an. Zum einen soll der Stand des Risikomanagements in Theorie und Praxis aufgezeigt, zum anderen sollen Ansatzpunkte zur Weiterentwicklung verschiedener Instrumente des Risikomanagements aufgezeigt werden. Ausgegangen wird dabei von einem ganzheitlichen Verständnis, nach dem letztlich alle Risiken, inclusive ihrer Interdependenzen, zu erfassen sind und das Risikomanagement nicht auf den Abschluss von Versicherungen beschränkt werden darf. Obendrein setzt jede Risikoübernahme ein angemessenes Risiko-Chancen-Profil und eine ausreichende Risikotragfähigkeit voraus.

Dieser Sammelband ist dreiteilig aufgebaut. Im ersten Teil wird dabei auf die Entwicklung und die Organisation des Risikomanagements eingegangen, im zweiten Teil stehen das strategische und das operative Risikomanagement im Mittelpunkt der Betrachtung, und im dritten Teil werden die Finanzierung und die Versicherung industrieller Risiken thematisiert. Im einzelnen beginnt das Handbuch mit zwei Aufsätzen zum integrativen Risikomanagement aus wirtschaftswissenschaftlicher Sicht und aus der Perspektive eines Versicherungskonzerns. Es folgen zwei Beiträge, in denen die Bewältigung und die Wahrnehmung von Risiken aus einem eher philosophisch-ethischen und soziologischen Blickwinkel analysiert werden. Die aktuellen rechtlichen Rahmenbedingungen des Risikomanagements und die Bedeutung des Risikomanagements im Kontext der Diskussionen im Bereich Corporate Governance stehen im Zentrum der nächsten beiden Aufsätze. Der erste Teil endet mit drei Aufsätzen, die sich mit der Gestaltung des Risikomanagements in einem Bergbau- und Technologiekonzern, einem Maschinen- und Anlagenbaukonzern und einem kommunalen Versorgungsunternehmen beschäftigen.

Im ersten Beitrag des zweiten Teils werden die Bedeutung und die Dimensionen des Risikomanagements im Rahmen einer modernen, wertorientierten Unternehmenssteuerung thematisiert. Anschließend wird auf das strategische Risikomanagement, auf die Interne Revision und das Interne Überwachungssystem, die Risikoidentifikation und die Bewertung industrieller Risiken eingegangen. Es schließen sich zwei Aufsätze an, bei denen mit den Investitionsrisiken und den Umweltrisiken zwei spezifische Risikoarten betrachtet werden. Die beiden folgenden Beiträge behandeln die Implementierung von Risikomanagment- resp. Risikocontrollingsystemen. Abgeschlossen wird der zweite Teil schließlich mit Überlegungen zu einer adäquaten Risikokommunikation und zur Behandlung von Schadenfällen im Industriebetrieb.

Im dritten Teil wird zunächst die Bewältigung industrieller Risiken mit Hilfe von Versicherungen resp. unter Einschaltung von Versicherungsmaklern und Versicherungsberatern thematisiert. Nach der Diskussion der Frage, in welcher Form ein Unternehmen selbst Vorsorge vor den finanziellen Folgen eingetretener Risiken treffen kann, wird in zwei Aufsätzen der Alternative Risikotransfer beleuchtet, wobei einmal die Instrumente und einmal die Wirkungen auf das Ergebnis der unternehmerischen Tätigkeit stärker im Vordergrund stehen. Zum Ende des dritten Teils werden in drei Beiträgen die finanzwirtschaftlichen Risiken behandelt. Während sich hierbei der erste Aufsatz allgemein mit Meß- und Steuerungsinstrumenten im Rahmen des industriellen Treasury-Managements beschäftigt, zielen die beiden folgenden Aufsätze speziell auf die Marktpreis- und Kreditrisiken bzw. die Zins- und Währungsrisiken ab.

Die Herausgeber sind allen Autoren, die mit ihren Beiträgen dieses Handbuch erst möglich gemacht haben, zu großem Dank verpflichtet. Ein weiterer Dank gilt den Mitarbeitern des Lehrstuhls für Finanzdienstleistungen und Finanzmanagement der Universität Kaiserslautern, und hier insbesondere Herrn Dr. M. Kremers und Herrn Dipl.-Wirtsch.-Ing. R. Bonn. Bedanken möchten wir uns ferner bei Herrn O. Durstin, der durch seine vielfältigen Kontakte das Entstehen des Handbuches wesentlich erleichtert hat. Frau K. Janssen vom Gabler Verlag danken wir für die stets fachkundige Unterstützung bei der Umsetzung des Projektes.

Kaiserslautern und Köln, im September 2002

REINHOLD HÖLSCHER
RALPH ELFGEN

Inhaltsverzeichnis

Vorwort V

Teil I: Entwicklung und Organisation des industriellen Risikomanagements

Reinhold Hölscher
Von der Versicherung zur integrativen Risikobewältigung: Die Konzeption eines
modernen Risikomanagements 3

Jürgen Zech
Integriertes Risikomanagement – Status quo und Entwicklungstendenzen aus der
Perspektive eines Versicherungskonzerns 33

Mathias Schüz
Ganzheitliche Betrachtung und Bewältigung unternehmerischer Risiken 51

Ortwin Renn
Die subjektive Wahrnehmung technischer Risiken 73

Georg von Hohnhorst
Anforderungen an das Risikomanagement nach dem KonTraG 91

Herwig Hulpke / Hartwig Wendt
Das Risikomanagement im Kontext aktueller Entwicklungen im Bereich Corporate
Governance 109

Werner Heinze / Stefan Kullmann
Risikomanagement in einem diversifizierten Bergbau- und Technologiekonzern 125

Thomas Graf
Risikomanagement in einem internationalen Maschinen- und Anlagenbaukonzern .. 143

Matthias Trunk
Risikomanagement in einem kommunalen Versorgungsunternehmen 157

Teil II: Strategisches und operatives Risikomanagement

Henner Schierenbeck / Michael Lister
Risikomanagement im Rahmen der wertorientierten Unternehmenssteuerung 181

Ralph Elfgen
Aufgaben und Instrumente des strategischen Risikomanagements 205

Wolfgang Lück / Michael Henke / Philipp Gaenslen
Die Interne Revision und das Interne Überwachungssystem vor dem Hintergrund eines integrierten Risikomanagements 225

Bernhard J. G. Leidinger
Risikoidentifikation und Maßnahmensteuerung im Rahmen des operativen Risikomanagements 239

Elmar Helten / Thomas Hartung
Instrumente und Modelle zur Bewertung industrieller Risiken 255

Markus Kremers
Value-at-Risk-basierte Messung des Risikopotenzials von Investitionsvorhaben 273

Bernd Meyer / Carola Welzl
Instrumente des Umweltmanagements im aktiven Risikomanagement 295

Ralph Elfgen
Implementierung von Risikocontrolling-Systemen 313

Martin Lücken
Einführung eines Risikomanagementsystems bei einem großen Verkehrsdienstleister 331

Otto-Peter Obermeier
Möglichkeiten und Grenzen einer adäquaten Risikokommunikation 343

Oskar Durstin
Die Behandlung von Schadenfällen im Industriebetrieb 357

Teil III: Finanzierung und Versicherung industrieller Risiken

Stefan Richter / Stephan Zilkens
Formen und Probleme der traditionellen Industrieversicherung im deutschen Markt   377

Achim Hertel
Kompakte Versicherungslösungen für die mittelständische Industrie 395

Rüdiger Falken
Die Optimierung der Risikofinanzierung mithilfe von Versicherungsmaklern und
Versicherungsberatern 413

Christian Kalhöfer / Uwe-Christian Rücker
Das Selbsttragen industrieller Risiken durch die Bildung bilanzieller Reserven 429

Paul Wöhrmann
Die Alternative Risikofinanzierung als Teil eines ganzheitlichen
unternehmerischen Risk Managements 451

Stephan Schopp
Beitrag und Wirkung des Alternativen Risikotransfers auf das unternehmerische
Ergebnis 485

Arnd Wiedemann
Messung und Steuerung von Risiken im Rahmen des industriellen Treasury-
Managements 505

Hans-Dieter Erfkemper
Absicherung von Marktpreis- und Kreditrisiken durch derivative Instrumente und
Risikomitigationstechniken 525

Bernd Rolfes
Das Management von Zins- und Währungsrisiken in Industrieunternehmen 541

Autorenverzeichnis 559

Stichwortverzeichnis 569

Teil I:

Entwicklung und Organisation des industriellen Risikomanagements

Reinhold Hölscher*

Von der Versicherung zur integrativen Risikobewältigung: Die Konzeption eines modernen Risikomanagements

1. Risiken des Industriebetriebs und ihre Messung
    1.1 Charakterisierung des industriellen Risikos
    1.2 Verfahren der Risikomessung

2. Ablauf und Instrumente des Risikomanagements
    2.1 Stufen im Risikomanagementprozess
    2.2 Neuere Konzepte der passiven Risikobewältigung

3. Ansatzpunkte einer quantitativen Risikosteuerung
    3.1 Grundsätze der Risikoübernahme
    3.2 Sicherstellung der Risikotragfähigkeit
    3.3 Angemessenheit des Risiko-Chancen-Profils

Literaturverzeichnis

---

* Prof. Dr. Reinhold Hölscher ist Inhaber des Lehrstuhls für Finanzdienstleistungen und Finanzmanagement der Universität Kaiserslautern.

1. Risiken des Industriebetriebs und ihre Messung

1.1 Charakterisierung des industriellen Risikos

Die wirtschaftlichen Aktivitäten eines Unternehmens sind stets und untrennbar mit dem Eingehen von Risiken verbunden. Jede zu treffende Entscheidung ist in die Zukunft gerichtet und unterliegt daher einer bestimmten Ungewissheit bezüglich der künftigen Entwicklungen. Ohne die Akzeptanz von Risiken könnte aber kein Unternehmen auf Dauer existieren. Daher stellt sich zwangsläufig die Frage, welche Risiken eingegangen werden sollten, und welche Risiken inakzeptabel sind. Generell kann der Umgang mit Risiken bewusst oder unbewusst erfolgen. Letztlich ermöglicht jedoch nur eine bewusste Auseinandersetzung mit den vorhandenen Risiken eine systematische Steuerung der Risikolage eines Unternehmens. Hierdurch begründet sich die Sinnhaftigkeit eines umfassenden Risikomanagements.

Um ein Konzept für den bewussten Umgang mit Risiken entwickeln zu können, ist zunächst zu klären, wie sich ein Risiko äußert und von welchen Risiken ein Industrieunternehmen bedroht wird. In seiner umgangssprachlichen Verwendung ist der Risikobegriff i.d.R. negativ belegt. Um dem subjektiv empfundenen Gefühl, nicht alle künftigen Entwicklungen vorhersehen und beherrschen zu können, Ausdruck zu verleihen, wird ein Risiko meist als „Gefahr" oder „Wagnis" interpretiert (Vgl. BRAUN 1987, S. 145 f.). In Bezug auf die ökonomischen Anwendungen herrschte schon seit der Frühzeit der Betriebswirtschaftslehre die Auslegung des Risikobegriffs als Schadens- oder Verlustgefahr vor, d.h. der Aspekt der potenziellen Vermögensminderung stand im Vordergrund (Vgl. beispielhaft OBERPARLEITER 1925, S. 1). Für die Belange modernen Risikomanagements ist dagegen eine präzisere Eingrenzung des Risikobegriffs erforderlich.

Ursachenbezogen ergibt sich ein Risiko aus der Mehrdeutigkeit der künftigen Entwicklung, denn es können sich verschiedene Szenarien mit unterschiedlichen Wahrscheinlichkeiten realisieren. Vor diesem Hintergrund kann ein Risiko als eine Wahrscheinlichkeitsverteilung der möglichen künftigen Entwicklungen interpretiert werden. *Wirkungsbezogen* besteht ein Risiko in der Gefahr eines unerwünschten Ereignisses, d.h. im Fokus dieser Sichtweise stehen die Konsequenzen, die sich durch ein schlagend werdendes Risiko ergeben können. In Bezug auf das Treffen einer Entscheidung äußert sich ein Risiko dadurch, dass sich ex post herausstellt, dass sich das erwartete Ergebnis nicht eingestellt hat. Ein als erstrebenswert erachteter, künftiger Zustand, der durch entsprechende Handlungen realisiert werden soll, wird als Ziel bezeichnet (Vgl. CORSTEN 1988, S. 337). Vor diesem Hintergrund besteht ein Risiko damit in der Möglichkeit einer Zielverfehlung (Vgl. STREMITZER 1977, S. 23; HALLER 1978, S. 484). Eine Zielverfehlung kann sowohl in einer Übererfüllung als auch in einer unerwünschten, negativen Abweichung von der angestrebten Größe bestehen (Vgl. HOFFMANN 1985, S. 10). In diesem Zusammenhang können zwei Arten von Risiken unterschieden werden. Zum einen existieren so genannte *asymmetrische Risiken*, die die Zielerreichung ausschließlich negativ beeinflussen können. Zum anderen sind jedoch auch Risiken denkbar, die sich sowohl positiv als auch negativ auf die Zielerreichung auswirken können. Derartige Risiken werden mit dem Begriff des *symmetrischen Risikos* belegt (Vgl. WEBER/WEIßENBERGER/LIEKWEG 1999, S. 15). Das Risikomanagement verfolgt das Ziel, systematisch mit potenziellen ungünstigen Entwicklungen umzugehen. Daher konzentriert sich die Betrachtung auf die asymmetrischen Risiken und die „negative Seite" der symmetrischen Risiken (Vgl. HÖLSCHER 1999, S. 300). Eine für das Risikomanagement zweckmäßige Risikodefinition muss sowohl die ursachen- als auch die wirkungsbezogene Perspektive berücksichtigen, denn einem Risiko liegt letztlich eine Ursache-Wirkungs-Beziehung zugrunde (Vgl. RÜCKER 1999, S. 30). Vor diesem Hintergrund stellt ein Risiko eine *Wahrscheinlichkeitsverteilung von künftigen, bewerteten Zielverfehlungen* dar.

Zur Systematisierung industrieller Risiken kann auf einer globalen Ebene zwischen leistungswirtschaftlichen und finanzwirtschaftlichen Risiken unterschieden werden (zur Risikosystematisierung vgl. KREMERS 2002, S. 47 ff.). *Leistungswirtschaftliche Risiken* entstehen im Zusammenhang mit dem Leistungsprozess des Unternehmens. Zu diesen Risiken zählen z.B. Sachrisiken, Personenrisiken, Marktrisiken, Rechtsrisiken oder politische Risiken. Neben dem eigentlichen betrieblichen Leistungsprozess existieren in einem Unternehmen auch Finanzprozesse. Die mit Finanzprozessen verbundenen Risiken unterscheiden sich, auch im Hinblick auf die möglichen Risikomanagementmaßnahmen, von denen des Leistungsprozesses. Zu den *finanzwirtschaftlichen Risiken* gehören insbesondere Ausfall-, Zinsänderungs-, Aktienkurs- und Währungsrisiken.

Neben dieser Kategorisierung ist eine weitere Unterscheidung der industriellen Risiken von Bedeutung. Einerseits können Risikoeintritte Veränderungen der Zahlungsströme nach sich ziehen, d.h. es existieren potenzielle *Liquiditätswirkungen*. Andererseits können sich schlagend gewordene Risiken auch in der Erfolgsrechnung eines Unternehmens und damit beim Jahresüberschuss und beim Eigenkapital bemerkbar machen. Neben der Liquiditätsdimension der Risiken, die im Extremfall zu einer Zahlungsunfähigkeit führen kann, existiert folglich eine *Erfolgsdimension*, die in letzter Konsequenz eine Überschuldung zur Folge haben kann. Diese Überlegung führt zu einer zweidimensionalen Risikosystematisierung, da sich jede der genannten Risikokategorien sowohl in liquiditätsmäßiger als auch in erfolgsrechnerischer Hinsicht äußern kann (Vgl. KREMERS 2000, S. 50 f.).

Bei der Unterscheidung leistungs- und finanzwirtschaftlicher Risiken ist zu beachten, dass die Risiken auf unterschiedlichen Aggregationsebenen analysiert werden können. Je geringer die Aggregationsebene ist, desto konkreter lässt sich zwar ein Risiko formulieren, umso unternehmensspezifischer wird aber auch die Risikostruktur. Die Unterscheidung der Aggregationsebenen ist erforderlich, weil die Instrumente des Risikomanagements an unterschiedlichen Ebenen ansetzen. Technische Maßnahmen beziehen sich beispielsweise häufig auf Einzelrisiken, etwa bei der Verbesserung des Arbeitsschutzes an einer einzelnen Maschine. Daneben existieren aber auch globalere Instrumente der

Risikohandhabung. Beispielsweise deckt eine Versicherung i.d.R. mehrere Einzelrisiken ab.

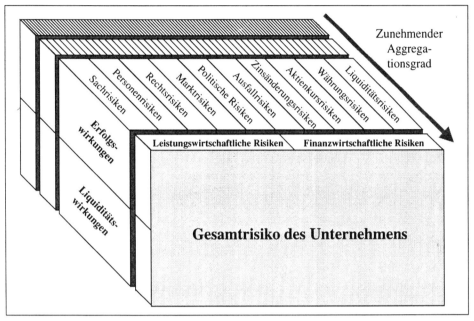

Abbildung 1: Dreidimensionale Risikokategorisierung (Vgl. KREMERS 2002, S. 55)

Es ist somit festzuhalten, dass eine für die Belange des Risikomanagements geeignete Risikosystematik mit den Risikokategorien, der Unterscheidung von liquiditätsmäßigen und erfolgsrechnerischen Wirkungen sowie der Abstufung der Aggregationsgrade eine dreidimensionale Struktur aufweist. Dies verdeutlicht auch die obenstehende Abbildung 1.

Vor dem Hintergrund dieser Risikosystematisierung sind auch die Vorgaben des Gesetzes zur Kontrolle und Transparenz im Unternehmensbereich (KonTraG) zu sehen, das durch Aufnahme eines Absatzes 2 in den § 91 des Aktiengesetzes die Vorstände von Aktiengesellschaften verpflichtet, ein Überwachungssystem einzurichten. Dieses dient dem Zweck, Entwicklungen, die den Fortbestand eines Unternehmens gefährden können, frühzeitig zu erkennen. Letztlich führt diese Vorschrift zur Notwendigkeit, ein Risikomanagementsystem zu installieren. Das Risiko wird vom Gesetzgeber sehr allgemein als Gefahr ungünstiger Entwicklungen beschrieben. Da der Fortbestand des Unternehmens im Fokus steht, sind zum einen insbesondere solche Risiken zu betrachten, die ein großes – und damit existenzgefährdendes – Ausmaß erreichen können. Die obigen Ausführungen zeigen jedoch, dass sich derartige Großrisiken aus niedriger aggregierten Risiken zusammensetzen können, sodass auch vor dem Hintergrund des KonTraG die Betrachtung an den Einzelrisiken ansetzen muss. Zum anderen ist der Bestand eines Unternehmens insbesondere dann gefährdet, wenn ein Insolvenztatbestand vorliegt, also wenn es zu einer Zahlungsunfähigkeit oder zu einer Überschuldung kommen kann. Dieser Überlegung wird durch die Unterscheidung von erfolgsrechnerischen Risiken und Liquiditätsrisiken Rechnung getragen.

Es wird deutlich, dass das Risikomanagement in einem Unternehmen nicht punktuell, d.h. auf einzelne Risiken bezogen, durchgeführt werden kann. Um eine effektive Risikohandhabung gewährleisten zu können, sind *sämtliche* Risiken eines Unternehmens – und insbesondere auch die Wechselwirkungen zwischen ihnen – zu analysieren. Die traditionellen Risikomanagementansätze beschränken sich häufig auf bestimmte Arten von Risiken. So haben sich beispielsweise das Management finanzwirtschaftlicher Risiken und der Betriebsrisiken weitgehend unabhängig voneinander entwickelt (Vgl. THEIL 1996, S. 209). In letzterem Bereich wurde die Betrachtung außerdem häufig auf versicherbare Risiken eingeschränkt (so genanntes Insurance-Management). Als Handlungsalternativen des Risikomanagements wurden dabei in erster Linie technische Maßnahmen zur Verringerung eines Risikos oder der Abschluss einer Versicherung in Betracht gezogen. Risiken des Beschaffungs- und des Absatzmarktes wurden häufig überhaupt nicht als Gegenstand des Risikomanagements angesehen. Moderne Ansätze beinhalten ein *integratives Risikomanagement*. Die Risiken eines Unternehmens sollen nach Möglichkeit vollständig und unter Berücksichtigung der Interdependenzen zwischen ihnen, auch zwischen verschiedenen Risikoarten, erfasst werden. Auch die Risikobewältigung hat integrativ zu erfolgen. Die Maßnahmen der Risikohandhabung können dabei an einem Einzelrisiko (z.B. technische Maßnahme an einer Maschine), am Gesamtrisiko des Unternehmens (z.B. Reservenbildung zum Risikoausgleich, unabhängig von der Art des Risikos) oder an einer anderen Aggregationsebene zwischen diesen beiden Extremfällen ansetzen. Eine derartige risikoübergreifende Betrachtung ist nur dann in optimaler Weise möglich, wenn eine Risikoerfassung in der oben beschriebenen Form gelingt.

1.2 Verfahren der Risikomessung

Wie bereits aufgezeigt wurde, kann ein Risiko durch eine Wahrscheinlichkeitsverteilung künftiger, bewerteter Zielverfehlungen charakterisiert werden. Um eine quantitative Risikosteuerung zu ermöglichen, muss die Methodik der Risikobewertung diesem Umstand Rechnung tragen. Die traditionellen Instrumente zur Beurteilung von Risiken weisen diesbezüglich ausgeprägte Schwächen auf (Vgl. KREMERS 2002, S. 107 ff.):

- Die einfachste Möglichkeit zur Risikobewertung besteht in einer groben, qualitativen Unterscheidung in Kleinrisiken, mittlere Risiken und Großrisiken, wobei die Zuordnung eines Risikos zu einer dieser Klassen anhand der Risikotragweite erfolgt (Vgl. HALLER 1975, S. 27 ff.). Zu bemängeln an dieser Vorgehensweise ist zum einen, dass der Wahrscheinlichkeitsaspekt nicht explizit berücksichtigt wird. Zum anderen existieren auf Grund der qualitativen Unterteilung keine „scharfen" Abgrenzungskriterien für die einzelnen Klassen.

- Eine quantitative Messung des Risikos ermöglicht der Erwartungswert, der sich aus der multiplikativen Verknüpfung der Eintrittswahrscheinlichkeit und der Risikotragweite ergibt. Mithilfe des Erwartungswertes können zwar mehrere Risiken miteinander verglichen werden, allerdings führt die Verdichtung der Eintrittswahrscheinlichkeit und der Tragweite zu einer Kennzahl aber auch zu einem Informationsverlust. Dies hat den unerwünschten Effekt zur Folge, dass Risiken mit geringer Eintrittswahrscheinlichkeit und hoher Tragweite gleich beurteilt werden wie Risiken mit hoher Wahrscheinlichkeit und geringem Schadenausmaß (Vgl. MICHAELS 1999, S. 240). Eine Gleichbehandlung derartig unterschiedlicher Risikostrukturen ist jedoch kaum zweckmäßig, denn ein Risiko, das für ein Unternehmen katastrophale Konsequenzen haben kann, stellt eine größere Bedrohung dar als ein fast sicheres Ereignis, dessen Auswirkungen aber kaum spürbar sind. Somit eignet sich der Erwartungswert nur bedingt als Risikomaß.

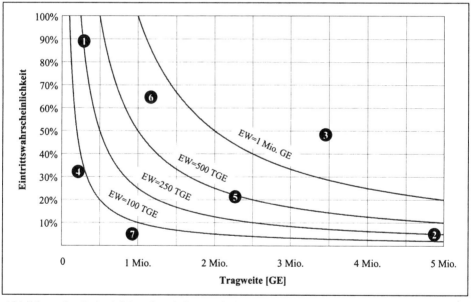

Abbildung 2: Beispiel für ein Risikoportfolio (Quelle: KREMERS 2002, S. 110)

- Eine weitere, häufig vorgeschlagene Form der Beurteilung von Risiken stellt das Risikoportfolio dar, das auch als „Risk Map" bezeichnet wird. Bei der „Risk Map" handelt sich um eine zweidimensionale grafische Darstellung, in der auf der Abszisse die Risikotragweite und auf der Ordinate die Eintrittswahrscheinlichkeit abgetragen wird. Ein Risiko kann dann als Koordinatenpunkt in dieser Darstellung beschrieben werden. Abbildung 2 zeigt ein Beispiel für ein Risikoportfolio, in das beispielhaft einige Risiken eingezeichnet wurden.

Ein Risikoportfolio bietet gegenüber den Erwartungswerten gewisse Vorteile, denn anders als beim Erwartungswert werden bei der „Risk Map" beide Risikodeterminanten deutlich gemacht. Dies zeigen die in die obige Abbildung eingezeichneten Linien, die gleiche Erwartungswerte repräsentieren. Die Risiken 1 und 2 wären nach dem Erwartungswertkriterium gleich zu beurteilen. Es ist aber zu berücksichtigen, dass ein Unternehmen umso mehr durch einen Risikoeintritt geschädigt wird, je weiter rechts sich das Risiko im Risikoportfolio befindet. Risiken ab einer gewissen Tragweite darf ein Unternehmen – unabhängig von der Eintrittswahrscheinlichkeit – nicht mehr akzeptieren. Diese kritische Tragweite geht beim Erwartungswertkriterium verloren, im Risikoportfolio kann sie dagegen deutlich gemacht werden.

Dennoch weist auch das Risikoportfolio erhebliche Schwächen auf. Insbesondere ist es zur Erstellung der „Risk Map" erforderlich, die Eintrittswahrscheinlichkeit und die Tragweite eines Risikos eindeutig zu quantifizieren. Dies ist jedoch i.d.R. nicht möglich, weil jeweils nicht nur ein Wert, sondern eine Wahrscheinlichkeitsverteilung von Tragweiten existiert. Wird trotzdem nur ein einzelner Punkt aus der Wahrscheinlichkeitsverteilung ausgewählt und in die Grafik eingezeichnet, kommt es zu einer unvollständigen Risikoerfassung. Auch das Risikoportfolio eignet sich folglich nur eingeschränkt für Zwecke des Risikomanagements. Die „Risk Map" ermöglicht es, einen ersten Eindruck von der Risikolage zu erhalten, eine Feinsteuerung der Risiken kann auf dieser Basis aber kaum durchgeführt werden.

Ein Risikomaß, das eine wahrscheinlichkeitsgestützte Risikomessung erlaubt und das sich – insbesondere im Bankensektor – bereits weitgehend durchgesetzt hat, ist der *Value at Risk*. Zunächst wurde der Value at Risk dabei zur Messung von Marktpreisrisiken eingesetzt. In der nächsten Entwicklungsstufe wurden Kreditrisikomodelle entwickelt, mit deren Hilfe unerwartete Verluste aus dem Kreditgeschäft abgebildet werden können. Die dritte und derzeit noch andauernde Entwicklungsphase besteht in der Anwendung des Value at Risk auf operationelle Risiken, bei denen es sich primär um die Risiken des Betriebsbereichs handelt (Vgl. SCHIERENBECK 2001, S. 5).

Der Value at Risk kann sowohl zur Bewertung von Einzelrisiken (Mikroebene) als auch zur Bewertung von Risikoaggregaten (Makroebene) verwendet werden. Auf Grund der Aggregierbarkeit eignet sich diese Kennzahl sehr gut für die Anwendung im Rahmen von Risikomanagementsystemen, da hier eine Risikobewertung auf unterschiedlichen Aggregationsebenen erforderlich ist. In der klassischen Anwendung drückt der Value at Risk den geschätzten maximalen Verlust aus, der unter üblichen Marktbedingungen innerhalb einer definierten Periode mit einer bestimmten Wahrscheinlichkeit eintreten kann (Vgl. LISTER 1997, S. 75). Eine wichtige Rolle spielt dabei der Sicherheitsgrad („Konfidenzniveau"), mit dem der tatsächliche Verlust den Value at Risk nicht übersteigt. Dadurch kann der Value at Risk als „wahrscheinlicher Höchstschaden" interpretiert werden. Eine extrem pessimistische Sichtweise, die nur zur Angabe des mit sehr geringer Wahrscheinlichkeit eintretenden Höchstschadens führt, wird zu Gunsten einer realistischeren Einschätzung vermieden. Es verbleibt allerdings ein gewisses Restrisiko, dass die Verluste den Value at Risk übersteigen werden.

In der ursprünglichen Anwendungsform in Banken drückt der Value at Risk die Gefahr einer kurzfristigen Marktwertänderung bei Wertpapieren aus. Soll die Kennzahl des Value at Risk auch im industriellen Kontext Verwendung finden, ist eine modifizierte Sichtweise erforderlich, denn Industriebetriebe sind nicht – zumindest nicht primär – auf den Handel mit Finanzprodukten ausgerichtet. Stattdessen stehen Risikopositionen im Fokus der Betrachtung, die nur mittel- bis langfristig veränderbar sind. Der Zeithorizont muss in einem Unternehmen des industriellen Sektors folglich um ein Vielfaches größer sein als in einem Kreditinstitut. Des Weiteren äußern sich die in einem Industrieunternehmen dominierenden leistungswirtschaftlichen Risiken nicht nur in Form von Preis-, sondern auch in Form von Mengenrisiken (Vgl. BÜHLER 1998, S. 229 f.). Trotz dieser Unterschiede ist der Value at Risk auch in Industrieunternehmen als Risikomaß grundsätzlich einsetzbar, lediglich die Betrachtungsperspektive unterscheidet sich von der bankbetrieblichen Sichtweise. Im Gegensatz zur Preisebene sollte die Analyse eher an der Zahlungsstromebene ansetzen (Vgl. BARTRAM 2000, S. 1281).

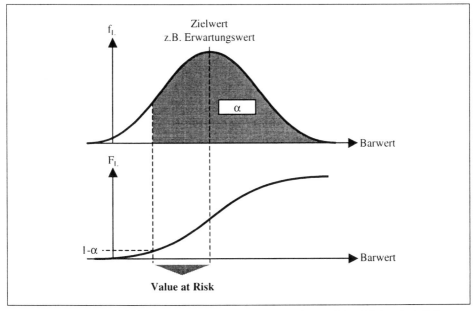

Abbildung 3: Zusammenhang zwischen dem Value at Risk und der Wahrscheinlichkeitsverteilung

Soll beispielsweise das Risiko einer Entscheidung über die Übernahme eines zusätzlichen Risikos getroffen werden, etwa bei der Durchführung einer Investition, dann kann als Kriterium der „Marktwert" dieser Entscheidung herangezogen werden, der dem Barwert des durch die Entscheidung hervorgerufenen Zahlungsstroms entspricht. Werden für die (unsicheren) künftigen Zahlungen Wahrscheinlichkeitsverteilungen ermittelt, dann kann daraus eine Wahrscheinlichkeitsverteilung für den Barwert abgeleitet werden. Wie die Abbildung 3 anhand der Dichte- und der Verteilungsfunktion verdeutlicht, bildet diese Wahrscheinlichkeitsverteilung dann wiederum die Grundlage zur Ermittlung des Value at Risk.

Das Risiko besteht nun aber nicht in (absolut gesehen) negativen Barwerten, sondern – entsprechend der Risikodefinition – darin, dass der Barwert der künftigen Cashflows nicht den erwarteten Wert annimmt. Vor diesem Hintergrund schätzt der Value at Risk die maximale negative Abweichung des tatsächlichen Barwertes vom erwarteten Barwert, die mit einer bestimmten Wahrscheinlichkeit α nicht überschritten wird. Der Value at Risk eignet sich insbesondere für die Einschätzung, ob ein Risiko übernommen werden soll, denn durch die Barwertberechnung, die den Gesamterfolg einer Entscheidung zu einer Kennzahl verdichtet, wird das Risiko als Ganzes betrachtet (Vgl. KREMERS 2002, S. 253).

2. Ablauf und Instrumente des Risikomanagements

2.1 Stufen im Risikomanagementprozess

Das Risikomanagement dient dem Zweck, die von der Unternehmensleitung vorgegebenen Zielvorstellungen bezüglich der Risikolage zu realisieren. Dazu sind die Risiken eines Unternehmens zu analysieren und in der ökonomisch optimalen Weise zu bewältigen, wobei die Umsetzung der Risikomanagementstrategie kontinuierlich zu überwachen ist. Der Risikomanagementprozess, dessen Grundstruktur Abbildung 4 verdeutlicht, läuft in drei aufeinanderfolgenden Teilschritten ab.

Im Rahmen der *Risikoanalyse* ist festzustellen, in welchem Ausmaß ein Unternehmen von Risiken bedroht ist. Diese Phase des Risikomanagements enthält zwei Teilschritte, wobei zunächst festzustellen ist, welche Risiken überhaupt vorhanden sind (Vgl. HOFFMANN 1985, S. 27). Durch die *Risikoidentifikation* wird das Aufgabenobjekt des Risikomanagements erst geschaffen. Da Fehler im Rahmen der Risikoerkennung in späteren Prozessstufen nicht mehr korrigiert werden können, ist die Risikoidentifikation mit hoher Sorgfalt und Aufmerksamkeit durchzuführen (Vgl. HÖLSCHER 1999, S. 317). Problematisch ist, dass der Erfolg der Risikoidentifikation nicht überprüft werden kann bzw. nur dann deutlich wird, wenn ein nicht erkanntes Risiko schlagend wird.

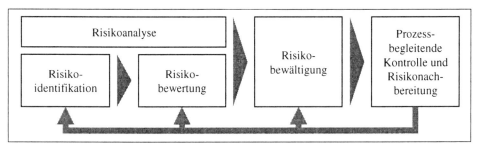

Abbildung 4: Operativer Risikomanagementprozess

Die Risikoidentifikation erfolgt häufig rein intuitiv. Im Sinne der Vollständigkeit der Risikoerfassung ist jedoch eine systematische Risikoidentifikation unter Anwendung geeigneter Methoden vorzuziehen (Vgl. BRÜHWILER 1983, S. 257). Es existieren zahlreiche Instrumente zur Identifikation typischer industrieller Risiken, z.B. Checklisten, Betriebsbesichtigungen, Expertenbefragungen, Fehlerbaumanalysen usw. Jede dieser Techniken weist individuelle Vor- und Nachteile auf, wobei die Methoden der Risikoidentifikation häufig nur auf bestimmte Arten von Risiken anwendbar sind. Eine wirklich effektive Identifikation der Risiken eines Unternehmens dürfte wohl nur durch die Kombination mehrerer Methoden erreicht werden können. Günstig auf die Vollständigkeit der Risikoerkennung wirkt es sich aus, wenn möglichst viele Mitarbeiter in die Risikoidentifikation einbezogen werden, denn den besten Überblick über die Risiken eines Unternehmensbereichs hat der Mitarbeiter „vor Ort" (Vgl. EMMERICH 1999, S. 1080).

Auf die Identifikation der Risiken folgt als zweiter Teilschritt der Risikoanalyse die *Risikobewertung*. Diese dient der Feststellung, welche Bedrohung die identifizierten Risiken für ein Unternehmen darstellen. Die besonderen Vor- und Nachteile der Verfahren zur Risikobewertung wurden bereits erörtert. Generell sollten die Risiken nach Möglichkeit in quantitativer Form bewertet werden, damit eine Risikoselektion im Sinne des Risikotragfähigkeits- und des Risiko-Chancen-Kalküls möglich ist. Die Risikobewertung schafft des Weiteren die Grundlage für die Auswahl der Maßnahmen zur Risikobewältigung. Bei der Risikobewertung handelt es sich nicht um eine Problemstellung, die ausschließlich ökonomische Zusammenhänge betrifft. Manche Risiken erfordern vielmehr eine Einschätzung technischer, rechtlicher, soziologischer oder politischer Fragestellungen. Um die Auswirkungen von Risiken auf die ökonomischen Gegebenheiten in einem Unternehmen einschätzen zu können, ist letztlich Ursachenforschung für reale Vorgänge zu betreiben (Vgl. FARNY, 1978, S. 32).

Die zweite Phase im Rahmen des Risikomanagementprozesses bildet die *Risikobewältigung*. Grundsätzlich sind sämtliche Risiken eines Unternehmens zu bewältigen, jedoch können nur für solche Risiken gezielte Maßnahmen ergriffen werden, die zuvor identifiziert und korrekt bewertet wurden. Dabei kann zwischen aktiver und passiver Risikobewältigung differenziert werden (Vgl. HÖLSCHER/KREMERS/RÜCKER 1996, S. 8). Die *ak-*

tive Risikobewältigung greift unmittelbar an den Risikodeterminanten an, indem auf die Eintrittswahrscheinlichkeiten und/oder auf die Tragweiten eines Risikos Einfluss genommen wird. Die *passive Risikobewältigung* verändert die Risikostrukturen dagegen nicht, d.h. das Risiko als solches bleibt bestehen. Stattdessen werden Maßnahmen ergriffen, um die (wirtschaftlichen) Konsequenzen eines Risikos tragen zu können. Die folgende Abbildung 5 verdeutlicht die verschiedenen Strategien der Risikobewältigung.

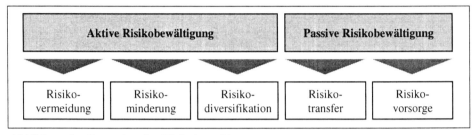

Abbildung 5: Strategien der Risikobewältigung

Die radikalste Möglichkeit der Risikobewältigung besteht in der *Risikovermeidung*. Hierbei wird ein Risikoeintritt dadurch unmöglich gemacht, dass die Eintrittswahrscheinlichkeit auf Null reduziert wird. Das Risiko einer Beeinträchtigung der natürlichen Umwelt durch ein spezielles Produktionsverfahren lässt sich beispielsweise dadurch beseitigen, dass auf die Produktion gänzlich verzichtet wird. Derart drastische Maßnahmen werden i.d.R. aber nur dann ergriffen, wenn ein Risiko als nicht akzeptabel eingeschätzt wird und keine günstigeren Alternativen der Risikobewältigung zur Verfügung stehen.

Ein weniger drastisches Instrument stellt die *Risikominderung* dar, bei der die Wahrscheinlichkeitsverteilung der Risikotragweite so gestaltet wird, dass die Bedrohung für das Unternehmen akzeptabel ist, wobei sowohl auf die Wahrscheinlichkeiten als auch auf die Tragweiten eingewirkt werden kann. Eine risikomindernde Maßnahme, die an der Wahrscheinlichkeitskomponente ansetzt, besteht beispielsweise in der Montage von Schutzvorrichtungen an Maschinen. Dagegen wird mit der Installation einer Sprinkleranlage der Zweck verfolgt, das Schadenausmaß herabzusetzen, denn die Wahrscheinlichkeit für die Entstehung eines Brandes verändert sich dadurch nicht. Bei Risiken, die sich nicht schlagartig, sondern über einen gewissen Zeitraum hinweg realisieren, können auch noch nach dem Risikoeintritt risikomindernde Maßnahmen – so genannte reaktive Maßnahmen – ergriffen werden, z.B. durch eine schnelle und zutreffende Information der Öffentlichkeit bei umweltgefährdenden Störfällen.

Eine weitere Form der aktiven Risikobewältigung ist schließlich die *Risikodiversifikation*, bei der ein einzelnes Risiko in mehrere, möglichst nicht positiv miteinander korrelierte Einzelrisiken aufgespalten wird. Dadurch entsteht gewissermaßen ein Risikokollektiv, in dem – ähnlich dem Versicherungsprinzip – ein Risikoausgleich stattfindet

(Vgl. HÖLSCHER 1987, S. 232). Die Risiken des Kollektivs weisen i.d.R. die gleichen bzw. ähnliche Eintrittswahrscheinlichkeiten wie das ursprüngliche Risiko auf, die Tragweiten sind jedoch deutlich geringer. Eine Risikodiversifikation kann in dreierlei Hinsicht erfolgen (Vgl. HÖLSCHER 1999, S. 328 f.):

- Bei einer regionalen Diversifikation werden sensible Unternehmensbereiche räumlich gestreut, z.B. indem das gleiche Produkt in verschiedenen Werken hergestellt wird.

- Im Falle einer objektbezogenen Diversifikation sind bestimmte Objekte, z.B. Produktionsanlagen, mehrfach vorhanden. Die Effektivität der objektbezogenen Diversifikation kann durch eine gleichzeitige regionale Diversifikation erhöht werden.

- Bei einer personenbezogenen Diversifikation soll der Ausfall kompletter Personengruppen verhindert werden, z.B. durch getrennt reisende Vorstandsmitglieder.

Im Gegensatz zu den aktiven Maßnahmen bleibt das eigentliche Risiko bei den Instrumenten der *passiven Risikobewältigung* unverändert bestehen. Im Rahmen der passiven Risikobewältigung geht es vielmehr darum, einen Risikoeintritt verkraften zu können. Gegenstand der passiven Risikobewältigung sind damit alle Risiken, für die – bewusst oder unbewusst – keine aktiven Maßnahmen ergriffen wurden sowie diejenigen Restrisiken, deren Ausmaß durch Risikominderung oder -diversifikation verringert wurde. Zwei passive Handlungsalternativen sind zu differenzieren. Zunächst kann ein Unternehmen selbst ausreichende Deckungsmittel ansammeln, um einen Risikoeintritt verkraften zu können. Diese Strategie, die auf das Selbsttragen von Risiken hinausläuft, wird als *Risikovorsorge* bezeichnet. Zur Vermeidung der Zahlungsunfähigkeit ist eine Liquiditätsreserve zu bilden, zur Deckung von Verlusten ist ein ausreichendes Eigenkapital vorzuhalten.

Der zweite Ansatzpunkt der passiven Risikobewältigung ist der *Risikotransfer*. In diesem Fall überträgt ein Unternehmen die wirtschaftlichen Auswirkungen von Risiken auf einen externen Risikoträger. Beispielsweise können bestimmte Risiken durch entsprechende vertragliche Gestaltungen auf Zulieferer oder Abnehmer übertragen werden. Ferner ist es möglich, das Marktwertrisiko von Wertpapieren mithilfe von derivativen Finanzinstrumenten auf Dritte zu transferieren (Vgl. SCHIERENBECK/HÖLSCHER 1998, S. 647 ff.). Auch bei der Versicherung handelt es sich um ein klassisches Instrument des Risikotransfers. Der Versicherungsnehmer verpflichtet sich zur periodischen Zahlung einer Versicherungsprämie. Im Gegenzug stellt das Versicherungsunternehmen beim Eintritt eines genau definierten Risikos finanzielle Mittel bereit. Der Versicherungsnehmer wandelt folglich einen ungewissen künftigen Geldbedarf in eine sichere Zahlung resp. Zahlungsreihe um. Die Versicherungsprämie kann daher als Preis des Risikotransfers interpretiert werden. Die Versicherung stellt das traditionelle Instrument der Risikofinanzierung in Industrieunternehmen dar. Vor diesem Hintergrund konzentrieren sich die Risikomanagementaktivitäten in diesem Bereich auf die Analyse der Prämienhöhe und der Vertragsbedingungen. Dabei herrschen in zahlreichen Unternehmen althergebrachte Denkweisen vor. Selten wird erkannt, dass zahlreiche traditionelle Versicherungsformen im Grunde überflüssig sind, weil das Unternehmen einen eigenen Risikoausgleich herstellen kann. Dies gilt insbesondere für Risiken mit einer vergleichsweise geringen Tragweite und einer hohen Eintrittsfrequenz.

Mit der Risikobewältigung ist der Prozess der eigentlichen Risikohandhabung abgeschlossen. Es ist jedoch wichtig, laufend die Wirksamkeit und die Effizienz des Risikomanagements zu beurteilen, um einerseits Ansätze für mögliche Verbesserungen zu identifizieren und andererseits die Anforderungen des Gesetzgebers an das Interne Überwachungssystem zu erfüllen. Im Rahmen der *prozessbegleitenden Kontrolle* und der *Risikonachbereitung* ist zu überprüfen,

- ob sämtliche eingetreten Risiken bekannt waren, d.h. ob die Risikoidentifikation vollständig war,
- ob die Risiken mit den Eintrittswahrscheinlichkeiten und Tragweiten eingetreten sind, die durch die Risikobewertung vorhergesagt wurden und
- ob die ergriffenen Risikobewältigungsmaßnahmen den gewünschten Effekt hatten.

Der Risikomanagementprozess darf keinesfalls als ein einmaliger Ablauf interpretiert werden. Der Prozess ist vielmehr (ggf. mit Rückkopplungen) immer wieder zu durchlaufen und kritisch zu überprüfen.

2.2 Neuere Konzepte der passiven Risikobewältigung

Neben den zuvor beschriebenen klassischen Formen der passiven Risikobewältigung sind in der jüngeren Vergangenheit verschiedene innovative Instrumente entwickelt worden, die es erlauben, die Risikofinanzierung flexibler an die individuellen Bedürfnisse eines Unternehmens anzupassen. Dabei wurden in zweierlei Hinsicht neue Instrumente konzipiert:

- Zum einen bestand das Problem, dass die traditionellen Versicherungsmärkte an gewisse Kapazitätsgrenzen gestoßen sind. Dies machte es erforderlich, neue Märkte für den Risikotransfer zu erschließen. Ergebnis dieser Überlegungen sind die Instrumente des Alternativen Risikotransfers, mit denen Versicherungsrisiken auf den Kapitalmarkt übertragen werden.
- Zum anderen führte die Notwendigkeit, zwischen dem Selbsttragen und dem Transfer von Risiken auszuwählen, dazu, dass – insbesondere von risikoaversen Entscheidungsträgern – eher die Alternative des Risikotransfers gewählt wurde, obwohl dies ökonomisch nicht immer sinnvoll ist. Die in dieser Hinsicht innovativen Instrumente, die als „Hybride Instrumente" bezeichnet werden, stellen Mischformen zwischen reiner Risikovorsorge und reinem Risikotransfer dar (Vgl. RÜCKER 1999, S. 237).

Abbildung 6 gibt einen Überblick über die Formen der passiven Risikobewältigung und die Stellung, die der Alternative Risikotransfer und die hybriden Instrumente in diesem Zusammenhang einnehmen.

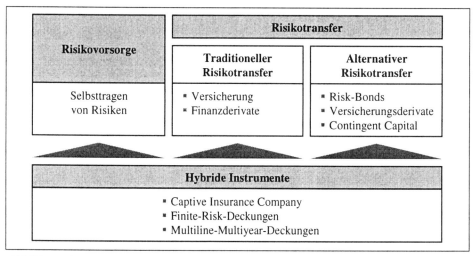

Abbildung 6: Instrumentarium der passiven Risikobewältigung

Die ersten Ansätze des Alternativen Risikotransfers (ART) entstanden in den USA, wo für die Rückversicherung von Schäden durch Naturkatastrophen keine hinreichenden Kapazitäten mehr verfügbar waren (Vgl. KUNREUTHER 1996, S. 171 f.). Vor diesem Hintergrund entstand die Idee, die finanziellen Auswirkungen von Schäden durch Naturkatastrophen mittels geeigneter Instrumente auf den Kapitalmarkt zu übertragen. Auch für andere Unternehmensformen, wie z.B. Industrieunternehmen, kann die verstärke Einbeziehung des Kapitalmarktes in die Finanzierung nicht-finanzwirtschaftlicher Risiken sinnvoll sein (Vgl. BRÜHWILER/STAHLMANN/GOTTSCHLING 1999, S. 40 f.). Für einen solchen Alternativen Risikotransfer existieren drei grundlegende Gestaltungsformen:

- Zum Ersten können die Risiken in Form eines *versicherungstechnischen Zinstitels* („Risk Bond") verbrieft werden. In der Grundform handelt es sich bei einem Risk Bond um eine Schuldverschreibung mit einer festen Laufzeit und einer Rendite, die i.d.R. die Marktrendite für Anleihen gleicher Laufzeit übersteigt. Im Falle eines genau definierten Schadenereignisses verringert sich die laufende Verzinsung oder fällt sogar ganz aus. Auch eine verminderte Tilgung wäre denkbar, jedoch hat sich in der Praxis gezeigt, dass für diese Gestaltungsform kaum Investoren gewonnen werden können.

- Zweitens kann der alternative Risikotransfer mithilfe so genannter *Versicherungsderivate* realisiert werden. Versicherungsderivate verkörpern Termingeschäfte, deren Basiswert ein den Schadenverlauf abbildender Index ist. Beim Eintritt bestimmter Risiken erhöht sich der Index, was wiederum zu einer Wertveränderung bei den Derivaten führt. Ähnlich wie bei herkömmlichen Finanzderivaten kann somit ein Transfer bestimmter Risiken herbeigeführt werden. Wenn das abzusichernde Risiko exakt durch den Schadenindex abgebildet wird, kann sogar eine vollständige Risikoübertragung („Perfect Hedge") gelingen. Ein Einsatz derivativer Instrumente, die bislang nur im Bereich der Rückversicherung von Risiken aus Naturkatastrophen existieren, für unternehmensspezifische, industrielle Risiken erscheint problematisch, da für einen funktionierenden Risikotransfer ein unternehmensindividueller Schadenindex zu definieren wäre, in dem ausschließlich die zu übertragenden Risiken enthalten sein dürften. Es ist aber nicht anzunehmen, dass die Investoren hinreichendes Vertrauen in einen derartigen Index hätten (Vgl. HÖLSCHER 1999, S. 356 f.).

- Die dritte Variante des alternativen Risikotransfer besteht im *Contingent Capital* (Vgl. SWISS RE NEW MARKETS 1997, S. 8). Im Rahmen des Contingent Capital wird einem Unternehmen die Möglichkeit eingeräumt, im Falle des Eintritts bestimmter Großrisiken zusätzliches, i.d.R. befristetes Eigenkapital aufzunehmen (Vgl. ROMEIKE 2000, S. 608). Die Konditionen für das Contingent Capital werden im Voraus festgelegt, sie können sich also nicht durch den Eintritt eines Großrisikos verschlechtern. Eine mögliche Gestaltungsform des Contingent Capital besteht in so genannten „Equity Put Options" (Vgl. ALBRECHT 1999, S. 1407). Hierbei verkauft der potenzielle Kapitalgeber dem Unternehmen, das den Risikotransfer durchführen will, Verkaufsoptionen auf die eigene Aktie. Das Recht auf Ausübung der Verkaufsoptionen wird dabei an den Eintritt bestimmter Schadenereignisse geknüpft. Wenn es zum Schaden kommt, kann das betroffene Unternehmen eine Kapitalerhöhung durchführen, die Optionen ausüben und dem Stillhalter die jungen Aktien zu dem im Voraus vereinbarten Basispreis verkaufen. Contingent-Capital-Lösungen eignen sich insbesondere für den Transfer von äußerst selten eintretenden Großrisiken (Vgl. STAHLMANN 2002, S. 380 ff.). Der wesentliche Vorteil besteht dabei in der Vermeidung einer hohen Kapitalbindung vor dem Risikoeintritt, denn als Kosten für den Risikotransfer fallen ausschließlich die zu zahlenden Optionsprämien an.

Im Gegensatz zu den ART-Lösungen zielen die hybriden Instrumente der Risikofinanzierung nicht nur auf den Risikotransfer ab. Stattdessen wird versucht, Elemente der Risikovorsorge und des Risikotransfers miteinander zu kombinieren. Dadurch ist es möglich, die Risikofinanzierung exakt an die Bedürfnisse eines Unternehmens anzupassen:

- Bei einer *Captive Insurance Company* (kurz: Captive) handelt es sich um ein Versicherungsunternehmen, das sich im Besitz eines versicherungsfremden Unternehmens befindet. Eine Captive dient in erster Linie dazu, Risiken des Mutterunternehmens bzw. des Unternehmensverbundes, dem die Captive angehört, aufzunehmen (Vgl. BERGER 1998, S. 18). Da die Verluste der Captive letztlich wieder auf das Mutterunternehmen zurückfallen, haben die auf die Captive übertragenen Risiken die Unternehmenssphäre nicht verlassen. Insofern dient die Captive dem „organisierten Selbsttragen" von Risiken, indem versucht wird, nach versicherungstechnischen Prinzipien einen Risikoausgleich herzustellen. Ein Risikotransfer ergibt sich dadurch, dass eine Captive einen direkten Zugang zum Rückversicherungsmarkt besitzt, der dem Mutterunternehmen verwehrt ist. Die Risiken, die die Captive an ein Rückversicherungsunternehmen weitergibt, werden somit wie bei einer „normalen" Versicherung auf eine externe Einheit transferiert. Die Vorteile gegenüber einer herkömmlichen Versicherung bestehen darin, dass auf dem Rückversicherungsmarkt die Verträge deutlich flexibler gestaltet und deutlich vorteilhaftere Konditionen vereinbart werden können. Daneben ergeben sich weitere finanzielle Vorteile dadurch, dass die Captive in einem großen Ausmaß steuerlich anerkannte, versicherungstechnische Rückstellungen bilden darf. Außerdem besteht die Möglichkeit, die Captive in einer „Steueroase" anzusiedeln. Die Gewinne der Captive unterliegen dann einer geringeren Besteuerung als die Gewinne des Mutterunternehmens, dessen Jahresüberschuss sich – unter gewissen Bedingungen – um die an die Captive fließenden Versicherungsprämien vermindert (Vgl. BRÜHWILER/ STAHLMANN/GOTTSCHLING 1999, S. 46).

- Finite-Risk-Deckungen ermöglichen eine finanzielle Vorsorge sowie eine zeitliche Verteilung von Schadenzahlungen (Vgl. RÜCKER 1999, S. 237 f.). Im Grunde handelt es sich bei einer Finite-Risk-Deckung um einen abgesicherten Ansparvorgang. Ein Unternehmen leistet periodische Zahlungen an einen externen Risikoträger, der die Verwaltung dieser Mittel übernimmt und eine bestimmte Verzinsung der angesparten Mittel zusagt. Weiterhin garantiert der Risikoträger eine begrenzte („finite") Risikoübernahme. Kommt es zum Eintritt eines genau definierten Risikos, werden zunächst die angesparten Mittel zum Risikoausgleich eingesetzt. Reichen diese nicht aus, stellt der Risikoträger den Differenzbetrag bis zu der vereinbarten Höchstdeckung zur Verfügung. Diese Mittel sind dann in den Folgeperioden durch erhöhte Zahlungen zu tilgen. Fällige Schadenzahlungen können folglich mithilfe von Finite-Risk-Deckungen über mehrere Jahre verteilt und somit für die betroffenen Unternehmen tragbar gemacht werden.

- Multiline-Multiyear-Produkte weisen eine große Nähe zu den klassischen Versicherungen auf, sie beinhalten jedoch sehr flexible Regelungen für den Selbstbehalt, sodass sie im Vergleich zu einer reinen Versicherung eine größere Vorsorgekomponente besitzen. Bei Multiline-Multiyear-Lösungen handelt es sich um integrierte Versicherungslösungen, die eine mehrere Versicherungssparten umfassende („multiline") Deckung aufweisen, d.h. in einer Police werden mehrere Einzelspartendeckungen zusammengeführt (Vgl. BRÜHWILER/STAHLMANN/GOTTSCHLING 1999, S. 67). Dabei ist es zum einen möglich, Selbstbehalte für die einzelnen Sparten zu vereinbaren. Zum anderen kann zusätzlich ein maximaler Selbstbehalt für den gesamten Vertrag festgelegt werden, um den Gesamtumfang der Risikoselbsttragung durch den Versicherungsnehmer nach oben zu begrenzen (Vgl. PAETZMANN/WEILER 2000, S. 207 f.). Des Weiteren werden Multiline-Multiyear-Deckungen – im Gegensatz zu den auf ein Jahr bezogenen herkömmlichen Versicherungen – auf mehrere Jahre („multiyear") abgeschlossen. Auch im Zeitablauf bestehen große Gestaltungsfreiheiten bezüglich der Selbstbehaltsregelung, denn die Eigenbeteiligungen können für einzelne Jahre und/oder für die gesamte Vertragslaufzeit vereinbart werden.

Die innovativen Konzepte der passiven Risikobewältigung erlauben einem Unternehmen eine exakte „Feinsteuerung" des Selbsttragens und des Transfers von Risiken. Dennoch sind derartige Konzepte noch nicht sehr weit verbreitet. Sie spielen allenfalls in Großunternehmen eine nennenswerte Rolle, und auch hier werden derartige Maßnahmen i.d.R. losgelöst von den Versicherungen und anderen, traditionellen Formen der Risikofinanzierung eingesetzt. Eine wirklich integrative Risikobewältigung muss sich in den meisten Unternehmen erst noch herausbilden (Vgl. GLEIßNER 2001, S. 173). Hierzu ist es insbesondere erforderlich, ein konsistentes System der (quantitativen) Risikobewertung einzurichten, um die Risikohöhen und die Wirkungen der Maßnahmen zur Risikobewältigung korrekt einschätzen zu können. Ein Ansatz für ein derartiges integratives System zur Risikosteuerung wird im Folgenden beschrieben.

3. Ansatzpunkte einer quantitativen Risikosteuerung

3.1 Grundsätze der Risikoübernahme

Jede in die Zukunft gerichtete unternehmerische Aktivität ist im Grunde mit der Übernahme von Risiken verbunden. Risiken werden mit dem Ziel eingegangen, einen bestimmten Erfolg zu erzielen, allerdings kann naturgemäß auch die Möglichkeit des Eintritts von Risiken nicht ausgeschlossen werden. Ein Risikoeintritt bringt nachteilige Konsequenzen für ein Unternehmen mit sich, wobei die Risikotragweite durchaus Ausmaße erreichen kann, die die weitere Unternehmensexistenz in Frage stellt. Somit darf offensichtlich nicht jedes beliebige Risiko akzeptiert werden, d.h. die Fähigkeit eines Unternehmens, Risiken zu übernehmen, ist begrenzt.

Wenn nicht jedes Risiko übernommen werden kann, dann stellt sich zwangsläufig die Frage, welche Risiken akzeptiert werden sollten, d.h. es bedarf eines Instrumentariums zur *Risikoselektion*. Zunächst ist dabei zu fordern, dass jedes übernommene Risiko ein angemessenes Erfolgspotenzial besitzt. Es kann nicht sinnvoll sein, ein Risiko zu akzeptieren, das in jedem Fall – also gleichgültig, ob das Risiko letztlich eintritt oder nicht – keinen oder nur einen unangemessen kleinen Beitrag zur Sicherung der Existenz eines Unternehmens leistet. Anders formuliert sind die Ressourcen, die die Fähigkeit zur Risikoübernahme begrenzen, so einzusetzen, dass die Erfolgsziele des Unternehmens möglichst gut erfüllt werden. Im Rahmen des *Risiko-Chancen-Kalküls* ist daher ein entsprechender Abgleich zwischen den Risiken und Chancen eines Handlungsfeldes vorzunehmen.

Daneben darf durch eintretende Risiken der Fortbestand eines Unternehmens nicht gefährdet werden. Eine Bestandsgefährdung liegt insbesondere bei Erfüllung eines Insolvenztatbestandes vor. Gemäß InsO sind in diesem Zusammenhang der Tatbestand der aktuellen oder der drohenden Zahlungsunfähigkeit sowie der Tatbestand der Überschuldung zu unterscheiden (Vgl. RITTER 1999, S. 29). Vor diesem Hintergrund handelt es sich bei den bestandsgefährdenden Risiken um Sachverhalte, die zu einer Illiquidität führen oder die Verluste verursachen können, die nicht mehr durch das vorhandene Eigenkapital abgedeckt werden können (Vgl. EGGEMANN/KONRADT 2000, S. 504). Eine weitere zentrale Aufgabe, die das Risikomanagement erfüllen muss, besteht daher im Abgleich der vorhandenen Risikopotenziale mit den verfügbaren Risikodeckungsmassen, die im Eigenkapital und in der generierbaren Liquidität bestehen. Nur wenn die Fähigkeit zum Ausgleich von Risiken die Risikopotenziale übersteigt, ist der dauerhafte Fortbestand eines Unternehmens gewährleistet. Diese Minimalbedingung, die die Risikoübernahme zu erfüllen hat, wird auch als *Grundsatz der Risikotragfähigkeit* bezeichnet (Vgl. SCHIERENBECK 2001, S. 2 ff.).

3.2 Sicherstellung der Risikotragfähigkeit

Um die Risikotragfähigkeit sicherzustellen, ist letztlich die Forderung zu stellen, dass nur nicht-existenzgefährdende Risiken übernommen werden dürfen. Dabei ist zu berücksichtigen, dass mehrere Einzelrisiken gleichzeitig schlagend werden sowie Wechselwirkungen zwischen einzelnen Risiken bestehen können. Die Überprüfung der Risikotragfähigkeit darf sich daher nicht auf ein Einzelrisiko beschränken, sie muss vielmehr auf der Grundlage des Gesamtrisikos eines Unternehmens erfolgen. Einerseits ist somit zu überprüfen, ob das Aggregat sämtlicher vorhandener Risiken geeignet ist, den Unternehmensfortbestand zu gefährden. Andererseits bestehen zwischen den Einzelrisiken aber i.d.R. keine perfekt positiven Korrelationen, sodass es zu risikomindernden Diversifikationseffekten kommen kann.

Vor diesem Hintergrund kann die Risikoübernahme in einem Unternehmen letztlich nur dann exakt gesteuert werden, wenn eine zutreffende Bewertung des Gesamtrisikos eines Unternehmens unter Berücksichtigung der tatsächlichen Korrelationen gelingt. Die Bewertung sollte dabei zweckmäßigerweise an den Einzelrisiken ansetzen, die Bewertungsergebnisse sollten dann in einem Bottom-up-Ansatz zum Gesamtrisiko aggregiert werden. Da sowohl eine Überschuldung als auch die Zahlungsunfähigkeit zu vermeiden sind, sollte die Bewertung sowohl in erfolgsrechnerischer (Abweichung des Unternehmensgewinns vom Gewinnziel) als auch in finanzwirtschaftlicher Hinsicht (Cashflow-Abweichung) erfolgen (Vgl. KREMERS 2002, S. 246 ff.). Das zentrale Problem besteht letztlich in der Berücksichtigung der Korrelationen zwischen einzelnen Risiken. Es existiert bislang noch kein überzeugender Ansatz für eine konsistente Erfassung sämtlicher Interdependenzen zwischen den unternehmerischen Risiken, allenfalls ist dies bei bestimmten Risikoarten möglich. Unter dem Leitbild der vorsichtigen Risikobewertung ist somit bis zur Entwicklung geeigneter Instrumente die rein summarische Zusammenfassung anzuwenden, selbst wenn dadurch das Gesamtrisiko überbewertet wird (Vgl. SCHIERENBECK/LISTER 2002, S. 366).

Auch bezüglich der Maßgröße für die Risikobewertung sind weitere Überlegungen anzustellen. Im ersten Kapitel wurde der Value at Risk als Risikomaß vorgeschlagen. Es wurde in diesem Zusammenhang bereits darauf hingewiesen, dass der Value at Risk ein Risiko als Ganzes beurteilt. Das Gesamtrisiko – das sich u.U. auf einen sehr langen Zeitraum bezieht – ist für Fragen der Risikotragfähigkeit aber nur bedingt aussagekräftig. Beispielsweise schlagen sich zu bestimmten Zeitpunkten auftretende Liquiditätsbelastungen im Barwert nicht nieder, wenn sie durch große Rückflüsse zu anderen Zeitpunkten ausgeglichen werden. Dennoch könnte zwischenzeitlich die Grenze der Risikotragfähigkeit überschritten sein. Aus diesem Grund ist für jede einzelne künftige Planungsperiode ein Abgleich zwischen dem (periodischem) Risikopotenzial und den verfügbaren Deckungsmassen herzustellen (Vgl. KREMERS 2002, S. 253 ff.).

Es ist somit für die Beurteilung der Risikotragfähigkeit das *periodenbezogene Risiko* zu messen. In Bezug auf die finanzwirtschaftliche Risikodimension stellt dabei der so genannte *Cashflow at Risk* eine geeignete Maßgröße dar. In Analogie zum Value at Risk drückt der Cashflow at Risk die maximale negative Abweichung des tatsächlichen Cashflows in einer Planungsperiode vom erwarteten Cashflow aus, die mit einer vorgegebenen Wahrscheinlichkeit nicht überschritten wird (Vgl. RISKMETRICS GROUP 1999, S. 34). Da im Rahmen der Value-at-Risk-Berechnung die Wahrscheinlichkeitsverteilungen der Perioden-Cashflows ohnehin zu ermitteln sind, steht die erforderliche Datenbasis zur Berechnung des Cashflow at Risk zur Verfügung. In Bezug auf die erfolgsrechnerische Risikodimension ist zu überprüfen, zu welcher maximalen Abweichung des tatsächlichen Periodengewinns vom geplanten Ergebnis es kommen kann. Auch hierfür existiert eine Value-at-Risk-ähnliche Kennzahl, die als *Earnings at Risk* bezeichnet wird (Vgl. RISKMETRICS GROUP 1999, S. 32). Zur Berechnung der Earnings at Risk kann ebenfalls von den Perioden-Cashflows ausgegangen werden, die allerdings um die nicht zahlungswirksamen Aufwendungen zu verringern und um die nicht zahlungswirksamen Erträge zu erhöhen sind.

Auf der Grundlage des Cashflow at Risk und der Earnings at Risk kann nun für jede künftige Planungsperiode die Risikotragfähigkeit überprüft werden. Dabei darf das durch den Cashflow at Risk und die Earnings at Risk gemessene Risikopotenzial das Risikotragfähigkeitspotenzial grundsätzlich nicht übersteigen, was auch die folgende Gleichgewichtsbedingung zum Ausdruck bringt:

Festgestelltes Gesamt-Risikopotenzial $\leq$ Verfügbare Risikodeckungsmassen

Unter Risikotragfähigkeit ist zum einen die Fähigkeit eines Unternehmens zu verstehen, Verluste aus schlagend werdenden Risiken tragen zu können, d.h. das Eigenkapital sollte zumindest dem vorhandenen Risikovolumen entsprechen. Zum anderen beinhaltet die Risikotragfähigkeit auch einen ausreichenden Bestand an liquiden Mitteln, mit denen die mit Risikoeintritten verbundenen Auszahlungen bestritten werden können.

Aus der Gleichgewichtsbedingung könnte die Forderung abgeleitet werden, dass Deckungsmassen in einem so großen Umfang vorhanden sein müssen, dass sie in jedem denkbaren Szenario das Risikopotenzial übersteigen. Es existieren jedoch zahlreiche Risiken, die eine sehr hohe Tragweite bei einer verschwindend geringen Eintrittswahrscheinlichkeit besitzen, wodurch die Grenze der Risikotragfähigkeit sehr schnell erreicht sein würde und kaum noch risikobehaftete Geschäfte getätigt werden könnten. Aus diesem Grund muss die Geschäftsführung eines Unternehmens festlegen, mit welcher Wahrscheinlichkeit die Gleichgewichtsbedingung einzuhalten ist (Vgl. SCHIERENBECK 2001, S. 23 ff.). Wird beispielsweise ein Wahrscheinlichkeitsniveau von 99% dafür gefordert, dass innerhalb eines Geschäftsjahres das Risikopotenzial die Deckungsmassen nicht übersteigt, dann bedeutet dies, dass eine Existenzgefährdung mit einer Wahrscheinlichkeit von 1% akzeptiert wird. Im langfristigen Mittel wird es – bei korrekter Risikobewertung – somit in einem von hundert Jahren zu einer bestandsgefährdenden Situation kommen.

Wird eine derartige Strategie im Rahmen des Risikomanagements verfolgt, dann ist mit einer hohen Wahrscheinlichkeit der Fortbestand des Unternehmens gesichert. Allerdings führt die Ausrichtung an einem hohen Sicherheitsniveau auch dazu, dass ein sehr unwahrscheinlicher Extremfall angenommen wird. Mit höherer Wahrscheinlichkeit kann es zu Risikoeintritten kommen, die zwar das Unternehmen nicht in seiner Existenz gefährden, die aber gewisse Teile der Deckungsmassen verbrauchen. Da die verschiedenen Deckungsmassen unterschiedliche Qualitäten aufweisen, erscheint es sinnvoll, von einer differenzierteren Betrachtungsweise auszugehen, denn die Verwendung bestimmter Deckungsmassen (z.B. des Grundkapitals) mit einer hohen Wahrscheinlichkeit ist nicht akzeptabel. Aus diesem Grund sollte eine Abstufung von Deckungsmassen, deren Verwendung jeweils nur mit einer bestimmten Wahrscheinlichkeit akzeptiert wird, vorgenommen werden. Die folgende Abbildung 7 zeigt eine mögliche Abgrenzung von Risikodeckungsmassen (Vgl. KREMERS 2002, S. 259 und S. 273).

- *Risikodeckungsmassen erster Klasse* dienen dem Ausgleich von Risikoeintritten, zu denen es mit einer hohen Wahrscheinlichkeit kommen wird. Da eine sehr wahrscheinliche Nichterfüllung der Zielsetzungen eines Unternehmens nicht akzeptabel ist, kommen als Risikodeckungsmassen ausschließlich überschüssige Cashflows, die nicht für andere Zwecke benötigt werden, und die den Mindestgewinn übersteigenden Übergewinne in Betracht. Um die Risikotragfähigkeit im Normalszenario zu gewährleisten, sollte ein Unternehmen folglich in angemessener Höhe Cashflows und Gewinne, die über die Zielwerte hinausgehen, für den Risikoausgleich reservieren.

- *Risikodeckungsmassen zweiter Klasse* werden mit einer deutlich geringeren Wahrscheinlichkeit abgerufen, d.h. die Inanspruchnahme dieser Mittel ist nicht die Regel, sondern eher die Ausnahme. Aus diesem Grund ist in einer derartigen Situation eine gewisse Verletzung der Unternehmensziele akzeptabel. Dennoch kommen diese Deckungsmassen mit einer gewissen Wahrscheinlichkeit zum Einsatz, sodass schwer wiegende Auswirkungen auf das Unternehmen zu vermeiden sind. Vor diesem Hintergrund zählen zu den finanziellen Risikodeckungsmassen zweiter Klasse solche Mittel, die zwar problemlos, aber ggfs. unter Verletzung bestimmter unternehmerischer Ziele beschafft werden können. Auf der Seite der erfolgsrechnerischen Risikodeckungsmassen zweiter Klasse sind der Mindestgewinn und die stillen Reserven anzuführen. Der Mindestgewinn stellt den Überschuss dar, der nach Betreitung sämtlicher planmäßiger Aufwendungen verbleiben muss, um die Unternehmensziele erreichen zu können. Die Verwendung dieses Gewinns für den Ausgleich von Risikoeintritten kann z.B. dazu führen, dass sich Wachstumsziele nicht mehr realisieren lassen oder dass die Ausschüttungen an die Gesellschafter reduziert werden müssen.

Stufe der Risikodeckung	Finanzielle Risikodeckungsmassen	Erfolgsrechnerische Risikodeckungsmassen
Risikodeckungsmassen erster Klasse	– überschüssige Cashflows (nach FK-Zinsen, Dividenden, geplanten Investitionen und sonstigen geplanten Ausgaben)	– Übergewinn
Risikodeckungsmassen zweiter Klasse	– nicht ausgeschöpfte Kreditlinien – Neukreditaufnahme – leicht liquidierbare Finanzanlagen – veräußerbare Forderungen	– Mindestgewinn – Stille Reserven
Risikodeckungsmassen dritter Klasse	– sonstige liquidierbare Vermögensgegenstände – Liquiditätszufluss durch Contingent Capital oder Kapitalerhöhung	– Offene Rücklagen – Grundkapital (incl. Contingent Capital)

Abbildung 7: Abgrenzung von Risikodeckungsmassen

- Schließlich existieren weitere Deckungsmassen, die zwar für die Kompensation von Risikoeintritten benutzt werden können, deren Einsatz ein Unternehmen jedoch in erheblicher Weise beeinträchtigen würde. Zu diesen *Risikodeckungsmassen dritter Klasse* zählen in finanzwirtschaftlicher Hinsicht die liquidierbaren Vermögensgegenstände, die nicht zu den Deckungsmassen zweiter Klasse gehören. Im Extremfall kann es sich hierbei auch um bestimmte betriebsnotwendige Vermögensteile handeln. Weiterhin zählen zu den Deckungsmassen dritter Klasse auch die Liquiditätszuflüsse aus Kapitalerhöhungen bzw. aus der Inanspruchnahme von Contingent Capital.

Die erfolgsrechnerischen Deckungsmassen dritter Klasse beinhalten die Offenen Rücklagen und das Grundkapital

Den beschriebenen Klassen von Deckungsmassen sind verschiedene Belastungsfälle gegenüberzustellen. Im Folgenden werden mit dem Normal-, dem Stress- und dem Crashszenario drei verschiedene Belastungsfälle unterschieden (Vgl. SCHIERENBECK/LISTER 2002, S. 364 f.):

- Mit dem *Normalszenario* wird ein Zustand abgebildet, der mit einer sehr hohen Wahrscheinlichkeit auftreten kann, d.h. es handelt sich um wahrscheinliche resp. häufig auftretende Abweichungen der Gewinne bzw. der Cashflows von den geplanten Größen. Bedingt durch die hohe Wahrscheinlichkeit eignen sich nur die Risikodeckungsmassen erster Klasse zum Ausgleich dieser Risikoeintritte.

- Das *Stressszenario* tritt mit einer mittleren bis geringen Wahrscheinlichkeit auf. Dieser Zustand besitzt somit einen gewissen Ausnahmecharakter. Aus diesem Grund ist es akzeptabel, in diesem Szenario neben den Risikodeckungsmassen erster Klasse auch auf die Deckungsmassen zweiter Klasse zurückzugreifen.

- Das *Crashszenario* realisiert sich nur mit einer äußerst geringen Wahrscheinlichkeit (Worst-Case). In diesem Szenario sind sämtliche Risikodeckungsmassen zu mobilisieren, die sich zum Ausgleich von schlagend werdenden Risiken eignen.

Die Abbildung 8 verdeutlicht den Abgleich von Risikopotenzialen und Risikodeckungsmassen in grafischer Form. Ausgangspunkt der Betrachtung ist das Gesamtrisiko des Unternehmens, das in der Abbildung durch die Verteilungsfunktion der Cashflows bzw. der Gewinne zum Ausdruck kommt. Für beide Größen existiert ein Zielwert, dessen Erreichung angestrebt wird. Das Risiko des Unternehmen äußert sich in (negativen) Abweichungen von diesem Zielwert. Gemessen werden kann dieses Risiko unter Berücksichtigung verschiedener Wahrscheinlichkeitsniveaus mithilfe der Kennzahlen Cashflow at Risk und Earnings at Risk.

Für das Normalszenario wurde beispielhaft ein Wahrscheinlichkeitsniveau von 60% unterstellt, die sich mit dieser Wahrscheinlichkeit ergebende negative Abweichung vom Zielwert muss also von den Risikodeckungsmassen erster Klasse abgefangen werden können. Für das Stressszenario gilt ein Sicherheitsniveau von 90%, für das Crashszenario ist eine Wahrscheinlichkeit von 99% angesetzt worden. Die sich ergebenden Cashflow at Risks bzw. Earnings at Risks für die verschiedenen Belastungsfälle sind den jeweiligen Risikodeckungsmassen gegenüberzustellen. Die Risikotragfähigkeit ist dann gegeben, wenn die Deckungsmassen mindestens so groß wie die Risikopotenziale in den verschiedenen Szenarien sind.

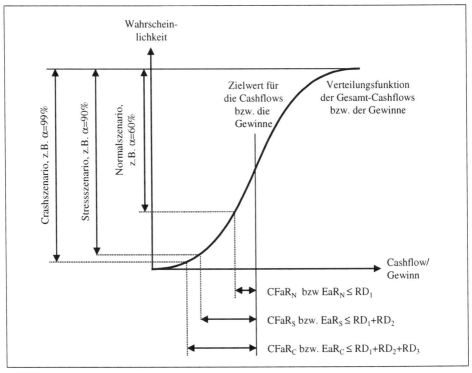

Abbildung 8: Abgleich von Belastungsfällen und Deckungsmassen (Vgl. KREMERS 2002, S. 263)

3.3 Angemessenheit des Risiko-Chancen-Profils

Neben dem Risikotragfähigkeitskalkül besteht weiterhin die Frage, welche der prinzipiell tragfähigen Risiken akzeptiert werden sollten. Eine Strategie der Akzeptanz aller tragfähigen Risiken würde auch die Übernahme solcher Risiken zur Folge haben, die bei einem geringen Chancenpotenzial ein sehr großes Risiko mit sich bringen (Vgl. FRÖHLING 2000, S. 63 f.). Eine derartige Handlungsweise würde dem Leitbild eines umsichtigen Umgangs mit Risiken widersprechen. Die eindimensionale Ausrichtung alleine an der Risiko- oder alleine an der Ertragsseite reicht somit nicht aus. Stattdessen ist eine risikobezogene Ergebnismessung vorzunehmen, wobei die Risikotragfähigkeit die Risikoübernahme nach oben begrenzt. Insofern können die vorhandenen Risikodeckungsmassen als knappe Ressource betrachtet werden, die möglichst effizient, d.h. durch einen Abgleich von Chancen- und Risikopotenzialen, zu nutzen ist (Vgl. ROLFES 1999, S. 29).

Die Deckungsmassen stellen den Engpass bei der Risikoübernahme dar. In anderen Bereichen der Unternehmensplanung, z.B. in der Produktionsprogrammplanung, ist es gängige Praxis, die begrenzten Mittel so zu nutzen, dass pro Engpasseinheit ein möglichst großer Nutzen erzielt wird (Vgl. FRÖHLING 2000, S. 77). Dieser Ansatz eignet sich auch für die hier betrachtete Problemstellung. Die entsprechenden Kennzahlen der risikoadjustierten Performancemessung, die auch als „Risk-Reward-Kennzahlen" bezeichnet werden, weisen die folgende Struktur auf:

$$\text{Risk - Reward - Kennzahl} = \frac{\text{Erfolgspotenzial}}{\text{benötigte Risikodeckungsmassen}}$$

Die Risk-Reward-Kennzahl zeigt an, welcher Ertrag pro eingesetzte Geldeinheit an Risikodeckungsmassen erzielt wird.

Anders als bei der periodenbezogenen Überprüfung der Risikotragfähigkeit muss bei der Risk-Reward-Kennzahl die Gesamtwirkung einer Entscheidung betrachtet werden, d.h. es ist auf den *Barwert* der durch eine Entscheidung hervorgerufenen Veränderungen der künftigen Cashflows des Unternehmens zurückzugreifen. Die benötigten Risikodeckungsmassen entsprechen dem mit der Entscheidung übernommenen Risikopotenzial. Dieses äußert sich in den potenziellen Abweichungen des Barwertes vom angestrebten Zielwert, d.h. das Risikopotenzial kann über den Value at Risk ausgedrückt werden. Der Value at Risk beschreibt in dieser Interpretation den Barwert der für die getroffene Entscheidung benötigten Risikodeckungsmassen (Vgl. KREMERS 2002, S. 290 f.). Das Verhältnis des Zielwertes zum Value at Risk wird als „Return on Risk adjusted Capital" (RORAC) bezeichnet:

$$\text{RORAC} = \frac{\text{Erfolgsziel bei Risikoübernahme}}{\text{VaR}}$$

Je größer der RORAC ist, desto effizienter werden die knappen Risikodeckungsmassen genutzt. Während bei einem Vergleich alternativer Handlungsmöglichkeiten über den Barwert nur die Erfolgsseite berücksichtigt wird, ermöglicht ein Vergleich der RORAC-Kennziffern eine Gegenüberstellung des Risiko-Chancen-Verhältnisses. Außerdem besteht durch eine quantitative Messung des Risiko-Chancen-Profils die Möglichkeit, einen entsprechenden Mindest-RORAC im Rahmen der Risikoziele vorzugeben.

Die folgende Abbildung 9 zeigt zusammenfassend die Systematik der Kennzahlen für eine quantitative Steuerung der Risiken eines Unternehmens. Das Risiko-Chancen-Management, das auf die Wirtschaftlichkeit der Risikoübernahme abzielt, verwendet als Maßgröße den Value at Risk, der das Gesamtrisiko einer Risikoübernahme ausdrückt und daher im Rahmen der Risikoselektion Verwendung findet. Dagegen dient der Risikotragfähigkeitskalkül der Sicherstellung eines dauerhaften Unternehmensfortbestands, wobei jeweils kurze Zeiträume zu betrachten sind. Daher werden periodenbezogene Risikomaßgrößen benötigt, wobei die Ebene der Zahlungsströme (Cashflow at Risk) und die Erfolgsebene (Earnings at Risk) erfasst werden können.

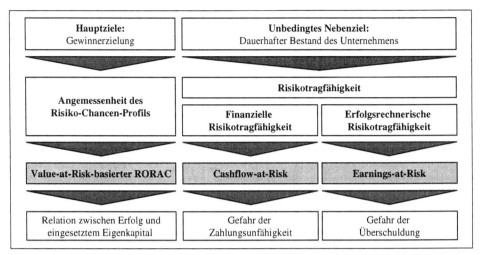

Abbildung 9: Maßgrößen im Risikomanagement (Vgl. KREMERS 2002, S. 293)

Literaturverzeichnis

ALBRECHT, P.: Auf dem Weg zu einem holistischen Risikomanagement?, in: Versicherungswirtschaft 1999, S. 1404-1409.

BARTRAM, S.M.: Verfahren zur Schätzung finanzwirtschaftlicher Exposures von Nichtbanken, in: Johanning, L./Rudolph, B. (Hrsg.): Handbuch Risikomanagement, Band 2, Bad Soden 2000, S. 1267-1294.

BERGER, R.: Passive und aktive Selbsttragung betrieblicher Risiken – Arten, Formen und Ausprägungen, in: Versicherungswirtschaft 1998, S. 14-19.

BRAUN, H.: Risikomanagement: Eine spezifische Controllingaufgabe, in: Horváth, P. (Hrsg.): Controlling-Praxis, Band 7, Darmstadt 1984.

BRÜHWILER, B.: Methoden der Risiko-Analyse, in: io Management Zeitschrift 1983, S. 257-261.

BRÜHWILER, B./STAHLMANN, B.H./GOTTSCHLING, H.D.: Innovative Risikofinanzierung, Neue Wege im Risk Management, Wiesbaden 1999.

BÜHLER, W.: Risikocontrolling in Industrieunternehmen, in: Börsig, C./Coenenberg, A.G. (Hrsg.): Controlling und Rechnungswesen im internationalen Wettbewerb, Kongress-Dokumentation, 51. Deutscher Betriebswirtschafter-Tag 1997, Stuttgart 1998, S. 205-233.

CORSTEN, H.: Zielbildung als interaktiver Prozess, in: Das Wirtschaftsstudium 1988, S. 337-344.

EGGEMANN, G./KONRADT, T.: Risikomanagement nach dem KonTraG aus dem Blickwinkel des Wirtschaftsprüfers, in: Betriebs-Berater 2000, S. 503-509.

EMMERICH, G.: Risikomanagement in Industrieunternehmen – gesetzliche Anforderungen und Umsetzung nach dem KonTraG, in: Schmalenbachs Zeitschrift für betriebswirtschaftliche Forschung 1999, S. 306-316.

FARNY, D.: Grundfragen des Risk Management, in: Goetzke, W./Sieben, G. (Hrsg.): GEBERA-Schriften, Band 5: Risk Management – Strategien zur Risikobeherrschung, Köln 1978, S. 11-37.

FRÖHLING, O.: KonTraG und Controlling, Eckpfeiler eines entscheidungsrelevanten und transparenten Segmentcontrolling und -reporting, München 2000.

GLEIßNER, W.: Mehr Wert durch optimierte Risikobewältigung, in: Zeitschrift für Versicherungswesen 2001, S. 172-175.

HAHN, D.: Risiko-Management, Stand und Entwicklungstendenzen, in: Zeitschrift für Führung und Organisation 1987, S. 137-150.

HALLER, M.: Sicherheit durch Versicherung?, Gedanken zur künftigen Rolle der Versicherung, in: Schriftenreihe Risikopolitik, Band 1, Bern/Frankfurt am Main 1975.

HALLER, M.: Risiko-Management Neues Element in der Führung, in: io Management-Zeitschrift 1978, S. 483-536.

HELTEN, E./BITTL, A./LIEBWEIN, P.: Versicherung von Risiken, in: Dörner, D./Horváth, P./Kagermann, H. (Hrsg.): Praxis des Risikomanagements: Grundlagen, Kategorien, branchenspezifische und strukturelle Aspekte, Stuttgart 2000, S. 153-192.

HOFFMANN, K.: Risk Management: Neue Wege der betrieblichen Risikopolitik, Karlsruhe 1985.

HERTEL, A.: Risk Management in der Praxis, Köln 1991.

HÖLSCHER, R.: Gestaltungsformen und Instrumente des industriellen Risikomanagements, in: Schierenbeck, H. (Hrsg.): Risk Controlling in der Praxis, Rechtliche Rahmenbedingungen und geschäftspolitische Konzeptionen in Banken, Versicherungen und Industrie, Zürich 1999, S. 297-363.

HÖLSCHER, R./KREMERS, M./RÜCKER, U.-C.: Industrieversicherungen als Element des modernen Risikomanagements, Ergebnisse einer empirischen Untersuchung, in: Hölscher, R. (Hrsg.): Studien zum Finanz-, Bank- und Versicherungsmanagement des Lehrstuhls für Finanzierung und Investition der Universität Kaiserslautern, Kaiserslautern 1996.

KREMERS, M.: Risikoübernahme in Industrieunternehmen – Der Value at Risk als Steuerungsgröße für das industrielle Risikomanagement, dargestellt am Beispiel des Investitionsrisikos, in: Hölscher, R. (Hrsg.): Schriftenreihe Finanzmanagement, Band 7, Sternenfels/Berlin 2002.

KUNREUTHER, H.: Mitigating disaster losses through insurance, in: Journal of Risk and Uncertaincy 1996, Heft 12, S. 171-187.

LISTER, M.: Risikoadjustierte Ergebnismessung und Risikokapitalallokation, in: Schierenbeck, H./Rolfes, B. (Hrsg.): Schriftenreihe des Zentrums für Ertragsorientiertes Bankmanagement, Band 12, Frankfurt am Main 1997.

MICHAELS, B.: Risiko und Risikomanagement als Forschungsgegenstand und als Aufgabe des Unternehmens, in: Zeitschrift für die gesamte Versicherungswissenschaft, 1999, S. 233-254.

OBERPARLEITER, K.: Zur Risikenlehre des Warenhandels, in: Zeitschrift für Betriebswirtschaft 1925, S. 105-114.

PAETZMANN, K./WEILER, G.: Multiline-Multiyear-Produkte für Industrieunternehmen, Möglichkeiten und Grenzen, in: Zeitschrift für Versicherungswesen 2000, S. 206-213.

RISKMETRICS GROUP (Hrsg.): Corporate Metrics, The Benchmark for Corporate Risk Management, Technical Document, New York 1999.

RITTER, W.: Unternehmenssanierung im neuen Insolvenzrecht, Eine Analyse aus Sicht der Kreditinstitute, in: Hölscher, R. (Hrsg.): Schriftenreihe Finanzmanagement, Band 3, Sternenfels/Berlin 1999.

ROLFES, B.: Gesamtbanksteuerung, Stuttgart 1999.

ROMEIKE, F.: IT-Risiken und Grenzen traditioneller Risikofinanzierungsprodukte, in: Zeitschrift für Versicherungswesen 2000, S. 603-610.

RÜCKER, U.-C.: Finanzierung von Umweltrisiken im Kontext eines systematischen Risikomanagements, in: Hölscher, R. (Hrsg.): Schriftenreihe Finanzmanagement, Band 1, Sternenfels/Berlin 1998.

SCHIERENBECK, H.: Ertragsorientiertes Bankmanagement, Band 2: Risiko-Controlling und integrierte Rendite-/Risikosteuerung, 7. Auflage, Wiesbaden 2001.

SCHIERENBECK, H./HÖLSCHER, R.: BankAssurance, Institutionelle Grundlagen der Bank- und Versicherungsbetriebslehre, 4. Auflage, Stuttgart 1988.

SCHIERENBECK, H./LISTER, M.: Value Controlling, Grundlagen wertorientierter Unternehmensführung, 2. Auflage, München/Wien 2002.

STAHLMANN, B.: Contingent Capital – unkonventionelle Variante zur Absicherung extremer Unternehmensrisiken, in: Die Bank 6/2002, S. 380-383.

STREMITZER, H.: Risikopolitik und Risk Management, Gedanken zur Versicherungsnachfrage, in: Die Versicherungsrundschau 1977, S. 22-37.

SWISS RE NEW MARKETS (Hrsg.): New Perspectives – Risk securitization and contingent capital solutions, Zürich/New York/London 1997.

SWISS RE NEW MARKETS (Hrsg.): Corporate Risk Financing – the emergence of a new market, Zürich/New York/London 1998.

THEIL, M.: Risikomanagement – Stand und Ansätze für eine Weiterentwicklung, in: Mugler, J./Nitsche, M. (Hrsg.): Versicherung, Risiko und Internationalisierung: Herausforderungen für Unternehmensführung und Politik. Festschrift für Heinrich Stremitzer zum 60. Geburtsteg, Wien 1996, S. 205-220.

WEBER, J./WEIßENBERGER, B.E./LIEKWEG, A.: Risk Tracking and Reporting, Unternehmerisches Chancen- und Risikomanagement nach dem KonTraG, in: Schriftenreihe Advanced Controlling, Band 11, Vallendar 1999.

Jürgen Zech[*]

Integriertes Risikomanagement – Status quo und Entwicklungstendenzen aus der Perspektive eines Versicherungskonzerns

1. Einleitung

2. Status Quo des Risikomanagements
   2.1 Notwendigkeit eines ganzheitlichen Risikomanagements
   2.2 Annäherung von Versicherungs- und Kapitalmarkt

3. Definition von integriertem Risikomanagement
   3.1 Definition
   3.2 Elemente eines Risikomanagementsystems
      3.2.1 Risikopolitik
      3.2.2 Analyse
      3.2.3 Bewertung
      3.2.4 Steuerung
      3.2.5 Umsetzungscontrolling
      3.2.6 Risikoberichterstattung
   3.3 Ziele von integriertem Risikomanagement
   3.4 Vorteile von integriertem Risikomanagement
   3.5 Zusammenfassung

---

[*] Dr. Jürgen Zech ist Mitglied des Board of Directors, Partner Re Ltd, Bermuda.

4. Antworten der Versicherungswirtschaft und Entwicklungstendenzen
   4.1 Innovative Lösungen
   4.2 Herausforderungen
       4.2.1 Die kulturelle und erzieherische Herausforderung
       4.2.2 Die technologische Herausforderung
       4.2.3 Risikoanalyse
       4.2.4 Grundlegende Unterschiede zwischen Risiken: Kern- und Nicht-Kernrisiken
   4.3 Ausblick

Literaturverzeichnis

1. Einleitung

Das weltwirtschaftliche Umfeld zu Beginn des 21. Jahrhunderts ist vor allem geprägt durch die Globalisierung der Industrie, den Eintritt in das Informationszeitalter sowie eine wachsende Komplexität der Unternehmensstrukturen und Fertigungsprozesse. Aus diesen Entwicklungen ergeben sich kontinuierlich neue Herausforderungen für das Risikomanagement in Unternehmen.

Spätestens seit den spektakulären Unternehmenskrisen Anfang der neunziger Jahre ist das Thema Risikomanagement auch in Deutschland in aller Munde. Der Gesetzgeber hat im Jahre 1998 auf die genannten Entwicklungen mit dem Gesetz zur Kontrolle und Transparenz im Unternehmensbereich (KonTraG) geantwortet, das unter anderem die Verpflichtung der Geschäftsführung zum Risikomanagement konkretisiert. So fordert § 91 Abs. 2 AktG den Vorstand dazu auf „geeignete Maßnahmen zu treffen, insbesondere ein Überwachungssystem einzurichten [..], damit den Fortbestand der Gesellschaft gefährdende Entwicklungen früh erkannt werden".

Es ist auch ohne gesetzliche Regelungen deutlich, dass Risiken Bestandteil der Geschäftstätigkeit eines jeden Unternehmens sind. Sie stellen einerseits ein Gefahrpotenzial dar, sind aber andererseits auch notwendige Voraussetzung für unternehmerischen Erfolg. Die Realisierung von Wettbewerbsvorteilen lässt sich gerade durch den bewussten und kontrollierten Umgang mit Risiken erreichen (Vgl. KPMG 1998, S. 7).

Es reicht jedoch nicht, einzelne Risiken zu identifizieren. Vielmehr sind für eine Beurteilung die Auswirkungen der einzelnen Risiken auf die Gesamtrisikolage des Unternehmens, d.h. auf das im Idealfall über alle Risiken und Risikokategorien hinweg aggregierte Unternehmensrisiko, entscheidend. Dessen Beeinflussung ist schließlich das Ziel bei der Festlegung konkreter Steuerungsmaßnahmen (Vgl. KPMG 1998, S. 5).

Nach einem Abriss des aktuellen Standes der Entwicklung von integriertem Risikomanagement erfolgt eine kurze definitorische Abgrenzung dieser Disziplin. Anschließend werden mögliche und notwendige Antworten und Lösungsmöglichkeiten der Versicherungswirtschaft vorgestellt. Der Beitrag schließt mit einer Zusammenfassung der wesentlichen Ergebnisse und einem Ausblick auf die Konsequenzen für Versicherungsunternehmen.

2. Status Quo des Risikomanagements

2.1 Notwendigkeit eines ganzheitlichen Risikomanagements

Die fachliche Disziplin des Risikomanagements blickt auf eine langjährige Tradition zurück. Während jedoch früher die Absicherung einzelner bzw. isoliert betrachteter und vornehmlich finanzieller Risiken vorherrschte, verliert diese Sichtweise zunehmend an Bedeutung (Vgl. MÜLLER 2000, S. 1074), da sie der veränderten Risikosituation von international agierenden Unternehmen nicht mehr gerecht wird. Diese Unternehmen sehen sich mit einer ständig größeren Vielfalt an Risiken konfrontiert, die sich aus der Entwicklung neuer Produkte und Prozesse, aber auch durch eine Änderung der Risikodimensionen ergeben haben. Beispielhaft hierfür seien die Terroranschläge aus dem September 2001 in den USA genannt.

Auch bislang eher vernachlässigte Risiken, wie z.B. die Reputation eines Unternehmens sind von grundlegender Bedeutung und haben weitreichende Auswirkungen auf die Geschäftstätigkeit und das Ergebnis von Unternehmen. Teilweise haben Sie sogar existenzbedrohenden Charakter. Wie stark Schäden am Image die Performance und Börsenkapitalisierung beeinflussen, zeigen die Beispiele Coca-Cola und Perrier sehr eindrucksvoll.

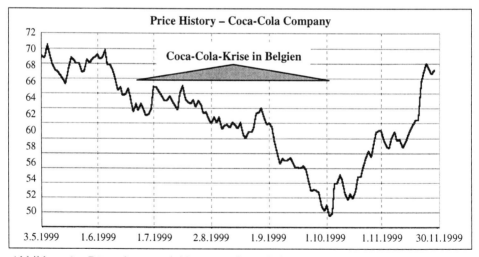

Abbildung 1: Börsenkursentwicklung von Coca-Cola während der Krise in Belgien

Das Management dieser Risiken fällt bis heute häufig in den Verantwortungsbereich von verschiedenen Personen innerhalb eines Unternehmens, wodurch vielfältige Abstimmungsprobleme entstehen. So ist der Chief Financial Officer (CFO) für alle Finanzrisiken verantwortlich, während sich der Chief Executive Officer (CEO) mit den Geschäftsrisiken und der Unternehmensstrategie auseinandersetzt (Vgl. ZECH 2001, S. 71). Diese traditionellen Risikobetrachtungen beziehen sich zumeist nur auf einen Zeithorizont von einem Jahr. Daraus resultiert eine für das gesamte Risikoportefeuille des Unternehmens suboptimale Risikostrategie.

Zur effektiven Beherrschung der Risiken benötigt ein Unternehmen ein ganzheitliches Risikomanagement. Dieses darf sich nicht nur auf das Erfassen von Einzelrisikopositionen beschränken, sondern muss vor allem die Identifikation und Bewertung von Interdependenzen und darauf ausgerichtete Maßnahmen zur Verbesserung der Risikosituation anstreben. Ziel muss es sein, gerade vor dem Hintergrund steigender regulatorischer Rahmenbedingungen, durch ein gezieltes Asset-Liability-Management beide Seiten der Bilanz simultan abzusichern.

Versicherungsunternehmen kommt bei der Erstellung und Strukturierung solcher Lösungen eine wichtige Bedeutung zu. Sie entwickeln innovative Deckungskonzepte, die den genannten Anforderungen genügen und zunehmend den Risikoausgleich in der Zeit betonen. Dadurch wird eine Ergebnisglättung sowie eine Verteilung ergebnisbelastender Ereignisse erreicht (Vgl. MÜLLER 2000, S. 1074).

Die Senkung der Ergebnisvolatilität ist vor allem vor der steigenden Abhängigkeit vom Kapitalmarkt von entscheidender Bedeutung. Wegen eines steigenden Anlegerschutzes und der wachsenden Bedeutung von Kapitalmärkten wird von Unternehmen zum einen eine weitreichende Transparenz ihrer Aktivitäten verlangt. So ist der Detaillierungsgrad und die Frequenz der Geschäftsberichterstattung erheblich gestiegen. Durch die Quartalsberichterstattung hat sich beispielsweise die Bedeutung des kurzfristigen Ergebnisausweises deutlich erhöht. Zum anderen manifestiert sich die hohe Abhängigkeit vom Kapitalmarkt in der Anspruchshaltung der Shareholder, die eine adäquate Verzinsung des eingesetzten Kapitals erwarten.

Der Trend zu höheren Selbstbehalten und Kapazitäten ist eine gängige Entwicklung in der Versicherungswirtschaft. Aber auch der Wunsch nach Deckungskonzepten, die eine Absicherung neuartiger – zum Teil als nicht versicherbar eingestufter – Risiken ermöglichen sowie der Ruf nach innovativen Deckungskonzepten, welche die Deckung mehrerer Risiken bzw. Risikokategorien mit dem Ziel eines umfassenden Bilanzschutzes vorsehen, ist laut geworden. Und genau hier kann der Versicherer mit innovativen Lösungen die Nachfrage befriedigen.

Es liegt auf der Hand, dass eine effektive Absicherung der Bilanz nur durch einen holistischen Risikomanagementansatz erfolgen kann. Was konkret unter integriertem Risikomanagement zu verstehen ist und aus welchen Elementen es besteht, wird in Kapitel 3 dargestellt. Zuerst soll jedoch noch ein kleiner Exkurs auf die Entwicklungen in der Versicherungswirtschaft eingeschoben werden, der die gestiegene Bedeutung der Versicherer bei integriertem Risikomanagement (IRM) aufzeigt, bevor in Kapitel 4 Antworten der Versicherungswirtschaft auf die gestiegenen Anforderungen skizziert werden.

2.2 Annäherung von Versicherungs- und Kapitalmarkt

Die Versicherungsindustrie hat einen Veränderungsprozess von national regulierten Märkten hin zu einer fast vollständigen Deregulation erfahren. Eine Konsequenz aus dieser Entwicklung ist die Aufweichung der ursprünglich scharfen Grenzen zwischen der Versicherungs- und Bankenbranche (Vgl. QUADT/SCHUBERT 2000, S. 538), die oftmals als „bancassurance" bezeichnet wird. Das Ergebnis ist die Entwicklung von neuen Deckungskonzepten für unterschiedliche Risikoaspekte. Die Versicherer begannen ihr Produktportefeuille auf ursprünglich nicht-versicherbare Risiken auszudehnen. Kapitalmarktprodukte, wie z.B. Optionen, Swaps und Bonds, die bis dato in das Herrschaftsgebiet der Banken fielen, wurden (und werden) nun für den Risikotransfer genutzt. Zudem beginnen Rückversicherer einige der von Ihnen in Deckung genommenen Risiken, wie z.B. Erdbeben und Sturm, direkt auf dem Kapitalmarkt zu platzieren (Vgl. ZECH 2001, S. 71 f).

Diese Erweiterung des Leistungsspektrums von Versicherungsunternehmen wird unter dem Stichwort Alternativer Risikotransfer (ART) zusammengefasst. Sie unterscheidet sich von traditionellen Versicherungsprodukten vor allem durch eine eher auf Risikofinanzierung als auf Risikotransfer ausgelegte Absicherung. Daher werden alternative Risikotransferlösungen oftmals auch unter dem Begriff Alternative Risikofinanzierung (ARF) beschrieben.

Die Versicherungsunternehmen treten dabei nicht nur als Risikoträger auf, sondern erarbeiten in enger Zusammenarbeit mit dem Kunden effiziente Lösungen, die das strategische Risikomanagement des versicherten Unternehmens unterstützen (vgl. JOHNSON/ SCHOPP 2001, S. 39f). Hieraus hat sich die Disziplin des *financial engineering* entwickelt. Darunter versteht man die Verbindung von versicherungstechnischen und finanzwirtschaftlichen Instrumenten zur Beherrschung finanzieller wie operationeller Risiken. Eine ausführliche Diskussion der Wirkungsweise Alternativer Risikotransferlösungen erfolgt in nachfolgenden Beiträgen. Mit Blick auf das Risikomanagement bleibt jedoch festzuhalten, dass ART einen bedeutenden Beitrag zur Umsetzung der sich aus ganzheitlichem Risikomanagement entwickelnden Anforderungen leistet.

Die zu beobachtende zunehmende Annäherung von Versicherungs- und Kapitalmarkt fördert die Weiterentwicklung von IRM und ist zugleich dessen grundlegende Voraussetzung (Vgl. MÜLLER 2000, S. 1100).

3. Definition von integriertem Risikomanagement

Es ist festgestellt worden, dass Unternehmen ein ganzheitliches Risikomanagement benötigen, wenn sie ihre Risikoposition effektiv beeinflussen und dauerhaft am Markt bestehen wollen. Das Risikomanagement unterstützt Unternehmen bei der wertsteigernden Gestaltung der Unternehmensrisikoposition (Vgl. KPMG 1998, S. 7).

Im Gegensatz zu einem in der Praxis überwiegend anzutreffenden Mikromanagement von Einzelrisiken mithilfe von Insellösungen, muss effektives Risikomanagement als Bestandteil eines integrierten Managementsystems verstanden werden. Seine Aufgabe ist es, die Unternehmensleitung so zu gestalten, dass das Unternehmen hinsichtlich seiner Risikolage jederzeit unter Kontrolle gehalten werden kann (Vgl. KPMG 1998, S. 7ff).

Grundvoraussetzung eines jeden IRM ist eine Standardisierung des Risikobegriffs über die verschiedenen Risikoarten hinweg (Vgl. QUADT/SCHUBERT 2000, S. 538). Deshalb soll im Folgenden das hier gebrauchte Verständnis von Risiko, IRM und die Elemente eines IRM kurz dargestellt werden.

3.1 Definition

Als Risiko sollen hier ganz allgemein potenzielle Störungen bezeichnet werden, die zu Abweichungen von Unternehmenszielen führen.

Integriertes Risikomanagement wird verstanden als ständiger, proaktiver und systematischer Prozess zum Verständnis, Management und zur Kommunikation von Risiken aus einer organisationsweiten Perspektive. Ziel des IRM ist das Treffen strategischer Entscheidungen, die zum Erreichen einer Wertsteigerung des Unternehmens beitragen (Vgl. TREASURY BOARD OF CANADA 2001).

Risikomanagement weist somit einen stark prozessualen Charakter auf und wird grundlegend als Risikoidentifikation, -bewertung und -steuerung verstanden. Es ist Bestandteil der Unternehmenssteuerung und in das Berichtswesen integriert.

3.2 Elemente eines Risikomanagementsystems

Im Folgenden sollen kurz die essenziellen Elemente eines Risikomanagementsystems dargestellt werden. Die hier gegebenen Informationen sollen dem Leser nur kurz die Funktionen und Ziele der einzelnen Elemente verdeutlichen. Eine detailliertere Betrachtung dieser Punkte würde den Umfang dieses Beitrages sprengen und wird an anderer Stelle geleistet.

3.2.1 Risikopolitik

Die Unternehmensleitung selbst muss sich deutlich sichtbar verpflichten, ein unternehmensweites Risikomanagement einzuführen und umzusetzen. Ein Mittel hierzu und gleichzeitig Voraussetzung für die Gestaltung und Entwicklung der Risikomanagement-Organisation ist die Formulierung und Kommunikation von risikopolitischen Grundsätzen durch die Unternehmensleitung (Vgl. KPMG 1998, S. 10). Diese Grundsätze müssen mit den anderen Zielen und Elementen der normativen Unternehmensführung in Einklang stehen bzw. aus ihnen abgeleitet sein. Nur mithilfe einer solchen Risikopolitik kann das notwendige Bewusstsein bei allen Mitarbeitern geschaffen werden, sodass Risiken in einem offenen Dialog diskutiert und schließlich bewältigt werden können.

3.2.2 Analyse

Die Identifikation und Erfassung von Risiken ist der erste Schritt des Risikomanagementprozesses.

Ziel der Risikoidentifikation ist die umfassende und systematische Erfassung aller für das Gesamtunternehmen, die einzelnen operativen Geschäftsbereiche und die Töchter bzw. Beteiligungen relevanten Risiken. Die Risiken können sich dabei sowohl aus externen Entwicklungen als auch aus internen Prozessen ergeben.

3.2.3 Bewertung

Die Bewertung von Risiken zielt darauf ab, die Risiken hinsichtlich ihrer Bedeutung für das Unternehmen in eine Rangordnung zu bringen. Durch eine solche Priorisierung der Risiken können die Anstrengungen zur Risikosteuerung gezielt auf die wesentlichen und bestandsgefährdenden Risiken ausgerichtet werden. Die Risikobewertung erfolgt i.d.R. nach dem möglichem Schadenpotenzial und der Eintrittswahrscheinlichkeit.

3.2.4 Steuerung

Die Ergebnisse der Risikoidentifikation und Risikobewertung müssen in Entscheidungen und Maßnahmen zur Risikosteuerung umgesetzt werden. Gegenstand der Risikosteuerung ist es, die Risikoposition der operativen Einheit oder des Gesamtunternehmens aktiv zu beeinflussen, das gilt namentlich für Risiken, deren Steuerung bislang nur teilweise oder gar unzureichende Erfolge zeigt. Die Risikosteuerung folgt dem Process-Ownership-Prinzip, d.h. die Leiter der operativen Einheiten sind für die Steuerung ihrer Risiken verantwortlich, für Risiken des Gesamtunternehmens zeichnet der Vorstand verantwortlich.

Für die Risikosteuerung stehen im Allgemeinen mehrere grundlegende Alternativen zur Verfügung. Hierzu zählen die Vermeidung, Verminderung, der Transfer und die Akzeptanz von Risiken.

Die Vermeidung von Risiken zielt auf das Einstellen bzw. Nichteingehen risikobehafteter Aktivitäten. Bei der Risikoverminderung geht es um die teilweise oder weitgehende Reduzierung der Eintrittswahrscheinlichkeit und/oder der Schadenauswirkung; der Risikotransfer – als eine denkbare Minderungsmaßnahme – zielt insbesondere auf die (z.B. finanzielle) Übertragung von Risiken auf Dritte. Als weitere Alternative besteht schließlich noch die Möglichkeit der Risikoakzeptanz, z.B. dann, wenn das erwartete Risiko relativ gering und damit tragbar ist, oder wenn die Kosten der Risikosteuerung unverhältnismäßig hoch sind und gleichzeitig keine wesentliche Bedrohung durch das jeweilige Risiko besteht.

3.2.5 Umsetzungscontrolling

Nicht nur die Risikoentwicklung, sondern auch und insbesondere die Umsetzung von Risikosteuerungsmaßnahmen gilt es regelmäßig und systematisch zu überwachen.

Gegenstand des Umsetzungscontrollings ist damit

- ob die Risikosteuerungsmaßnahmen im geplanten Umfang und zum geplanten Zeitpunkt durchgeführt wurden,
- ob sich die geplante Wirkung der Risikosteuerung einstellte,
- ob die Risikoverantwortlichkeit in ausreichendem Umfang wahrgenommen wurde bzw. richtig festgelegt wurde,
- ob sich die Notwendigkeit einer Modifikation der Risikosteuerungsmaßnahmen ergibt und
- ob das Budget für die geplanten Risikosteuerungsmaßnahmen ausreicht bzw. modifiziert werden muss. Im Fall von Abweichungen vom geplanten Zustand (erfolgreiche Risikosteuerung) ist im Rahmen der Risikoberichterstattung hierauf im Detail einzugehen und ggf. auf die Notwendigkeit einer Anpassung der Risikopolitik hinzuweisen.

3.2.6 Risikoberichterstattung

Die Risikoberichterstattung verfolgt das Ziel, den Vorstand und alle Führungskräfte zeitnah und nachvollziehbar über die Risiken und deren potenzielle Auswirkungen zu informieren.

Daneben dient die Berichterstattung der Information der internen Revision und des Abschlussprüfers.

3.3 Ziele von integriertem Risikomanagement

Im Zentrum der Überlegungen zur Entwicklung und Implementierung von Risikomanagementsystemen steht das Ziel, durch das frühzeitige Erkennen von potenziell die Vermögens-, Finanz- und Ertragslage eines Unternehmens gefährdenden Risiken Handlungsspielräume zu schaffen, die die langfristige Sicherung von bestehenden sowie den Aufbau von neuen Erfolgspotenzialen ermöglichen und damit den Fortbestand des Unternehmens sichern (Vgl. KPMG 1998, S. 7).

Innovative Deckungskonzepte, die o.g. Anforderungen genügen, lassen sich nicht nur durch die (integrierte bzw. gesamthafte) Betrachtung der gesamten Risikoposition eines Unternehmens erreichen, sondern auch durch Produkte, welche den Risikoausgleich in der Zeit betonen und auf diese Weise zu einer weiteren Ergebnisstabilisierung beitragen (Vgl. MÜLLER 2000, S. 1074).

In der traditionellen Risikofinanzierung wird ein großer Kostenblock der Versicherungsprämien für Schäden verbraucht, die häufig vorkommen und relativ klein sind. Diese sogenannten Frequenzschäden absorbieren bis zu 40% der Versicherungsprämie, tragen aber zum Bilanzschutz wenig bei. Vielmehr handelt es sich um einen Geldwechsel zwischen Unternehmen und Versicherung. Schließlich wird nur ein recht kleiner Betrag, vielleicht sind es 30% der Versicherungsprämie, für den Bilanzschutz eingesetzt, das heißt für diejenigen Risiken, die dem Unternehmen tatsächlich große finanzielle Verluste und zusätzliche operative Schwierigkeiten verursachen können. Hier ist die mangelnde Effizienz der traditionellen Risikofinanzierung besonders offensichtlich und schwerwiegend, dies nicht nur für die Unternehmen, sondern auch für die Versicherer, deren Großschadenreserve erodiert wird (Vgl. GOTTSCHLING 1999, S. 18).

Vor allem multinationale Großunternehmen können Frequenzschäden selber tragen. Sie wollen jedoch die Ergebniswirkung nicht zeigen und sich außerdem gegen Großschäden absichern. Man denke hier nur zurück an das schon eher gebrachte Beispiel der Imageschäden bei Firmen wie z.B. Perrier und Coca-Cola, die einen erheblichen Einfluss auf sowohl Aktienkurse als auch Geschäftsvolumen haben. Eine Möglichkeit der Abfederung der Auswirkungen sind sogenannte Multi-line- und Multi-year-Deckungen, die einen Risikoausgleich in der Zeit und über verschiedene Risikokategorien hinweg betonen. Aufgabe der Versicherer ist es, die echten Trigger für die abgedeckten Risiken zu bestimmen. Häufig wird erst eine Kombination verschiedener Ereignisse problematisch für international agierende Großunternehmen.

3.4 Vorteile von integriertem Risikomanagement

Der entscheidende Vorteil von integriertem Risikomanagement besteht darin, dass die Wechselwirkungen zwischen den Risiken und Ergebnisbeiträgen aller Produkte, Geschäftsfelder und Unternehmensaktivitäten identifiziert werden können. Somit ist es möglich, Chancen und Risiken des gesamten Unternehmensportfolios effektiv bewerten und aktiv steuern zu können. Integriertes Risikomanagement erlaubt eine Ausrichtung auf die individuellen Zielsysteme und Interessengruppen eines Unternehmens (Vgl. KPMG 1998, S. 8).

Obwohl es sich bei versicherungstechnischen integrierten Risikomanagementlösungen um sehr individuelle, maßgeschneiderte Lösungen handelt, die zunächst Aufwand verursachen, können derartige Konzepte zusätzlich zur effektiveren Unternehmenssicherung auch eine Reihe von Kostenvorteilen mit sich bringen, die im Folgenden kurz dargestellt werden sollen.

Ein Vorteil für ein Unternehmen, dass verschiedene Techniken der Risikofinanzierung z.B. in einem Multi-line-Multi-year-Konzept zusammenfasst, ist die durch mehr oder weniger vollständige Produktbündelung erhöhte Einkaufsmacht, die zu einer Vergünstigung der Deckung führen kann (Vgl. GOTTSCHLING 1999, S. 67). Weiterhin ermöglichen derartige Konzepte auch erhöhte Selbstbehalte bei niedrigeren Sicherheitskapitalkosten.

Da die für ein Risiko aufzuwendenden Kapitalkosten nicht ausschließlich von diesem Risiko abhängen, sondern in hohem Maße von dem (Risiko-) Portefeuille, in das dieses Risiko eingebettet ist (Vgl. SCHWEIZERISCHE RÜCKVERSICHERUNGS-GESELLSCHAFT 1998, S. 13), können derartige Diversifikationspotenziale aus Kostengesichtspunkten genutzt werden, da die Kosten für die isolierte Deckung verschiedener Unternehmensrisiken höher sind als die Kosten einer umfassenden Deckung intelligent kombinierter (im Idealfall unkorrelierter) Einzelrisiken (Risikopakete) (Vgl. MÜLLER 2000, S. 1079; PUNTER 1998, S. 34). Durch eine entsprechende Portefeuillemischung kann ein derartiger portefeuilleinterner Hedgeeffekt erreicht werden (Vgl. MÜLLER 2000, S. 1079).

Schließlich können weitere Kostendegressionseffekte im Rahmen von Verbundeffekten bei kombinierten Lösungen durch Einsparungen bei den Verwaltungskosten realisiert werden (Vgl. PUNTER 1998, S. 34). Ein weiterer Risikokostendegressionseffekt kann sich durch die Konzeption von integrierten Risikomanagementlösungen als Mehrjahresprodukt ergeben (Vgl. MÜLLER 2000, S. 1080).

Wäre weiterhin eine Standardisierung derartiger Konzepte möglich, so würde sich ein weiterer, wesentlich größerer Spielraum für Kostendegressionseffekte bieten. Da eine derartige Standardisierung jedoch zumindest derzeit und in den nächsten Jahren wohl kaum zu erwarten ist, kann für den Fall eines integrierten Risikomanagements von der Nutzung oftmals zitierter Economies of Scale vorerst nicht ausgegangen werden. Weiterhin sei darauf hingewiesen, dass eine Standardisierung integrierter Risikomanagementlösungen in den meisten Fällen aufgrund der Individualität derartiger Lösungen weder möglich noch Zielsetzung im Sinne der Kundenbedürfnisse ist (Vgl. MÜLLER 2000, S. 1080).

Neben den absoluten Kostenvorteilen besteht ein weiterer Vorteil integrierter Risikomanagementkonzepte in der Stabilisierung der Risikokosten (Vgl. HEROLD/PAETZMANN 1997: S. 674; FANNING 1998, S. 29), was dem Zedenten eine erhöhte Planungssicherheit ermöglicht. Unkorreliertheit vorausgesetzt, kann nachgewiesen werden, dass die Gesamtvolatilität der Kosten mehrerer in einem Paket transferierter Risiken geringer ist als die Summe der Volatilitäten verschiedener einzeln transferierter Risiken (Vgl. MÜLLER 2000, S. 1080; MCDERMOTT 1998, S. 47). Die Betrachtung und Kalkulation eines umfassenden Risikodeckungskonzepts über den Zeitraum mehrerer Jahre kann neben der Senkung der absoluten Risikokosten zu einem weiteren wertvollen Stabilisierungseffekt bezogen auf die Risikokosten beitragen (Vgl. MÜLLER 2000, S. 1080; PUNTER 1998, S. 34).

3.5 Zusammenfassung

Bei der Ermittlung der (Gesamt-)Risikolage eines Unternehmens ist zu beachten, dass das aggregierte Unternehmensrisiko aufgrund möglicher kompensatorischer bzw. kumulativer Effekte der Einzelrisiken untereinander nicht unbedingt der Addition der Einzelrisiken entspricht (Vgl. KPMG 1998, S. 5). Gerade diese Erfassung und Abbildung dieser Interdependenzen von Risiken stellt Unternehmen vor Schwierigkeiten.

Somit ist der Weg zu einem wirklich integrierten Management des Unternehmensrisikos, dass alle Unternehmensbereiche und -aktivitäten systematisch erfasst, allein aufgrund vielschichtiger Quantifizierungsprobleme noch weit (Vgl. KLOMAN 1999).

Für die Versicherer ist die Abstimmung verschiedener Instrumente das Hauptproblem.

Die Attraktivität von IRM besteht aber ganz deutlich in

- der ganzheitlichen Sichtweise,
- der Verminderung/Stabilisierung der Risikokosten,
- der Bereitstellung kostengünstiger Deckungen für gebündelte Risikokategorien,

- dem mehrjährigen Bilanzschutz und der mehrjährigen Stabilisierung der Jahresergebnisse und
- der Erhöhung des Shareholder Value (Vgl. MÜLLER 2000, S. 1099).

4. Antworten der Versicherungswirtschaft und Entwicklungstendenzen

4.1 Innovative Lösungen

Wie eingangs bereits erwähnt wurde, ist ein effektives Risikomanagement mit traditionellen Produkten nur unzureichend realisierbar. Daher ist die Versicherungswirtschaft gefordert, innovative Deckungskonzepte zu entwickeln, die einerseits neue Risikopotenziale absichern, andererseits das gesamte Risikospektrum eines Unternehmens bestmöglich abdecken können. Aus diesen Anforderungen sind im Wesentlichen zwei Handlungsalternativen entstanden.

Zum einen werden auf Basis traditioneller Bewertungsmethoden Deckungskonzepte für neue Risiken erarbeitet, die das Produktportefeuille der Versicherer erweitern. Dazu werden, aufbauend auf Underwriting-Know-how und aktuariellem Wissen, Lösungen entwickelt, die durch den Ausgleich im Kollektiv des Versicherers eine geeignete Absicherung erlauben. Der Anstoß zu solchen Produktentwicklungen erfolgt entweder reaktiv durch kundenseitige Anfragen oder proaktiv durch fortlaufende Marktanalysen des Versicherers und einer daraus resultierenden Identifikation vorhandener Deckungslücken. Vor allem aus proaktiven Entwicklungen können Imagegewinne für den Versicherer realisiert werden.

Zum anderen forcieren Versicherungs- und zunehmend auch industrielle Unternehmen die Entwicklung Alternativer Risikotransferlösungen (ART). Dabei bieten Versicherer die Möglichkeit, die Ergebniswirkung vergangener oder künftiger Schäden über einen mehrjährigen Zeitraum zu strecken. Ferner wird durch die Kombination operationeller und finanzieller Risiken eine ganzheitliche Lösung des Risikomanagements geboten. Zudem erlaubt ART durch den Risikotransfer in die Kapitalmärkte die Erschließung neuer Kapazitäten. Hierdurch lassen sich Großrisiken absichern, die vom Versicherungsmarkt aufgrund seiner Kapazitätsbeschränkung nicht darstellbar sind. Außerdem werden Risiken versicherbar, für die derzeit keine anderweitige Absicherung angeboten wird (z.B. Wetterrisiken).

Das Spektrum des Alternativen Risikotransfers wird in nachfolgenden Beiträgen vertieft und soll daher hier nicht weiter behandelt werden. Es ist jedoch zu erwarten, dass, vor allem in Zeiten eines relativ hohen Prämienniveaus, dieser Dienstleistungsbereich deutlich wachsen wird und das bisherige Leistungsspektrum der Versicherer nachhaltig verändern wird.

4.2 Herausforderungen

Die Herausforderungen, die sich aus integriertem Risikomanagement ergeben, lassen sich in verschiedenen Ebenen gliedern.

4.2.1 Die kulturelle und erzieherische Herausforderung

Die Implementierung eines IRM-Ansatzes erfordert grundlegende kulturelle Veränderungen, da ein ganzheitliches Risikomanagement eine neue Betrachtungsweise darstellt. Jeder einzelne Mitarbeiter muss sich der Risiken, die sein Handeln auslöst, bewusst sein, und gleichzeitig muss er erkennen, dass diese zur Gesamtrisikoexponiertheit des Unternehmens beitragen. Dieses notwendige individuelle Risikobewusstsein ist wahrscheinlich eine der herausforderndsten Voraussetzungen von IRM (Vgl. RISK MANAGEMENT SPOT 2001).

4.2.2 Die technologische Herausforderung

Trotz der modernen Entwicklungen gibt es derzeit kein Produkt, dass eine Komplettlösung für IRM bieten kann. Unternehmen sind somit aufgefordert, die notwendigen Funktionalitäten durch eine Kombination von Eigen- und Fremdleistungen zu erreichen.

IRM erfordert zudem zentrale Informations- und Managementsysteme, die ggf. in Konflikt stehen mit der bestehenden Informationsarchitektur. Trotz der Daten- und Systemherausforderungen sollten Unternehmen nicht warten, bis das perfekte System am Markt verfügbar ist. Vielmehr sollten sie den bestmöglichen Nutzen ziehen aus dem, was verfügbar ist, und eine zügige Weiterentwicklung forcieren (Vgl. RISK MANAGEMENT SPOT 2001).

4.2.3 Risikoanalyse

Modelle, die verschiedene Risikokategorien analysieren und bewerten, müssen noch verbessert werden. Ansätze wie z.B. VaR, ALM und DFA verlassen sich auf historische

Beziehungen und versuchen die Wahrscheinlichkeit von verschiedenen möglichen Ergebnissen zu identifizieren und zu quantifizieren.

Eines der Hauptprobleme ist jedoch weiterhin die unbefriedigende Datenbasis, insbesondere in Industrieunternehmen, zu historischen Korrelationen und zu den unregelmäßig wiederkehrenden Großrisiken. Diese sind es nämlich, die zu erheblichen Ergebnisvolatilitäten führen und somit der besonderen Aufmerksamkeit im Risikomanagementprozess bedürfen.

Es ist aber auf jeden Fall wichtig zu verstehen, dass ein blindes Vertrauen auf die genannten Analysen die menschliche Dimension, Organisationsstrukturen und Unternehmenskultur vernachlässigt, die alle zusammen die Risikoneigung eines Unternehmens zum Ausdruck bringen. Anderseits muss man sich bei derartigen Analysen immer der getroffenen Annahmen bewusst sein, die dem Modell zugrunde liegen. Deshalb sollten die erhaltenen Ergebnisse als Input dienen für weitere qualitative Entscheidungsprozesse (Vgl. RISK MANAGEMENT SPOT 2001).

4.2.4 Grundlegende Unterschiede zwischen Risiken: Kern- und Nicht-Kernrisiken

Sobald die Risiken identifiziert, bewertet und auch die Tools zur Handhabung verfügbar sind, muss eine grundlegende Frage gestellt werden: Welche Risiken werden getragen und welche transferiert?

Die Antwort auf diese Frage lautet wie folgt. Einerseits wird üblicherweise gesagt, dass man Kernrisiken nicht hedgen oder transferieren sollte. Diese Risiken sind geschäftsimmanent und hier hat das Unternehmen im Vergleich zum Markt einen Informationsvorsprung erreicht. Anderseits sollten Nicht-Kernrisiken entweder intern ausgleichbar sein oder an Dritte transferiert werden. Dieses Prinzip gestaltet die Risikomanagement-Vorgehensweise von Unternehmen. Eine derartige Risikohandhabung führt zu einem wertsteigernden Prozess.

Dies klingt nach einer simplen und sicherlich attraktiven Theorie. In der Praxis jedoch ist die Aufteilung zwischen Kern- und Nicht-Kernrisiken nicht so eindeutig (Vgl. RISK MANAGEMENT SPOT 2001).

4.3 Ausblick

Die strukturellen und wirtschaftlichen Rahmenbedingungen für Unternehmen werden auch künftig einem andauernden Wandel unterliegen. Es ist zu erwarten, dass die daraus resultierende Komplexitätszunahme zu einem steigenden Bedarf an individuellen Risikolösungen führen wird, die das gesamte Spektrum des Risikoportefeuille abdecken müssen. Um dieses Ziel zu erreichen, wird sich die Zusammenarbeit zwischen Unternehmen und Versicherern zunehmend zu einer strategischen Partnerschaft ausweiten. Unternehmen werden dazu die Risikostruktur ihrer Organisation offen legen müssen, um gemeinsam mit den Versicherungsunternehmen geeignete Lösungen für eine optimale, unternehmensweite Risikostrategie zu entwickeln. Diese berücksichtigt nicht nur die operativen Risiken, die traditionell bereits auf Versicherer transferiert wurden, sondern auch finanzielle Risiken, die bislang separat oder gar nicht abgedeckt wurden.

Die Entwicklung solcher Lösungen erweitert nicht nur das Geschäftsfeld der Versicherungsunternehmen, sondern stellt selbige auch vor eine Reihe von Herausforderungen. Produktmanager und Underwriter müssen ihr bestehendes Wissen erweitern und eine Expertise für sowohl versicherungs- als auch banktechnische Aspekte aufbauen. Sie müssen die ganzheitlichen Ansätze der Risikomanager der Industrie verstehen und ihre Produkte so strukturieren, dass diese die Veränderungen im rechtlichen, bilanziellen und steuerlichen Umfeld in den relevanten Ländern reflektieren.

Bei der Strukturierung von alternativen Risikotransferlösungen und der Bestimmung eines adäquaten Preises für solche Lösungen müssen die Aktuare eine steigende Anzahl von industriellen und finanziellen Risiken aus den verschiedensten Branchen berücksichtigen. Diese Komplexität wird in innovativen Kontrahierungstechniken münden, die weit über das traditionelle Versicherungsgeschäft hinausgehen. Sollte diese Expertise nicht intern aufgebaut werden können, so müssen sich die Versicherer externer Consultants bedienen.

Integriertes Risikomanagement ist somit gleichzeitig Herausforderung und Chance für die Versicherungswirtschaft der Zukunft. Nur solche Versicherungsunternehmen, die diesen Wandel aktiv gestalten, werden künftig auf dem Gebiet des ganzheitlichen Risikomanagements bestehen können.

Literaturverzeichnis

FANNING, D.: Old dogs learn new tricks, in: Reinsurance, Dezember 1998.

GOTTSCHLING, D. (Hrsg.): Innovative Risikofinanzierung, Wiesbaden 1999.

HEROLD, B./PAETZMANN, K.: Innovation als Wettbewerbsfaktor in der Industrieversicherung, in: Zeitschrift für Versicherungswesen 1997.

JOHNSON, T./SCHOPP, S.: ART – Fad or Fact, in: Global Reinsurance, September 2000, S. 39 – 40.

KLOMAN, F.: Integrated Risk Assessment – Current views of risk management, in: Risk Management Bulletin, London Februar 1999.

KPMG: Integriertes Risikomanagement, Berlin 1998.

MCDERMOTT, K.: The Evolution of Corporate Risk, in: Luxembourg Rendez-Vous, Supplement, Juni 1998.

MÜLLER, A.: Integriertes Risikomanagement für die Versicherungsbranche – Ein gesamtheitlicher Ansatz zur effizienteren Deckung von Risiken, in: Johanning, L./Rudolph, B. (Hrsg.): Handbuch Risikomanagement, Band 2, Bad Soden/Ts. 2000, S. 1073-1104.

PUNTER, A.: Works of ART, in: Business Risk, November 1998.

QUADT, R./SCHUBERT, T.: Aufbau eines integrierten Risikomanagements, in: Versicherungswirtschaft 8/2000, S. 538-541.

RISK MANAGEMENT SPOT: Introduction to Integrated Risk Management, http://rms.ovh.org/IntegratedRM.htm, 2001.

SCHWEIZERISCHE RÜCKVERSICHERUNGS-GESELLSCHAFT (Hrsg.): Corporate risk financing – the emergence of a new market, Zürich 1998.

TREASURY BOARD OF CANADA, SECRETARIAT: Integrated Risk Management Framework, Canada 2001.

ZECH, J.: Rethinking Risk Management – The Combination of Financial and Industrial Risk, in: Geneva Papers on Risk and Insurance Vol. 26 Nr. 1, 2001, S. 71 – 82.

Mathias Schüz[*]

Ganzheitliche Betrachtung und Bewältigung unternehmerischer Risiken

1. Wozu ganzheitliches Risikomanagement?

2. Die Natur des Risikos
   2.1 Das Risiko „menschlichen Versagens"
   2.2 Zur Kausalität von Schadenereignissen
   2.3 Risiken durch Wertkonflikte
   2.4 Sach- und Wertaspekte im Risiko

3. Unternehmerische Risiken – Versuch einer Ganzheitsschau
   3.1 Bestandsrisiken
   3.2 Ethikrisiken
      3.2.1 Identifizieren von Ethikrisiken mithilfe des Stakeholder-Modells
      3.2.2 Die Machtmittel der Stakeholder – ein Risiko
      3.2.3 Risikokommunikation: Die Kunst des Aushandelns von Risiken
   3.3 Sinnrisiken
   3.4 Ganzheitliches Risikomanagement auf der Basis eines Wertemanagments

4. Verantwortlicher Umgang mit Risiken in Unternehmen
   4.1 Verantwortung als Durchsetzung von Werten
   4.2 Der Nutzen ganzheitlicher Verantwortung
   4.3 Die LOGIK ganzheitlicher Verantwortung in Unternehmen
   4.4 Grundsätze zur ganzheitlichen Bewältigung unternehmerischer Risiken

Literaturverzeichnis

---

[*] Dr. Mathias Schüz ist Mitglied der Geschäftsführung der Gerling Akademie für Risikoforschung AG, Zürich.

1. Wozu ganzheitliches Risikomanagement?

Jeder Unternehmer geht Risiken ein, wenn er sich mit seinen Produkten am Markt behaupten will. Seinen Gewinnchancen stehen die Verlustrisiken gegenüber. Doch was heißt „Gewinn" bzw. „Verlust" und vor allem: für wen „Gewinn" oder „Verlust"? Unterstellen wir, dass im Gewinn Werte geschaffen und im Verlust Werte vernichtet werden, so stellt sich die Frage: Wo schafft bzw. vernichtet ein Unternehmen Werte?

Die Erfahrung zeigt, dass diese Frage gar nicht einfach zu beantworten ist. Denn meistens entzieht sich dem rein betriebswirtschaftlichen Blick, wo Werte geschaffen bzw. vernichtet werden. Was dem einen wertvoll erscheint, ist dem anderen wertlos oder gar bedrohlich. Die einen sehen z. B. im Castorbehälter eine Chance, weil er Probleme bei der Zwischenlagerung abgebrannter Uranstäbe lösen hilft, die anderen ein Risiko, weil sie darin eine Bedrohung für künftige Generationen erkennen. Was die einen begrüßen, weisen die anderen zurück.

So geraten die verschiedenen Interessengruppen innerhalb und außerhalb eines Unternehmens immer wieder miteinander in Konflikt und stören gegenseitig ihre Kreise. Die Chancen und Risiken einer unternehmerischen Aktivität sind nur zu überschauen, wenn man ihre möglichen Konsequenzen kennt. Das Leben sorgt aber immer wieder für Überraschungen, Zufälle und Schicksalsschläge, mit denen niemand gerechnet hat. Die prinzipielle Ungesichertheit des Daseins macht das Management von Risiken so schwierig.

Unternehmerische Risiken können allerdings in ihrer Komplexität mithilfe von Suchmustern leichter identifiziert werden. Dies ist eine wichtige Voraussetzung für ihre Bewältigung. Ignorierte Risiken können durch die Hintertür einem Unternehmen übel zusetzen. Es ist dann nicht darauf vorbereitet und reagiert häufiger falsch. Ganzheitliches Risikomanagement rechnet auch mit Schäden, die nicht mehr rein monetär ausgeglichen werden können. Es kennt die Grenzen von Kosten-Nutzen-Analysen und nimmt gerade auch Risiken in den Blick, die neben den monetären noch andere Werte bedrohen.

In einem ersten Schritt gebe ich einige Hinweise zur Entstehung von Risiken. Nur wenn wir ihre „Ursachen" kennen, können wir Maßnahmen zur Beseitigung oder wenigstens Eindämmung finden. Der Merksatz hierzu lautet: *„Risiken entstehen durch Bedrohung von Werten"*.

Im zweiten Schritt möchte ich das Spektrum derjenigen Risiken umreißen, die für ein Unternehmen von Interesse sein müssten, oft aber vergessen werden. Ich unterscheide dabei Bestands-, Ethik- und Sinnrisiken. Der Schlüsselsatz hierfür lautet: *„Risiken, die von einem Unternehmen ausgehen, wirken darauf zurück."*

Der dritte Schritt stellt Formen des verantwortlichen Umgangs mit Risiken zur Diskussion. Dadurch sollen die Interessen eines Unternehmens langfristig gewahrt werden.

Grundlage dafür ist der Grundsatz: *"Verantwortliches Wirtschaften minimiert die Risiken aller Betroffenen."*

2. Die Natur des Risikos

2.1 Das Risiko „menschlichen Versagens"

Beinahe täglich liest man in der Zeitung von großen Schadenereignissen wie Großbränden, Verkehrsunfällen, Flugzeugabstürzen oder Schiffs- und Eisenbahnunglücken. Als Grund wird in 70 bis 80% der Fälle „menschliches Versagen" angegeben, wie z. B. bei einer Zugentgleisung in Indien, bei der 82 Menschen starben und 234 verletzt wurden. Nach Angaben der Behörden hatten Arbeiter in den Abendstunden des Unglückstages bei Reparaturarbeiten ein 10 Meter langes Gleisstück entfernt, ohne die Verkehrsleitung davon zu unterrichten, also ein typisch „menschliches Versagen" (Vgl. o.V. 1997, S. 16). Diese Angabe genügt normalerweise, dass bei vorhandener Haftpflichtdeckung der Versicherer die entstandenen Schäden monetär ausgleicht.

Weshalb aber jemand „versagte", die Gründe und Zusammenhänge dafür werden meistens außer acht gelassen. Das Wissen darum wäre aber notwendig, um das Risiko solcher Schäden zu verringern. Vielleicht waren in unserem Beispiel die Arbeiter wegen permanenter Überlastung übermüdet oder zu wenig geschult. Dann wäre aber die Schuld auch in der Organisation zu suchen, die sich zu wenig um das Wohlbefinden oder die Ausbildung der Arbeiter kümmerte.

2.2 Zur Kausalität von Schadenereignissen

Ein grundsätzliches Problem bei der Identifizierung von Risiken liegt in dem einfachen Ursache-Wirkungsschema, mit dem wir spätestens seit Beginn der Neuzeit die Welt betrachten. Wir neigen dazu, ein Schadenereignis monokausal zu beurteilen. Wenn jemand einen Stein auf ein Fenster wirft und es zerbricht, dann ist er an dem Schaden schuld und muss ihn ersetzen.

Dabei wird leicht vergessen, dass man den Fall unter Rückgriff auf die Vierursachenlehre der alten Griechen auch differenzierter beurteilen kann. So identifizierte Aristoteles zu jedem Ereignis gleich vier unterschiedliche Gründe: nämlich die Stoff-, Form-, Wirk- und Zielursache. Die Härte des Steines und die Zerbrechlichkeit der Scheibe wären die Materialursache, deren Form – runder Stein und flache Scheibe – die Formursache, das Werfen des Steines auf das Glas wäre die Wirkursache. Die Intention, der Zweck, den der Steinewerfer mit seiner Handlung verfolgt, wäre schließlich die Zielursache. Erst im *Zusammenwirken* aller vier Ursachen konnte das Schadenereignis überhaupt entstehen.

Mit einer solchen differenzierten Betrachtungsweise ergeben sich dann auch unterschiedliche Arten der Schadenverhütung: härtere oder anders geformte Glasscheiben, Beschützen des Gebäudes vor möglichen Randalierern oder gar Hinwirken darauf, dass potenzielle Steinewerfer gar nicht mehr motiviert werden, ihre Aggressionen auf diese Weise zu entladen.

Die ersten drei Ursachenarten geben mehr die Sacheigenschaften (Stoff und Form) bzw. den Sachverhalt (Stein zerbricht Glasscheibe) an. Materialtechnische und naturwissenschaftliche Forschungen haben darüber sehr viel Wissen angesammelt. Es wird in der Schadenforschung und -verhütung ausgiebig genutzt.

Hingegen die vierte Ursache, der Zweck, der zu dem Ereignis geführt hat, wurde im Risikomanagement eher vernachlässigt. Dies liegt wohl daran, dass die Ziele und Interessen, die ein Mensch verfolgt, sich häufig objektiven Kriterien entziehen. Denn dies ist von seinen subjektiven Wertvorstellungen abhängig. Allenfalls die Sozialwissenschaften oder die Psychologie können hierüber Aufschluss geben.

Ein ganzheitliches Risikomanagement setzt also nicht nur eine *Sachanalyse* voraus, sondern auch eine *Wertanalyse* der involvierten Interessengruppen. Wie wichtig gerade letztere ist, hat der Terroranschlag vom 11. September 2001 auf das World Trade Center in New York gezeigt. Das Motiv der Täter wird nur vor dem Hintergrund ihrer Wertvorstellungen nachvollziehbar. Offenbar fühlten sie sich vom westlichen Lebensstil in ihrem Glauben bedroht und sahen es als eine religiöse Pflicht an, diesen zu verteidigen. Sie hofften, sich dadurch eine paradiesische Zukunft im Reiche Allahs zu sichern. Nebenbei bemerkt wäre das Schadenausmaß des Anschlags bei einer verbesserten Bauweise geringer ausgefallen. Ein Stahlbetonkern hätte das Gebäude stabiler gemacht und wahrscheinlich vor dem Zusammensturz bewahrt. Die mit Asbest bestrichenen Stahlträger konnten hingegen der Hitze nicht allzu lange widerstehen und brachen zusammen.

2.3 Risiken durch Wertkonflikte

So augenfällig die Bedeutung einer Wertanalyse der Täter im Falle der Terroranschläge ist, sie ist auch für Unternehmen unerlässlich. Die individuellen Wertvorstellungen von Mitarbeitern können mit Werten des Unternehmens in Konflikt geraten und dadurch große Risiken generieren, wie folgendes Beispiel zeigt.

Im März 1991 fuhr in der Nacht ein Passagierfährschiff aus dem Hafen von Livorno los in Richtung Sardinien. Kurze Zeit später stieß es mit einem vor Livorno ankernden Öltanker zusammen. Beide Schiffe gerieten in Brand, eine große Menge Öl verseuchte das Meer und die Küsten, mehr als 60 Menschen starben in dem Inferno.

Zuerst hieß es, Nebel habe die Sicht versperrt, wenige Tage später kam heraus, dass sämtliche Offiziere des Fährschiffes einschließlich der Mannschaft das Fußball-Europapokalendspiel, an dem der AC Mailand beteiligt war, vor dem Fernseher angeschaut und daher die Alarmsignale der modernen Radaranlage nicht wahrgenommen hatten: typisch „menschliches Versagen" also – einfach in das Raritätenkabinett von Katastrophen abzulegen. Doch was hätte man daraus für die Schadensvorsorge gelernt? Wohl nicht allzu viel!

Würde der verantwortliche Reeder die Zweckursache des Unglücks anschauen, nämlich die existentielle Lust des Italieners an wichtigen Fußballspielen, so könnte er konkrete Maßnahmen zum Schutz vor künftigen Unfällen dieser Art ableiten. Vom fragwürdigen Fernsehverbot angefangen, über Fernseherlaubnis auf der Brücke bis hin zur Durchmischung der Offiziere mit anderen Nationalitäten oder gar verzögertem Auslaufen des Schiffes ließen sich einige Möglichkeiten ableiten, das Risiko besser zu bewältigen. Dass solche Vorsorgemaßnahmen durchaus sinnvoll sind, sieht man am Untergang eines griechischen Fährschiffes, bei dem 1999 ebenfalls Offiziere und Mannschaft aufgrund eines Fußballspiels im Fernsehen von ihren Pflichten abgelenkt worden waren.

Mit Berücksichtigung der Zweckursache ergibt sich also eine Reihe von Maßnahmen zur Schadenvorsorge bzw. -verhütung und überhaupt eine neue, differenziertere Risikobetrachtung. Denn mit dem Wissen um den Zweck, den einer verfolgt, oder der Intention, die einer hat, oder das Interesse, das einer besitzt, kann sehr viel über das anthropogene, sprich: das direkt vom Menschen ausgelöste Risiko ausgesagt werden.

2.4 Sach- und Wertaspekte im Risiko

Zwecke, Ziele, Intentionen, Interessen eines Menschen hängen wesentlich von seinen Wertvorstellungen ab. Werte geben an, was in der Zukunft gewünscht wird. Sie orientieren das menschliche Handeln, sodass es zur Entstehung der intendierten Wirklichkeit beiträgt. Werte sind widersprüchliche Wegweiser. Sie geraten leicht miteinander in Konflikt. In unserem Beispiel handelt es sich um den Wert des Gemeinschaftsgefühls im Fußball, der mit dem Wert der Sicherheit und Unversehrtheit der Passagiere in Konflikt gerät. So löst das Risiko, ein nationales Ereignis zu versäumen, das Risiko aus, einen Unfall zu verursachen.

Was bedeutet dies für unser Verständnis von „Risiko"? Risiken sind kalkulierte Prognosen künftiger Schäden. Im Risiko werden zwei komplementäre Aspekte aufeinander bezogen: ein „objektiver" Sachverhalt auf einen „subjektiven" Wert. Dies zeigt sich im Begriff des Schadens, der eine solche relationale Größe darstellt: ein bestimmter Sachverhalt, etwa ein brennendes Schiff, vernichtet bestimmte Werte, wie z. B. das Leben der Passagiere.

Nebenbei bemerkt: Der Sachverhalt eines brennenden Schiffes kann auch Werte *schaffen*, wenn daraus ganze Branchen wie Feuerwehr oder Schiffsbauer ihr Auskommen beziehen. Was dem einen schadet, kann unter Umständen dem anderen nützen. Es gibt also neben *Risikoverlierern* oft auch *Risikogewinner*. „Schaden" ist abhängig von dem Wert, den er verletzt.

Ein Schaden besteht also immer nur *für* jemanden, wenn ihm dadurch etwas Wertvolles abhanden kommt. Er entsteht aus Sachverhalten bzw. Handlungen, die irgendwelche Werte bedrohen.

Angenommen eine Lagerhalle mit giftigen Chemikalien brennt und wird von der Feuerwehr gelöscht; das kontaminierte Löschwasser fließt in den Rhein. Dieser Sachverhalt wird erst zu einem Schaden, wenn er Werte bedroht. Dann kann daraus allerdings eine Vielfalt verschiedener Risiken entstehen. So könnten Umweltaktivisten die intakte Natur und deren Schönheit, mithin ökologische und ästhetische Werte, die Rheinfischer ihre Erträge, sprich: monetäre Werte, die Verursacher ihre Reputation und damit ihre ökonomischen Ziele gefährdet sehen. Risiken entstehen also immer nur im jeweiligen Wertekontext der Betroffenen. Ist für niemanden ein Wert bedroht, so existiert auch kein Risiko. Noch bis vor wenigen Jahrzehnten sah die moderne Industriegesellschaft in der Natur keinen Wert. Deshalb war es für sie auch kein Risiko, die Natur als eine nie versiegende Rohstoff- und Energiequelle anzusehen und auszubeuten.

Risiko ist daher keine objektiv gegebene Eigenschaft. Es konstituiert sich vielmehr aus der Beziehung zwischen einer eher subjektiven Wertung und einem eher objektiven Sachverhalt. Daraus ergibt sich folgende Risikodefinition (Vgl. SCHÜZ 1999, S. 107):

> Risiko ist die kalkulierte Bedrohung eines Wertes *für* jemanden *durch* etwas – z.B. durch Sachverhalte oder Handlungen.

So hängt beispielsweise das unternehmerische Risiko, mit einem neuen Produkt Marktanteile zu verlieren, zum einen von dem *Wert* ab, den die *Beherrschung des Marktes* für den Unternehmer hat, zum anderen von dem *Sachverhalt*, inwieweit das Produkt *vom Kunden angenommen* wird. Oder: Das Risiko eines Waldbrandes ist einerseits durch den Wert gegeben, den der Wald für den Menschen oder das Ökosystem hat, andererseits aber auch durch die Eigenschaft, dass sein Holz brennbar ist.

Risiken als Prognose künftiger Schäden können deshalb auf verschiedene Weise entstehen:

1. wenn unterschiedliche Sacheigenschaften den gleichen Wert bedrohen – etwa Chemikalien oder Lärm den Wert der menschlichen Gesundheit;

2. wenn neue Sachverhalte oder -eigenschaften entdeckt werden – wie z. B. Fleisch von BSE-Rindern – und bestimmte Werte wie die Gesundheit bedrohen;

3. wenn „neue" Werte wie z. B. „Ehrfurcht vor dem Leben" sich gesellschaftlich etablieren und auf bekannte Sachverhalte wie den Verzehr von Fleisch bezogen werden.

Die Anfänge der Risikoforschung konzentrierten sich vor allem auf die beiden ersten Fälle. Sie analysierte die „objektiven" Eigenschaften von Personen und Sachen, Naturgewalten und Stoffen, sozialen Prozessen und Betriebsabläufen, untersuchte Schäden und sammelte dazu statistisches Material. Der bedrohte Wert im Begriff des Schadens wurde zunächst vernachlässigt oder unausgesprochen vorausgesetzt. Er wurde allenfalls als monetäre Größe behandelt, d. h. wie viel kostet es z. B. den Versicherer, wenn eine Lagerhalle abbrennt. Die sozialen und ökologischen Kosten wurden vernachlässigt.

Erst nachdem sich die Psychologie und die Sozialwissenschaften mit dem Thema „Risiko" auseinander gesetzt haben, wurde der „subjektive" Aspekt eigens zum Thema erhoben und erstmals Wertaspekte anerkannt (Vgl. SCHÜZ 1990, S. 232 ff).

So hat die *psychologische* Risikoforschung untersucht, unter welchen Bedingungen Menschen Risiken eingehen. Ein Ergebnis war, dass die Risikotolerierung und -aversion eines Menschen von Werturteilen abhängt, nämlich wie „schrecklich", „kontrollierbar" und „unbekannt" das Ausmaß der möglichen Folgen ihm erscheinen, oder davon, ob das Risiko „freiwillig" oder „unfreiwillig" eingegangen wird, oder ob „persönliche Interessen" auf dem Spiel stehen oder nicht (Vgl. SLOVIC/FISCHHOFF/LICHTENSTEIN 1979, S. 14 ff. und S. 36ff.).

So ist die Unterscheidung von freiwillig und unfreiwillig eingegangenen Risiken für das Risikomanagement hilfreich. Die Forschung hat herausgefunden, dass die Akzeptanz von Risiken, die man freiwillig etwa im Sport eingeht um einen Faktor 100 bis 1000 mal höher ist, als von Risiken, die einem durch Produktionsstätten von Unternehmen aufgezwungen werden. Folglich werden Risikovergleiche, wie Raucher hätten ein viel höheres Risiko an Krebs zu sterben als Anwohner eines Kernkraftwerkes, ins Leere laufen. Denn erstere gehen ihr Risiko freiwillig ein, letztere gerade nicht.

Oder die *soziologische* Risikoforschung prüft das „Akzeptanzprofil" von Risiken, allerdings nicht von Individuen, sondern von Bevölkerungsgruppen oder ganzen Gesellschaften. Demnach ist Risiko ein soziales oder kollektives Konstrukt (Zur sozialen Konstruktion von Risiken vgl. z.B. JOHNSON/COVELLO 1987; EVERS/NOWOTNY 1987; BECK 1986, OBERMEIER 1995; BAYERISCHE RÜCK 1993). Verschiedene Gruppen oder Institutionen der Gesellschaft setzen je nach ihren Wertvorstellungen andere Prioritäten und thematisieren ganz unterschiedlich bestimmte Sachverhalte als Risiko.

3. Unternehmerische Risiken – Versuch einer Ganzheitsschau

Indem Unternehmen mit ihren Aktivitäten vielfältige Werte bedrohen, erzeugen sie komplexe Risikosituationen. Eine Wertanalyse reduziert diese Komplexität. Welche Werte muss ein Unternehmen schützen, damit es überleben kann? Es muss seinen Bestand, die Außen- und Innenbeziehungen sowie seinen Sinngrund bewahren. Sind sie bedroht, handelt es sich um Bestands-, Ethik- oder Sinnrisiken.

3.1 Bestandsrisiken

Alle Risiken, die den Selbsterhalt eines Unternehmens bedrohen, nennen wir Bestandsrisiken. Sie zeigen sich vor allem darin, dass das Unternehmen nicht mehr genügend Gewinne macht, um überleben zu können, und werden in der betriebswirtschaftlichen Erfolgsrechnung sichtbar. Eine Form, sich davor zu schützen, sind Kosten-Nutzen-Kalküle: Wie viele Ressourcen muss ich aufwenden, um mit einer bestimmten Leistung einen Nutzen für das Unternehmen zu erwirtschaften? Der Umsatz muss größer sein als die dazu aufgewendeten Kosten. Solche Berechnungen sind betriebswirtschaftlich notwendig. Sie sind aber selbst mit dem Risiko behaftet, dass sie Werte quantifizieren, die häufig nur schwer in Geld gerechnet werden können.

Als Beispiel dafür ist der Kleinwagen Ford Pinto berühmt geworden, der von 1971 bis 1980 produziert wurde. Das Auto ist aufgrund seiner Tankkonstruktion und Benzinzufuhr in Verruf geraten. Schon bei einem Auffahrunfall mit geringen Aufprallgeschwindigkeiten (ca. 45 km/ h) gerieten die Autos in Brand, weil der Tank hinten eingebaut war und sich dann leicht entzünden konnte.

1977 brachte ein Zeitschriftenartikel Ford Pinto in die Negativschlagzeilen, nachdem eine Reihe Unfallopfer vor dem Zivilgericht Schadensersatzansprüche geltend gemacht hatten. Kurz darauf stoppte das Unternehmen seine Werbekampagne, die unter dem Slogan lief: „Pinto leaves you with that warm feeling" – Pinto hinterlässt bei Ihnen ein warmes Gefühl (Vgl. HOFFMAN 1995, S. 553).

Ford kannte bereits vor der Serienproduktion das Risiko der Tankkonstruktion. Eine Kosten-Nutzen-Analyse – neben dem erklärten Ziel von Lee Iacocca, das Auto schnell unter dem Preis von 2.000 $ anbieten zu können – bewogen den Produzenten, von einer sicheren Variante abzusehen. Ford hatte darin die beiden Konstruktionsweisen (Tankeinbau unten am Heck versus Tankeinbau über der Hinterachse) verglichen. Die sicherere Variante kostete demzufolge ca. 137 Millionen $ (11 $ Mehrkosten pro Auto) gegenüber einem Nutzen von 50 Millionen $ ersparter Schadensersatzzahlungen an die zu erwartenden Unfallopfer. Es war also billiger, diese Summe in Kauf zu nehmen. Was dabei am meisten Aufsehen erregte, war der Kostenansatz von 200.000 $ pro Menschenleben, der sich gemäß einer Richtlinie der National Highway Traffic Safety Administration (NHTSA) aus Beträgen wie Produktivitätsverlust, Schmerzensgeld, Versicherungs- und Beerdigungskosten ergab.

Offenbar sind Kosten-Nutzen-Analysen zur Bewältigung von Bestandsrisiken nur bedingt geeignet, da sie eine Reihe von Problemen ausklammern, die selbst wieder als Risiken auf das Unternehmen zurückwirken können. Am Ende kamen Ford die Einsparversuche aufgrund von Rückrufaktionen, hohen Schadensersatzzahlungen und Imageschäden mit schätzungsweise 200 Mio. $ teuer zu stehen.

Bestandsrisiken sollten nie isoliert betrachtet werden. Viele Risiken werden durch die betriebswirtschaftliche Brille betrachtet leicht übersehen. Bedrohte Werte wie Sicherheit, Leben, Gesundheit und Image sind kaum in Geldwerten zu verrechnen und damit als finanzierbares Risiko zu bewerten.

Letztere treten z. B. auf, wenn Produkte eines Unternehmens die Gesundheit ihrer Kunden bedrohen oder nicht mehr deren Wertvorstellungen treffen. Dann sind sie ethisch fragwürdig oder sinnlos, also auch ökonomisch nutzlos geworden.

3.2 Ethikrisiken

Während die Bestandsrisiken mehr die Gefährdung der ökonomischen Existenz eines Unternehmens beleuchten, betrachten die Ethikrisiken die Gefährdung von Interessengruppen innerhalb und außerhalb eines Unternehmens. Dabei muss der Begriff des Ethikrisikos noch etwas näher erläutert werden.

Ethik handelt vom „guten Auskommen miteinander", wobei sie möglichst das Wohl aller intendiert. Die Aktivitäten eines Unternehmens sind demnach dann ethisch, wenn es mit allen Gruppen, die mit dem Unternehmen in Berührung kommen, gut auskommt. Sobald deren ethische Werte wie „gutes Überleben", „gute Gemeinschaft", „Unversehrtheit von Leib und Seele" bedroht sind, handelt es sich um ein Ethikrisiko. Geht ein solches Risiko von einem Unternehmen aus, setzt es sich wenigstens der Gefahr einer moralischen Beurteilung aus, indem es als „böse" gebrandmarkt wird. Dann hat es meist noch weitere Konsequenzen wie juristische Sanktionen, Konsumentenboykotts und dergleichen mehr zu tragen.

Ethikrisiken werden häufig in den Medien zitiert und genauer analysiert. Der Vertrieb aidsverseuchten Blutplasmas, die Vermarktung gesundheitsgefährdender Produkte, betrügerische Geldgeschäfte, Emission umweltgefährdender Stoffe, Ausbeutung von Arbeitskräften etc. sind einige wenige Beispiele dafür, dass unternehmerisches Gewinnstreben auf Kosten Dritter Ethikrisiken generiert. Die Betroffenen verteidigen ihre Interessen und wehren sich je nach den Machtmitteln, die ihnen zur Verfügung stehen.

Dies erklärt auch die vielen Anfeindungen gegen Unternehmen seitens verschiedener Interessengruppen. Sie nehmen am gleichen Tatbestand, etwa an der erwähnten Gewässerverseuchung, jeweils andere Risiken wahr, wie z. B. Arbeitsplatzverluste, Fischsterben, Gesundheitsschäden. Dementsprechend sind ihre Reaktionen sehr unterschiedlich.

3.2.1 Identifizieren von Ethikrisiken mit Hilfe des Stakeholder-Modells

Jedes Unternehmen muss sich darüber im Klaren sein, dass es mit seinen Aktivitäten nicht nur Werte schafft, sondern immer auch bedroht. Es berührt die Interessen unterschiedlichster Gruppierungen. Man nennt solche Gruppen auch „Stakeholder".

Zur Erinnerung: Das „stake" ist das Hölzchen im Spiel, bei dem die Parteien etwas zu verlieren oder zu gewinnen haben. Was dabei auf dem Spiel steht, hängt von dem Einsatz, also Wert ab, den jede der Gruppierungen einbringt. Der reicht vom Eigenkapital der Aktionäre bis hin zur Gesundheit der Anwohner. Jeder Stakeholder setzt also eine andere Art von Kapital ein, das sich in irgendeiner Form ‚rentieren' oder wenigstens erhalten bleiben soll. Daraus resultieren dann die unterschiedlichen Ansprüche, denen sich ein Unternehmen ausgesetzt sieht und die möglicherweise auch durchgesetzt werden.

Mit den Ansprüchen streben die verschiedenen Gruppen nach Befriedigung ihrer verschiedenen Interessen und Bedürfnisse, hinter denen unterschiedliche Werte stehen und die längst nicht alle der ökonomischen Sphäre entstammen. Die Ansprüche können daher nicht nur monetär befriedigt werden. Der Anwohner, dessen Gesundheit auf dem Spiel steht, will im Falle einer Schädigung keine Geldzahlung, sondern eine emissionsfreie, saubere, ruhige und sichere Betriebsstätte in seiner Nachbarschaft, die ihn in seiner Lebensqualität nicht einschränkt. Sofern die Stakeholder die nötigen Machtmittel besitzen, werden sie alles daran setzen, ihre Ansprüche gegenüber dem Unternehmen durchzusetzen.

Art und Zahl der Stakeholder sind nicht endgültig eingrenzbar. Sie vermehren sich beispielsweise mit der Globalisierung und Diversifizierung der Unternehmen, wenn sie mit anderen Kulturen, fremden Konsumgewohnheiten, unbekannten religiösen oder politischen Gruppierungen konfrontiert werden.

3.2.2 Die Machtmittel der Stakeholder – ein Risiko

Das Risiko, das von den Stakeholdern ausgeht, erhöht sich aber auch mit ihren Machtmitteln. Sie können über kurz oder lang einen Anwalt ihrer Interessen finden oder mit Hilfe des Internets Gleichgesinnte suchen, eine Interessengemeinschaft gründen und auf die Unternehmen in kürzester Zeit einen Gegendruck erzeugen. Zudem gibt es ganze Branchen – angefangen von Anwaltsbüros bis hin zu Naturschutzbewegungen und den

NGOs, den sog. „Non-Governmental Organisations" wie Greenpeace –, die davon leben, Betroffene zu identifizieren und deren Interessen, manchmal ungefragt, zu vertreten und ihre Rechte einzuklagen. Ob Kinder bei der Teppichproduktion in Indien, Singvögel während der Jagdsaison in Italien, eine bestimmte Lurchenart im Biotop des Nachbarn oder Millionen von Menschen bei der Umsiedlung wegen eines Staudammprojekts – sie alle können ihre Anwälte finden oder mit Hilfe der Medien zum öffentlichen Thema (engl.: issue) werden, was ihren Einfluss nur noch vergrößert.

Wenn nun ein Unternehmen seine verschiedenen Stakeholder mit ihren jeweiligen Wertvorstellungen identifiziert, dann kennt es auch das Risiko, das durch seine Aktivitäten beim Stakeholder ausgelöst wird und beim Unternehmen wieder einklagt werden kann.

3.2.3 Risikokommunikation: Die Kunst des Aushandelns von Risiken

Ein Unternehmen sollte also die „Kunst der Risikokommunikation" beherrschen, in der es die Logiken und Sprachen der wichtigsten Stakeholder verstehen lernt. Die Kunst besteht darin, Risiken mit den Stakeholdern jeweils auszuhandeln – wenn möglich vor Eintritt des Schadens. Die dafür notwendigen Kenntnisse müssen auch die Sprache, Logik, Weltsicht, Organisationsform, Machtmittel und Risikostil der jeweiligen Stakeholder berücksichtigen (vgl. auch den Beitrag von O.-P. OBERMEIER in diesem Band sowie OBERMEIER 1999).

Die gruppenspezifischen Werte der Stakeholder prägen unterschiedliche Logiken im Denken und Handeln, die für Außenstehende kaum durchschaubar und vorhersehbar sind. Beispielsweise reagieren Behörden auf Ordnungswidrigkeiten oder Störfälle mit Bußgeldbescheiden, Auflagen oder Betriebsschließungen. Nichtregierungsorganisationen (NGOs) verteidigen die unterschiedlichsten Interessen mit Protestaktionen, öffentlichen Kampagnen oder Produktboykotts. Anwohner, die unter Emissionen eines Chemiewerks zu leiden haben, gründen Bürgerinitiativen, lancieren Berichte in den Medien oder verbünden sich mit mächtigen NGOs (Zur Logik einzelner Stakeholdergruppierungen vgl. OBERMEIER 1999, S. 140 ff.). Schlimmstenfalls können solche Gruppierungen ein Unternehmen in den Bankrott treiben.

Nur wer sich auf die Logiken der verschiedenen Stakeholder einlässt und verstehen lernt, kann die daraus resultierenden Wertkonflikte aufspüren und die Risiken von Gegenschlägen etwa über eine offene Risikokommunikation bewältigen.

3.3 Sinnrisiken

Sinnrisiken treten auf, wenn die Leistungen eines Unternehmens nicht mehr einem größeren Ganzen dienen, d. h. für niemanden mehr einen Nutzen bringen. So können die

Produkte eines Unternehmens nicht mehr die Bedürfnisse der Kunden befriedigen oder in der Gesellschaft geächtet werden. Die Vermarktung von Tabakprodukten wird sinnlos, wenn sich ein allgemeines Rauchverbot durchsetzt. Eine Waffenproduktion wird obsolet, wenn alle Zeichen auf Abrüstung stehen.

Im Sinnrisiko droht der Anschluss an ein größeres Ganzes verloren zu gehen. Gerade die in den letzten Jahren forcierten Fusionen und Übernahmen von Unternehmen haben gezeigt, wie schwerwiegend die Folgen ignorierter Sinnrisiken sein können, wenn die neuen Gebilde keinen Sinn mehr für das größere Ganze ergeben. Es entstanden oftmals Gemischtwarenkonzerne, deren Teile sich nicht mehr in die Kultur des Ganzen integrieren ließen.

Sinnvolle Produkte setzen ein gutes Verständnis dessen voraus, was vom Markt gewünscht bzw. benötigt wird. Die Verständigung mit Kunden, das Verstehen ihrer fundamentalen Bedürfnisse, das Erspüren des Zeitgeistes und der gewandelten Werte, das Horchen auf die Seismographen der Künstler und Gesellschaftskritiker, die Orientierung an gesellschaftlichen Entwicklungen, kurz: Trendforschung und Issue Management (Vgl. GERLING/OBERMEIER/SCHÜZ 2001), alles das ist Voraussetzung, Sinnrisiken im Vorfeld kreativ zu bewältigen.

Es liegt auf der Hand, dass Ethik- und Sinnrisiken häufig die Existenz eines Unternehmens bedrohen, deshalb also auch Bestandsrisiken auslösen. Alle drei Arten des Risikos hängen zusammen und können sich wechselseitig bedingen. Sie sind komplementär und bilden erst gemeinsam die Risikosituation eines Unternehmens ab. Sie unterscheiden sich nur in den Werten, die sie jeweils bedrohen: die ökonomischen Werte des Unternehmens, die der Stakeholder oder die eines größeren Ganzen.

3.4 Ganzheitliches Risikomanagement auf der Basis eines Wertemanagments

Blicken wir zurück, so können wir folgendes festhalten: Im Risikomanagement möchte man alle Risiken minimieren, die die Erreichung der Unternehmensziele behindern könnten. Hinter solchen Zielen stehen die Werte, die das Unternehmen vertritt. Das können Gewinnziele, Produktideen, die Befriedigung fundamentaler Kundenbedürfnisse, aber auch gesellschaftspolitische oder ökologische Ziele sein. Alles, was diese Ziele, sprich: die damit verbundenen Werte bedroht, ist für das Unternehmen ein Risiko, alles, was zu ihrer Erfüllung beitragen könnte, eine Chance. So gesehen ist jedes Risiko-Management zugleich auch ein Werte-Management. Es muss neben den eigenen auch den vitalen Bedürfnissen der sozialen und natürlichen Umwelt gerecht werden.

Ein Unternehmen hat letztlich nur eine Zukunft, wenn das Management ein Werte-Management betreibt, das den ökonomischen Wert im Kontext anderer Werte sieht. Wie kann aber das Management im Konfliktfall so entscheiden, dass möglichst alle für das Unternehmen bedeutsamen Werte berücksichtigt werden?

Das Management muss bei jeder wichtigen Entscheidung prüfen, inwieweit die damit verbundenen Ziele bzw. Wertvorstellungen mit denen der anderen kompatibel sind bzw. in Konflikt geraten können. Es muss die Risiken abwägen und durch geeignete Maßnahmen, wie z. B. den regelmäßigen Dialog mit den verschiedenen Stakeholdern, verringern. Die Betroffenen wissen meist am besten, inwieweit die anstehende Entscheidung ihre Interessen berührt oder nicht. Die Durchführung einer Wert-Risiko-Analyse macht schnell deutlich, wer alles von der Entscheidung wie betroffen ist. Man listet die involvierten Stakeholder auf und notiert die jeweiligen Interessen und Werte. Was diese nun alles bedroht und gefährdet, untersucht die Risikoanalyse.

So haben beispielsweise Konsumenten eines Nahrungsmittels das Interesse an einem gesunden, schmackhaften und haltbaren Produkt. Diese Werte sind von der Produktion bis zum Verzehr durch vielerlei Umstände bedroht: verdorbene Rohstoffe, gesundheitsgefährdende chemische Zusätze, undichte Verpackung, unhygienische Produktionsstätten, Manipulierbarkeit für Erpresser oder Terroristen. Des Weiteren sind die Reaktionsmöglichkeiten von Konsumenten, die Schäden durch das Produkt erfahren haben, zu identifizieren. Sie können Rechtsmittel einlegen, sich an die Medien wenden, Boykottgruppen gründen, NGOs mobilisieren (Ein Beispiel für die Wert-Risiko-Analyse des Unternehmens Nestlé gibt SCHÜZ 1999, S. 138 ff.).

Folgende wichtige Regeln eines ganzheitlichen und verantwortlichen Umgangs von Unternehmen mit Risiken sollten beachtet werden:

1. Jede unternehmerische Aktivität hat Auswirkungen auf die Umwelt. Identifziere daher rechtzeitig die Betroffenen Deiner Entscheidung.
2. Die Durchsetzung von Unternehmenszielen ruft Widerstände hervor. Setze Dich daher mit den eigenen Wertvorstellungen und denjenigen der Widerstandsgruppen auseinander.
3. Die Verletzung seiner Werte bedeutet für den Betroffenen einen konkreten Schaden. Er wird seine Interessenvertreter gegen den Verursacher aufbieten. Suche daher durch Kommunikation mit ihnen einen Konsens.
4. Die zwangsläufigen Rückschläge zeigen, dass dieser Prozess nicht abschließbar ist. Halte daher kontinuierlich den Verständigungsprozess mit den Betroffenen in Gang.
5. Es ist unmöglich, allen Ansprüchen gerecht zu werden. Handle daher die Risiken mit den Stakeholdern auf verantwortliche Weise aus, sodass sie für möglichst viele akzeptabel sind.

4. Verantwortlicher Umgang mit Risiken in Unternehmen

Die fünfte Regel fordert einen verantwortlichen Umgang mit Risiken in Unternehmen, sodass sie für möglichst viele akzeptabel sind. Nach welchem Maßstab soll dies geschehen? Was bedeutet hier verantwortlich?

4.1 Verantwortung als Durchsetzung von Werten

Verantwortung heißt, dass jemand *für* die Folgen einer Tat *vor* einer Instanz Rede und Antwort stehen muss. Verantwortlich ist ein Handeln dann, wenn es die Werte dieser Instanz respektiert und auch umsetzt. Die Instanzen können jedoch sehr unterschiedliche Werte vertreten.

Die Instanz kann z. B. eine Aufgabe oder Funktion sein. Verantwortlich handelt dann derjenige, der die Aufgabe oder Funktion erfüllt. Mit dieser Instanz handelt es sich um die *funktionale* Verantwortung. So muss jeder Manager dafür sorgen, dass sein Unternehmensbereich funktioniert - falls nicht, so muss er den Misserfolg vor seinem Vorgesetzten rechtfertigen.

Neben der Funktion können aber auch ethische Werte wie z. B. „Gesundheit" oder „Menschenwürde" Instanzen sein. Dann wird das Tun und Lassen eines Menschen oder Unternehmens zur Rechenschaft gezogen, wenn es solche Werte verletzt. Wir haben es dann mit der *ethischen* Verantwortung zu tun.

Darüber hinaus kann man noch die *universale* Verantwortung unterscheiden, wenn ein Handeln vor einem größeren Ganzen gerechtfertigt werden soll.

4.2 Der Nutzen ganzheitlicher Verantwortung

Es ist im langfristigen Interesse eines Unternehmens, seine unternehmerische Verantwortung *ganzheitlich*, also alle drei Aspekte: die funktionale, ethische und universale Verantwortung *gleichermaßen* wahrzunehmen. Dies erhöht die Chancen, dass die Risiken von möglichst vielen Betroffenen als akzeptabel angesehen werden.

Welches Interesse könnte nun ein Unternehmen haben, seine Verantwortung auf diese, umfassende Weise wahrzunehmen? Wenn ein Unternehmen langfristig erfolgreich sein will, dann darf es nicht nur an sich denken. Unternehmen sind zwar keine Wohltätigkeitsvereine. Sie müssen im derzeit bestehenden Wirtschaftssystem Gewinne machen, um überleben zu können. Wenn Gewinne aber um jeden Preis erwirtschaftet werden – etwa auf Kosten der Produktqualität, Gesundheit von Mitarbeitern, Kunden oder Anwohnern, dann müssen Unternehmen um ihren Bestand fürchten. Sie riskieren nicht nur juristische Konsequenzen, sondern auch den Gegenschlag verschiedener Anspruchsgruppen – wie z. B. jahrelange kostspielige Boykotts. Wer seine materiellen, sozialen und geistigen Ressourcen nicht schonend behandelt, stattdessen hemmungslos ausbeutet, wird irgendwann auf entschiedenen Widerstand stoßen.

Demgegenüber gibt es Unternehmen, die äußerst erfolgreich gewirtschaftet haben, gerade weil sie z. B. ethische Werte zum Grundwert ihres unternehmerischen Handelns erhoben haben.

Dazu gehört der hoch profitable US-Pharmakonzern Merck, der die „Bewahrung und Förderung des menschlichen Lebens" ins Zentrum seiner Vision gestellt hat. Dass dies nicht bloßes Lippenbekenntnis geblieben ist, beweisen zahlreiche vorbildliche Aktivitäten wie z. B. die kostenlose Verteilung eines teuren Medikamentes gegen die millionenfach grassierende Flussblindheit in Entwicklungsländern, weil niemand bereit war, dafür zu bezahlen. Der Sohn des Firmengründers George Merck II hat bereits 1950 seine scheinbar paradoxe Einstellung zum Gewinne machen folgendermaßen zum Ausdruck gebracht: „Wir versuchen niemals zu vergessen, dass Medikamente für Menschen da sind und nicht, um Gewinne zu machen. Gewinne kommen dann von selbst. Immer wenn wir dies beherzigten, haben wir Gewinne gemacht" (COLLINS/PORRAS 1995, S. 73 f.).

Es zahlt sich also aus, wenn Unternehmen mit ihren Leistungen ihren externen Stakeholdern einen Nutzen bringen. Ihnen wird *Vertrauen* etwa in Form von langjähriger Kundentreue entgegengebracht. Dies spricht für sich, wenn man weiß, dass die Gewinnung von Neukunden um ein Vielfaches teurer ist als die Erhaltung bestehender Kundenbeziehungen (Zur Bedeutung des Vertrauensmanagements auf der Basis verantwortlichen Handelns vgl. SCHÜZ 2001, S. 107 ff.).

4.3 Die LOGIK ganzheitlicher Verantwortung in Unternehmen

Wie kann in Unternehmen nun ein ganzheitliches Verantwortungsbewusstsein Eingang finden? Es kann sicherlich nicht einfach verordnet und den Mitarbeitern aufgezwungen oder lediglich in Hochglanzbroschüren verkündet werden. Alle Beteiligten müssen verstehen, worum es geht, den Nutzen für das Ganze einsehen und ihre innere Haltung darauf einstellen. Sie müssen sich aktiv damit auseinandersetzen und ihre Bedenken offen diskutieren. Die Unternehmensleitung muss mit den internen Stakeholdern, den Mitarbeitern, in einen permanenten Dialog treten, um die Regeln des verantwortlichen Handelns einsichtig zu machen.

Ein Suchmuster gibt einen Überblick über die fünf wichtigsten Aspekte eines Unternehmens, die die Umsetzung verantwortlichen Handelns fördern bzw. hemmen, und damit die unternehmerischen Risiken verringern oder erhöhen. Ich nenne es das LOGIK-Schema eines Unternehmens.

Darunter verstehe ich fünf Faktoren, die jedes Unternehmen konstituieren und individuell prägen: **L** für **L**eadership/ Leitung, **O** für **O**rganisation, **G** für **G**ruppendynamik, **I** für **I**ndividuen, **K** für **K**ultur.

Über jeden dieser fünf Gesichtspunkte könnte man ganze Seminare abhalten mit jeweils eigenen Spezialisten und Beratern. Hier können wenige Andeutungen gemacht werden. Es geht dabei vor allem um die Kluft zwischen Anspruch und Wirklichkeit. Man wünscht sich eine Unternehmensführung, die bestimmte Werte berücksichtigt oder gar integriert, doch die Unternehmenswirklichkeit verhindert die Erfüllung dieses Wunsches. Hinderungsgründe könnten sich beispielsweise in Faktoren manifestieren, wie sie die Abbildung 1 wiedergibt. Die folgenden Beispiele sollen das Schema verdeutlichen:

1. Ein Unternehmen proklamiert beispielsweise im Rahmen seiner *Leadership* einen kooperativen Führungsstil. Wird es in Wirklichkeit aber rein autoritär geführt, dann braucht man sich nicht zu wundern, dass die gewünschte Kultur mangels Vorbildern nicht umgesetzt wird.

2. Oder ein Unternehmen wünscht sich eigenverantwortliche Geschäftseinheiten, hat jedoch eine zentralistische Aufbauorganisation. Dann fehlt den Einheiten der nötige Spielraum, marktgerechte Aktivitäten zu entfalten. Oder es hat ein Vergütungssys-

tem, bei dem die Mitarbeiter nur nach Profitabilität bezahlt werden; dann kann man von ihnen auch keine soziale oder ökologische Verantwortung erwarten.

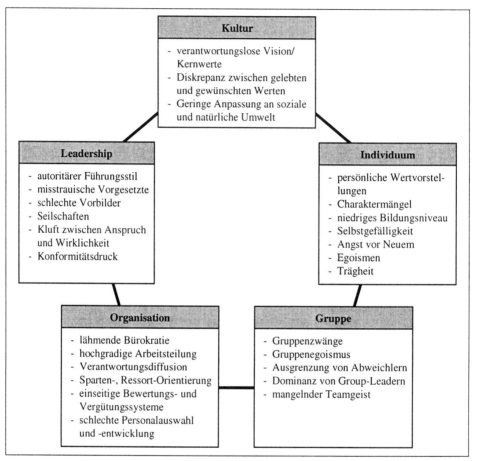

Abbildung 1: Beispiele, wie die LOGIK eines Unternehmens verantwortliches Handeln hemmen kann

3. Herrscht unter Lagerarbeitern eine *Gruppendynamik*, die ein offizielles Rauchverbot missachtet, so braucht man sich nicht zu wundern, wenn plötzlich eine Lagerhalle mit umweltgefährdenden Stoffen abbrennt. Gruppenzwänge können individuelle Anstrengungen für verantwortliches Handeln schnell zunichte machen.

4. Wenn ein Unternehmen keinen Wert auf charakterlich integre Mitarbeiter legt, stattdessen nur *Individuen* mit Ellenbogenmentalität fördert, braucht es sich am Ende nicht über mangelnde Loyalität zu beklagen.

5. Wenn die *Kultur* eines Unternehmens Werte vertritt, die von der Gesellschaft nicht mehr toleriert werden oder der Natur den Rest geben, kann dies das wirtschaftliche Aus bedeuten.

Zugegebenermaßen bedeutet es für den *verantwortungsbewussten* Manager eine Herausforderung, alle diese Faktoren gleichzeitig zu beachten, zumal sich die Komplexität aufgrund der Wechselwirkung mit der sozialen und natürlichen Umwelt noch erhöht. Wenn sie die komplexen Risiken, die von ihrem Unternehmen ausgehen, langfristig beherrschen wollen, müssen sie sich der unternehmerischen Herausforderung stellen. Vor jeder wichtigen Entscheidung gilt es zu prüfen, ob die LOGIK ihres Unternehmens die gewünschten Werte fördert oder hemmt, also z. B. funktionsgerecht oder -widrig, ethikfreundlich oder -feindlich, sinnvoll oder sinnlos ist. Dann kann die Unternehmensleitung versuchen, bewusst die Stärken zu nutzen und die Schwächen auszubügeln oder wenigstens zu kompensieren. Dies gelingt nur in einem situativen Ausbalancieren der auf dem Spiel stehenden Interessen. Der Versuch, allein mit Regelkatalogen und Kodizes der Komplexität Herr zu werden, ist meistens zum Scheitern verurteilt, da er fast immer der Realität hinterherhinkt.

Mit dem LOGIK-Schema hat das Management ein Suchmuster an der Hand, mit dem es die vielen risikoträchtigen Faktoren identifizieren und in seiner Arbeit berücksichtigen kann. Insbesondere müssen in der Organisation Strukturen geschaffen werden, die die Umsetzung der gewünschten Werte fördern, kontrollieren und den Verstoß gegen sie auch sanktionieren. Bei mangelhafter organisatorischer Unterstützung wird sonst jedes individuelle Bemühen um verantwortliches Handeln im Keim erstickt. Ganzheitliches Risikomanagement wird so verhindert.

4.4 Grundsätze zur ganzheitlichen Bewältigung unternehmerischer Risiken

Als Maßstab für das gewünschte verantwortliche Handeln seien zum Schluss noch drei Grundsätze zur Diskussion gestellt, ohne die meiner Meinung nach kein Unternehmen seine Risiken ganzheitlich bewältigen kann. Sie berücksichtigen ein erweitertes *Wirtschaftlichkeitsprinzip*, demzufolge nur mit Hilfe eines gekonnten Umgangs mit *knappen* Mitteln Ziele erfolgreich erreicht werden können (vgl. Abb. 2). Es sind aber nicht nur die materiellen, sondern auch die sozialen und geistigen Ressourcen knapp. Diese müssen schonend eingesetzt und gepflegt werden. Sonst holen die Risiken eines Raubbaus der Ressourcen das schädigende Unternehmen auf Umwegen wieder ein.

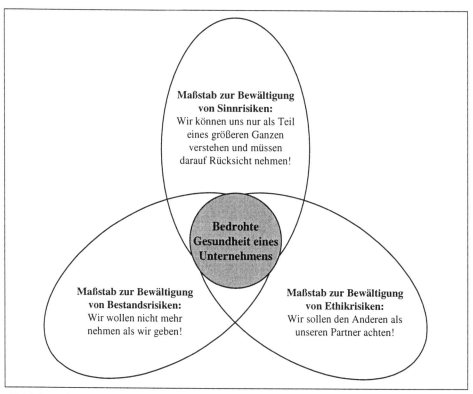

Abbildung 2: Grundsätze des erweiterten Wirtschaftlichkeitsprinzips, des gekonnten Umgangs mit knappen materiellen, sozialen und geistigen Ressourcen

Drei komplementäre Grundsätze zur Bewältigung der Bestands-, Ethik- und Sinnrisiken, die die Gesundheit eines Unternehmens bedrohen, können als Maßstab für verantwortliches Handeln in Unternehmen dienen (Vgl. SCHÜZ 1999, S. 76 ff.):

1. Wir wollen nicht mehr nehmen, als wir geben!
2. Wir sollen den anderen als unseren Partner achten!
3. Wir können uns nur als Teil eines größeren Ganzen verstehen und müssen darauf Rücksicht nehmen!

Literaturverzeichnis

BAYERISCHE RÜCK (Hrsg.): Risiko ist ein Konstrukt, Wahrnehmungen zur Risikowahrnehmung, München 1993.

BECK, U: Risikogesellschaft – Auf dem Weg in eine andere Moderne, Frankfurt a. M. 1986.

COLLINS, J.C./PORRAS, J.I.: Visionary Companies – Visionen im Management, München 1995, S. 73 f.

EVERS, A./NOWOTNY, H.: Über den Umgang mit Unsicherheit – Die Entdeckung der Gestaltbarkeit von Gesellschaft, Frankfurt a. M. 1987.

GERLING, R./OBERMEIER, O.-P./SCHÜZ, M. (Hrsg.): Trends – Issues – Kommunikation, München 2001.

JOHNSON, B.B./COVELLO, V.T. (Hrsg.): The Social and Cultural Construction of Risk - Essays on Risk Selection and Perception, Dordrecht/Boston/Lancaster/Tokyo 1987.

SCHÜZ, M.: Werte und Wertewandel in der Risiko-Beurteilung, in: Schüz, M. (Hrsg.): Risiko und Wagnis – Die Herausforderung der industriellen Welt, Band 2, Pfullingen 1990, S. 217-242.

SCHÜZ, M.: Werte – Risiko – Verantwortung. Dimensionen des Value Managements. München 1999.

SCHÜZ, M.: Das Aushandeln von Interessen im Spannungsfeld zwischen Ethik und Ökonomie, in: GERLING, R./OBERMEIER, O.-P./SCHÜZ, M. (Hrsg.): Trends – Issues – Kommunikation, München 2001, S. 107 ff.

SLOVIC, P./FISCHHOFF, BARUCH/LICHTENSTEIN, S.: Rating the Risks, in: Environment. 1979, S. 14-20 u. 36-39.

OBERMEIER, O.-P.: Bedeutung und Grundzüge der Risikokommunikation, in: Gerling, R./Obermeier, O.-P. (Hrsg.): Risiko – Störfall – Kommunikation 2, München 1995, S. 24 f.

OBERMEIER, O.-P.: Die Kunst der Risikokommunikation, München 1999.

o.V.: Menschliches Versagen, in: Der Tages-Anzeiger vom 17.9.97, Zürich, S. 16.

HOFFMAN, M.: The Ford Pinto, in: Hoffman, W.M./Frederick, R.E. (Hrsg.): Business Ethics – Readings and Cases in Corporate Morality, 3. Auflage, New York 1995, S. 553.

Ortwin Renn[*]

Die subjektive Wahrnehmung technischer Risiken

1. Einleitung

2. Zur Aktualität der Risikodebatte

3. Grundmuster der Risikowahrnehmung
   3.1 Überblick
   3.2 Semantische Risikomuster
   3.3 Risiko als Frühindikator für Gefahren

4. Aufgaben der Risikopolitik

Literaturverzeichnis

---

[*] Prof. Dr. Ortwin Renn ist Inhaber des Lehrstuhls für Technik- und Umweltsoziologie an der Universität Stuttgart und leitender Direktor der Akademie für Technikfolgenabschätzung in Baden-Württemberg.

1. Einleitung

Risiken für Umwelt und Gesundheit sind zur Zeit in aller Munde. Ob BSE, gentechnisch veränderte Lebensmittel oder Elektrosmog – die populären Gazetten sind voll mit warnenden oder entwarnenden Risikoinformationen. Wie diese Informationen in der Öffentlichkeit wahrgenommen und bewertet werden, ist der Gegenstand dieses Beitrages. Mit dem Begriff der Wahrnehmung werden in der kognitiven Psychologie alle mentalen Prozesse verstanden, bei der eine Person über die Sinne Informationen aus der Umwelt (physische ebenso wie kommunikative) aufnimmt, verarbeitet und auswertet (Vgl. JUNGERMANN/SLOVIC 1993).

Unter dem Begriff Risiko möchte ich die Möglichkeit von unerwünschten Nebenfolgen einer Handlung oder eines Ereignisses verstanden wissen (Vgl. FISCHHOFF/WATSON/ HOPE 1984; RENN 1992). Im Verständnis der Natur- und Ingenieurwissenschaften ist mit Risiko das Produkt aus Eintrittswahrscheinlichkeit und Schadensausmaß (bzw. die Wahrscheinlichkeitsfunktion über die Bandbreite der Schadensmöglichkeiten) gemeint. In der intuitiven Wahrnehmung von Risiken werden diese Faktoren auch mit berücksichtigt, es treten aber noch andere hinzu. Diese werden als subjektive Einflussgrößen bezeichnet (Vgl. EVERS/NOWOTNY 1987, S. 34 und S. 210 ff.). So werden etwa Risiken unterschiedlich bewertet, je nach dem ob der Bewertende einen eigenen Einfluss auf die Höhe des Risikos für möglich hält oder nicht (persönliche Kontroll- oder Steuerungsmöglichkeit, vgl. ROHRMANN/RENN 2000). Solche subjektiven Faktoren sind keinesfalls als irrational einzustufen. In der Tat macht es einen Unterschied in der Bewertung, ob man ein Risiko selber steuern kann (etwa bei Freizeitaktivitäten) oder ob man ein Risiko passiv hinnehmen muss. Aus diesem Grund ist es gerechtfertigt, das wahrgenommene Risiko auch nicht als irrationales, sondern als subjektives Risiko zu bezeichnen. Alles, was Individuen, soziale Gruppen oder Institutionen als mögliche unerwünschte Handlungsfolgen wahrnehmen, soll hier mit dem Sammelbegriff subjektives Risiko erfasst werden. Das subjektive Risiko stellt also keine objektive Größe dar, sondern eine subjektive Erwartung, dass mit einer Handlung oder einem Ereignis die Möglichkeit einer als negativ empfundenen Folge einhergehen kann (Vgl. OBERMEIER, O.-P. 1990, S. 245 f.). Solche Erwartungen können aufgrund wissenschaftlicher Vorgehensweisen „objektiviert" werden, d.h. sie können den jeweils bestmöglichen Stand des kollektiven Wissens über zu erwartende Konsequenzen widerspiegeln. Sie können aber auch auf anekdotischem Wissen bzw. sozialen Erfahrungen beruhen. Die Grenzen zwischen wissenschaftlich berechnetem und subjektivem Risiko sind nicht allzu eng zu ziehen.

Die folgenden Ausführungen über Risikowahrnehmung sind dazu gedacht, einen Beitrag zum besseren Verständnis der Risikowahrnehmung bei technischen Risiken zu leisten. Ziel ist es, aus psychologischer und soziologischer Sicht die Strukturen und Prozesse der individuellen Wahrnehmung von Risiken und den sozialen Umgang mit ihnen näher zu beleuchten. Nach einer kurzen Darstellung der Aktualität der Risikoproblematik wird die intuitive Form der Risikowahrnehmung beschrieben. Dabei liegt der Schwerpunkt auf den kognitiven und affektiven Aspekten des Wahrnehmungsprozesses. Zum Schluss soll die Rolle der Wahrnehmungsforschung für die Regulation von Risiken kurz angerissen werden.

2. Zur Aktualität der Risikodebatte

Kennzeichnend für die gesellschaftliche Bewältigung der Risikoproblematik ist die selektive Auswahl von Risiken, in denen sich das Unbehagen in der Modernität manifestiert (Vgl BERGER/BERGER/KELLNER 1973). Gesellschaftliche Konflikte haben allgemeine Ursachen und bedingen allgemeingültige Konsequenzen, aber sie entzünden sich an konkreten Objekten oder Themen. Im Streit um Risiken ist es vor allem die Kernenergie, die Großchemie und die Gentechnik, an denen sich auch symbolisch die Konflikte um die gesellschaftliche Bewältigung von Risiken entladen haben. Obwohl Gefährdungen der menschlichen Gesundheit und der Umwelt durch natürliche oder technische Ereignisse zu allen Zeiten bestanden haben, ist das Risiko erst in jüngster Zeit zu einem öffentlichen Thema geworden. Die Neuartigkeit des Themas „Risiko" ist auf vier Faktoren zurückzuführen (Vgl. sinngemäß AKADEMIE DER WISSENSCHAFTEN ZU BERLIN 1992, S. 248 f.):

1. Zu allen Zeiten haben Menschen Vorsorge gegen Gefahren getroffen. Der Mangel an antizipativem Wissen führte sie aber dazu, negative Ereignisse weniger als Resultate ihres eigenen kontingenten Verhaltens, sondern sie vielmehr als „gottgegebene Strafe" oder Schicksalsschläge anzusehen. Ob Pest, Missernten oder Dammbrüche, alle diese nach heutigem Verständnis durch menschliches Verhalten zumindest mit beeinflussten Katastrophen wurden weitgehend als externe Schicksalsschläge oder als Bestrafung für sündhaftes Verhalten gedeutet.

Im Zeitalter der Moderne, so der Soziologe Niklas Luhmann, seien die von Menschen als extern gesehenen Gefahren, denen man sich früher passiv ausgesetzt fühlte, in intern regelbare Risiken transformiert worden (Vgl. LUHMANN 1991, S. 31 ff., siehe auch LUHMANN 1993). Nach Auffassung von Luhmann unterscheiden sich Gefahr und Risiko durch den Grad der wahrgenommenen Steuerungsfähigkeit durch Personen oder Organisationen. Alles, was von außen als Bedrohung wahrgenommen werden kann, wobei man sich dieser Bedrohung bestenfalls durch Flucht entziehen kann, wird von ihm als Gefahr bezeichnet. Dagegen sind Risiken solche Bedrohungen, die vom Betrachter selbst oder von durch ihn beeinflussbare Organisationen gesteuert werden können. Im ersten Falle der Gefahr liegt die Verantwortung bei Gott, dem Schicksal oder finsteren Mächten, im zweiten Fall des Risikos bei einem selbst oder bei identifizierbaren sozialen Institutionen. Risikomanagement, die moderne

Formel für den aktiven Umgang mit unerwünschten Nebenfolgen menschlicher Aktivitäten, ist dabei ein beredtes Zeugnis für die Transformation von ursprünglich extern wahrgenommenen Gefahren in bearbeitbare, sozial beeinflussbare und steuerbare Aktivitäten zur Begrenzung von unerwünschten Handlungsfolgen. Mit dem Bewusstsein, dass sich negative Folgen durch menschliches Handeln beeinflussen lassen, also mehr und mehr Gefahren in Risiken transformiert werden, wächst der Grad der wahrgenommenen Verantwortung für das eigene Handeln. Damit wird auch der Risikobegriff zu einer zentralen Handlungskategorie in modernen Gesellschaften (Vgl. BECHMANN 1993, vgl. auch KRÜCKEN 1997, S. 28 ff.). Prognosen auf der Basis methodisch gesicherten Wissens sind also notwendige Bestandteile der Zukunftsvorsorge in einer modernen Gesellschaft. Mit der Zunahme des Wissens um kausale Wirkungsketten, verfügt die Gesellschaft über Instrumente und Institutionen, um negative Ereignisse und ihre Folgen vorauszusehen *(Antizipation)* und entsprechende Gegenmaßnahmen zu entwerfen bzw. durchzuführen. Gleichzeitig wächst damit der moralische Anspruch, Risikovorsorge zu treffen, um negative Ereignisse auszuschließen oder zu begrenzen (Vgl. LOWRANCE 1976 und RENN 1984, S. 13 ff.).

2. Mit den Errungenschaften der Technik, Medizin und Hygiene hat sich der relative Anteil naturgegebener Gefahren (wie etwa Infektionskrankheiten) verringert und der *Anteil zivilisatorischer Risiken* (durch Technik, Ernährung oder Freizeitaktivitäten) *erhöht*. Frühzeitige Todesfälle vor rund 100 Jahren waren vor allem auf Infektionskrankheiten zurückzuführen, die man ebenso wie große Naturkatastrophen als Schicksalsschläge hinnehmen musste (Vgl. HOHENEMSER/KATES/SLOVIC 1983). Unfälle oder umweltbedingte Schädigungen standen dagegen, sofern man sie überhaupt mit menschlichen Aktivitäten in Verbindung brachte, weitgehend im Hintergrund. Dagegen gelten heute Unfälle im Straßenverkehr, Krebserkrankungen durch Rauchen und sonstige Formen einer ungesunden Lebensweise als dominante, individuelle Risikofaktoren in modernen Industriegesellschaften.

3. Die Evolution der Technik ist in weiten Bereichen durch eine Tendenz zur *Erhöhung des Katastrophenpotenzials bei gleichzeitiger Reduzierung der Eintrittswahrscheinlichkeit* für das Eintreten eines solchen Falles gekennzeichnet. Die Möglichkeit großer Katastrophen, so gering auch ihre Wahrscheinlichkeit sein mag, wird bewusst in Kauf genommen, um einerseits die individuelle Schadenswahrscheinlichkeit gering zu halten, andererseits wirtschaftliche Vorteile in Form von Skaleneffekten zu nutzen (Vgl. PERROW 1984). Das Fahren mit der Eisenbahn statt mit einem privaten PKW ist wirtschaftlich günstiger in bezug auf die wirtschaftliche Ressourcennutzung und sicherer bezogen auf die individuelle Unfallwahrscheinlichkeit (Vgl. AKADEMIE DER WISSENSCHAFTEN ZU BERLIN 1992, S. 249). Dennoch ist die Zahl der Opfer im Falle eines Eisenbahnglücks höher als bei einem Unfall im Straßenverkehr. Wesentlich dramatischer ist diese Beziehung im Bereich der Kernenergie oder großer Chemieanlagen. Die Erhöhung des Katastrophenpotenzials bei gleichzeitiger Verringerung des individuellen Schadensrisikos verlangt kollektive Entscheidungsprozesse (im Gegensatz zur persönlichen Entscheidung, ein Risiko in Kauf zu nehmen) und damit beson-

dere Berücksichtigung der Verteilungswirkungen von Risiken (Vgl. MACLEAN 1987). Verteilungskonflikte erfordern mehr als nur eine nach bestem Wissen vorgenommene Analyse des rationalen Risikos; zu ihrer Lösung sind zudem subjektive Risikokomponenten und Gerechtigkeitsprinzipien mit zu betrachten. Da beide in einer pluralen Gesellschaft umstritten sind, wächst das Konfliktpotenzial bei gesellschaftlichen Risikodebatten an (Vgl. SHUBIK 1991).

4. Der individuelle Grenznutzen *materieller Güter* ist im Zeichen wirtschaftlicher Prosperität und Konsumvielfalt gegenüber dem Grenznutzen von allgemeiner Gesundheit, sauberer Umwelt und psychischen Wohlbefindens *gesunken* (Vgl. RENN/ZWICK 1997, S. 49 ff.; vgl. auch KLAGES 1984, S. 107 ff.). Umso schwieriger ist es deshalb, Risiken zu rechtfertigen, deren Nutzen weitgehend ökonomischer Natur ist. Zwar ist das Thema Umwelt nicht mehr so populär wie noch vor einigen Jahren, aber die überwiegende Mehrheit der Deutschen spricht sich nach wie vor für eine Verbesserung des Umweltschutzes aus. Das gilt für die neuen wie für die alten Bundesländer. Dementsprechend bleiben Umweltrisiken wichtige Themen der öffentlichen Wahrnehmung und Politik.

Alle vier Faktoren haben dazu beigetragen, dass Risiko als gesellschaftliches Problem erkannt wurde und politische Schlagkraft gewonnen hat. Mit der Verbesserung der Prognosefähigkeit und der zunehmenden moralischen Selbstverpflichtung der modernen Gesellschaft, Risiken zu begrenzen, wachsen die Ansprüche der Bürger an gesellschaftliche Gruppen und vor allem an politische Entscheidungsträger, die Zukunft aktiv zu gestalten und antizipativ auf mögliche Gefährdungen durch die natürliche und technische Umwelt zu reagieren. Sicherheit gegen zukünftige Gefahren und vorausschauendes Risikomanagement sind daher zentrale Anliegen nahezu aller Bevölkerungsgruppen in der Bundesrepublik Deutschland (Vgl. WISSENSCHAFTLICHER BEIRAT GLOBALE UMWELTFRAGEN 2000).

3. Grundmuster der Risikowahrnehmung

3.1 Überblick

Wahrnehmungen sind eine Realität eigener Natur: So wie in Zeichentrickfilmen die gemalten Figuren erst dann in den Abgrund stürzen, wenn sie mitten in der Luft stehend plötzlich der Gefahr gewahr werden, so konstruieren auch Menschen ihre eigene Realität und stufen Risiken nach ihrer subjektiven Wahrnehmung ein. Diese Form der intuitiven Risikowahrnehmung basiert auf der Vermittlung von Informationen über die Gefahrenquelle, den psychischen Verarbeitungsmechanismen von Unsicherheit und früheren Erfahrungen mit Gefahren. Das Ergebnis dieses mentalen Prozesses ist das wahrgenommene Risiko, also ein Bündel von Vorstellungen, die sich Menschen aufgrund der ihnen verfügbaren Informationen und des „gesunden Menschenverstandes" (Common Sense) über Gefahrenquellen machen (Vgl. RENN 1989). Das Augenmerk dieses Kapitels liegt also auf der Ebene der konstruierten Realität, d.h. der Welt der Vorstellungen und Assoziationen, mit deren Hilfe Menschen ihre Umwelt begreifen und auf deren Basis sie ihre Handlungen ausführen.

Die Forschung der Risikowahrnehmung hat eine Reihe von Vorstellungsmustern identifizieren können, die in der Bevölkerung zur Wahrnehmung und Bewertung von Risiken benutzt werden. Da in diesem Beitrag nur anthropogen verursachte Umwelt- und Gesundheitsrisiken behandelt werden, sind im Folgenden die Vorstellungsmuster aufgeführt, die den Bedeutungsumfang von Risiko im Bereich menschlich erzeugter Risiken (also nicht der Naturgefahren) prägen. Als Kontrast dazu ist noch das Verständnis von Risiko als Schicksalsschlag hier erfasst. In diesem Verständnis spielen auch natürliche Katastrophen eine wichtige Rolle. Unter diesen einschränkenden Bedingungen lassen sich folgende Wahrnehmungsmuster aufzeigen:

- Risiko als unmittelbare Bedrohung,
- Risiko als Schicksalsschlag,
- Risiko als Herausforderung der eigenen Kräfte,
- Risiko als Glücksspiel und
- Risiko als Frühindikator für Gefahren.

Wie beeinflussen diese unterschiedlichen Risikoverständnisse das Denken und Bewerten von riskanten Situationen und Objekten? Welche Typen von Situationen und Objekten sind den verschiedenen Risikomustern zugeordnet?

3.2 Semantische Risikomuster

Risiko als unmittelbare Bedrohung: Große Störfälle verbunden mit dem Ausfall von Sicherheitssystemen können bei vielen technischen Systemen, vor allem Großtechnologien, katastrophale Auswirkungen auf Mensch und Umwelt auslösen. Die technische Sicherheitsphilosophie zielt meist auf eine Verringerung der Eintrittswahrscheinlichkeit eines solchen Versagens ab, sodass das Produkt aus Wahrscheinlichkeit und Ausmaß denkbar klein wird. Die stochastische Natur eines solchen Ereignisses macht aber eine Voraussage über den Zeitpunkt des Eintritts unmöglich. Folglich kann das Ereignis in der Theorie zu jedem Zeitpunkt eintreten, wenn auch mit jeweils extrem geringer Wahrscheinlichkeit. Wenn wir uns jedoch im Bereich der Wahrnehmung von seltenen Zufallsereignissen befinden, spielt die Wahrscheinlichkeit eine geringe Rolle: die Zufälligkeit des Ereignisses ist der eigentliche Risikofaktor. Beispiele für Risikoquellen, die in diese Kategorie fallen, sind große technische Anlagen, wie etwa Kernkraftwerke, Flüssiggaslager, chemische Produktionsstätten und andere menschlich geschaffene Gefahrenpotenziale, die im Ernstfall katastrophale Auswirkungen auf Mensch und Umwelt haben können.

Die Vorstellung, das Ereignis könne zu jedem beliebigen Zeitpunkt die betroffene Bevölkerung treffen, erzeugt das Gefühl von Bedrohtheit und Machtlosigkeit. Instinktiv können die meisten Menschen mental (ob real mag hier dahingestellt bleiben) besser mit Gefahren fertig werden, wenn sie darauf vorbereitet und darauf eingestellt sind. Ebenso wie sich die meisten Menschen in der Nacht mehr fürchten als am Tage (obwohl das objektive Risiko, über Tag zu Schaden zu kommen, wesentlich höher ist als während der Nacht, man aber in der Nacht leichter von möglichen Gefahren überrascht werden kann), so fühlen sich die meisten mehr von potenziellen Gefahren bedroht, die sie unerwartet und unvorbereitet treffen, als von Gefahren, die entweder regelmäßig auftreten oder die genügend Zeit zwischen auslösendem Ereignis und möglicher Gefahrenabwehr erlauben. Somit ist das Ausmaß des Risikos in dem hier vorliegenden Verständnis eine Funktion von drei Faktoren: *der Zufälligkeit des Ereignisses, des erwarteten maximalen Schadensausmaßes und der Zeitspanne zur Schadensabwehr*. Die Seltenheit des Ereignisses, also der statistische Erwartungswert, ist dagegen unerheblich. Im Gegenteil: häufig auftretende Ereignisses signalisieren eher eine kontinuierliche Folge von Schadensfällen, auf die man sich im „trial and error"-Verfahren einstellen und vorbereiten kann.

Die Wahrnehmung des Risikos als drohende Katastrophe bestimmt häufig die Bewertung technischer Risiken, findet aber nur wenig Anwendung in der Bewertung naturgegebener Katastrophen. Erdbeben, Überflutungen oder Wirbelstürme folgen den gleichen Bestimmungsgrößen wie Großtechnologien, d.h. sie treten relativ selten nach dem Prinzip des Zufalls auf und erlauben meist nur wenig Zeit zur Gefahrenabwehr, sie werden jedoch mit einem anderen, im folgenden beschriebenen Risikokonzept bewertet.

Risiko als Schicksalsschlag: Natürliche Katastrophen werden meist als unabwendbare Ereignisse angesehen, die zwar verheerende Auswirkungen nach sich ziehen, die aber als „Launen der Natur" oder als „Ratschluss Gottes" (in vielen Fällen auch als mythologische Strafe Gottes für kollektiv sündiges Verhalten) angesehen werden und damit dem menschlichen Zugriff entzogen sind (Vgl. WATSON 1987.). Sie sind in der Terminologie Niklas Luhmanns Gefahren, denen man ausgesetzt ist. Die technischen Möglichkeiten, auch Naturkatastrophen zu beeinflussen und deren Auswirkungen zu mildern, haben sich noch nicht so weit in das Bewusstsein der meisten Menschen eingeprägt, dass natürliche Katastrophen eine gleiche Bewertung des damit verbundenen Risikos erhalten wie technische Unfälle.

Natürliche Belastungen und Risiken werden als vorgegebene, quasi unabdingbare Schicksalsschläge betrachtet, während technische Risiken als Konsequenzen von Entscheidungen und Handlungen angesehen werden. Diese Handlungen werden nach anderen Maßstäben bewertet und legitimiert. Schicksalsschläge können höchstens mythologisch oder religiös gerechtfertigt werden. Wenn niemand außer Gott zur Verantwortung gezogen werden kann, lässt sich auch durch menschliches Handeln keine Besserung der

Situation herbeiführen. Als Alternativen verbleiben nur noch Flucht oder Verdrängung der gefährlichen Situation. Je seltener das Ereignis, desto eher wird die reale Gefahr verneint oder verdrängt; je häufiger das Ereignis, desto eher ist Rückzug aus der Gefahrenzone die Folge. Insofern ist es verständlich, wenn auch nicht unbedingt rational, wenn Menschen in Erdbeben- oder Überflutungsgebieten siedeln und häufig nach eingetretener Katastrophe in diese Gebiete zurückkehren. Im Gegensatz zur Situation der technischen Bedrohung ist die Zufälligkeit des Ereignisses nicht der Angst auslösende Faktor (weil Zufall hier Schicksal und nicht unvorhersehbare Verstrickung von Fehlverhalten beinhaltet). Im Gegenteil, die relative Seltenheit des Ereignisses ist ein psychischer Verstärker für die Verneinung der Gefahr.

Durch die zunehmende Beeinflussung natürlicher Katastrophen durch menschliche Aktivitäten ist das Risikomuster des Schicksalsschlages vermehrt durch Merkmale der Risikowahrnehmung als durch Menschen geschaffene Bedrohung durchmischt worden. Dies drückt sich beispielsweise dadurch aus, dass nach Naturkatastrophen immer häufiger die Frage nach der Verantwortung gestellt wird und dabei auch die Unterlassung von möglichen vorbeugenden oder nachsorgenden Maßnahmen als Schuld angesehen wird (Vgl. DOUGLAS 1966 sowie WIEDEMANN 1993).

Risiko als Herausforderung der eigenen Kräfte: Wenn R. Messner ohne Atemgerät die höchsten Berge der Welt bezwingt, obwohl das Risiko, dabei zu Schaden zu kommen, beachtlich ist, wenn Autofahrer wesentlich schneller fahren, als es die Polizei erlaubt, wenn Menschen sich mit Plastikflügeln in den Abgrund stürzen und das als Sport bezeichnen, dann erschließt sich eine weitere Bedeutung des Risikobegriffes. Bei diesen Freizeitaktivitäten wird nicht, wie vielfach behauptet, das Risiko in Kauf genommen, um einen angenehmen Nutzen zu haben (etwa Wind um die Ohren oder schöne Aussicht), sondern das Risiko ist der Nutzen: die Aktivitäten gewinnen ihren Reiz gerade dadurch, dass sie mit Risiken verbunden sind (Vgl. MACHLIS/ROSA 1990).

In all diesen Fällen gehen Menschen Risiken ein, um ihre eigenen Kräfte herauszufordern und den Triumph eines gewonnenen Kampfes gegen Naturkräfte oder andere Risikofaktoren auszukosten. Sich über Natur oder Mitkonkurrenten hinwegzusetzen und durch eigenes Verhalten selbst geschaffene Gefahrenlagen zu meistern, ist der wesentliche Ansporn zum Mitmachen. Möglicherweise bietet unsere „Absicherungsgesellschaft" zu wenig riskante Herausforderungen, sodass – häufig instinktiv verankerte – Bedürfnisse nach Abenteuer und Risiko unbefriedigt bleiben. So werden künstliche Situationen geschaffen, die ein kalkulierbares und durch persönlichen Einsatz beherrschbares Risiko schaffen, dem man sich freiwillig aussetzt. Risiko als Herausforderung ist an eine Reihe von situationsspezifischen Attributen gebunden:

– Freiwilligkeit,

– persönliche Kontrollierbarkeit und Beeinflussbarkeit des Risikos,

– zeitliche Begrenzung der Risikosituation,

- die Fähigkeit, sich auf die riskante Tätigkeit vorzubereiten und entsprechende Fertigkeiten einzuüben, und

- soziale Anerkennung, die mit der Beherrschung des Risikos verbunden ist.

Risiko als Herausforderung ist eine so dominante Handlungsmotivation, dass Gesellschaften symbolische Gefahrensituationen in Form von Sportaktivitäten, Gesellschaftsspielen, Spekulantentum, Geldgeschäften und politischen Spielregeln des Machterwerbs entwickelt haben, um das „Prickeln" bei der Beherrschung von Gefahren zu kanalisieren und die möglichen negativen Konsequenzen durch symbolische Bestrafungen zu ersetzten. Mit der symbolischen Kanalisierung des Risikorausches geht auch eine symbolische Vorwegnahme realer Gefahren in Form von Computersimulationen und hypothetischer Risikoberechnungen einher (Vgl. HÄFELE/RENN/ERDMANN 1990). Die herkömmliche Methode, durch Versuch und Irrtum technische Innovationen oder neue Einsatzgebiete für Technik zu überprüfen, ist in einer auf die Erhaltung des Individuums fixierten Gesellschaft moralisch nicht mehr zu rechtfertigen. An die Stelle des – immer Schaden erzeugenden – Irrtums tritt die symbolische Antizipation des Schadens: Abenteuerurlaub darf nur die Illusion der Gefahr vermitteln, aber wehe, wenn einer wirklich zu Schaden kommt; technische Systeme müssen so angelegt sein, dass sie auch bei Versagen niemanden schädigen können (das Lernen an realen Fehlern wird durch Computersimulation von hypothetischen Schadenabläufen ersetzt), und geplante soziale Veränderungen bedürfen einer wissenschaftlichen Folgenabschätzung, inklusive Kompensationsstrategien für potenzielle Geschädigte, bevor eine Reform in Kraft treten kann.

Das zunehmende Erlebnis eines nur symbolischen Schadens schafft natürlich auch neue Erwartungshorizonte gegenüber technischen Systemen. Je mehr der Risikorausch von symbolischen Konsequenzen für einen selbst und mögliche Konkurrenten geprägt ist, desto eher erwartet man auch von den technischen Risikoquellen nur symbolische Konsequenzen. Der echte Schaden darf demnach niemals eintreten.

Risiko als Glücksspiel: Das Risiko als Herausforderung, bei der die eigenen Fähigkeiten zur Risikobewältigung den Ausgang der Handlung mitbestimmen, ist nicht identisch mit dem Verständnis von Risiko in Lotterien oder Glücksspielen. Verlust oder Gewinn sind in der Regel hier unabhängig von den Fähigkeiten des Spielers. Spielen selbst kann natürlich auch einen Rausch erzeugen und zum Selbstzweck werden, aber es ist die erwartbare oder erhoffte Auszahlung, die Möglichkeit des großen Gewinns, die das berühmte „Prickeln" erzeugt und nicht der Vorgang des Spielens (im Gegensatz zu Gesellschaftsspielen, in denen Belohnung und Bestrafung nur noch symbolischen Wert haben).

Psychologen haben sich seit langem intensiv mit Risikoverhalten bei Glücksspielen befasst. Zum einen lässt sich die Situation im Labor gut simulieren, zum anderen kann man leicht die Abweichungen vom statistischen Erwartungswert bestimmen (Vgl. DAWES 1988, S. 92 ff., siehe auch KAHNEMANN/TVERSKY 1979). Gleich hier soll deutlich werden, dass der statistische Erwartungswert keinen Maßstab für rationales Spielverhalten abgibt. Der Einsatz sollte möglichst gering sein, während der Hauptgewinn ausgesprochen attraktiv sein sollte. Denn Spieler unterschätzen die Wahrscheinlichkeit seltener Ereignisse und sind eher bereit mitzuspielen, wenn der Wetteinsatz die Schmerzgrenze nicht überschreitet.

Die Tatsache, dass es jedes Mal einen Gewinner gibt, verführt zu der Vorstellung, man könne selbst der nächste sein. Häufig werden mit Glücksspielen versteckte Verteilungsideologien (etwa todsicheres Wettsystem, magische Glückszahlen oder ausgleichende Gerechtigkeit) verbunden. So glauben etwa 47 Prozent aller Amerikaner, dass es besondere Glücksnummern gibt, die bestimmten Mitspielern eine bessere Gewinnchance vermitteln (Vgl. MILLER 1985, S. 8 ff.). Wird das Zufallsprinzip jedoch anerkannt, dann ist das wahrgenommene Konzept der stochastischen Verteilung von Auszahlungen dem technischen Risikokonzept am nächsten. Nur wird dieses Konzept bei der Wahrnehmung und Bewertung technischer Risiken nicht angewandt. Im Gegenteil: Wie eine Studie in Schweden nachweist, halten es die dort untersuchten Personen geradezu für unmoralisch, eine „Glücksspielmentalität" auf technische Gefahrenquellen, bei denen Gesundheit und Leben auf dem Spiel stehen, anzuwenden (Vgl. SJØBERG/WINROTH 1985).

3.3 Risiko als Frühindikator für Gefahren

In jüngster Zeit hat sich in der öffentlichen Diskussion ein neues Bedeutungsumfeld des Risikobegriffes aufgetan. Mit der zunehmenden Berichterstattung über Umweltverschmutzung und deren Langzeitwirkungen auf Gesundheit, Leben und Natur haben wissenschaftliche Risikoberechnungen die Funktion von Frühwarnindikatoren erhalten.

Nach diesem Risikoverständnis helfen wissenschaftliche Studien, schleichende Gefahren frühzeitig zu entdecken und Kausalbeziehungen zwischen Aktivitäten oder Ereignissen und deren latente Wirkungen aufzudecken. Beispiele für die Verwendung dieses Risikobegriffs findet man bei der kognitiven Bewältigung von geringen Strahlendosen, Lebensmittelzusätzen, chemischen Pflanzenschutzmitteln oder genetischen Manipulationen von Pflanzen und Tieren. Die Wahrnehmung dieser Risiken ist eng mit dem Bedürfnis verknüpft, für scheinbar unerklärliche Folgen (z.B. Robbensterben, Krebserkrankungen von Kindern, Waldsterben, etc.) Ursachen ausfindig zu machen. Im Gegensatz zum technisch-medizinischen Risikobegriff wird die Wahrscheinlichkeit eines solchen Ereignisses nicht als eine signifikante (d.h. nicht mehr durch Zufall erklärbare) Abweichung von der natürlich vorgegebenen Variation solcher Ereignisse interpretiert, sondern als Grad der Sicherheit, mit der ein singuläres Ereignis auf eine externe Ursache zurückgeführt werden kann. Die Ergebnisse einer empirischen Studie über die Unterschiede zwischen Laienbewertung und Expertenbewertung von toxikologischen Erkenntnissen und Vermutungen bestätigt die hier vertretene These, dass Laien Kausalbeziehungen dann für erhärtet ansehen, wenn zwischen singulären Ereignissen (etwa Exposition und Erkrankung) eine Verknüpfung gesehen wird. Signifikanz ist an kasuistisches Denken gebunden (Vgl. KRAUS/MALMFORS/SLOVIC 1992)

Das Wissen um die Möglichkeit von Krebserkrankungen aufgrund ionisierender Strahlung legitimiert zumindest den Verdacht, dass jeder Krebs in der Nähe eines Kernkraftwerkes durch die emittierende Strahlung erklärt werden kann. Wer an Krebs erkrankt ist oder mit ansehen muss, wie ein Mitglied der Familie oder des eigenen Freundeskreises von dieser Krankheit getroffen ist, sucht nach einer Erklärung. Metaphysische Erklärungsmuster haben in unserer säkularisierten Welt an Geltung verloren. Gleichzeitig befriedigt das nach heutigem Wissensstand bestmögliche Erklärungsmuster einer zufälligen Verteilung von Krebserkrankungen das psychische Verlangen nach einer „sinnhaften" Erklärung wenig. Wie trostlos ist es, das zufällige Opfer eines blinden Verteilungsmechanismus von Krankheit zu sein. Kennt man dagegen einen konkreten Grund, etwa Umweltbelastung, Rauchen, falsche Ernährung usw., dann macht das Auftreten der Krankheit zumindest Sinn. Lässt sich aus subjektiver Sicht darüber hinaus eigenes Verschulden (etwa Rauchen oder Alkoholmissbrauch) ausschließen und Fremdverschulden als Ursache der Krankheit heranziehen, dann mag die Krankheit sogar einen sozialen Zweck erfüllen, nämlich die künftigen potenziellen Opfer zu alarmieren und gegen die Ursache des Übels anzukämpfen.

Die häufig hochemotionale Auseinandersetzung um Risiken dieses Typus muss aus diesem psychischen Hintergrund heraus verstanden werden. Die Befähigung des Menschen zum Mit-Leiden verhilft ihm zu einer potenziellen Identifikation mit dem Opfer. Risikoanalysen, die eine bestimmte Wahrscheinlichkeit einer schleichenden Erkrankung aufgrund einer Emission nachweisen, bewirken eine Identifikation mit dem von dem Risiko betroffenen Opfer. Während der Risikoanalytiker stochastische Theorien zur Charakterisierung der relativen Gefährdung von Ereignissen benutzt, die keine kausalen Zusammenhänge zwischen singulären Auslösern und deren Effekten erlauben (und damit Distanz zum eigenen Wissensbereich schaffen), sieht der Laie in ihnen den Beweis für die schuldhafte Verstrickung gesellschaftlicher Akteure bei der Verursachung lebensbedrohender Krankheiten.

Wiederum ist der Begriff der Wahrscheinlichkeit hier Angelpunkt für die Diskrepanz zwischen intuitiver und technischer Auffassung von Risiko. Es ist schwer, jemanden plausibel machen, dass nach Berechnungen des US-Departments of Energy (Energieministerium der USA) die Zahl der durch Tschernobyl verursachten Krebsopfer in Europa rund 28.000 in den nächsten 50 Jahren betragen wird, das individuelle Risiko, an Krebs zu sterben, für jeden einzelnen jedoch lediglich um 0,002 % angestiegen ist (Vgl. HOHENEMSER/RENN 1988). Für ein durchschnittliches Individuum in Deutschland entspricht dies einer Erhöhung der Wahrscheinlichkeit von heute rund 24,0 Prozent auf 24,002 Prozent. Wer versteckt sich hinter diesen 28.000 Fällen, wenn jeder potenziell Betroffene doch nur einem nur marginal angestiegenen Krebsrisiko ausgesetzt gewesen ist? Dass an diesem Beispiel (Produkt aus geringer Wahrscheinlichkeit und großer Bevölkerungszahl) auch die Grenzen der Interpretationsfähigkeit wissenschaftlich-technischer Risikoanalysen sichtbar werden, liegt auf der Hand.

4. Aufgaben der Risikopolitik

Die semantische Bestimmung des Risikobegriffs im Alltagsleben hat zu der wichtigen Erkenntnis geführt, dass der universelle Geltungsanspruch des technischen Risikobegriffes als Maß für die relative Wahrscheinlichkeit von negativen Ereignissen in der Alltagssprache nicht gilt. Begriffe in der Alltagssprache sind gewöhnlich mit mehrfachen Bedeutungen besetzt, die sich für den in der Alltagssprache Kundigen mühelos aus dem Kontext ableiten lassen. Gleichzeitig sind Begriffe der Alltagssprache weniger abstrakt, d.h. sie erfordern keinen universellen Geltungsanspruch über unterschiedliche Kontexte hinweg. Risiko beim Skifahren bedeutet etwas signifikant anderes als Risiko beim Betrieb eines Kernkraftwerkes.

Welchen Nutzen können Wissenschaft und Politik in dieser Situation von der Erforschung der Risikowahrnehmung ziehen? Was lässt sich normativ aus den Studien über die intuitive Risikowahrnehmung für risiko- und technologiepolitische Entscheidungen ableiten? Wenn aus der Kenntnis des Ist-Zustandes auch keine Sollaussagen abgeleitet werden können, so liegen doch einige Lehren für die Politik in den Analysen über Risikowahrnehmung nahe, zumindest wenn man die Ziele einer vorausschauenden Technologie- und Risikopolitik als normative Zielvorgaben akzeptiert (Vgl. STREFFER U.A. 2000, S. 309 ff.).

- Naturwissenschaftliche Risikoanalysen sind hilfreiche und notwendige Instrumente einer vorausschauenden Technologie- und Risikopolitik. Nur mit ihrer Hilfe lassen sich relative Risiken miteinander vergleichen und Optionen mit dem geringsten Erwartungswert von Schaden auswählen. Sie können und dürfen jedoch nicht als alleinige Richtschnur für staatliches Handeln dienen. Ihre Universalität wird nämlich mit einer Abstraktion vom Kontext und einer Ausblendung der übrigen rational sinnvollen Wahrnehmungsmerkmale erkauft. Ohne Einbeziehung von Kontext und situationsspezifischen Begleitumständen werden Entscheidungen dem Anspruch, in einer gegebenen Situation ein Zielbündel zweckrational und wertoptimierend zu erreichen, nicht gerecht.

- Kontext und Begleitumstände sind wesentliche Merkmale der Risikowahrnehmung. Diese Wahrnehmungsmuster sind keine beliebig individuell zusammengeschusterten Vorstellungen, sondern in der kulturellen Evolution entstandene und im Alltag bewährte Konzepte, die in vielen Fällen wie eine universelle Reaktion von Menschen auf die Wahrnehmung von Gefahren das eigene Verhalten steuern. Ihr universeller Charakter über alle Kulturen hinweg ermöglicht eine gemeinsame Orientierung gegenüber Risiken und schafft eine Basis für Kommunikation (Vgl. BREHMER 1987). Die Wirksamkeit dieser intuitiven Wahrnehmungsprozesse ist zwar abhängig von verinnerlichten Wertvorstellungen und äußeren Situationsumständen, sie bleiben aber bei aller kultureller Überformung stets präsent und messbar (Vgl. ROHRMANN 1995).

Diese Erkenntnis ist keine akademische Spitzfindigkeit, sondern unmittelbar relevant für Kommunikation und Konfliktaustragung: Geht man davon aus, dass intuitive Mechanismen der Risikowahrnehmung und -bewertung quasi universelle Züge tragen, die durch sozio-kulturelle Einflüsse in ihrer Richtung, aber nicht in ihrer Existenz beeinflusst werden können, dann gibt es auch eine fundamentale Kommunikationsbasis, auf die man bei aller Unterschiedlichkeit der Standpunkte zurückgreifen kann.

- Unter rationalen Gesichtspunkten erscheint es durchaus erstrebenswert, die verschiedenen Dimensionen des intuitiven Risikoverständnisses systematisch zu erfassen und auf diesen Dimensionen die jeweils empirisch gegebenen Ausprägungen zu messen. Wie stark verschiedene technische Optionen Risiken unterschiedlich auf Bevölkerungsgruppen verteilen, in welchem Maße institutionelle Kontrollmöglichkeiten bestehen, und inwieweit Risiken durch freiwillige Vereinbarung übernommen werden, lässt sich im Prinzip durch entsprechende Forschungsinstrumente messen. Dass aber diese Faktoren in die politische Entscheidung eingehen sollen, lässt sich aus dem Studium der Risikowahrnehmung lernen. Dahinter steht also die Auffassung, dass die Dimensionen (Concerns) der intuitiven Risikowahrnehmung legitime Elemente einer rationalen Politik sein müssen, die Abschätzung der unterschiedlichen Risikoquellen auf jeder Dimension aber nach rational-wissenschaftlicher Vorgehensweise erfolgen muss.

- Risikowahrnehmung kann kein Ersatz für rationale Politik sein. Ebenso wenig wie technische Risikoanalysen zur alleinigen Grundlage von Entscheidungen gemacht werden dürfen, sollte man die faktische Bewertung von Risiken zum politischen Maßstab ihrer Akzeptabilität machen. Wenn man weiß, dass bestimmte Risiken, wie etwa das Passivrauchen zu schweren Erkrankungen führen können, dann ist politische Risikoreduzierung angebracht, auch wenn mangelndes Problembewusstsein in der Bevölkerung herrscht. Viele Risiken werden verdrängt, weil man sich mit ihnen nicht beschäftigen will. Dies gilt vor allem für Risiken, die durch Naturgewalten ausgelöst werden. Sich von verdrängten oder offenkundig falschen Vorstellungen leiten zu lassen, kann kaum eine Rechtfertigung für die Festlegung einer vorausschauenden Risiko- und Technologiepolitik sein. Die Kenntnis dieser Wahrnehmungsmuster kann jedoch zur Gestaltung und Ausführung von Informations- und Bildungsprogrammen nutzbringend angewandt werden. Das Unvermögen vieler Menschen, probabilistische Aussagen zu verstehen oder die Riskantheit langfristig vertrauter Risikoquellen zu erkennen, ist sicherlich einer der Problembereiche, an denen gezielte Bildungs- und Informationsprogramme anknüpfen können (Vgl. RENN/LEVINE 1988). Damit ist eine gegenseitige Ergänzung von technischer Risikoanalyse und intuitiver Risikowahrnehmung gefordert.

Meines Erachtens ist es eine der zentralen Aufgaben der Politik, die wissenschaftlichen Expertisen über die möglichen Auswirkungen und die verbleibenden Unsicherheiten mit den Bewertungen und Gestaltungswünschen der von den Risiken betroffenen Bevölkerung zusammenzufügen und zu einer wissen- und wertorientierten Gesamtpolitik zu integrieren. Risikopolitik darf sich weder auf eine reine Wissensorientierung, noch auf eine reine Wertorientierung reduzieren lassen.

Die weitere Entwicklung einer vorausschauenden Risikopolitik wird mit davon abhängen, ob es gelingt, mehr über die Ursachen und Wirkungen der Risikowahrnehmung zu erfahren. Das Wissen um die intuitiven Prozesse bei der Wahrnehmung von Risiken kann den Entscheidungsträgern und Risikoregulatoren weiterhelfen, Konflikte über die Tolerierbarkeit von Risikoquellen besser vorauszusehen und antizipativ darauf einzugehen. Die Identifikation verallgemeinerungsfähiger Elemente in der intuitiven Wahrnehmung von Risiken verhilft der Gesellschaft zu einer besseren normativen Theorie der Selektion von Risikoquellen. Programme zur Konfliktaustragung und Risikokommunikation werden sicherlich auf öffentliche Ablehnung stoßen, solange der Lern- und Kommunikationsprozess nicht wechselseitig erfolgt. Öffentliche Wahrnehmung und Common Sense können Wissenschaft und Politik nicht ersetzen, aber durchaus Anstöße für den Entscheidungsprozess geben. Gleichzeitig dürfte die Bereitschaft der Öffentlichkeit steigen, rationale Konzepte der Entscheidungsfindung zu akzeptieren, wenn die Entscheider Kriterien und Belange der öffentlichen Wahrnehmung ernstnehmen.

Literaturverzeichnis

AKADEMIE DER WISSENSCHAFTEN ZU BERLIN: Umweltstandards, Berlin 1992.

BECHMANN, G.: Risiko als Schlüsselkategorie der Gesellschaftstheorie, in: Bechmann, G. (Hrsg.): Risiko und Gesellschaft, Grundlagen und Ergebnisse interdisziplinärer Risikoforschung, Opladen 1993, S. 237-276.

BERGER, P./BERGER, B./KELLNER, H.: Das Unbehagen der Modernität, Frankfurt am Main/New York 1973.

BREHMER, B.: The Psychology of Risk, in: Singleton, W.T./Howden, J. (Hrsg.): Risk and Decisions, New York 1987, S. 25-39.

DAWES, R.M.: Rational Science in an Uncertain World, San Diego 1988.

DOUGLAS, M.: Purity and Danger, Concepts of Pollution of Taboo, London 1966.

EVERS, A./NOWOTNY, H.: Über den Umgang mit Unsicherheit, Die Entdeckung der Gestaltbarkeit von Gesellschaft, Frankfurt am Main 1987.

FISCHHOFF, B./WATSON, S.R./HOPE, C.: Defining Risk, in: Policy Sciences 17/1984, S. 123-129.

HÄFELE, W./RENN, O./ERDMANN, G.: Risiko und Undeutlichkeiten, in: Häfele, W. (Hrsg.): Energiesysteme im Übergang unter den Bedingungen der Zukunft, Jülich/Landsberg 1990, S. 31-48.

HOHENEMSER, C./KATES R.W./SLOVIC, P.: The Nature of Technological Hazard, in: Science 1983, S. 378-384.

HOHENEMSER, C./RENN, O.: Shifting Public Perception of Nuclear Risk: Chernobyl´s other Legacy, in: Environment 3/1988, S. 5-11 und S. 40-45.

JUNGERMANN, H./SLOVIC, P.: Charakteristika individueller Risikowahrnehmung, in: Bayerische Rückversicherungsgesellschaft (Hrsg.): Risiko ist ein Konstrukt, Wahrnehmungen zur Risikowahrnehmung, München 1993, S. 89-107.

KAHNEMAN, D./TVERSKY, A.: Prospect theory, An Analysis of Decision under Risk, in: Econometrica 1979, S. 263-290.

KLAGES, H.: Wertorientierungen im Wandel, Frankfurt am Main/New York 1984.

KRAUS, N./MALMFORS, T./SLOVIC, P.: Intuitive Toxicology, Expert and Lay Judgememts of Chemical Risks, in: Risk Analysis 1992, S. 215-232.

KRÜCKEN, G.: Risikotransformation, Die politische Regulierung technisch-ökologischer Gefahren in der Risikogesellschaft, Opladen 1997, S. 28 ff.

LOWRANCE, W.W.: Of Acceptable Risk, Science and the Determination of Safety, Los Altos 1976.

LUHMANN, N.: Soziologie des Risikos, Berlin 1991.

LUHMANN, N.: Risiko und Gefahr, in: Krohn, W./Krücken, G. (Hrsg.): Riskante Technologien: Reflexion und Regulation, Frankfurt am Main 1993, S. 138-185.

MACHLIS, E./ROSA, E.: Desired Risk, Broadening the Social Amplification of Risk Framework, in: Risk Analysis 10/1990, S. 161-168.

MACLEAN, D.: Understanding die Nuclear Power Controversy, in: Engelhardt, H.T./ Caplan A.L. (Hrsg.): Scientific Controversies: Case Studies in the Resolution ans Closure of Disputes in Science and Technology, Cambrindge 1987, S. 567-582.

MILLER, S.: Perception of Science and Technology in the United States, Manuscript, Academy of Schiences, Washington D.C. 1985.

OBERMEIER, O.-P.: Das Wagnis neuen Denkens – ein Risiko?, in: Schüz, M. (Hrsg.): Risiko und Wagnis: Die Herausforderung der industriellen Welt, Band 2, Pfullingen 1990, S. 243-263.

PERROW, C.: Normal Accidents, New York 1984.

RENN, O.: Risikowahrnehmung in der Kernenergie, Frankfurt am Main/New York 1984.

RENN, O.: Risikowahrnehmung, Psychologische Determinanten bei der intuitiven Erfassung und Bewertung von technischen Risiken, in: Hosemann, G. (Hrsg.): Risiko in der Industriegesellschaft, Erlangen 1989, S. 167-191.

RENN, O.: Concepts of Risk: A Classification, in: Krimsky, S./Golding, D. (Hrsg.): Social Theories of Risk, Westport 1992, S. 53-82.

RENN, O./LEVINE, D.: Trust and Credibility in Risk Communication, in: Jungermann, H./Kasperson, R.E./Wiedemann, P.M. (Hrsg.): Risk Communication, Jülich 1988, S. 51 ff.

RENN, O./ZWICK, M.M.: Technik- und Risikoakzeptanz, Berlin 1997.

ROHRMANN, B.: Technological Risks: Perception, Evaluation, Communication, in: Mechlers, R.E./Stewart, M.G. (Hrsg.): Integrated Risk Assessment, Current Practice and New Directives, Rotterdam 1995, S. 7-12.

ROHRMANN, B./RENN, O.: The Perception of Risk, An Introduction, in: Renn, O./Rohrmann, B. (Hrsg.): Cross-Cultural Risk Perception, Dordrecht 2000, S. 11-54.

SHUBIK, M.: Risk, Society, Politicians, Scientists and Pople, in: Shubik, M. (Hrsg.): Risk, Organisations and Society, Dordrecht 1991, S. 7-30.

SJØBERG, J./WINROTH, E.: Risk, Moral Value of Actions and Mood, Unveröffentlichtes Manuskript der Universität von Göteborg, Göteborg 1985.

STREFFER, C./BÜCKER, J./CANSIER, A./CANSIER, D./GETHMANN, C.F./GUDERIAN, R./ HANEKAMP, G./HENSCHLER, D./PÖCH, G./REHBINDER, E./RENN, O./SLESINA, M./WUTTKE, K.: Umweltstandards, Kombinierte Expositionen und ihre Auswirkungen auf den Menschen und seine Umwelt, Heidelberg/Berlin 2000.

WATSON, M.: In Dreams begin Responsibilities, Moral Imagination and Peace, in: Andrews, V./Bosnak, R./Goodwin, K.W. (Hrsg.): Facing Apocalypse, Dallas 1987, S. 70-95.

WIEDEMANN, P.M.: Tabu, Sünde Risiko: Veränderungen der gesellschaftlichen Wahrnehmungen zur Risikowahrnehmung, in: Bayerische Rückversicherungsgesellschaft (Hrsg.): Risiko ist ein Konstrukt, Wahrnehmungen zur Risikowahrnehmung, München 1993, S. 43-67.

WISSENSCHAFTLICHER BEIRAT GLOBALE UMWELTFRAGEN (WBGU): Umweltethik, Marburg 2000.

Georg von Hohnhorst[*]

Anforderungen an das Risikomanagement nach dem KonTraG

1. Hintergrund der gesetzgeberischen Aktivitäten

2. Risikomanagement im deutschen Corporate-Governance-System
   2.1 Zuständigkeiten und Verantwortlichkeiten
   2.2 Elemente des Risikomanagementsystems

3. Verantwortlichkeit der Geschäftsführung für das Risikomanagement
   3.1 Aufbauorganisation: Risikomanagement-Organisation
   3.2 Ablauforganisation: Risikomanagementprozess

4. Thesenförmige Zusammenfassung

Literaturverzeichnis

---

[*] Dipl.-Kfm. Georg von Hohnhorst (StB/WP) ist Partner und Leiter der Niederlassung Mannheim der KPMG Deutsche Treuhand-Gesellschaft AG.

1. Hintergrund der gesetzgeberischen Aktivitäten

Der deutsche Gesetzgeber leistete mit dem am 1. Mai 1998 in Kraft getretenen Gesetz zur Kontrolle und Transparenz im Unternehmensbereich (KonTraG) einen wesentlichen Beitrag zur Diskussion über eine verbesserte Unternehmensführung und Unternehmensüberwachung (*Corporate Governance*). Dabei wurden gezielte Korrekturen und Ergänzungen einzelner Regelungen des Aktien- und Handelsrechts vorgenommen. Ohne dabei das bestehende deutsche Corporate-Governance-System grundsätzlich in Frage zu stellen, ergab sich die Notwendigkeit zu Reformen aus den Schwächen des im Aktienrecht verankerten Kontrollsystems und Verhaltensfehlsteuerungen innerhalb des existierenden Überwachungssystems, die mit zunehmender Anzahl und Intensität spektakulärer Unternehmenskrisen und -zusammenbrüchen in den letzten Jahren offensichtlich wurden (Vgl. ERNST/SEIBERT/STUCKERT 1998, S. 29). Diese Unternehmensschieflagen waren unter anderem mit dem Vorwurf eines unzureichenden Risikomanagements der Unternehmensleitungen und der mangelhaften Aufsicht durch die Aufsichtsorgane verbunden. Während die Aufsichtsräte sich insbesondere mit der Kritik an ihrer Qualifikation sowie ihrem mangelnden zeitlichen Einsatz für die Unternehmensaufsicht ausgesetzt sahen und von der Öffentlichkeit zunehmend die Gefahr von potenziellen Interessenkollisionen gesehen wurde, standen eine unzureichende Prüfungsintensität sowie Defizite in der Berichterstattung im Zentrum der Kritik an der Arbeitsweise der Abschlussprüfer.

Entsprechend den Ausführungen des Gesetzgebers im Rahmen der Begründung des Gesetzentwurfs zielen die Regelungen des KonTraG neben einer verbesserten Transparenz und einer Stärkung der Rechte und Pflichten des Aufsichtsrates auch auf eine Erweiterung bzw. Konkretisierung der Berichtspflichten des Vorstands sowie auf eine verbesserte Zusammenarbeit zwischen Abschlussprüfer und Aufsichtsrat. Die Verbesserung der Qualität der Abschlussprüfung, die kritische Prüfung des Beteiligungsbesitzes von Kreditinstituten sowie eine Stärkung der Kontrolle durch die Hauptversammlung waren ebenfalls Ziele der neuen Gesetzgebung.

Unternehmen sind permanent sich wandelnden Rahmenbedingungen und daraus resultierenden vielfältigen Risiken ausgesetzt. Das Unternehmensrisiko erfasst dabei alle Ereignisse oder Handlungen, die ein Unternehmen an der Zielerreichung oder erfolgreichen Umsetzung seiner Strategien hindern (Vgl. KPMG 1998, S. 5). Für die Festlegung von effizienten Steuerungsmaßnahmen und damit für die erfolgreiche Fortführung des Geschäftsbetriebs ist die richtige Einschätzung der Risikolage des Unternehmens (*aggregiertes Unternehmensrisiko*) von entscheidender Bedeutung. Gesetzesänderungen, Währungsrisiken, demographische Veränderungen, Fertigungsrisiken (Engpässe), Konkurse wichtiger Kunden oder Systemausfälle sind nur einige Beispiele einer Vielzahl potenzieller Risiken mit Einfluss auf die Wettbewerbsposition, Wachstumsraten, Renditen oder Gewinnspannen des Unternehmens. Langfristigen unternehmerischen Erfolg ohne Risiko kann es nicht geben, sodass ein bewusster, kontrollierter Umgang mit den Risiken unverzichtbar ist. Die Notwendigkeit eines angemessenen Risikomanagements im Unternehmen wurde auch vom Gesetzgeber durch das KonTraG besonders betont (Vgl. ERNST/SEIBERT/STUCKERT 1998, S. 53).

2. Risikomanagement im deutschen Corporate-Governance-System

2.1 Zuständigkeiten und Verantwortlichkeiten

Die deutsche aktienrechtliche Unternehmensverfassung ist durch ihren dualistischen Aufbau mit der institutionalisierten Trennung von hauptamtlicher Unternehmensleitung und nebenamtlicher Unternehmensüberwachung geprägt. Das Aktiengesetz enthält neben einer zwingend geregelten Entscheidungsorganisation eine umfassende Bestimmung der Zuständigkeiten und Verantwortlichkeiten von Vorstand (§§ 76-94 AktG), Aufsichtsrat (§§ 95-116 AktG) und Hauptversammlung (§§ 118-147 AktG). Dabei obliegt die allgemeine Unternehmensleitung nach § 76 Abs. 1 AktG dem Vorstand. Der Gesetzgeber fordert in § 93 Abs. 1 AktG, dass der Vorstand bei der „Geschäftsführung die Sorgfalt eines ordentlichen und gewissenhaften Geschäftsleiters anzuwenden" hat. Er berichtet dem Aufsichtsrat (§ 90 AktG) und stellt den Abschlussprüfern die notwendigen Informationen zur Prüfung der Gesellschaft zur Verfügung. Die Überwachung der Geschäftsführung obliegt dem Aufsichtsrat, dem jedoch keinesfalls Geschäftsführungsaufgaben von der Unternehmensleitung übertragen werden können (§ 111 AktG).

Mit In-Kraft-Treten des KonTraG haben die Vorstände deutscher Aktiengesellschaften nach § 91 Abs. 2 AktG „geeignete Maßnahmen zu treffen, insbesondere ein Überwachungssystem einzurichten, damit den Fortbestand der Gesellschaft gefährdende Entwicklungen früh erkannt werden." Durch § 91 Abs. 2 AktG wird die allgemeine Leitungsaufgabe des Vorstands hervorgehoben und seine Sorgfaltspflichten konkretisiert. Das KonTraG führte insoweit zu keiner Neuerung. Dies ist auch aus der Begründung zum Entwurf des Gesetzes zu entnehmen. Dabei wird an mehreren Stellen die deklaratorische Bedeutung dieser Regelung explizit hervorgehoben und klargestellt, dass der Verantwortungsbereich des Vorstands sich dadurch nicht erweitert habe (Vgl. ERNST/SEIBERT/STUCKERT 1998, S. 53; EMMERICH 1999, S. 1077 f.). Obschon das GmbH-Gesetz nicht in analoger Weise erweitert wurde, ist entsprechend der Begründung des Gesetzgebers davon auszugehen, dass für die GmbH je nach Größe und Komplexität ihrer Struktur nichts anderes gilt (sog. Ausstrahlungswirkung; dies befürwortend JACOB 1998, S. 1045: „Im Einzelfall können die von den Geschäftsführern einer GmbH zu treffenden Maßnahmen zur Früherkennung von Bestandsgefährdungen den Maßnahmen nach § 91 Abs. 2 AktG vollumfänglich entsprechen"; vgl. auch SCHRUFF 1999, S. 442;

BÖCKING/ORTH 2000, S. 245 f.) Ferner ist davon auszugehen, dass die Neuregelung auch Ausstrahlungswirkung auf den Pflichtenrahmen der Geschäftsführer anderer Gesellschaftsformen hat.

Im Konzernverbund ist zu beachten, dass auch von Tochtergesellschaften bestandsgefährdende Risiken ausgehen können. Ohne den Vorstand der Tochtergesellschaften von der allgemeinen Sorgfaltspflicht zu entbinden und unabhängig von der jeweiligen Rechtsform der Tochtergesellschaft, hat die Konzernmutter im Sinne des § 290 HGB ein konzernweites Risikomanagementsystem einzurichten (zu Problemen hinsichtlich des Risikomanagements im Konzernverbund vgl. HOMMELHOFF/MATTHEUS 2000).

Darüber hinaus haben alle Mutterunternehmen, die Kapitalgesellschaften im Sinne des § 290 HGB sind, mit Ausnahme der kleinen Kapitalgesellschaft, im Lagebericht gemäß § 289 Abs. 1 Hs. 2 HGB auf die Risiken der künftigen Entwicklung einzugehen. Gleiches gilt für den Konzernlagebericht (§ 315 Abs. 1 Hs. 2 HGB).

An der Einrichtung und Überwachung des Risikomanagementsystems sind verschiedene Akteure beteiligt. Während der *Vorstand* die Risikostrategie festlegt und für die Implementierung eines effektiven Risikomanagementsystems verantwortlich zeichnet, führen das Unternehmenscontrolling und/oder ein Risikomanager „das Risikomanagement als integralen Bestandteil des Planungs- und Controllingprozesses durch" (VOGLER/GUNDERT 1998, S. 2378) und berichten über alle wesentliche Risiken direkt an den Vorstand. Die *Interne Revision* kann den Risikomanagementprozess im Auftrag des Vorstands überwachen und aktiv mit dem Abschlussprüfer zusammenarbeiten.

Im Rahmen seiner Überwachungstätigkeit obliegt auch dem *Aufsichtsrat* zu prüfen, „ob die Geschäftsführung alle Maßnahmen getroffen hat, um bestehende und zukünftige Risiken erkennen, analysieren und bewerten zu können und ob die unternehmensinternen Richtlinien zum Umgang mit den Risiken ausreichend sind" (KROMSCHRÖDER/LÜCK 1998, S. 1576). Der *Abschlussprüfer* unterstützt den Aufsichtsrat, der mit dem KonTraG nunmehr den Prüfungsauftrag für den Jahres- und Konzernabschluss erteilt (§ 111 Abs. 2 AktG), in seiner Überwachungstätigkeit. Im Rahmen seiner Abschlussprüfung empfiehlt sich eine enge Zusammenarbeit mit der Internen Revision. Dabei grenzt IDW EPS 321 („Interne Revision und Abschlußprüfung") die Aufgaben der Abschlussprüfer von den der Internen Revision ab und konkretisiert, inwieweit der Abschlussprüfer Ergebnisse der Internen Revision nutzen und darüber berichten kann. Die *Hauptversammlung* verfügt als übergeordnetes Überwachungsorgan über zahlreiche Einwirkungs- und Informationsrechte.

Bei einem Unternehmen, das Aktien mit amtlicher Notierung ausgegeben hat, ist nach berufsständischer Auffassung lediglich das Risikofrüherkennungssystem (dies ist nur ein Teilbereich des Risikomanagements; vgl. hierzu BÖCKING/ORTH 2000, S. 249; EMMERICH 1999, S. 1078 f.) Gegenstand der gesetzlichen Abschlussprüfung (Vgl. IDW PS 340, Tz. 3-6). Das Prüfungsergebnis ist von den Abschlussprüfern in einem gesonderten Teil des Prüfungsberichts darzustellen (§ 321 Abs. 4 HGB). Diese Einschränkung der

Prüfungspflicht auf Risikofrüherkennungssysteme von amtlich notierten Unternehmen ist in der Literatur mehrfach auf Kritik gestoßen (Vgl. hierzu stellv. BÖCKING/ORTH 2000, S. 247 ff.), auch in dem von der Regierungskommission „Corporate Governance – Unternehmensführung – Unternehmenskontrolle – Modernisierung des Aktienrechts" veröffentlichten Abschlussbericht. Darin empfiehlt die Kommission unter anderem die Prüfung und die Berichterstattung durch den Abschlussprüfer über das einzurichtende Überwachungssystem auf alle börsennotierten Gesellschaften auszuweiten (Vgl. BAUMS 2001, Tz. 33 und 273). Diese Empfehlung hat der Gesetzgeber im Rahmen des Entwurfs eines Gesetzes zur weiteren Reform des Aktien- und Bilanzrechts, zu Transparenz und Publizität (Transparenz- und Publizitätsgesetz) aufgegriffen (Vgl. BMJ 2002, S. 12 und 79).

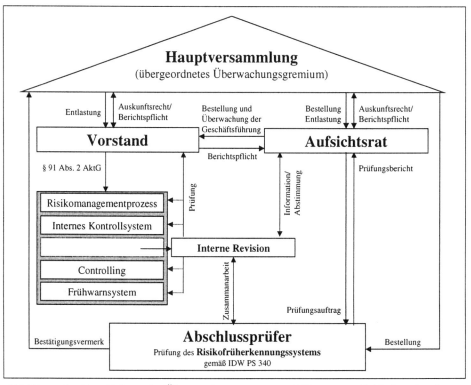

Abbildung 1: Das Gefüge der Überwachungsorgane und Verantwortlichkeiten für das Risikomanagement nach dem KonTraG

2.2 Elemente des Risikomanagementsystems

Risikomanagement soll den kontrollierten Umgang mit Risiken gewährleisten. Im Schrifttum findet man gemeinhin die Differenzierung zwischen dem Risiko im engeren Sinne, verstanden als reine Verlustgefahr, und dem Risiko im weiteren Sinne, welches neben der Verlustgefahr auch die Chancen erfasst. Es scheint Einigkeit dahingehend zu bestehen, dass der Gesetzgeber in § 91 Abs. 2 AktG den Risikobegriff im engeren Sinne auslegt (Vgl. stellv. KROMSCHRÖDER/LÜCK 1998, S. 1573). Der Begründung zum Gesetzentwurf ist ferner zu entnehmen, was der Gesetzgeber unter bestandsgefährdenden Risiken subsumiert. Demnach zählen hierzu Unrichtigkeiten in der Rechnungslegung, risikobehaftete Geschäfte und Verstöße gegen gesetzliche Vorschriften, die sich auf die Vermögens-, Finanz- und Ertragslage wesentlich auswirken (Vgl. ERNST/SEIBERT/STUCKERT 1998, S. 53).

Der Gesetzgeber hat die Anforderungen an die Unternehmen zur Erfüllung der gesetzlichen Vorgabe im Wesentlichen unbenannt gelassen. Einerseits gründet dies auf der Annahme, ein umfassendes Risikomanagement sei bereits vor der Verabschiedung des Gesetzes schon übliche Unternehmenspraxis gewesen. Andererseits ist die fehlende Konkretisierung vor dem Hintergrund zu sehen, dass nach herrschender Meinung die Ausgestaltung des Risikomanagements von vielen unternehmensspezifischen Faktoren abhängt und zum damaligen Zeitpunkt die betriebswirtschaftliche Theorie und Praxis keinen allgemein gültigen Ansatz bereitstellte (Vgl. KPMG 2000, S. 6). Die Art der Umsetzung wird insbesondere von der Größe und Struktur des Unternehmens, der Branche oder dem Kapitalmarktzugang der jeweiligen Gesellschaft beeinflusst (Vgl. ERNST/SEIBERT/STUCKERT 1998, S. 53). Das entstandene „Normvakuum" musste daher ab dem 1. Mai 1998 in den betroffenen Gesellschaften individuell ausgefüllt werden (Vgl. KPMG 2000, S. 8). Aus einer Studie der KPMG geht hervor, dass sich in der Praxis vielfältige Systeme entwickelt haben, die „alle den Anspruch erheben, den Anforderungen des Gesetzgebers zu genügen" (KPMG 2000, S. 6). Allerdings verdeutlicht eine Untersuchung weiterhin Unzulänglichkeiten in Bezug auf das Risikomanagement. Die Studie befragte Vorstände deutscher börsennotierter Aktiengesellschaften bzgl. ihrer unternehmensspezifischen Corporate Governance. Rund 68% der teilnehmenden Vorstände haben die Verbesserung des internen Risikomanagements als einen Schwerpunkt zur Verbesserung ihrer Unternehmensüberwachung angeführt (Vgl. ANDERSEN 2001, S. 22). Dieser Untersuchung entsprechend beschäftigen sich auch die Aufsichtsräte noch nicht „aktiv" mit einer gesonderten Risikoberichterstattung zur Verbesserung ihrer Überwachungstätigkeiten (Vgl. ANDERSEN 2001, S. 20).

Im Schrifttum herrscht im Allgemeinen keine vollständige Übereinstimmung, aus welchen Systemkomponenten das einzurichtende Überwachungssystem bestehen soll. Aus der Formulierung der Gesetzesbegründung sowie aus dem § 91 Abs. 2 AktG selbst kann entnommen werden, welche Komponenten der Gesetzgeber fordert. Diese sind (Vgl. LÜCK 1999, S. 141):

- Risikomanagement (Vgl. hierzu ausführlich Kapitel 3)
- Überwachungssystem (inkl. Interne Revision)
- Controlling
- Frühwarnsystem

Das interne *Überwachungssystem* soll die Zuverlässigkeit der betrieblichen Prozesse gewährleisten und umfasst neben organisatorischen Sicherungsmaßnahmen (z.B. Funktionstrennung, Zugriffsbeschränkungen, Zahlungs- bzw. Investionsrichtlinien) und prozessabhängigen internen Kontrollen (z.B. manuelle/automatische Soll-Ist-Vergleiche) auch die prozessunabhängigen Überwachungstätigkeiten der Internen Revision (Vgl. LÜCK 1999, S. 170 ff.). *Controlling* erfasst die „zielorientierte Koordination von Planung, Informationsversorgung, Kontrolle und Steuerung" (LÜCK 1999, S. 171), wohingegen in einem *Frühwarnsystem* Frühwarnindikatoren Risiken so rechtzeitig erkennbar werden lassen, dass angemessene Gegensteuerungsmaßnahmen möglich sind.

Mit der Verabschiedung des Prüfungsstandards PS 340 („Die Prüfung des Risikofrüherkennungssystems nach § 317 Absatz 4 HGB") hat das IDW den Inhalt des § 317 Abs. 4 HGB konkretisiert und damit indirekt die Mindestanforderungen an das einzurichtende Überwachungssystem formuliert (Vgl. KPMG 2000, S. 10). Nach berufsständischer Auffassung der Abschlussprüfer erfasst das *Risikomanagement* „die Gesamtheit aller organisatorischen Regelungen und Maßnahmen zur Risikoerkennung und zum Umgang mit den Risiken unternehmerischer Betätigung" (IDW PS 340, Tz. 4; zur Prüfungspflicht vgl. Kapitel 2.1).

3. Verantwortlichkeit der Geschäftsführung für das Risikomanagement

3.1 Aufbauorganisation: Risikomanagement-Organisation

Die Entwicklung einer ausgeprägten „Risiko- und Kontrollkultur, verstanden als gemeinsames, grundlegendes Normen- und Wertegerüst" (KPMG 1998, S. 8; vgl. hierzu auch LÜCK 2000, S. 1477) im gesamten Unternehmen ist unverzichtbar für ein wirkungsvolles Risikomanagement. Dies erfordert die Offenheit aller Mitarbeiter, Risiken bewusst wahrzunehmen, zu kommunizieren und der Situation entsprechend angemessene Maßnahmen zu ergreifen. Die Geschäftsführung kann über ihren Führungsstil das Risiko- und Kontrollprofil des Unternehmens entscheidend beeinflussen. Ideal ist das Bild des „kontrolliert handelnden Unternehmers", der aufgrund der mit der Geschäftstätigkeit verbundenen Gewinnchancen bewusst – dafür aber auch kontrolliert – Risiken eingeht.

Das Management muss diese Philosophie leben (Vorbildfunktion) und dient somit als „Sponsor" in der alltäglichen Umsetzung des Risikomanagements durch alle Mitarbeiter. Eine Risiko- und Kontrollkultur wird darüber hinaus insbesondere durch die Integrität und fachliche Kompetenz der Mitarbeiter, durch klar abgegrenzte Verantwortlichkeiten und Zuständigkeiten sowie durch einen gut funktionierenden horizontalen und vertikalen Informationsaustausch unterstützt (Vgl. hierzu ausführlich KPMG 1998, S. 8 ff.).

Die Geschäftsführung hat angemessene organisatorische Rahmenbedingungen als Grundlage für die Entwicklung einer ausgeprägten Risiko- und Kontrollkultur im Unternehmen zu schaffen. In diesem Zusammenhang sind die folgenden Aspekte wichtig:

- Entwicklung einer Risikostrategie (risikopolitische Grundsätze)
- Koordination des Risikomanagements
- Überprüfung des Risikomanagementprozesses auf Effizienz und Effektivität

Die von der Geschäftsführung verfolgte Unternehmensstrategie bestimmt die Risiken, denen das Unternehmen ausgesetzt ist. Dabei wird offensichtlich, dass die operative und die strategische Planung in das Risikomanagementsystem einzubeziehen sind. Es ist die originäre Aufgabe und Verantwortung des Vorstands, in einem ersten Schritt aus der Unternehmensstrategie eine Risikostrategie abzuleiten (z.B. welche Risiken werden bis zu welcher Schadenshöhe eingegangen?), um sodann risikopolitische Grundsätze zu formulieren und zu kommunizieren (z.B. im Rahmen der allgemeinen Unternehmensleitlinien). Risikopolitische Grundsätze sind Verhaltensregeln, die den Mitarbeitern einen kontrollierten Umgang mit Unternehmensrisiken ermöglichen sollen (Vgl. BITZ 2000, S. 22). Sie dienen letztlich als Grundlage für die Gestaltung einer Risikomanagementorganisation und fördern den Ausbau einer unternehmensadäquaten Risiko- und Kontrollkultur (Vgl. KPMG 1998, S. 12).

Es empfiehlt sich, die Bedeutung des Risikomanagements durch einen eigenen Verantwortungsbereich „Risikomanagement" im Unternehmen zu untermauern. Die Aufgaben aus dem Risikomanagement sind jedoch „in geeigneter Weise auf koordinierbare und koordinierte Teilsysteme aufzuteilen", um eine vollständige Erfassung und Überwachung der Risiken zu gewährleisten (KROMSCHRÖDER/LÜCK 1998, S. 1575; vgl. hierzu auch LÜCK 1998a, S. 1930). Aufgaben können dabei auf ein Mitglied der Geschäftsleitung, auf einen neu zu ernennenden Risikoverantwortlichen bzw. bei komplexen Organisationen auf eine vom operativen Geschäft getrennte Stabsstelle übertragen werden (Vgl. hierzu ausführlich KPMG 1998, S. 12-15). Im Ergebnis ist dieser Verantwortungsbereich für die konzeptionelle (Weiter-)Entwicklung, Implementierung und Pflege eines (konzernweiten) Risikomanagements zuständig. Darüber hinaus ist auch eine effektive Risikoberichterstattung sowie die Dokumentation sämtlicher Zuständigkeiten, Verantwortlichkeiten und Risikomanagementmaßnahmen sicherzustellen. Für die operative Umsetzung und Pflege des Risikomanagements sollten Risikoverantwortliche in den jeweiligen Unternehmensbereichen und Geschäftsprozessen (z.B. Bereichsleiter oder Prozessverantwortliche) bestimmt werden. Dies erfordert die Übertragung von Entscheidungskompetenzen auf Mitarbeiter, die im Tagesgeschäft Risiken frühzeitig erkennen und zeitnah adäquate Risikomanagementmaßnahmen einleiten oder an Vorgesetzte berichten können. Um sicherzustellen, dass diese Maßnahmen nicht mit den risikopolitischen Zielsetzungen der Unternehmensleitung konfligieren, sollten im Verantwortungsbereich „Risikomanagement" unternehmens- bzw. konzerneinheitliche Standards als Basis für unmittelbare dezentrale Entscheidungen erarbeitet werden, z.B. ist festzulegen, in welchen Fällen für bestimmte Maßnahmen Spezialisten aus anderen Unternehmensbereichen (IT-Support, Rechtsabteilung, Treasury, etc.) einzubeziehen sind. Es empfiehlt sich ergänzend, klar abgegrenzte Zuständigkeiten und Verantwortlichkeiten für das Risikomanagement in Führungs- bzw. Zielvereinbarungen aufzunehmen und sie in Anreizsysteme (Vergütungs- und Sanktionssysteme) zu integrieren. Die Entscheidungsträger in den jeweiligen Unternehmensbereichen und -prozessen werden dabei in allen Fragen des Risikomanagements von der für das gesamte Unternehmensrisikomanagement verantwortlichen Person/Stabsstelle unterstützt.

Der Risikomanagementprozess ist regelmäßig auf Effektivität und Effizienz von einer prozessunabhängigen Instanz zu überprüfen. Diese Überwachung ist „aufbau- und ablauforganisatorisch getrennt zu implementieren" (WEBER/WEIßENBERGER/LIEKWEG 1999, S. 1716). Die dabei festgestellten Defizite geben den verantwortlichen Mitarbeitern wichtige Hinweise für die Verbesserung des Risikomanagements und unterstützen gleichermaßen die interne Kontrolle durch die Geschäftsführung sowie die externe Kontrolle durch den Aufsichtsrat und die Abschlussprüfer. Die Interne Revision als prozessunabhängige Überwachungsinstanz kann diese Funktion erfüllen, obschon ihre Möglichkeiten durch die Art und den Umfang des Auftrags durch die Geschäftsführung bzw. durch den Aufsichtsrat begrenzt sein können. Wenngleich der Gesetzgeber die Bedeutung der Internen Revision in § 91 Abs. 2 AktG unterstreicht, kann diese Überwachungsfunktion grundsätzlich auch externen Dritten übertragen werden.

3.2 Ablauforganisation: Risikomanagementprozess

Um zu gewährleisten, dass Risiken im Unternehmen kalkulierbar und kontrollierbar bleiben, hat die Geschäftsführung durch die Implementierung eines geregelten kontinuierlichen Prozesses dafür Sorge zu tragen, dass das Risikomanagement mit einer eigenen Ablauforganisation in die wesentlichen Unternehmensprozesse integriert wird (Vgl. KPMG 1998, S. 26; SPANNAGL/HÄßLER 1999, S. 1826). Das Unternehmensrisiko kann dadurch als eine „zusätzliche Steuerungsgröße operationalisiert und aktiv gestaltet werden" (KPMG 1998, S. 17). Die Ablauforganisation umfasst die Identifikation, Analyse/Bewertung und Steuerung der Risiken sowie die operative Kontrolle des Restrisikos nach erfolgten Risikobewältigungsmaßnahmen (Vgl. Abbildung 2). Die Effektivität und Angemessenheit der ergriffenen Maßnahmen ist darüber hinaus kontinuierlich zu überprüfen.

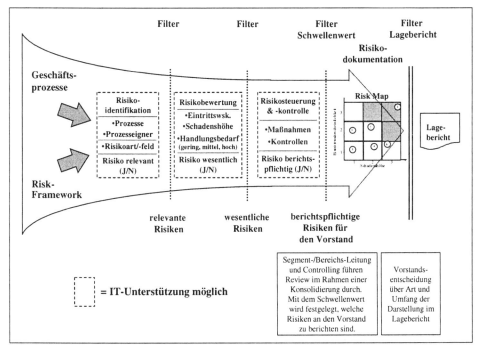

Abbildung 2: Der Risikomanagementprozess

Für die Erfassung und die anschließende Beurteilung der Risiken ist ein klares Bild über die strategischen und operativen Zielvorgaben des Unternehmens unabdingbar. Sind die Unternehmensziele nicht oder nur unzureichend definiert, hat vor der Risikoerfassung eine umfassende *Analyse der Unternehmensstrategie*, der Chancen und Risiken sowie des Unternehmensumfelds zu erfolgen. Hierzu kann sich die Unternehmensleitung einer Reihe bekannter Analyseinstrumente bedienen (z.B. SWOT-Analyse, PEST-Analyse, Analyse der branchenspezifischen Wettbewerbskräfte; Hinweise gibt auch die im Anhang zu IDW PS 230 veröffentlichte Checkliste).

Ohne eine regelmäßige, systematische und vollständige Erfassung aller wesentlichen Risiken aus allen betrieblichen Prozessen und Funktionsbereichen auf allen Hierarchieebenen und aus dem Unternehmensumfeld (*Risikoidentifikation*) ist ein effektives Risikomanagement nicht möglich. Eine einmalige Risikoinventur ist daher nicht ausreichend (Vgl. KPMG 2000, S. 17; WEBER/WEIßENBERGER/LIEKWEG 1999, S. 1713).

Bei der Risikoidentifikation sollte ein „top-down/bottom-up"-Ansatz gewählt werden, sodass Vertreter aller Hierarchieebenen mit ihren geschäftsspezifischen Kenntnissen in den Risikoidentifikationsprozess einbezogen werden können. Das Management sollte zunächst die Geschäftsprozesse und Unternehmensbereiche festlegen, in denen wesentliche (strategische und operative) Risiken auftreten können (top-down). Nachfolgend sollte die Erfassung der Risiken durch die operativ verantwortlichen Mitarbeiter entlang der Wertschöpfungskette erfolgen, um die Vollständigkeit der Risikoerfassung zu gewährleisten. Eventuell bereits vorhandene Kontrollstrukturen sollten im Rahmen der Risikoinventur nicht in die Betrachtung einbezogen werden. In diesem Zusammenhang ermöglichen regelmäßig aktualisierte Checklisten eine strukturierte Erfassung (Vgl. ausführlich KPMG 1998, S. 17 ff.; KPMG 2000, S. 15; FÜSER/GLEIßNER/MEIER 1999, S. 754). Es empfiehlt sich, die identifizierten Risiken in Form eines Risikokatalogs zu dokumentieren. Hierbei können die Einzelrisiken nach Unternehmensbereichen, Risikoart, Ausmaß und Beeinflussbarkeit durch Steuerungsmaßnahmen strukturiert werden (Vgl. KLESS 1998, S. 95).

Aus der Gesamtheit der im ersten Prozessschritt identifizierten Risiken müssen nachfolgend jene Risiken selektiert werden, die bestandsgefährdend sind bzw. einen wesentlichen Einfluss auf die Vermögens-, Finanz- und Ertragslage des Unternehmens haben können. Ziel der *Risikoanalyse/-bewertung* ist die qualitative Beurteilung bzw. die quantitative Messung der identifizierten Einzelrisiken, um unter Einbezug von Interdependenzen ein Risikoprofil für das Unternehmen zu erstellen. Dieses Risikoprofil lässt sich mittels einer Risikomatrix (Risk Map) visualisieren, wobei die Positionierung der identifizierten Risiken in Abhängigkeit ihrer Eintrittswahrscheinlichkeit (unwahrscheinlich/möglich/wahrscheinlich) und ihrer geschätzten Schadenshöhen (wenig bedeutend/mäßig/sehr bedeutend) erfolgen kann (Schadenserwartungswert). Durch die Pfeile in Abbildung 3 lassen sich die Restrisiken nach durchgeführten Steuerungsmaßnahmen verdeutlichen. Die positionierten Risiken sollten darüber hinaus einer Szenario- und Sensitivitätsanalyse unterzogen werden. Damit lassen sich Ursache-Wirkungs-Beziehungen, die wichtige Hinweise für die nachfolgende Risikosteuerung geben, besser analysieren.

Die *Risikosteuerung* zielt auf die „aktive Beeinflussung der im Rahmen von Risikoidentifikation und Risikoanalyse ermittelten Risikopositionen" (KPMG 1998, S. 23). Steuerungsalternativen, die die Eintrittswahrscheinlichkeit reduzieren und/oder die Schadenshöhe begrenzen sind:

- Risikovermeidung
- Risikoverminderung
- Risikotransfer

Das nach diesen Maßnahmen verbleibende (Rest-)Risiko muss akzeptiert werden. Da in der Regel jede unternehmerische Tätigkeit einem gewissen Risiko ausgesetzt ist, bedeutet die Vermeidungsstrategie den Verzicht auf risikobehaftete Geschäfte (z.B. Ausstieg aus ganzen Geschäftsbereichen). Die Risikovermeidung ist damit nur auf Einzelrisiken anwendbar (Vgl. LÜCK 1999, S. 150 f.). Eine Risikoverminderung kann durch zusätzliche organisatorische Sicherungsmaßnahmen und operative Kontrollen erreicht werden (z.B. Funktionstrennung und zusätzliche Verantwortlichkeiten, Richtlinien, Zugriffsbeschränkungen, etc.). Darüber hinaus kann ein Risiko vollständig oder zu einem bedeutenden Teil an Dritte übertragen werden, indem das risikobehaftete Geschäft z.B. mit einem gegenläufigen Geschäft verbunden wird. So können Marktpreisrisiken durch den Einsatz derivativer Finanzinstrumente reduziert werden. Klassische Instrumente des Risikotransfers an Dritte sind Versicherungen (Vgl. hierzu ausführlich BITZ 2000, S. 48 ff.). Die Möglichkeiten zur Risikoüberwälzung sind vielgestalt (z.B. strategische Allianzen, Outsourcing, Factoring, AGB, etc.) und müssen einzelfallspezifisch unter Wirtschaftlichkeitsgesichtspunkten ausgewählt werden (Vgl. KPMG 1998, S. 24). In einigen Fällen sind Steuerungsmaßnahmen nicht möglich oder unwirtschaftlich, sodass zwangsläufig ein gewisses (Rest-)Risiko akzeptiert werden muss. Dabei muss sichergestellt werden, dass die von der Unternehmensleitung akzeptierten (Rest-)Risiken einer fortdauernden Kontrolle unterliegen, um eine angemessene und rechtzeitige Reaktion auf unerwünschte Entwicklungen zu gewährleisten.

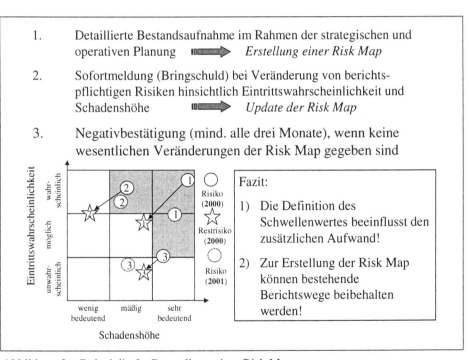

Abbildung 3: Beispielhafte Darstellung einer Risk Map

Eine kontinuierliche operative Kontrolle der Wirksamkeit der Risikosteuerungsmaßnahmen soll die Kongruenz von tatsächlicher und gewünschter Risikolage des Unternehmens sicherstellen (Vgl. KPMG 1998, S. 25; HORNUNG/REICHMANN/DIEDERICHS 1999, S. 322). Es empfiehlt sich daher, regelmäßig einen Soll-Ist-Abgleich (z.B. Abweichungsanalysen durch das Controlling bzgl. der Einhaltung von Limitvorgaben) durchzuführen, um bei einer eventuellen Überschreitung vorher festgesetzter Schwellenwerte und/oder Kriterien unverzüglich angemessene Steuerungsmaßnahmen einleiten zu können. Damit kann die Effektivität der Steuerungsaktivitäten kontrolliert werden. Des Weiteren sind Risikoveränderungen im Zeitablauf zu erfassen, auszuwerten und zu kommunizieren. Ein gut organisiertes internes Kontrollsystem unterstützt dabei die Risikoüberwachung.

Mit der Überwachung des gesamten Risikomanagementsystems soll die „Wirksamkeit, Angemessenheit und Effizienz der ergriffenen Risikomanagementmaßnahmen einschließlich der entwickelten (Kontroll-)Strukturen" (KPMG 1998, S. 26) überprüft werden.

Eine angemessene *Kommunikationsinfrastruktur* muss sicherstellen, dass alle Mitarbeiter über das Risikomanagementkonzept umfassend informiert werden (z.B. über die Mitarbeiterzeitung, Rundschreiben des Vorstands, Intranet). Ferner kann nur durch einen kontinuierlichen Informationsfluss gewährleistet werden, dass die Entscheidungsträger jederzeit über die aktuelle Risikosituation informiert werden und entsprechende Kompensationsmaßnahmen einleiten können. Von entscheidender Bedeutung ist hierbei die Kommunikation von wesentlichen auf der jeweiligen Unternehmensebene nicht adäquat steuerbaren Risiken an die nächsthöhere Ebene. In diesem Zusammenhang sind Wesentlichkeitsgrenzen vom Vorstand für jede Berichtsebene (Filter) festzulegen. Dabei ist auch sicherzustellen, dass plötzlich auftretende bestandsgefährdende Risiken bzw. Risiken, die einen wesentlichen Einfluss auf die Vermögens-, Finanz- und Ertragslage haben können, unverzüglich an den Vorstand und somit an den üblichen Berichtswegen vorbei berichtet werden (Sofort-Berichterstattung; vgl. KPMG 2000, S. 18; VOGLER/GUNDERT 1998, S. 2382). Der Vorstand hat dann auf Basis des Risikomanagementsystems über die Art und den Umfang der Berichterstattung über Risiken an die Überwachungsorgane bzw. an die interessierte Öffentlichkeit zu befinden (z.B. im Lagebericht, Geschäftsbericht oder Ad hoc-Meldung).

Das KonTraG hat die Anforderungen an den (Konzern-)Lagebericht erweitert. Dabei ist gemäß §§ 289 Abs. 1, 315 Abs. 1 HGB auf die Risiken der künftigen Entwicklung einzugehen. Das IDW hat im Rahmen des Rechnungslegungsstandards 1 die Anforderungen bzgl. der Risikoberichterstattung konkretisiert (IDW RS HFA 1: „Aufstellung des Lageberichts"). Demnach ist im (Konzern-)Lagebericht auf alle wesentlichen Risiken aus dem externen Umfeld und den betrieblichen Funktionsbereichen einzugehen, die „mit einer erheblichen, wenn auch nicht notwendigerweise überwiegenden Wahrscheinlichkeit erwartet werden" und „bestandsgefährdend sind oder einen wesentlichen Einfluss auf die Vermögens-, Finanz- und Ertragslage haben können" (IDW RS HFA 1, Tz. 29). Die Erläuterungen zu den möglichen Auswirkungen der dargestellten Risiken sollten sich in der Regel auf einen Zeitraum von zwei Jahren nach dem Abschlussstichtag des Geschäftsjahres beziehen (Vgl. IDW RS HFA 1, Tz. 36). Eine Quantifizierung der Risiken wird nicht explizit gefordert. Allgemeine Risiken ohne bedeutsame Rückwirkungen auf das Unternehmen brauchen grundsätzlich nicht dargestellt zu werden. Eine Abwägung des Schutzinteresses der Geschäftsleitung gegen die Informationsinteressen der Adressaten erfolgt dabei tendenziell zu Gunsten der Adressaten. Im Konzernlagebericht haben Mutterunternehmen nunmehr auch den DRS 5 („Risikoberichterstattung") zu beachten, dessen Anwendung auch für die Risikoberichterstattung in Einzelabschlüssen empfohlen wird (Vgl. DRS 5.8).

Eine vom Gesetzgeber nicht explizit vorgeschriebene, vom Berufsstand der Wirtschaftsprüfer jedoch vorgeschlagene aussagekräftige *Dokumentation* des Risikomanagements wird dem Rechenschafts-, Sicherungs- und Prüfbarkeitserfordernis gerecht (Vgl. KROMSCHRÖDER/LÜCK 1998, S. 1576). Die Dokumentation dient als Nachweis für die Pflichterfüllung der gesetzlichen Vorgaben, sichert eine personenunabhängige Funktionsfähigkeit und dient als Grundlage für die Prüfung durch die Interne Revision und den Abschlussprüfer, denn letztlich führt eine fehlende oder lückenhafte Dokumentation zwingend zu „Zweifeln an der dauerhaften Funktionsfähigkeit der getroffenen Maßnahmen" (IDW PS 340, Tz. 18). Die Art und der Umfang der Dokumentation gestaltet sich jedoch in Abhängigkeit der Größe und Komplexität des jeweiligen Unternehmens. Es empfiehlt sich, die Dokumentation in Form eines Risikomanagementhandbuchs anzulegen. Darin sollte im Wesentlichen das Risikomanagementsystem (Aufbau- und Ablauforganisation) beschrieben und die Ergebnisse der einzelnen Elemente des Risikomanagementprozesses (z.B. Risk Maps, unterjährige Berichterstattung, Ad hoc-Meldungen) dargestellt werden (Vgl. hierzu auch IDW PS 340, Tz. 17).

4. Thesenförmige Zusammenfassung

1. Der kontrolliert handelnde Unternehmer betrachtet Risiken insbesondere als Spiegelbild der Chancen. Er betreibt rechtzeitig Ursachenforschung, um latenten Risiken zeitnah durch angemessene Steuerungsmaßnahmen zu begegnen („No surprise at any time"). In diesem Sinne zielt ein Risikomanagementsystem auf die aktive Steuerung des Unternehmensrisikos, indem ein ausgewogenes Verhältnis zwischen Risiken und Chancen hergestellt und damit das Gesamtrisiko auf ein für das Unternehmen akzeptables Maß reduziert wird. Im operativen Risikomanagement (z.B. Treasury) existieren klare Regelungen im Sinne von Best Practice. Die Operationalisierbarkeit und Justitiabilität nimmt jedoch ab, wenn strategische Risiken (z.B. im Beteiligungsgeschäft) gesteuert werden sollen, da Best-Practice-Lösungen in der Regel nicht vorliegen.

2. Unternehmensstrategie und Risikostrategie gehören unmittelbar zusammen. Das bewusste Eingehen bestimmter Risiken kann auch durch das Risikomanagementsystem nicht verhindert werden. Grundlage für ein effektives Risikomanagement ist die

Schaffung von Risk Awareness im gesamten Unternehmen. Der Vorstand dient in diesem Zusammenhang als „Sponsor". Er legt eine unternehmensbezogene Risikostrategie fest und kommuniziert sie an alle Mitarbeiter.

3. Risikomanagement kann zusammengefasst definiert werden als ein „nachvollziehbares, alle Unternehmensaktivitäten umfassendes System, das auf Basis einer definierten Risikostrategie ein systematisches und permanentes Vorgehen mit folgenden Elementen umfasst: Identifikation, Analyse, Bewertung, Steuerung, Dokumentation und Kommunikation von Risiken sowie die Überwachung dieser Aktivitäten" (DRS 5.9).

4. Eine vollständige Identifizierung und Bewertung der wesentlichen Unternehmensrisiken ist in der Regel nur über eine Erfassung entlang der Wertschöpfungskette erreichbar („top-down/bottom-up"). Die in den Planungsprozess einbezogenen Chancen sind mit potenziellen Risiken verbunden, die die Planung beeinflussen können. Eine Einbindung des Risikomanagements in den Planungs- und Controllingprozess erscheint daher geboten. Ferner ist die Funktionsfähigkeit des Risikomanagements kontinuierlich anhand von systemimmanenten Kontrollen (z.B. Soll-Ist-Vergleiche) sowie durch prozessunabhängigen Kontrollinstanzen (Abschlussprüfer, Interne Revision) zu überprüfen.

5. Ein fest in die Unternehmensorganisation eingebetteter Risikomanagementprozess bedeutet neben einer Verbesserung und Erweiterung der Planungsprozesse auch eine permanente kritische Auseinandersetzung mit Risiken und potenziellen Steuerungsmaßnahmen im Unternehmen. Es stellt eine qualitativ bessere, umfassendere und zeitnähere Information des Vorstands sicher und erhöht die Transparenz intern wie extern. Ein gut funktionierendes Risikomanagement kann Wettbewerbsvorteile generieren, z.B. kann es auch einen wesentlichen Beitrag zur Beibehaltung bzw. Verbesserung des externen Kreditratings leisten.

Literaturverzeichnis

ANDERSEN (Hrsg.): Corporate Governance – Stand der Umsetzung und Entwicklungsperspektiven, Eschborn 2001.

BAUMS, T. (Hrsg.): Bericht der Regierungskommission Corporate Governance: Unternehmensführung, Unternehmenskontrolle, Modernisierung des Aktienrechts, Köln 2001.

BITZ, H.: Risikomanagement nach KonTraG, Stuttgart 2000.

BITZ, H.: Abgrenzung des Risiko-Frühwarnsystems i.e.S. nach KonTraG zu einem umfassenden Risiko-Managementsystem im betriebswirtschaftlichen Sinn, in: Zeitschrift für betriebswirtschaftliche Forschung und Praxis 2000a, S. 231-260.

BMJ: Entwurf und Begründung eines Gesetzes zur weiteren Reform des Aktien- und Bilanzrechts, zu Transparenz und Publizität (Transparenz- und Publizitätsgesetz), Stand 6.2.2002, im Internet einzusehen unter http://www.bmj.de.

BÖCKING, H.-J./ORTH, C.: Risikomanagement und das Testat des Abschlussprüfers, in: Betriebswirtschaftliche Forschung und Praxis 2000, S. 242-260.

DSR: Deutscher Rechnungslegungs Standard Nr. 5 (DRS 5), Risikoberichterstattung.

EMMERICH, G.: Risikomanagement in Industrieunternehmen – gesetzliche Anforderungen und Umsetzung nach dem KonTraG, in: Zeitschrift für betriebswirtschaftliche Forschung 1999, S. 1075-1089.

ERNST, C./SEIBERT, U./STUCKERT, F. (Hrsg.): KonTraG/KapAEG/StückAG/EuroEG, Düsseldorf 1998.

FÜSER, K./GLEIßNER, W./MEIER, G.: Risikomanagement (KonTraG) – Erfahrungen aus der Praxis, in: Der Betrieb 1999, S. 753-758.

HOMMELHOFF, P./MATTHEUS, D.: Risikomanagement im Konzern – ein Problemaufriss, in: Zeitschrift für betriebswirtschaftliche Forschung und Praxis 2000, S. 217-230.

HORNUNG, K./REICHMANN, T./DIEDERICHS, M: Risikomanagement Teil I: Konzeptionelle Ansätze zur pragmatischen Realisierung gesetzlicher Anforderungen, in: Controlling 1999, S. 317-325.

IDW: IDW Rechnungslegungsstandard: Aufstellung des Lageberichts (IDW RS HFA 1; Stand: 26.6.1998), in: Die Wirtschaftsprüfung 1998, S. 653-662.

IDW: IDW Prüfungsstandard: Die Prüfung des Risikofrüherkennungssystems nach § 317 Absatz 4 HGB (IDW PS 340, Stand: 25.6.1999), in: Die Wirtschaftsprüfung 1999, S. 658-662.

IDW: IDW Prüfungsstandard: Kenntnisse über die Geschäftstätigkeit sowie das wirtschaftliche und rechtliche Umfeld des zu prüfenden Unternehmens im Rahmen der Abschlußprüfung (IDW PS 230, 28.6.2000), in: Die Wirtschaftsprüfung 2000, S. 842-846.

IDW: Entwurf IDW Prüfungsstandard: Interne Revision und Abschlußprüfung (IDW EPS 321; Stand: 8.3.2001), in: Die Wirtschaftsprüfung 2001, S. 570-573.

KLESS, T.: Beherrschung der Unternehmensrisiken: Aufgaben und Prozesse eines Risikomanagements, in: Deutsches Steuerrecht 1998, S. 93-96.

KPMG Deutsche Treuhand-Gesellschaft (Hrsg.): Integriertes Risikomanagement, Berlin 1998.

KPMG Deutsche Treuhand-Gesellschaft (Hrsg.): Reformen im Zeichen von Internationalität, Transparenz und Kontrolle, 2. Aufl., Berlin 1999.

KPMG Deutsche Treuhand-Gesellschaft (Hrsg.): Integriertes Risikomanagement – Stand der Umsetzung in der betrieblichen Praxis, Berlin 2000.

KROMSCHRÖDER, B./LÜCK, W.: Grundsätze risikoorientierter Unternehmensüberwachung, in: Der Betrieb 1998, S. 1573-1576.

LÜCK, W.: Elemente eines Risiko-Managementsystems – Die Notwendigkeit eines Risikomanagementsystems durch den Entwurf eines Gesetzes zur Kontrolle und Transparenz im Unternehmensbereich (KonTraG), in: Der Betrieb 1998, S. 8-14.

LÜCK, W.: Der Umgang mit unternehmerischen Risiken durch ein Risikomanagementsystem und durch ein Überwachungssystem, in: Der Betrieb 1998a, S. 1925-1930.

LÜCK, W.: Betriebswirtschaftliche Aspekte der Einrichtung eines Überwachungssystems und eines Risikomanagementsystems, in Dörner, D./Menold, D./Pfitzer, N. (Hrsg.): Reform des Aktienrechts, der Rechnungslegung und Prüfung: KonTraG – KapAEG – EuroEG – StückAG, Stuttgart 1999, S. 139-176.

LÜCK, W.: Managementrisiken im Risikomanagementsystem, in: Der Betrieb 2000, S. 1473-1477.

SCHRUFF, W.: Meinungen zum Thema: KonTraG – Mehr Kontrolle und Transparenz?, in: Betriebswirtschaftliche Forschung und Praxis 1999, S. 437-453.

SPANNAGL, T./HÄßLER, A.: Ein Ansatz zur Implementierung eines Risikomanagement-Prozesses, in: Deutsches Steuerrecht 1999, S. 1826-1832.

VOGLER, M./GUNDERT, M.: Einführung von Risikomanagementsystemen – Hinweise zur praktischen Ausgestaltung, in: Der Betrieb 1998, S. 2377-2383.

VOGLER, M./ENGELHARD, S./GUNDERT, M.: Risikomanagementsysteme – Stand der Umsetzung – Ergebnis einer empirischen Untersuchung, in: Der Betrieb 2000, S. 1425-1431.

WEBER, J./WEIßENBERGER, B. E./LIEKWEG, A.: Ausgestaltung eines unternehmerischen Chancen- und Risikomanagements nach dem KonTraG, in: Deutsches Steuerrecht 1999, S. 1710-1716.

Herwig Hulpke/Hartwig Wendt[*]

Das Risikomanagement im Kontext aktueller Entwicklungen im Bereich Corporate Governance

1. Die gesellschaftliche Dimension des Begriffs „Risiko"

2. Die Etablierung des Begriffs „Risiko" im Wirtschaftsleben

3. Was bedeutet Unternehmertum im Blick auf die Risiko-Thematik?

4. Corporate Governance: Die Herausforderung an ein modernes internationales Unternehmen

5. Methoden des Risikomanagements im Sinne von Corporate Governance
   5.1 HSE-Management
   5.2 HSE Issue Portfolio
   5.3 HSE Risk Portfolio
   5.4 HSE-Monitoring

6. Risikoakzeptanz

---

[*] Prof. Dr. Herwig Hulpke ist Leiter des Konzernstabs Qualitäts-, Umwelt- und Sicherheitspolitik der Bayer AG, Leverkusen, Dr. Hartwig Wendt ist Mitarbeiter in diesem Konzernstab.

1. Die gesellschaftliche Dimension des Begriffs „Risiko"

Mit welchen Konzepten und Maßnahmen eine Gesellschaft mit Risiken umgeht, entscheidet über ihre Zukunftsfähigkeit. Wir befinden uns permanent in einer Welt voller Risiken, als Individuum oder in der Gemeinschaft mit anderen: Schon eine kurze Analyse unser heutigen wirtschaftlichen Lebenssituation offenbart dies. Internationale Unternehmen betreiben ihr Geschäft auf allen wichtigen Handelsplätzen und stehen dort vielfältigen wirtschaftlichen, aber auch juristischen Abhängigkeiten und Anforderungen gegenüber.

In einer modernen Welt existieren Risiken, deren Folgen auf die Einkommenssituation vieler Menschen in Deutschland mittelbar großen Einfluss ausüben können. Je überschaubarer die Zeiten, desto mehr werden solche Entwicklungen ängstlich aufgenommen und als Gefährdung des eigenen Lebens empfunden. Hierbei sind Entwicklungen von Bedeutung, die ein Individuum zu keinem Zeitpunkt wirklich wirksam beeinflussen kann und deren Auswirkungen deshalb resignativ als unausweichlich aufgenommen werden. Diese allgemeinen Ängste werden damit durchaus real. Wie lassen sich wirtschaftliche Risiken managen, wie können wir uns vor ihnen effektiv schützen? Gibt es einen dauerhaften Schutz für den Einzelnen, für Unternehmen oder die wirtschaftliche Ordnung insgesamt?

Eine Analyse der gesellschaftlichen Gegebenheiten in Deutschland wirft die Frage auf, inwiefern unsere Gesellschaft heute bereit ist, flexibel auf neue Szenarien im Weltgeschehen zu reagieren und angemessen und klug auf mögliche Beeinträchtigungen, Verluste oder Gefahren zu antworten. Durch einen hohen Lebensstandard wird man verwöhnt. Diese Entwicklung ist nicht neu, sondern vielmehr das Ergebnis eines gewachsenen Prozesses. Eine diffuse, emotional eher abwehrende oder abwartende Grundeinstellung zu Wissenschaft und Technik ist dabei ein vorherrschendes Element. Alles, was nicht raschestmöglich für alle erkennbaren Nutzen bringt, wird mit Skepsis verfolgt. Dies umso mehr, als die moderne Technik meist sehr erklärungsbedürftig ist und damit den meisten ohne sorgfältige Kommunikation unverständlich bleibt.

Eng mit dieser eher ängstlichen Beharrlichkeit (im Geiste) verknüpft existiert eine weitere Ebene, die Beachtung verdient: Werden von uns überhaupt die richtigen Antworten auf richtungsweisende Fragen gefunden? Und setzen wir diese richtigen Erkenntnisse auch um? Dies ist für unsere Überlebensfähigkeit entscheidend wichtig.

Es bleibt bemerkenswert, in welchem Maße wir uns bereits im öffentlichen Bewusstsein von allerlei fehlleitenden Heuristiken haben einspinnen lassen. Dadurch wird der Blick zunehmend vernebelt: Ob BSE, MKL oder Castor-Transporte: Ein politisch häufig akzeptierter kleinster gemeinsamer Nenner ist das sogenannte „Restrisiko" – ein typisch deutscher Begriff, der in anderen europäischen Staaten kein wirkliches sprachliches Äquivalent findet. Dieser Begriff gibt im Grunde vor, Risiken aus unserem Leben so weit völlig verdrängen zu können, dass nur ein vernachlässigbarer Rest verbleibt. Die Vorstellung geht also dahin, dass unsere Lebenspraxis weiter ertüchtigbar sei, und zwar so weit, dass sich bis auf einen kleinen Rest von Irrtumsanfälligkeit die Bedrohung ausschließen lasse. Das Leben lehrt uns etwas anderes. Es ist daher umso erstaunlicher, in wie starkem Maße bestimmte Gesellschaften, z.B. die deutsche, der Sehnsucht nach einem „Null-Risiko" anhängt.

2. Die Etablierung des Begriffs „Risiko" im Wirtschaftsleben

Das Wort „Risiko" kam erst im 16. Jahrhundert aus Italien nach Deutschland – ursprünglich ein kaufmännischer Terminus, der erst allmählich eine allgemeinere Bedeutung in der Alltagssprache bekam. In der ökonomischen Theorie befasste sich der Amerikaner Frank H. Knight 1921 erstmals systematisch mit dem Zusammenhang von „Risiko, Ungewissheit und Profit" (so der Titel seines Hauptwerkes). Wirtschaftliche Risiken sind nach seiner Definition im Gegensatz zur unternehmerischen Ungewissheit mess- und quantifizierbar. Man kann mit ihnen arbeiten und rechnen, sie zerlegen und aufteilen. Wie immer man mit Risiken umgeht, erzeugt man heute oder künftig Kosten, die es zu berechnen gilt.

Unternehmer haben sich seit alters her bemüht, Risiken mit marktwirtschaftlichen Mitteln zu beherrschen. Als Musterbeispiel in der ökonomischen Literatur gilt die Seeversicherung auf Gegenseitigkeit im Venedig des 14. Jahrhunderts. Die venezianischen Kaufleute verwandelten damals die existenzbedrohenden Risiken ihrer Handelsexpeditionen durch die bloße Aufteilung auf viele Schultern in Kosten der normalen Geschäftstätigkeit, die in die Gewinn- und Verlustrechnung einflossen. Der moderne Kapitalismus hat aus eigener Kraft schon früh viele solche Instrumente der Risikobewältigung hervorgebracht: Versicherungen, Diversifikation oder die Aktie selbst sind Beispiele dafür. Risikomanagement ist also keine Erfindung der Neuzeit, wohl aber die systematische Beschäftigung mit diesem Thema.

Risikomanagement geht heute weit über die Vermeidung von Schäden, also die Schadensvorsorge zur Absicherung des Geschäftsbetriebs hinaus. So ist sie etwa ein Instrument zur Ergebnisverbesserung durch risikoorientierte Unternehmensführung, sie dient einer objektiveren Beurteilung von Investitionsentscheidungen, einer klugen Kapitalverteilung auf unterschiedliche Geschäftsfelder und damit letztlich dem „Shareholder-Value".

3. Was bedeutet Unternehmertum im Blick auf die Risiko-Thematik?

Die Erfahrung, die dem Risikobegriff zugrunde liegt, ist die Erfahrung einer existenziellen Abhängigkeit. Sie ist unmittelbar konkret gegenwärtig als Erfahrung der Unzulänglichkeit und des Mangels menschlichen Lebens. Der Mensch ist sich im Grunde dieses permanenten Mangels bewusst, er ist dabei auch auf das Wohlwollen anderer angewiesen, um seine Lebensumstände zu sichern oder zu verbessern.

„Die Unsicherheit des reflektierenden Menschen ist damit grundlegender Natur. So fragt er danach, woher er stammt, wann er stirbt, was nach dem Tode kommt, warum er überhaupt lebt. Seine Unsicherheit ist weitgehend unaufhebbar, sie verursacht daher dauerhafte Angst, Bedrängnis, ja sogar Verzweiflung. Es ist verständlich, dass er diesem Zustand zu entrinnen sucht." (Felix von Cube).

Arbeitsteilung und Spezialisierung im Arbeitsleben kann also damit erklärt werden, Mängel sowohl effektiv wie auch danach effizient zu bekämpfen. Genau das ist eine wesentliche Aufgabe von Unternehmen, die damit im klassischen Sinne ein Dienstleister für die Gesellschaft sind. „Dienstleistung" weist in diesem Sinne über Grenzen einer engen Zielsetzung hinaus: Sie dient letztlich der Befriedigung eines wichtigen menschlichen Grundbedürfnisses: Das Gefühl der Geborgenheit, die das Abhängigkeitserlebnis relativiert.

Ein Unternehmer, der das Risiko seiner Entscheidungen und seines Handels theoretisch auf „Null" drücken möchte, erzeugt damit auf seiner Kostenskala den Wert „unendlich". Er würde damit zugleich aufhören, Unternehmer zu sein, das heißt Risiken mitzutragen, möglichst rational mit ihnen zu arbeiten und mit der Gesellschaft zu kommunizieren. Das Verhältnis von Risikominimierung zu Kosten der Prävention verläuft exponentiell, sodass im Grenzbereich der Aufwand das Ergebnis unter wirtschaftlichen Gesichtspunkten nicht mehr rechtfertigen kann. Dieser Zusammenhang gilt auch für Staaten und ihre nationalen Wirtschaftssysteme. Das ist ein Aspekt, der in der öffentlichen Diskussion über Risikoprävention gerne vernachlässigt wird. Daher bleibt es zielführend, immer stets aufs neue nach einem realistischen Abgleich zwischen Ziel- und Risikoprävention zu suchen.

Wo die öffentliche Hand den Risiko-Ziel-Mix in der Wirtschaft abschließend bestimmt, wird sie im Zweifel immer zu einer Überbetonung von Sicherheitskomponenten neigen. Dazu verführt verständlicherweise allein schon ihre ganz persönliche Kosten-Nutzen-Rechnung: Weil Politiker an privaten Gewinnen meist nicht direkt partizipieren, aber für Verluste politisch haften könnten, meiden sie überwiegend Risiken um jeden Preis. Das Ergebnis ihres Handelns ist deshalb aber oft wirtschaftlich suboptimal, denn sie filtern nicht im Sinne des Unternehmers unter Berücksichtigung aller Ziel- und Risikopräferenzen jene Handlungsalternative heraus, die einen optimalen Nutzen bringen kann.

Die utopische Gesellschaft ohne Risiko wäre in Wahrheit kein Paradies, sondern eher eine Hölle, in der Fleißige und Talentierte ausgebeutet werden. Dies hat die jüngere Geschichte des Kommunismus schon einmal vorexerziert. Risiken erzwingen neue Strategien zu ihrer eigenen Bewältigung – und erzeugen damit dann das, was als gesellschaftlicher Fortschritt verstanden wird. Risiken treiben uns aber auch an – ohne den Druck eines Risikos, beispielsweise eine berufliche Position oder den Arbeitsplatz zu verlieren, würden sich vermutlich viele Menschen nicht besonders engagieren. Risikoschutz führt hingegen häufig auch zu paradoxen Ergebnissen. Hierzu eine Anknüpfung an das obige Beispiel: Wer den Kündigungsschutz erhöht, senkt real die Beschäftigungschancen für Erwerbslose: Ihr Lebensrisiko steigt.

4. Corporate Governance: Die Herausforderung an ein modernes internationales Unternehmen

Unter Corporate Governance versteht man die Organisation der Leitung und Kontrolle eines Unternehmens zur Sicherung eines optimalen Interessenausgleichs zwischen allen Anspruchsgruppen (Stakeholdern). In deutschen Aktiengesellschaften unterliegt die Corporate Governance zurzeit einem spürbaren Wandel, der von einem internationalen Wettbewerb der Unternehmen auf Produkt-, Arbeits- und Kapitalmärkten getrieben wird. Risikoaspekte und Haftungsfragen haben hierdurch eine gestiegene Bedeutung für die Corporate Governance gewonnen. In Anbetracht eines zunehmend globalisierten Geschäfts wird es immer notwendiger, Risiken aus internationalen Zahlungsströmungen mit geeigneten Finanzinstrumenten abzusichern. Aber auch durch die steigenden Ansprüche der Stakeholder haben sich die Anforderungen an ein geeignetes Risikomanagement der Unternehmen erhöht. So sind beispielsweise die Erfüllung von Umweltschutzauflagen bzw. ökologischen Grundsätzen oder die Sicherstellung einer ethischen Grundsätzen verpflichteten Leistungserstellung durch entsprechende Vorgaben und Kontrollmechanismen zu gewährleisten.

Managementrisiken müssen deshalb im betrieblichen Risikomanagementsystem zwingend Berücksichtigung finden. Aktives Risikomanagement macht dabei einen bedeutenden Teil moderner Unternehmenskultur aus. Die sogenannte „Risikokultur" basiert auf dem Wertekreis der Unternehmung und ihrer Beteiligungen und steuert dabei die Bereitschaft aller Mitglieder, Risiken bewusst einzugehen oder wahrzunehmen. Die Risikokultur prägt darüber hinaus die Art und Weise, wie Risiken im Unternehmen und gegenüber der Öffentlichkeit kommuniziert werden.

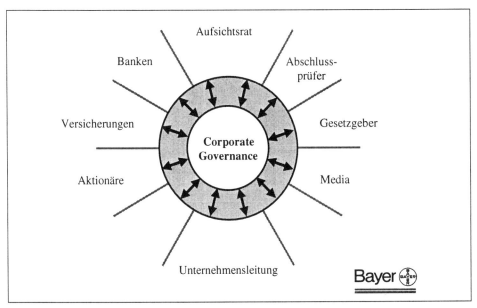

Abbildung 1: Corporate Governance

„Was Du nicht willst, das man Dir tu`, das füg auch keinem anderen zu" bleibt angesichts der Subjektivität aller Risikowahrnehmung zwar allgemeingültig, ist aber dennoch keine hilfreiche Verhaltensmaxime für die Praxis. Denn die Entscheidungen nach Beurteilungen von Risiken fallen unterschiedlich aus. Daraus erwächst eine unterschiedliche Risikotoleranz, die stark durch spezifische Rahmenbedingungen und besonders durch persönliche Erfahrungen und Sichtweisen von Individuen geprägt wird. Ist jemand ein risikoaverser oder risikofreudiger Mensch – das ist die Frage. Es kommt auf den Standpunkt an: Der Fahrer eines Autos schätzt das Risiko beim Überholen durchaus anders ein als sein Beifahrer. Oder: Hersteller und Betreiber eines Kernkraftwerkes werden mit den Bürgerinitiativen der betroffenen Bürger nicht über die Risikobewertung einig.

Die Risikowahrnehmung wird durch persönliche rationale wie emotionale Faktoren und durch gesellschaftliche Gegebenheiten bestimmt. Die Risikobewertung ist folglich auch abhängig vom Standpunkt dessen, der die Bewertung durchführt. Ist er Entscheider oder Betroffener, Fachmann oder Laie?

Auf eine Gefahrensituation geht eine individuelle Person und vor allem ein Laie in erster Linie nicht die allgemeinen Konsequenzen analysierend und rational überlegend ein, sondern er bewertet diese Situation im Rahmen einer persönlich erlebten Welt, also eher nach nicht präzise definierten Gefühlen als unter Verwendung von Maßstäben eines rationalen Intellekts. Die subjektive Empfindung von Gefahren ist eine Realität und Ausdruck unserer Gefühlswelt. Zur Beurteilung einer Gefahrensituation genügt es eben nicht, durch eine Risikoabschätzung die objektive Größe der Gefahr zu ermitteln. Die Gefahr muss auch noch bewertet werden. Als zentrales Anliegen der Beurteilung von Risiko und Sicherheit kann also die Unterscheidung zwischen den objektiv belegbaren Aspekten einerseits und den subjektiven Bewertungsaspekten einer Gefahrensituation andererseits gelten.

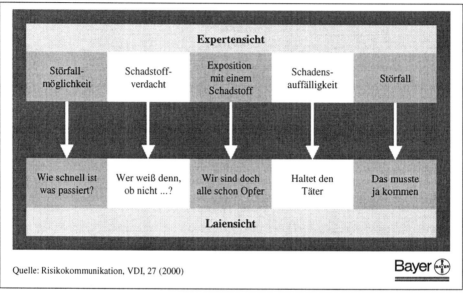

Abbildung 2: Risikowahrnehmung aus Experten- und Laiensicht

5. Methoden des Risikomanagements im Sinne von Corporate Governance

Für ein Unternehmen der chemischen Industrie haben Produktrisiken und Produktionsrisiken eine besonders große Bedeutung. Dies hat verschiedene Ursachen. Zum einen sind Entscheidungen über Produkte, Produktionsstandorte und Betriebsgrößen von häufig längerfristigem Charakter. Das erhebliche Investitionsvolumen für neue Betriebe bedingt das hohe Sachanlagevermögen der Chemieunternehmen im Vergleich zu anderen Branchen. Eine jahrzehntelange Festlegung auf ein spezifisches Verfahren, das ein definiertes Produkt liefert, stellt ein hohes Anlagewagnis dar, zumal unter dem Gesichtspunkt, dass Produkte dem technischen oder wirtschaftlichen Fortschritt unterliegen und damit ihre Marktakzeptanz ständig in Frage steht. Hinzu kommen Risiken, die aus Verlusten von Anlagegütern resultieren, etwa durch Katastrophen sowie Betriebs- und Verkehrsunglücke hervorgerufen werden. Fehlchargen oder Aufarbeitung von produzierten Chemikalien in Folge von Material-, Arbeits- oder Konstruktionsfehlern können unvorhergesehene Mehrkosten verursachen, die die Fertigung von Chemikalien ständig begleiten. Nacharbeiten an bereits gelieferten Erzeugnissen, ferner unentgeltliche Ersatzlieferungen und Garantieleistungen stellen weitere zu kalkulierende Risiken dar. Zahlungsausfälle und Währungsverluste, die in einem international operierenden Unternehmen alltägliche und unter Umständen bedeutende Verlustbringer sind, müssen berücksichtigt werden.

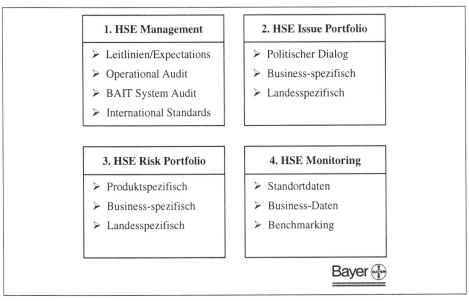

Abbildung 3: Managementtools zur Früherkennung wesentlicher Risiken

Im Folgenden soll insbesondere die Handhabung der Risikofelder betrachtet werden, die in Unternehmen durch Produkte und Produktionsprozesse erwachsen und im Sinne der Corporate Governance durch die Unternehmensleitung gesteuert werden müssen. In Deutschland ist nach dem „Gesetz zur Kontrolle und Transparenz im Unternehmensbereich" (KonTraG) der Vorstand eines Unternehmens verpflichtet, ein Überwachungssystem zur Früherkennung wesentlicher Risiken einzurichten und funktionsfähig zu erhalten. Durch eine ganze Reihe von Maßnahmen versucht man diesen Problemen zu begegnen: In den letzten Jahren sind unternehmensspezifische Managementtools entwickelt worden, die Risikopotenziale für Produkte und Betriebe bewerten und aus deren

Analyse Maßnahmen abgeleitet werden. Das hierfür notwendige Management-System lässt sich in vier Arbeitsfelder unterteilen, die im Folgenden beispielhaft erläutert werden sollen.

5.1 HSE-Management

Die auf die Produktion wirkenden Einzelrisiken können nach den unterschiedlichsten Kriterien gegliedert werden, wobei der Aspekt der Umweltgefährdung in der Produktion eine wichtige Rolle spielt. Moderne Investitionsplanung wird daher heute von Risikobewertungen begleitet, sodass nach Stand der Technik keine Großinvestitionen für Produkte genehmigt werden, die zuvor nicht hinsichtlich ihres energetischen, toxikologischen und ökotoxischen Potenzials bewertet und an konkurrierenden Verfahren oder Produkten gespiegelt worden sind.

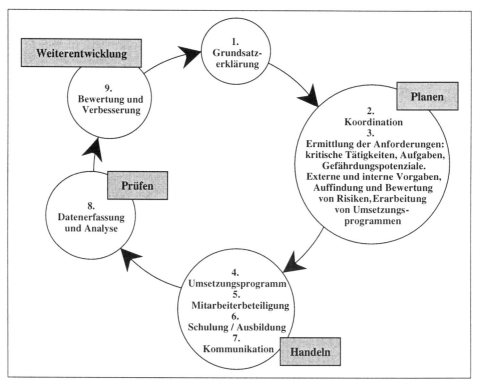

Abbildung 4: Das HSE-Managementsystem BAIT zur kontinuierlichen Verbesserung von Betriebsabläufen im Bayer-Konzern

Abbildung 4 zeigt ein solches Managementsystem, kurz „HSE" (health, safety and environment) genannt, anhand dessen weltweit die spezifische Umsetzung der externen und internen Regelungen zu Sicherheit und Umweltschutz in einzelnen Betrieben überprüft wird. Dabei werden Anforderungen aus internationalen Standards und Regelungen mit unternehmenseigenen Vorgaben verknüpft und permanent den Bedürfnissen angepasst.

5.2 HSE Issue Portfolio

Unternehmen agieren stets in einem Geflecht politischer Interessen, die über den unternehmerischen Erfolg mitbestimmen. Von besonderer Bedeutung ist es deshalb, den politischen Dialog auf allen wichtigen Entscheidungsebenen zu pflegen. In diesem Sinne werden in der Regel intensive Kontakte auf Verbands- und Regierungsebene gepflegt, um frühzeitig Entwicklungen abschätzen zu können und wenn möglich auch entsprechend zu beeinflussen. Unternehmen tragen dadurch zur politischen Willensbildung bei und gestalten demokratische Entscheidungen mit. Umgekehrt fließen Erwartungen der Gesellschaft – oder spezifisch der „Stakeholder" – in strategische Ziele, Vorgaben und Planungen des Unternehmens ein. Über diese Ziele/Vorgaben/Planungen gibt sich das Unternehmen implizit eine Chancen-Risikenstruktur. Es bewertet die Akzeptanz seiner Produkte zunächst unabhängig von Sachargumenten allein auf Basis von Meinungen und Stimmungen Dritter.

Neben diesen politischen Risiken werden ebenso Marktrisiken berücksichtigt und daraus eher langfristige Zielkorridore entwickelt. Ein Marktrisiko ist demnach eine mögliche zukünftige Entwicklung, die mit einer Bedrohung von Seiten des Marktes verbunden sein kann. Darunter ist zum Beispiel auch die Beurteilung der Absichten der Konkurrenz zu verstehen, also ein Marktrisiko, das extern induziert wird mit dem Ziel, das Marktgefüge entscheidend zu verändern.

Ist ein Unternehmen nicht in der Lage, frühzeitig Veränderungen, neue Anforderungen oder negative Entwicklungen, die sich auf dieses Unternehmen und sein Produktportfolio auswirken können, in Gesellschaft, Politik, Medien oder Öffentlichkeit zu erkennen, so beginnt ein Ursachen-Wirkungs-Prozess, der auf die Marktleistung und das Finanzergebnis des Unternehmens negativ durchschlagen kann.

Zusätzlich kann noch eine negative Wirkung für das Unternehmen durch ein größeres Interesse der Medien eintreten, sodass eine verstärkte, negative Medienberichterstattung einen hohen Bekanntheitsgrad mit sich bringt und eine negative Einstellung in der Gesellschaft bewirken kann. Risiken auf der Unternehmensebene können aber auch dadurch entstehen, dass Kernkompetenzen nicht ausreichend beherrscht werden oder das Bewusstsein fehlt, erkennbare und sich aufzeigende Probleme als solche zu werten und frühzeitig gegenzusteuern. In der Regel geht dies einher mit einem unzureichenden Qualitätsmanagement.

5.3 HSE Risk Portfolio

Die Produktverantwortung des Herstellers umfasst heute nicht länger nur die Produktion und den Vertrieb einer Chemikalie, sondern sie wird als Verpflichtung verstanden, auch Anwendung und Gebrauch zu berücksichtigen und das Risikopotenzial bis hin zur Entsorgung nach erfolgtem Gebrauch zu beurteilen. Dieses „Cradle-to-grave"-Prinzip (im Deutschen bezeichnet als „Wiege zu Bahre"-Prinzip) findet letztlich sein Gewicht in der Tatsache, dass Hersteller verpflichtet sind, die von ihnen in Verkehr gebrachten Chemikalien auch zurückzunehmen. Product Stewardship ist Ausdruck modernen Risikomanagements und in der Chemischen Industrie eine strategische Aufgabe im Sinne von Corporate Governance.

Der „Bayer Ökocheck" ist eine Antwort auf diese Herausforderung. Im Rahmen eines Life-Cycle-Assessments werden sechs Themenfelder für den gesamten Lebensweg eines Produkts betrachtet: Während „Ökonomie, Gesundheit, Ökologie, Ökobilanz und Technologie" Bewertungen auf wissenschaftlicher Basis beinhalten, reflektiert „Public Value" die Sichtweisen der Öffentlichkeit bzw. derjenigen Gruppen, die die Akzeptanz von Bayer-Produkten und Verfahren in Frage stellen (Stakeholder). Eigene wissenschaftliche Bewertungen bilden eine wichtige Grundlage der Produktbeurteilung, andere Akteure kommen jedoch häufig zu anderen Ergebnissen, die einzubeziehen sind: Medienberichterstattung, Produktempfehlungen, Selbstverpflichtungen der Industrie, Regelungsabsichten von Seiten des Gesetzgebers sowie Verhandlungen auf politischer Ebene werden in dieser Auswertung berücksichtigt. Produkte, die auf dem Prüfstand des Checks stehen, werden mit Alternativen verglichen, die den gleichen Nutzen in derselben Anwendung aufweisen. Die Alternativen zu den bestehenden Bayer-Produkten können eigene Produkte in der Entwicklung oder Wettbewerbsprodukte sein. Jedes Produkt muss sich an einem Leitbild eines „idealen Produkts" messen lassen. Das ideale Produkt

- weist entlang des Lebenswegs keine nennenswerten Risikofelder auf,
- ist hinsichtlich des Ressourcenbedarfs effizient,
- verursacht möglichst geringe Emissionen,
- hat einen hohen Nutzen für den Anwender und
- bringt eine ausgezeichnete Rendite.

Durch die angewandte Methodik, ein Mengen- oder Expositionskriterium mit einem Eigenschafts- oder Qualitätskriterium zu kombinieren, wird eine weitere Steuerungsfunktion in den „Ökocheck" implementiert: Nur Produkte, die in beiden Kriterienarten gute Bewertungen erhalten, können auch in der Gesamtbewertung überzeugen. Damit wird eine eindimensionale Sichtweise vermieden. Auf der anderen Seite schlagen Schwachstellen, die in einer der vielen Prüfungen identifiziert wurden, bis auf das Endergebnis durch. Am Ende der Bewertung steht eine Chancen-Risiken-Bewertung des

Produkts, die es dem Management gestattet, gezielte Maßnahmen zur Portfolio-Pflege einzuleiten.

5.4 HSE-Monitoring

Ein weiteres wichtiges Hilfsinstrument für Überwachung und Steuerung von Gefahrensituationen ist das von Bayer entwickelte Standortinformationssystem BAYSIS™, das weltweit wichtige und relevante Daten aller (über 200) Standorte des Bayer-Konzerns in 33 Ländern dokumentiert und verarbeitet.

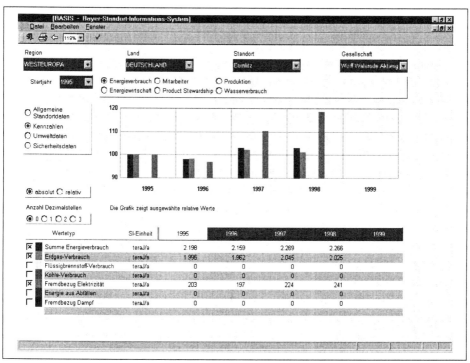

Abbildung 5: Das Programm BAYSIS™ der Bayer AG als Beispiel modernen und effizienten Risikomanagements

BAYSIS™ bewertet alle HSE-Informationen über Produkte und Betriebe in Form von etwa 150 verschiedenen umweltrelevanten Parametern. Es kann dabei nach unterschiedlichen Profilen Daten auswerten und so Normabweichungen erkennbar machen. Diese umfassende Dokumentation ermöglicht es der Unternehmensleitung, Entwicklungen im

Umweltmanagement Jahr für Jahr zu verfolgen und notwendige Maßnahmen daraus abzuleiten. So können Schwachstellen und Fehlentwicklungen frühzeitig erkannt und im Sinne einer vorsorglichen Risikobewertung abgestellt werden. Insgesamt ist festzuhalten, dass Risikomanagement nicht nur aufgrund von Corporate-Governance-Anforderungen erforderlich ist, sondern vor allem eine wettbewerbliche Notwendigkeit darstellt und deshalb einen Kernbestandteil unternehmerischer Tätigkeit bildet.

6. Risikoakzeptanz

Die Zeiten uneingeschränkter Zustimmung zur Chemie sind spätestens seit den schweren Unglücksfällen Ende der siebziger und Anfang der achtziger Jahre endgültig vorbei. Die Gesellschaft verlangt eine Abwägung, in der über Kosten und Nutzen der chemischen Produktion und ihrer Erzeugnisse gesprochen wird. Dem materiellen Fortschritt wurden in den vergangenen Jahrzehnten zunehmend gesellschaftliche Kosten entgegengestellt. Heute ist festzustellen, dass beide Werte als gleichgestellt empfunden werden. Der materielle Nutzen wird zuweilen sogar eher zurückgestellt, wenn Einbußen in der immateriellen Lebensqualität (intakte Kulturlandschaften, Ruhezonen, saubere Luft) zu befürchten oder bereits eingetreten sind. Die Signale aus der Gesellschaft aufzunehmen, erfordert den ständigen Dialog. Stakeholder geben in diesem Prozess ihre Auffassung zu Bayer-Produkten wieder.

Die Akzeptanz der chemischen Industrie wird sicherlich auch in Zukunft permanent hinterfragt werden. Die chemische Industrie ist daher gut beraten, sich in öffentlichen Stellungnahmen um Ausgewogenheit und Objektivität zu bemühen. Es kommt nicht nur darauf an, der Informationspflicht lediglich formell zu genügen, sondern vor allem sachlich zu berichten. Nur so lässt sich das notwendige Vertrauen über die Zeit aufbauen, das die Unternehmen benötigen, um in einem besonders investiven Wirtschaftszweig erfolgreich und im Einklang mit dem öffentlichen Verständnis zu agieren.

Hier kommt den Medien eine besondere Bedeutung zu. Sie sind die Mittler zwischen der naheliegenden (und verführerischen) Interessenlage des Unternehmens, sich möglichst gut zu präsentieren und ihrem Auftrag, im Dienst der öffentlichen Meinungsbildung zu stehen.

Gerade aber Massenmedien neigen zu einer „Schwarz-Weiß"-Darstellung ohne Differenzierung der Sachlage. „Schwarz-Weiß"-Beschreibungen entbinden den Leser von der Notwendigkeit, sich selbst ein eigenes Bild zu schaffen. Die Öffentlichkeit liebt eindeutige Urteile, weil diese bequem sind. Dabei wird ebenso unterschlagen, dass Journalisten selbst als Mitglieder und „Kinder" der Gesellschaft nur allzu menschlich dazu neigen, sich ihre eigene Wirklichkeit zu konstruieren.

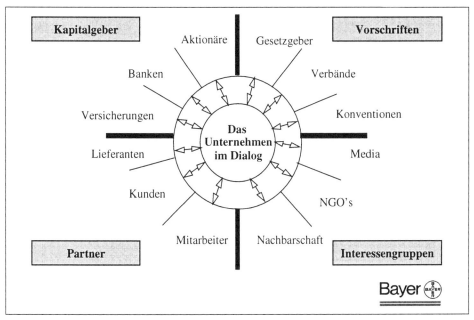

Abbildung 6: Der Stakeholder als Korrektiv

Kein international agierendes Unternehmen kann es sich heute noch leisten, durch Nachlässigkeiten eine Beschädigung seiner Reputation in Kauf zu nehmen. Der Schutz der „unbefleckten" Marke ist ein hohes Gut geworden. Überall wird Marktführerschaft angestrebt, um, fast intrinsisch bedingt, von Stakeholdern besondere Aufmerksamkeit zu erfahren – und ebenso nicht immer fairen Angriffen ausgesetzt zu sein.

Risikokommunikation setzt voraus, dass die eigenen Ansprüche und Interessen nur relativ gültig sind und alle – inklusive der eigenen – Ansichten und Überzeugungen keinen totalen Wahrheitsanspruch erfüllen können. Eine offene Gesellschaft zeichnet sich durch Individualisierung aus, sodass der Konsens über die Grundwerte des Zusammenlebens immer wieder aufs Neue gefunden werden muss.

Risikokommunikation schafft aber auch erst die Basis, mit Risikoinformation umgehen zu können. Dies ist ein notwendiger Lernprozess der Gesellschaft, den die Unternehmen initiieren müssen.

Die Vergangenheit hat gezeigt, wie stark unterschiedliche Wertvorstellungen die subjektive Einschätzung von Gefahrensituationen beeinflussen. Dies sich stets zu vergegenwärtigen sorgt für die notwendige Sensibilität im Diskurs um eine ausgewogene Beeinflussung der Unternehmenspolitik.

Werner Heinze/Stefan Kullmann*

Risikomanagement in einem diversifizierten Bergbau- und Technologiekonzern

1. Das konzernweite Risikomanagementsystem der RAG Aktiengesellschaft
   1.1 Einleitung
   1.2 Kurzportrait des RAG-Konzerns
   1.3 Anforderungen an das Risikomanagement im RAG-Konzern
   1.4 Konzept des Risikomanagements bei RAG
       1.4.1 Definitionen
       1.4.2 Notwendigkeit des Risikomanagements
       1.4.3 Elemente des Risikomanagements
       1.4.4 Umsetzung
   1.5 Risikomanagement und Controlling
       1.5.1 Der Controlling-Regelkreis der RAG
       1.5.2 Integration des Risikomanagements in den Controlling-Regelkreis
       1.5.3 Chancen- und Risikobetrachtung in Planung und Berichterstattung

---

* Dipl.-Hdl. Werner Heinze ist Risikomanagement-Beauftragter der RAG AG, Essen. Dr. Stefan Kullmann ist stellvertretender Leiter des Zentralbereichs Konzernrevision der RAG AG.

2. Risikomanagement auf Teilkonzernebene am Beispiel der Deutsche Steinkohle AG
    2.1 Kurzportrait Deutsche Steinkohle AG
    2.2 Organisation des Risikomanagements bei der DSK
    2.3 Dokumentation des Risikomanagements bei der Deutsche Steinkohle AG
        2.3.1 Risikopolitische Leitsätze
        2.3.2 Risikomanagementhandbuch
    2.4 Risikoinventur und Risikoberichterstattung
        2.4.1 Risikolandschaft der Deutsche Steinkohle AG
        2.4.2 Risikoberichterstattung

3. Fazit

1. Das konzernweite Risikomanagementsystem der RAG Aktiengesellschaft

1.1 Einleitung

Risikomanagement ist ein Begriff, bei dem das jeweils zugrunde liegende Verständnis und die jeweilige Betrachtungsebene vielfältige Interpretationsmöglichkeiten offen lassen. Eine gängige Sichtweise ist, Risikomanagement als das Management von akuten Gefahren- bzw. Krisensituationen durch die jeweils operativ verantwortlichen bzw. zuständigen Risk-Owner zu verstehen.

Im Folgenden soll jedoch ein systemorientierter Risikomanagementbegriff zugrunde gelegt werden, der als Risikomanagement die *Gesamtheit aller organisatorischen Regelungen und Maßnahmen zur Risikoerkennung und zum Umgang mit den Risiken unternehmerischer Betätigung* bezeichnet. Dabei muss deutlich unterschieden werden zwischen dem Risikomanagement in einer einzelnen operativen Einheit und dem komplexen Risikomanagementgeschehen innerhalb einer mehrstufigen Konzernstruktur. Letzteres soll im Fokus der folgenden Betrachtung stehen, wobei der innerhalb der RAG verfolgte Risikomanagementansatz dargestellt wird. Hierzu soll zum besseren Verständnis ein Kurzportrait der Konzernstruktur vorangestellt werden.

1.2 Kurzportrait des RAG-Konzerns

Der RAG Konzern versteht sich als diversifizierter Bergbau- und Technologiekonzern, dessen Geschäftsfelder über ein wertorientiertes Controllingsystem gesteuert werden. Zur dabei geltenden Führungsphilosophie ist hervorzuheben, dass der RAG-Konzern auf Basis einer hohen unternehmerischen Eigenverantwortung der Teilkonzerne geführt wird und operative Entscheidungen bei den Gesellschaften vor Ort getroffen und verantwortet werden sollen. Gleichzeitig gibt der RAG-Vorstand im Rahmen seiner Organisationsverantwortung konzernweit allgemeine Leitsätze und Mindestanforderungen vor. Er ist verantwortlich für die strategische Ausrichtung des Konzerns und überwacht die Einhaltung der mit den Teilkonzernen im Rahmen der strategischen und operativen Planung vereinbarten Zielvereinbarungen. Die Holding der RAG AG in Essen wirkt daher als strategische Management-Holding, woraus sich entsprechende Konsequenzen für das Risikomanagement ableiten. Die folgende Abbildung 1 stellt die Teilkonzerne und die wesentlichen Geschäftsfelder des RAG Konzerns dar:

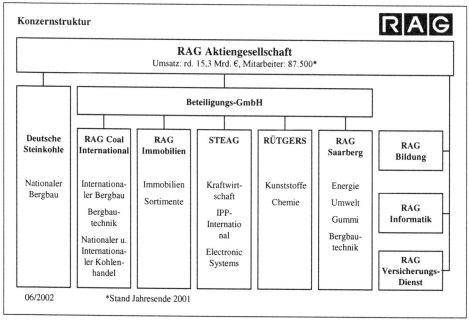

Abbildung 1: Konzernstruktur RAG

1.3 Anforderungen an das Risikomanagement im RAG-Konzern

Zunächst muss selbstverständlich sichergestellt werden, dass die gesetzlichen Anforderungen des Gesetzes zur Kontrolle und Transparenz im Unternehmensbereich (KonTraG) und dabei insbesondere des § 91 Abs. 2 AktG (Risikofrüherkennungssystem) erfüllt werden. Darüber hinaus soll das Risikomanagement insbesondere als *strategisches und operatives Steuerungsinstrument* eingesetzt werden, um einen Beitrag zur Sicherung und weiteren Steigerung des Unternehmenserfolges zu leisten. Damit sind die RAG-internen Anforderungen an das Risikomanagement erheblich anspruchsvoller als die externen Vorgaben des Gesetzgebers: Risikomanagement wird als Chance und nicht als lästige Pflichtübung verstanden.

1.4 Konzept des Risikomanagements bei RAG

1.4.1 Definitionen

Das in der Einleitung bereits aufgeführte Grundverständnis des Begriffes *Risikomanagement* soll durch folgende Definition weiter präzisiert werden. Danach wird Risikomanagement verstanden als *systematische Vorgehensweise, um potenzielle Risiken zu identifizieren und zu bewerten sowie hierauf aufbauend entsprechende Maßnahmen zur Risikohandhabung auszuwählen und umzusetzen. Dabei sind die identifizierten Risiken zu überwachen und die Steuerungsmechanismen zu überprüfen.* Risiko ist dabei alles, was ein Unternehmen an der Erreichung seiner Ziele hindern kann. Risiko beinhaltet die Möglichkeit

- des Eintritts eines Schadens/Nachteils,
- des Nichteintritts einer positiven Entwicklung/eines Vorteils,
- der Abweichung vom Erwarteten.

Risiken resultieren aus dem gesamten Unternehmensumfeld (externe Risiken) sowie aus sämtlichen betrieblichen Funktionsbereichen (interne Risiken).

1.4.2 Notwendigkeit des Risikomanagements

Die erfolgreichsten Unternehmen sind solche, die ihre Chancen am besten wahrnehmen und ihre Risiken am besten im Griff haben. Im Einzelnen werden mit dem Risikomanagement folgende Erwartungen verknüpft:

- Risikomanagement trägt zu einer Balance zwischen Sicherheits- und Wertschöpfungsinteressen bei.
- Es unterstützt die Unternehmensleitung bei der Erreichung der Unternehmensziele.
- Es ermöglicht die Begrenzung finanzieller Verluste, wirtschaftlicher Schäden und von Imageschäden.
- Es trägt zur langfristigen Sicherung des Unternehmensbestandes bei.

Den Ausgangspunkt dieser Erwartungen bildet dabei schlichtweg die Tatsache, dass jedes unternehmerische Handeln mit Risiken verbunden ist und die Risikohandhabung den Kern jeder unternehmerischen Tätigkeit bildet, die durch die Zahlung einer Risikoprämie der Kunden abgegolten wird. Deshalb existierte bei RAG wie in jedem gut geführten Unternehmen auch vor KonTraG eine Vielzahl von Risikomanagementsystemen, wie zum Beispiel Finanzmanagement, Versicherungsmanagement, Controlling, strategische Planung, Projektmanagement, Qualitätsmanagement etc.

RAG sah sich jedoch im Zusammenhang mit dem Inkrafttreten des KonTraG vor die Aufgabe gestellt, die Integration der vorhandenen Risikomanagementsysteme zu einem umfassenden Gesamtsystem weiter voranzutreiben.

1.4.3 Elemente des Risikomanagements

Das im RAG-Konzern zu gewährleistende Risikomanagement-Gesamtsystem basiert auf den in Abbildung 2 dargestellten Aufbau- und Prozesselementen:

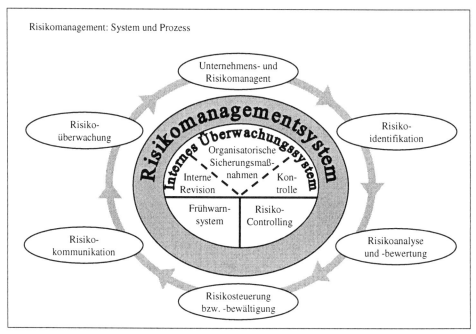

Abbildung 2: Bestandteile und Aufgaben des Risikomanagementsystems

Das Schaubild macht deutlich, dass das Risikomanagementsystem der RAG im Wesentlichen auf folgenden Systembestandteilen beruht:

- *Frühwarnsystem* und *Risikocontrolling*, die wiederum als integrale Bestandteile des Controllingsystems gesehen werden sowie
- das klassische *Interne Überwachungssystem* mit den Bestandteilen organisatorische Sicherungsmaßnahmen, interne Kontrollsysteme bzw. interne Kontrollen und prozessunabhängige interne Revision.

Der Risikomanagementprozess (Regelkreis) durchläuft dabei die einzelnen Schritte von der Risikoidentifikation bis hin zur Risikoüberwachung und orientiert sich an den Unternehmens- bzw. den daraus abgeleiteten Risikomanagementzielen. Relevante Beobachtungsbereiche (Risikofelder) sind alle betrieblichen Funktionsbereiche und Prozessabläufe sowie das gesamte Unternehmensumfeld.

1.4.4 Umsetzung

Die oben dargestellten Systemanforderungen werden über eine eigenständige *Konzernrichtlinie Risikomanagement* als Verpflichtung der RAG-Teilkonzerne gegenüber der RAG-Holding verbindlich vorgegeben. Die konkrete Umsetzung der Anforderungen bleibt in der Eigenverantwortung der Teilkonzerne, soweit nicht in anderen Regelwerken weitergehend geregelt. Kernbestandteil der Richtlinie sind sogenannte *risikopolitische Grundsätze*, die die oben dargestellten konzeptionellen Grundlagen beinhalten und darüber hinaus u.a. die *offene Risikokommunikation* als Leitbild vorgeben.

Zur Sicherstellung der organisatorischen Verantwortung für die Umsetzung sind von den Unternehmensbereichen *Risikomanagementbeauftragte* zu benennen. Auf Ebene der RAG-Holding behandelt ein *Risikoausschuss* Grundsatzfragen des Risikomanagements und die Vorgehensweise bei wesentlichen Einzelrisiken.

Umsetzungsgrundgedanke ist die Integration des Risikomanagementprozesses in die bestehenden Planungs-, Steuerungs-, Kontroll- und Berichterstattungsabläufe. Daraus leitet sich fast zwangsläufig die Rolle des konzernweiten Controllingprozesses als das zentrale Element des Risikomanagements im RAG-Konzern ab. Er wird hinsichtlich der gegenüber RAG zu erfüllenden Anforderungen in einem *Controllinghandbuch* verbindlich vorgegeben.

1.5 Risikomanagement und Controlling

1.5.1 Der Controlling-Regelkreis der RAG

Der Controlling-Regelkreis im RAG-Konzern stellt sich wie in Abbildung 3 verdeutlicht dar. Die Elemente Vorstandsklausur, Zieldialog, Planungsgespräch und Monatsbericht stellen den Kern des Controllingprozesses dar. Im Rahmen der *Vorstandsklausur* legt der RAG-Vorstand die grundsätzliche Ausrichtung des RAG-Konzerns fest: Konzernstrategie und Portfolioplanung, Kapitalallokation und Zielvereinbarungen. Die Ergebnisse der Vorstandsklausur führen zur Vorgabe für die *Zieldialoge* mit den Teilkonzernen, in deren Rahmen die Ziele für die Unternehmensbereiche diskutiert und verbindlich auf 5 Jahre festgelegt werden. Die Vereinbarungen des Zieldialoges bilden die Grundlage für die *Planungsgespräche*, in denen Umsetzungsstrategie sowie Mittelfrist- und Budgetplanung verabschiedet werden. Über die *Monatsberichterstattung* wiederum wird die Einhaltung der Budgetplanung verfolgt.

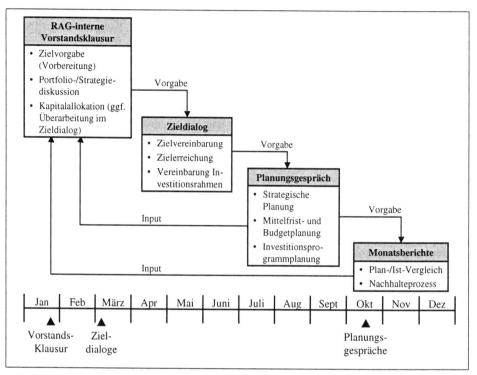

Abbildung 3: Controlling-Regelkreis

Zentrale Steuerungsgrößen des Controllingprozesses sind die Cashflow-Rendite und der Δ-Wertbeitrag (Wertbeitrag = Brutto-Cashflow ./. Kapitalkosten). Durch diese Größen wird die *Wertorientierung* des Controllingprozesses verankert: Zielsetzung des Controllingprozesses ist die Steigerung des Unternehmenswertes durch eine die Kapitalkosten übersteigende Cashflow-Rendite. Die Cashflow-Rendite wiederum setzt den Brutto-Cashflow in Relation zur Bruttoinvestitionsbasis.

1.5.2 Integration des Risikomanagements in den Controlling-Regelkreis

Die Integration des Risikomanagements in den Controllingprozess erfolgt im Wesentlichen über folgende Instrumente:

- Neben der Wertorientierung der Unternehmenssteuerung wird über die Einbeziehung von risikoorientierten Kapitalkosten in die obersten Steuerungskennzahlen eine gleichzeitige *Risikoorientierung* verankert. Hierzu werden für jedes Geschäftsfeld risikoadäquate Kapitalkosten ermittelt, die als Mindestrenditeanforderung für jede Investitionsentscheidung gelten.

- Im Rahmen der strategischen und operativen Planung erfolgt eine konkrete Analyse der wesentlichen Chancen und Risiken.

- Die monatliche Berichterstattung dient als zentrales Instrument der permanenten Risikofrüherkennung und Risikoreaktion mit
    - Ampelschaltungen als Warnsignale beim Überschreiten bestimmter Schwellenwerte (Plan-Ist-Abweichungen) im aufgelaufenen Zeitraum und im Jahresrestzeitraum,
    - monatlich aktualisierter Ergebnisvorschau sowie
    - separater Meldung von wesentlichen operativen Chancen und Risiken für das Jahresergebnis.

1.5.3 Chancen- und Risikobetrachtung in Planung und Berichterstattung

Risikofrüherkennung und Risikocontrolling bzw. die oben dargestellten Prozessschritte des Risikomanagements werden durch eine explizite Chancen- und Risikobetrachtung in Planung und Berichterstattung vollzogen. Zentrales Instrument sind dabei sogenannte Risk Maps (Risikoerfassungsformblätter), mit denen Chancen und Risiken auf den jeweiligen Stufen der Konzernhierarchie in standardisierter Form erfasst, analysiert, gesteuert, kommuniziert und überwacht werden (Vgl. Abbildung 4).

Anwendung findet dieses Formblatt im Rahmen der strategischen Planung für die Abwägung von langfristigen Chancen und Risiken, im Rahmen der Budgetplanung für die Verdeutlichung einer möglichen Schwankungsbreite des geplanten Ergebnisses sowie im Rahmen der Monatsberichterstattung für sich abzeichnende Ergebnisveränderungen.

Als wesentliche Charakteristika der Risk-Maps sind hervorzuheben:

- Die identifizierten Risiken (Chancen) sind verbal darzustellen sowie mit einer Eintrittswahrscheinlichkeit und einer potenziellen Schadenshöhe zu bewerten. Bei strategischen Risiken kann auf eine Quantifizierung verzichtet werden und stattdessen eine qualitative Klassifizierung erfolgen.

Operative Chancen und Risiken Geschäftsfeld (detaillierte Darstellung)								RAG

Chancen

Beschreibung / Eintrittswahrscheinlichkeit				Auswirkungen auf das Ergebnis im Budgetjahr		Sicherungsmaßnahmen	
Lfd. Nr.	Sachverhalt	Kommentar	Eintrittswahrscheinlichkeit	Ergebnischance (Planabweichung)	nachrichtlich: zusätzlich im Budget berücksichtigt	Maßnahmenkatalog - insgesamt -	Status der Umsetzung
				Spalte A	Spalte B		
X	Text	Erläuterungen zum Sachverhalt	hoch mittel gering	Veränderung Ergebnis vor EE-Steuern Erläuterungen	ja / nein in welcher Höhe? Erläuterungen	Maßnahme 1 Maßnahme 2 usw.	Was wurde bereits in welchem Umfang umgesetzt?

Risiken

Beschreibung / Eintrittswahrscheinlichkeit				Auswirkungen auf das Ergebnis im Budgetjahr		Sicherungsmaßnahmen	
Lfd. Nr.	Sachverhalt	Kommentar	Eintrittswahrscheinlichkeit	Ergebnisrisiko (Planabweichung)	nachrichtlich: zusätzlich im Budget berücksichtigt	Maßnahmenkatalog - insgesamt -	Status der Umsetzung
				Spalte A	Spalte B		
X	Text	Erläuterungen zum Sachverhalt	hoch mittel gering	Veränderung Ergebnis vor EE-Steuern Erläuterungen	ja / nein in welcher Höhe? Erläuterungen	Maßnahme 1 Maßnahme 2 usw.	Was wurde bereits in welchem Umfang umgesetzt?

Sonstiges

Abbildung 4: Risk-Map im Rahmen der Budgetplanung

- Die vorhandenen bzw. noch zu ergreifenden Gegenmaßnahmen (Sicherungsmaßnahmen) sind aufzuführen und ihr jeweiliger Umsetzungsstatus anzugeben. Bei den Gegenmaßnahmen handelt es sich um die gängigen Instrumente der Risikobewältigung, d.h. Risikovermeidung, -verminderung, -überwälzung, -begrenzung, -kompensation und ggf. Selbsttragung (keine Gegenmaßnahmen).

- Die Kommunikation eines Risikos an die RAG-Holding ist an das Überschreiten bestimmter Schwellenwerte gebunden (15 % des geplanten Jahresergebnisses vor EE-Steuern pro Einzelrisiko).

- Besteht zwischen einzelnen Risiken (Chancen) ein kausaler Zusammenhang, so sind diese zu einer Gesamtposition zusammenzufassen.

- Die Gesamtheit der Risk-Maps ergibt das Risiko-Inventar für den jeweiligen Unternehmensbereich bzw. den jeweiligen Betrachtungshorizont (Strategie, Budget, Innerjährige Berichterstattung).

2. Risikomanagement auf Teilkonzernebene am Beispiel der Deutsche Steinkohle AG

2.1 Kurzportrait Deutsche Steinkohle AG

Die Deutsche Steinkohle AG (DSK) ist als Teilkonzern der RAG Aktiengesellschaft für den nationalen Steinkohlebergbau zuständig.

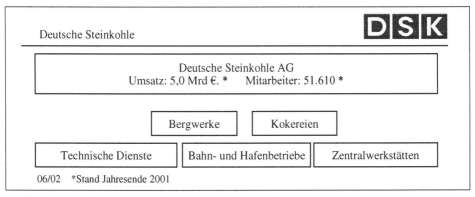

Abbildung 5: Organigramm der Deutsche Steinkohle AG

Bei ihren unternehmerischen Aktivitäten muss die DSK stets ein im Vergleich zu anderen Industrieunternehmen besonderes Beziehungsgeflecht von Rahmenbedingungen und Zielen beachten. Neben den Marktbedingungen, die sich insbesondere in den Indikatoren „Dollarkurs" und „Weltmarktpreis" niederschlagen, sind die Zielsetzungen des sozialverträglichen Belegschaftsabbaus und der realen Kostensenkungen wesentliche Größen, die das Handeln im Steinkohlebergbau beeinflussen. Im Mittelpunkt steht zusätzlich das Plafondgeschehen, d.h. der Umgang mit den öffentlichen Beihilfen, die dem Bergbau zur Verfügung gestellt werden.

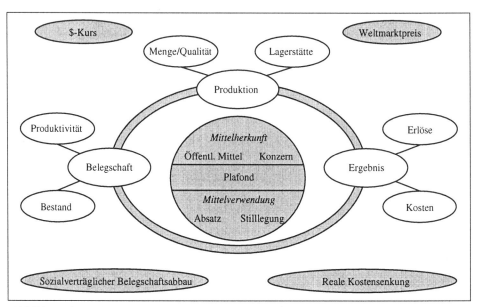

Abbildung 6: Rahmenbedingungen und Zielgrößen im deutschen Steinkohlebergbau

Vor diesem Hintergrund waren Fragestellungen der Steuerung und Überwachung von Risiken der zukünftigen Entwicklung im deutschen Steinkohlebergbau stets aktuell. Mit Inkrafttreten des KonTraG im Mai 1998 wurde das Risikomanagement entsprechend den gesetzlichen Anforderungen, den Anforderungen der RAG AG und der sich daran anschließenden betriebswirtschaftlichen Diskussion formalisiert und praktisch weiterentwickelt.

2.2 Organisation des Risikomanagements bei der DSK

Die formale Einführung, Dokumentation und Weiterentwicklung des Risikomanagements im Unternehmen ist Aufgabe des vom Vorstand der DSK ernannten *Risikomanagementbeauftragten*. Dieser setzt dabei im Rahmen der dezentralen Eigenverantwortung die allgemeinen Vorgaben der Konzernrichtlinie Risikomanagement in die konkreten Belange des Teilkonzerns um.

Der *Risikomanagementbeauftragte* initiiert darüber hinaus Maßnahmen zur Risikokultur und zur Risikokommunikation, wie etwa Schulungen und Vorträge. Zudem ist er die Verbindungsstelle zum Rechnungswesen, zum Controlling, zur Internen Revision sowie zum Wirtschaftsprüfer.

Zur Koordination der Umsetzung des Risikomanagements auf Ressort-, Fachbereichs und Betriebsebene wurde ein *Risikomanagement-Lenkungsausschuss* gebildet. Mitglieder dieses Kreises sind die für die Hauptrisikofelder des Unternehmens verantwortlichen Hauptabteilungsleiter sowie je ein Vertreter der Betriebe und ein Vertreter des Betriebsrats. Neben der Koordinationsfunktion erfüllt der *Risikomanagement-Lenkungskreis* insbesondere die Aufgabe der weiteren Verbesserung bestehender Sicherungssysteme zur Risikoidentifizierung, -analyse, -überwachung, -kommunikation und -bewältigung.

Die Einbeziehung der Bergwerke und Werksdirektionen in das Risikomanagement erfolgt über die *Risikomanagementverantwortlichen der Betriebs-, Verwaltungs- und Dienstleistungsbereiche*, deren Aufgabe insbesondere die Umsetzung und Berichterstattung zum Risikomanagement nach den jeweils gültigen Vorgaben für DSK ist.

Im Rahmen des Risikomanagements besteht die Aufgabe der *Internen Revision* als prozessunabhängige Überwachungsinstanz in der begleitenden Überprüfung der Wirksamkeit und Angemessenheit der Maßnahmen des Risikomanagements. Die Prüfungsergebnisse werden angemessen dokumentiert und den Leitungsgremien des Unternehmens zur Kenntnis gebracht. Die *Interne Revision* hat dem *Risikomanagementbeauftragten* der DSK bezüglich allgemeiner Schwachstellen, Kontroll- und Regelungslücken zu berichten.

Die *Interne Revision* arbeitet bei der Festlegung von Prüfungsschwerpunkten mit den Abschlussprüfern zusammen. Insbesondere übernimmt sie die Prüfung von im Vorhinein zwischen dem Risikomanagementbeauftragten der DSK und den Wirtschaftsprüfern vereinbarten Risikofeldern und stellt die Prüfungsergebnisse den Abschlussprüfern zur Verfügung.

2.3 Dokumentation des Risikomanagements bei der Deutsche Steinkohle AG

2.3.1 Risikopolitische Leitsätze

Um zu gewährleisten, dass alle Mitarbeiter der DSK mit Risiken und mit sich bietenden Chancen verantwortungsbewusst und vernünftig umgehen, hat der Vorstand beschlossen, sich deutlich sichtbar für die Umsetzung eines unternehmensweiten Risikomanagements einzusetzen. Dazu hat der Vorstand risikopolitische Leitsätze verabschiedet. Die Leitsätze wurden den Mitarbeitern bekannt gemacht und sie sind Bestandteil des Risikomanagement-Handbuches der DSK. Ziel der Veröffentlichung der Leitsätze war neben der Dokumentation der Risikopolitik der DSK insbesondere eine Selbstverpflichtung des Vorstands auf risikopolitische Prinzipien.

Darüber hinaus sollte mit der Bekanntgabe der risikopolitischen Leitsätze ein nachhaltiger Prozess zur Entwicklung von Risikobewusstsein angestoßen, die Risikokultur im

Unternehmen gefördert und die Bedeutung der frühzeitigen Erkennung von Risiken für die DSK verdeutlicht werden.

Nach Maßgabe der risikopolitischen Leitsätze soll der verantwortungsvolle Umgang mit Chancen und Risiken integraler Bestandteil der Unternehmensphilosophie sein und den Führungsstil der Unternehmensleitung mitbestimmen. Aufbauend auf der Integrität und den fachlichen Kompetenzen und Fähigkeiten der Mitarbeiter soll chancen- und risikobewusstes Denken und Handeln im Unternehmen kommuniziert und gestärkt werden.

Die risikopolitischen Leitsätze stehen im Einklang mit den im Unternehmensleitbild dokumentierten Normen und Wertvorstellungen der DSK sowie mit den Risikogrundsätzen, wie sie in der Risikomanagement-Richtlinie des RAG-Konzerns formuliert sind.

2.3.2 Risikomanagementhandbuch

Die angemessene Dokumentation des Risikomanagements ist eine zentrale Forderung des Instituts der Wirtschaftsprüfer (Prüfungsstandard 340) und der RAG-Konzernrichtlinie Risikomanagement. Dementsprechend hat die DSK ein Risikomanagementhandbuch mit den folgenden Inhalten aufgelegt:

- Risikokultur, Risikobewusstsein, risikopolitische Leitsätze
- Begriffe und Definitionen
- Organisation des Risikomanagements bei DSK
- Grundsätze der Risikoerkennung, -analyse, -bewertung und -bewältigung
- Risikokommunikation
- Risikoüberwachung

Das Risikomanagementhandbuch der DSK besitzt Richtliniencharakter. Es enthält die Anforderungen an ein funktionsfähiges Risikomanagement, also die organisatorische Realisierung, die Maßnahmen zur Schaffung von Risikobewusstsein im Unternehmen, die einzelnen Phasen des Risikomanagementprozesses und die Arbeitsanweisungen und Verfahrensweisen zur Berichterstattung. Des Weiteren werden das vorhandene risikorelevante Berichtswesen dokumentiert und Verweise auf gültige Richtlinien und Handbücher anderer Funktionsbereiche gegeben.

Das Risikomanagementhandbuch ist den Hauptabteilungen und Betrieben des Unternehmens nach der Verabschiedung durch den Vorstand in schriftlicher Form zugestellt worden. Jeder Mitarbeiter hat die Möglichkeit, die aktuelle Fassung über das Intranet einzusehen.

2.4 Risikoinventur und Risikoberichterstattung

2.4.1 Risikolandschaft der Deutsche Steinkohle AG

Für die Deutsche Steinkohle AG ergibt sich die in Abbildung 7 dargestellte Risikolandschaft. Die Aufnahme der Risikolandschaft basiert im Wesentlichen auf einer im Jahr 1998 durchgeführten Risikoinventur, die in der nachfolgenden Zeit erweitert und vervollständigt wurde.

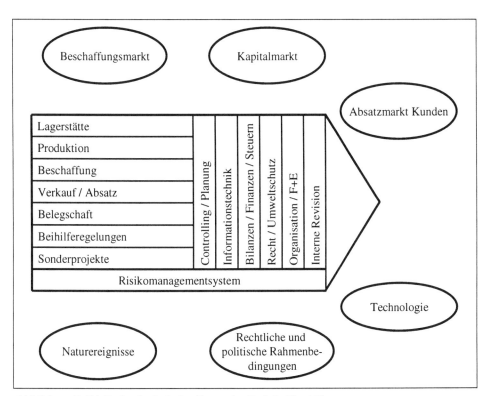

Abbildung 7: Risikolandschaft der Deutsche Steinkohle AG

Die Darstellung zeigt, dass bei der Risikobetrachtung zwischen externen und internen Risiken differenziert werden muss. Dabei spielen im Bereich der externen Risiken insbesondere Gefährdungen aus bergbaulichen Naturereignissen sowie auf Grund der politischen Rahmenbedingungen eine besondere Rolle. Die internen Risiken lassen sich nach ihrer Bedeutung für das Unternehmen in primäre und sekundäre Risiken unterscheiden.

Als primäre Risiken gelten die betrieblichen Risiken entlang der Wertschöpfungskette des Unternehmens. Sekundäre Risiken betreffen die Unterstützungsfunktionen im Unternehmen, wie z.B. Controlling, Rechnungswesen, Recht etc. Der Fokus des Risikomanagements richtet sich auf die Primärbereiche Beschaffung, Produktion und Absatz. Hinzu kommen als bergbauspezifische Besonderheit die Risiken aus dem Bereich der Lagerstätte, der Beihilferegelungen und – wie bereits erwähnt – der Belegschaft. Die primären internen Risiken unterliegen einer besonderen Aufmerksamkeit seitens des Vorstands sowie der zuständigen Prozessverantwortlichen.

Während der Implementierungsphase des Risikomanagementsystems der DSK wurden mit den für die internen Hauptrisikofelder verantwortlichen Mitarbeitern sogenannte *Risikoworkshops* durchgeführt. Die Risikoworkshops, die regelmäßig stattfinden, dienen der Schaffung von Risikobewusstsein, indem sie dazu beitragen, die Gedanken des Risikomanagements tiefer in der Organisation zu verankern.

Inhaltlich lagen die Schwerpunkte während der Risikoworkshops insbesondere auf den folgenden Sachverhalten:

– Diskussion der Risikomanagementregelkreise für das jeweilige Hauptrisikofeld

– Brainstorming mit dem Ziel der Identifikation der Frühwarnindikatoren und entsprechenden Grenzwerten für das jeweilige Hauptrisikofeld

– Erhebung der vorhandenen und nötigen Sicherungsmaßnahmen

– Hinweise zur risikoorientierten Quartalsberichterstattung und zur jährlichen Risikoinventur als Grundlage für die Risikoberichterstattung im Lagebericht

Die Ergebnisse der Risikoworkshops wurden dokumentiert und mit den zuständigen Stellen abgestimmt. Sie sind Bestandteil der Dokumentation zum Risikomanagement. Außerdem dienen die Ergebnisse der Risikoworkshops der Weiterentwicklung des Risikomanagements und gehen in die laufende Risikomanagement-Berichterstattung ein.

2.4.2 Risikoberichterstattung

Die nachfolgende Abbildung 8 zeigt die Berichtskonzeption im Rahmen des Risikomanagements bei der DSK, die vor allem zur internen Information innerhalb des Unternehmens dient. Sie umfasst die jährliche Risikoinventur, die Risiko-Quartalsberichte der Verantwortlichen für die Hauptrisikofelder sowie ggf. erforderliche Ad-hoc-Meldungen an den Vorstand über akute Krisen. Ziel der intern ausgerichteten risikoorientierten Berichterstattung ist die vollständige Dokumentation und Kontrolle aller Risikofelder im Unternehmen in qualitativer wie quantitativer Hinsicht. Darüber hinaus dient dieser Berichtszweig als Grundlage für die Lageberichterstattung im Geschäftsbericht und an den Aufsichtsrat durch den Vorstand.

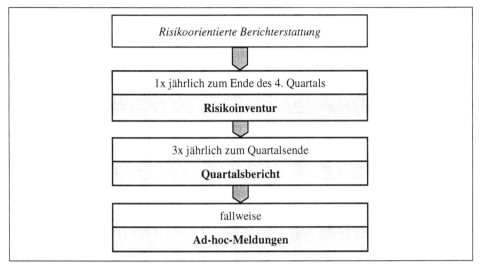

Abbildung 8: Risikoberichtskonzeption der Deutsche Steinkohle AG

Die controllingorientierte Chancen-Risiken-Berichterstattung an die RAG-Holding (siehe Abschnitt 1.5.3) berücksichtigt die Ergebnisse der internen Risikoberichterstattung, ist jedoch stärker als diese ergebnisorientiert ausgerichtet.

Das Erhebungsformular für die DSK-interne Risikoberichterstattung bildet im Vergleich zur Controlling-Risk-Map der RAG-Holding den Risikomanagement-Prozess detaillierter ab, d.h. es ist das identifizierte Risiko zu benennen und zu kommentieren, es sind Berichtsquellen, Zuständigkeiten und Frühwarnindikatoren anzugeben, es ist darzulegen, welche Eintrittswahrscheinlichkeit und welche Schadenshöhe mit dem Risiko verbunden sind und schließlich ist zu dokumentieren, welche Sicherungsmaßnahmen vorgesehen sind bzw. bereits umgesetzt wurden und wer für die Sicherungsmaßnahmen und deren Umsetzung zuständig ist.

3. Fazit

Auch ein noch so ausdifferenziertes Risikomanagementsystem hängt hinsichtlich seiner Funktionsfähigkeit und Effektivität von der Qualität des Inputs ab, der durch die zuständigen Mitarbeiter bzw. das jeweilige Management erfolgt. Deshalb ist eine ausgeprägte *Risikokultur* und dabei insbesondere eine *offene Risikokommunikation* unabdingbare Voraussetzung für ein wirksames und erfolgreiches Risikomanagement. Diese Risikokultur vorzuleben, zu fördern, und weiterzuentwickeln ist permanente Führungsaufgabe des Managements auf allen Leitungsebenen des RAG-Konzerns.

Daneben gibt es aus unserer Sicht insbesondere drei Entwicklungsbereiche des Risikomanagements, bei denen theoretischer Anspruch und praktische Umsetzbarkeit sich noch in einem erheblichen Spannungsverhältnis befinden:

- Die Identifikation von geeigneten Frühwarnindikatoren, die aus Sicht der Konzern-Holding und damit auf höchstem Aggregationsniveau rechtzeitige Warnsignale aussenden.

- Die durchgängige eindeutige Quantifizierung von Risiken und damit auch die Bewertung von bisher lediglich qualitativ fassbaren Ereignissen, wie z.B. politische Veränderungen, Imagephänomenen, Managementqualität etc.

- Damit eng zusammenhängend die weitere Standardisierung und Automatisierung des Risikomanagements über eine konzernweit einsetzbare Risikomanagementsoftware.

Gemeinsames Merkmal dieser Themenfelder ist die Transformation meist subjektiver Bewertungen in komplexe, quantitativ mathematisch orientierte Modelle, bei denen sich bisher aus Sicht der Entscheider ein ungünstiges Aufwand-Nutzen-Verhältnis ergibt und der zusätzliche Erkenntnisfortschritt zumindest fragwürdig ist und möglicherweise Fehlsteuerungen durch Scheingenauigkeiten auslöst. Dies gilt zumindest für einen diversifizierten Industriekonzern wie die RAG. Für Unternehmen des Finanzsektors oder aber für einfach strukturierte Einproduktunternehmen mögen sich hier andere Schlussfolgerungen ergeben.

Zuletzt sollte nicht vergessen werden, dass das Risikomanagement Gefahren für die wirtschaftliche Lage eines Unternehmens nicht komplett ausschließen kann. Es sollte jedoch mindestens gewährleisten, dass unliebsame Überraschungen vermieden werden.

Thomas Graf*

Risikomanagement in einem internationalen Maschinen- und Anlagenbaukonzern

1. Gegenstand, Zielsetzungen und Nutzen eines funktionierenden Risikomanagementsystems im internationalen Anlagenbaukonzern
   1.1 Zielsetzungen
   1.2 Gegenstand und Nutzen des Risikomanagements
   1.3 Gesetzliche Grundlagen
   1.4 Ziele einer unternehmensspezifischen Richtlinie für die strategische und operative Umsetzung eines Risikomanagementsystems

2. Unternehmensspezifische Risikodefinition und Risikogrundsätze
   2.1 Risikodefinition
   2.2 Risikogrundsätze

3. Der Regelkreis des Risikomanagements

4. Das Risikomanagementsystem im Anlagenbaukonzern
   4.1 Risikoidentifikation
   4.2 Risikobewertung
   4.3 Risikokommunikation und -reporting

5. Organisatorische Ausgestaltung
   5.1 Der Risikomanager
   5.2 Der Risikomanagementexperte
   5.3 Projekt- bzw. Auftragsabwicklung mit Teamorganisation
   5.4 Überwachungssysteme

6. Schlusswort

---

* Thomas Graf ist Geschäftsführer der RCS Risk and Claim Management Services AG, Thalheim/Schweiz.

1. Gegenstand, Zielsetzungen und Nutzen eines funktionierenden Risikomanagementsystems im internationalen Anlagenbaukonzern

1.1 Zielsetzungen

Risikomanagement ist ein entscheidendes Element für die zielgerichtete, erfolgreiche Steuerung der Aktivitäten in einem international organisierten Anlagenbaukonzern und somit für den Erfolg des Unternehmens. Das Ziel ist nicht die Vermeidung aller potenziellen Risiken, sondern die Schaffung von Handlungsspielräumen, die eine bewusste, unvermeidbare Risikoakzeptanz aufgrund umfassender Kenntnis der Risiken und der Wirkungszusammenhänge ermöglicht. Risiken müssen beherrschbar sein. Wesentliche Zielsetzungen sind:

- Sicherung der Kontinuität
- Vergrößerung des „Shareholder Value"
- Maximierung des langfristigen „Return on Equity", d.h. langfristige Gewinnmaximierung sowie effizienter Kapitaleinsatz
- Aufrechterhaltung des Sozialprogramms

Bei der Konzeption und Einführung eines holistischen Risikomanagementsystems steht für das Unternehmen folgendes im Vordergrund:

- Vergrößerung der Chance zur Verwirklichung der kurz- und langfristigen Ziele des Unternehmens und
- Schutz der Menschen, Sachen, Interessen und der Umwelt.

1.2 Gegenstand und Nutzen des Risikomanagements

Risikomanagement verringert bestehende Gefährdungspotenziale und fördert die Sicherung des Bestandes und die erfolgreiche Weiterentwicklung des Unternehmens. Der Systemansatz des Risikomanagements dient ganzheitlich der frühzeitigen und vollständigen Identifikation und Bewertung der Risiken, der adäquaten Steuerung dieser Risiken und der rechtzeitigen Kommunikation innerhalb der Unternehmensorganisation. Der systematische Ansatz zum Risikomanagement unterstützt dabei

- das Bewusstsein zum offenen Umgang mit risikorelevanten Daten und deren eindeutige Dokumentation,

- die operative Basis für unternehmerische Entscheidungen,
- die Qualität der Planung,
- die Effektivität und Effizienz der Berichterstattung, des Controllings sowie der internen Revision und
- den optimalen Einsatz der Unternehmensressourcen.

Nur das Unternehmen, welches seine wesentlichen Risiken rechtzeitig erkennt und ihnen systematisch verantwortlich begegnet, ist in der Lage, sich bietende Chancen unternehmerisch verantwortlich zu nutzen. Es ist insbesondere Voraussetzung für ein funktionierendes Risikomanagement, dass es von allen Mitarbeitern anerkannt und gelebt wird. Das System dient auch als Basis zur Information des Aufsichtsrates und der Aktionäre über die aktuelle Risikosituation im Konzern bzw. Unternehmen.

1.3 Gesetzliche Grundlagen

Mit der Einführung und Umsetzung eines strukturierten und gesamtheitlichen Risikomanagementsystems werden auch die Anforderungen erfüllt, die sich durch die Neuregelungen des AktG sowie des HGB durch das am 1. Mai 1998 in Kraft getretene Gesetz zur Kontrolle und Transparenz im Unternehmensbereich (KonTraG) ergeben:

- Gemäß § 91 Abs. 2 AktG hat „der Vorstand einer Gesellschaft geeignete Maßnahmen zu treffen, insbesondere ein Überwachungssystem einzurichten, damit den Fortbestand der Gesellschaft gefährdende Entwicklungen früh erkannt werden."
- Gemäß § 289 Abs.1 HGB ist im Lagebericht „auch auf die Risiken der künftigen Entwicklung" einzugehen.

1.4 Ziele einer unternehmensspezifischen Richtlinie für die strategische und operative Umsetzung eines Risikomanagementsystems

Mit der Konzeption und dem Erlass einer unternehmensweiten Richtlinie werden Mindestanforderungen für das Risikomanagement bei dem betreffenden Konzern festgelegt. Durch Beachtung dieser Richtlinie wird wesentlich sichergestellt, dass

- konzernweit national und international eine einheitliche und systematische Methode zur Identifikation, Bewertung, Steuerung und Kommunikation der Risiken angewendet wird,

- die Funktionsfähigkeit und die Integration des Risikomanagements in die Unternehmenssteuerung gewährleistet wird und
- eine prozessabhängige und -unabhängige Überwachung des Risikomanagementsystems erfolgt.

2. Unternehmensspezifische Risikodefinition und Risikogrundsätze

2.1 Risikodefinition

Zunächst muss für eine effiziente und effektive Durchführung des Risikomanagements unternehmenseinheitlich festgelegt werden, was unter einem Risiko für das Unternehmen zu verstehen ist. Z.B. kann eine solche Risikodefinition allgemeiner Natur wie folgt lauten:

Risiken sind alle Ereignisse und möglichen Entwicklungen innerhalb und außerhalb eines Unternehmens, die sich negativ auf die Erreichung der Unternehmensziele auswirken können.

Aus dieser allgemeinen Risikodefinition folgt, dass der Risikobegriff alle internen und externen Ereignisse umfasst, die eine potenzielle Bedrohung für den unternehmerischen Erfolg oder sogar die Existenz des Unternehmens darstellen. Wichtig ist dabei zu beachten, dass der Risikofokus nicht nur auf unerwartet eintretende, negative Entwicklungen oder Ereignisse beschränkt bleibt, sondern sich ausdrücklich auch auf das Versäumen oder die mangelhafte Nutzung positiver Entwicklungsmöglichkeiten und Chancen bezieht.

2.2 Risikogrundsätze

Folgende Risikogrundsätze sind zu unterscheiden:
- *Risikomanagement ist Aufgabe aller Mitarbeiter.*

  Wesentlicher Garant für ein funktionierendes Risikomanagement im sehr komplexen, international aufgestellten Anlagenbaukonzern sind die Mitarbeiter. Daher ist es gängige Praxis, das gesamte Know-how über das Unternehmen, dessen Produkte und dessen Umfeld zu bündeln und nutzbringend in das Risikomanagementsystem einzubinden. Durch den Einsatz und die Erfahrungen aller Mitarbeiter können Risiken früher erkannt und besser gesteuert werden.

- *Nur bekannte Risiken können gesteuert werden.*

Die Risikoidentifikation und -steuerung und deren Dokumentation ist aufgrund der sich ständig verändernden Verhältnisse in dem Unternehmensumfeld und den komplexen Projektaufträgen eine kontinuierliche Aufgabe. Ziel ist es, die Risikoidentifikation und -steuerung in die operativen Arbeitsabläufe zwingend zu integrieren. Diese Integration sollte bereits in der Angebotsphase beginnen.

- *Risiken sind kaum vermeidbar, aber (fast) immer steuerbar.*

Nicht alle Risiken sind vermeidbar. Um Chancen wahrnehmen zu können, müssen manchmal sogar kurzfristige Misserfolge bewusst in Kauf genommen werden. Keine Chancen ohne Risiko, aber die Risiken müssen beherrschbar und steuerbar sein.

- *Kommunikation – Keine Angst vor Offenheit*

Im Betriebsablauf aufgetretene Gefahren und festgestellte Risiken innerhalb des Unternehmens müssen sofort und vollständig kommuniziert werden. Es geht darum, mit den Risiken umzugehen, nicht einen Schuldigen zu finden. Die zentrale Anlaufstelle ist der benannte Risikomanager.

- *Risiken müssen systematisch bewertet werden*

Nicht alle Risiken sind gleich zu bewerten und gleich kritisch einzustufen. Um eine effiziente Risikobewältigung zu gewährleisten, muss eine systematische Bewertung der identifizierbaren Risiken durchgeführt werden. Die benannten Risikoexperten führen und bewerten interne Risiko- und Chancenlisten nach der Identifikation durch die Mitarbeiter. Diese internen Risiko- und Chancenlisten werden mit dem Risikomanager monatlich zwecks Berichterstattung gegenüber dem Konzernvorstand abgestimmt.

- *Risikodokumentation – Nachweise erforderlich*

Wenn trotz aller vorbeugenden Maßnahmen Schäden eintreten bzw. Risiken sich verwirklichen, muss aufgrund der gesetzlichen Anforderungen nachgewiesen werden können, dass im Unternehmen alle notwendigen Maßnahmen zur Risikofrüherkennung und -abwehr getroffen werden. Außerdem ermöglicht nur eine saubere und vollständige Dokumentation, zukünftige gleichartige Schäden und/ oder Risiken zu vermeiden oder zu minimieren.

- *Wie viel Risiko kann das Unternehmen tragen?*

Diese Frage ist stets vor dem Spiegel der Unternehmensgröße und der finanziellen Situation des Unternehmens zu prüfen und zu beantworten. Es muss eine Festlegung getroffen werden, welche Risiken als bestandsgefährdend oder wesentlich einzustufen sind. Dies kann zum Beispiel wie folgt aussehen:

- Alle Risiken im strategischen oder organisatorischen Bereich.
- Die Summe der Risiken insgesamt führt zu einem negativen Ergebnis vor Steuern, obwohl ein positives Ergebnis budgetiert war.
- Die Risiken haben in dem betroffenen Unternehmen (Konzern oder Konzerngesellschaft) einen maßgeblichen Einfluss auf das Ergebnis vor Steuern der Folgejahre (z.B. 20 % des budgetierten Ergebnisses des laufenden Geschäftsjahres).

In der Regel ist die Konzernstruktur im Anlagenbau in Bezug auf die Größenordnung der am Risiko-Berichtswesen partizipierenden Gesellschaften sehr heterogen. Daher sind dynamische Toleranzgrenzen für die zu meldenden Risiken vorgesehen. Basis für die Einteilung der Gesellschaften kann zum Beispiel der budgetierte Umsatz sein. Abbildung 1 verdeutlicht dies anhand eines Beispiels.

Umsatz (in TEUR)	Abweichungsgrenze Ergebnis vor Steuern (in %)	Abweichung Untergrenze Ergebnis vor Steuern (in TEUR)	Abweichungsgrenze Umsatz (in %)
0 – 10.000	20 %	30	20 %
10.000-50.000	15 %	100	15 %
50.000 – 250.000	12,5 %	500	12,5 %
> 250.000	10 %	1.500	10 %

Abbildung 1: Umsatz als Beispiel für eine dynamische Toleranzgrenze im Risikoberichtswesen

3. Der Regelkreis des Risikomanagements

Die Integration des oben beschriebenen theoretischen Konzepts in die tägliche, operative Unternehmenspraxis verdeutlicht die nachstehende Abbildung 2. Die dargestellten Elemente des Risikomanagements stehen nicht isoliert nebeneinander, sondern bauen aufeinander auf und beeinflussen sich gegenseitig, sodass sie in Form eines Regelkreislaufes angeordnet sind. Dieser Regelkreislauf wird im Unternehmen permanent durchlaufen. Durch den Regelkreislauf wird gewährleistet, dass unternehmens- bzw. konzernweit eine einheitliche und systematische Methode zur Identifikation, Bewertung, Steuerung und Kommunikation der Risiken angewendet wird. Zur Gewährleistung der permanenten Funktionsfähigkeit und der Integration des Regelkreislaufs in die Unternehmenssteuerung ist eine angemessene Organisation und Überwachung des Regelkreislaufs notwendig. Nur so hat das Risikomanagementsystem einen Nutzen und funktioniert kontinuierlich sowie personenunabhängig.

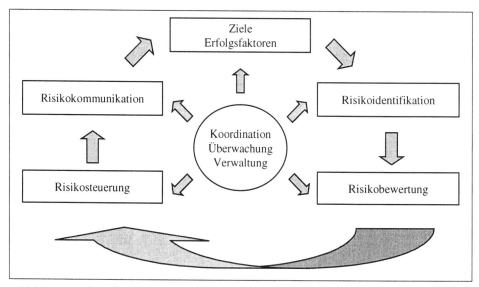

Abbildung 1: Regelkreis des Risikomanagements

Auf den Regelkreislauf des Risikomanagements selbst wirken in der Praxis Risiken, die seine Funktionsfähigkeit beeinträchtigen können und welche die Gefahr hervorrufen, dass die Risiken für das Unternehmen nicht ausreichend identifiziert, gesteuert und kontrolliert werden. Daher ist jeder Verantwortliche dazu verpflichtet, die Einhaltung der Vorschriften permanent zu kontrollieren. Das Risikomanagement muss von allen Mitarbeitern verantwortlich erkannt und „gelebt" werden. Es ist nicht Sinn des Risikomanagements, neue zusätzliche Aufwendungen zu produzieren, sondern es soll vielmehr die Entscheidungsprozesse verkürzen und Entscheidungen absichern.

4. Das Risikomanagementsystem im Anlagenbaukonzern

4.1 Risikoidentifikation

Risiken müssen zeitnah erkannt und gemeldet werden. Die identifizierten Risiken werden im Rahmen der monatlichen Aktualisierung der Risk-Map dokumentiert. Neben den Risiken des eigenen Verantwortungsbereichs sollen auch Gefährdungen identifiziert werden, die unternehmensweite, bereichsübergreifende Auswirkungen haben können. Die Risikoidentifikation fokussiert sowohl auf aktuell bereits bestehende Risiken als auch auf die im laufenden Kalenderjahr und in den darauf folgenden fünf Kalenderjahren potenziell entstehenden Risiken.

4.2 Risikobewertung

Die Bewertung ist eine wesentliche Informationsquelle im Risikomanagement. Aufgrund der Bewertung werden die Chancen und Risiken im Rahmen der Berichterstattung und bei der Ableitung von zusätzlichem Handlungsbedarf priorisiert. Bei der Bewertung wird zwischen *unmittelbar* und nur *mittelbar* quantifizierbaren Chancen und Risiken unterschieden.

Bei *unmittelbar bewertbaren* Chancen und Risiken ist der Ergebniseffekt darzustellen. Dabei werden Angaben über die minimale und die maximale Ausprägung gemacht, d.h. Angaben über die Risikobandbreite vor der Einleitung von Maßnahmen. Neben diesen Werten sind außerdem Informationen über die wahrscheinliche Ausprägung nach Maßnahmen (Erwartungswert) darzustellen und zwar mit der Angabe, mit welcher Fristigkeit (aktuelles Jahr, Folgejahr etc.) sich die Chancen oder Risiken auf das Ergebnis auswirken werden (Forecast, Budget Folgejahr).

Bei *nicht unmittelbar bewertbaren* Chancen und Risiken werden Näherungslösungen angewandt. Hier finden zum Beispiel folgende Chancen-/Risikoklassen Anwendung.

- Klasse 1: minor
- Klasse 2: significant
- Klasse 3: considerable
- Klasse 4: essential
- Klasse 5: critical (Ruinrisiko)

Mit der genauen Formulierung der Chancen/Risiken und den entsprechenden Gegenmaßnahmen, der Angabe des Zeitpunktes der Umsetzung der Maßnahmen sowie mithilfe der entsprechenden Frühwarnindikatoren werden die Risiken beherrschbar bzw. steuerbar.

4.3 Risikokommunikation und -reporting

Die Unternehmensleitung der einzelnen Konzerngesellschaft stellt sicher, dass sie mit den für ihre Entscheidungen relevanten Informationen über bestehende und drohende Risiken versorgt ist. Sie richtet ein entsprechendes Frühwarnsystem ein und dokumentiert die Informations- und Berichtswege.

Die Risk-Map ist Bestandteil eines turnusmäßigen Controlling-Reports. Sie wird monatlich aktualisiert und mit risikobezogenen Kommentaren dem Controlling vorgelegt. Ziel ist, die standardisierte Kommunikation der wesentlichen, d.h. bestandsgefährdenden Risiken über die Unternehmensgrenzen hinaus zu dokumentieren. Die Risk-Map informiert insbesondere über die operativen, auftragsbezogenen Risiken, die in der Summe einen bestimmten Schwellenwert überschreiten, und gibt Auskunft darüber, welche Gegensteuerungsmaßnahmen vorgesehen bzw. bereits eingeleitet sind. Die Risk-Map wird über das EDV-Netzwerk den einzelnen Konzerngesellschaften zur Verfügung gestellt. Wesentliche Informationen sind zum Beispiel Aussagen über:

- Art des Risikos
- Gegenmaßnahmen
- Budget Soll-Ist-Vergleich
- Ergebniseffekte
- Prognosen
- Ergebnisklasse
- Verantwortlichkeiten

Um auch kurzfristige Risikoereignisse von Bedeutung frühzeitig erkennen und steuern zu können, existiert neben der Risk Map die Ad-hoc-Berichterstattung. Hier werden Einzelereignisse von gravierender Bedeutung für den Gesamtkonzern direkt an den Konzernvorstand berichtet. Die Einstufung, ob ein Risiko gravierend ist oder nicht, erfolgt nach den Risikorichtlinien des Konzerns, obliegt aber grundsätzlich dem Ermessen der jeweiligen verantwortlichen Geschäftsführer.

5. Organisatorische Ausgestaltung

Die relativ engen Terminpläne während der Projektabwicklung im Zusammenhang mit der Komplexität und Größe der beauftragten Großanlagen erfordern neben dem Risiko-Instrumentarium eine Organisation, die flexibel und schnell auf Risiken reagieren kann. In diesem Sinn wird das Risikomanagement weitestgehend in die bereits bestehenden Prozesse und Berichtswege integriert. Die Kompetenzen, aber auch die Verantwortung für das Risikomanagement werden an die Konzerngesellschaften delegiert. Vom Konzern sind die Risikogrundsätze und natürlich die Form und die Informationsdichte vorgegeben. Die Konzerngesellschaften und deren Geschäftsführung sind verantwortlich für die Risikoidentifikation, -analyse, -bewertung, -steuerung und das Reporting. Hierbei ist besonders wichtig, dass das Risikomanagement von *allen* Mitarbeitern gelebt wird und dass das Risikobewusstsein auf allen Hierarchieebenen, in allen Unternehmensbereichen und in sämtlichen Geschäftsprozessen implementiert wird.

5.1 Der Risikomanager

In jeder Konzerngesellschaft ist ein Risikomanager eingesetzt, der die Aktivitäten im Rahmen des Risikomanagements koordiniert und bei der Minimierung von Risiken und der Maximierung Chancen aktiv mitwirkt. Dem Risikomanager obliegt die Prüfung von Risikofeldern, ausgewählten Projekten und Aufträgen sowie die KonTraG konforme Bearbeitung der Risiko-/Chancenlandschaft.

Auf der Konzernebene wird das Risikomanagement durch das Controlling wahrgenommen. Seine Aufgabe ist es,

– ein ordnungsgemäßes Risikoreporting,
– die zeitnahe Überprüfung der dargestellten Risiken,
– die vereinheitlichte, gesetzeskonforme Berichterstattung sowie
– die EDV-Unterstützung der Risikomanager

sicherzustellen.

5.2 Der Risikomanagementexperte

Die Risikomanagementexperten befinden sich auf der Bereichsleiter- bzw. Abteilungsleiterebene. Zu den Verantwortlichkeiten der Risikomanagementexperten zählen die Risikoidentifikation, -bewertung, -steuerung und -kommunikation. Der RM-Experte organisiert die Aufgaben in seinem Verantwortungsbereich selbständig und sensibilisiert die Mitarbeiter seines Verantwortungsbereiches für dieses Thema. Wichtig ist dabei, dass er alle Mitarbeiter seines Bereiches in den Regelkreislauf Risikomanagement integriert. Bei auftretenden Risiken ist er der erste Ansprechpartner und hat über die weitere Abwicklung zu entscheiden. Die Berichterstattung erfolgt vom Risikoexperten an den Risikomanager und in dringenden, wichtigen Fällen an die Geschäftsführung direkt.

5.3 Projekt- bzw. Auftragsabwicklung mit Teamorganisation

Aufgrund der Komplexität der Aufträge im Großanlagenbau hat man erkannt, dass die Projekt- bzw. Auftragsabwicklung im Rahmen einer Teamorganisation erfolgen muss. Projekt- und Auftragsmanagement durch Teamorganisation führt zu:

– Reduzierung der Kosten bei der Projekt- bzw. Auftragsabwicklung
– Verkürzung der Bearbeitungszeiten sowie der Gesamtdurchlaufzeit des Auftrages
– Verbesserung der Qualität und Termineinhaltung
– Erhöhung der Risikotransparenz des jeweiligen Auftragsstatus
– Reduzierung der internen Schnittstellen und Doppelarbeit
– Verbesserung der Kundenorientierung

Teamorganisation bedeutet, dass eine projekt- und auftragsbezogene Steuerung eingeführt wird. Hierzu wird operativ ein Team mit Kernmitgliedern und erweiterten technischen und kaufmännischen Mitarbeitern dem jeweiligen Auftrag zugeordnet. Die erweiterten Mitarbeiter stehen mehreren Teams zur Verfügung. Die teambezogene Projekt- und Auftragsabwicklung macht es erforderlich, dass die Kernmitglieder eines Teams auch einen gemeinsamen Arbeitsbereich und -raum haben. Grundsätzlich ist es so, dass sich das für die Projektphase zuständige Team auch in der Auftragsabwicklungsphase aus den identischen Personen zusammensetzt.

5.4 Überwachungssysteme

Neben der Identifikation, Analyse und Bewertung von Risiken kommt dem Internen Überwachungssystem eine besondere, d.h. den anderen Aktivitäten gleichzusetzende Bedeutung bei. Die Überwachung der Unternehmens- und Teamabläufe ist die originäre Aufgabe der Unternehmensleitung der Konzerngesellschaften. Als Elemente des internen Überwachungssystems können organisatorische Sicherungsmaßnahmen und die prozessunabhängige Überwachung identifiziert werden.

Mit *organisatorischen Sicherungsmaßnahmen* sind Überwachungsmaßnahmen gemeint, die durch laufende, automatische Einrichtungen vorgenommen werden. Sie sind in die Aufbau- und Ablauforganisation des Unternehmens integriert. Damit soll das Risiko eines Fehlers minimiert und somit eine Präventivfunktion erfüllt werden.

Die organisatorischen Sicherungsmaßnahmen werden zum Beispiel einmal jährlich hinsichtlich ihrer Angemessenheit überprüft. Diese Überprüfung wird auf der Basis der Risikoidentifikation und -analyse durchgeführt und dokumentiert. Die Verantwortung hierfür trägt die Geschäftsführung der jeweiligen Konzerngesellschaft, die Koordination obliegt dem Risikomanager.

Neben der internen Überwachung erfolgt auch eine *prozessunabhängige Überwachung* durch die Konzernrevision. Diese überprüft die Funktionsfähigkeit des Risikomanagementsystems. Diese Prüfung erfolgt auf der Basis eines jährlichen Revisionsplanes oder zum Beispiel auf Anforderung durch die Geschäftsfeldleitung oder Geschäftsführung.

6. Schlusswort

Das Risikomanagementsystem muss insbesondere im international tätigen Anlagenbaukonzern alle Mitarbeiter erfassen, vor allem die Mitarbeiter auf den Baustellen. Während der Auftragsabwicklung haben die auslösenden Ereignisse ihren Ursprung mehrheitlich auf der Baustelle. Das heißt, dass insbesondere das Baustellenpersonal, wie zum Beispiel der Bau- und Inbetriebnahmeleiter, mit dem unternehmensspezifischen Risikomanagementsystem vertraut sein muss. Bei allen Risikobetrachtungen, -instrumenten und organisatorischen Maßnahmen zur Risikosteuerung und -kontrolle darf eines nicht vergessen werden:

Ein funktionierendes Risikomanagementsystem setzt voraus, dass der Faktor Mensch nicht unterschätzt wird und ihm somit in allen Überlegungen bei der Implementierung eines solchen Systems ein wesentliches Augenmerk geschenkt wird.

Ein System und eine Organisationsplanung kann ohne den Willen und die persönliche Identifikation aller oder zumindest des überwiegenden Teils der Mitarbeiter mit dem Unternehmen und dessen Zielen nicht funktionieren und nicht zum Unternehmenserfolg führen.

Matthias Trunk*

Risikomanagement in einem kommunalen Versorgungsunternehmen

1. Ausgangsbasis
   1.1 Wandel in den Köpfen
   1.2 Kurzvorstellung der Stadtwerke Düsseldorf AG

2. Umsetzung der Prüfungsstandards der Wirtschaftsprüfer in dem EDV-System RIMAS
   2.1 Der Begriff des Risikos
   2.2 Systematische Identifikation von Risiken
   2.3 Risikobewertung mit konkreten Kenngrößen
   2.4 Organisatorische Einbindung
   2.5 Das Risikoberichtswesen
   2.6 Dezentrale Verankerung des Risikobewusstseins in allen Unternehmensbereichen

3. Kommunikation als wesentlicher Baustein für ein erfolgreiches Risikomanagement
   3.1 Risiken als Chance verstehen
   3.2 Strukturierte und „unstrukturierte" Kommunikation
   3.3 Schnittstellenmanagement
   3.4 Risikosteuerung mit visualisierten Berichten

---

* Dipl.-Ing. Matthias Trunk ist Leiter der Bereiche Konzernstrategie und Risikomanagement der Stadtwerke Düsseldorf AG.

1. Ausgangsbasis

Seit dem In-Kraft-Treten des Gesetzes zur Kontrolle und Transparenz im Unternehmensbereich (KonTraG), das neben weiteren Regelungen auch explizite Anforderungen an die unternehmerischen Risikomanagementsysteme beinhaltet, stellt sich in jedem Unternehmen die Frage, in welcher Form das Thema Risikomanagement umgesetzt werden kann und von welchen besonderen Faktoren die Akzeptanz des Risikomanagementsystems innerhalb des Unternehmens und somit die Implementierung – zugeschnitten auf die jeweilige Unternehmenssituation – abhängt. Wichtig ist es in diesem Zusammenhang, die Ausgangsbasis in dem Unternehmen sowohl hinsichtlich Unternehmenskultur und Erfahrungsbasis als auch hinsichtlich der Geschäftsaktivitäten und organisatorischen Gegebenheiten zu analysieren. Im konkreten Fall der Stadtwerke Düsseldorf AG war hierbei insbesondere der Wandel eines kommunalen Versorgungsunternehmens hin zu einem Infrastrukturdienstleistungsunternehmen moderner Prägung zu berücksichtigen.

1.1 Wandel in den Köpfen

In der Versorgungswirtschaft gibt es viele Parallelen zu anderen Industriezweigen und auch die Ansätze für eine erfolgreiche Umsetzung des Risikomanagements sollten somit gleich gelagert sein. Allerdings gibt es in der kommunalen Versorgungswirtschaft eine Herausforderung, die bei vielen Versorgungsunternehmen möglicherweise noch stärker ausgeprägt ist als in Unternehmen anderer Wirtschaftszweige: Das erforderliche Bewusstsein für den Wirkungszusammenhang zwischen Risiken und auch Chancen sowie deren Einfluss auf den Erfolg eines Unternehmens ist in den Köpfen der Mitarbeiter nicht in ausreichendem Maße vorhanden.

Der Umstand der nicht hinreichend ausgeprägten Fähigkeit, in Chancen und Risiken zu denken, ist darauf zurückzuführen, dass sich die Versorgungsunternehmen weitestgehend in einem Monopolbereich befunden haben. Erst zeitgleich mit dem KonTraG wurde im April 1998 das Energiewirtschaftsgesetz eingeführt, das die Welt der Infrastrukturdienstleister maßgeblich gewandelt hat. Der bis zu diesem Zeitpunkt „geschützte Bereich" der Versorgungswirtschaft wurde aufgebrochen und der Wettbewerb in einem liberalisierten Markt eingeleitet. Auch im Selbstverständnis der Versorgungsunternehmen wie auch in der Wahrnehmung der Kunden musste sich die neue Rolle der Energieversorgung erst herausbilden. Trotz Vorbereitung auf die Liberalisierung und Deregulierung wurde erst jetzt das Verständnis für Chancen und Risiken des Marktes tatsächlich „erlebbar". Kunden außerhalb des angestammten Versorgungsgebietes konnten akquiriert werden und eigene, langjährig versorgte Kunden hatten das Wahlrecht, ihren Lieferanten frei zu wählen. Massive Werbekampagnen ab Mitte 1999 unterstützten diesen Wandel in den Köpfen der Kunden und auch der Mitarbeiter in den Unternehmen.

Auf der Seite der Versorgungsunternehmen machte sich die Liberalisierung vor allem dadurch bemerkbar, dass *Marktrisiken* erstmalig für alle Mitarbeiter „spürbar" waren. Diese für die Versorgungsbranche neue Risikoart stellt letztlich das Ergebnis einer politischen Entscheidung dar. Vor diesem Hintergrund handelt es sich bei der politischen Entwicklung um den stärksten Einflussfaktor, dem sich Infrastrukturdienstleister ausgesetzt gesehen haben. Daneben existieren aber noch weitere Umfeldbedingungen, aus denen neue Risiken erwachsen können. Abbildung 1 gibt einen Überblick über die Umwelteinflüsse, denen Unternehmen ausgesetzt sind.

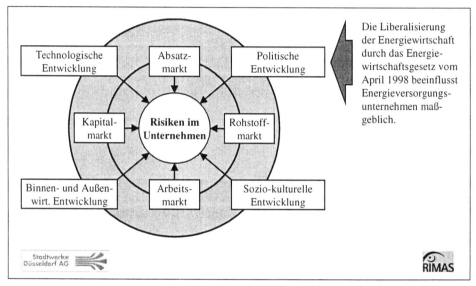

Abbildung 1: Umfeldeinflüsse auf Versorgungsunternehmen

Neben den Marktrisiken, mit denen sich die Versorgungswirtschaft auch in der Zukunft weiter intensiv zu beschäftigen hat, spielen auch die altbekannten Risiken weiterhin eine wichtige Rolle. In diesem Zusammenhang ist vor allem die Versorgungssicherheit zu nennen, die hauptsächlich aus dem technischen Blickwinkel zu betrachten ist. Beispielsweise wurden Risiken, die mit der Kapazitätsdimensionierung und der Verfügbarkeit in Erzeugung, Netzen und technischen Anlagen zusammenhängen, schon jahrzehntelang analysiert und bewältigt. Die für das Management derartiger Risiken zuständigen technischen Abteilungen, aber auch die Revision und das Controlling waren bestens dafür ausgelegt, diese Risiken sicher zu beherrschen.

Im Rahmen der Einführung eines ganzheitlichen Risikomanagementansatzes ist es wichtig, beide Risikodimensionen zu erfassen und dabei folgende Kriterien zu berücksichtigen:

- Erfüllung aller Anforderungen aus dem KonTraG
- Einfache und verständliche Systematik
- Schaffung einer Sensibilität für neue Risiken

Im Detail lassen sich diese Anforderungen kaum widerspruchsfrei realisieren. Aufgrund der umfangreichen Anforderungen der Wirtschaftsprüfer, die aus dem vergleichsweise kurz und abstrakt formulierten § 91 Abs. 2 AktG abgeleitet wurden, scheint die Einführung eines einfachen und verständlichen Systems eine fast unüberwindbare Hürde darzustellen.

1.2 Kurzvorstellung der Stadtwerke Düsseldorf AG

Die Stadtwerke Düsseldorf Aktiengesellschaft gehört zu den führenden kommunalen Versorgungsunternehmen in Deutschland. Der mehrheitliche kommunale Einfluss der Landeshauptstadt Düsseldorf liegt seit Anfang 2002 bei 50,1 %. Weitere Aktionäre sind die Energie Baden-Württemberg AG (EnBW), Karlsruhe, mit einer Beteiligung von 29,9 % und die RWE Plus AG, Essen, die 20 % der Anteile hält. Mit rund 3.000 Mitarbeiterinnen und Mitarbeitern erzielt die Stadtwerke Düsseldorf AG einen jährlichen Umsatz von etwa 800 Mio. EUR. Das Unternehmen ist in rund 30 Center untergliedert, die mit einem hohen Grad an Eigenverantwortung für ihren Aufgabenbereich ausgestattet sind.

Die Stadtwerke Düsseldorf AG versteht sich als regionaler Infrastrukturdienstleister mit Geschäftsschwerpunkten in den Bereichen Energie, Wasser und Entsorgung. Dabei werden die Kunden als wertvollstes „Asset" im Wettbewerbsmarkt betrachtet. Vor diesem Hintergrund stellt eine hohe und stetig besser werdende Kunden- und Serviceorientierung die oberste Maxime des unternehmerischen Handels dar. Eine langjährig sichere und marktgerechte Energieversorgung bildet hierfür die Grundlage.

Das Unternehmen hat sich zum Ziel gesetzt, in der Region Nordrhein-Westfalen die sich bietenden Wachstumspotenziale – ggf. auch in Partnerschaften – zu erschließen. Voraussetzung zur Erreichung dieser Hauptzielsetzung ist die stetige Verbesserung der Wettbewerbsfähigkeit. Dies soll insbesondere über die Identifizierung und Nutzung von Verbesserungs- und Innovationspotenzialen realisiert werden.

2. Umsetzung der Prüfungsstandards der Wirtschaftsprüfer in dem EDV-System RIMAS

Im Jahr 1999 hat die Stadtwerke Düsseldorf AG ein Risikomanagementsystem entwickelt, das im Jahr 2000 unternehmensweit eingeführt wurde. Aufgrund der frühzeitigen Verfügbarkeit eines testierten Risikomanagementsystems, das die Bezeichnung „RIMAS" trägt, hat sich das Unternehmen entschlossen, das System zu vermarkten und auf diese Weise anderen Unternehmen zugänglich zu machen. Im Jahr 2001 wurde RIMAS weiterentwickelt und liegt derzeit in der zweiten Version vor. Insbesondere die Elemente, die eine übersichtliche und visualisierte Kommunikation unterstützen, wurden verbessert und ergänzt.

Mit der Konzeption und Einführung des Risikomanagementsystems RIMAS wurden vor allem die folgenden beiden Zielsetzungen verfolgt:

- Umsetzung der gesetzlichen Anforderungen
- Steuerung der Risikostruktur des Unternehmens

Vor dem Hintergrund dieser Zielsetzungen wurde die Einführung des Risikomanagementsystems so geplant, dass nicht von Anfang an grundlegende Umstrukturierungen innerhalb des Unternehmens erforderlich waren. Stattdessen sollte das Risikomanagement seine volle Wirkung mittelfristig entfalten. In Anbetracht der eingangs geschilderten Ausgangssituation von kommunalen Versorgungsunternehmen ist diese Auslegung weitaus wirkungsvoller.

2.1 Der Begriff des Risikos

Aus den Anforderungen der Wirtschaftsprüfer lässt sich ein allgemeiner Risikobegriff ableiten, der jedoch individuell für das jeweilige Unternehmen zu konkretisieren ist. Da die Definition des Risikobegriffs den Ausgangspunkt bei der Konzeption eines Risikomanagementsystems darstellt, muss dieser grundlegende Schritt sorgfältig und vor allem auch frühzeitig bearbeitet werden. Im Rahmen des Risikomanagements der Stadtwerke Düsseldorf AG wird unter einem *Risiko* die Gefahr eines Verlustes verstanden, die aus Ereignissen oder Handlungen resultiert, die

- die Finanzlage,
- die Ertragslage und/oder
- die Vermögenslage

der Gesellschaft negativ beeinflussen oder die einen negativen Einfluss auf eine angemessene Versorgungssicherheit zur Folge haben. Diese Definition deckt alle Auswirkungsebenen ab, bei denen eine existenzgefährdende Beeinflussung des Unternehmens gegeben ist. Auf die konkrete Hinterlegung der Risikodefinition mit Kennzahlen, die dynamisch an die Unternehmenssituation angepasst werden können, wird an anderer Stelle noch eingegangen.

2.2 Systematische Identifikation von Risiken

In Bezug auf den operativen Ablauf des Risikomanagements besteht der erste durchzuführende Schritt in einer Bestandsaufnahme der vorhandenen Risiken eines Unternehmens, denn nur wenn die Risiken bekannt sind, kann systematisch mit ihnen umgegangen werden. Risiken lassen sich dabei auf verschiedenste Weise identifizieren, z.B. durch Abhalten von Workshops, Durchführung von Interviews oder mithilfe von Fragebögen. Dabei muss zunächst der Anspruch darin bestehen, möglichst alle Risiken zu ermitteln, auch bei scheinbar unbedeutenden Risiken. Erst im Rahmen der anschließenden Bewertung kann entschieden werden, ob die Auswirkungen schlagend werdender Risiken eine systematische Weiterverfolgung rechtfertigen oder ob die Risiken zunächst nicht weiter betrachtet werden müssen.

Bei der Identifikation von Risiken kann eine individuelle dreidimensionale Risikomatrix hilfreich sein. Die Einteilung in drei Dimensionen erlaubt eine Betrachtung von möglichen Risiken aus unterschiedlichen Blickwinkeln und wird damit einer heterogenen Unternehmensstruktur gerecht.

– In der ersten Dimension werden *Prozesse* betrachtet. Durch die grafische Darstellung von Abläufen und Schnittstellen eignet sich diese Betrachtungsweise besonders für Funktionen, die eine starke Schnittstellenausprägung aufweisen, wie zum Beispiel der Energiehandel. Durch den Energieeinkauf und -verkauf, der auch unternehmensintern in Form von Kontrakten abgebildet wird, lassen sich zahlreiche Prozesse als Form des Energiehandels abbilden. Eine Zuordnung der Prozesse zu den Wertschöpfungsstufen des Unternehmens hat sich dabei als geeignet erwiesen.

– In der zweiten Dimension werden die *Sparten* des Unternehmens dargestellt. Durch die Aufstellung des Unternehmens mit einem konsequenten Multi-Utility-Ansatz (Querverbund) werden in einer Unternehmenseinheit Funktionen für mehrere Sparten wahrgenommen. Beispielsweise sind die Netzinstandhaltung oder der Vertrieb für alle Sparten und Produkte, wie zum Beispiel Strom, Gas, Fernwärme und Wasser, zuständig. Die Aufteilung in die einzelnen Sparten erleichtert dabei die Risikoidentifikation, sodass Risiken auch aus kleineren Bereichen erkannt werden können. Querschnittsfunktionen, wie beispielsweise die Finanzwirtschaft, werden als eigene Sparte aufgenommen. Ebenso eignet sich die Spartendimension zur Erfassung von

Beteiligungen, die nicht über ein eigenes Risikomanagementsystem verfügen, aber im Konzern erfasst werden sollen.

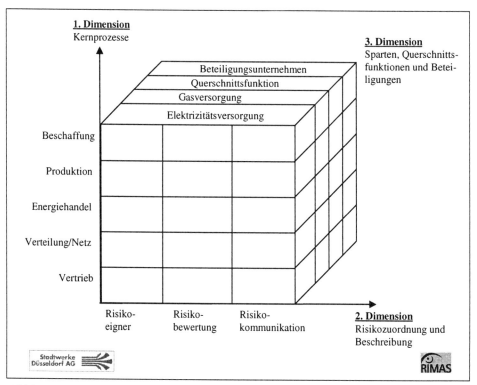

Abbildung 2: Aufbau der Risikomatrix bei der Stadtwerke Düsseldorf AG

- Bei der dritten Dimension handelt es sich um die *Risikozuordnung*. Die Risikoidentifikation erfolgt dabei anhand der Kernaufgabe einer Funktion sowie über die jeweilige Positionierung in der Organisationsstruktur des Unternehmens. Aufgrund der dezentralen Verantwortung für die Risiken wird in dieser Dimension neben dem Risikoeigner auch die Risikoursache weiter beschrieben, beispielsweise im Rahmen der Risikobewertung, -kommunikation und -steuerung.

Alle Dimensionen werden innerhalb der Risikomanagementsoftware RIMAS in der Risikobeschreibung aufgenommen. So kann eine Selektion und Aggregation innerhalb der Dimensionen erfolgen.

2.3 Risikobewertung mit konkreten Kenngrößen

Bei der Stadtwerke Düsseldorf AG wird jedes identifizierte Risiko anhand von Kennzahlen eindeutig bewertet. Dabei sind zwei Einflussgrößen auf das Ausmaß eines Risikos zu unterscheiden. Zum einen ist die *Risikotragweite* als monetäre Auswirkung zu berücksichtigen und zum anderen muss auch die *Eintrittswahrscheinlichkeit* eines Risikos in Prozent bewertet werden.

Im Allgemeinen ist unter einem Risiko die Gefahr der Abweichung eines tatsächlich realisierten Wertes vom ursprünglich angestrebten Wert, d.h. also die Gefahr einer Zielverfehlung, zu verstehen. Im Rahmen einer monetären Betrachtung stellt die Risikotragweite damit die Möglichkeit einer *Nichterreichung eines erwarteten Wertes* dar. Bei der Basis, von der aus das Risiko bewertet wird, handelt es sich folglich nicht um einen Vergangenheitswert (zum Beispiel der Produktumsatz aus dem letzten Jahresabschluss). Verglichen werden vielmehr zwei zukunftsbezogene Größen, da zum einen der geplante Zielwert und zum anderen die für möglich gehaltene zukünftige Abweichung von dieser erwarteten Größe heranzuziehen sind.

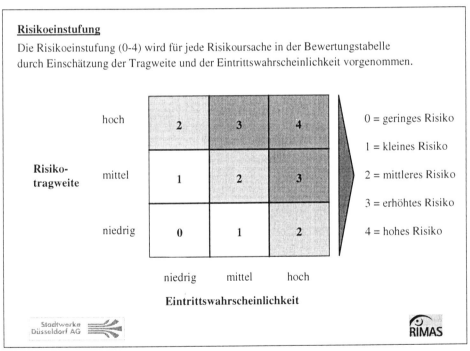

Abbildung 3: Risikoeinstufung in der Bewertungstabelle

Anhand dieser zwei Größen kann das Risiko mithilfe einer Bewertungstabelle eingestuft werden. Abbildung 3 zeigt ein Beispiel für eine derartige Bewertungstabelle, die im Beispielsfall aus neun Feldern, denen fünf Risikoklassen zugrunde liegen, besteht. Diese Vorgehensweise ist gegenüber anderen Lösungen vor allem deswegen vorteilhaft, weil die Berechnung nur einer Kennzahl durch eine multiplikative Verknüpfung von Risikotragweite und Eintrittswahrscheinlichkeit (Risikoerwartungswert) irreführend sein kann. Insbesondere bei Risiken mit niedrigen Eintrittswahrscheinlichkeiten und hohen Risikotragweiten ergibt sich bei dieser Form der Bewertung ein „mittleres" Risikoausmaß und das Risiko wird verharmlost. Wenn nämlich ein derartiges Risiko eintritt, was zwar unwahrscheinlich, aber keineswegs unmöglich ist, dann realisieren sich möglicherweise katastrophale Auswirkungen für das Unternehmen.

Die Einstufung der Risikotragweite als „niedrig", „mittel" oder „hoch" wird anhand der folgenden Basis- und Zielgrößen vorgenommen:

- Der Finanzlage mit Bezug auf die liquiden Mittel, die im Unternehmen vorgehalten werden,
- der Ertragslage, die sich auf das Ergebnis vor Steuern bezieht, sowie
- der Vermögenslage, die auf das Eigenkapital abstellt.

Basis und Zielgrösse / Anteil an der Zielgrösse	Finanzlage Liquide Mittel (50 Mio.*)	Ertragslage Ergebnis v.St. (100 Mio.*)	Vermögenslage Eigenkapital (200 Mio.*)	Risikopotenzial			
> 19%	>9,5 Mio.	>19 Mio.	>38 Mio.	hoch	2	3	4
5-19%	2,5-9,5 Mio.	5-19 Mio.	10-38 Mio.	mittel	1	2	3
<5%	>2,5 Mio.	<5 Mio.	<10 Mio.	niedrig	0	1	2
* Zahlenbeispiel		Eintrittswahrscheinlichkeit			niedrig	mittel	hoch
					<5%	5-29%	>29%

Abbildung 4: Einstufung der Risikotragweite und der Eintrittswahrscheinlichkeit

Die Basis- und Zielgrößen für die Risikotragweite werden an die jeweilige Unternehmenssituation dynamisch angepasst. Dies erfolgt in der Regel ein Mal pro Jahr. Die Versorgungssicherheit wird im Gegensatz zu den finanziellen Auswirkungen nicht anhand einer Tabelle beurteilt, sondern direkt den Risikoklassen zugeordnet. Die Einstufung reicht dabei von 0 (kein Einfluss) bis 4 (sicherer Einfluss).

Die Eintrittswahrscheinlichkeit wird prozentual festgelegt. Auch hier ist die Einstufung in die drei Kategorien „niedrig", „mittel" und „hoch" mit konkreten Grenzen hinterlegt. Diese Einstufungen sollten mit dem Management des Unternehmens abgestimmt sein und sich schon in einem ersten Praxistest in der Pilotphase als praktikabel erwiesen haben.

Die konsequente Bewertung aller Risiken mit Eintrittswahrscheinlichkeit und Risikotragweite ist in der Praxis nicht immer leicht durchzuführen. Vielfach ist die *konkrete* Benennung dieser Größen für ein mögliches, aber doch relativ unwahrscheinliches Ereignis in der Zukunft für einige Mitarbeiter problematisch. Als eine wichtige Kommunikationshilfe hat sich hier zusätzlich zur Risikobewertung die Beurteilung der Datenqualitäten erwiesen, die der Ermittlung von Eintrittswahrscheinlichkeit und Risikotragweite jeweils zugrunde liegen. Die Qualität der Daten kann dabei in unterschiedliche Kategorien eingeteilt werden, bei der Stadtwerke Düsseldorf AG hat man sich für eine vierstufige Unterteilung der Datenqualitäten entschieden. Eine Einschätzung der Risiken fällt so viel leichter, da beispielsweise bei einer niedrigen Datenqualität ein Anspruch auf eine objektive Richtigkeit der Risikobewertung von vornherein nicht gestellt wird. Eine Scheinobjektivität wird auf diese Weise vermieden.

2.4 Organisatorische Einbindung

Die Eckpfeiler der organisatorischen Einbindung des Risikomanagements im Unternehmen sind zum einen der zentrale Risikocontroller und zum anderen die dezentralen Risikobeauftragten.

Der *zentrale Risikocontroller* fungiert als Ansprechpartner in allen Fragen, die sich auf das unternehmensweite Risikomanagement beziehen. Er verwaltet und erweitert die Risikomanagementsoftware und besitzt als Administrator Zugriffsmöglichkeiten auf alle Funktionen des Systems. Durch die Aggregation von Einzelberichten aus den verschiedenen Unternehmensteilen erstellt der zentrale Risikocontroller die Risikoberichte, die in das Managementberichtswesen integriert sind. Die Einzelberichte erhält er von dezentralen Risikobeauftragten, die in jedem Center des Unternehmens vertreten sind.

Der zentrale Risikocontroller ist bei der Stadtwerke Düsseldorf AG in die Stabsabteilung Konzernstrategie und Risikomanagement eingebunden. Die Positionierung im strategischen Bereich hat sich hierbei als sinnvoll erwiesen, da hier naturgemäß die Dualität der Betrachtung sowohl von Chancen als auch von Risiken gegeben ist. Ein weiterer Vorteil besteht in dem hier vorhandenen Gesamtüberblick über das Unternehmen und aktuelle Projekte.

Der *dezentrale Risikobeauftragte* hat die Aufgabe, in seinem Center Risikoberichte zu erstellen, neue Risiken zu identifizieren und zu bewerten sowie Ad-hoc-Berichte auszulösen, wenn Wesentlichkeitsgrenzen überschritten werden. Hierzu stimmt er sich regelmäßig mit seinem Center-Leiter ab, der letztlich die Verantwortung für die Risiken seines Verantwortungsbereichs trägt, und führt auch weitere Gespräche und Analysen mit anderen Mitarbeitern des Centers durch. Der dezentrale Risikobeauftragte ist häufig mit weiteren Querschnittsfunktionen in dem Center beauftragt, beispielsweise mit der Centerplanung. Er hat somit einen guten Überblick über die zukünftige Entwicklung und mögliche Chancen und Risiken in diesem Bereich.

2.5 Das Risikoberichtswesen

Durch eine adäquate Berichtsstruktur, deren Ausgestaltung bei der Stadtwerke Düsseldorf AG die Abbildung 5 verdeutlicht, ist eine gute Rückkopplung für jedes Center gewährleistet. So kann der Center-Leiter anhand des Risikoberichts die identifizierten Risiken und deren Einordnung im Gesamtunternehmen erkennen. Auch die Unternehmensleitung, die dem Aufsichtsrat zu berichten hat, erhält regelmäßig den Risikobericht. Des Weiteren erhält jedes Vorstandsmitglied, das gleichzeitig Geschäftsbereichsleiter ist, einen noch detaillierteren Bericht über seinen Verantwortungsbereich.

Die *Interne Revision* ist nicht direkt in das Risikomanagement eingebunden, sondern übernimmt vielmehr die Rolle einer unabhängigen Kontrolle des Gesamtsystems. Mit dieser Aufgabenteilung wird das Vier-Augen-Prinzip gewahrt und eine gegebenenfalls notwendige Anpassung an veränderte Unternehmenssituationen gewährleistet. Das Risikomanagement kann deshalb auch bei sich wechselnden Verantwortungsstrukturen dauerhaft aufrechterhalten werden.

Das Berichtswesen ist in einen allgemeinen und in einen spezifischen Bereich untergliedert. Im Rahmen des Managementberichtswesens werden bei der Stadtwerke Düsseldorf AG dem Vorstand und den Centerleitern zwei Berichte zugeleitet. Der erste Bericht stellt die aktuelle Risikosituation des Unternehmens gegliedert nach den Kernprozessen (z.B. Erzeugung, Netze, Handel, Vertrieb) dar und zeigt dort die jeweils aggregierten Risiken im arithmetischen Mittel an. Hierbei wird die aktuelle Situation mit der Risikosituation der vorigen Periode verglichen sowie ein Vergleich mit der Risikosituation, die sich aus der jährlichen Risikoinventur ergibt, angestellt. Die Zielrichtung dieses ersten Berichtes ist es, Risikohäufungen und -ausmaße im Unternehmen zu vergleichen und deren zeitliche Entwicklung aufzuzeigen. Bei der aggregierten Übersichtsdarstellung in diesem ersten Berichtsteil geht allerdings der Blick auf möglicherweise kritische Einzelsituationen verloren. Diese werden in dem zweiten Berichtsteil, dem so genannten „Top 5-Bericht", beschrieben. Absteigend nach dem Risikoausmaß werden die fünf bedeutendsten Risiken mit Darstellung der Einzelangaben (Risikoeigner, Frühindikatoren, Möglichkeiten zur Steuerung etc.) aufgelistet.

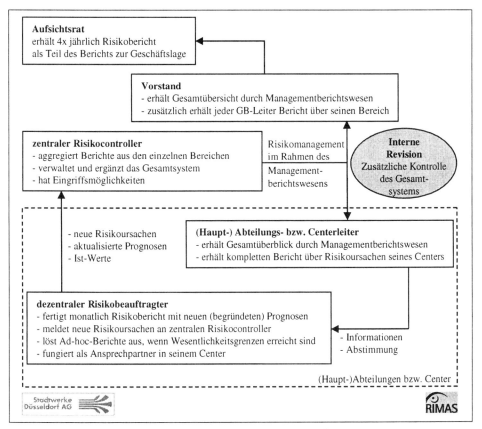

Abbildung 5: Das Berichtswesen der Stadtwerke Düsseldorf AG

Die Führungskräfte erhalten für ihren jeweiligen Verantwortungsbereich individuelle Risikoberichte sowohl als Gesamtdarstellung als auch in Form eines speziellen Top 5-Berichts. Für die erste Führungsebene wird dieser zentral erstellt, für die tieferen Hierarchieebenen dezentral. Dabei soll der Einblick in centerfremde Detailberichte vermieden werden, um die Möglichkeit eines „Betriebsprangers" auszuschließen. Wesentliche Risiken müssen jedoch deutlich werden, um entsprechende Steuerungsmöglichkeiten ergreifen zu können.

2.6 Dezentrale Verankerung des Risikobewusstseins in allen Unternehmensbereichen

Nur durch die organisatorische Einbindung des Risikomanagementsystems in alle Teilbereiche eines Unternehmens kann ein Risikobewusstsein bei sämtlichen Mitarbeitern geschaffen werden. Im Gegensatz zu Ansätzen, bei denen lediglich ein Funktionsbereich mit dem Risikomanagement beauftragt ist, der die Risikoanalyse und -steuerung dann mit der Geschäftsführung abstimmt, wird durch die organisatorische Einbindung aller Center des Unternehmens die Basis für ein „gelebtes" Risikomanagement geschaffen. Hierzu ist eine Konzeption erforderlich, die klare Rahmenbedingungen für

- die Risikosensibilisierung,
- die Kompetenz- und die Aufgabenverteilung sowie
- die Kommunikationsstruktur

vorgibt. Die Risikosensibilisierung kann durch gezielte Information sämtlicher Center in Form von Präsentationen und Workshops eingeleitet werden. Tatsächlich wirksam wurde die Risikosensibilisierung bei der Stadtwerke Düsseldorf AG jedoch erst durch die Zuordnung von Risikomanagementkompetenzen und -aufgaben, denn erst durch die konkrete Aufgabenbearbeitung wurden Hintergrund, Zielsetzung und Umsetzung des Risikomanagements vermittelbar. Rückschlüsse auf das „eigene Geschäft", das in den Unternehmensbereichen sehr unterschiedlich ausgeprägt ist, wurden erst durch die eigene Arbeit möglich und nutzbar gemacht.

Um die Aufgaben innerhalb des Risikomanagementsystems erledigen zu können, sind bestimmte Kommunikationsstrukturen erforderlich. Wichtig für die dezentrale Verankerung des Risikobewusstseins sind neben der durch die Risikoberichte bedingten Kommunikation die indirekten Kommunikationsstrukturen, die in einem Center vorhanden sind. Durch die Pflicht, regelmäßig einen Bericht zu erstellen, wird der dezentrale Risikobeauftragte zum „Kümmerer" in seinem Center, der mit dem Center-Leiter, mit Abteilungsleitern und vor allem mit Mitarbeitern spricht, die Projekte durchführen, operative Verantwortungsbereiche haben und ihm bei der Identifizierung und Bewertung von Risiken helfen können. Nur durch diese indirekten Kommunikationsstrukturen kann er seiner Verantwortung gerecht werden.

Dezentrale Verantwortung wird auch erreicht, indem der zentrale Risikocontroller mit hoher Sensibilität die Kommunikation mit den Unternehmenseinheiten betreibt. Die Beurteilung von Risiken muss durch die operative Einheit selbst erfolgen, keinesfalls dürfen seitens des zentralen Risikomanagements diesbezüglich Vorgaben gemacht werden. Das zentrale Risikomanagement hat lediglich die Pflicht, als Ansprechpartner zur Verfügung zu stehen und darauf zu achten, dass unternehmensweit der gleiche Maßstab in der Risikobeurteilung angewandt wird.

Häufig ist es schon die Fachterminologie in den Unternehmensbereichen, die zwar von der operativen Einheit gut verstanden wird, allerdings für Dritte nicht nachvollziehbar ist. Hier ist das zentrale Risikomanagement gefordert, verständliche und eindeutige Beschreibungen in Abstimmung mit dem Risikoeigner zu finden. Der zentrale Risikocontroller fungiert in erster Linie als Ansprechpartner, der bei der Bewertung von Risiken helfen kann und einen pragmatischen Ansatz in schwierigen Situationen findet. Diese Rolle muss jedoch immer als Unterstützung und Hilfestellung erfolgen, ohne aber die Verantwortung für die Risiken und deren Bewertung zu übernehmen. Diese Verantwortung liegt alleine bei den dezentralen Einheiten.

3. Kommunikation als wesentlicher Baustein für ein erfolgreiches Risikomanagement

Soll das Risikomanagement mehr sein als eine gesetzliche Notwendigkeit, die mit wenig Engagement ausgefüllt wird, muss für eine adäquate Kommunikation gesorgt werden. Fehlende Kommunikation kann letztlich die Ursache dafür sein, dass die Einrichtung eines „gelebten" Risikomanagements scheitert.

3.1 Risiken als Chance verstehen

Die Assoziationen, die mit dem Wort „Risiko" einhergehen, sind in unserer Kultur i.d.R. negativ besetzt. Ein Risiko wird regelmäßig als unangenehm angesehen. Warum sollte sich beispielsweise ein Betriebsleiter mit Risiken „belasten", die nur seinem Ansehen schaden? Sobald eine solche Einstellung zu Risiken in der Kultur eines Unternehmens stark ausgeprägt ist, bestehen nur noch geringe Aussichten, Risikomanagement erfolgreich umzusetzen.

Es ist eine der wichtigsten Aufgaben des Risikomanagements, die vorhandenen Risiken aufzuzeigen. Es ist unbedingt deutlich zu machen, dass Risiken zwangsläufig immer dann auftreten, wenn Chancen und Möglichkeiten genutzt werden sollen. Dieser Zusammenhang stellt einen elementaren Baustein der Risikophilosophie dar (Vgl. Abbildung 6), auf der ein Risikomanagementsystem aufbaut. Dies gilt insbesondere auch für Versorgungsunternehmen. Ein Energieversorger, der keine Risiken eingeht, kann mit der Entwicklung im liberalisierten Energiemarkt, der durch einen Verdrängungswettbewerb geprägt ist, nicht erfolgreich Schritt halten.

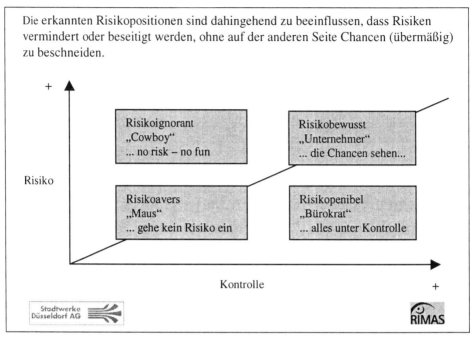

Abbildung 6: Philosophie des Risikomanagements bei der Stadtwerke Düsseldorf AG

Wichtig ist ferner die Einsicht, dass die Notwendigkeit einer angemessenen Kontrolle der Risiken besteht. Der professionelle Umgang mit Risiken ist geprägt durch

- die Kenntnis der relevanten Risiken,
- die offene Kommunikation von Risiken,
- eine angemessene Kontrolle der Risiken und
- das Bestreben, Risiken zu steuern.

Das Verständnis für den professionellen Umgang mit Risiken und damit die gelebte Risikokultur bildet somit die Grundlage für eine erfolgreiche Einführung und einen dauerhaften Bestand des Risikomanagements im Unternehmen.

3.2 Strukturierte und unstrukturierte Kommunikation

Um alle Unternehmensbereiche – unabhängig davon, ob sie einem professionellen Risikomanagement eher offen oder eher verschlossen gegenüberstehen – gleichermaßen in das übergreifende Risikomanagement einzubinden, bedarf es unterschiedlicher Intensitäten in der Kommunikation. Die Erfahrung hat gezeigt, dass neben einem strukturierten Kommunikationsprozess auch eine unstrukturierte, situationsabhängige und damit spontane Kommunikation notwendig ist.

Ausgangsbasis bei der erstmaligen Einführung des Risikomanagements in einem Unternehmensbereich sollte ein *strukturierter Prozess* sein. Dabei haben sich die Vorstellung des Risikomanagements mit dessen zugrunde liegender Risikophilosophie und eine erste Bestandsaufnahme in Bezug auf die Bereichsrisiken als sinnvoll erwiesen. Dieser erste Workshop wird durch den zentralen Risikocontroller initiiert und sollte im Kreis der Führungskräfte und Schlüsselpersonen des Unternehmensbereiches/Centers durchgeführt werden. Um mögliche Befürchtungen und Bedenken gegenüber einem zusätzlichen „Verwaltungsakt" gering zu halten, sollte dieses Treffen zeitlich nicht zu stark ausgeweitet werden und der Ergebnisdruck im Hinblick auf die bereichsspezifische Risikoermittlung zunächst gering gehalten werden. An einem Beispiel kann die grundsätzliche Vorgehensweise, insbesondere in der Risikobewertung, erläutert werden. Als Nachbereitung des Workshops hat das Center dann die Aufgabe, selbst Risiken zu identifizieren, zu bewerten und Steuerungsmöglichkeiten zu erarbeiten. Damit wird von Anfang an das Prinzip der dezentralen Verantwortung gelebt.

Ein zweiter, zeitlich nachgelagerter Workshop dient dazu, die erarbeiteten Ergebnisse zu vervollständigen und auf ein unternehmensweit einheitliches Bewertungsniveau zu führen. Bisher nicht erkannte Risiken können bei einer guten Vorbereitung von Seiten des zentralen Risikocontrollers in der Diskussion identifiziert und analysiert werden. Der zweite Workshop dient auch dazu, Fragen zur Konzeption, zum Ablauf und zu den spezifischen Risiken zu klären. Schnittstellenrisiken werden entweder einem der betroffenen Unternehmensbereiche zugeordnet oder für ein bereichsübergreifendes Gespräch vorgemerkt. Nach dem zweiten Workshop können die Risiken in der Risikomanagementsoftware erfasst werden. Die primäre Zielsetzung hierbei besteht weniger in einer sofortigen vollständigen Erfassung aller möglichen Risiken, sondern vielmehr darin, einen strukturierten Prozess mit einer Zuordnung der dezentralen Verantwortung zu beginnen.

Die Risikoinventur gehört ebenfalls zu dem strukturierten Kommunikationsprozess. Risiken werden auf Initiative des zentralen Risikocontrollers einmal jährlich auf den Prüfstand gestellt. Möglicherweise werden durch den Diskussionsprozess neue Risiken identifiziert. Die Risikoinventur findet nach Verabschiedung des Wirtschaftsplanes statt, der die Basis für die Risikobewertung darstellt. Die in der Risikoinventur vorgenommene Risikobewertung wird in dem Berichtswesen gemeldet und dient als Vergleichsgröße für zukünftige Risikobeurteilungen. Dieses unterstützt die Einschätzung von Risiken und ermöglicht ex post die Aufdeckung positiver wie negativer Abweichungen. Als weniger hilfreich hat sich die Risikoidentifizierung anhand von Checklisten u.ä. erwiesen. Bei der Verwendung von Checklisten erfolgt i.d.R. eine zu intensive Standardisierung, wodurch die spezifische Situation vernachlässigt wird.

Bei der *unstrukturierten Kommunikation* werden Gelegenheiten und Anlässe gesucht, mit den dezentralen Risikobeauftragten in den Centern des Unternehmens über Risiken und deren Bewertung zu sprechen. Vielfach wird so die Aufmerksamkeit für die Auseinandersetzung mit der Thematik gefördert. Der zentrale Risikocontroller muss sich aber des Umstands bewusst sein, dass hier nicht nur sympathische Kontakte gepflegt werden sollen. In der Risikomanagementsoftware RIMAS wird dieses durch eine Vollständigkeitskontrolle unterstützt, die aufzeigt, welche Unternehmenseinheit ihre Risiken nicht bearbeitet hat. Zu der spontanen und situationsabhängigen Kommunikation gehört es auch, Schnittstellenprobleme zu verfolgen und im richtigen Gesprächskreis ergebnisorientiert zu diskutieren.

3.3 Schnittstellenmanagement

Dem Schnittstellenmanagement kommt eine besondere Bedeutung zu, wenn eine Systemimplementierung in den einzelnen Centern vorgesehen ist, denn dabei entsteht ein grundsätzliches Problem. Die einzelnen Center streben individuelle Optima an. Dies führt aber nicht zwangsläufig auch dazu, dass auf ein gesamtunternehmensbezogenes Optimum hingearbeitet wird. Übertragen auf das Risikomanagement kann dieser Umstand dazu führen, dass centerübergreifende Risiken oder Risiken, die gerade an der Schnittstelle zwischen zwei Centern liegen, nicht oder zu wenig betrachtet werden, da sich jedes Center ausschließlich auf seine eigenen Risiken konzentriert. Die Verantwortung für derartige Risiken hat das zentrale Risikomanagement zu übernehmen. In gemeinsamen centerübergreifenden Gesprächen und Workshops können Risiken anhand von Prozessketten im Rahmen einer offenen Diskussion identifiziert werden. Die Erfahrung hat gezeigt, dass bei einer solchen Vorgehensweise die Zuordnung eines Risikos, das über den Zuständigkeitsbereich eines einzelnen Centers hinausgeht, auf einen einzelnen Risikoeigner nur ein verhältnismäßig geringes Problem darstellt, obwohl eigentlich mehrere Bereiche betroffen sind.

In der Versorgungswirtschaft weist hier der *Energiehandel* eine besondere Relevanz auf. Beim Energiehandel handelt es sich um ein relativ neues Geschäftsfeld, das sich in die Wertschöpfungskette einreiht. In kommunalen Versorgungsunternehmen wurde der Energiehandel seit 1998 aufgebaut und hat inzwischen – zumindest in größeren Energieversorgungsunternehmen – seinen festen Platz gefunden. Neben der Optimierung der Energiebeschaffung für eigene Kunden und der Vermarktung von möglichen eigenen Kraftwerkskapazitäten hat sich der spekulative Handel zu einem eigenen Geschäftsfeld entwickelt.

Der Handel mit Energie hat im Vergleich zu den bisherigen Aktivitäten eines Energieversorgers eine eigene Charakteristik. Risikopositionen werden mit steigenden Handelsvolumina aufgebaut und können ohne effizientes Risikomanagement möglicherweise den gesamten Unternehmenserfolg infrage stellen. Die hohe Volatilität der Energiepreise resultiert aus der Tatsache, dass Strom nur unzureichend gespeichert werden kann und somit das Angebot der Nachfrage zu jedem Zeitpunkt zumindest entsprechen muss. Das Augenmerk des unternehmensweiten Risikomanagements muss gerade in der Aufbauphase daher dieser neuen Geschäftsaktivität gelten. Dies galt und gilt umso mehr, als in den Anfangsjahren weder geeignete IT-Systeme für den Energiehandel noch kompetente Risikomanager verfügbar waren. Hohe Aufwendungen für Systementwicklungen sowie Personalbeschaffung und -entwicklung zogen zu Beginn große Probleme für viele Infrastrukturdienstleistungsunternehmen mit vergleichsweise starren Entscheidungs- und Tarifgefügen nach sich.

Bei der Stadtwerke Düsseldorf AG wurden vom Energiehandel und vom zentralen Risikomanagement gemeinsam Bausteine zur Risikobegrenzung und -steuerung entwickelt und eingeführt. Im operativen Geschäft wird die Einhaltung von festgelegten Limiten anhand von Kenngrößen und der Begrenzung auf genehmigte Aktionsräume regelmäßig überprüft. In diesem Zusammenhang finden beispielsweise Kontrahentenlimite, Risikokapital, Begrenzung von offenen Positionen oder Händlerrichtlinien und -limite Anwendung. Mit Value-at-Risk-, Mark-to-Market-Bewertungen und Stresstests können wesentliche Aussagen zu der aktuellen Risikosituation, die für eine Steuerung unerlässlich sind, gewonnen werden. Der insbesondere hierfür eingerichtete Risikoausschuss ist mit Mitgliedern aus den höchsten Führungsebenen des Unternehmens besetzt und tagt sechsmal jährlich. Neben dem direkten Informationsaustausch mit der Vorstandsebene sind schriftliche Berichte, angefangen mit einem Tagesreporting, eingeführt worden. In dem unternehmensweiten Risikomanagementsystem werden Risiken erfasst, die über die Tageseinflüsse hinausgehen und grundlegende Bedeutung besitzen.

3.4 Risikosteuerung mit visualisierten Berichten

Um die Kommunikation von abstrakten Gegebenheiten greifbar zu machen, sind visuell aufbereitete Darstellungen hilfreich. Neben der Tabellenform, die in dem Unternehmensrisikobericht und in der Top 5-Darstellung vorherrscht, sind auch grafische Darstellungen Bestandteil der unternehmensinternen Risikokommunikation. Die Bedeutung der grafischen Darstellungen wurde während der Arbeit mit der ersten Version der Risikomanagementsoftware erkannt und in der Weiterentwicklung von RIMAS auch systemtechnisch weiter berücksichtigt. Risiken können anhand der Kernprozesse, Geschäftsfelder und der Risikoeigner selektiert und in Balkendiagrammen und Risikoportfolios dargestellt werden. Insbesondere in einem Risikoportfolio (Vgl. Abbildung 7) wird deutlich, welche Risiken einer übergeordneten Steuerung bedürfen. Bei Risiken, die mit einem hohen Risikopotenzial und einer niedrigen Eintrittswahrscheinlichkeit bewertet sind, könnte beispielsweise überprüft werden, ob ein Risikotransfer mithilfe einer Versicherung möglich und sinnvoll wäre. Anhand des Portfolios können die Kontrolle der Risiken diskutiert und Maßnahmen entwickelt und eingeleitet werden.

Das System RIMAS bietet an, die Risikoentwicklung im Zeitablauf darzustellen und gibt selbstverständlich auf Mausklick weitere verfügbare Informationen zu der zunächst nur sichtbaren Risikonummer an. Hierbei werden neben der Risikobewertung insbesondere Angaben zu Frühindikatoren und Steuerungsmöglichkeiten angezeigt.

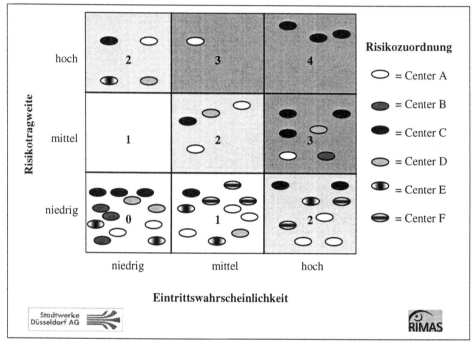

Abbildung 7: Schematische Darstellung eines Risikoportfolios

Mögliche Maßnahmen zur Risikosteuerung sind

- die Risikovermeidung (die allerdings als generelle Steuerungsmaßnahme nicht geeignet ist, da auch Chancen nicht mehr umgesetzt werden können),
- die Risikominderung, bei der die Kontrolle erhöht und die Höhe der Risikotragweite und/oder der Eintrittswahrscheinlichkeit reduziert werden soll,
- die Risikoüberwälzung, bei der das Risiko auf andere Unternehmen, zum Beispiel auf Lieferanten, auf Versicherungsunternehmen oder auch auf Kunden (wenn dieses

Risiko branchenweit auftritt und andersartige negative Einflüsse nicht vorhanden sind) übertragen werden soll und

- die Risikokompensation, bei der zur vorhandenen Risikoposition Gegengeschäfte abgeschlossen werden.

Die Risikokompensation bietet auch zukünftig immer bessere Möglichkeiten, Risiken zu beherrschen. Gegengeschäfte können beispielsweise in Form von Derivaten abgeschlossen werden, um die aus Preis- und Mengenveränderungen resultierenden Unsicherheiten in einem überschaubaren Rahmen zu halten. Weitere Möglichkeiten der Risikokompensation in Form von marktgängigen Produkten werden derzeit entwickelt und erlangen in der Versorgungsbranche eine wachsende Bedeutung. Der Abschluss von Wetterderivaten zur Absicherung gegen Absatzschwankungen beispielsweise im Wärme- und Wassermarkt könnte ein wirkungsvolles Instrumente zur Risikosteuerung sein.

Teil II:

Strategisches und operatives Risikomanagement

Henner Schierenbeck/Michael Lister[*]

Risikomanagement im Rahmen der wertorientierten Unternehmenssteuerung

1. Charakterisierung des wertorientierten Risikomanagements
   1.1 Begriff und Wesen alternativer Risikokategorien
   1.2 Risiken im Zielsystem der wertorientierten Unternehmenssteuerung

2. Prozessstufen des Risikomanagements
   2.1 Risikoanalyse
   2.2 Risikosteuerung
   2.3 Risikokontrolle

3. Steuerungsdimensionen des wertorientierten Risikomanagements
   3.1 Gleichgewicht von Risikopotenzial und Risikodeckungsmassen
   3.2 Gleichgewicht von Wachstum, Finanzstruktur und Rentabilität
   3.3 Gleichgewicht der Chancen und Risiken von Leverage-Effekten
   3.4 Gleichgewicht von beanspruchtem Risikokapital und Kapitalverzinsung

4. Zusammenfassung

Literaturverzeichnis

---

[*] Prof. Dr. Dr. h.c. Henner Schierenbeck ist Leiter der Abteilung für Bankmanagement und Controlling der Universität Basel, Ass.-Prof. Dr. Michael Lister ist Assistenzprofessor dieser Abteilung.

1. Charakterisierung des wertorientierten Risikomanagements

1.1 Begriff und Wesen alternativer Risikokategorien

Risiko kann definiert werden als die Gefahr einer negativen Abweichung des tatsächlichen Ergebniswertes vom geplanten bzw. erwarteten Ergebniswert. Von dem „Eingehen von Risiken" ist das „Schlagend werden von Risiken" abzugrenzen. Risiken sind eingegangen worden, sobald eine Unsicherheit bezüglich des geplanten Ergebnisses besteht. Bei schlagend gewordenen Risiken besteht diese Unsicherheit nicht mehr. Schlagend gewordene Risiken äußern sich grundsätzlich im Auftreten negativer Unternehmensergebnisse sowie in einer zunehmenden Instabilität der Gewinnentwicklung respektive Störung des finanziellen Gleichgewichts. Im Extremfall kann dies zum Untergang des Unternehmens führen. Dem Risiko steht in der Regel auch eine Chance gegenüber, dass das geplante/erwartete Ergebnis erreicht oder sogar übertroffen wird. Diese Chancen müssen im Rahmen der Steigerung der geschäftspolitischen Aktivitäten möglichst optimal genutzt werden.

Dazu müssen im Rahmen eines effizienten Risikomanagements zunächst die verschiedenen, für eine Unternehmung relevanten Risikokategorien sauber voneinander abgegrenzt werden. Erst die exakte Abgrenzung dieser einzelnen Risikokategorien ermöglicht es der Unternehmung, speziell auf die Beherrschung dieser einzelnen Risikokategorien zugeschnittene Risikosteuerungsinstrumentarien einzusetzen. Diesbezüglich lassen sich geschäftspolitisch relevante Risikokategorien mit einer Vielzahl dichotomischer Begriffspaare voneinander abgrenzen. Hierzu zählen z. B.:

- Messbare (z.B. Schwankung der Umsatzrendite) versus nicht messbare Risiken (z.B. politische Risiken),

- versicherbare (z.B. Debitorenausfälle) versus nicht versicherbare Risiken (z.B. Konjunkturschwankungen),

- Einzelrisiken (z.B. sinkende Rendite eines einzelnen Geschäftsfeldes) versus Portfoliorisiken (z.B. unzureichende Diversifikation der Geschäftsfelder),

- Erfolgsrisiken (z.B. Gewinnrückgang) versus Liquiditätsrisiken (z.B. Liquiditätsengpässe),

- Geschäftsrisiken (z.B. Produktionsrisiken) versus Finanzrisiken (z.B. Zinsrisiken) und

- strategische Risiken (z.B. Fehlinvestitionen und fehlerhafte Einschätzung zukünftiger Marktentwicklung) versus operative Risiken (z.B. Betriebsstörung).

Besonderes hervorzuheben ist die strikte Trennung der strategischen von den operativen Risiken. Dabei unterscheiden sich die beiden Risikokategorien zum einen hinsichtlich der *Tragweite der Risikoauswirkung* und zum anderen hinsichtlich der *(Un-)Sicherheit*. Strategische Risiken können die längerfristige Existenz eines Unternehmens in entscheidendem Maße beeinflussen. Außerdem sind diese Risiken aufgrund eines weit ausgelegten Zeithorizontes weniger klar strukturiert. Ihre Untersicherheit in Bezug auf die Entwicklung der zukünftigen Umweltzustände ist vergleichsweise hoch. Demgegenüber ist die negative Tragweite operativer Risiken für die Unternehmensentwicklung eher als gering einzustufen. Der Zeithorizont operativer Risiken ist vergleichsweise kurz. Häufig lässt sich bei operativen Risiken in Bezug auf die zukünftigen Umweltzustände entweder eine objektive oder eine subjektive Eintrittswahrscheinlichkeit bestimmen.

Die Unterscheidung strategischer und operativer Risiken führt sinnvollerweise auch zur Trennung des strategischen vom operativen Risikomanagement. Ein besonders bedrohliches Unternehmensrisiko besteht im Nicht-Wissen um die künftige Entwicklung des Unternehmens. Gerät ein Unternehmen in eine akute Krise, so ist es für ein „unternehmerisches Agieren" häufig zu spät. Derartige strategische Risiken müssen im Rahmen des *strategischen Krisenmanagements* frühzeitig erkannt und bewältigt werden. Das Risikomanagement sollte stets bestrebt sein, das finanzielle Gleichgewicht des Unternehmens mittels eines integrierten Frühwarnsystems zu wahren, um die aus dem Ungleichgewicht resultierenden finanziellen Schieflagen oder gar die Insolvenz des Unternehmens bereits im Ansatz zu verhindern.

Wie bereits erläutert, besitzt die Tragweite der strategischen Risiken einen entscheidenden Einfluss auf die langfristige Existenz bzw. Entwicklung eines Unternehmens. Aus diesen Risiken können aber nicht nur *potenzielle Gefahren*, sondern auch *strategische Chancen* generiert werden, welche sich in der Identifikation und Wahrnehmung von potenziellen Gewinnen äußern. Die Erwirtschaftung dieser potenziellen Gewinne ist risikobehaftet. Denn den potenziellen Gewinnen stehen potenzielle Verluste gegenüber. Deshalb ist ein Risikomanagement erforderlich, welches in der Lage ist, zum einen durch die Sicherstellung der Risikotragfähigkeit das Unternehmen vor dem Untergang durch schlagend gewordene Risiken zu bewahren. Zum anderen muss das Risikomanagement vor dem Hintergrund der Risikoübernahme Shareholder Value im Rahmen einer wertorientierten Unternehmenssteuerung generieren können.

Während das strategische Risikomanagement also eher die generellen Rahmenbedingungen der unternehmerischen Aktivitäten betrifft, ist das *operative Risikomanagement* vornehmlich auf die Tätigkeiten innerhalb der Unternehmung selbst ausgerichtet. Dabei sind die Risiken aus allen mit den Leistungs- und Finanzprozessen einer Unternehmung verbundenen Aktivitäten einem effizienten Risiko-Controlling zu unterwerfen.

1.2 Risiken im Zielsystem der wertorientierten Unternehmenssteuerung

Im Mittelpunkt der *wertorientierten Unternehmenssteuerung* steht der Marktwert des Unternehmens, welcher mithilfe geeigneter Modelle und Verfahren gemessen und gesteuert werden muss. Zur Bestimmung des Marktwertes einer Unternehmung und zur Identifikation der Treiber dieses Marktwertes sind verschiedene Modelle entwickelt worden. Grundsätzlich lassen sich diesbezüglich barwert- bzw. periodenerfolgsorientierte Modelle voneinander abgrenzen.

Im Rahmen der bar- bzw. marktwertorientierten Ansätze werden vor allem auf Basis sogenannter Discounted-Cashflow-Methoden (DCF-Methoden) Cashflows im Sinne der Kapitalwertmethode mit risikoadjustierten Kapitalkostensätzen diskontiert (Vgl. RAPPAPORT, 1986).

Differenziert werden als zentrale Werttreiber und deren Einflussfaktoren:

- der *Brutto-Cashflow*, welcher sich aus dem Umsatzwachstum, der Kostenbelastung, der betrieblichen Gewinnmarge sowie den Gewinnsteuern bestimmt,
- die *Nettoinvestitionen*, welche durch die (Des-)Investitionen im Umlauf- bzw. Anlagevermögen determiniert werden,
- die *Nettozahlungen an die Fremdkapitalgeber,* welche von der Höhe der Zinszahlungen, Tilgungen sowie der Neuverschuldung abhängig sind und
- die *Kapitalkosten*, welche zum einen durch die Risikostruktur und Kapitalstruktur der Unternehmung und zum anderen durch das allgemeine Marktniveau beeinflusst werden.

Das Eingehen von Risiken führt dazu, dass das Erreichen der für diese Werttreiber geplanten Soll-Größen unsicher wird. Schon das Eingehen von Risiken könnte die Kapitalkosten erhöhen. Denn wenn Investoren eine höhere Risikoübernahme der Unternehmung erkennen, werden sie auch höhere Risikoprämien fordern. Die Folge davon sind steigende Kapitalkosten. Werden die eingegangenen Risiken auch schlagend, so bewirkt dies zum einen negative Abweichungen der Ist-Werte von den Planwerten für diese Werttreiber und zum anderen – aufgrund der Reaktion der Investoren auf dieses negative Risikoereignis – eine weitere Erhöhung der Kapitalkostenforderung der Investoren. Diese zwei Dimensionen der Risikoauswirkungen führen tendenziell zu einer unsicheren bzw. negativen Entwicklung des Unternehmenswertes.

Der zweite Steuerungsansatz stellt eine *periodenerfolgsorientierte Betrachtung* in den Vordergrund. Hier wird die Eigenkapitalrentabilität (EKR) über entsprechende Kennzahlenverknüpfungen mit dem Marktwert des Eigenkapitals verbunden. Eine Variante dieser Verknüpfungen wird in Abbildung 1 skizziert (Vgl. hierzu ausführlich SCHIERENBECK/ LISTER 2002). Demnach ergibt sich der Marktwert des Eigenkapitals zunächst aus der multiplikativen Verknüpfung des Markt-/Buchwert-Verhältnisses mit dem Buchwert des Eigenkapitals. Dabei resultiert das Markt-/Buchwert-Verhältnis aus der Multiplikation der Eigenkapitalrentabilität zu Buchwerten mit dem Kurs/Gewinn-Verhältnis:

$$EK_{MW} = EK_{BW} \cdot MBV = EK_{BW} \cdot \underbrace{KGV \cdot EKR_{BW}}_{MBV}$$

mit: BW = Buchwert; EK = Eigenkapital; EKR = Eigenkapitalrentabilität;
KGV = Kurs/Gewinn-Verhältnis; MBV = Markt-/Buchwert-Verhältnis; MW = Marktwert

In einer rein formalen Betrachtung wird der Marktwert des Eigenkapitals gesteigert, indem entweder das Markt-/Buchwert-Verhältnis (MBV) oder der Buchwert des Eigenkapitals erhöht werden. Eine Verbesserung des Buchwertes des Eigenkapitals lässt sich durch die Erhöhung der Eigenkapitalrentabilität zu Buchwerten erreichen. Die Steigerung des MBV wird entweder durch eine Erhöhung der Eigenkapitalrentabilität zu Buchwerten oder durch eine Erhöhung des KGV erreicht.

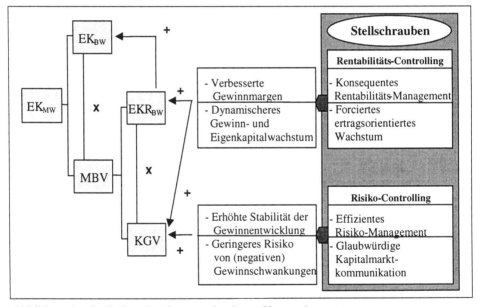

Abbildung 1: Stellschrauben in wertorientierter Unternehmenssteuerung

Eine *Steigerung der Eigenkapitalrentabilität* bzw. damit zumindest indirekt einher gehend des Buchwertes des Eigenkapitals kann durch verbesserte Gewinnmargen (etwa durch die Übernahme von Risiken) oder dynamischeres Gewinn- und Eigenkapitalwachstum herbeigeführt werden. Dazu ist im Rahmen des Rentabilitäts-Controllings ein konsequentes Rentabilitäts-Management oder ein forciertes ertragsorientiertes Wachstum anzustreben.

Das *KGV* erklärt das Verhältnis von Aktienkurs zum Gewinn der Unternehmung (pro Aktie) und spiegelt vor allem die Erwartungshaltung der Investoren wider. Grundsätzlich wird gelten, dass das KGV bestimmt wird von den Zukunftserwartungen der Marktteilnehmer bezüglich Gewinnwachstum und Gewinnvolatilität sowie von den allgemeinen Rahmenbedingungen an den Geld- und Kapitalmärkten. Bei gegebenen makroökonomischen Bedingungen ist das KGV umso höher,

- je stärker das erwartete Gewinnwachstum pro Aktie ist,
- je schwächer die erwartete Gewinnvolatilität um diesen Wachstumstrend ist und
- je größer das Vertrauen in die Gültigkeit dieser Erwartungen ist.

Bei gegebenen Gewinnerwartungen (die sich in den Konsensschätzungen der Analysten widerspiegeln) und gegebenen Marktbedingungen wird das KGV also maßgeblich geprägt von dem Risiko, dem sich die Investoren bei ihrer Kapitalanlage ausgesetzt sehen. Wegen der vielfältigen sonstigen Einflussgrößen kann das KGV allerdings grundsätzlich keinen theoretischen Erklärungsbeitrag für die Höhe des Risikos bzw. der Risikoprämie liefern, die mit bestimmten Investitionen verbunden sind. Gleichwohl liefert es zumindest einen logischen und leicht nachvollziehbaren Einblick in die Zusammenhänge der wertorientierten Unternehmenssteuerung.

Zur Erhöhung des KGV tragen vor allem eine erhöhte Stabilität der Gewinnentwicklung und ein geringeres Risiko von Gewinnschwankungen bei. Beide Elemente sind im Rahmen des Risiko-Controllings durch ein effizientes Risikomanagement und eine glaubwürdige Kapitalmarktkommunikation steuerbar. Darüber hinaus kann das KGV aber auch durch die Elemente des Rentabilitäts-Controllings positiv beeinflusst werden.

Risiko und Rentabilität sind demnach als die entscheidenden Stellschrauben des Wertmanagements zu betrachten. Die wertorientierte Unternehmenssteuerung ist deshalb grundsätzlich auf die Steuerung beider Stellschrauben auszurichten.

2. Prozessstufen des Risikomanagements

Für ein ganzheitliches Risikomanagement sind alle mit dem Risikomanagement verbundenen Prozesse in ein einheitliches und standardisiertes System zu integrieren. In diesem standardisierten System lassen sich drei Prozessstufen voneinander abgrenzen (Vgl. Abbildung 2).

Abbildung 2: Prozessstufen des Risikomanagements

2.1 Risikoanalyse

Ein effektives Risikomanagement erfordert die Identifikation aller Risiken, sowie deren qualitative Bewertung oder quantitative Messung.

Ziel der *Risikoidentifikation* ist die strukturierte Erfassung aller Risiken, die sich auf die Höhe des Unternehmenswertes auswirken können. Zu den Verfahren der Risikoidentifikation zählen beispielsweise:

- das Brainstorming,
- die standardisierte Befragung in Form von Checklisten,
- die Durchführung von Betriebsbesichtigungen,
- die Auswertung externer Informationsquellen,
- die Ausfalleffektanalyse sowie
- die Fehlerbaumanalyse (Vgl. HÖLSCHER 1999).

Gegenstand der *Risikobewertung* ist die Beurteilung des Ausmaßes der Auswirkungen schlagend werdender Risiken. Dazu müssen zum einen möglichst alle potenziellen zukünftigen Umweltzustände identifiziert und im Idealfall quantifiziert werden. Zum anderen sind möglichst exakte Wahrscheinlichkeiten für das Eintreten bestimmter zukünftiger Umweltzustände zu fixieren.

Zur Risikomessung ist ebenfalls eine Vielzahl von alternativen Methoden entwickelt worden (Vgl. BLOHM/LÜDER 1995; GESCHKA/HAMMER 1997; LISTER 1997; KREIKEBAUM 1997; MATTEN 1995; NEUBÜRGER 1981; RUNZHEIMER 1978; SCHIERENBECK 2001; SCHIERENBECK/LISTER 2002; WOLF/RUNZHEIMER 1999). Dazu zählen z. B.

- Value at Risk,
- Cashflow at Risk,
- Earnings at Risk,
- Risikomessung mithilfe annualisierter Gesamterwatungswerte,
- Sensitivitätsanalyse,
- Risikoanalyse mithilfe des Drei-Werte-Verfahrens und
- Szenarioanalyse.

2.2 Risikosteuerung

In der zweiten Prozessstufe des Risikomanagements können zunächst *Risikobewältigungsstrategien* für die in der ersten Prozessstufe identifizierten, und nach ihrer Risikowirkung auf den Unternehmenswert geprüften Risiken formuliert werden. Mit den Strategien der *aktiven Risikobewältigung* – Risikovermeidung, Risikominderung und Risikodiversifikation – wird versucht, die Eintrittswahrscheinlichkeiten oder die Ergebniseffekte der einzelnen Risiken zugunsten des Unternehmens zu verändern. Diese Maßnahmen sind somit auf die Steuerung der Risikostruktur ausgerichtet. Im Gegensatz dazu betreibt man mithilfe *passiver Risikobewältigungsstrategien* unter Beibehaltung der Risikostrukturen Risikovorsorge und Risikotransfer, um Risikoauswirkungen durch Bereitstellung von Risikodeckungsmassen aufzufangen oder auf Dritte abzuwälzen (Vgl. SCHIERENBECK/LISTER 2002).

Neben diesen generell formulierten Risikobewältigungstrategien sind im Rahmen der Risikosteuerung zwei Risikokalküle voneinander abzugrenzen. Diese sind:

- der Risiko-Chancen-Kalkül und
- der Risikotragfähigkeitskalkül.

Werden Risiken übernommen, so stellt sich schon im Vorfeld die Frage, ob und inwieweit sich die übernommenen Risiken überhaupt lohnen. Und im Nachhinein ist zu prüfen, ob das Eingehen von Risiken tatsächlich sinnvoll war oder nicht. Diese als *Risiko-Chancen-Kalkül* bezeichneten Überlegungen dienen dazu, die Risiko-Performance einer Unternehmung zu optimieren. Kern dieses Ansatzes bilden die risikoadjustierten Eigenkapitalkosten, welche im Sinne von Ergebnisvorgaben aus den Risikopositionen erwirtschaftet werden müssen, um Shareholder Value zu generieren.

Werden die übernommenen Risiken bewertet und über ein geeignetes Aggregationsverfahren (z. B. über eine Risikomatrix) zusammengeführt, so ergibt sich das (Total-) Risikopotenzial einer Unternehmung. Dieses Risikopotenzial kann teilweise oder vollständig schlagend werden und zu Verlusten führen. Diesen möglichen Verlusten müssen Deckungsmassen in Form von Eigenkapitalbestandteilen in angemessener Höhe gegenüberstehen, um die Verluste auffangen zu können. Im Sinne einer effizienten Risikovorsorge muss deshalb mithilfe des *Risikotragfähigkeitskalküls* sichergestellt werden, dass sich das Unternehmen mögliche Verluste überhaupt leisten kann.

2.3 Risikokontrolle

Im Zentrum der Risikokontrolle stehen die permanente operative und strategische Überprüfung der Effizienz der Prozesse des Risikomanagements. Durch die *Risikoüberwachung* soll sichergestellt werden, dass die Ist-Risikosituation des Unternehmens in allen Risikofeldern dem vorgegebenen Sollzustand zu jedem Zeitpunkt entspricht. Damit wird zum einen sichergestellt, dass die vorgegebenen Risikolimite eingehalten werden, sodass die Risikotragfähigkeit des Unternehmens garantiert ist. Zum anderen wird überprüft, ob die Netto-Ergebnisse die risikoadjustierten Eigenkapitalkosten übertreffen. Die Risikoüberwachung dient ferner der kontinuierlichen Erfassung von risikospezifischen Veränderungen. Hierzu können vor allem Früherkennungssysteme eingesetzt werden.

Von der Risikoüberwachung ist das *Risiko-Reporting* abzugrenzen. Dessen Aufgabe besteht darin, über die identifizierten und bewerteten Risiken sowie über die eingeleiteten Steuerungsmaßnahmen und deren Wirksamkeit zu berichten. Zentrale Aufgabe des Risiko-Reportings ist es somit, die Transparenz der Risikosituation sowohl der operativen Geschäfte als auch des Gesamtunternehmens sicherzustellen (Vgl. SCHIERENBECK/LISTER 2002). In Verbindung mit dem Wertmanagement wird auch der Begriff des „Value-Reportings" verwendet. Risiko-Reporting ist dann als integraler Bestandteil des Value-Reportings zu betrachten, wobei dem Value-Reporting auch über das Risiko hinausgehende Berichtsbestandteile zuzuordnen sind.

3. Steuerungsdimensionen des wertorientierten Risikomanagements

Das wertorientierte Risikomanagement zielt darauf ab, den Unternehmenswert vor dem Hintergrund der Risikoübernahme zu erhöhen. Dabei stehen die dadurch erzielbaren potenziellen Gewinne bzw. Chancen zum einen der Gefahr von potenziellen Verlusten und zum anderen den aufgrund des höheren Risikos unter Umständen gestiegenen Eigenkapitalkosten gegenüber. In diesem Zusammenhang und verbunden mit der Aufgabe der Sicherstellung des finanziellen Gleichgewichts einer Unternehmung lassen sich vier Steuerungsdimensionen des wertorientierten Risikomanagements voneinander abgrenzen. Diese sind:

- das Gleichgewicht von Risikopotenzial und Risikodeckungsmassen,
- das Gleichgewicht von Wachstum, Finanzstruktur und Rentabilität,
- das Gleichgewicht der Chancen und Risiken von Leverage-Effekten und
- das Gleichgewicht von beanspruchtem Risikokapital und Kapitalverzinsung.

3.1 Gleichgewicht von Risikopotenzial und Risikodeckungsmassen

Im Rahmen des *Risikotragfähigkeitskalküls* wird sichergestellt, dass das Risikopotenzial einer Unternehmung im Sinne der Risikovorsorgestrategie durch die Bereitstellung von Risikodeckungsmassen aufgefangen werden kann. Für dieses Kalkül können zwei zentrale (Un-) Gleichgewichtsbedingungen formuliert werden:

1. Das bei Anwendung des Vorsichtsprinzips kalkulierte und sich nach der Übertragung von Risiken auf Dritte ergebende (Total-) Risikopotenzial darf das in Abhängigkeit von repräsentativen Risikobelastungsszenarien definierte Risikotragfähigkeitspotenzial des Unternehmens grundsätzlich nicht übersteigen.

2. Auftretende Verluste durch schlagend gewordene Risikopotenziale sind durch die Fixierung eines abgestimmten Systems von Risikolimiten konsequent zu begrenzen. Dadurch soll sichergestellt werden, dass die realisierten Verluste aus Risikopositionen die allokierten Risikodeckungsmassen nicht übersteigen (Vgl. SCHIERENBECK 2001).

Optimal wäre es, wenn das Risikopotenzial stets mithilfe statistischer Verfahren ermittelt werden könnte. Denn dann wäre es möglich, exakte Verlustbeträge mit vorgegebenen Wahrscheinlichkeiten zu verknüpfen. Solche Aussagen könnten beispielsweise mit dem VaR-Konzept getroffen werden. Dabei ist der VaR definiert als der geschätzte maximale Wertverlust einer Einzelposition oder eines Portfolios, welcher unter üblichen Marktbedingungen innerhalb eines festgelegten Zeitraumes mit einer bestimmten Wahrscheinlichkeit eintreten kann. In nicht finanzwirtschaftlichen Unternehmen sind VaR-Modelle nur für bestimmte Problemfelder einsetzbar. Häufig wird man hier zur Bestimmung des Risikopotenzials auf andere Verfahren, gegebenenfalls ohne statistisch fundierte Wahrscheinlichkeitsaussagen, wie beispielsweise Szenario-Techniken, zurückgreifen müssen.

Der ersten Gleichgewichtsbedingung zufolge darf die Höhe des Risikopotenzials das Risikotragfähigkeitspotenzial, welches als Risikodeckungsmasse mindest vorgehalten werden muss, nicht übersteigen. Als Risikodeckungsmasse einer Unternehmung kommen verschiedene Elemente des Eigenkapitals inklusive des erwirtschafteten Gewinns in Frage. Dazu zählen grundsätzlich der Übergewinn, die stillen Reserven, der Mindestgewinn, die offenen Reserven sowie das gezeichnete Kapital. Treten Verluste aus schlagend gewordenen Risiken auf, so werden diese über die bereitgestellten Risikodeckungsmassen kompensiert, beginnend mit der Inanspruchnahme des Übergewinns bis schlimmstenfalls hin zur Aufzehrung des gezeichneten Kapitals.

Die bei der Operationalisierung der Gleichgewichtsbedingungen gewonnenen Erkenntnisse können zum Aufbau einer Risikomatrix genutzt werden. Die Risikomatrix dient zum einen der Abbildung des Gesamtrisikostatus der Unternehmung und zum anderen dem Aufbau eines Systems von Risikolimiten. In der *Risikomatrix* werden auf der vertikalen Ebene die verschiedenen Risikokategorien, wie z. B. Umsatzrisiken, Kostenrisiken, Zinsrisiken etc. voneinander abgegrenzt. Zusätzlich werden auf der horizontalen Ebene die verschiedenen Unternehmensbereiche differenziert. Aus der Kombination von Risikokategorien und Unternehmensbereichen ergibt sich die aus einer Vielzahl von Risikofeldern bestehende Risikomatrix. Aus der Zusammenführung der Risikowerte einzelner Risikofelder der Risikomatrix ergibt sich schließlich der Gesamtrisikostatus bzw. das Gesamtrisikopotenzial einer Unternehmung (Vgl. SCHIERENBECK/LISTER 2002). Im Idealfall würde sich hier der Value at Risk der Gesamtunternehmung ergeben.

Risikofaktoren	Risikobereich			
	Beschaffung	Produktion	Absatz	Limit
Umsatzrisiko				10
Materialkostenrisiko		Prozentual auf den Umsatz bezogen		20
Personalkostenrisiko				15
Abschreibungsrisiko				5
Limit	15	15	20	50

Abbildung 3: Die Risikobudgetmatrix

Das *System von Risikolimiten* für alle Risikofelder ist auf Basis der Risikomatrix aufgebaut. Diesem liegt die Idee zugrunde, dass die in den einzelnen Geschäftsbereichen übernommenen Risiken auf der Ebene der Gesamtunternehmung auch tragbar sein müssen und daher allen Risikofeldern ein Risikolimit vorzugeben ist (Vgl. Abb. 3). Unternehmensspezifisch wird dies erreicht durch den Aufbau einer *Risikobudgetmatrix*, in welcher für alle sich aus der Kombination von Geschäftsbereichen und Risikokategorien ergebenden Risikofelder Verlustgrenzen definiert werden. Dazu können z. B. die für bestimmte Risiken erwarteten Ergebnisschwankungen in Relation zum bereichsspezifischen Umsatz gesetzt werden. Die dabei fixierten Werte sind als Grenzwerte zu verstehen. Insofern stellt die Risikobudgetmatrix die Basis einer risikospezifischen Planungs-

und Kontrollrechnung sowie des Risiko-Reportings dar (Vgl. WOLF/RUNZHEIMER 1999; POINTEK 1996). Bei der Festlegung von geschäftsbereichsspezifischen Risikolimiten im Rahmen dieses Ansatzes müssen grundsätzlich die zwischen den Geschäftsbereichen bestehenden Risikoverbundeffekte (Korrelationseffekte) berücksichtigt werden. Demgemäß kann die Summe geschäftsbereichsspezifischer Risikolimite größer sein als das Gesamtlimit der Unternehmung.

3.2 Gleichgewicht von Wachstum, Finanzstruktur und Rentabilität

Die Insolvenz eines Unternehmens beginnt in der Regel mit der Schieflage des finanziellen Gleichgewichts. Diese Schieflage kann sowohl eine strukturelle als auch eine dispositive Dimension aufweisen. Die Gründe für eine strukturelle Schieflage eines Unternehmens können in finanzstrukturellen Disproportionalitäten oder in der dauerhaften Unterrentabilität liegen. Die dispositive Folge davon ist eine angespannte Liquiditätslage. Entwickeln sich die strukturellen finanziellen Ungleichgewichte zu einer strukturellen Überschuldung, so kann das Unternehmen in die Insolvenz geraten.

In diesem Zusammenhang weist das Risikomanagement zwei zentrale Funktionsbereiche auf. Zunächst besteht die Aufgabe des Risikomanagements in der *strukturell-strategischen Steuerung der finanziellen Rahmenbedingungen* zur Vermeidung bzw. zumindest frühzeitigen Erkennung struktureller Schieflagen. Instrumente hierfür sind u.a. Experten- und Prognosesysteme zur Früherkennung von Krisensituationen sowie eine auf Solidität und Stabilität ausgerichtete Finanzpolitik. Durch die *dispositive Steuerung der Finanzströme* soll sichergestellt werden, dass die Zahlungsfähigkeit des Unternehmens jederzeit garantiert ist und gleichzeitig einen möglichst hoher Beitrag aus der Anlage überschüssiger Liquidität erzielt wird. Instrumente hierfür sind unter anderen die Finanzplanung, der finanzielle Mobilitätsstatus sowie Cash-Management-Systeme. Im Folgenden wird kurz auf die beiden vorgenannten Dimensionen eingegangen (Vgl. SCHIERENBECK/LISTER 2002).

(1) Strukturell-strategische Steuerung des finanziellen Gleichgewichts:

Um alle finanziellen Ansprüche an das Unternehmen bei Aufrechterhaltung einer gleichgewichtigen Finanzstruktur abdecken zu können, ist eine ausreichende Ertragskraft zu sichern. Um dies zu erreichen, ist im Vorfeld der strukturelle Mindest-Gewinnbedarf zu ermitteln.

Der Mindest-Gewinnbedarf wird determiniert durch:

- den Eigenkapitalbedarf,
- das externe Eigenkapitalzuführungspotenzial,
- die Ausschüttungsstandards und die zukünftige Steuerbelastung.

Der Eigenkapitalbedarf wird durch die Höhe des geplanten Umsatzwachstums und des Kapitalumschlags sowie durch die geplanten Kapitalstrukturnormen determiniert. Bei gegebenem Kapitalumschlag und gegebener Kapitalstruktur ist der Eigenkapitalbedarf umso höher, je höher die Umsatzwachstumsrate ist. Grundsätzlich kann der Eigenkapitalbedarf zumindest teilweise durch das externe Eigenkapitalzuführungspotenzial gedeckt werden. Der verbleibende Rest muss durch Gewinnthesaurierung ausgeglichen werden. Der Gewinnbedarf hierfür wird zudem durch Ausschüttungsnotwendigkeiten und die abzuführenden Steuern erhöht.

In diesem Zusammenhang kann ein Gleichgewichtsmodell zur Ermittlung des gleichgewichtsorientierten Mindest-Gewinnbedarfs entwickelt werden (Vgl. SCHIERENBECK/LISTER 2002). Es gilt:

$$G = \frac{\Delta U}{KU \cdot [Q + E \cdot (1-Q)] \cdot (1+V) \cdot (1-s)}$$

mit: E = Kapitalerhöhungsquote = Kapitalerhöhungsbetrag / Dividendenbetrag; G = Gleichgewichtsgewinn bzw. Mindest-Gewinnbedarf (vor Steuern); KU = Kapitalumschlag; Q = Thesaurierungsquote = Thesaurierungsbetrag / Gewinn nach Steuern; s = durchschnittlicher (Ertrag-) Steuersatz; ΔU = Volumen der Umsatzerhöhung; V = geplanter Verschuldungsgrad

Bei gegebener Umsatzwachstumsrate, Thesaurierungs- und Kapitalerhöhungsquote und bei gegebenem Steuersatz und Kapitalumschlag ist die Erzielung einer gleichgewichtsorientierten Mindest-Umsatzrentabilität nötig, um den zur Deckung des Mindestgewinnbedarfs erforderlichen Gewinn zu generieren. Die Ermittlung dieser Gleichgewichtsumsatzrentabilität kann mit folgender Gleichung erfolgen:

$$UR = \frac{UWR}{(1+UWR) \cdot KU \cdot [Q + E \cdot (1-Q)] \cdot (1+V) \cdot (1-s)}$$

mit: E = Kapitalerhöhungsquote; KU = Kapitalumschlag; Q = Thesaurierungsquote; s = durchschnittlicher (Ertrag-) Steuersatz; UR = Gleichgewichtsumsatzrentabilität; UWR = Umsatzwachstumsrate; V = geplanter Verschuldungsgrad

In diesem Zusammenhang kommen zur Erreichung der Soll-Umsatzrentabilität die im Folgenden noch zu erläuternden Steuerungsdimensionen des wertorientierten Risikomanagements zum Tragen. Zunächst könnte beispielsweise der Verschuldungsgrad der Unternehmung unter der Einhaltung der vorgegebenen Kapitalstrukturnormen und unter der Beachtung eines Risiko-Chancen-Profils im Rahmen einer Financial Leverage-Strategie erhöht werden. Damit sinkt die geplante, mindest erforderliche Umsatzrentabilität. Dadurch wird es umso einfacher, die geplante Soll-Umsatzrentabilität durch den Einsatz weiterer werttreibender Instrumentarien des wertorientierten Risikomanagements zu erreichen oder gar zu übertreffen. Hierzu zählen beispielsweise:

- die Steigerung des Ist-Gewinns bzw. der Ist-Umsatzrentabilität durch Risikoübernahme unter der konsequenten Beachtung des Risikotragfähigkeitskalküls und Risiko-Chancen-Kalküls und/oder

- ein forciertes Betreiben von Operating Leverage, um im Zuge des Umsatzwachstums eine höhere Ist-Umsatzrentabilität zu generieren.

Nur ergänzend sei erwähnt, dass dieses Gleichgewichtsmodell neben der Analyse von Gleichgewichtsergebnis/-rendite auch dazu verwendet werden kann, um weitere gleichgewichtige Parameterkonstellationen (wie z.B. gleichgewichtiges Umsatzwachstum, gleichgewichtiger Verschuldungsgrad etc.) zu analysieren (Vgl. SCHIERENBECK/LISTER 2002).

(2) Dispositive Steuerung der Finanzströme:

Zur dispositiven Steuerung der Finanzströme können verschiedene Modelle und Instrumente eingesetzt werden. Hierzu zählen beispielsweise:

- strategische Bilanzplanung,

- Finanzplan,

- finanzieller Mobilitätsstatus und

- Cash-Management-Systeme etc.

Die *strategische Bilanzplanung* dient der Umsetzung des zuvor geplanten, strukturellen Gleichgewichts. Die strategische Bilanzplanung umfasst dabei sechs Stufen. Die erste Stufe beinhaltet die Festlegung des Planungshorizontes sowie die Durchführung von Steuerbelastungs-, Zins- und Umsatzprognosen sowie Investitions- und Abschreibungsplanungen. Hinzu kommen noch Kapitalbedarfsrechnungen und Rentabilitätsprognosen. Anschließend werden in der zweiten Stufe die Gleichgewichtsbedingungen für die Investitions-, Finanzierungs- und Ausschüttungspolitik formuliert. In der dritten Stufe werden die vorläufigen Planbilanzen und Planerfolgsrechnungen sowie die Finanzbedarfsrechnungen erstellt. In der vierten Stufe werden die Gleichgewichtsbedingungen kontrolliert. Letztere werden – falls erforderlich – in der fünften Stufe modifiziert. In der sechsten Stufe erfolgt die abschließende Aufstellung endgültiger Planbilanzen, Planerfolgsrechnungen und Finanzbedarfsrechnungen (Vgl. SCHIERENBECK/LISTER 2002).

Als integraler Bestandteil der strategischen Bilanzplanung erfasst der *Finanzplan* die für die Zukunft geplanten bzw. erwarteten Zahlungsströme im Sinne einer inhaltlichen Präzision lückenlos und überscheidungsfrei und im Sinne einer zeitlichen Präzision zeitlich genau (im Grenzfall tagesgenau).

Als eine Ergänzung des Finanzplans ist das Instrument *Finanzieller Mobilitätsstatus* zu erwähnen. Dieser beantwortet grundsätzlich die Frage, aus welchen Quellen zusätzliche Mittel beschafft werden können, wenn sich unter den gegebenen finanziellen Verhältnissen die in der Finanzplanung enthaltenen Prognosen als falsch erweisen sollten.

Die Steuerung des Liquiditätsrisikos erfolgt im Wesentlichen auf der Basis kurzfristiger Finanzpläne. Deshalb rückt notwendigerweise die Position Kasse in den Mittelpunkt der Liquiditätsbetrachtung. Da der Kassenbestand einerseits zentrale Basis der Liquiditätssicherung ist und andererseits nicht verzinst wird und somit unrentabel ist, muss schließlich ein integriertes *Cash-Management-System* implementiert werden, um jederzeit eine optimale Höhe des Kassenbestandes zu gewährleisten. Zur Ermittlung des optimalen Kassenbestandes wurden verschiedene theoretische Modelle entwickelt (Vgl. PERRIDON/ STEINER 1999). Hierzu zählen z.B. das Baumol-Modell (Vgl. BAUMOL 1952), das Beranek-Modell (Vgl. BERANEK 1965) sowie das Miller-Orr-Modell (Vgl. MILLER/ORR, 1966).

3.3 Gleichgewicht der Chancen und Risiken von Leverage-Effekten

Beschäftigungs- und Verschuldungsgrad stellen wesentliche Werttreiber des Unternehmenswertes dar. Bei der Analyse des Beschäftigungsgrades als kostenwirtschaftlicher Hebel für die Eigenkapitalrentabilität (bzw. für den Unternehmenswert) wird vor allem die analytische Wirkungsbeziehung zwischen der Kostenstruktur und der Eigenkapitalrentabilität (bzw. Bruttoumsatzrentabilität) untersucht. Darauf aufbauend zielt die Analyse des Verschuldungsgrades als finanzwirtschaftlicher Hebel der Eigenkapitalrentabilität (bzw. des Unternehmenswertes) auf die Untersuchung der Wirkungsbeziehung zwischen der Kapitalstruktur und der Eigenkapitalrentabilität ab. Ziel dieser Steuerungsdimension ist, unter Berücksichtigung der Determinanten eines Risiko-Chancen-Profils die Kostenstruktur bzw. Finanzstruktur einer Unternehmung so zu optimieren, dass dadurch der Unternehmenswert gesteigert werden kann.

Das Phänomen des Beschäftigungsgrades bzw. der Kapazitätsauslastung als Hebel der Eigenkapitalrentabilität wird auch als *Operating Leverage* bezeichnet. Diese Kennziffer ist als eine Funktion des Fixkostenkoeffizienten (Verhältnis von Fixkosten und variablem Kosten) zu interpretieren. Sie beantwortet die Frage nach den Auswirkungen, die eine mengenbedingte Umsatzänderung (bzw. präziser eine Absatz- bzw. Produktionsmengenänderung bei gegebenen Preisen) auf die Umsatzrentabilität hat. Dabei kann die Umsatzrentabilität allgemein durch folgende Gleichung ausgedrückt werden:

$$\text{Umsatzrentabilität} = \frac{\text{Gewinn}}{\text{Umsatzerlös}} = \frac{\text{Umsatzerlös} - \text{Fixkosten} - \text{variable Kosten}}{\text{Umsatzerlös}}$$

$$\Rightarrow \text{Umsatzrentabilität} = \underbrace{\frac{\text{Umsatzerlös} - \text{variable Kosten}}{\text{Umsatzerlös}}}_{\substack{\text{Deckungsbeitrag/Umsatz-Quote} \\ \text{DBU-Quote}}} - \underbrace{\frac{\text{Fixkosten}}{\text{Umsatzerlös}}}_{\substack{\text{Fixkostenbelastung des} \\ \text{Umsatzes FKU-Quote}}}$$

$$\Rightarrow \text{Umsatzrentabilität} = (\text{DBU - Quote}) - (\text{FKU - Quote})$$

Aus dieser Gleichung leiten sich die Wirkungszusammenhänge des Operating Leverage ab. Demnach verbessert sich die Umsatzrentabilität bei steigenden Produktions- bzw. Absatzmengen umso stärker, je höher die DBU-Quote (je geringer die variablen Kosten) und die FKU-Quote (je höher die Fixkosten) bei gegebenem Kostenvolumen sind. Dabei ergibt sich jedoch ein Risiko hinsichtlich der Umsatzrentabilität. Denn diese kann bei Anwendung der vorgestellten Strategie bei sinkendem Mengenumsatz natürlich auch stärker fallen (Vgl. Abbildung 4).

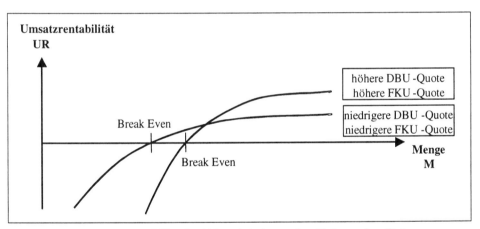

Abbildung 4: Umsatzrentabilität in Abhängigkeit von den Fixkostenkoeffizienten

Werden die Fixkosten nicht zugunsten der variablen Kosten erhöht, sondern im Zuge der Fixkostenvariablisierung – bei gegebenen Kostenvolumen – zumindest teilweise in variable Kosten umgewandelt, so hat dies den Effekt, dass das Niveau der erzielbaren Umsatzrentabilität durch Economies-of-Scale nach unten verschoben wird (Vgl. Abbildung 4). Mit dieser Strategie kann also die Gewinnschwelle bereits bei geringerer Absatzmenge überschritten werden.

Um die Erfolgsträchtigkeit aber auch die Risiken des Operating Leverage im Vorfeld abzuschätzen, werden sämtliche Determinanten für den Erfolg des Operating Leverage mithilfe eines Risiko-Chancen-Profils gegenübergestellt (Vgl. Abbildung 5). Erst nach Abwägen von Risiken und Chancen wird entschieden, ob diese Strategie auch tatsächlich umgesetzt wird.

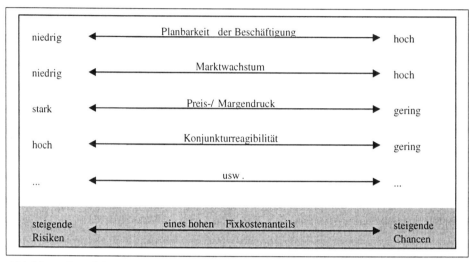

Abbildung 5: Risiko-Chancen-Profil eines zunehmenden Fixkostenkoeffizienten

Der *Financial Leverage* durch Ausnutzung des Verschuldungsgrades zielt auf eine Erhöhung der Eigenkapitalrentabilität ab. Dabei liegt dem Financial Leverage die Leverage-Formel zugrunde, welche den Zusammenhang zwischen der Gesamtkapitalrentabilität (GKR), der Eigenkapitalrentabilität (EKR), der Fremdkapitalverzinsung (FKZ) und dem Verschuldungsgrad (V = Fremdkapital/Eigenkapital) beschreibt:

$$EKR = GKR + (GKR - FKZ) \cdot V$$

Die Eigenkapitalrentabilität ist umso höher, je größer die positive Differenz zwischen Gesamtkapitalrentabilität und Fremdkapitalverzinsung und je höher der Verschuldungsgrad ist.

Mit dem Verschuldungsgrad sind zwei für das (strategische) Risikomanagement wichtige Effekte verbunden. Zum einen kann die Eigenkapitalrentabilität – unter der Nebenbedingung, dass die Gesamtkapitalrentabilität über der Fremdkapitalverzinsung liegt – mit der Erhöhung des Verschuldungsgrades beliebig gesteigert werden. Zum anderen ist gleichzeitig der Effekt zu beachten, dass sich mit steigendem Verschuldungsgrad die Gewinnvolatilität ebenfalls erhöht. Damit verbunden ist die Gefahr, dass das Eigenkapital im Verlustfall des Unternehmens nicht ausreichen könnte, um die anfallenden Verluste aufzufangen.

Vor diesem Hintergrund ist zur Entscheidung über die Umsetzung dieser Strategie ebenfalls ein Risiko-Chancen-Profil aufzustellen, bei welchem die Determinanten für die Erfolgsträchtigkeit dieser Strategie aufgezeigt werden (Vgl. Abbildung 6).

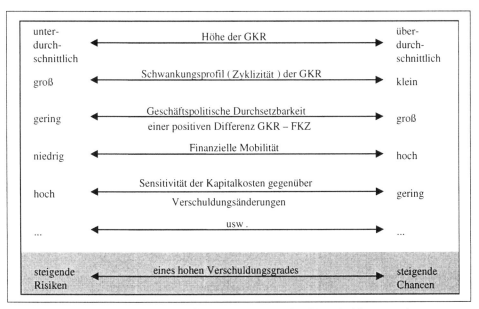

Abbildung 6: Risiko-Chancen-Profil eines zunehmenden Verschuldungsgrades

3.4 Gleichgewicht von beanspruchtem Risikokapital und Kapitalverzinsung

Im Zuge des Aufbaus eines Risikolimitsystems ist das Risikopotenzial bzw. Risikokapital des Gesamtunternehmens auf die einzelnen Geschäftsbereiche zu verteilen. Da das Risikokapital eines Unternehmens ein knappes und vor allem ein teures Gut ist, muss dieses optimal allokiert werden, um den Unternehmenswert zu maximieren. Das ökonomische Problem einer Risikokapitalallokation besteht grundsätzlich zum einen auf Ebene des Gesamtunternehmens und zum anderen auf Ebene der Geschäftsbereiche. Dabei sind vor allem zwei Fragen zu beantworten:

- Wieviel Kapital ist im Interesse der wertorientierten Unternehmenssteuerung maximal zu investieren?
- Welche Kapitalausstattung müssen die einzelnen Geschäftsbereiche erhalten, damit das Gesamtergebnis des Unternehmens risikoadjustiert maximal wird?

Ein zentrales Instrument zur optimalen Risikokapitalallokation ist das *Risiko-Chancen-Kalkül*. In dessen Mittelpunkt steht als Hilfsinstrument die Kennziffer RORAC. Diese Kennziffer entspricht dem Verhältnis von erwirtschafteten (Netto-) Ergebnis bzw. Deckungsbeitrag zum Risiko einer einzelnen Position bzw. eines Geschäftsbereichs. Der allgemeine Begriff des Risikos wird dabei ersetzt durch das für die Übernahme von Risiken bereitgestellte Risikokapital. Dieses Risikokapital entspricht demjenigen Teil der Risikodeckungsmassen, letztendlich also demjenigen Teil des Eigenkapitals, welcher vor dem Hintergrund des Risikotragfähigkeitskalküls zur Übernahme von Risiken auf Geschäftsbereiche oder Einzelpositionen verteilt worden sind. Es gilt:

$$\text{Ist - RORAC} = \frac{\text{(Netto-) Ergebnis}}{\text{Risikokapital}}$$

Zentrale Fragestellung dieses Kalküls ist bekanntlich, ob und inwieweit sich die übernommenen Risiken überhaupt lohnen. Um sich aus dem Risiko-Chancen-Kalkül abgeleitete Rentabilitätsanforderung erfüllen zu können, muss der Ist- bzw. Soll-RORAC eines Geschäftsbereichs grundsätzlich höher sein als der vorgegebene Ziel-RORAC:

$$\text{Ist (bzw. Soll) - RORAC} \geq \text{Ziel - RORAC}$$

Der Ziel-RORAC quantifiziert die risikospezifischen Ergebnisanforderungen einer Unternehmung. Der (Gesamt-) Ergebnisanspruch einer Unternehmung kann mithilfe eines dreistufigen Verfahrens ermittelt werden. Zu unterscheiden sind dabei (Vgl. SCHIERENBECK/LISTER 2002):

- finanzstruktureller Gewinnbedarf,
- Best-Practice-Standards und
- kapitalmarktorientierte Eigenkapitalkosten.

Die Ermittlung dieses Zielgewinns und ferner des Ziel-RORAC erfolgt im Rahmen des wertorientierten Risikomanagements in erster Linie basierend auf den Erkenntnissen kapitalmarkttheoretischer Modelle wie z. B. dem CAPM (Capital Asset Pricing Model). Dabei werden die kapitalmarkttheoretischen Eigenkapitalkosten über das Total-Investor-Performance-Konzept (TIP) mit der ROE und der Kennziffer RORAC verknüpft (Vgl. SCHIERENBECK/LISTER 2002).

Die Risikokontrolle kann entweder durch die Überprüfung der oben genannten ersten (Un-) Gleichung des Risiko-Chancen-Kalküls oder mithilfe der Kennziffer RAROC erfolgen. Die Kennzahl RAROC (Risk Adjusted Return on Capital) ergibt sich aus der Gegenüberstellung von Soll- (bzw. Ist-) RORAC und Ziel-RORAC. Weist ein Geschäftsbereich einen positiven Ist-RAROC auf:

$$\text{Ist-RORAC} - \text{Ziel-RORAC} = \text{Ist-RAROC} \geq 0,$$

so hat dieser Bereich für die abgelaufene Geschäftsperiode einen positiven Beitrag zur Wertsteigerung des Unternehmens geleistet. Ist der Ist-RAROC dagegen negativ, so hat dieser Geschäftsbereich einen Teil des Unternehmenswertes vernichtet. In diesem Zusammenhang besteht das Problem der optimalen Risikokapitalallokation vereinfacht dargestellt darin, den Geschäftsbereichen mit positivem RAROC ausreichend Risikokapital zuzuweisen, um deren Geschäftspotenzial voll auszuschöpfen. Bei begrenztem Risikokapital geschieht dies tendenziell zu Lasten der Geschäftsbereiche mit negativem RAROC.

Für eine optimierte Risikokapitalallokation wurden bislang vier alternative und kontrovers diskutierte Ansätze zur Verteilung von Risikokapital vorgestellt (Vgl. SCHIERENBECK 2001):

- *Stand-alone-Risikokapitalgrößen*: Bei diesem Ansatz werden die Korrelationen bzw. Diversifikationseffekte zwischen den Geschäftsbereichen nicht berücksichtigt.

- *Adjustierte Risikokapitalgrößen*: Bei diesem Ansatz werden die Diversifikationseffekte zwischen den Geschäftsbereichen durch Anpassungsfaktoren erfasst.

- *Marginale Risikokapitalgrößen*: Das Risikokapital eines Geschäftsbereichs bestimmt sich aus der marginalen Veränderung des Gesamtrisikopotenzials bei Einbezug bzw. Ausschluss des Geschäftsbereichs im Gesamtportfolio der Unternehmung.

- *Delta Value at Risk*: Mithilfe dieses Ansatzes lässt sich für jeden Geschäftsbereich ein sog. inkrementeller Value at Risk (InVaR) bestimmen, welcher als Messgröße für die Zuweisung von Risikokapital verwendet werden kann. Dabei entspricht die additive Summe von inkrementellen VaR-Größen wiederum dem Risikokapital der Gesamtunternehmung.

Prinzipiell lassen sich die risikoadjustierten Kennziffern und die Verfahren der Risikokapitalallokation nur dann sinnvoll anwenden, wenn ein Unternehmen in der Lage ist, für alle Geschäftsbereiche den VaR zu bestimmen. Ansonsten besteht das Problem, dass Risiken aus unterschiedlichen Geschäftsbereichen nur bedingt untereinander verglichen werden können. Zudem wird die Zuführung von Risikokapital ohne explizite VaR-Verfügbarkeit nur näherungsweise im Einklang mit den tatsächlichen Risikoübernahmen stehen. Aber selbst wenn die VaR-Messung nicht in allen Geschäftsbereichen möglich ist, könnten zumindest approximierte Risikobeträge vorgegeben und hierauf aufbauend die vorgestellten Verfahren genutzt werden.

4. Zusammenfassung

Im Sinne des wertorientierten Risikomanagements müssen alle potenziellen negativen Risikowirkungen auf den Marktwert des Unternehmens in sinnvoller Weise gesteuert werden. Dies bedeutet nicht, dass Risiken von vornherein nicht eingegangen werden dürfen. Schließlich ist es ohne die Übernahme von Risiken nicht möglich, entsprechende Erträge zu generieren, um damit den Unternehmenswert zu steigern. Demzufolge muss jede Unternehmung ein den Prinzipien der wertorientierten Unternehmenssteuerung folgendes Risikomanagement implementieren. Die Funktionen des wertorientierten Risikomanagements bestehen darin, zur Steigerung des Unternehmenswertes vor dem Hintergrund der übernommenen Risiken Wertsteigerungsstrategien mithilfe geeigneter Maßnahmen umzusetzen. Da schlagend werdende Risiken auch zum Untergang der Unternehmung führen können, ist das wertorientierte Risikomanagement dabei auch für die Sicherung der Existenz der Unternehmung verantwortlich. Zu den Funktionen gehören neben der Sicherstellung des Gleichgewichts von Risikopotenzial und Risikodeckungsmassen auch die Erhaltung des finanziellen Gleichgewichts einer Unternehmung.

Literaturverzeichnis

BAUMOL, W.J.: The transactions demand for cash: An inventory theoretic approach, in: QJE, 1952, S. 545 ff.

BERANEK, W.: Analysis for Financial Decisions, 2. Auflage, Homewood 1965.

BLOHM. H./LÜDER, K.: Investition. Schwachstellen im Investitionsbereich des Industriebetriebes und Wege zu ihrer Beseitigung, 8. Auflage, München 1995.

GESCHKA, H./HAMMER, R.: Die Szenario-Technik in der strategischen Unternehmensplanung, in: Hahn, D./Taylor, B. (Hrsg.): Strategische Unternehmensplanung – strategische Unternehmensführung: Stand und Entwicklungstendenzen, Heidelberg 1997, S. 464-489.

HÖLSCHER, R.: Gestaltungsformen und Instrumente des industriellen Risikomanagements, in: Schierenbeck, H. (Hrsg.): Risk Controlling in der Praxis, Zürich 1999, S. 297-363.

HÖLSCHER, R.: Die Praxis des Risiko- und Versicherungsmanagements in der deutschen Industrie, in: Schierenbeck, H. (Hrsg.): Risk Controlling in der Praxis, Zürich 1999a, S. 413-455.

KREIKEBAUM, H.: Strategische Unternehmensplanung, 6. Aufl., Stuttgart/Berlin/Köln 1997.

LISTER, M.: Risikoadjustierte Ergebnismessung und Risikokapitalallokation, in: Rolfes, B./Schierenbeck, H. (Hrsg.): Schriftenreihe des Zentrums für Ertragsorientiertes Bankmanagement, Band 12, Münster 1997.

LISTER, M.: Value Controlling in Geschäftsbanken, in: Schierenbeck, H./Rolfes, B./ Schüller, S. (Hrsg.): Handbuch Bankcontrolling, 2. Aufl., Wiesbaden 2001, S. 1125-1145.

LISTER, M.: Konzeption des Value Controllings, in: die Unternehmung 3/2001a, S. 235-252.

MATTEN, C.: The capital allocation challenge for the banks, in: SBC (Hrsg.): Prospects 4-5/1995, S. 2-5.

MILLER, M.H./ORR, D.: A model for the demand for money by firms, in: OJE 1966, S. 413 ff.

NEUBÜRGER, K.W.: Risiko-Chancen-Kalkül: Hilfsmittel für die Unternehmensentscheidungen bei Unsicherheit, in: Die Betriebswirtschaft 1981, S. 447-456.

PERRIDON, L./STEINER, M.: Finanzwirtschaft der Unternehmung, 10. Auflage, München 1999.

POINTEK, J.: Controlling, München/Wien 1996.

RUNZHEIMER, B.: Risiko-Analyse in der Investitionsplanung, in: Die Betriebswirtschaft 1978, S. 44-50.

SCHIERENBECK, H.: Ertragsorientiertes Bankmanagement, Bd. 1: Grundlagen, Marktzinsmethode und Rentabilitäts-Controlling, und Band 2: Risiko-Controlling und integrierte Risiko/Rendite-Steuerung, 7. Aufl., Wiesbaden 2001.

SCHIERENBECK, H./ LISTER, M.: Value Controlling – Instrumente und Verfahren einer modernen Controlling-Konzeption, in: Seicht, G. (Hrsg.): Jahrbuch Controlling, Jahrbuch für Controlling und Rechnungswesen, Wien 2001, S. 117-139.

SCHIERENBECK, H./ LISTER, M.: Value Controlling, 2. Auflage, München, Wien 2002.

WOLF, K./RUNZHEIMER, B.: Risikomanagement und KonTraG: Konzeption und Implementierung, Wiesbaden 1999.

Ralph Elfgen[*]

Aufgaben und Instrumente des strategischen Risikomanagements

1. Einführung

2. Wahrnehmung von Aufgaben des strategischen Risikomanagements im Unternehmen

3. Instrumente des strategischen Risikomanagements

4. Das Frühwarnsystem als zentrales Instrument des strategischen Risikocontrolling
   4.1 Gegenstand von Frühwarnsystemen
   4.2 Gestaltung von Frühwarnsystemen
   4.3 Vorgehensweise beim Aufbau von Frühwarnsystemen
   4.4 Aktuelle Probleme und Entwicklungserfordernisse

5. Ausblick

Literaturverzeichnis

---

[*] Dr. Ralph Elfgen ist Geschäftsführer der Gerling Risiko Consulting GmbH.

1. Einführung

Die Diskussion um das Risikomanagement konzentriert sich heute, nachdem in der überwiegenden Anzahl der Großunternehmen Risikomanagementsysteme etabliert worden sind, auf die Instrumente des Risikomanagements, die Ausgestaltung der periodischen Berichterstattung und vor allem das Controlling von Risikobewältigungsmaßnahmen. Allenthalben wird auch betont, dass im Bereich des strategischen Risikomanagements in der Praxis noch eine Reihe von Ansatzpunkten für Optimierungen und Ergänzungen existieren, dies vor allem deswegen, weil die bestehenden Systeme stark auf den Bereich der operativen bzw. den der Finanzrisiken fokussiert sind.

Bei den strategischen Risiken handelt es sich um solche, die die Marktposition, also die Erfolgspotenziale des Unternehmens sowie dessen Ressourcenausstattung, nachhaltig schwächen und damit die zukünftige Entwicklung des Unternehmens gefährden können. Ein strategisches Risikomanagement hat in diesem Sinne die Aufgabe, derartige Gefährdungen frühzeitig zu erkennen, zu bewerten und zu handhaben. Damit stellt sich jedoch die Frage, ob die Etablierung eines strategischen Risikomanagements neben dem strategischem Managementprozess sinnvoll ist, denn beim strategischen Risikomanagement handelt es sich letztlich nicht um eine eigenständige Unternehmenssteuerungsfunktion. Vielmehr geht es darum, im Rahmen der strategischen Planung neben den üblicherweise betrachteten Chancen auch die Risiken unternehmerischer Entwicklungen zu berücksichtigen und im Sinne von Szenariobetrachtungen aufzugreifen.

Wenn also Forderungen nach einem strategischen Risikomanagement aufkommen, dann gilt es letztlich, eine Integration spezifischer Risikobetrachtungen im strategischen Managementprozess sicherzustellen. Die Identifikation, Bewertung und Steuerung von Risiken muss allerdings auf Basis anderer Orientierungsgrundlagen und Planungshorizonte erfolgen, als dies beim weithin bekannten operativen Risikomanagement der Fall ist.

2. Wahrnehmung von Aufgaben des strategischen Risikomanagements im Unternehmen

Während operative Risikocontrollingfunktionen zunehmend zum Standard in Industrieunternehmen avancieren, ist die Wahrnehmung strategischer Risikocontrollingaufgaben noch nicht selbstverständlich. Häufig wird betont, dass insbesondere in der Verknüpfung von Risikomanagement und strategischer Unternehmenssteuerung noch Verbesserungspotenziale liegen, dass der strategische Managementprozess losgelöst vom Risikomanagementprozess abläuft, dass die Betrachtung strategischer Risiken auf Performancedaten und Risikobetrachtungen aus dem operativen Risikocontrolling und damit auf retrospektive Betrachtungen zurückgreift, dass Unklarheiten in den Verantwortungsabgrenzungen bestehen und dass insbesondere die adäquate Ausgestaltung von Frühwarnsystemen Probleme bereitet. Dabei bestehen die Aufgaben eines strategischen Risikomanagements unbestritten darin, dass

- Risiken für die zukünftige Entwicklung von Unternehmen frühzeitig analysiert und von der Unternehmensplanung berücksichtigt werden, d.h.
- die wichtigsten Rahmendaten regelmäßig überwacht werden, um Veränderungen der strategischen Chancen- und Risikosituation erkennen zu können (Märkte, Produkte, Kunden, Forschung und Entwicklung, rechtliche und politische Rahmenbedingungen),
- eine Anpassung der Entwicklungsplanung auf Basis gewonnener Risikodaten erfolgen muss, um einen optimalen Fit der Entwicklungsplanung des Unternehmens mit den sich ändernden Umfeldbedingungen zu erreichen.

Mit anderen Worten: Das strategische Risikomanagement soll die Unternehmensleitung in die Lage versetzen, frühzeitig agieren zu können und nicht erst beim Eintreten von Risiken bzw. bei deren Veränderung reagieren zu müssen. Bei einem solchen Aufgabenverständnis fällt allerdings eine Differenzierung von strategischer Unternehmensführung und strategischem Risikomanagement, von strategischem Risikocontrollingprozess und strategischer Unternehmenssteuerung schwer. Eine strategische Unternehmensführung wird immer die Berücksichtigung von Chancen und Risiken zukünftiger Entwicklungen im Blickfeld haben. Insofern ist das Risikomanagement aus strategischer Sicht eine Ergänzung des strategischen Managementprozesses, wozu jedoch zwingend die Nutzung bestimmter Instrumentarien, wie etwa der mehrwertigen Planung, der Szenariotechniken und insbesondere der Frühwarnsystematik zählen.

Aus dem Verständnis dieser Aufgabenstellung heraus wird auch unmittelbar deutlich, wem Aufgaben des strategischen Risikomanagements zuzuordnen sind. Aufgrund des Aufgabeninhaltes sind die Funktionen des strategischen Risikomanagements untrennbar mit der der strategischen Planung verbunden und damit letztlich den Organisationseinheiten zuzuordnen, die strategische Planungsaufgaben im Unternehmen wahrnehmen, seien es spezifische Stabsstellen oder aber die Unternehmensleitung selbst. Jedoch kann eine strategische Risikobetrachtung nicht erfolgen, wenn Informationen über mögliche Umfeldveränderungen (wenn auch nur schwache Signale) nicht systematisch analysiert und damit keine Informationen für die Entwicklungsplanung gewonnen werden.

Die Gewinnung von Informationen über zukünftige Entwicklungen, aus denen Hinweise auf mögliche Risiken für das Unternehmen abgeleitet werden können, kann jedoch nicht alleine Aufgabe des „strategischen Planers" sein. Vielmehr ist die Gewinnung dieser Informationen in allen Bereichen des Unternehmens zu organisieren, wenngleich die Wahrnehmung dieser Aufgaben über den strategischen Managementprozess zu steuern ist.

3. Instrumente des strategischen Risikomanagements

Für das strategische Risikomanagement werden grundsätzlich keine anderen Instrumentarien benötigt, als für die übrigen Bereiche des Risikomanagements. Es geht wiederum um die gezielte Identifikation, Bewertung und Steuerung von Risiken. Gegenstand des strategischen Risikomanagements sind jedoch Entwicklungen im strategischen Bereich, d.h. es ist auf die Identifikation von Entwicklungen Wert zu legen, die geeignet sind, die Unternehmensentwicklung zukünftig zu beeinflussen, und die Bewertung dieser Risiken ist vor dem Hintergrund bestehender strategischer Entwicklungsplanungen, insbesondere bestehender Businesspläne vorzunehmen. Insofern sind als die beiden wesentlichen Instrumente des strategischen Risikomanagements einerseits die mehrwertige Businessplanung und andererseits das Frühwarnsystem zu kennzeichnen.

Bei der mehrwertigen Businessplanung handelt es sich im Prinzip um ein bewährtes Planungsinstrument: Unter Berücksichtigung bestimmter Parameter wird die zukünftige Unternehmensentwicklung für einen Planungshorizont von mindestens fünf Jahren berechnet. Dazu werden auf Basis der wichtigsten strategischen Planungsprämissen Aufwendungen und Erträge, mithin also das Betriebsergebnis ermittelt und durch Cashflow-Betrachtungen bzw. die Analyse von Kennzahlen zur Kapitalverzinsung ergänzt. Bei der mehrwertigen Businessplanung werden dabei zumindest drei Szenarien ermittelt, die sich im Wesentlichen durch die in die Berechnung eingehenden Prämissen unterscheiden: In einem „optimistic case" wird in der Regel die Ausschöpfung der gesamten Chancenpotenziale zugrunde gelegt, d.h. es fließen in die eigentlichen Businessplanberechnungen die Prämissen ein, die eine optimistische Entwicklung der Marktposition des Unternehmens und damit insbesondere auch der zu erwartenden Aufwendungen und Erträge zur Folge haben. Neben einem „realistic case" wird darüber hinaus in einem „pessimistic case" eine Planungsvariante erstellt, die das kumulierte Eintreffen mehrerer weniger vorteilhafter Entwicklungen berücksichtigt, wobei vor allem Risiken der zukünftigen Entwicklung in diese Planungsvariante einbezogen werden.

Im strategischen Risikomanagement werden also identifizierte, möglicherweise risikobehaftete Entwicklungen in Form von modifizierten Prämissen für die Unternehmensentwicklungsplanung berücksichtigt. Bestehende Businessplanvarianten werden unter Zugrundelegung neuer, zusätzlicher Risikobetrachtungen überprüft. Für den Fall, dass gravierende Abweichungen von den geplanten Entwicklungen berechnet werden, ist aufgrund des Planungshorizontes dann noch eine Modifikation der Unternehmensplanung und damit ein Agieren der Unternehmensleitung und nicht lediglich ein reaktives Nachsteuern möglich. Während die mehrwertige Businessplanung mittlerweile zum Standard geworden ist, ist das Instrument der Frühwarnung in vielen Unternehmen jedoch noch unterentwickelt. Das Frühwarnsystem, das im Folgenden detaillierter beschrieben werden soll, ist im Wesentlichen ein Instrument der Identifikation von Risiken, also potenziell negativer Entwicklungen. Es ist damit praktisch eine Art „Frühwarnradar" der Unternehmensführung, das ihr hilft, Entwicklungen im Umfeld bzw. im Unternehmen selbst so frühzeitig zu erkennen, dass diese noch in den Businessplänen berücksichtigt werden können.

4. Das Frühwarnsystem als zentrales Instrument des strategischen Risikocontrolling

Das oben beschriebene Begriffsverständnis ist im Grunde nicht neu. Bereits Szyperski und Winand stellen dar, dass der Zweck von Frühwarnsystemen darin besteht, „Krisensituationen in Unternehmungen schon im Zeitpunkt ihres Entstehens zu erkennen. Krisen sind in diesem Zusammenhang ungewollte und ungeplante erfolgspotenzial-, ertrags- und/oder liquiditätsmäßige Situationen in einer Unternehmung, die das Überleben oder die Funktionsfähigkeit einer Unternehmung ernsthaft gefährden. Frühwarnsysteme einer Unternehmung müssen sowohl die Symptome für Krisenerscheinungen, die aus der Umwelt auf die Unternehmung durchschlagen, als auch solche, die in der Unternehmung selbst ihre Ursache finden, rechtzeitig erkennen und ‚melden' können" (SZYPERSKI/WINAND 1980, S. 53).

Die bloße „Meldung" von Risiken reicht jedoch noch nicht aus, soll der Anspruch eines strategischen Risikomanagements verfolgt werden. Vielmehr bedarf es einer Risikobewertung. Diese muss vor dem Hintergrund der bestehenden Entwicklungsplanung des Unternehmens erfolgen und setzt eine Simulation der Auswirkungen möglicher, zunächst noch relativ vage umschriebener, Entwicklungen voraus (Einsatz von Szenariotechniken). Das Frühwarnsystem als „Informationslieferant" muss also mit dem unternehmerischen Planungsprozess zwingend verknüpft werden, Frühwarninformationen müssen in die Businessplanung integriert werden. Im Folgenden soll nunmehr detaillierter auf die Ausgestaltung und den Weg zum Aufbau von Frühwarnsystemen eingegangen werden.

4.1 Gegenstand von Frühwarnsystemen

Mit dem Inkrafttreten des KonTraG und den nachfolgenden Diskussionen über eine adäquate Ausgestaltung von Risikomanagementsystemen wurde auch die Bedeutung von Frühwarnsystemen deutlich hervorgehoben. Dabei ist in der Rechtsvorschrift selbst lediglich ein allgemeiner Hinweis enthalten: „Der Vorstand hat geeignete Maßnahmen zu treffen, insbesondere ein Überwachungssystem einzurichten, damit den Fortbestand der Gesellschaft gefährdende Entwicklungen *früh erkannt werden*" (§ 91 Abs. 2 AktG).

Auch aus der Begründung für die mit dem KonTraG vollzogene Aktienrechtsnovelle lassen sich nur erste, vage Hinweise auf die Ausgestaltung von Frühwarnsystemen erschließen; hier wird im Wesentlichen darauf hingewiesen, dass risikobehaftete Entwicklungen mit potenziell existenzgefährdendem Charakter zu einem Zeitpunkt erkannt werden sollten, zu dem noch geeignete Maßnahmen zur Abwendung eben dieser Entwicklungen in Angriff genommen werden können.

Hinweise zur Ausgestaltung von Frühwarnsystemen ergeben sich jedoch in vielfältiger Weise aus der Praxis der strategischen Unternehmensführung: Frühwarninstrumente (-methoden, -systeme) sind zentrale Elemente der strategischen Unternehmensführung, die Frühwarnung (Risikofrüherkennung, Risikofrühabklärung) liefert Basisdaten für die strategischen Planungsprozesse sowie die nachgelagerten operativen Dispositionen. Frühwarnsysteme gewährleisten eine systematische, methodisch unterstützte und nachvollziehbare Auseinandersetzung mit zukünftigen Entwicklungen, d.h. sowohl mit den Chancen als auch mit den Risiken der Unternehmensentwicklung.

Aus der Sichtweise eines Risikomanagers sind Frühwarnsysteme damit integraler Bestandteil von Risikomanagementsystemen, sie ermöglichen eine Frühidentifizierung, Bewertung und Verfolgung von Entwicklungsrisiken und sind damit ein typisches Risikocontrollinginstrument. Andererseits sind sie ein wesentliches Instrument innerhalb des strategischen Managementprozesses, denn ohne eine Information über mögliche Entwicklungen in der Zukunft, ohne eine frühzeitige Simulation möglicher Planabweichungen sind die Ergebnisse strategischer Planungsprozesse nur begrenzt aussagefähig. Der wesentliche Nutzen von Frühwarnsystemen für die Unternehmensleitung besteht in

- der Systematisierung von potenziellen Risiken (z.B. in Form von Beobachtungsbereichen und nachgelagerten Frühwarnindikatoren) und deren gezielter „Vorabbeobachtung",
- der Analyse von möglichen risikobehafteten Entwicklungen (z.B. Risikoursachen, -verlauf, Sollwertabweichungen) und
- der Berichterstattung über Frühwarnaspekte (Risikoreporting, strategischer Managementprozess).

Mit anderen Worten: Ein Frühwarnsystem liefert über eine regelmäßig, methodisch abgesicherte Bewertung zukünftiger Entwicklungen eine langfristig valide Datenbasis für eine mehrwertige Businessplanung. Dazu jedoch sind spezifische Aufgaben, Kompetenzen und Verantwortlichkeiten (z.B. für die Beobachtung bestimmter Entwicklungen im Umfeld des Unternehmens, für die Bewertung identifizierter Entwicklungen und die Zusammenstellung eines entsprechenden Reports) festzulegen. Und im Sinne einer Nachvollziehbarkeit und Nachverfolgbarkeit getroffener Maßnahmen sind die auf Basis von Frühwarninformationen angestoßenen unternehmensinternen Prozesse zu dokumentieren. Letztlich ist insbesondere für öffentliche Unternehmen zu berücksichtigen, dass der Prüfungskatalog des Abschlussprüfers gemäß § 53 Haushaltsgrundsätzegesetz dezidiert auf „Frühwarnsignale" und „latente Risiken" eingeht (Fragenkatalog 8).

4.2 Gestaltung von Frühwarnsystemen

Wenn im Folgenden die Ausgestaltung von Frühwarnsystemen, mögliche Lösungsansätze und Vorgehensweisen sowie praktische Probleme beschrieben werden, dann stehen solche Systeme im Vordergrund, die unternehmensintern genutzt und deren Ergebnisse (Information über die Zukunft) für die eigene strategische Entwicklungsplanung verwendet werden. Demgegenüber werden auch immer wieder solche Informationsinstrumente als Frühwarnsystem beschrieben, die von Dritten (z.B. Gläubigern, Kapitalgebern bzw. Aktionären, Analysten) betrieben werden und Informationen über die Zukunft von Unternehmen geben. Im letztgenannten Fall handelt es sich um Instrumente der Insolvenzprognose bzw. der Performanceabschätzung (z.B. für den Kapitalmarkt). Als Informationsquellen dienen Bilanzen, Gewinn- und Verlustrechnungen, Geschäftsberichte und hier insbesondere der Lagebericht, Unternehmensveröffentlichungen und Pressekonferenzen. Die Analyse ist hierbei im Wesentlichen retrospektiv, es werden vor allem Quartals- oder Jahresberichte bzw. kennzahlenorientiert aufbereitete Informationen ausgewertet, die eine Entwicklung in der Vergangenheit bzw. in der sehr nahen Zukunft beschreiben.

Frühwarnsysteme	
Unternehmensextern	**Unternehmensintern**
Ziel: Externe Personen (z.B. Gläubiger, Eigenkapitalgeber) versuchen, Informationen über die Zukunft zu gewinnen	*Ziel:* Informationen über die Zukunft aus Unternehmenssicht gewinnen
Informationsquelle: z.B. Bilanzen, Lagebericht, Gewinn- und Verlustrechnung	*Informationsquelle:* Statistiken, Marktanalysen
Informationsauswertung: z.B. im externen Rechnungswesen	*Informationsauswertung:* z.B. im Verlauf des strategischen Managementprozesses
Ergebnis: z.B. Insolvenzprognose	*Ergebnis:* z.B. Prognose über die Entwicklung eines Geschäftsfeldes
Problem: Prognosegenauigkeit wegen Vergangenheitsorientierung gering	*Problem:* Prognosegenauigkeit hängt von den Prämissen der Betrachtung ab

Abbildung 1: Der Charakter verschiedener Arten von Frühwarnsystemen

Das unternehmensintern einzusetzende, als Instrument des strategischen Risikomanagements fungierende Frühwarnsystem zielt demgegenüber darauf ab, Informationen über die Zukunft zu gewinnen, wobei als Informationsquellen z.B. Statistiken, Marktanalysen, eigene Beobachtungen von technologischen, sozialen, wirtschaftlichen, rechtlichen und politischen Rahmenbedingungen zu nennen sind. Die Informationsauswertung erfolgt im Rahmen des strategischen Managementprozesses. In diesem Rahmen werden „Zukunftsdaten" für die Ableitung möglicher Entwicklungsszenarien (z.B. für die Prognose der Veränderung eigener Marktpositionen, der Betriebsergebnisse einzelner Geschäftsfelder, der erforderlichen Investitionen und Forschungsentwicklungsbereiche) verwendet. Abbildung 1 verdeutlicht die Unterschiede zwischen den beiden beschriebenen Arten von Frühwarnsystemen.

Finanzwesen	Absatz	Materialwirtschaft	Personalwesen
z.B.	z.B.	z.B.	z.B.
– Eigenkapitalrentabilität	– Marktanteil	– Lagerdauer	– Arbeitsproduktivität
– Gesamtkapitalrentabilität	– Terminstreue	– Lieferverzögerungen	– Fluktuationsquote
– Liquidität	– Umschlagshäufigkeit	– Fehlerquote	– Krankenquote
– Eigenkapitalquote	– Lagerreichweite	– Umschlagshäufigkeit	– Altersstruktur
– Verschuldungsgrad	– Kalkulationsabweichung	– Lagerbestand und -reichweite	– Ausbildungskosten

Abbildung 2: Typische betriebliche Kennzahlen mit begrenztem Betrachtungshorizont

Sowohl in der wissenschaftlichen als auch in der praktischen Diskussion über Frühwarnsysteme werden sehr verschiedene Ansatzpunkte über die Ausgestaltung von Frühwarnsystemen verfolgt, deren Leistungsfähigkeit von der Auswahl der bei der Risikobewertung berücksichtigten Orientierungsgrößen abhängt: Vielfach werden Kennzahlensysteme nur unscharf von Indikatorenmodellen getrennt. Bereits die Verfolgung bestimmter betrieblicher Kennzahlen aus dem Finanzbereich (z. B. Cashflow, EBIT) der Produktion (Auslastungsquote), dem Vertriebsbereich (Auftragsbestand, Auftragseingang) oder dem Personalbereich (Fluktuationsquote) wird mit einer Frühwarnsystematik gleichgesetzt, wenngleich derartige Instrumentarien lediglich einen kurzen Betrachtungshorizont gewährleisten. Abbildung 2 gibt einen Überblick über derartige Kennzahlen, deren starker Einfluss dadurch zu erklären ist, dass es sich bei den generierten Ergebnissen um so genannte „harte Daten" handelt, die im Controlling und Rechnungswesen des Unternehmens mit den üblicherweise verfügbaren Instrumenten verarbeitet werden können.

Soll jedoch eine stärker strategische Orientierung der Frühwarnung erreicht, sollen die Betrachtungshorizonte erweitert und im stärkeren Umfange qualitative Daten in der Beurteilung der zukünftigen Entwicklungen und deren Regeln berücksichtigt werden, dann sind insbesondere die für das Unternehmen wichtigen Bereiche im Umfeld systematisch zu beobachten und auch verstärkt so genannte „schwache Signale" in die Beurteilung einzubeziehen. Je mehr solcher „soft facts" in die Betrachtung berücksichtigt werden, desto eher wird die Aufgabe der Identifikation und Bewertung zukünftiger Entwicklungen nicht mehr im klassischen Controlling bzw. Risikocontrolling erfolgen, sondern von dazu eigens beauftragten Mitarbeitern durchgeführt. So gilt es z.B., sich durch Vertreter in entsprechenden Ausschüssen, Verbänden, Gesprächszirkeln ein Bild über die politischen und rechtlichen Rahmenbedingungen zu machen, durch die Verfolgung der wissenschaftlichen Entwicklung bestimmte technologische Innovationen und deren praktische Bedeutung frühzeitig zu erkennen, durch die Teilnahme an Finanz- oder Wirtschaftsausschüssen der regionalen Körperschaften Informationen über die Strukturpolitik und Bauplanung der Kommunen im Umfeld zu gewinnen und vor allem auch über die Gespräche mit Kunden und Wettbewerbern einen Eindruck über die Entwicklung des Marktes zu generieren.

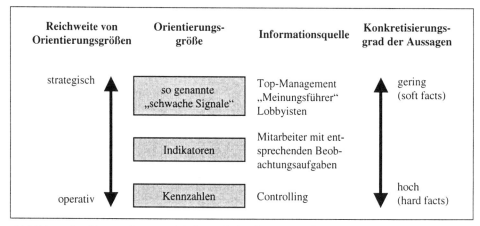

Abbildung 3: Kategorien verschiedener Orientierungsgrößen

Mit der Berücksichtigung dieser Orientierungsgrößen verschieben sich dann zugleich die Betrachtungshorizonte im Rahmen eines funktionsfähigen Frühwarnsystems (Vgl. Abbildung 4). Während die mit dem Risikomanagement befassten internen und externen Aufgabenträger in der Regel eine kurzfristigere und zugleich überwiegend retrospektive Sicht einnehmen, kann durch die Beobachtung der oben beschriebenen Orientierungsgrößen der Betrachtungszeitraum weiter in die Zukunft gerichtet werden. Auf jeden Fall kann ein kennzahlengestütztes Controllinginstrument, mit Konzentration auf Monats-, Quartals- oder Jahreskennzahlen, lediglich eine geringe Reichweite haben, verglichen mit einem Frühwarnsystem, das zukünftige Entwicklungen stärker in den Vordergrund stellt.

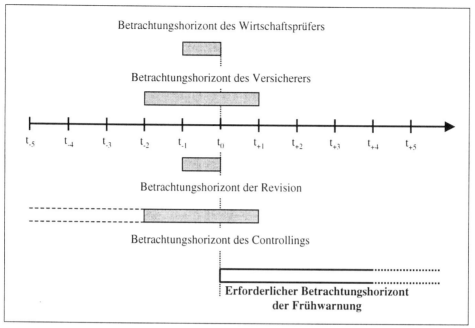

Abbildung 4: Betrachtungshorizonte wichtiger Funktionsträger im Rahmen des Risikomanagements

In der Regel werden die bei der Verfolgung der Beobachtungsbereiche ermittelten Daten zunächst nur qualitativ vorliegen, ganz unabhängig davon, ob sie durch spezifisch beauftragte Mitarbeiter oder durch Führungskräfte (z.B. im Vertrieb) oder das Topmanagement zusammengetragen wurden. Aber bereits diese qualitativen Daten erlauben bereits eine frühzeitige interne Meinungsbildung über zukünftige Entwicklungen. Zwei Beispiele mögen dies verdeutlichen: Der derzeitige Marktanteil in einem bestimmten Segment sagt wenig über die zukünftige Profitabilität des Unternehmens aus. Gelingt es nicht, Forschungs- und Entwicklungsbemühungen in der Wissenschaft und insbesondere die Umsetzung dieser Forschungsergebnisse in Konkurrenzunternehmen zu beobachten (z.B. Veröffentlichungen in Fachmagazinen, Patentanmeldungen, Genehmigung von Versuchslabors), dann wird der potenzielle Marktauftritt eines Wettbewerbers mit einem Substitutionsprodukt erst zu spät erkannt, mit der Folge, dass der derzeit bestehende Marktanteil sukzessive erodiert und damit die Profitabilität des eigenen Unternehmens nachhaltig negativ beeinflusst wird (z.B. aufgrund höherer Zusatzkosten für Marketing und Vertrieb, erforderliche Preisnachlässe bzw. speziell veranlasster Neugestaltungen des eigenen Produktes).

Ein weiteres Beispiel ist in der Flut von Gesetzen und Bestimmungen im Umweltbereich zu sehen – eine Entwicklung, die gerade in Europa und insbesondere in Deutschland leicht nachvollziehbar ist. Üblicherweise besteht die erste Phase der Entwicklung darin, dass bestimmte Missstände im Unternehmen (z.B. die Emission von Schadstoffen, die mangelnde Sicherheit in der Produktion) öffentlich erste Aufmerksamkeit gewinnen und Einzelne eine Meinung zu diesen Problemen entwickeln. In einem nächsten Schritt werden dann bei Fortbestehen dieser vermeintlichen Missstände Interessengruppen etabliert, es werden sich Bürgerinitiativen entwickeln, die als Anspruchsteller an das Unternehmen herantreten und Informationen über mögliche Risiken bzw. Maßnahmen zur Begrenzung der als Missstand empfundenen Entwicklungen erfragen. Bei Fortbestehen der Problematik findet typischerweise eine Diskussion in politischen Parteien statt, die dann in einer nächsten Stufe entsprechende Gesetzesinitiativen und letztlich die Verabschiedung und die Inkraftsetzung neuer Umweltnormen zum Inhalt hat. In letzter Zeit sind dies vor allem Normen der EU, die auch national umzusetzen sind, z.T. mit erheblichen Konsequenzen für die betroffenen Branchen (Vgl. z.B. das Weißbuch zur Chemikalienpolitik mit erheblichen Auswirkungen für die Chemische Industrie, Vorschriften für den Verbraucherschutz oder die Gerätesicherheit mit entsprechenden Konsequenzen für die Hersteller von Konsumgütern).

Sollen derartige Entwicklungen frühzeitig erkannt und damit gewährleistet werden, dass das Unternehmen sich darauf einstellen bzw. diese gezielt beeinflussen kann, hat eine Information in einer möglichst frühen Phase des beispielhaft beschriebenen Ablaufs einzusetzen. Sind die entsprechenden Auswirkungen bereits über Kennzahlen erfassbar, so verschließt sich die Entwicklung i.d.R. einer gezielten Beeinflussung bzw. macht diese sehr aufwändig. Um die Orientierung in den einzelnen Beobachtungsbereichen zu erleichtern, hat sich die Ableitung entsprechender Indikatoren bewährt. So geben z.B. demographische Daten Aufschluss über die Migrationsbewegungen und die damit erforderlichen Infrastrukturinvestitionen für die Bevölkerung, die Entwicklung von Zinsen und Wechselkursen ermöglicht eine Ermittlung möglicher Absatzhemmnisse und Innovationen im Bereich der Verfahrenstechnik geben bereits frühzeitig Hinweise auf mögliche Ansatzpunkte der Optimierung von Produktionsprozessen bzw. Produktqualitäten.

Die Hauptschwierigkeit bei der Konzeption von Frühwarnsystemen besteht dabei gerade in der Festlegung dieser Indikatoren für einzelne Beobachtungsbereiche des Frühwarnsystems. Die jeweiligen Indikatorensysteme sind natürlich grundsätzlich für jedes Unternehmen individuell festzulegen, wenngleich sich branchenspezifische Schwerpunkte durchaus feststellen lassen (so sind z.B. die Indikatoren im Bereich der öffentlichen Verkehrsdienstleister anders zu wählen als für die Hersteller von Windkraftanlagen). Die Abbildungen 5 und 6 geben anhand einiger Beispiele eine Übersicht über mögliche Indikatoren, die im Übrigen nicht immer quantitativ erfasst, sondern ggf. mehr qualitativ beschrieben werden können.

Aufgaben und Instrumente des strategischen Risikomanagements 217

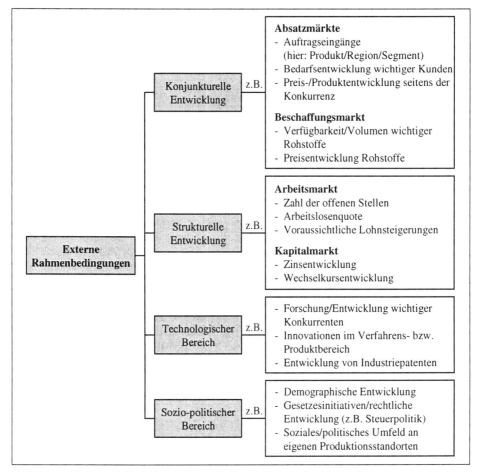

Abbildung 5: Mögliche Orientierungsgrößen im Unternehmensumfeld

Ermittelte Veränderungen des Unternehmensumfeldes, beschrieben durch leichte Reaktionen des Frühwarnindikators, geben Hinweise auf mögliche Auswirkungen auf einzelne Entwicklungsszenarien. Sie geben damit insbesondere Anlass zur erneuten Simulation der Unternehmensergebnisse und sind mithin maßgeblich für eine mehrwertige Unternehmensplanung, die eben nicht nur die positive Unternehmensentwicklung (Chancen), sondern auch Abweichungen von diesem optimistischen Pfad (Risiken) ermittelt.

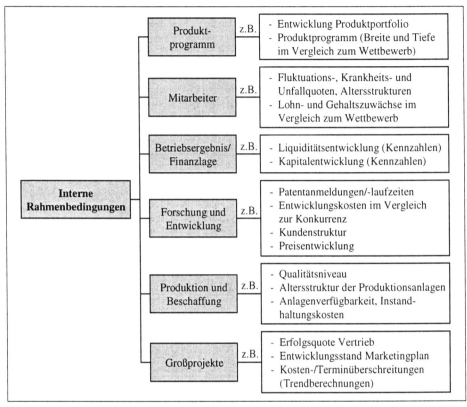

Abbildung 6: Mögliche unternehmensinterne Orientierungsgrößen

4.3 Vorgehensweise beim Aufbau von Frühwarnsystemen

Die logische Abfolge der Einzelschritte beim Aufbau eines Frühwarnsystems ergibt sich aus der Abbildung 7 und reicht im Wesentlichen von der Systematisierung einzelner Beobachtungsbereiche über die Festlegung einzelner Indikatoren je Beobachtungsbereich bis hin (sofern möglich) zur Definition bestimmter Soll- bzw. Toleranzwerte je Indikator.

In einem ersten Schritt sind zunächst die Beobachtungsbereiche innerhalb oder außerhalb des Unternehmens festzulegen. Dabei geht es vor allem um externe Rahmenbedingungen für die zukünftige Entwicklung, die es kontinuierlich zu beobachten gilt. In Abbildung 5 sind mögliche Beobachtungsbereiche beispielhaft aufgelistet, in denen bestimmte Daten z.B. über den externen Rahmen sowie die interne Entwicklung des Unternehmens zu sammeln sind.

Schritt 1	Schritt 2	Schritt 3	Schritt 4	Schritt 5
Festlegung von Beobachtungsbereichen	Bestimmung von Frühwarnindikatoren je Beobachtungsbereich	Festlegung von Sollwerten und Toleranzgrenzen je Frühwarnindikator	Strukturelle Umsetzung	Ausgestaltung der Berichtswege und -instrumente
Bereiche innerhalb und/oder außerhalb des Unternehmens, aus denen Gefährdungen oder Risiken erwachsen können	Kennzahlen oder Kennzahlensysteme, die möglichst frühzeitig Gefährdungen oder Krisen in den jeweiligen Bereichen signalisieren	Bei Überschreitung von Sollwerten und/oder Toleranzgrenzen (Festlegung erfolgt unter unternehmensindividuellen Vorstellungen und Erfahrungen) ist ein Alarmsignal auszulösen	Verteilung der Verantwortung für Indikatorenbeobachtungen Festlegung von Berichtspflichten, -wegen und -form	Festlegung von Informations-Hol-/Bringschulden Festlegung der Informationsaufbereitung

Abbildung 7:   Prozessablauf beim Aufbau von Frühwarnsystemen

In einem zweiten Schritt sind dann Indikatoren je Beobachtungsbereich festzulegen. Bereits in dieser Stufe treten jedoch in der Praxis Probleme der Komplexitätsbewältigung auf: Sollen in einem Unternehmen mehrere Beobachtungsbereiche kontinuierlich verfolgt und hierzu auch entsprechende Berichte erstellt werden, so kann sehr schnell das Problem der Verdichtung auf eine im strategischen Managementprozess verarbeitbare Informationsmenge entstehen. Daher ist in allen Fällen zwingend darauf zu achten, lediglich eine begrenzte Anzahl von Beobachtungsbereichen zu definieren und auch die Anzahl der zu beobachtenden Indikatoren zu begrenzen. Gerade beim (Neu-) Aufbau eines solchen Frühwarnsystems ist darauf zu achten, dass je Beobachtungsbereich zunächst lediglich ein bis zwei Indikatoren festgelegt werden. Die praktische Erfahrung zeigt, dass über alle Beobachtungsbereiche eine Auswahl von insgesamt mehr als zehn Indikatoren in der Regel zu Akzeptanzproblemen in der Organisation führt. In der ersten Entwicklungsstufe sollte daher wesentlich mehr Wert auf eine sorgfältige Beobachtung und eine exakte Definition der Berichtsaufgaben innerhalb des Unternehmens gelegt werden, sodass zumindest in der Anfangsphase für die begrenzte Anzahl von Indikatoren auch tatsächlich auswertbare Informationen gesammelt und im Rahmen des strategischen Managementprozesses verarbeitet werden können.

Ein dritter Entwicklungsschritt besteht dann darin, für bestimmte (voraussichtlich nicht alle) Frühwarnindikatoren so genannte Sollwerte bzw. Toleranzgrenzen festzulegen. In der Praxis hat sich gezeigt, dass die Festlegung derartiger Schwellenwerte, bei deren Erreichen bzw. Überschreiten bestimmte außerordentliche Berichtsprozeduren greifen, sehr anspruchsvoll ist, denn oftmals lassen sich derartige Grenzwerte nicht quantitativ fassen und häufig wird die Komplexität des Frühwarnsystems durch diese zusätzlichen Beobachtungsinhalte noch verstärkt. Daher sind die Unternehmen in der Praxis teilweise dazu übergegangen, in einer ersten Entwicklungsstufe des Frühwarnsystems diesen dritten Entwicklungsschritt nicht sofort weiter zu verfolgen, sondern ihn erst im Rahmen einer Optimierung bzw. Erweiterung des Frühwarnsystems (nach Vorliegen entsprechender Erfahrungen) in Angriff zu nehmen.

Im vierten und fünften Entwicklungsschritt geht es letztlich darum, das Frühwarnsystem im Unternehmen zu verankern. Es gilt, einzelne Mitarbeiter mit der gezielten Beobachtung bestimmter interner bzw. externer Entwicklungen zu beauftragen, ihnen konkrete Berichtspflichten zu übertragen und sicherzustellen, dass alle Daten periodisch zusammengefasst und in den strategischen Managementprozess eingebracht werden. Dies setzt besondere Informationshol- bzw. -bringschulden voraus, die es im Einzelnen festzulegen gilt, und verlangt zusätzlich eine gewisse Standardisierung bezüglich der Berichtsformate, um die Bearbeitung der zusammengetragenen Informationen zu erleichtern.

Ganz wesentlich ist es jedoch, in den Schritten 4 und 5 eine Verzahnung mit dem strategischen Managementprozess zu organisieren: Dieser ist die Plattform für die Verarbeitung der Frühwarninformationen. Ohne eine Verzahnung liefen die Frühwarninformationen gleichsam ins Leere, denn zum einen dienen die Frühwarninformationen der Identifikation von Risiken der *zukünftigen* Entwicklung des Unternehmens und zum anderen sollen im Rahmen von Szenariobetrachtungen die Auswirkungen auf die zukünftige Entwicklung und im Wesentlichen auf die Position des Unternehmens ermittelt werden. Dazu jedoch reichen jedoch Frühwarninformationen alleine in der Regel nicht aus. Vielmehr ist es erforderlich, deren Bedeutung für die zukünftige Entwicklung anhand der bestehenden Planungsrahmen bzw. der verabschiedeten Businesspläne zu reflektieren.

4.4 Aktuelle Probleme und Entwicklungserfordernisse

Das Frühwarnsystem als Teil eines umfassenden Risikomanagementsystems stellt sich in der Praxis als das am schwierigsten zu etablierende Systemelement heraus. Die wichtigsten Ursachen liegen im derzeitigen Entwicklungsstand der Unternehmenssteuerungsinstrumente begründet.

So sind Informationen über wichtige „Umfeldentwicklungen" in einem Unternehmen zwar prinzipiell existent, jedoch sind die Informationsträger im gesamten Unternehmen verstreut, sodass bereits das Zusammentragen vorhandener Informationen, deren Systematisierung und gezielte Auswertung Probleme bereitet. Anderseits ist der völlige Neuaufbau eines Frühwarnsystems ohne Berücksichtigung der bereits durchgeführten Beobachtungen nicht zu verantworten, da neben der „gelebten" eine parallele Organisation geschaffen und damit die Ursachen für unnötige Reibungsverluste gelegt würden. Zum Aufbau eines Frühwarnsystems gehört damit zwingend immer auch die Abfrage, wer bereits im Unternehmen welche Daten bezüglich. zukünftiger Entwicklungen sammelt (z.B. Rechtsabteilung, Vertrieb, Forschung und Entwicklung, Unternehmensleitung).

Ferner ist festzustellen, dass der strategische Managementprozess in vielen Unternehmen nicht systematisiert ist, lediglich sporadisch läuft oder aber nur „im Kopf des Unternehmers" vollzogen wird. Damit fehlt dann dem Frühwarnsystem auch die Plattform, auf der die analysierten potenziellen Entwicklungen diskutiert werden könnten.

Ein weiteres Problem liegt in Meinungsverschiedenheiten über die Verantwortlichkeit für eine kontinuierliche Beobachtung von Rahmendaten: Soll im Rahmen eines Risikomanagementprojektes ein Frühwarnsystem errichtet werden, ist für die Umsetzung in der Regel die Projektleitung (meist Vertreter des zentralen Controllings) verantwortlich. Spätestens dann aber, wenn Daten des Frühwarnsystems zur Beurteilung strategischer Risiken verwendet werden sollen, wenn also eine Verknüpfung der bisherigen Unternehmensplanung mit Frühwarninformationen stattfinden soll, treten unternehmensintern Konflikte zwischen verschiedenen Stabsfunktionen (z.B. Risikocontrolling, strategische Planung) oder zwischen diesen und dem Controlling auf.

Die Lösung dieser Probleme kann zum einen nur in einer klaren Festlegung der Aufgaben, Kompetenzen und Verantwortlichkeiten liegen. Es muss klar geregelt sein, wer für bestimmte Beobachtungsbereiche die Aufgabe der Identifikation potenziell interessanter Entwicklungen übernimmt, wie entsprechende Informationen intern berichtet werden, wer diese Informationen aufbereitet und wie die Analyseergebnisse intern verwendet werden sollen. Dabei ist zwingend sicherzustellen, dass systematisch und regelmäßig über zukünftige Entwicklungen diskutiert und hierbei insbesondere die potenziellen Konsequenzen für das Unternehmen (Chancen oder Risiken) betrachtet werden. In allen Fällen ist sicherzustellen, dass die Ergebnisse im Hinblick auf die Implikationen für die Businessplanung bewertet und mögliche Risiken im Sinne einer Abweichung vom „realistic case" ausgewiesen werden.

Dazu bedarf es jedoch eines Entwicklungsprojektes, in das die Vertreter der jeweiligen Unternehmensbereiche eingebunden werden, um mögliche Konflikte bereits im Entwicklungsprozess zu vermeiden, und um sicherzustellen, dass die generierten Daten später auch in der Praxis des Risikomanagement genutzt werden können.

Letztlich ist insbesondere noch einmal auf die Bedeutung der Beobachtungszeiträume hinzuweisen. In der Praxis herrscht immer noch der Usus vor, im Rahmen der Risikoinventur die Auswirkungen einzelner Risiken lediglich im Hinblick auf das derzeitige bzw. folgende Wirtschaftsjahr zu betrachten. Diese Perspektive ist dringend dahingehend zu verändern, dass sich Beobachtungszeiträume über mindestens 3 bis 5 Jahre erstrecken, um eine Beurteilung zukünftiger risikobehafteter Entwicklungen im Sinne des Aktienrechtes zu ermöglichen. Auch hierfür bedarf es wiederum der Nutzung bestehender Planungsrechnungen, sofern diese eine mehrwertige Planung berücksichtigen und damit mögliche Änderungen in den Rahmenbedingungen konkret als Planungsparameter aufgreifen.

5. Ausblick

Im Bereich des strategischen Risikomanagements gibt es – und die aktuellen Berichte über die Fehlentwicklung von Unternehmen verschiedenster Branchen deuten darauf hin – noch einen großen Handlungsbedarf. Das klassische Risikomanagement, entwickelt für bestimmte Einzelbereiche, ist überwiegend operativ orientiert, kann die erforderlichen Daten für unternehmerische Entscheidungen jedoch nicht alleine liefern. Vielmehr bedarf es einer stärkeren Fokussierung auf die typisch strategischen Risikoarten (z.B. Marktrisiken) und die diese verursachenden externen Entwicklungen. Auch gilt es, interne Entwicklungen frühzeitig zu erkennen, um strategische Probleme (z.B. bezüglich der Entwicklung der internen Ressourcen) zu erkennen.

Dazu ist das Risikomanagement mit den Prozessen der Unternehmenssteuerung und hier vor allem mit dem strategischen Managementprozess zu verzahnen. Insofern ist für die Zukunft zu erwarten, dass die Thematik der Frühwarnsysteme noch für eine Reihe von Jahren Gegenstand von Diskussionen und insbesondere von Optimierungsprozessen der derzeitigen Risiko- und Unternehmenssteuerung sein wird.

Literaturverzeichnis

ANSOFF, I.: Managing Surprise and Discontinuity – Strategic Response to Weak Signals, in: Schmalenbachs Zeitschrift für betriebswirtschaftliche Forschung, 1976, S. 129-152.

BAETGE, J./JERSCHENSKY, A.: Frühwarnsysteme als Instrumente eines effizienten Risikomanagement und -Controlling, in: Controlling, Heft 4-5/1999, S. 171-176.

GLEIßNER, W./FÜSER, K.: Moderne Frühwarn- und Prognosesysteme für Unternehmensplanung und Risikomanagement, in: Gleißner, W./Meier, G. (Hrsg.), Wertorientiertes Risikomanagement für Industrie und Handel, Wiesbaden 2001, S. 175-198.

HAHN, D./KRYSTEK, U.: Betriebliche und überbetriebliche Frühwarnsysteme für die Industrie, in: Schmalenbachs Zeitschrift für betriebswirtschaftliche Forschung, 1979, S. 76-88.

HORVÁTH & PARTNER (Hrsg.): Früherkennung in der Unternehmenssteuerung, Stuttgart 2000.

RAUCHHAUS, R./SIELER, C.: Risikomanagement und Frühwarnung in der kommunalen Verkehrswirtschaft, in: Der Nahverkehr, Heft 9/2000, S. 43-44.

SZYPERSKY, U./WINAND, U.: Grundbegriffe der Unternehmensplanung: Stuttgart 1980.

Wolfgang Lück/Michael Henke/Philipp Gaenslen[*]

Die Interne Revision und das Interne Überwachungssystem vor dem Hintergrund eines integrierten Risikomanagements

1. Die exponierte Stellung der Internen Revision und des Internen Überwachungssystems (IÜS) im Risikomanagementsystem und Überwachungssystem nach der Auffassung des Gesetzgebers

2. Risiko, Risikomanagement und Unternehmensüberwachung

3. Interne Revision als wichtigstes Element der prozessunabhängigen Überwachung im Internen Überwachungssystem

4. Neue Anforderungen an die Interne Revision und an das Interne Überwachungssystem als integrale Bestandteile des Risikomanagementsystems und Überwachungssystems

---

[*] Prof. Dr. Dr. h.c. Wolfgang Lück (WP/StB) ist Inhaber des Lehrstuhls für Betriebswirtschaftslehre, Accounting – Auditing – Consulting, an der Technischen Universität München. Dr. Michael Henke und Dipl.-Kfm. techn. Philipp Gaenslen sind wissenschaftliche Mitarbeiter an diesem Lehrstuhl.

1. Die exponierte Stellung der Internen Revision und des Internen Überwachungssystems (IÜS) im Risikomanagementsystem und Überwachungssystem nach der Auffassung des Gesetzgebers

Durch das *Gesetz zur Kontrolle und Transparenz im Unternehmensbereich (KonTraG)* sind die allgemeine Leitungsaufgabe und die Sorgfaltspflicht des Vorstands erstmals für die Teilbereiche Risikomanagement und Überwachung gesetzlich besonders hervorgehoben worden. Der Gesetzgeber greift durch das KonTraG somit in die *Corporate Governance* (Vgl. Abb. 1) – d. h. in die Führung, Verwaltung und Überwachung des Unternehmens – ein (Vgl. hierzu ausführlich LÜCK 2001a, S. 6 f.; auch LANGENBUCHER/ BLAUM 1994, S. 2197).

Der Vorstand wird durch *§ 91 Abs. 2 AktG* verpflichtet, „geeignete Maßnahmen zu treffen, insbesondere ein Überwachungssystem einzurichten, damit den Fortbestand der Gesellschaft gefährdende Entwicklungen früh erkannt werden" (Vgl. zu § 91 Abs. 2 AktG den IDW-Prüfungsstandard: „Die Prüfung des Risikomanagementsystems nach § 317 Absatz 4 HGB (IDW PS 340)").

Die *Bedeutung der Internen Revision* (Vgl. hierzu ausführlich LÜCK 2001b; LÜCK 2000; LÜCK 1999a, S. 27) wird durch das KonTraG besonders betont. In der Begründung zum KonTraG wird die Interne Revision neben dem Controlling (Vgl. hierzu ausführlich LÜCK 2001c, S. 413 ff.) durch den Gesetzgeber ausdrücklich erwähnt:

Allgemeine Begründung zum KonTraG:

„Das deutsche Aktienrecht hat ein vielschichtiges Kontrollsystem. Überwachung findet auf mehreren Ebenen statt. Entscheidend ist zunächst die Einrichtung einer unternehmerischen Kontrolle durch den Vorstand (Interne Revision, Controlling)."

Begründung zu § 91 Abs. 2 AktG:

„Die Verpflichtung des Vorstands, für ein angemessenes Risikomanagement und für eine angemessene interne Revision zu sorgen, soll verdeutlicht werden."

„Zu den den Fortbestand der Gesellschaft gefährdenden Entwicklungen gehören insbesondere risikobehaftete Geschäfte, Unrichtigkeiten der Rechnungslegung und Verstöße gegen gesetzliche Vorschriften, die sich auf die Vermögens-, Finanz- und Ertragslage der Gesellschaft oder des Konzerns wesentlich auswirken. Die Maßnahmen interner Überwachung sollen so eingerichtet sein, dass solche Entwicklungen frühzeitig, also zu einem Zeitpunkt erkannt werden, in dem noch geeignete Maßnahmen zur Sicherung des Fortbestandes der Gesellschaft ergriffen werden können."

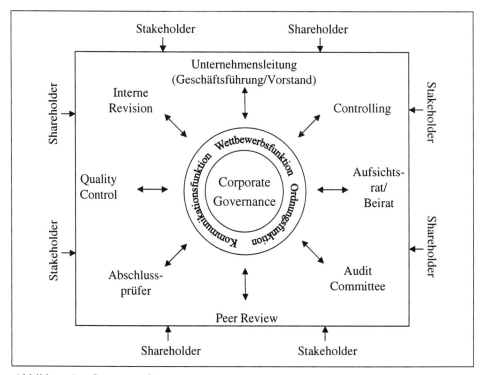

Abbildung 1: Corporate Governance

In das GmbHG ist keine entsprechende Regelung aufgenommen worden. Der Gesetzgeber geht aber in seiner Begründung davon aus, dass zumindest für mittlere und große *Gesellschaften mit beschränkter Haftung* nichts anderes gilt und dass die Neuregelung des § 91 Abs. 2 AktG Ausstrahlungswirkung auf den Pflichtenrahmen der Geschäftsführer auch anderer Gesellschaftsformen hat (Vgl. PALAß 1999, S. 135 f.).

Aus der Formulierung des § 91 Abs. 2 AktG und aus der Begründung zu dieser Vorschrift sowie aus der allgemeinen Begründung zum KonTraG folgt, dass der Gesetzgeber folgende Instrumente fordert (Vgl. Abb. 2; vgl. hierzu ausführlich LÜCK 1998, S. 8 ff.):

1. Risikomanagementsystem.
2. *Internes Überwachungssystem* (einschließlich *Interner Revision*).
3. Controlling.
4. Frühwarnsystem.

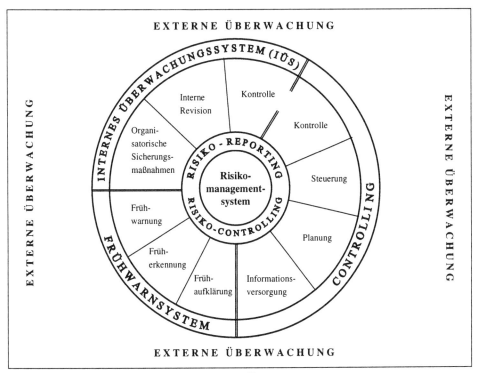

Abbildung 2: Risikomanagementsystem und Überwachungssystem

Das Interne Überwachungssystem (IÜS) und die Interne Revision sind integrale Bestandteile im *Risikomanagementsystem und Überwachungssystem*, worin beide Instrumente nach der Auffassung des Gesetzgebers eine exponierte Stellung besitzen. Weder der Wortlaut des Gesetzes noch dessen Begründung geben allerdings einen Aufschluss darüber, wie die geforderten Instrumente konkret auszugestalten sind. Daher sind neben den Anforderungen an das Risikomanagementsystem, an das Frühwarnsystem und an das Controlling auch die konkreten Anforderungen an die Interne Revision innerhalb des Internen Überwachungssystems unter Beachtung betriebswirtschaftlicher Aspekte zu formulieren (Vgl. LÜCK 1999b, S. 29).

2. Risiko, Risikomanagement und Unternehmensüberwachung

Risiko kann als die Möglichkeit definiert werden, dass das tatsächliche Ergebnis einer unternehmerischen Aktivität von dem erwarteten Ergebnis abweicht. Risiko ist alles, was ein Unternehmen an der Erreichung seiner Ziele hindern kann.

In der betriebswirtschaftlichen Literatur werden die Begriffe „reines Risiko" und „spekulatives Risiko" unterschieden (Vgl. hierzu auch LÜCK/HENKE 1999, S. 524).

Das *reine Risiko* beinhaltet Schadengefahren, bei denen ein Ereignis eintritt, das das Vermögen des Unternehmens unmittelbar mindert (z. B. Feuer oder Sturm). Das reine Risiko beinhaltet somit nur die Gefahr des Vermögensverlusts. Chancen werden vom reinen Risikobegriff nicht erfasst.

Das *spekulative Risiko* umfasst im Gegensatz zum reinen Risiko diejenigen unsicheren Ereignisse, die sich bei unternehmerischen Handlungen vermögensmindernd oder vermögensmehrend auswirken (z. B. durch Veränderungen der Preise, der Kosten oder der Nachfrage sowie durch Konjunkturschwankungen). Die Möglichkeit einer Streuung des Zukunftserfolgs wirtschaftlicher Aktivitäten, d. h. einer positiven oder negativen Abweichung des tatsächlichen Ergebnisses von dem erwarteten Ergebnis (Chance und Risiko im engeren Sinne/Verlustgefahr), wird auch als Risiko im weiteren Sinne bezeichnet (Vgl. Abb. 3; vgl. LÜCK 2001d, S. 2312).

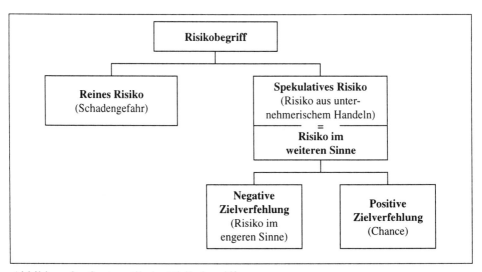

Abbildung 3: Systematik des Risikobegriffs

Der Arbeitskreis „Externe und Interne Überwachung der Unternehmung" der Schmalenbach-Gesellschaft für Betriebswirtschaft e.V. hat folgenden Vorschlag zur *Kategorisierung der verschiedenen Risiken* erarbeitet (Vgl. LÜCK U.A. 2000, Rdnr. 21-22):

1. Gesamtwirtschaftliche Risiken.
2. Branchenrisiken.
3. Absatzrisiken.
4. Beschaffungsrisiken.
5. Finanzrisiken.
6. Personal- und Organisationsrisiken.
7. Technikrisiken/Technologierisiken.
8. Haftungsrisiken.
9. Rechtsrisiken, Gesellschaftsrisiken, politische Risiken.
10. Managementrisiken.

Eine vollständige und überschneidungsfreie Einteilung sämtlicher Risiken in diese Risikobereiche ist jedoch aufgrund der Vielzahl der potenziell auftretenden Risiken nicht immer möglich.

Ein effizientes *Risikomanagement* muss sicherstellen, dass sowohl die bestehenden Risiken als auch zukünftige (d. h. potenzielle) Risiken kontrollierbar und kalkulierbar sind (Vgl. PRAHL 1996, S. 833). Das Risikomanagement muss sich dabei an der Unternehmensstrategie ausrichten, da durch die Festlegung der Unternehmensstrategie in einem großen Umfang vorgegeben ist, wie stark die unternehmerischen Aktivitäten mit Risiken behaftet sind (Vgl. LÜCK/MAKOWSKI 1996, S. 158). Der Ablauf des Risikomanagementsystems vollzieht sich in Form eines Regelkreises (Vgl. Abbildung 4).

Im Risikomanagementsystem muss das Überwachungssystem so ausgerichtet sein, dass potenzielle Risiken vermieden werden und dass die Schadenhöhe möglicher Risiken minimiert wird. Unter Risikogesichtspunkten hat das Überwachungssystem zwei Aufgaben zu erfüllen:

1. Bestehende und potenzielle Risiken sollen vermieden oder zumindest vermindert werden (*Präventivfunktion des Überwachungssystems*).
2. Die Funktionsfähigkeit der Maßnahmen des Risikomanagementsystems soll durch umfassende Prüfungen festgestellt und falls erforderlich korrigiert werden (*Korrekturfunktion des Überwachungssystems*).

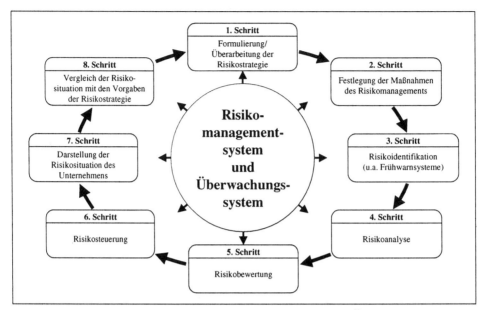

Abbildung 4: Regelkreislauf des Risikomanagementsystems und Überwachungssystems

Aufgabe der unternehmensinternen Überwachungsmaßnahmen sind unmittelbare *zielorientierte und ordnungsorientierte Vergleiche* zwischen vorgefundenen Sachverhalten (Ist-Objekte) und aus bestimmten Normen oder Zielsetzungen abgeleiteten Vergleichsobjekten (Soll-Objekte).

3. Interne Revision als wichtigstes Element der prozessunabhängigen Überwachung im Internen Überwachungssystem

Das Interne Überwachungssystem (IÜS) besteht aus folgenden Bestandteilen (Vgl. Abb. 5; vgl. LÜCK 1997, S. 426; LÜCK/FREILING 1986, S. 997):

- Organisatorische Sicherungsmaßnahmen.
- (Interne) Kontrollen.
- (Interne) Prüfungen, insbesondere die Interne Revision.

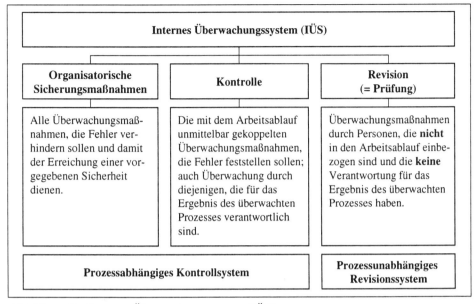

Abbildung 5: Internes Überwachungssystem (IÜS)

Unter organisatorischen Sicherungsmaßnahmen sind die Überwachungsmaßnahmen zu verstehen, die durch laufende, automatische Einrichtungen vorgenommen werden (Vgl. LÜCK/HUNECKE 1998, S. 180). Organisatorische Sicherungsmaßnahmen werden sowohl in die Aufbauorganisation des Unternehmens als auch in die Ablauforganisation des Unternehmens integriert.

Die Merkmale der internen Kontrolle sind gegeben, wenn der Überwachungsträger in den Arbeitsablauf integriert ist und sowohl für das Ergebnis des überwachten Prozesses als auch für das Ergebnis der Überwachung verantwortlich ist (Vgl. LÜCK 1991, S. 25) Kontrollen werden demnach auch als *prozessabhängige Überwachungsmaßnahmen* bezeichnet und bilden zusammen mit den organisatorischen Sicherungsmaßnahmen das prozessabhängige Kontrollsystem.

Die Merkmale der internen Prüfung liegen vor, wenn eine Überwachungsmaßnahme von einer unternehmensinternen Person durchgeführt wird und diese Person weder in den Arbeitsablauf einbezogen noch für das Ergebnis des überwachten Prozesses verantwortlich ist (*prozessunabhängige Überwachung*). Die *Interne Revision* ist der wichtigste Bestandteil der prozessunabhängigen Überwachung (Vgl. LÜCK 1993, S. 584 f.). Das prozessunabhängige Revisionssystem umfasst solche Prüfungen (= Revisionen).

Interne Revision ist eine unabhängige *Funktion*, die innerhalb eines Unternehmens Strukturen und Aktivitäten prüft und beurteilt. Interne Revision ist zugleich eine prozessunabhängige *Institution*, die innerhalb eines Unternehmens umfassende Prüfungen durchführt und über die geprüften Strukturen und Aktivitäten umfassende Analysen, Bewertungen, Empfehlungen und Informationen liefert.

Das amerikanische Institute of Internal Auditors Inc. (IIA) mit Sitz in Altamonte Springs, Florida, hat die institutionellen und funktionalen Aspekte der Internen Revision im Jahr 1999 neu definiert (zur Neuausrichtung der Internen Revision vgl. ausführlich LÜCK 2001e, S. 21 f.):

„Internal auditing is an independant, objective assurance and consulting activity designed to add value and improve an organization's operations. It helps an organization accomplish its objectives by bringing a systematic, disciplined approach to evaluate and improve the effectiveness of risk management, control, and governance processes."

Das Deutsche Institut für Interne Revision e.V. (IIR), Frankfurt am Main, hat nach Abstimmung mit der österreichischen Arbeitsgemeinschaft Interne Revision (ARGE IR), Wien, und mit dem Schweizerischen Verband für Interne Revision (SVIR), Zürich, die Definition des amerikanischen IIA wie folgt übersetzt:

„Interne Revision ist eine unabhängige und objektive Tätigkeit mit dem Ziel, durch Prüfung und Beratung zur angemessenen Beurteilung der Risikosituation („assurance"), zur Sicherheit, Wertsteigerung und Verbesserung der Geschäftsprozesse beizutragen.

Die Interne Revision unterstützt die Organisationen bei der Erreichung ihrer Ziele durch systematische, zielgerichtete und anerkannte Vorgehensweise zur Bewertung und Verbesserung der Effektivität des Risikomanagements, der Steuerung und Überwachung sowie der Prozesse in Bezug auf Unternehmensverfassung und Unternehmensführung („corporate governance")."

Die *Aufgabenbereiche der Internen Revision* werden in Theorie und Praxis unterschiedlich, inhaltlich aber meist in ähnlicher Weise abgegrenzt. Zu den traditionellen Aufgabenbereichen der Internen Revision zählen unter Beachtung der historischen Entwicklung

1. Prüfungen im Bereich des Finanz- und Rechnungswesens (*Financial Auditing*),

2. Prüfungen im organisatorischen Bereich (*Operational Auditing*),

3. Prüfungen der Managementleistungen (*Management Auditing*),

4. Beratung und Begutachtung sowie Entwicklung von Verbesserungsvorschlägen (*Internal Consulting*).

Unter Berücksichtigung der nationalen und internationalen Entwicklungen der Internen Revision im letzten Jahrzehnt werden die Prüfungen der Internen Revision heute nach folgenden Kriterien durchgeführt (Vgl. DEUTSCHES INSTITUT FÜR INTERNE REVISION E.V. (IIR) 2001, S. 34):

1. Risiken.
2. Ordnungsmäßigkeit.
3. Sicherheit.
4. Wirtschaftlichkeit.
5. Zukunftssicherung.
6. Zweckmäßigkeit.

Die Interne Revision wird bei ihrer Tätigkeit im Regelfall mehrere der Kriterien gleichzeitig berücksichtigen.

Die *Schwerpunkte der Neudefinition* des IIA liegen auf der Betonung des Risikomanagementsystems und Überwachungssystems, der Zielorientierung, der Prozessorientierung und der Corporate Governance. Eine modern ausgerichtete Interne Revision hat einen festen Platz im Gefüge der Corporate Governance. Die Interne Revision leistet durch die problemadäquate Erfüllung ihrer traditionellen und aktuellen Aufgaben einen eigenständigen Beitrag zur Zukunftssicherung und zur Wertsteigerung des Unternehmens (Vgl. LÜCK 2001f, S. 32).

Eine erneute Anpassung der Aufgaben der Internen Revision, insbesondere auf dem Gebiet der Prüfungsaufgaben, sowie weitere Veränderungen in der Internen Revision werden durch folgende *Entwicklungen* beeinflusst:

1. Zunehmende Internationalisierung der Wirtschaft.
2. Umsetzung von Rationalisierungskonzepten.
3. Wachsende Bedeutung der Informationstechnologie.
4. Zunehmende Bedeutung von Risikogesichtspunkten (z. B. Haftungsrisiken hinsichtlich Umweltschutz, Produkthaftung, Korruption) bei der Unternehmensführung und bei der Unternehmensüberwachung.

Die Interne Revision hat auf diese Entwicklungen reagiert und ihre Leistungen sowie ihr Profil den neuen Herausforderungen angepasst. Die Aufgabengebiete der Internen Revision werden sich in Zukunft jedoch weiter verändern, insbesondere durch folgende Maßnahmen:

1. Noch stärkere Verlagerung der Aufgabenschwerpunkte der Internen Revision von einer vergangenheitsorientierten Prüfung zu einer gegenwarts- und zukunftsorientierten Prüfung und Beratung.
2. Zunahme der Beratungsleistungen im Aufgabenkomplex der Internen Revision.
3. Weitere Professionalisierung des Berufsstandes der Internen Revisoren (z. B. durch das Berufsexamen zum Certifed Internal Auditor – CIA).

4. Stärkere Zusammenarbeit der Internen Revision mit den Aufsichtsorganen des Unternehmens (Aufsichtsrat, Verwaltungsrat, Beirat).
5. Stärkere Zusammenarbeit der Internen Revision mit dem Abschlussprüfer (Vgl. hierzu ausführlich den IIR-Revisionsstandard Nr. 1 zur „Zusammenarbeit von Interner Revision und Abschlussprüfer" sowie den „Entwurf IDW Prüfungsstandard: Interne Revision und Abschlußprüfung (IDW EPS 321)").
6. Stärkere Zusammenarbeit der Internen Revision mit dem Controlling.

Der Druck auf die Interne Revision, sich den zukünftigen Herausforderungen zu stellen, wird durch die zunehmende *unternehmensinterne und unternehmensexterne Konkurrenz* noch verstärkt. Das unternehmensinterne Controlling, die Wirtschaftsprüfer (Vgl. hierzu LÜCK 2001g, S. 25) und die Unternehmensberater drängen verstärkt in die Arbeitsgebiete der Internen Revision und bieten der Unternehmensleitung zur Erfüllung der Überwachungsaufgabe interne Prüfungsleistungen an.

4. Neue Anforderungen an die Interne Revision und an das Interne Überwachungssystem als integrale Bestandteile des Risikomanagementsystems und Überwachungssystems

Die große Bedeutung der Internen Revision und des Internen Überwachungssystems für die unternehmensinterne Überwachung ist durch das KonTraG, das die Unternehmensleitung zur Einrichtung eines Risikomanagementsystems und Überwachungssystems verpflichtet, explizit hervorgehoben worden. Das Interne Überwachungssystem und die Interne Revision sind integrale Bestandteile des Risikomanagementsystems und Überwachungssystems.

Das Risikomanagementsystem und Überwachungssystem muss sicherstellen, dass sowohl alle bestehenden Risiken als auch alle zukünftigen Risiken kontrollierbar und kalkulierbar sind, damit diese Risiken vermieden oder minimiert werden können. Das Überwachungssystem hat dabei sowohl eine Präventivfunktion als auch eine Korrekturfunktion zu erfüllen.

Die Interne Revision stellt das wichtigste Element der prozessunabhängigen Überwachung im Internen Überwachungssystem dar, mit dessen Hilfe die Unternehmensleitung ihre originären Überwachungsaufgaben wahrnehmen muss. Die zukünftige Entwicklung der Aufgaben der Internen Revision wird besonders durch die intensivere Zusammenarbeit der Internen Revision mit den anderen Teilen des unternehmensinternen und unternehmensexternen Überwachungssystems (z. B. Aufsichtsorgane, Abschlussprüfer und Controlling) geprägt. Nur durch diese verstärkte Zusammenarbeit innerhalb der Corporate Governance können die neuen Anforderungen an die Interne Revision und an das Interne Überwachungssystem als integrale Bestandteile des Risikomanagementsystems und Überwachungssystems effektiv und effizient erfüllt werden.

Literaturverzeichnis

DEUTSCHES INSTITUT FÜR INTERNE REVISION e.V. (IIR) (Hrsg.): IIR-Revisionsstandard Nr. 1. Zusammenarbeit von Interner Revision und Abschlussprüfer, in: Zeitschrift für Interne Revision 2001, S. 34-36.

Entwurf IDW-Prüfungsstandard: „Interne Revision und Abschlußprüfung (IDW EPS 321)".

IDW-Prüfungsstandard: „Die Prüfung des Risikomanagementsystems nach § 317 Absatz 4 HGB (IDW PS 340)".

LANGENBUCHER, G./BLAUM, U.: Audit Committees – Ein Weg zur Überwindung der Überwachungskrise?, in: Der Betrieb 1994, S. 2197-2206.

LÜCK, W.: Wirtschaftsprüfung und Treuhandwesen, 2. Auflage, Stuttgart 1991.

LÜCK, W.: Stichwort „Interne Revision", in: LÜCK, W. (Hrsg.): Lexikon der Betriebswirtschaft, 5. Auflage, Landsberg am Lech 1993, S. 584-586.

LÜCK, W. (Hrsg.): Lexikon der Betriebswirtschaft, 5. Auflage, Landsberg am Lech 1993a.

LÜCK, W.: Internes Überwachungssystem (IÜS). Organisatorische Sicherungsmaßnahmen – Kontrolle – Prüfung, in: Die Steuerberatung 1997, S. 424-431.

LÜCK, W.: Elemente eines Risiko-Managementsystems. Die Notwendigkeit eines Risiko-Managementsystems durch den Entwurf eines Gesetzes zur Kontrolle und Transparenz im Unternehmensbereich (KonTraG), in: Der Betrieb 1998, S. 8-14.

LÜCK, W.: Die Bedeutung der Internen Revision für die Unternehmensführung, Neue Aufgaben durch die Einführung von Risikomanagementsystemen, Interne und externe Konkurrenz nimmt zu, in: Frankfurter Allgemeine Zeitung vom 19.07.1999a, S. 27.

LÜCK, W.: Risikomanagementsysteme und Überwachungssysteme einrichten, Neue Anforderungen an Vorstand, Aufsichtsrat, Interne Revision und Abschlußprüfer, in: Frankfurter Allgemeine Zeitung vom 25.01.1999b, S. 29.

LÜCK, W.: Die Zukunft der Internen Revision, Entwicklungstendenzen der unternehmensinternen Überwachung, in: Deutsches Institut für Interne Revision e.V. (Hrsg.): IIR-Forum, Band 1, Berlin 2000.

LÜCK, W.: Stichwort „Corporate Governance", in: Kurzlexikon zu Risikomanagementsystem und Überwachungssystem, KonTraG: Anforderungen und Umsetzung in der betrieblichen Praxis, in: Lück, W. (Hrsg.): Schriftenreihe des Universitäts-Forums für Rechnungslegung, Steuern und Prüfung – International Accounting Research Institute –, Band 5, 2. Auflage, Karlsruhe 2001a, S. 6-7.

LÜCK, W. (Hrsg.): Lexikon der Internen Revision, München und Wien 2001b.

LÜCK, W.: Risikomanagementsystem und Controlling, in: Seicht, G. (Hrsg.): Jahrbuch für Rechnungswesen und Controlling, Wien 2001c, S. 413-427.

LÜCK, W.: Chancenmanagementsystem – neue Chance für Unternehmen, in: Betriebs-Berater 2001d, S. 2312-2315.

LÜCK, W.: Anforderungen an die Interne Revision – Code of Ethics and Standards for the Professional Practice of Internal Auditing, in: Wirtschaftsprüferkammer-Mitteilungen 2001e, S. 21-25.

LÜCK, W.: Erfolgreich prüfen und beraten – Lernen von der Internen Revision. Die Disziplin Interne Revision im nationalen und internationalen Umfeld/Kompendium der neuen BWL, in: Frankfurter Allgemeine Zeitung vom 17.9.2001f, S. 32.

LÜCK, W.: Die Internationalisierung der Wirtschaftsprüfung. Die Disziplin Wirtschaftsprüfung im Zeichen der Globalisierung/Nachholbedarf in der Ausbildung/ Kompendium der neuen BWL, in: Frankfurter Allgemeine Zeitung vom 17.12.2001g, S. 25.

LÜCK, W. U.A. für den Arbeitskreis „Externe und Interne Überwachung der Unternehmung" der Schmalenbach-Gesellschaft für Betriebswirtschaft e.V.: Auswirkungen des KonTraG auf die Unternehmensüberwachung. KonTraG und Vorstand – KonTraG und Interne Revision – KonTraG und Aufsichtsrat – KonTraG und Wirtschaftsprüfer, in: Der Betrieb 2000, Beilage Nr. 11/2000.

LÜCK, W./FREILING, C. für den Arbeitskreis „Externe und Interne Überwachung der Unternehmung" der Schmalenbach-Gesellschaft für Betriebswirtschaft e.V.: Interne Überwachung und Jahresabschlussprüfung, in: Zeitschrift für betriebswirtschaftliche Forschung 1986, S. 996-1006.

LÜCK, W./HENKE, M.: Lagebericht: Risiken der künftigen Entwicklung der Kapitalgesellschaft, in: Die Steuerberatung 1999, S. 524-529.

LÜCK, W./HUNECKE, J.: Das Interne Überwachungssystem (IÜS) im Risiko-Managementsystem (Teil II), in: Die Steuerberatung 1998, S. 180-182.

LÜCK, W./MAKOWSKI, A.: Internal Control. COSO-Report; Guidance on Criteria of Control; Internal Financial Control, in: Wirtschaftprüferkammer-Mitteilungen 1996, S. 157-160.

PALAß, B.: Wo Rauch ist ..., in: managermagazin 5/1999, S. 132-142.

PRAHL, R.: Bilanzierung und Prüfung von Financial Instruments in Industrie- und Handelsunternehmen, in: Die Wirtschaftsprüfung 1996, S. 830-839.

Bernhard J. G. Leidinger[*]

Risikoidentifikation und Maßnahmensteuerung im Rahmen des operativen Risikomanagements

1. Ganzheitliche Betrachtungsweise im operativen Risikomanagement

2. Identifikation

3. Analyse und Bewertung

4. Umsetzung

Literaturverzeichnis

---

[*] Prof. Dr.-Ing. Bernhard J. G. Leidinger ist Projektleiter bei der Droege & Comp. GmbH, Düsseldorf, im Bereich industrielle Energieversorgung und EVU.

1. Ganzheitliche Betrachtungsweise im operativen Risikomanagement

Das operative Risikomanagement befasst sich mit Risiken, die unmittelbar aus den Abläufen in einem Unternehmen resultieren. Gegenstand der Betrachtung sind die Risiken aus allen Kern- und Unterstützungsprozessen, die zum Aufrechterhalten des Geschäftsbetriebes erforderlich sind.

Eine Reihe standardisierter Vorgehensweisen zielt auf die Sicherheit operativer Prozesse ab:

- Das Qualitätsmanagement stellt sich beispielsweise u.a. die Aufgabe, zu prüfen, ob den untersuchten Prozessen spezifizierte Ziele vorgegeben sind, und ob und wie die Übereinstimmung der Ergebnisse mit diesen Sollvorgaben festgestellt wird.
- Das Umweltmanagement prüft beispielsweise u.a. die Konformität von Prozessen mit gesetzlichen Auflagen zum Umweltrecht.
- Ähnliches gilt für Arbeitssicherheit, Brandschutz, usw.

Bereits diese erste kleine Auswahl zeigt, dass Risikomanagement sich aus Aufgaben zusammensetzt, die einerseits meist unabhängig voneinander initiiert und durchgeführt werden, die aber andererseits so viele Gemeinsamkeiten haben, dass nur über eine ganzheitliche Betrachtungsweise die Synergien der verschiedenen Maßnahmen wirkungsvoll genutzt werden und somit ein lückenloses Risikomanagement entsteht.

Die Ausarbeitung gesetzlich vorgegebener Rahmenrichtlinien und deren Umsetzung in die Organisation der Unternehmen, die Durchführung von Untersuchungen der Abläufe, Strukturen und Verantwortlichkeiten auf die Konformität mit den Vorgaben sowie die Ausarbeitung von Organisations- und Sicherheitshandbüchern sind hierbei nur ein Ausschnitt aus den Aufgaben, denen sich ein jedes Unternehmen kontinuierlich stellen muss.

Die Entwicklung einer der jeweiligen Exposition angepassten individuellen Sicherheitsphilosophie für ein jedes Unternehmen sowie deren Verankerung in der Betriebs- und Führungsorganisation ist unabdingbar. Hierzu muss die Risikosituation zunächst identifiziert und bewertet werden, um daraufhin entsprechende Maßnahmen ableiten und umsetzen zu können.

2. Identifikation

Die schwierigste Aufgabe des Risikomanagers ist die Identifikation der Risiken. Während für Bewertungen teilweise schon standardisierte Werkzeuge eingesetzt werden und für die Bewältigung eine große Auswahl an Methoden und Maßnahmen (vermeiden, verringern, begrenzen, übertragen oder akzeptieren) zur Verfügung steht, muss die Risikoerfassung einerseits mit dem Wissen erfolgen, dass die Residuen nicht erkannter Risiken nicht gegen Null gehen können, und andererseits mit dem Bestreben, gerade dieses zu erreichen.

Die Risikoerfassung ist eine komplexe, herausfordernde Aufgabe, denn es geht um sehr unterschiedliche Risikoarten, die miteinander wechsel- oder rückwirkend verwoben sind und den Unternehmenserfolg oder sogar das Unternehmen insgesamt durch den Eintritt als unvorhersehbar eingestufter Ereignisse bedrohen:

- Strategische Risiken:
    - Marktanteile, Kapazitäten, ...
    - M&A, JV, Allianzen, ...
    - ...
- Unternehmerrisiken:
    - Finanzwirtschaftliche Risiken (Liquidität, Bonität, Investitionen, Kapitalumschlag, ...)
    - Technologische Risiken (Know-how, ...)
    - Corporate Governance (Unternehmensführung durch Vorstand und Kontrolle durch Aufsichtsrat (siehe auch KonTraG), Rechte/ Pflichten/ Haftung, ...)
    - Politische Risiken (Handelsbeschränkungen, Kriegshandlungen, ...)
    - Marktrisiken (Verschiebungen, Trends, rechtliche/wirtschaftliche Entwicklungen, ...)
    - Verpflichtungen (Steuern, Betriebliche Altersversorgung, ...)
    - Risiken durch Veränderung der Anteilseignerstruktur
    - ...
- Operationelle Risiken
    - Produktrisiken (Produktentwicklung, Markenwert, ...)
    - Produktionsrisiken/Kernprozessrisiken
    - Unterstützungsprozessrisiken
    - Sonstige Prozessrisiken
    - Zuliefererrisiken (Qualität, Termin, Preisentwicklung, ...)
    - Abnehmerrisiken (Kundenzufriedenheit, -treue, -entwicklung, ...)
    - Preisrisiken
    - Sicherheitsrisiken (Arbeitssicherheit/Arbeitsschutz, ...)
    - Umweltrisiken

- Kriminelle Handlungen
- Vertragsrisiken
- ...

- Physische Risiken
  - Feuerrisiken (Brand, Explosion, ...)
  - Intrusionsrisiken (Einbruch, Sabotage, ...)
  - Maschinenbruchrisiken, Montage-/Bauleistungsrisiken
  - Naturereignisse (Erdbeben, Sturm, Blitzschlag, ...)
  - ...

Die Komplexität und Vielfältigkeit der Bedrohungssituationen soll zunächst am Falle der physischen Risiken erörtert werden:

Bei produzierenden und bei mit Waren handelnden Unternehmen stehen zunächst Einsatzstoffe, Hilfsstoffe, Erzeugnisse oder Waren sowie Produktions- und Nebenanlagen, Fertigungs- und Lagergebäude und Einrichtungen für Unterstützungsleistungen im Fokus. Die Gefährdung dieser Sachwerte durch Feuer, Leitungswasser, Explosion etc. stellt eine physische Bedrohung dar, die die körperliche Unversehrtheit der betrachteten Sachen beeinträchtigen und damit ihren Wert oder die Brauchbarkeit mindern kann. Einige Dienstleistungsprodukte der physischen Risikoberatung zielen hierauf ab:

- Eine Brandschutzbesichtigung dient der Information über Gefährdungsgrad und Schutzgrad einer Anlage bezogen auf das Feuerrisiko, u.U. verbunden mit der Schätzung von Wertekonzentration und Brandlast innerhalb von Brandabschnitten.

- Eine Intrusionsschutzbesichtigung hat zum Ziel, den Schutz der äußeren Hülle eines Komplexes z.B. gegen das Eindringen von nicht autorisierten Personen oder das nicht beabsichtigte Ausführen von Sachen festzustellen. Hierbei geht es um Sabotage, Diebstahl o.ä.

- ...

Von innen kommende physische Risiken manifestieren sich z.B. durch einen aus einem heißlaufenden Lager resultierenden Brand von Schmieröl, der sich erst auf die zugehörige Produktionsanlage und dann auf Nachbaranlagen und Gebäudeteile ausweitet. Von außen kommende physische Risiken – in der Kerntechnik als EVA-Risiken (Einwirkungen von Außen) bezeichnet – sind z.B. eine Gaswolkenexplosion nach Leckage einer nicht zur Anlage gehörenden, in der Nachbarschaft oder auf angrenzenden Transportwegen befindlichen Einrichtung, ein Flugzeugabsturz auf das Betriebsgelände, ein aus der Nachbarschaft übergreifendes Feuer oder ähnliches.

Aus physischen Risiken können gleichermaßen Sach- wie Vermögensschäden resultieren. Es können eigene wie fremde Sachen und/oder Vermögen betroffen sein. Und aus ihnen resultierende Schäden können in Wechsel- und/oder Rückwirkung zu weiteren Schäden stehen, die – wiederum an anderer Stelle – existenzbedrohende Auswirkungen haben können. Auch hierzu einige Beispiele:

- Feuer in der Produktionseinrichtung eines Lieferanten und hierdurch Lieferausfall für Bottleneck-Bauteile, z.B. Türschlösser für Kraftfahrzeuge, welche in 80% aller Produkte des untersuchten Unternehmens verwendet werden. Aus diesem Primärschaden resultiert ein Rückwirkungsschaden im nicht vom Ursprungsschaden betroffenen Betrieb. Sollten Haftungsansprüche gegen den externen Türschloßhersteller nicht durchsetzbar sein, so kann die durch den Schaden in der fremden Anlage bedingte erhebliche Einschränkung der eigenen Lieferfähigkeit zur ernsthaften Bedrohung der eigenen Liquidität heranwachsen.

- Feuer in der Energieversorgung einer Papierfabrik, hierdurch langfristiger Produktionsausfall im betroffenen Betrieb. Die Abnehmer sind gezwungen, auf die Produkte des Wettbewerbers auszuweichen. Nach Wiederherstellung der Produktionsfähigkeit muss der vom Schaden betroffene Betrieb in Marktrückgewinnung investieren.

- Konstruktionsfehler bei Abspannung von Kontergewichten eines Baukrans, den eine Leasingfirma vom Hersteller erworben und an ein Stahlbauunternehmen zum Einsatz im Kraftwerksbau verleast hat. Nach Bruch der Abspannung entsteht dem Konsortium der Kraftwerkserbauer, deren Subunternehmern und dem Bauherrn Sachschaden in erheblicher Höhe. Das Beweissicherungsverfahren, die Aufräumarbeiten, die Reparaturarbeiten und die damit verbundenen Finanzierungsfragen verursachen Verzögerungen bei der Inbetriebnahme des Kraftwerkes, die wiederum Pönalezahlungen auslösen.

Die Beispiele zeigen eindrucksvoll, dass nur eine ganzheitliche Sichtweise und eine auf die jeweilige Situation angepasste Vorgehensweise erfolgreich zur Risikoidentifikation eingesetzt werden kann (Vgl. BERROGGI 1995; MÜLLER 1994; STOLLE 1998).

Zur Erfassung der Ist-Situation und zu deren Bewertung durch den Vergleich mit vorgegebenen Anforderungsprofilen werden Werkzeuge wie

- Begehungen/ Besichtigungen
- Audits anhand von Checklisten
- Prozessaufnahmen
- Szenarioanalysen
- Workshops
- Benchmark-Vergleiche
- ...

eingesetzt.

Während z.B. Sachversicherer zur Identifikation der Risiken eine objektorientierte Vorgehensweise bevorzugen, da ihre Versicherungsverträge Sachen als versichertes Interesse zum Gegenstand haben, gehen Haftpflichtversicherer eher prozessorientiert vor, wobei sie sich auf eine partielle Betrachtung insbesondere im Falle der Produkthaftung (Qualitätsmanagement) und Umwelthaftung (Umweltmanagement) konzentrieren. Wirtschaftsprüfer, bei denen die Bilanzschutzrisikoanalyse des Unternehmens im Fokus steht, prüfen und testieren insbesondere das Berichtswesen (Planungen, Ergebnisse, ...) sowie das nach KonTraG eingerichtete Risikofrüherkennungssystem auf Vollständigkeit.

Eine Umsetzung der Aufgaben des Risikomanagements ist auf Basis dieser ausschnittsweise durchgeführten Maßnahmen jedoch nicht möglich, da diese für das Ziel ausgerichtet sind, aus der Analyse des untersuchten Zustandes einen Versicherungstarif oder die bedingungsgemäße Schadenregulierung abzuleiten oder ein Gutachten zu erstellen. Nur eine vollständige, prozessorientierte Vorgehensweise liefert Ergebnisse, die einer Umsetzung des Risikomanagements dienen können.

3. Analyse und Bewertung

Während bei Risikoanalysen im Rahmen des Versicherungsprozesses das Ziel der Ermittlung der „Bedarfsprämie", also eine Tarifierungsaufgabe im Vordergrund steht, hat die Risikoanalyse, die der Handhabung der eigenen Risiken dient, stets das Ziel, die Risikosituation sowohl qualitativ als auch quantitativ zu durchleuchten (Vgl. HELTEN 1994; HENNINGS 1998; JAGGY 1995; LEIDINGER 1998; MADJAR 1995).

Hierzu müssen die Einflussfaktoren zur Risikosituation hergeleitet und in einer Risikomatrix (Vgl. hierzu Abbildung 1) aufgetragen werden. Auf der Abszisse wird in der Risikomatrix die Höhe des potenziellen Schadenausmaßes, als „Auswirkung" A angegeben und auf der Ordinate wird das Maß für die Wahrscheinlichkeit W_i eines Schadeneintritts im Betrachtungszeitraum, z.B. ein Jahr, als „Eintrittswahrscheinlichkeit" aufgetragen.

Beide Informationen stammen meist aus Schadenstatistiken (Vgl. FISCHER 1998; REINERS 1998) oder aber – für seltene Ereignisse – aus Szenarioanalysen (Vgl. STOLLE 1998): Für Ereignisse, die jährlich mehrfach auftreten können, z.B. Karosserieschäden an Firmendienstfahrzeugen, ist die voraussichtliche Anzahl an Eintritten pro Kalenderjahr meist aus den Daten der Vergangenheit herleitbar. Qualitative und quantitative Bestandsveränderungen müssen dabei berücksichtigt werden. Dies wird bei Ereignissen, deren Eintrittswahrscheinlichkeit deutlich unter 1 % liegen, die sich also aller Voraussicht nach seltener als einmal in 100 Jahren manifestieren, so einfach nicht sein. Ereignisse dieser Art sind z.B. der Verlust des Verwaltungsgebäudes sowie aller dort gelagerten Dokumente durch einen Brandschaden.

Statistische Erhebungen helfen immer dann, wenn das untersuchte Risiko keinen Individualcharakter hat, d.h. wenn Vergleiche möglich sind. Das ist bei üblichen Verwaltungsgebäuden sicherlich der Fall, wird jedoch umso schwieriger, je mehr es sich um eine

Produktionsanlage mit einmaliger oder neuester Technologie handelt. In derartigen Fällen muss das betrachtete Risiko virtuell in Segmente mit Vergleichbarkeit zerlegt werden – im schlimmsten Fall in seine Einzelbauteile (Vgl. HENNINGS 1998).

Sind mehrere Ereignisse in der Risikomatrix eingetragen, so lässt sich die Priorität der erforderlichen Umsetzung von Risikobewältigungsmaßnahmen einfach graphisch ermitteln. Durch die Darstellung von Iso-Linien gleichen Risikos (R = A · W = konstant), der Isokindunen, lassen sich die verschiedenen Risikobereiche voneinander abgrenzen. Diese Linien sind, wie in Abbildung 1 gezeigt, bei doppeltlogarithmischem Maßstab des Koordinatensystems Geraden. Die Eintrittswahrscheinlichkeiten W_i der Ereignisse i (schwarze Dreiecke) sind über deren Auswirkungen A_i aufgetragen. Die eingetragenen Ziffern beschreiben die Priorität des Handlungsbedarf für die Risikobewältigung. Diese ergibt sich über den Vergleich der Risiken R_i ($R_i = A_i · W_i$).

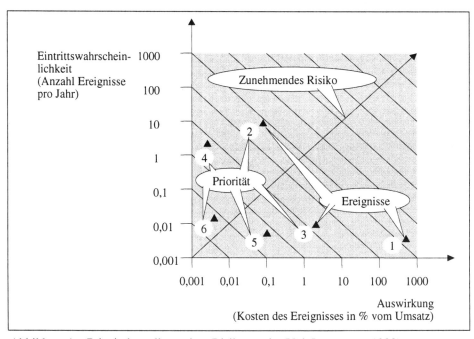

Abbildung 1:   Prinzipdarstellung einer Risikomatrix (Vgl. LEIDINGER 1998)

Für die praktische Anwendung war es erforderlich, pragmatische Methoden zur Klassifizierung der Risiken in einer derartigen Risikomatrix zu entwickeln (Vgl. LEIDINGER 1998). Über die vereinfachenden Vorteile hinaus, die sich aus der Verwendung logarithmischer Maßstäbe ergeben, lassen sich mit den in Abbildungen 2 und 3 gezeigten

Definitionen sowohl für die Wahrscheinlichkeit oder Häufigkeit als auch für das Ausmaß Bereiche zur Klassifizierung von Risiken einführen.

Häufigkeitsklasse	Eintrittswahrscheinlichkeit	Eintrittsfrequenz (1/a)	Häufigkeit (Anzahl von Ereignissen pro Zeiteinheit)
1	Außerordentlich unwahrscheinlich	< 0,01	Maximal ein Mal in 100 Jahren
2	Unwahrscheinlich	0,01 – 0,1	Alle zehn bis 100 Jahre ein Mal
3	Möglich	0,1 – 1	Alle ein bis zehn Jahre ein Mal
4	Wahrscheinlich	1 – 10	Ein bis zehn Mal jährlich
5	Außerordentlich wahrscheinlich	>10	Mehr als zehn Mal jährlich

Abbildung 2: Klassifizierungssystem für die Eintrittswahrscheinlichkeit von Schadenereignissen (Beispielwerte in Anlehnung an Abbildung 1)

Auswirkungsklasse	Auswirkung	Schadenaufwand/Forderung (in % des Umsatzes)
1	geringfügig	< 0,01
2	klein	0,01 – 0,1
3	mittel	0,1 – 1
4	groß	1 – 10
5	existenzbedrohend	>10

Abbildung 3: Klassifizierungssystem für die Auswirkung von Störereignissen (Beispielwerte in Anlehnung an Abbildung 1)

Abbildung 4 zeigt ein einfaches, aus der Systematik der Abbildungen 2 und 3 abgeleitetes Bewertungsschema, welches für eine erste Orientierung Anwendung finden kann. Für die vier Ecken sind eindeutige Benennungen der Risikosituation angegeben, im mit „?" gekennzeichneten mittleren Bereich ist eine pauschale Bewertung nicht möglich.

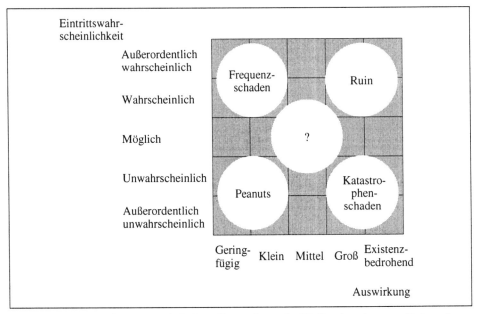

Abbildung 4: Matrix zur vereinfachten Beurteilung der Risikosituation von Unternehmen unter Verwendung der Definitionen gemäß der Abbildungen 2 und 3 (Vgl. LEIDINGER 1998).

4. Umsetzung

Nach Analyse und Bewertung der Risikosituation im Unternehmen müssen die hieraus resultierenden Empfehlungen umgesetzt werden. Im einfachsten Fall handelt es sich hierbei um die Anfertigung von spezifischen Maßnahmenplänen (Vgl.. CIMOLINO 1998; ECKER 1998; JONAS 1998; WALLSTAB 1998), die dem Unternehmer als Fahrplan in einer Ausnahmesituation dienen.

Für die ganzheitlich systematische Integration eines Risikomanagements in die internen Unternehmensabläufe genügt diese segmentielle Vorgehensweise jedoch nicht. Hierzu muss das ganze Unternehmen betrachtet werden (Vgl. Abbildung 5).

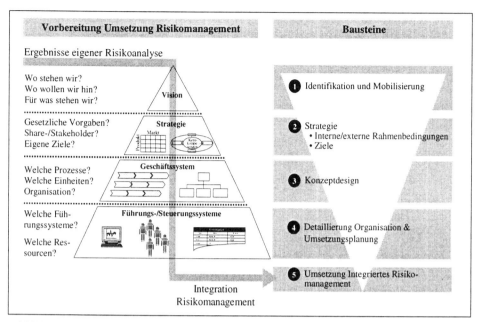

Abbildung 5: Vorgehensweise bei der ganzheitlich systematischen Integration des Risikomanagements

Ausgehend von den Ergebnissen der eigenen Risikoanalyse muss zunächst die eigene Position in Relation zu den grundsätzlichen Zielen definiert werden. Die Identifikation mit dem erforderlichen Veränderungsprozess und die Mobilisierung der ganzen Führungsmannschaft sind wichtige Voraussetzungen für das Gelingen aller weiteren Schritte.

Aus den gesetzlichen Vorgaben, den Anforderungen der Anteilseigner, der Abnehmer, evtl. auch der Lieferanten sowie der weiteren Stakeholder werden externe Zielvorgaben detailliert abgeleitet. Aus der besonderen eigenen Situation ergeben sich sodann darüber hinaus zu berücksichtigende Restriktionen an das Risikomanagement, vgl. Abbildung 6.

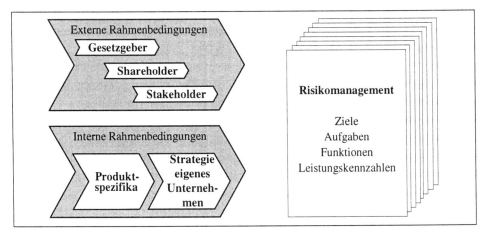

Abbildung 6: Ableitung der Anforderungen an das eigene Risikomanagement aus externen und internen Rahmenbedingungen

Die Integration der Vorgaben in alle relevanten operativen und administrativen Prozesse ist die nachfolgende Aufgabe. Dies kann so weit führen, dass die Organisation des Unternehmens verändert werden muss. Beispielsweise ist es, um den Zielen des Risikomanagements Rechnung zu tragen, sinnvoll, einen produzierenden Betrieb so zu organisieren, dass alle Verantwortung für die Werte der technischen Einrichtungen in einer Hand liegt (Vgl. Abbildung 7). Der so entstehende Bereich – in Abbildung 7 „Anlagen" genannt – befasst sich mit den Aufgaben des technischen Assetmanagements, trägt also – mit Ausnahme der betrieblichen Nutzung – Verantwortung für alle Belange des Zubaus, Rückbaus und Werteerhalts aller Anlagen. Diese Gliederung des Unternehmens steht in Analogie mit der einer Immobiliengesellschaft, die eigene Grundstücke und Gebäude an Dritte verleast oder vermietet, und bei der die Bestandsverwaltung in einem einzigen Bereich konzentriert ist.

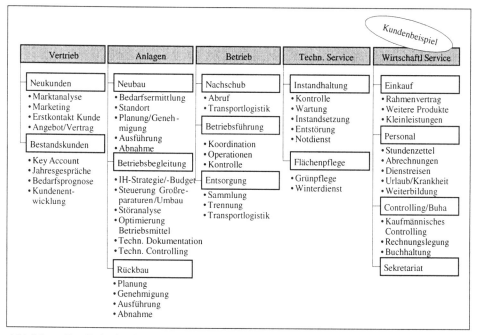

Abbildung 7: Beispiel für das Organisationskonzept eines produzierenden Betriebs, bei dem die Verantwortung für die technischen Assets im Bereich „Anlagen" zusammengeführt wird

Bei der Prozessdetaillierung werden zukünftige Wertschöpfungstiefen detailliert festgelegt und Messkriterien wie Durchlauf-/Bearbeitungszeit etc. definiert. Auf Basis dieser Ergebnisse werden die Steuerungssysteme erarbeitet und abgestimmt. Entsprechend der Aufteilung der Verantwortlichkeiten und Zuarbeiten in den einzelnen Prozessschritten werden die Nahtstellen der Verantwortung klar definiert.

Die erforderliche Transparenz der Risikosituation entsteht dann, wenn die neu gestalteten Prozesse und die neu geschnittenen Organisationseinheiten eindeutig im Organisationshandbuch hinterlegt sind (Vgl. Abbildung 8). Dieses dokumentiert die Organisationsstruktur, Aufgaben und Funktionen, wesentliche Prozesse, die Dimensionierung der Ressourcen sowie die Definition der Führungsstruktur. Erst durch die hierin dokumentierte Detaillierung wird die Umsetzung des integrierten Risikomanagements möglich. Wichtigste Elemente sind hierbei die Aufgaben- und Funktionsbeschreibungen auf Basis eines Kompetenzcodes sowie die Prozessbeschreibung inkl. der Messkriterien, nach denen die Qualität der operativen Arbeit der jeweiligen Organisationseinheit überprüft werden kann.

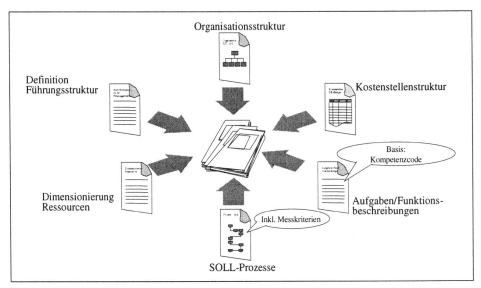

Abbildung 8: Eindeutige Definition von Kompetenzen und Verantwortlichkeiten entsteht durch das Organisationshandbuch

Die Ergebnisse fließen in einen Umsetzungsplan ein (Vgl. Abbildung 9). Parallel zu der ganzheitlichen Integration des Risikomanagements wird bei der Umsetzung unmittelbar damit begonnen, Sofortmaßnahmen zu identifizieren und vorab wirksam werden zu lassen. Die längerfristig greifenden Maßnahmen werden in ein übergreifendes Change-Management-Programm eingestellt, das detailliert konzipiert wird. Wesentliche Aufgaben im Rahmen der Change-Management-Phase sind neben der Projektsteuerung vor allem eine systematische Behandlung der Sach-, Prozess- und Kulturbarrieren sowie eine Weiterentwicklung der Mitarbeiterqualifikation vor dem Hintergrund der neuen Prozessanforderungen.

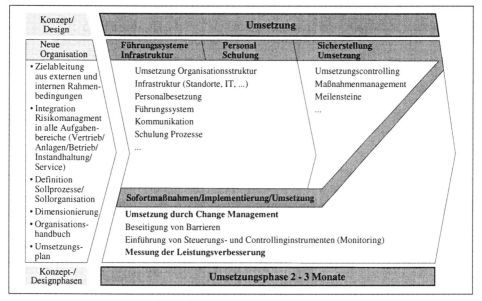

Abbildung 9: Vorgehensweise bei der Umsetzung

Literaturverzeichnis

BERROGGI, G. E. G., WALLACE, W. A. (Hrsg.): Computer Supported Risk Management, Dordrecht 1995.

CIMOLINO, U. Sofortmaßnahmen während des Störfalls, in: Leidinger, B. J. G. (Hrsg.): Schadenmanagement, Berlin 1998.

ECKER, H.: Öffentlichkeitsarbeit – Die Information im Schadenfall, in: Leidinger, B. J. G. (Hrsg.): Schadenmanagement, Berlin 1998.

FISCHER, M./GLASL, J./SCHULZE, R.: Lösungsmodelle für die Handhabung von Frequenzschäden, in: Leidinger, B. J. G. (Hrsg.): Schadenmanagement, Berlin 1998.

HELTEN, E.: Die Erfassung und Messung des Risikos, in: Versicherungswirtschaftliches Studienwerk, Wiesbaden 1994.

HENNINGS, W./MERTENS, J.: Methodik der Risikoanalyse für Kernkraftwerke, Leitfäden Nr. 7, Zürich 1998.

JAGGY, M.: Methodik der Risikoanalyse für Deponien, Leitfäden Nr. 1, Zürich 1995.

JONAS, H.: Sofortmaßnahmen nach dem Störfall, in: Leidinger, B. J. G. (Hrsg.): Schadenmanagement, Berlin 1998.

LEIDINGER, B. J. G.: Modelle zur Risikobewertung, in: Leidinger, B. J. G. (Hrsg.): Schadenmanagement, Berlin 1998.

MADJAR, M./VON ROHR, P.: Risikoanalyse verfahrenstechnischer Anlagen, Leitfäden Nr. 5, Zürich 1995.

MÜLLER, E.: Simulation von Katastrophenschäden: Modelle und Realität, in: Zeitschrift für Versicherungswesen 1994.

REINERS, R.: Lösungsmodelle für die Begutachtung von Kraftfahrzeugschäden, in: Leidinger, B. J. G. (Hrsg.): Schadenmanagement, Berlin 1998.

STOLLE, F., PREYSSL, C.: Szenarioanalyse, in: Leidinger, B. J. G. (Hrsg.): Schadenmanagement, Berlin 1998.

WALLSTAB, G.: Aufgaben, Methoden und Instrumente der Notfallplanung, in: Leidinger, B. J. G. (Hrsg.): Schadenmanagement, Berlin 1998.

Elmar Helten/Thomas Hartung[*]

Instrumente und Modelle zur Bewertung industrieller Risiken

1. Mehr Risikoverständnis durch einen zweidimensionalen Risikobegriff

2. Quantitative Bewertung industrieller Einzelrisiken

3. Quantitative Bewertung industrieller Systemrisiken

4. Fazit

Literaturverzeichnis

---

[*] Prof. Dr. Elmar Helten ist Leiter des Instituts für Betriebswirtschaftliche Risikoforschung und Versicherungswirtschaft der Ludwig-Maximilians-Universität München. Dr. Thomas Hartung ist wissenschaftlicher Assistent an diesem Institut.

1. Mehr Risikoverständnis durch einen zweidimensionalen Risikobegriff

Menschliches Denken und Handeln wird seit jeher durch eine facettenreiche Beschäftigung mit dem vielschichtigen Phänomen Risiko geprägt. In steigendem Maße werden jedoch für mehr und mehr Lebensbereiche Techniken und Methoden des Risikomanagements entwickelt, mit deren Hilfe unerwünschte Ereignisse vermieden oder zumindest begrenzt und tragbar gemacht werden sollen.

Unstrittig ist die zentrale Bedeutung von Risiko vor allem im Umgang mit technischen und ökonomischen Sachverhalten. Derselbe technische Fortschritt, der einerseits zur permanenten Innovationsfähigkeit industrieller Unternehmen, zur Gewinnerzielung und zum langfristigen Überleben dieser Unternehmen beiträgt, bedingt andererseits zwangsläufig auch die Gefahr der Dysfunktion der daran gekoppelten technischen Systeme (Vgl. BANSE 1996, S. 30 ff.). Diesem Bewusstsein der Ambivalenz jeden menschlichen Handelns stehen die bislang vergeblichen Bemühungen entgegen, ein einheitliches Verständnis dafür zu schaffen, was mit Risiko gemeint ist. Um industrielle Risiken bewerten und ökonomisch sinnvoll bewältigen zu können, ist darüber hinaus eine Quantifizierung des Risikobegriffs notwendig. Maßgeblich für ein derartiges Risikokonzept ist die Zusammensetzung des Risikobegriffs aus zwei Komponenten: einerseits muss die Zielbezogenheit bzw. die Finalität menschlicher Handlungen berücksichtigt werden, andererseits ist auf die graduell unterschiedlich vorzufindende Unkenntnis über die Gesetzmäßigkeiten von Ursache-Wirkungs-Beziehungen menschlicher oder technischer Aktivitäten abzustellen (Vgl. HELTEN 1998, S. 195).

Die Fokussierung auf die finale Ausrichtung menschlicher – und dabei vor allem wirtschaftlicher – Aktivitäten ist zwangsläufig erforderlich, um einen Klassifizierungsmaßstab für die Einstufung von zukünftigen Ereignissen in die Kategorien „erwünscht", d. h. zielerfüllend, und „unerwünscht", d. h. nicht zielerfüllend, zu generieren. Nur unter der eigentlich trivialen Bedingung, dass gesetzte Ziele auch verfolgt werden, besteht überhaupt die Möglichkeit ihres (unerwünschten) Nichterreichens. Gleichzeitig begründet diese Sichtweise das beobachtbare Phänomen, dass objektiv gleichartige Situationen von verschiedenen Wirtschaftssubjekten als unterschiedlich riskant wahrgenommen werden können, je nach der individuell verfolgten Zielsetzung. Es sind also nicht allein die unterschiedlichen Erwartungen über zukünftige Ereignisse, die für die unterschiedlichen Bewertungen eines Risikos durch verschiedene Personen maßgeblich sind, sondern auch deren unterschiedliche Zielsetzungen.

Die partielle oder totale Unkenntnis über einzelne Komponenten der Ursache-Wirkungs-Beziehungen menschlicher oder technischer Aktivitäten impliziert ein Informationsdefizit über die Ausprägungen der möglichen Ergebnisse. Ursächlich lässt sich diese Unkenntnis auf verschiedenartige Aspekte zurückführen. So kann beispielsweise der exakte

Ursache-Wirkungs-Zusammenhang (noch) nicht hinreichend entschlüsselt sein, sodass die damit verbundenen Transformationsprozesse um stochastische Rest- oder Störeinflussgrößen ergänzt werden müssen. Dies hat zur Folge, dass nur Wahrscheinlichkeitsaussagen getroffen werden können, welche Ergebnisausprägungen als Resultat dieser Transformationsprozesse zu erwarten sind. Andererseits besteht auch die Möglichkeit, dass zwar der Ursache-Wirkungs-Zusammenhang hinreichend genau bekannt ist, Einflussgrößen jedoch nicht deterministisch, sondern stochastisch wirken (Vgl. HELTEN/BITTL/LIEBWEIN 2000, S. 159). Das klassische Beispiel hierfür ist der Uranzerfall in Blei. Derartige Situationen treten beispielsweise auch bei der Erstellung von Produkten mittels chemischer Transformationsprozesse auf (Vgl. PILZ 1984). Häufig bestehen solche Produktionsprozesse aus der Aneinanderreihung mehrerer chemischer Einzelreaktionen, wobei das Ergebnis einer vorgelagerten Reaktion den Inputfaktor für nachgelagerte Transformationsstufen darstellt. Die Ergebnisse einer Reaktion hängen jedoch stark von den zugehörigen Reaktionsbedingungen wie Temperatur, Menge, Druck, etc. ab, sodass bei nuancierten Veränderungen der jeweiligen Parameter mit unterschiedlichen Ergebnissen zu rechnen ist. Somit kann bereits das erste Reaktionsergebnis als stochastischer Input für die nachfolgenden Reaktionsprozesse gesehen werden.

Werden die beiden Komponenten Finalität und Informationsdefizit zusammengefügt, so folgt daraus, dass Risiko nur dann auftreten kann, wenn eine Zielsetzung bzw. Zielverfolgung mit der Unkenntnis gekoppelt ist, ob das angestrebte Ziel auch tatsächlich erreicht wird. Risiko ist demnach das Informationsdefizit über das Erreichen eines oder mehrerer verfolgter Ziele. Ein derartiges Konstrukt kann nicht nur für ökonomisch orientierte Problemstellungen, sondern interdisziplinär in den unterschiedlichsten Wissenschaftsbereichen eingesetzt werden. Letztlich sind jeweils die Finalität und das Informationsdefizit hinreichend genau zu präzisieren, um ein Risiko im konkreten Fall zu beschreiben (Vgl. HELTEN 1994, S. 21). Damit lässt sich je nach Auffassung, Zwecksetzung oder Anwendungsfeld jede beliebige subjekt- oder bereichsspezifische Risikosituation mithilfe dieser allgemein gehaltene Definition beschreiben.

Auch für industrielle Risiken kann diese Perspektive als adäquat angesehen werden. Vor allem bei arbeitsteilig organisierten, industriellen Leistungserstellungsprozessen ist die Existenz von Risiko aufgrund der großen Zahl der Schnittstellen und der meist nicht unerheblichen Wertekonzentration besonders häufig zu beobachten. Aufgrund vorgegebener Ursache-Wirkungs-Ketten führen Abweichungen von definierten Zielwerten bei einer Teilleistung zwangsläufig durch Fehlerfortpflanzung zu Abweichungen bei den nachgeordneten Teilleistungen bzw. bei der Gesamtleistung (Vgl. HELTEN/HARTUNG 2001, S. 544; HÄRTERICH 1987, S. 113 ff.). Ursprünglich als harmlos oder kontrollierbar eingeschätzte betriebliche Störungen können die gesamte unternehmerische Zielhierarchie durchlaufen und zu nachfolgenden Abweichungen führen, die schließlich auch die Erreichung übergeordneter leistungswirtschaftlicher, finanzwirtschaftlicher oder sozialer Formalziele erheblich beeinträchtigen.

Industrielle Risiken umfassen in dieser weiten Sichtweise alle Risiken eines Industriebetriebs. Hierzu gehören insbesondere (Input-) Faktorrisiken, (Output-) Produktrisiken, (Transformations-) Produktionsrisiken, sowie auch Personen-, Umwelt- und Ertragsrisiken (Vgl. BRÜHWILER 1994, S. 24 ff.; FRANCK 1989, S. 69; HÄRTERICH 1987, S. 88 ff.). Vornehmlich werden jedoch mit dieser Bezeichnung technisch orientierte Vorgänge betrachtet, sodass im engeren Sinn unter industriellen Risiken diejenigen Risiken verstanden werden, die mit dem industriell orientierten Leistungserstellungsprozess unmittelbar in Verbindung stehen. Eine derartige Sichtweise schließt dann zum Beispiel finanzwirtschaftliche Risiken aus. Wesentliche Einflussfaktoren industrieller Risiken sind vornehmlich die technologische Entwicklung, wirtschaftliche Faktoren wie die Internationalisierung oder die Restrukturierung von Betriebsorganisationen sowie rechtliche Rahmenbedingungen, die vor allem im Produkt- und Umwelthaftungsrecht begründet sind (Vgl. HÖLSCHER 2000, S. 298). Daneben erlangen aber auch Naturgefahren eine zunehmend steigende Bedeutung.

2. Quantitative Bewertung industrieller Einzelrisiken

Bevor auf einzelne Methoden eingegangen wird, die für eine Bewertung industrieller Risiken zweckdienlich sind, ist zunächst zu klären, welche Aufgaben und Inhalte einer Bewertung per se zugrunde liegen. Der allgemeine Begriff der Bewertung beinhaltet zunächst die „Zuordnung von Werten zu Aktionen, die zur Vereinfachung auch durch die Objekte ersetzt werden (können), auf die sie sich beziehen. In der betriebswirtschaftlichen Literatur wird der Begriff der Bewertung zumeist enger gefasst, indem darunter Zuordnung von Geldgrößen verstanden wird." (SIEBEN/LÖCHERBACH/MATSCHKE 1974, Sp. 839; vgl. auch BANSE 1996, S. 53). Als eine zulässige Einengung des Wertbegriffs gilt dessen Definition als Normwert in dem Sinne, dass hierunter alle Wertinformationen verstanden werden, die aufgrund von Normen aus dem zu bewertenden Objekt abgeleitet werden und die an einen sich für diesen Ausschnitt der Realität interessierenden Adressaten gerichtet sind. Entsprechend der oben angeführten Definition von Risiko beinhaltet also die Bewertung von Risiken die Zuordnung von Werten zu potenziell eintretenden Zielabweichungen, mit deren Hilfe Informationen über bestimmte Eigenschaften dieser Zielabweichungen vermittelt werden. Vor allem soll sich auf Basis dieser Informationen eine Einschätzung treffen lassen, in welchem Umfang die betrachteten Risiken die Erreichung der Ziele des Unternehmens gefährden (Vgl. HÖLSCHER 2000, S. 323). Die hierfür eingesetzten Methoden haben damit dem Anspruch zu genügen, auf eine Vielzahl verschiedener Risikosituationen anwendbar zu sein und eine willkürliche Beeinflussung der Bewertungsergebnisse zu verhindern. Im übrigen sollen sie eine objektive, d.h. für Dritte überprüfbare, Bewertung ermöglichen. Es sei daran erinnert, dass das Ergebnis einer Bewertung grundsätzlich von den ex ante determinierten Bewertungsmaßstäben und den

Methoden des mit der Bewertung Beauftragten abhängig ist (Vgl. LEIDINGER 1998, S. 44).

Basisaufgabe der Risikobewertung ist die Lieferung des für risikopolitische Entscheidungen erforderlichen Datenmaterials (Vgl. HOFFMANN, 1985, S. 61). Ökonomisch betrachtet sollen aus diesen Daten Erkenntnisse über alle wirtschaftlichen Folgen potenzieller Zielabweichungen bzw. Schäden gewonnen werden (Vgl. SCHENK 1998, S. 86). Wesentliche Bestandteile hierfür sind Informationen, die eine Einschätzung über die Tragweite oder die Gefährlichkeit eines Risikos zulassen. Entsprechend ist Risiko so zu operationalisieren, dass der Gefährlichkeitsgrad eines Risikos gemessen bzw. eingestuft werden kann. Für diesen Zweck bieten sich sogenannte Zielabweichungsverteilungen an, die Wahrscheinlichkeitsaussagen über die Häufigkeit oder die Höhe von Differenzen zwischen realisierten und geplanten Ereignissen treffen.

Ein erster Ansatzpunkt, um Risiko zu quantifizieren, besteht in der Ermittlung einer Wahrscheinlichkeitsverteilung, welche die *Anzahl* der Zielabweichungen in einem Planungszeitraum misst und den jeweiligen Zahlen Eintrittswahrscheinlichkeiten zuordnet. Die ermittelte Verteilung heißt entsprechend *Zielabweichungszahlverteilung*.

Als zweite Komponente zur Risikoquantifizierung bietet sich die Darstellung der wahrscheinlichen Zielabweichungshöhen an, d.h. die Abbildung der möglichen Ausmaße einer einzelnen Zielabweichung und deren Eintrittswahrscheinlichkeiten. Prämisse für die Quantifizierbarkeit der Zielabweichungshöhe ist, dass überhaupt eine Zielabweichung eingetreten ist. Als Ergebnis resultiert eine bedingte Verteilung, die sog. *Zielabweichungshöhenverteilung*.

Meist interessieren jedoch nicht nur die einzelnen Abweichungen, sondern vielmehr die gesamte, d. h. aggregierte Zielabweichung in einem Planungszeitraum. Diese kann durch die Wahrscheinlichkeitsverteilung der gesamten Zielabweichung in einem Planungszeitraum veranschaulicht werden, der sog. *Gesamtzielabweichungsverteilung*. Häufig ist davon auszugehen, dass Wahrscheinlichkeitsaussagen über die Anzahl der Zielabweichungen in einer Planperiode und die Zielabweichungshöhe bei eingetretener Zielabweichung vorliegen. Können die einzelnen zugeordneten Zielabweichungshöhenverteilungen zudem als stochastisch unabhängig betrachtet werden, so lässt sich die Gesamtzielabweichungsverteilung aus diesen Verteilungen mittels der mathematischen Operation der Faltung generieren (Vgl. HEILMANN 1987, S. 61 ff.). Ohne Rückgriff auf theoretische Wahrscheinlichkeitsverteilungen ist es auch möglich, auf der Basis von empirisch ermittelten Zielabweichungsverteilungen die Gesamtzielabweichungsverteilung durch stochastische Simulation zu ermitteln (Vgl. FREY/NIEßEN 2001). Eine derartige Vorgehensweise bietet sich auch an, wenn die zugrundeliegenden Schadenereignisse durch kumuliertes Auftreten oder durch Wahrscheinlichkeitsansteckung gekennzeichnet sind (Vgl. hierzu beispielsweise HERBRICH 1992, S. 96 ff.).

Je nachdem auf welche Art und Weise Risiko gemessen werden soll (Zählen der Abweichungen in einer Periode, Messen der Höhe der einzelnen Abweichungen oder Messen der Gesamtabweichung einer Periode), resultieren somit drei Typen von Wahrscheinlichkeitsverteilungen für die Risikoquantifizierung. Zweck der Risikopolitik ist es nun, Maßnahmen zu entwickeln, die diese Wahrscheinlichkeitsverteilungen im gewünschten Sinne beeinflussen. Je nach Komplexität des risikobegründenden Ursachensystems kann es zum Beispiel primär von Interesse sein, zunächst nur die Anzahl von Zielabweichungen zu reduzieren. Ansatzpunkt ist für diesen Fall die Zielabweichungszahlverteilung. Für das erfolgreiche Betreiben von Risikopolitik sind nun Maßnahmen zu identifizieren, welche die Eintrittswahrscheinlichkeiten hoher Zielabweichungszahlen reduzieren und simultan die Eintrittswahrscheinlichkeiten niedriger Zielabweichungszahlen – bzw. im Idealfall die Eintrittswahrscheinlichkeit keiner Zielabweichung – erhöhen. Im allgemeinen steht jedoch meist die Gesamtzielabweichungsverteilung im Mittelpunkt des Interesses, da diese sowohl über Maßnahmen, welche auf die Zielabweichungszahl einwirken, als auch über Maßnahmen, welche die Zielabweichungshöhen der einzelnen Abweichungen beeinflussen, verändert werden kann.

Für die praktische Quantifizierung industrieller Risiken sind zunächst also deren charakteristische Zielabweichungsverteilungen zu ermitteln. Dies kann beispielsweise mithilfe von Statistiken erfolgen, in denen die eingetretenen Abweichungen vom Zielwert in den vergangenen Perioden erfasst sind (Vgl. FRANCK 1989, S. 80 ff.). Empirisch wird beispielsweise eine Zielabweichungshöhenverteilung ermittelt, indem alle fehlerhaften Produkte und ihre Abweichung von den festgelegten Planwerten erfasst werden. Nach Erhebung einer genügend großen Stichprobe lassen sich die relativen Häufigkeiten der verschiedenen Zielabweichungshöhen abbilden. Ziel ist es nun, eine allgemeine Gesetzmäßigkeit in Form einer theoretischen Wahrscheinlichkeitsverteilung zu finden und mathematisch zu formulieren, welche die Struktur der relativen Häufigkeiten bestmöglichst approximiert (Vgl. HELTEN/STERK 1976, S. 116 ff.). Dies geschieht mittels eines statistischen Anpassungstests, z.B. eines χ^2-Tests.

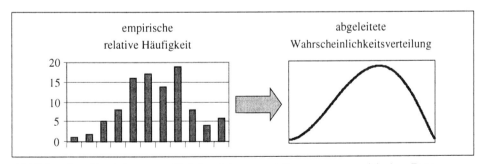

Abbildung 1: Ermittlung von Zielabweichungsverteilungen aus empirischen Daten

Aus der Schadenerfahrung der Vergangenheit und mittels gezielter Schadenforschung wird damit eine Aussage über zukünftige Zielabweichungszahlwahrscheinlichkeiten bzw. Zielabweichungshöhenwahrscheinlichkeiten extrahiert. Grundvoraussetzung derartiger statistischer Auswertungen ist neben der systematischen Dokumentation auftretender Zielabweichungen, dass die zur Verfügung stehende Datenmenge ausreichenden Umfang und Qualität aufweist und die Rahmenbedingungen der Risikosituationen in möglichst stationärem Zustand verharren (Vgl. HÖLSCHER 2000, S. 323 und HEAD/HORN 1997, S. 49 ff.). Vor allem für industriell-technische Risiken sind diese Bedingungen häufig erfüllt, da neben betriebsintern geführten Datenbanken über technische Ausfälle häufig auch betriebsexterne Statistiken zugänglich sind. Allerdings ist bei externem Datenmaterial die Anwendbarkeit auf spezifische Risikosituationen in einzelnen Unternehmen sorgfältig zu prüfen. Auch die Stationarität der Risikosituationen kann zumindest für etablierte Transformationsprozesse oder Produktionsverfahren unterstellt werden.

Existieren keine Statistiken, aus denen Wahrscheinlichkeitsverteilungen gewonnen werden können (Vgl. hierzu beispielsweise HELTEN 1985, S. 120 f.), lassen sich die dafür relevanten Einschätzungen eventuell durch Expertenbefragungen ermitteln. Allerdings unterliegen diese Einschätzungen unter Umständen erheblicher Subjektivität (Vgl. HELTEN 1975, S. 2). Das entsprechende Vorgehen ist durch den folgenden vierstufigen Algorithmus beschreibbar:

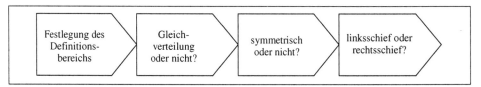

Abbildung 2: Expertenbefragung zur Determinierung von Zielabweichungsverteilungen

Zunächst muss der Definitionsbereich der möglichen Zielabweichungen eruiert werden. Dabei sind der Zielwert und die jeweils größtmögliche Abweichung festzulegen, die man erwarten kann. Analog ist zu bestimmen, ob linksseitige, rechtsseitige oder beidseitige Abweichungen vom Zielwert Gegenstand der Betrachtung sein sollen. Als nächstes interessieren die Wahrscheinlichkeiten der im Definitionsbereich liegenden möglichen Ergebnisausprägungen. Zu untersuchen ist also, ob alle denkbaren Ergebnisse die gleiche Eintrittswahrscheinlichkeit aufweisen, oder ob die Ergebnisrealisationen mit unterschiedlichen Wahrscheinlichkeiten eintreten. Gemäß des Prinzips des unzureichenden Grundes sollte bei Unkenntnis davon ausgegangen werden, dass alle Ergebnisse mit der gleichen Wahrscheinlichkeit auftreten. Sind die Ergebnisausprägungen nicht gleichverteilt, stellt sich die Frage, ob eine symmetrische Ergebnisverteilung vorliegt. Im einfachsten Fall wird von einer Dreiecksverteilung ausgegangen. Hier ist der Mittelwert am wahrscheinlichsten und die Wahrscheinlichkeiten der anderen Werte nehmen in gleichmäßiger Weise ab, je weiter sie links oder rechts vom Zielwert entfernt liegen. Liegt hingegen keine Symmetrie vor, ist zu bestimmen, ob eine rechts- oder linksschiefe Verteilung für die jeweils betrachtete Risikosituation geeignet ist. Zuletzt ist schließlich noch zu bestimmen, ob und mit welcher (vermuteten) Wahrscheinlichkeit extreme Ausprägungen der untersuchten Größe auftreten können. Hierfür ist der Einsatz des statistischen Instrumentariums der Extremwerttheorie zu empfehlen (Vgl. EMBRECHTS/KLÜPPELBERG/MIKOSCH 1997).

Mithilfe dieser Fragestellungen lassen sich Grundtypen von Wahrscheinlichkeitsverteilungen festlegen (Vgl. auch HEAD/HORN 1997, S. 65 ff.). Durch anschließende Parameterveränderung und Simulation der resultierenden Verteilung kann schließlich ein den jeweiligen Antworten adäquater Verteilungstyp solange verändert werden, bis er den Vorstellungen der befragten Experten entspricht. Von Vorteil ist auf jeden Fall die Befragung einer ausreichend hohen Zahl fachkundiger Personen, sodass Verzerrungen aufgrund von Fehleinschätzungen vermieden werden.

Insbesondere bei selten auftretenden Risiken, die mit geringen Eintrittswahrscheinlichkeiten, aber mit hohem Zielabweichungspotenzial verbunden sind, ist die oben angeführte Methode zur Bestimmung der Zielabweichungsverteilungen aufgrund der geringen historischen Zielabweichungserfahrung oftmals problematisch. Hier lassen sich jedoch zumindest Kennzahlen einsetzen, um der Zielsetzung der Risikobewertung näher zu kommen.

Ein Indikator für das Gefährdungspotenzial eines industriellen Risikos ist zunächst die maximal mögliche Zielabweichung bzw. der maximal mögliche Höchstschaden (maximum possible loss = MPL) (Vgl. GERATHEWOHL 1979, S. 108 f.). Diese Maßgröße beinhaltet den maximalen Wert, der noch im Definitionsbereich der Zielabweichungshöhen- bzw. – bei aggregierter Betrachtung – der Gesamtzielabweichungsverteilung liegt. Beispielsweise kann dieser Wert bei einem Feuerrisiko den Gesamtwert der bedrohten baulichen Strukturen und Einrichtungen umfassen (Vgl. SCHENK 1998, S. 90) oder eine vertraglich vereinbarte Höchsthaftungsgrenze. Der MPL wird also beim Eintreten der überhaupt ungünstigst möglichen Umstände realisiert. Die Gefahr, gerade bei selten eintretenden Risiken, besteht jedoch darin, diese Risiken durch eine übertrieben pessimistische Einstellung überzubewerten, wenn der MPL mit an Sicherheit grenzender Wahrscheinlichkeit niemals realisiert wird (Vgl. HÖLSCHER 2000, S. 324).

Alternativ wird daher als Indikator für die Risikotragweite auch der wahrscheinliche Höchstschaden (probable maximum loss = PML) herangezogen. Dieser Wert ist dadurch gekennzeichnet, dass er durch in Zukunft eintretende Zielabweichungen mit einer vorgegebenen Konfidenzwahrscheinlichkeit (z. B. 95 %) nicht überschritten wird. Damit beinhaltet der PML diejenigen Zielabweichungen bzw. Schäden, die sich unter normalen Betriebs-, Benutzungs- und Schadenverminderungsbedingungen ereignen können, wobei außergewöhnliche Umstände nicht in Betracht gezogen werden (Vgl. BERNET 1979, S. 26). Man akzeptiert also ein Restrisiko. Dieses Risikomaß ist damit methodisch identisch zum in der Finanzwirtschaft etablierten Konzept des Value at Risk (Vgl. SCHIERENBECK/LISTER 2001, S. 339 ff. oder ALBRECHT/KORYCIORZ 2000, S. 1109 ff.). Ziel dieses Konzeptes ist es, einen Wert zu identifizieren, der als geschätzter maximaler Verlust einer Periode unter üblichen Unternehmens- und Umfeldbedingungen mit einer bestimmte Wahrscheinlichkeit nicht überschritten wird. Nachteil dieser Risikomaße ist, dass wiederum Erfahrungswerte oder plausible Einschätzungen über die Wahrscheinlichkeiten möglicher Zielabweichungen vorliegen müssen, um den exakten Wert bestimmen zu können, der mit der gewünschten Sicherheitsstufe nicht überschritten wird.

Ein Überblick über die gesamten Risikobereiche eines Industriebetriebs sowie deren Gefährdungspotenzial kann mithilfe einer Risk Map oder Risikomatrix gewonnen werden (Vgl. SCHIERENBECK/LISTER 2001, S. 350 ff.). Bei diesem qualitativ orientierten Bewertungsverfahren werden die Zielabweichungshöhen und die Wahrscheinlichkeiten ihres Eintretens kombiniert in einer Matrix abgebildet. Zunächst sind hierzu die betrachteten Risiken hinsichtlich ihrer Eintrittswahrscheinlichkeit in Abhängigkeit vom betrachteten Zeitraum und hinsichtlich ihres Zielabweichungs- bzw. Schadenpotenzials in Risikoklassen einzustufen:

Eintrittswahrscheinlichkeit (z. B. innerhalb eines Jahres)	
gering	wesentlich geringer als 50 %
mittel	rund 50 %
hoch	wesentlich höher als 50 %

Abbildung 3: Klassifizierung von Eintrittswahrscheinlichkeiten

Während die Bestimmung der Eintrittswahrscheinlichkeiten nur wenig strittige Ansatzpunkte liefert, da die Definition vom untersuchten Unternehmen unabhängig ist, gestaltet sich die Definition der Risikoklassen des Schadenausmaßes weitaus schwieriger. Die Festlegung der Bandbreite der Risikoklassen ist hier vor allem von der Finanzkraft des Unternehmens und den Unternehmenszielen abhängig. Die nachfolgend gewählten Risikoklassen sind daher für den spezifisch betrachteten Fall jeweils anzupassen.

Zielabweichungsausmaß	
gering	100.000 EUR – 1.000.000 EUR
mittel	1.000.000 EUR - 10.000.000 EUR
hoch	> 10.000.000 EUR

Abbildung 4: Klassifizierung von Schadenausmaßen

Die einzelnen betrachteten Risikobereiche werden nun je nach ihrer Kategorisierung in die Risk Map eingezeichnet. Dabei können weitere risikorelevante Merkmale wie beispielsweise der Umsatz- oder Gewinnanteil des von der Zielabweichung betroffenen Bereichs durch unterschiedlich groß gestaltete Kreisflächen angedeutet werden:

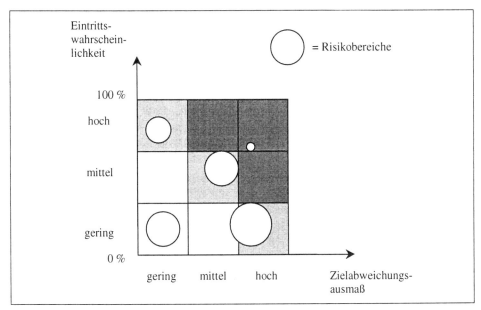

Abbildung 5: Risk Map (Vgl. SCHIERENBECK/LISTER 2001, S. 351)

Der Vorteil dieser Methode besteht darin, dass sämtliche Risiken eines Unternehmens einheitlich und mit geringem Komplexitätsgrad erfasst werden können. Auf diese Weise kann das gesamte Risikoportfolio eines Industrieunternehmens systematisch und zeitsparend identifiziert und seine Risikolage im Anschluss bewertet werden (Vgl. WITTMANN 2000, S. 476). Schon aus einer solch einfachen Bewertung folgen Impulse für die Wahl geeigneter Maßnahmen des Risk Managements, die zur Strukturierung einer präferierten Risikolage eingesetzt werden müssen.

3. Quantitative Bewertung industrieller Systemrisiken

Bestimmte Arten industrieller Risiken entziehen sich einer einfachen quantitativen Bewertung auf Einzelrisikobasis. Hierzu zählen vor allem Risiken neuer Technologien, neuer Produkte oder auch die Risikopotenziale industrieller Produktionssysteme. Die zunehmende Komplexität derartiger Systeme sowie deren Vernetzung erschwert die Risikobeurteilung erheblich. Ihr Neuigkeitscharakter verhindert zudem häufig die Risikoeinschätzung aufgrund statistischer Beobachtungen. Die mit solchen industriellen Systemen verbundenen Risiken werden daher mittels der Methoden und Instrumente der Systemanalyse untersucht, um das darin enthaltene Gefahrenpotenzial zu beurteilen.

Drei in diesem Zusammenhang schwerpunktmäßig eingesetzte Verfahren sind die Ausfalleffektanalyse, die Fehlerbaumanalyse und die Störfallanalyse.

Im Rahmen der *Ausfalleffektanalyse* wird untersucht, wie ein industrielles System beim Ausfall einzelner Komponenten reagiert. Zunächst wird identifiziert, welche Ausfallarten eintreten können, d.h. welche Teilkomponenten einem Ausfallrisiko unterliegen und mit welcher Wahrscheinlichkeit derartige Ausfälle eintreten. Anschließend ist induktiv zu analysieren, welche Auswirkungen der Ausfall einzelner Komponenten auf das gesamte System verursacht. Ausfallkombinationen werden bei diesem Vorgehen nicht betrachtet (Vgl. KUHLMANN 1981, S. 63).

Im Regelfall wird die Ausfalleffektanalyse derart konzipiert, dass die wesentlichen Komponenten eines technischen bzw. industriellen Systems tabellarisch aufgelistet werden. Für jede Komponente wird festgehalten, welche Fehlerarten zu einer Fehlfunktion dieser Komponente führen können und welche Folge die Fehlfunktion mit sich bringt. Sofern es möglich ist, werden auch die Ausfallwahrscheinlichkeiten für jede Komponente angegeben.

Mithilfe der Ausfalleffektanalyse können sensible Bestandteile eines technischen Systems identifiziert werden. Die Sensibilität kann dabei anhand der Ausfallwahrscheinlichkeit entscheidender Systemkomponenten oder der möglichen Folgewirkungen bei Ausfall bestimmter Bestandteile eingestuft werden. Sind Ausfallwahrscheinlichkeiten einzelner Komponenten gegeben und verhalten sich die Komponenten hinsichtlich der Ausfälle unabhängig, so lassen sich generelle Störwahrscheinlichkeiten für das technische System angeben. Beispielsweise sei für einen industriellen Produktionsprozess der Einsatz eines komplexen technischen Systems notwendig. Mithilfe der Ausfalleffektanalyse konnten 25 relevante Komponenten identifiziert werden, deren Ausfall eine nachhaltige Unterbrechung des Produktionsprozesses – u. U. sogar mit Gefährdung von Personen – verursacht. Die Ausfallwahrscheinlichkeit in einer Periode sei für alle Komponenten mit jeweils $1/500$ vorgegeben und unabhängig von Ausfällen anderer Komponenten. Die Wahrscheinlichkeit, dass mindestens eine erhebliche Störung im technischen Produktionsprozess eintritt, errechnet sich für eine Periode dann aus:

$$\begin{aligned} p(\text{mindestens ein erheblicher Störfall}) &= 1 - p(\text{kein erheblicher Störfall}) \\ &= 1 - p(\text{kein Ausfall einer bestimmten Komponente})^{25} \\ &= 1 - \left(\frac{499}{500}\right)^{25} \approx 5\,\% \end{aligned}$$

Ausgangspunkt bei der *Fehlerbaumanalyse* sind hypothetisch mögliche Zielabweichungen. Das unerwünschte Ereignis, zum Beispiel der Ausfall einer bestimmten Maschine, wird vorgegeben. Ziel ist es, durch deduktives Vorgehen alle möglichen Ursachen dieser Abweichungen im Sinne potentieller Kombinationen von Teilzielabweichungen zu ermitteln, die in ihrem Zusammenwirken die angenommene Störung bzw. den Schaden verursachen (Vgl. HAUPTMANNS/HERTTRICH/WERNER 1987, S. 23). Gerade im industriellen Bereich können die betrachteten Zielabweichungen bereits vorab definierten Ursachenkategorien oder sogar entsprechend tabellarisch aufgelisteten Einzelursachen zugeordnet werden (Vgl. beispielsweise HÄRTERICH 1987, S. 119 ff.). Idealerweise können mit dieser Methode auch scheinbar eher unwahrscheinlich auftretende Ereigniskombinationen oder als untergeordnet risikoverursachende Systemkomponenten identifiziert werden (Vgl. beispielhaft zu solchen Ereignissen aus den Bereichen Luft- oder Seefahrt SCHMITT-THOMAS 1999, S. 20 ff.). Diese Zusammenstellung sowie deren Abbildung mittels genormter Bildzeichen ergibt den Fehlerbaum (Vgl. KUHLMANN 1981, S. 65). Neben der Identifikation der denkbaren Ursachen für Systemstörungen und der Isolation einzelner, gravierender Schwachstellen können in einem Folgeschritt auch die Wahrscheinlichkeiten für das Auftreten einzelner Ursachen und damit die Wahrscheinlichkeit für die jeweilige Zielabweichung bestimmt werden.

Voraussetzung für den zielgerichteten Einsatz der Fehlerbaumanalyse – d. h. der systematischen Identifikation und Bewertung möglicher Ausfallkombinationen – ist das vertiefte Verständnis des analysierten Systems. Kenntnisse über die gesamten Abläufe im System sind genauso unabdingbar wie ein detailliertes Verständnis über die Funktionsweise einzelner Teilkomponenten im System. Allerdings weist die Fehlerbaumanalyse gerade hinsichtlich ihrer binären Sichtweise möglicher Störungen auch Nachteile auf. So werden die Komponenten eines Systems entweder als funktionsfähig oder als ausgefallen deklariert. Lediglich temporär auftretende oder schleichend wirksam werdende Fehlfunktionen lassen sich in Bezug auf ihre Störwirkung nicht erfassen (Vgl. DAHINDEN 1991, S, 184 f.). Problematisch kann sich die Fehlerbaumanalyse auch auswirken, wenn der Fehlerbaum nicht konsequent bis zu Ende konstruiert wird und voreilig bestimmte Sachverhalte als schadenverursachend vermutet werden.

Störfallanalysen versuchen alle Zielabweichungen zu systematisieren, die auf eine gemeinsame Ursache zurückführbar sind. Ausgangspunkt ist hier also ein unerwünschtes Ereignis (Ursache), das Folgeereignisse nach sich zieht, die wiederum zielabweichungsbegründend wirken. Auf diese Weise kann das vielfältige Reaktionsverhalten komplexer technischer Systeme bei Fehlfunktion scheinbar untergeordneter Komponenten analysiert werden. Damit erfordert die Anwendung der Störfallanalyse analog zur Fehlerbaumanalyse detaillierte Kenntnisse über das zu untersuchende industrielle System (Vgl. KUHLMANN 1981, S. 72). Auch hier werden die Systemzusammenhänge mithilfe genormter Bildzeichen durch ein Störfallablaufdiagramm graphisch illustriert. Werden Wahrscheinlichkeiten für die Zielabweichungen bei den störfallverursachenden Komponenten berechnet, kann im Folgeschritt auch wiederum die Ausfallwahrscheinlichkeit für das Gesamtsystem bestimmt werden.

Mithilfe dieser technisch geprägten Methoden zur Bewertung systeminhärenter Risiko- bzw. Schadenpotenziale lassen sich dann im Folgeschritt deren ökonomische Auswirkungen abschätzen. Als Ausgangspunkt hierfür bietet sich die Systematik der externen Rechnungslegung an. So können zur Risikoeinstufung die durch obige Methoden als besonders gefährlich identifizierten Komponenten aufgelistet und mittels geeigneter Methoden die Auswirkungen ihres Ausfalls auf Bilanz und Gewinn- und Verlustrechnung ermittelt werden (Vgl. HAPPEL/LIEBWEIN 2000, S. 232 f.). Auf diese Weise lassen sich die unternehmensweiten Streuwirkungen erfassen, die von bestimmten Zielabweichungen ausgehen. Beispielsweise kann ein technischer Defekt, der zu einem irreparablen Ausfall einer Produktionsanlage führt, einerseits massive Auswirkungen auf den Wert des Anlagevermögens ausüben, andererseits können aber auch mittelbare Folgen auf das Umlaufvermögen einwirken, indem der geplante Bestand an Halb- oder Fertigprodukten nicht erreicht wird. Ferner sind die Wirkungen auf Erträge und Aufwendungen abzuschätzen, wenn die Anzahl absetzbarer Produkte zurückgeht und gleichzeitig zusätzliche Geldmittel für die Schadenbeseitigung bereitgestellt werden müssen. In eine entsprechende Risikobilanz bzw. Risiko-GuV können auch jegliche Arten schon bestehender oder in Erwägung gezogener risikopolitischer Maßnahmen integriert werden, sodass letztlich eine „Netto-Wirkung" verbleibt und damit die Einstufung des Risikopotenzials nach Durchführung der Risikopolitik erfolgt.

4. Fazit

Zusammenfassend kann festgehalten werden, dass für die Modellierung und die daraus abgeleitete Bewertung der dem industriellen Wirtschaften inhärenten Risiken ein stochastischer bzw. hybrider Ansatz das geeignete Basismodell darstellt. Die Abbildung industrieller Produktionsprozesse als rein deterministische Input-Output-Relationen ist hingegen zu verwerfen. Als Folge resultiert jedoch eine Zunahme der durch das industrielle Risikomanagement zu bewältigenden Komplexität. Erstens ist nun mit Wahrscheinlichkeitsmodellen zu operieren, deren korrekte Diagnose und Prognose grundsätzlich wiederum risikobehaftet ist, d.h. Fehler bei der Bestimmung der die (industrielle) Realität hinreichend exakt abbildenden Wahrscheinlichkeitsgesetzmäßigkeiten bzw. Fehler bei deren Transformation in die Zukunft pflanzen sich in eine fehlerhafte Bewertung der zugrundeliegenden Risikosituation fort (Vgl. HELTEN 1991, S. 187 f.). Zweitens gewinnen die Fachkenntnisse über Kausalstrukturen (Abhängigkeiten) zwischen einzelnen Zielgrößen an Bedeutung. Nur unter Kenntnis der Interdependenz- und Instrumentalrelationen innerhalb der unternehmerischen Zielhierarchie können die Auswirkungen und Fortpflanzungseffekte der Abweichungen bei Zielgrößen einer untergeordneten Ebene auf die Zielerreichungen höhergelegener unternehmerischer Hierarchiestufen beurteilt werden. Damit ist jedoch nicht nur das Wissen über die stochastischen Gesetzmäßigkeiten industrieller Sachverhalte bedeutsam, sondern auch das Wissen über die mehr oder weniger anspruchsvolle Zielsetzung bzw. deren Hintergründe. Letztlich wirkt bereits eine Anspruchsniveausenkung im Sinne eines risikopolitischen Instruments, wenn dadurch die Wahrscheinlichkeit der Zielerreichung gesteigert wird.

Literaturverzeichnis

ALBRECHT, P./KORYCIORZ, S.: Value-at-Risk für Versicherungsunternehmen: Konzeptionelle Grundlagen und Anwendungen, in: Rudolph, B.; Johanning, L. (Hrsg.): Handbuch Risikomanagement: Risikomanagement in Banken, Asset Management-Gesellschaften, Versicherungs- und Industrieunternehmen, Band 2, Bad Soden/Ts. 2000, S. 1105 - 1129.

BANSE, G.: Herkunft und Anspruch der Risikoforschung, in: Banse, Gerhard (Hrsg.): Risikoforschung zwischen Disziplinarität und Interdisziplinarität: Von der Illusion der Sicherheit zum Umgang mit Unsicherheit, Berlin 1996, S. 15-72.

BERNET, H.-J.: Versicherungs-Management und Sachversicherung, Bern 1979.

BRÜHWILER, B.: Internationale Industrieversicherung: Risk Management – Unternehmensführung – Erfolgsstrategien, Karlsruhe 1994.

DAHINDEN, R.: Risiken im industriellen Umfeld – Aspekte einer ganzheitlichen, umweltorientierten Risikobeurteilung, St. Gallen 1991.

EMBRECHTS, P./KLÜPPELBERG, C./MIKOSCH, T.: Modelling Extremal Events for Insurance and Finance, Berlin u.a. 1997.

FRANCK, E.: Risikobewertung in der Technik, in: Hosemann, G. (Hrsg.): Risiko in der Industriegesellschaft: Analysen, Vorsorge und Akzeptanz, Erlangen 1989, S. 43-93.

FREY, H.C./NIEßEN, G.: Monte Carlo Simulation: Quantitative Risikoanalyse für die Versicherungsindustrie, München 2001.

GERATHEWOHL, K.: Rückversicherung: Grundlagen und Praxis, Band II, Karlsruhe 1979.

HAPPEL, E./LIEBWEIN, P.: Risikofrüherkennung in Versicherungsunternehmen, in: Versicherungswirtschaft 2000, S. 228-235.

HÄRTERICH, S.: Risk Management von industriellen Produktions- und Produktrisiken, Karlsruhe 1987.

HAUPTMANNS, U./HERTTRICH, M./WERNER, W.: Technische Risiken: Ermittlung und Beurteilung, Berlin u.a. 1987.

HEAD, G.L./HORN, S.: Essentials of Risk Management, Band 2, 3. Auflage, Malvern 1997.

HEILMANN, W.-R.: Grundbegriffe der Risikotheorie, Karlsruhe 1987.

HELTEN, E.: Umwelt, Verkehr, Technik – welchen Preis hat der Fortschritt?, in: Gesamtverband der Deutschen Versicherungswirtschaft e. V. (Hrsg.): Risiko: Wieviel Risiko braucht die Gesellschaft, Berlin 1998, S. 192-207.

HELTEN, E.: Ist Risiko ein Konstrukt?: Zur Quantifizierung des Risikobegriffs, in: Hesberg, D./Nell, M./Schott, W. (Hrsg.): Risiko, Versicherung, Markt: Festschrift für Walter Karten zur Vollendung des 60. Lebensjahres, Karlsruhe 1994, S. 19-25.

HELTEN, E.: Die Erfassung und Messung des Risikos, in: Grosse, W./Müller-Lutz, H.W./ Schmidt, R. (Hrsg.): Versicherungsenzyklopädie, Band 2, 4. Auflage, Wiesbaden 1991, S. 125-197.

HELTEN, E.: Der Einfluß der risikotheoretischen Modellbildung auf die Struktur von Bestands- und Schadendateien, in: Buttler, G. u.a. (Hrsg.): Statistik zwischen Theorie und Praxis: Festschrift für Karl-August Schäffer zur Vollendung seines 60. Lebensjahres, Göttingen 1985, S. 118-130.

HELTEN, E.: Risikoanalyse: Eine Methode zur Kalkulation neuer Risiken, in: Lettre d'information, Association Internationale pour l'Etude de l'Economie de l'Assurance, Genève, Nr. 18, 1975, S. 1-9.

HELTEN, E./BITTL, A./LIEBWEIN, P.: Versicherung von Risiken, in: Dörner, D./Horváth, P./Kagermann, H. (Hrsg.): Praxis des Risikomanagements: Grundlagen, Kategorien, branchenspezifische und strukturelle Aspekte, Stuttgart 2000, S. 153-191.

HELTEN, E./HARTUNG, T.: Wandel des Insurance Mangements bei Produktions- und Produktrisiken, in: Blecker, T./Gemünden, H.G. (Hrsg.): Innovatives Produktions- und Technologiemanagement: Festschrift für Bernd Kaluza, Berlin u.a. 2001, S. 543-564.

HELTEN, E./STERK, H.-P.: Zur Typisierung von Schadensummenverteilungen, in: Versicherungswirtschaft 1976, S. 113-120.

HERBRICH, M.: Kumulkontrolle, Wiesbaden 1992.

HOFFMANN, K.: RISK Management – Neue Wege der betrieblichen Risikopolitik, Karlsruhe 1985.

HÖLSCHER, R.: Gestaltungsformen und Instrumente des industriellen Risikomanagements, in: Schierenbeck, H. (Hrsg.): Risk Controlling in der Praxis: Rechtliche Rahmenbedingungen und geschäftspolitische Konzeptionen in Banken, Versicherungen und Industrie, Stuttgart 2000, S. 297-363.

KUHLMANN, A.: Einführung in die Sicherheitswissenschaft, Wiesbaden 1981.

LEIDINGER, B.: Modelle zur Risikobewertung, in: Leidinger, B. (Hrsg.): Schadenmanagement: Maßnahmen zur Schadenminderung – Handhabung von Frequenzschäden, Berlin 1998, S. 44-72.

PILZ, V.: Planung, Entwicklung und Betrieb sicherer Produktionsverfahren in der chemischen Technik, in: Lange, S. (Hrsg.): Ermittlung und Bewertung industrieller Risiken, Berlin et al. 1984, S. 60-74.

SCHENK, A.: Bewertung und Kontrolle von industriellen Sachrisiken, in: Hinterhuber, H.H./Sauerwein, E./Fohler-Norek, C. (Hrsg.): Betriebliches Risikomanagement, Wien 1998, S. 85-115.

SCHIERENBECK, H./LISTER, M.: Value Controlling: Grundlagen Wertorientierter Unternehmensführung, München/Wien 2001.

SCHMITT-THOMAS, K.G.: Integrierte Schadenanalyse: Technikgestaltung und das System des Versagens, Berlin u.a. 1999.

SIEBEN, G./LÖCHERBACH, G./MATSCHKE, M.J.: Bewertungstheorie, in: Grochla, E./Wittmann, W. (Hrsg.): Enzyklopädie der Betriebswirtschaftslehre. Band I/1: Handwörterbuch der Betriebswirtschaft, 4. Auflage, Stuttgart 1974, Sp. 839-851.

WITTMANN, E.: Organisation des Risikomanagements im Siemens Konzern, in: Schierenbeck, H. (Hrsg.): Risk Controlling in der Praxis: Rechtliche Rahmenbedingungen und geschäftspolitische Konzeptionen in Banken, Versicherungen und Industrie, Stuttgart 2000, S. 457-482.

Markus Kremers*

Value-at-Risk-basierte Messung des Risikopotenzials von Investitionsvorhaben

1. Investitionen und Investitionsrisiko
   1.1 Die Investitionsentscheidung aus der Perspektive des Risikomanagements
   1.2 Die Kennzahl des Value at Risk in der Investitionsbewertung
   1.3 Ablauf der Value-at-Risk-Berechnung für Investitionen

2. Barwertbasierte Messung des Investitionsrisikos mithilfe des Value at Risk
   2.1 Abgrenzung der relevanten Inputgrößen und ihrer Wahrscheinlichkeitsverteilungen
   2.2 Approximation der Wahrscheinlichkeitsverteilung der Kapitalwerte mittels Monte-Carlo-Simulation
   2.3 Ermittlung des Value at Risk

3. Periodenbezogene Risikomessung im Rahmen des Risikotragfähigkeitskalküls

Literaturverzeichnis

---

* Dr. Markus Kremers ist wissenschaftlicher Mitarbeiter am Lehrstuhl für Finanzdienstleistungen und Finanzmanagement der Universität Kaiserslautern.

1. Investitionen und Investitionsrisiko

1.1 Die Investitionsentscheidung aus der Perspektive des Risikomanagements

Unternehmen werden in einer Marktwirtschaft i.d.R. betrieben, um einen wirtschaftlichen Erfolg aus der Verwendung des verfügbaren Kapitals zu erzielen. Ein sinnvoller Kapitaleinsatz stellt daher die Voraussetzung für die Erreichung dieses Ziels und damit auch für einen langfristigen Unternehmensbestand dar. Vor diesem Hintergrund kommt der Beurteilung von Investitionen eine besondere Bedeutung zu.

Bei einer Investition handelt es sich um einen *zielgerichteten Kapitalverwendungsvorgang*, d.h. Investitionen beschreiben die Art und Weise, in der das vorhandene Kapital für die Anschaffung von Vermögensgegenständen verwendet wurde. Üblicherweise wird die Betrachtung dabei auf eine eher langfristige Perspektive eingeschränkt, sodass kurzfristige Kapitalverwendungsvorgänge, wie z.B. die Beschaffung von Roh-, Hilfs- und Betriebsstoffen für die Produktion, meist nicht als Investition bezeichnet werden. Aus der Perspektive eines Industrieunternehmens bedeutet dies, dass mithilfe von Investitionen in erster Linie die Produktions- bzw. die Absatzkapazität aufgebaut, aufrechterhalten oder verändert werden soll (Vgl. PERRIDON/STEINER 2002, S. 27 ff.). Aufgrund ihrer langfristigen Wirkungen sind Investitionsentscheidungen nicht bzw. kaum reversibel (Vgl. HÖLSCHER/RÜCKER 1996, S. 369), sodass Fehlentscheidungen häufig weit in die Zukunft reichende Konsequenzen nach sich ziehen. Der Investitionsentscheidung kommt daher eine besondere strategische Relevanz zu.

Aus dem finanzwirtschaftlichen Blickwinkel sind für Investitionen insbesondere die folgenden drei Aspekte kennzeichnend (Vgl. BLOHM/LÜDER 1995, S. 2 f.):

– Investitionen sind mit Einnahmen und Ausgaben verbunden.
– Eine Investition beginnt mit einer Ausgabe. Dies geschieht in der Erwartung künftiger Nettoeinnahmen.
– Investitionen besitzen längerfristige Folgewirkungen.

Daraus ergibt sich die Folgerung, dass eine quantitative Beurteilung der Vorteilhaftigkeit einer Investition auf der Basis der durch sie ausgelösten Zahlungsströme zu erfolgen hat. Natürlich existieren neben diesen quantitativen Wirkungen von Investitionen auch qualitative Konsequenzen, die sich zwar bemerkbar machen, die aber kaum zahlenmäßig erfasst werden können (z.B. als positive Wirkung ein Zuwachs an Macht oder Prestige für das Unternehmen oder als negative Konsequenz die Öffentlichkeitswirkung bei Qualitätsmängeln). Die Abgrenzung zwischen quantitativen und qualitativen Wirkungen ist im Einzelfall schwierig, denn auch qualitative Konsequenzen werden sich – zumindest mittel- bis langfristig – quantitativ bemerkbar machen. Es besteht jedoch i.d.R. keine Möglichkeit, derartige Zahlungsströme mit einer für eine zahlenmäßige Bewertung hinreichenden Genauigkeit zu prognostizieren. Gegenstand der Investitionsrechnung können damit ausschließlich die quantitativen Konsequenzen sein. Vor diesem Hintergrund ist eine Investition dann als vorteilhaft zu klassifizieren, wenn die Zahlungen ausreichen, um die mit dem Investieren verfolgten Zielsetzungen zu erreichen. In der klassischen Investitionsrechnung, die vor allem der Beurteilung der wirtschaftlichen Vorteilhaftigkeit einer Investition dient, wird diese Zielsetzung im Sinne einer Mindestanforderung durch den Kalkulationszins ausgedrückt.

Die Problemstellung der Analyse von Investitionen durch das Risikomanagement unterscheidet sich jedoch von der der Investitionsrechnung. Entsprechend der Interpretation des Risikobegriffs als Gefahr einer Verfehlung der Unternehmensziele oder – in der Terminologie der Mathematik formuliert – als Wahrscheinlichkeitsverteilung von bewerteten Zielverfehlungen (Zur Risikodefinition vgl. KREMERS 2002, S. 35 ff.) steht im Fokus des Risikomanagements die Möglichkeit, dass ein Investitionsobjekt die ursprünglich verfolgten Ziele nicht erfüllen kann. Da die durch eine Investition ausgelösten Zahlungsströme als Beurteilungskriterium fungieren, ergibt sich das *Investitionsrisiko* dadurch, dass die Investitions-Cashflows nicht die erwarteten Werte annehmen.

Bei den Investitions-Cashflows handelt es sich um zukünftige Zahlungen, die unsicher sind. Es können zu verschiedenen Zeitpunkten während der Investitionsdauer unterschiedliche Zahlungen jeweils mit einer gewissen Wahrscheinlichkeit auftreten. Daraus folgt, dass – bei einer Beurteilung der Investition mithilfe der Kapitalwertmethode – nicht ein einzelner Kapitalwert existiert. Vielmehr ist eine Wahrscheinlichkeitsverteilung unterschiedlicher Kapitalwerte, die sich aus den Wahrscheinlichkeitsverteilungen der einzelnen Investitions-Cashflows ergibt, zu berücksichtigen. Das Risiko einer Investition besteht dann in der Gefahr, dass der tatsächliche Kapitalwert vom erwarteten Kapitalwert abweicht. Diese Abweichung kann aber nur im Nachhinein eindeutig quantifiziert werden. Die im Zusammenhang mit dem Risikomanagement durchzuführende Ex-ante-Analyse kann sich daher nur auf die *Wahrscheinlichkeitsverteilung der Kapitalwerte* stützen.

Wie bereits im Beitrag von HÖLSCHER ausgeführt wurde, lässt sich die quantitative Steuerung der Risikoübernahme auf zwei Grundsätze zurückführen. Zum einen ist im Rahmen des *Risiko-Chancen-Kalküls* für ein angemessenes Verhältnis zwischen Chancen- und Risikopotenzialen zu sorgen. Eine geeignete Maßgröße für das Risiko stellt in diesem Zusammenhang der Value at Risk dar, der es – da es sich beim VaR um eine Barwertgröße handelt – erlaubt, sämtliche mit einer Entscheidung verbundenen Konsequenzen in die Betrachtung einzubeziehen. Zum anderen ist mithilfe des *Risikotragfähigkeitskalküls* zu überprüfen, ob sich ein Unternehmen die Übernahme eines zusätzlichen Risikos überhaupt leisten kann, d.h. ob die Risikodeckungsmassen ausreichen, um schlagend werdende Risiken zu kompensieren. Da die Risikotragfähigkeit zu jedem Zeitpunkt zu gewährleisten ist, muss für den Risikotragfähigkeitskalkül der Übergang zu einer periodenbezogenen Risikomessung vollzogen werden. Als Maßgrößen bieten sich der Cashflow at Risk und die Earnings at Risk, bei denen es sich um die periodenbezogenen Pendants zum Value at Risk handelt, an. Im Folgenden wird die Ermittlung der drei genannten Größen für Investitionen untersucht.

1.2 Die Kennzahl des Value at Risk in der Investitionsbewertung

Beim Value at Risk handelt es sich um eine Risikomaßgröße, die ursprünglich für die Messung des kurzfristigen Marktpreisrisikos von Handelsbeständen in Wertpapieren entwickelt wurde (Vgl. J.P. MORGAN 1999, S. 1; LAUBSCH 1999, S. 3), wobei die maximale erwartete Wertveränderung innerhalb eines Zeithorizonts von höchstens einigen Tagen ermittelt wird. Soll die Risikomessung mithilfe des Value at Risk auf andere, nicht auf Finanzinstrumente bezogene Problemstellungen angewendet werden, dann muss i.d.R. eine längerfristigere Betrachtung in der Dimension von Monaten, Quartalen oder auch Jahren angestellt werden (Vgl. BARTRAM 2000, S. 1281). Neben dem erheblich längeren Zeithorizont ist des Weiteren zu beachten, dass sich die in Nicht-Finanzunternehmen dominierenden leistungswirtschaftlichen Risiken im Gegensatz zu Marktpreisrisiken nicht nur über eine Preis-, sondern auch in Form einer Mengenkomponente äußern (Vgl. BÜHLER 1998, S. 229 f.). Dies erfordert eine Art der Risikomessung, die nicht an der Preis-, sondern an der *Zahlungsstromebene* ansetzt.

Der Wert eines Zahlungsstroms (im Sinne eines Marktwertes) kann in Form des *Barwertes* ausgedrückt werden. So ergibt sich der Marktwert einer Investition aus der Summe der diskontierten Einzahlungsüberschüsse, d.h. der Marktwert entspricht dem Kapitalwert. Eine Value-at-Risk-basierte Risikomessung bei einem Investitionsvorhaben stellt daher – zumindest in ihrer Grundform – eine *marktwertbasierte Risikomessung* dar. Betrachtet wird folglich nicht die potenzielle Wertentwicklung im Zeitablauf, sondern es werden die möglichen Abweichungen des Marktwertes einer Investition vom erwarteten Wert analysiert, und dies bezogen auf den Zeitpunkt der Investition.

Der Value at Risk nimmt dabei eine Downside-Risikomessung vor, indem ausschließlich das „negative Ende" der Wahrscheinlichkeitsverteilung analysiert wird. Berücksichtigt werden somit, im Gegensatz zu den klassischen statistischen Streuungsmaßen, die beidseitige Abweichungen erfassen, nur die unerwünschten Konstellationen.

Der *Value at Risk einer Investition* beschreibt die geschätzte maximale Unterschreitung des erwarteten Marktwertes einer Investition, die mit einer bestimmten Wahrscheinlichkeit α eintreten kann. Als Risikomaß fungiert ausdrücklich nicht die maximale, theoretisch denkbare Verfehlung der Zielsetzung, da diese i.d.R. nur mit einer extrem geringen Wahrscheinlichkeit auftreten wird. Stattdessen wird ein realistischerer Fall angenommen, indem beispielsweise die maximale Abweichung ermittelt wird, die mit einer Wahrscheinlichkeit von $\alpha=95\%$ nicht überschritten wird. Dies hat den Vorteil einer realistischeren Risikobeurteilung. Dieser Vorzug wird aber durch den Nachteil erkauft, dass eine Überschreitung des berechneten Risikopotenzials mit einer Wahrscheinlichkeit von 1-α möglich ist.

Die folgende Abbildung 1 verdeutlicht die Aussage des Value at Risk. Ausgehend von der Wahrscheinlichkeitsverteilung der Kapitalwerte einer Investition ist der Kapitalwert $C_{0,1-\alpha}$ zu ermitteln, der mit einer Wahrscheinlichkeit von α nicht unterschritten wird. Die Differenz zwischen dem Erwartungswert der Verteilung und diesem Kapitalwert drückt dann die maximale Unterschreitung des erwarteten Kapitalwertes (unter Berücksichtigung des Sicherheitsniveaus α) aus. Dabei ist zu berücksichtigen, dass der Value at Risk das Risiko (negative Abweichung) definitionsgemäß als positive Zahl ausdrückt und nicht kleiner als Null werden kann. Der Value at Risk beinhaltet gewissermaßen eine Worst-case-Risikomessung, die aber von einem noch zu einem gewissen Grad wahrscheinlichen Szenario für den ungünstigsten Fall ausgeht.

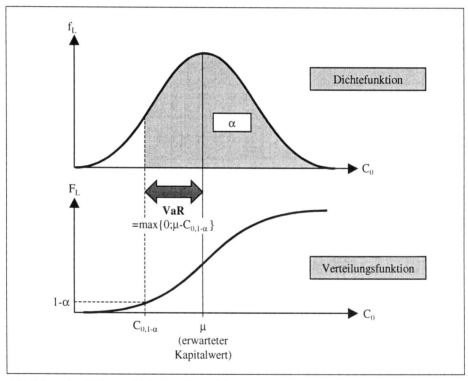

Abbildung 1: Value at Risk einer Investition

1.3 Ablauf der Value-at-Risk-Berechnung für Investitionen

Im Folgenden ist darzustellen, wie der Value at Risk für ein Investitionsobjekt berechnet werden kann. Die besondere Problemstellung besteht dabei weniger in der Ableitung des Value at Risk aus der Wahrscheinlichkeitsverteilung der Kapitalwerte, sondern vielmehr in der Beschreibung eben dieser Wahrscheinlichkeitsverteilung, die als Grundlage für die VaR-Berechnung benötigt wird. Grundsätzlich läuft die Ermittlung des Value at Risk für Investitionsvorhaben in den in der Abbildung 2 dargestellten fünf Schritten ab (Zur Methodik vgl. KREMERS 2002, S. 202 ff.). Der dabei verwendete Ansatz zur Ermittlung der Wahrscheinlichkeitsverteilung einer Zielgröße aus den Wahrscheinlichkeitsverteilungen unsicherer Inputgrößen wird als „Risikoanalyse" bezeichnet und geht auf D. B. HERTZ zurück (Vgl. HERTZ 1964).

1. In einem ersten Schritt sind die so genannten *Risikoparameter* festzulegen. Hierbei handelt es sich um diejenigen Umweltfaktoren, die den Kapitalwert einer Investition beeinflussen. Als Risikoparameter können direkt die Investitions-Cashflows der einzelnen Planungsperioden verwendet werden, sie können aber auch weiter aufgegliedert werden. Welche Risikoparameter zu verwenden sind, hängt stark vom jeweiligen Investitionsprojekt ab.

2. Sind die Risikoparameter identifiziert, muss in einem zweiten Schritt festgestellt werden, in welcher Weise sich Veränderungen der Risikoparameter auf den Kapitalwert auswirken, d.h. es ist eine *Bewertungsfunktion* aufzustellen, mithilfe derer der Kapitalwert aus den jeweiligen Ausprägungen der Risikoparameter errechnet werden kann.

3. Des Weiteren sind die *Wahrscheinlichkeitsverteilungen sämtlicher Risikoparameter* zu ermitteln, d.h. es muss bekannt sein, welche Werte die unsicheren Einflussgrößen auf den Kapitalwert mit welcher Wahrscheinlichkeit annehmen werden.

4. Der vierte Schritt besteht darin, aus den Wahrscheinlichkeitsverteilungen der Risikoparameter unter Anwendung der Kapitalwertfunktion eine *Wahrscheinlichkeitsverteilung für die Kapitalwerte* des Investitionsvorhabens abzuleiten. Während für Marktpreisänderungen von Wertpapierportfolios verschiedene analytische und simulative Verfahren verwendet werden können, eignet sich für die Anwendung bei „klassischen" Investitionen letztlich nur die Monte-Carlo-Simulation, bei der mittels Zufallszahlen Szenarien gebildet werden (zur Begründung vgl. KREMERS 2002, S. 210 ff.). Jedes Szenario enthält eine zulässige Kombination von Ausprägungen der unsicheren Inputgrößen, die mithilfe der Kapitalwertfunktion bewertet werden können. Je mehr Szenarien gebildet werden, desto mehr mögliche Kapitalwerte können berechnet werden. Bei einer hinreichend großen Anzahl an Simulationsdurchläufen ergibt sich dann eine stabile Wahrscheinlichkeitsverteilung der Kapitalwerte.

5. Im Rahmen des abschließenden fünften Schritts wird aus der Wahrscheinlichkeitsverteilung der Kapitalwerte der Value at Risk für ein vorzugebendes Konfidenzniveau abgelesen.

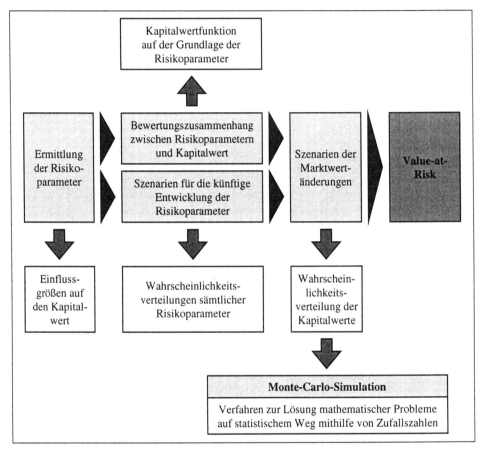

Abbildung 2: Ablauf der Value-at-Risk-Ermittlung für Investitionsprojekte

Diese Vorgehensweise zur marktwertbasierten Schätzung des Investitionsrisikos wird im Folgenden genauer erläutert.

2. Barwertbasierte Messung des Investitionsrisikos mithilfe des Value at Risk

2.1 Abgrenzung der relevanten Inputgrößen und ihrer Wahrscheinlichkeitsverteilungen

Um den Value at Risk einer Investition bestimmen zu können, ist durch die Kombination der jeweiligen Wahrscheinlichkeitsverteilungen der einzelnen unsicheren Eingangsgrößen die Wahrscheinlichkeitsverteilung der Kapitalwerte zu ermitteln (Vgl. JANDT 1980, S. 544). Es stellt sich somit zunächst die Frage, welche Inputgrößen überhaupt zu berücksichtigen sind. Es wurde bereits darauf hingewiesen, dass grundsätzlich die Investitions-Cashflows der jeweiligen Planungsperioden als Risikoparameter fungieren können. Allerdings ist kaum davon auszugehen, dass ein Entscheidungsträger in der Praxis die Wahrscheinlichkeitsverteilungen künftiger Einzahlungsüberschüsse hinreichend genau schätzen kann. Der Grund hierfür ist insbesondere darin zu sehen, dass es sich bei den künftigen Periodencashflows sozusagen um „derivative" Risikoparameter handelt, die auf Veränderungen „originärer" Einflussgrößen, wie z.B. Einkaufs- bzw. Absatzpreise, Absatzmengen oder Produktionsmengen, zurückzuführen sind.

Wenn die Wahrscheinlichkeitsverteilung der Cashflows zu schätzen ist, dann wird diese Schätzung – ggf. unbewusst – auf einer Schätzung der originären Einflussgrößen basieren. Vor diesem Hintergrund erscheint es sinnvoller, direkt die Wahrscheinlichkeitsverteilungen der originären Größen zu schätzen und deren Einfluss auf den Kapitalwert mittels einer entsprechend formulierten Kapitalwertfunktion auszudrücken. Dies hat den Vorteil, dass die Daten für den Bearbeiter besser vorstellbar und damit leichter und genauer schätzbar sind (Vgl. PERRIDON/STEINER 2002, S. 121). Für eine aussagekräftige Risikoanalyse ist es daher erforderlich, den Dateninput bis zu einem gewissen Grad zu detaillieren. Eine zu differenzierte Aufspaltung ist dagegen auch zu vermeiden, da der Aufwand für die Datengewinnung und die Berechnung erheblich anwächst. Darüber hinaus ist ab einer gewissen Anzahl an Inputgrößen ohnehin nicht mehr mit einer Verbesserung des Ergebnisses in einem Ausmaß zu rechnen, die den größeren Aufwand rechtfertigen würde (Vgl. KRUSCHWITZ 1980, S. 802).

Es ist folglich ein *sinnvoller Detaillierungsgrad* anzustreben. Welche unsicheren Inputgrößen unterschieden werden sollten und wie weit diese aufzugliedern sind, lässt sich aber nicht pauschal festlegen. Dies hängt stark von der Art der betrachteten Investition ab. Es sollten jedoch zumindest die folgenden Risikoparameter verwendet werden, die bei Bedarf weiter unterteilt werden können (Vgl. BLOHM/LÜDER 1995, S. 263):

– Absatzmengen pro Periode,
– Absatzpreise,

- variable, ausgabenwirksame Stückkosten,
- ausgabenwirksame Fixkosten,
- Investitionsausgaben sowie
- die Nutzungsdauer der Investition.

Daneben wird in der Literatur meist auch der Kalkulationszinsfuß als unsichere Größe genannt. Der Einfluss dieser Größe kann aber ausgeschlossen werden, wenn ein *marktzinsorientierter Kapitalwert* als Zielgröße verwendet wird (zur marktzinsorientierten Investitionsbewertung vgl. ROLFES 1999 oder HÖLSCHER/RÜCKER 1996). Das Marktzinsmodell zieht für die Beurteilung der Investition keinen mehr oder weniger willkürlich festgelegten Kalkulationszins heran. Stattdessen dient das real zu beobachtende, laufzeitabhängige Zinsgefüge am Geld- und Kapitalmarkt zur Diskontierung der Investitionszahlungsreihe, wodurch in Bezug auf das Zinsniveau keine Unsicherheit mehr besteht (Vgl. KREMERS 2002, S. 204).

Nachdem die relevanten Inputgrößen identifiziert wurden, sind diese im nächsten Schritt daraufhin zu untersuchen, welche Ausprägungen sie mit welcher Wahrscheinlichkeit annehmen können, d.h. es sind die jeweiligen Wahrscheinlichkeitsverteilungen zu ermitteln. Hierzu kann zum einen eine *theoretische Verteilung*, etwa eine Normal-, Binomial-, oder Poissonverteilung, unterstellt werden. Dies hätte den Vorteil, dass sich die Wahrscheinlichkeiten der verschiedenen Ausprägungen durch einen funktionalen Zusammenhang beschreiben lassen, der durch wenige Verteilungsparameter eindeutig festgelegt werden kann. So reicht es z.B. bei der Unterstellung einer Normalverteilung aus, den Erwartungswert und die Standardabweichung vorzugeben. Im Zusammenhang mit Investitionsvorhaben dürfte jedoch i.d.R. nicht davon ausgegangen werden können, dass die Risikoparameter einer theoretischen Verteilungsform entsprechen. Dies mag allenfalls in bestimmten Ausnahmen, z.B. bei den Veränderungsraten bestimmter (beobachtbarer) Marktpreise, der Fall sein. Ein weiteres Problem ergibt sich bei der Ermittlung der Verteilungsparameter, denn für Investitionsentscheidungen liegen häufig keine Erfahrungswerte aus der Vergangenheit vor, weil es sich nur selten um Routineentscheidungen handelt. Die Beobachtung von historischen Zeitreihen zur Ermittlung der Verteilungsparameter ist dann nicht möglich (Vgl. KREMERS 2002, S. 205 f.).

In den meisten Fällen werden daher die Wahrscheinlichkeitsverteilungen der unsicheren Inputgrößen *subjektiv geschätzt* werden müssen. Es ist somit auf Prognosewerte von Experten zurückzugreifen (Vgl. DIRUF 1972, S. 827). Dadurch verliert die Betrachtung an Objektivität, denn subjektive Wahrscheinlichkeiten sind potenziell ungenau und nicht immer intersubjektiv überprüfbar. Die Forderung nach einer ausschließlichen Verwendung objektiver Informationen würde aber einen völligen Verzicht auf das vorhandene Expertenwissen und – mangels einer adäquaten Datenbasis – auch auf die Möglichkeit einer quantitativen Bewertung beinhalten. Ein derartiges Vorgehen wäre nicht rational (Vgl. BROSE/CORSTEN 1983, S. 332). Natürlich sollte bei der Datenerhebung aber großer Wert auf eine besonders sorgfältige Vorgehensweise gelegt werden, um den Grad der

Subjektivität möglichst gering zu halten. Nach Möglichkeit ist dabei auf formalisierte Methoden zurückzugreifen (Vgl. z.B. die Darstellung geeigneter Verfahren bei SCHINDEL 1977, S. 116 ff.).

Ein weiteres Problem tritt auf, wenn *Abhängigkeiten zwischen verschiedenen Risikoparametern* existieren. In einem derartigen Fall kann beim Auftreten einer bestimmten Ausprägung einer Inputgröße die stochastisch abhängige Größe nicht jeden beliebigen Wert aus ihrem Wertebereich annehmen. Solche Korrelationen sind beispielsweise zwischen Absatzmengen und -preisen eines Produktes sowie zwischen den Beschaffungspreisen verschiedener Rohstoffe zu vermuten. Auch im Zeitablauf können Interdependenzen bestehen, z.B. wird die Absatzmenge eines Jahres zu einem bestimmten Grad auch von der Absatzmenge des Vorjahres abhängen. Für die Erfassung solcher Zusammenhänge zwischen mehreren Größen existiert mit dem so genannten *Korrelationskoeffizienten* eine statistische Kennzahl. Für beobachtbare Größen, insb. für Marktpreise verschiedener Güter, kann die Korrelation vergleichsweise einfach ermittelt werden. Im für Investitionen typischen Fall der nicht beobachtbaren Inputgrößen müssen die Korrelationskoeffizienten dagegen geschätzt werden. Dies dürfte allerdings für Personen ohne entsprechendes statistisches Fachwissen kaum möglich sein (Vgl. BLOHM/LÜDER 1995, S. 266).

Eine Alternative, die für den Anwender leichter erfassbar ist, besteht in der Verwendung *bedingter Wahrscheinlichkeitsverteilungen*, die auch als „Wenn-dann-Verteilungen" bezeichnet werden. Die Wahrscheinlichkeitsverteilung einer abhängigen Größe nimmt dabei – je nach Ausprägung einer anderen Inputgröße – unterschiedliche Formen an. Dieses Vorgehen verdeutlicht Abbildung 3, in der beispielhaft die Beziehung zwischen der Absatzmenge eines bestimmten Jahres (t) und der Absatzmenge des Folgejahres (t+1) betrachtet wird. Die Wahrscheinlichkeitsverteilung für die Absatzmenge im Jahr t wird in drei Bereiche (niedriger, mittlerer und hoher Absatz) unterteilt. Wenn die Absatzmenge im Jahr t als niedrig zu klassifizieren ist, dann muss auch für das Folgejahr von einer eher geringeren Absatzmenge ausgegangen werden. Aus diesem Grund wird dann für das Jahr t+1 von einer linksschiefen Verteilung ausgegangen, bei der die kleineren Mengen höhere Wahrscheinlichkeiten aufweisen. Analog dazu wird von einer rechtsschiefen Verteilung (mit größeren Wahrscheinlichkeiten bei hohen Absatzmengen) ausgegangen, wenn in t größere Mengen abgesetzt wurden. Bei einem mittleren Niveau im Jahr t wird für t+1 von einer symmetrischen Verteilung ausgegangen.

Die Verwendung bedingter Wahrscheinlichkeitsverteilungen macht die Struktur der Inputdaten umso komplexer, je mehr Abhängigkeiten bestehen. Handelt es sich im obigen Beispiel um eine Investition mit einer Dauer von mehr als zwei Jahren, können auch zwischen den Jahren t+1 und t+2 Interdependenzen bestehen. Auf diese Weise können ganze Ketten von bedingten Wahrscheinlichkeitsverteilungen entstehen, wodurch die Gesamtheit der Eingangsdaten möglicherweise sehr unübersichtlich wird. Hier ist letztlich ein sinnvoller Kompromiss zu finden (Vgl. KREMERS 2002, S. 208 ff.).

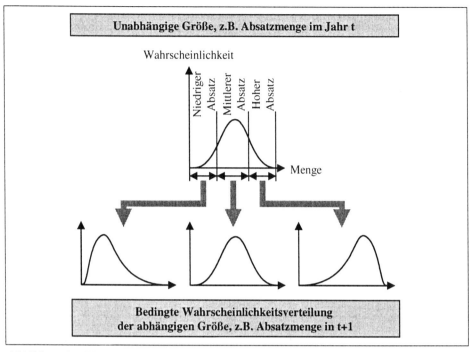

Abbildung 3: Vorgehensweise bei bedingten Wahrscheinlichkeitsverteilungen

2.2 Approximation der Wahrscheinlichkeitsverteilung der Kapitalwerte mittels Monte-Carlo-Simulation

Auf der Grundlage der einzelnen Wahrscheinlichkeitsverteilungen der unsicheren Inputgrößen ist im nächsten Schritt die Wahrscheinlichkeitsverteilung der Kapitalwerte zu ermitteln. Dies geschieht zweckmäßigerweise durch die Bildung von *Szenarien*. Ein Szenario beschreibt eine zulässige Zusammenstellung jeweils einer Ausprägung sämtlicher Inputgrößen, d.h. ein Szenario beinhaltet eine Datenkonstellation, die sich tatsächlich ergeben könnte. Für ein solches Szenario kann dann im nächsten Schritt mittels einer geeigneten Bewertungsfunktion (Kapitalwertformel) der Kapitalwert genau dieser Wertekombination berechnet werden.

Da die Wahrscheinlichkeiten der verwendeten Ausprägungen der Inputgrößen bekannt sind, kann auch die Wahrscheinlichkeit, mit der genau dieses Szenario auftreten wird, berechnet werden. Theoretisch wäre es also denkbar, sämtliche zulässigen Kombinationen von Ausprägungen der Inputgrößen zu bilden und zu bewerten. Das Ergebnis würde dann in einer vollständigen Wahrscheinlichkeitsverteilung der Kapitalwerte bestehen. Diese Vorgehensweise wird als „*Vollenumeration*" bezeichnet (Vgl. MÜLLER-MERBACH 1971, S. 213).

Eine Vollenumeration führt schon bei relativ wenigen Inputgrößen zu einer sehr großen Datenmenge, da die Anzahl der möglichen Szenarien exponentiell mit der Anzahl der Risikoparameter und mit der Menge der jeweils möglichen Ausprägungen anwächst. Gänzlich unmöglich wird eine Vollenumeration, wenn kontinuierliche Wahrscheinlichkeitsverteilungen für die unsicheren Größen unterstellt werden, weil dann unendlich viele zulässige Szenarien existieren (Vgl. SCHINDEL 1977, S. 38). Eine Vollenumeration bietet sich daher allenfalls bei vergleichsweise einfach strukturierten Bewertungsmodellen an. In allen anderen Fällen ist es unumgänglich, die Komplexität des Modells mittels einer geeigneten Methode zu reduzieren, indem die Wahrscheinlichkeitsverteilung des Kapitalwertes *geschätzt*, d.h. näherungsweise bestimmt wird. Dies kann durch eine Simulation erreicht werden.

Bei einer *Monte-Carlo-Simulation* handelt es sich um ein Verfahren zur numerischen Lösung mathematischer Problemstellungen durch die Verwendung von Zufallszahlen (Vgl. MERTENS 1982, S. 10). Es werden nicht alle möglichen Szenarien, sondern eine begrenzte Anzahl von zufällig gebildeten Konstellationen der Eingangsgrößen betrachtet. Dadurch weicht die ermittelte Wahrscheinlichkeitsverteilung der Kapitalwerte von der realen Verteilung ab, je mehr Szenarien aber betrachtet werden, desto geringer wird der entstehende Fehler. Durch eine hinreichend große Anzahl an Simulationsdurchläufen kann die tatsächliche Wahrscheinlichkeitsverteilung somit in akzeptabler Güte approximiert werden (Vgl. SCHNEEWEISS 1969, S. 131 f.).

Die Simulation eines Szenarios erfolgt, indem für jede einzelne unsichere Inputgröße mithilfe einer Zufallszahl eine zufällige Ausprägung gewählt wird. Computergenerierte Zufallszahlen nehmen i.d.R. Werte zwischen Null und Eins an und sind rechteckverteilt, d.h. sämtliche Zufallszahlen weisen die gleiche Wahrscheinlichkeit auf. Um nun aber für eine unsichere Inputgröße, für die eine bestimmte Wahrscheinlichkeitsverteilung unterstellt wurde, eine zufällige Ausprägung zu bestimmen, werden Zufallszahlen benötigt, die eben diese Wahrscheinlichkeitsverteilung aufweisen, d.h. die rechteckverteilten Zufallszahlen sind in die benötigte Verteilungsform zu transformieren. Dies geschieht durch Spiegelung an der Verteilungsfunktion der betrachteten Wahrscheinlichkeitsverteilung. Abbildung 4 verdeutlicht diesen Zusammenhang. Jeder Zufallszahl zwischen 0 und 1 kann somit eine zufällige Ausprägung der unsicheren Inputgröße zugeordnet werden. Werden hinreichend viele Szenarien gebildet, entsprechen die zufälligen Ausprägungen näherungsweise der unterstellten Verteilung. Für jede Inputgröße wird nun auf diese Weise eine zufällige Ausprägung ermittelt, sodass ein Szenario, d.h. ein vollständiger Satz an zulässigen Ausprägungen der Inputgrößen, vorhanden ist. Dieses Szenario kann nun bewertet werden, indem der Kapitalwert berechnet wird.

In analoger Weise sind nun weitere Szenarien zu simulieren und die zugehörigen Kapitalwerte zu berechnen. Mit zunehmender Anzahl an Simulationsdurchläufen bildet sich eine immer stabiler werdende Wahrscheinlichkeitsverteilung heraus, d.h. die Qualität, mit der die simulierte Verteilung die tatsächliche Wahrscheinlichkeitsverteilung der Kapitalwerte approximiert, hängt unmittelbar von der Anzahl der Durchläufe ab. Da zur Ermittlung des Value at Risk ausschließlich das negative Ende der Wahrscheinlichkeitsverteilung betrachtet wird, fließt in die Analyse letztlich nur ein kleiner Anteil der simulierten Szenarien ein. Aus diesem Grund sollte die Anzahl der Simulationsdurchläufe eher hoch gewählt werden (Vgl. KREMERS 2002, S. 223 f.).

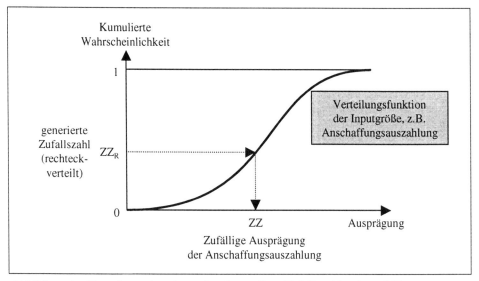

Abbildung 4: Transformation der rechteckverteilten Zufallszahlen in zufällige Ausprägungen der Inputgrößen

Bei N (z.B. 10.000) Simulationsdurchläufen ergibt sich eine Häufigkeitsverteilung, die aus N Kapitalwerten besteht. Mit anderen Worten: Jeder der simulierten Kapitalwerte wird sich mit einer Wahrscheinlichkeit von 1/N (1/10.000=0,01%) realisieren. Treten einzelne Kapitalwerte mehrfach auf, dann ist deren Wahrscheinlichkeit entsprechend höher. Die folgende Abbildung 5 zeigt das Ergebnis einer Beispielrechnung. Ausgehend von insgesamt 22 unsicheren Inputgrößen wurden 10.000 Kapitalwerte simuliert. Der kleinste Kapitalwert, der im Rahmen der Simulation aufgetreten ist, beläuft sich auf -1.171.127,01 GE, der größte auf 2.804.639,54 GE. Für die grafische Darstellung wurde diese Spannweite der Ergebnisse in Intervalle mit einer Breite von 25.000 GE eingeteilt und ermittelt, mit welcher relativen Häufigkeit die Kapitalwerte in den jeweiligen Intervallen liegen (Eine detaillierte Beschreibung der Beispielrechnung findet sich bei KREMERS 2002).

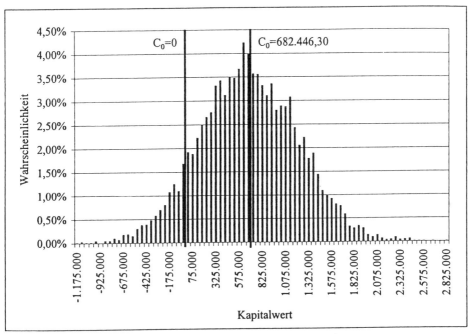

Abbildung 5: Simulierte Wahrscheinlichkeitsdichte der Kapitalwerte

2.3 Ermittlung des Value at Risk

Auf der Grundlage der simulierten Wahrscheinlichkeitsverteilung der Kapitalwerte kann nun im abschließenden Schritt der Value at Risk ermittelt werden. Abbildung 6 zeigt die Verteilungsfunktion der simulierten Wahrscheinlichkeitsverteilung, die als Integral der Wahrscheinlichkeitsdichte die kumulierten Wahrscheinlichkeiten ausdrückt. Die Verteilungsfunktion kann gebildet werden, indem die Auflistung der simulierten Kapitalwerte der Größe nach sortiert und die Wahrscheinlichkeiten aufsummiert werden. Inhaltlich interpretiert zeigt die Verteilungsfunktion an, mit welcher Wahrscheinlichkeit der Kapitalwert der Investition kleiner als das Funktionsargument sein wird (Vgl. SCHIERENBECK 2001, S. 89). Für den Value at Risk wird jedoch der Kapitalwert benötigt, der mit einer bestimmten Wahrscheinlichkeit *nicht* unterschritten wird. Im Beispiel wird ein Kapitalwert von -176.422,45 GE mit einer Wahrscheinlichkeit von 5% unterschritten. Dies bedeutet im Umkehrschluss, dass dieser Betrag mit einer Wahrscheinlichkeit von 1-5%=95% nicht unterschritten wird. Bei einem unterstellten Konfidenzniveau α ist somit das Funktionsargument der Verteilungsfunktion zu ermitteln, das zu einem Funktionswert von 1-α führt. Bei diesem Kapitalwert handelt es sich aber noch nicht um den Value at Risk der Investition, da das Risiko nicht in einem negativen Kapitalwert, sondern in einer *Abweichung vom erwarteten Kapitalwert* besteht. Der Value at Risk entspricht daher der Differenz zwischen dem Erwartungswert der Verteilung und dem ermittelten Kapitalwert, im Beispiel ist VaR=858.868,75 GE. Der Kapitalwert des Investitionsvorhabens wird also mit einer Wahrscheinlichkeit von 95% den erwarteten Kapitalwert um nicht mehr als 858.868,75 GE unterschreiten.

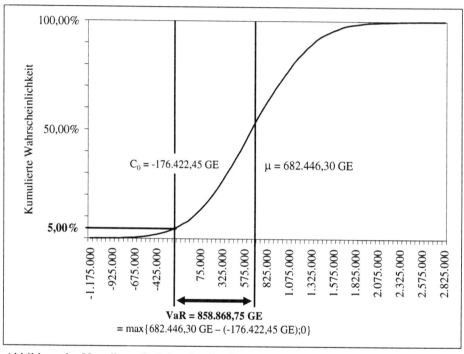

Abbildung 6: Verteilungsfunktion der simulierten Wahrscheinlichkeitsverteilung

Der Value at Risk einer Investition ist anders zu interpretieren als in der klassischen Anwendung zur Messung des Marktpreisrisikos von Wertpapierportfolios, wo der Value at Risk den potenziellen Verlust innerhalb eines bestimmten (kurzen) Zeitraums ausdrückt, d.h. es geht um die Wertschwankung einer Bestandsposition. Im Zusammenhang mit Investitionen beschreibt der Value at Risk dagegen die Gefahr, dass künftige Zahlungen nicht in der erwarteten Höhe erfolgen. Dieses Risiko schlägt sich nicht innerhalb weniger Tage in der Bilanz nieder und kann auch nicht unmittelbar als Verlust verstanden werden. Es geht vielmehr darum, dass geplante künftige Cashflows nicht erzielt werden können, was den Marktwert der Investition und damit letztlich auch den Wert des gesamten Unternehmens beeinträchtigen kann.

Vor diesem Hintergrund eignet sich der Value at Risk in der dargestellten Form insbesondere zur Einschätzung des *Gesamtrisikos*, das mit einer langfristig wirksamen Investitionsentscheidung einhergeht. Wenn also das Risiko-Chancen-Profil einer Investion zu beurteilen ist (Vgl. hierzu den Beitrag von HÖLSCHER), dann stellt der Value at Risk ein geeignetes Risikomaß dar (Vgl. KREMERS 2002, S. 289 ff.).

Die gezeigte Methodik zeichnet sich insbesondere durch die große Flexibilität des Simulationsmodells aus. Hinsichtlich der Datenschätzung und der Modellbildung besteht völlige Freiheit, sodass eine vollständige Verarbeitung sämtlicher verfügbarer Informationen möglich ist. Des Weiteren ist es möglich, Interdependenzen zwischen den Eingangsgrößen zu berücksichtigen, die jedoch explizit in das Modell, z.B. in Form von bedingten Wahrscheinlichkeitsverteilungen oder Korrelationskoeffizienten, einzubringen sind (Vgl. KERSTEN 1996, S. 24 ff.). Kritisch anzumerken ist zweifellos das erhöhte Maß an Subjektivität, da i.d.R. keine objektiven Wahrscheinlichkeitsverteilungen bekannt sein dürften. Der Anwender muss daher für eine sorgfältige Datenermittlung sorgen und sich des Umstandes bewusst sein, dass es sich um eine *Schätzung* des Risikos handelt.

3. Periodenbezogene Risikomessung im Rahmen des Risikotragfähigkeitskalküls

Zur Erzielung eines ökonomischen Erfolgs ist es unumgänglich, Risiken einzugehen. Dies bedeutet jedoch nicht, dass grundsätzlich jedes Risiko, das einen positiven Erfolgsbeitrag ermöglicht, akzeptiert werden darf, denn dies würde dem Leitbild eines vorsichtigen und ökonomisch sinnvollen Umgangs mit Risiken widersprechen. Die Risikoübernahme wird insbesondere begrenzt durch die Risikotragfähigkeit eines Unternehmens, denn Eintritte von Risiken können nur bis zu einem bestimmten Ausmaß verkraftet werden.

Um die Frage beantworten zu können, ob ein Unternehmen zum einen in der Lage ist, die vorhandenen Risiken zu tragen, und zum anderen eine zusätzliche Risikoübernahme bei Durchführung einer Investition zu verkraften, ist ein – ggf. wahrscheinlichkeitsgewichteter – Abgleich zwischen dem bestehenden Risikopotenzial und den verfügbaren Risikodeckungsmassen vorzunehmen (Vgl. SCHIERENBECK/LISTER 2002, S. 362 f.). Nur wenn die zum Risikoausgleich vorhandenen Deckungsmassen das Risikopotenzial mit einer bestimmten Wahrscheinlichkeit übersteigen, kann von einem dauerhaften Fortbestand des betreffenden Unternehmens ausgegangen werden. Die Risikotragfähigkeit ist dabei sowohl in finanzwirtschaftlicher Hinsicht (Abstimmung von liquiden Mitteln und der möglichen Cashflow-Abweichung) als auch in Bezug auf die Erfolgsrechnung (Gegenüberstellung des Eigenkapitals und der befürchteten Gewinnbelastung) sicherzustellen (Vgl. KREMERS 2002, S. 256 ff. Dieser Zusammenhang wird im Beitrag von HÖLSCHER ausführlicher dargestellt).

Im Folgenden geht es um die Frage nach der Tragfähigkeit eines zusätzlich zu übernehmenden Risikos bei Durchführung einer Investition. Es ist daher zu untersuchen, in welcher Weise sich das Gesamt-Risikopotenzial eines Unternehmens durch ein solches Zusatzrisiko verändert. Auch diese Betrachtung muss sowohl vor dem finanzwirtschaftlichen als auch vor dem erfolgsrechnerischen Hintergrund erfolgen, d.h. es ist letztlich festzustellen, zu welchen künftigen Chashflow- bzw. Gewinnabweichungen es mit welcher Wahrscheinlichkeit kommen wird. Diese Analyse ist für jede einzelne Planungsperiode während der Investitionsdauer durchzuführen.

Der erste Schritt der Betrachtung besteht in der Ermittlung der einzelnen periodischen Cashflow at Risks und Earnings at Risks des Investitionsobjektes, die dann im zweiten Schritt mit dem schon vorhandenen Ist-Risikopotenzial des Unternehmens zusammengeführt werden müssen, um einen Abgleich mit den Risikodeckungsmassen vornehmen zu können. Wenn gemäß der im zweiten Kapitel erläuterten Vorgehensweise ein Value at Risk für das Investitionsobjekt berechnet wurde, dann stehen bereits sämtliche Daten zur Verfügung, die für die Bestimmung der periodischen Cashflow at Risks benötigt werden.

Im Zuge der Monte-Carlo-Simulation wurde eine Vielzahl möglicher Szenarien gebildet. Aus jedem Szenario kann nunmehr ein Cashflow CF_t für die Planungsperiode t abgeleitet werden. Auf diese Weise ergibt sich eine Häufigkeitsverteilung für jeden einzelnen Perioden-Cashflow. Analog zur Vorgehensweise beim Value at Risk wird nun anhand der Verteilungsfunktion der simulierten Periodencashflows der Cashflow ermittelt, der mit einer vorzugebenden Wahrscheinlichkeit α nicht unterschritten wird. Das Risiko besteht aber wiederum nicht in negativen Cashflows, sondern in Abweichungen vom Ziel-Cashflow, d.h. der Cashflow at Risk besteht in der Differenz zwischen ermittelten Cashflow und dem Erwartungswert der Verteilung.

In der bereits im vorhergehenden Kapitel angeführten Beispielrechnung beläuft sich der Erwartungswert der Wahrscheinlichkeitsverteilung für den Perioden-Cashflow des ersten Jahres auf μ_{CF1} = 896.087,25 GE. Das Risiko besteht darin, dass der Investitions-Cashflow der ersten Planungsperiode diesen Zielwert unterschreitet und damit zu einer „unerwarteten" Liquiditätsbelastung führt. Bei einem Sicherheitsniveau von 95% ergibt sich im Beispiel ein Mindest-Periodencashflow von 540.000 GE. Der Cashflow at Risk beläuft sich demnach auf $CFaR_{1,95\%}$=896.087,25 GE − 540.000 GE = 356.087,25 GE, d.h. der Investitions-Cashflow wird im ersten Jahr mit einer Wahrscheinlichkeit von 95% den Zielcashflow um nicht mehr als 356.087,25 GE unterschreiten.

Diese Information besitzt große Bedeutung für die finanzielle Unternehmensführung, denn die Planung erfolgt so, dass sich ein Unternehmen im finanziellen Gleichgewicht befindet. Dies bedeutet u.a., dass ausreichende Cashflows generiert werden sollen, um den finanziellen Verpflichtungen nachkommen zu können. Insofern besitzt die Fragestellung, wie groß die negative Abweichung von den Planwerten sein kann, große Relevanz. Die Ermittlung von Cashflow at Risks eröffnet somit einen direkten Anknüpfungspunkt zur Finanzplanung eines Unternehmens (Vgl. KREMERS 2002, S. 265).

Auch die periodenbezogenen Earnings at Risk können auf der Grundlage der bereits simulierten Szenarien ermittelt werden. Die Problemstellung besteht aber nunmehr in der Berechnung der maximalen negativen Abweichung des Periodengewinns vom erwarteten Gewinn, die mit einer bestimmten Wahrscheinlichkeit nicht überschritten wird. Aus diesem Grund sind die auf Zahlungsströmen basierenden Perioden-Cashflows um solche Größen zu korrigieren, die in der betrachteten Periode nicht bzw. nicht in gleicher Höhe sowohl erfolgs- als auch zahlungswirksam waren. Mit anderen Worten sind die Periodencashflows um die nicht periodengleich zahlungswirksamen Aufwendungen (Erträge) zu verringern (zu erhöhen). Daraus ergeben sich dann die Periodengewinne. Im Zuge der Bestimmung von Investitions-Earnings-at-Risks ergibt sich eine Abweichung zwischen Periodencashflows und Periodengewinnen insbesondere durch die Verrechnung von bilanziellen *Abschreibungen*. Während die Investitionsauszahlung gleich zu Beginn liquiditätswirksam wird und sich daher direkt in den Cashflows niederschlägt, wird in der Erfolgsrechnung eine periodische Verteilung des Wertverlustes in Form von Abschreibungen vorgenommen.

Ausgehend von den Periodencashflows der einzelnen simulierten Szenarien können auf diese Weise Periodengewinne ermittelt werden. Wird der einfachste Fall, in dem Abweichungen zwischen Cashflows und Gewinnen ausschließlich durch Abschreibungen verursacht werden, angenommen, dann lässt sich der Periodengewinn (Earnings) $E_{t,i}$ der Periode t im Szenario i (bei Unterstellung einer linearen Abschreibung) wie folgt berechnen:

$$E_{t,i} = CF_{t,i} - \frac{I_{0,i}}{n}$$

Bei $I_{0,i}$ handelt es sich dabei um die Investitionsausgabe zum Zeitpunkt t=0 und n steht für die Nutzungsdauer der Investition. Werden die Periodengewinne für jedes simulierte Szenario berechnet, ergibt sich wiederum eine Wahrscheinlichkeitsverteilung, auf deren Basis die Earnings at Risk ermittelt werden können. Im Beispiel ergibt sich ein Wert von $EaR_{1,95\%}$ = 355.327,25 GE, d.h. mit einer Wahrscheinlichkeit von 95% wird der Periodengewinn im ersten Jahr den geplanten Periodengewinn um nicht mehr als 355.327,25 GE unterschreiten. Zur Beurteilung der Risikotragfähigkeit kann dieser Wert dann dem für den Zeitpunkt t=1 geplanten Haftungskapital (Eigenkapital) gegenübergestellt werden.

Die folgende Abbildung 7 verdeutlicht zusammenfassend, wie auf der Grundlage der im Rahmen der Value-at-Risk-Berechnung simulierten Szenarien die periodische Risikomessung für ein Investitionsvorhaben durchgeführt werden kann.

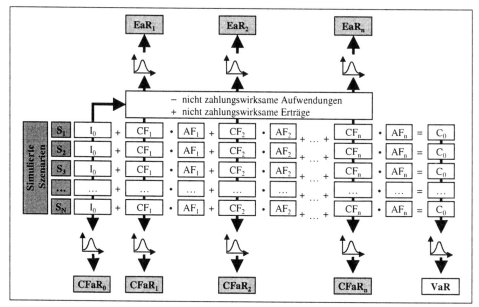

Abbildung 7: Zusammenhang zwischen periodenbezogener Risikomessung und der Value-at-Risk-Berechnung

Literaturverzeichnis

BARTRAM, S.M.: Verfahren zur Schätzung finanzwirtschaftlicher Exposures von Nichtbanken, in: Johanning, L./Rudolph, B. (Hrsg.): Handbuch Risikomanagement, Band 2, Bad Soden 2000, S. 1267-1294.

BLOHM, H./LÜDER, K.: Investition, Schwachstellen im Investitionsbereich des Industriebetriebs und Wege zu ihrer Beseitigung, 8. Auflage, München 1995.

BROSE, P./CORSTEN, H.: Bedeutung und Bestimmungsfaktoren subektiver Wahrscheinlichkeiten, in: Wirtschaftswissenschaftliches Studium 1983, S. 329-335.

BÜHLER, W.: Risikocontrolling in Industrieunternehmen, in: Börsig, C./Coenenberg, A.G. (Hrsg.): Controlling und Rechnungswesen im internationalen Wettbewerb, Stuttgart 1998, S. 205-233.

DIRUF, G.: Die quantitative Risikoanalyse, Ein OR-Verfahren zur Beurteilung von Investitionsprojekten, in: Zeitschrift für Betriebswirtschaft 1972, S. 821-832.

HERTZ, D.B.: Risk Analysis in Capital Investment, in: Harvard Business Review 1964, S. 95-106.

HÖLSCHER, R.: Gestaltungsformen und Instrumente des industriellen Risikomanagements, in: Schierenbeck, H. (Hrsg.): Risk Controlling in der Praxis, Rechtliche Rahmenbedingungen und geschäftspolitische Konzeptionen in Banken, Versicherungen und Industrie, Zürich 1999, S. 297-363.

HÖLSCHER, R./RÜCKER, U.-C.: Investitionscontrolling auf der Basis der Marktzinsmethode, in: Controller-Magazin 1996, S. 368-378.

JANDT, J.: Investitionseinzelentscheidungen bei unsicheren Erwartungen mittels Risikoanalyse, in: Wirtschaftswissenschaftliches Studium 1986, S. 543-550.

J.P. MORGAN (Hrsg.): Introduction to RiskMetrics^{TM}, 4. Auflage, New York 1995

KERSTEN, F.: Simulation in der Investitionsplanung, Wiesbaden 1996.

KREMERS, M.: Risikoübernahme in Industrieunternehmen – Der Value-at-Risk als Steuerungsgröße für das industrielle Risikomanagement, dargestellt am Beispiel des Investitionsrisikos, in: Hölscher, R. (Hrsg.): Schriftenreihe Finanzmanagement, Band 7, Sternenfels/Berlin 2002.

KRUSCHWITZ, L.: Bemerkungen zur Risikoanalyse aus theoretischer Sicht, in: Zeitschrift für Betriebswirtschaft 1980, S. 800-808.

LAUBSCH, A.J.: Risk Management, A practical Guide, New York 1999.

MERTENS, P.: Simulation, 2. Auflage Stuttgart 1982.

MÜLLER-MERBACH, H.: Risikoanalyse, in: Management-Enzyklopädie, Band 5, München 1971, S. 211-217.

PERRIDON, L./STEINER, M.: Finanzwirtschaft der Unternehmung, 10. Auflage, München 1999.

ROLFES, B.: Moderne Investitionsrechnung, Einführung in die klassische Investitionstheorie und Grundlagen marktorientierter Investitionsentscheidungen, 2. Auflage, München/Wien 1999.

SCHIERENBECK, H.: Ertragsorientiertes Bankmanagement, Band 2: Risiko-Controlling und integrierte Rendite-/Risikosteuerung, 7. Auflage, Wiesbaden 2001.

SCHIERENBECK, H./LISTER, M.: Value Controlling, Grundlagen wertorientierter Unternehmensführung, München/Wien 2000.

SCHNEEWEISS, H.: Monte-Carlo-Methoden, in: Menges, G. (Hrsg.): Beiträge zur Unternehmensforschung, Würzburg/Wien 1969, S. 129-152.

SCHINDEL, V.: Risikoanalyse, Darstellung und Bewertung von Risikorechnungen am Beispiel von Investitionsentscheidungen, München 1977.

Bernd Meyer/Carola Welzl[*]

Instrumente des Umweltmanagements im aktiven Risikomanagement

1. Der Umweltschaden als Unternehmensrisiko

2. Vorbeugendes Risikomanagement
   2.1 Strukturierung von Verantwortung und Befugnissen
   2.2 Delegation und Kontrolle
   2.3 Ablauforganisation
   2.4 Die Rolle des Personals im Managementsystem
   2.5 Die Erfüllung technischer Normen
   2.6 Dokumentation

3. Risikomanagement im Schadenfall
   3.1 Alarm- und Gefahrenabwehrpläne
   3.2 Unternehmensexterne Kommunikation
   3.3 Versicherungen

4. Zusammenfassung

Literaturverzeichnis

---

[*] Dr. Bernd Meyer ist Geschäftsführer der Gothaer Risk-Management GmbH, Köln, Dr. Carola Welzl ist Mitarbeiterin in diesem Unternehmen.

1. Der Umweltschaden als Unternehmensrisiko

Jedes zukunftsorientierte Unternehmen muss heute neben seiner Umsatz- und Gewinnplanung auch Schadenprävention, -minimierung und -begrenzung in sein unternehmerisches Handeln einbeziehen. Hierbei ist ein breites Spektrum unterschiedlicher Risiken zu berücksichtigen, deren Gewichtung nach Eintrittswahrscheinlichkeit und Schadenausmaß zu beurteilen ist.

In der jüngsten Vergangenheit hatte sich herausgestellt, dass Umweltschäden vielfach unterschätzt worden waren. Infolgedessen wurden schärfere Gesetze erlassen und die Umwelttechnik verbessert. Dies zeigte sehr bald Wirkung, doch ist auch der Faktor Mensch in das System einzubeziehen. Heute wird ein Umweltmanagementsystem, das Mensch und Technik gleichermaßen berücksichtigt, allgemein als Instrument zur Risikobewältigung anerkannt.

Die Ursachen für Umweltschäden sind vielfältig und reichen von technologischen Mängeln und technischem Versagen über Bedienungsfehler bis hin zu externen Einflüssen. Folgen sind Betriebsunterbrechungen, die Einschränkung der Lieferfähigkeit, personelle Bindung zur Schadenbehebung und zum Schadenmanagement sowie aufwändige Sanierungsmaßnahmen, die in der Regel von Fremdfirmen durchgeführt werden müssen.

Die Folgen derartiger Schäden bleiben oft nicht räumlich auf das Unternehmen beschränkt, sondern sind auch außerhalb des Firmengeländes durch Verunreinigung von Boden, Luft und Wasser spürbar. Dies hat wiederum Auswirkungen auf die Beziehungen zu Kunden, Nachbarschaft, Behörden, Versicherern, der Presse und dem gesamten Umfeld des Unternehmens.

Darüber hinaus trägt der Unternehmer ein persönliches Risiko, da er sich vor dem Richter für die Unterlassung seiner Pflichten verantworten muss. Die Organisationspflicht für den Unternehmer ergibt sich vor allem aus den folgenden Gesetzen und Vorschriften:

- Nach §14 StGB und OWiG machen sich die Organe, vertreten durch die Vorstände und Geschäftsführer, bei umweltrechtlichen Verstößen im Unternehmen strafbar.

- Nach §130 OWiG sind die Organe für die Unterhaltung eines Aufsichtssystems verantwortlich, das geeignet ist, Zuwiderhandlungen im Unternehmen zu verhindern oder wesentlich zu erschweren.

- Nach §52a Abs.2 BImSchG und §53 KrW-/AbfG sind Organisationen dazu verpflichtet, der zuständigen Behörde anzuzeigen, wer nach den Bestimmungen über die Geschäftsführungsbefugnis für die Gesellschaft die Betreiberpflichten wahrnimmt und auf welche Weise sichergestellt ist, dass die dem Schutz vor schädlichen Umwelteinwirkungen und vor sonstigen Gefahren dienenden Vorschriften und die abfallrechtlichen Vorschriften beachtet werden.

Ein auf die betrieblichen Belange ausgerichtetes, gut strukturiertes und systematisches Umweltmanagement hilft, die Sicherheit für das Unternehmen und für den Unternehmer zu erhöhen. Mit einem guten Umweltmanagementsystem beugt der Unternehmer Schäden vor und weist im Schadenfall ein persönliches Organisationsverschulden gegenüber dem Staatsanwalt von sich. Denn die Organisationspflicht ist ausschließlich vom Vorstand und von der Geschäftsführung zu erfüllen und kann nicht an andere innerhalb des Unternehmens delegiert werden.

2. Vorbeugendes Risikomanagement

2.1 Strukturierung von Verantwortung und Befugnissen

Die Organisationsplanung sorgt für die Transparenz, die notwendig ist, die Vielfalt der Umweltmanagementaufgaben in strukturierter und effektiver Weise auszuführen. Sie unterscheidet üblicherweise zwischen der Aufbau- und der Ablauforganisation.

Die Ablauforganisation beschäftigt sich mit der Art der Durchführung der einzelnen Tätigkeiten und wird in der Regel in Form von Verfahrens- und Arbeitsanweisungen fixiert. Hierauf wird an späterer Stelle in diesem Beitrag eingegangen. Bei der Aufbauorganisation geht es im Wesentlichen um die Analyse von Umweltmanagementaufgaben, ihre Zuweisung auf geeignete Stellen und die Eingliederung in die gesamte Organisationsstruktur des Unternehmens.

Die Entwicklung der Aufbauorganisation beginnt mit der Ermittlung sämtlicher Umweltaufgaben, die im Unternehmen zu erfüllen sind. Anschließend werden diese Aufgaben geeigneten Stellen und Stelleninhabern zugewiesen. Gegebenenfalls sind neue Stellen zu schaffen, wenn die Aufgaben nicht bereits existierenden Stellen zugeordnet werden können. Im Rahmen des Zuweisungsprozesses ist zu klären, welche übergeordneten Strukturebenen diese neuen Stellen aufnehmen sollen, damit sie wirksam in die bestehende Organisationsstruktur integriert werden können.

Die Aufgabenzuweisung führt zu zwei wichtigen Ergebnissen: Zum einen werden die personellen und materiellen Ressourcen ermittelt, die zur Erfüllung der Aufgaben zur Verfügung stehen. Zum anderen werden Organisationslücken festgestellt, die in Form von fiktiven Stellen erkennbar werden und zu schließen sind.

Im Rahmen der Strukturierung der Aufbauorganisation ist auf die Erfüllung der organisationsrechtlichen Forderungen zu achten, die sich aus den Umweltgesetzen ergeben. Dies sind vor allem die Beauftragtenfunktionen wie der Beauftragte für Abfall (§§54-55 KrW-/AbfG in Verbindung mit AbfBetrBV), der Beauftragte für Immissionsschutz (§§53-58 BImSchG in Verbindung mit 5.BImSchV), der Beauftragte für Gewässerschutz

(WHG § 21a – 21g) und der Störfallbeauftragte (§§58a-58d BImSchG in Verbindung mit 12.BImSchV). Diese Stellen werden am sinnvollsten als Stabsstellen einer Strukturebene zugeordnet, die der Geschäftsleitung direkt unterstellt ist. Auf diese Weise können die Pflichten, die sich für die Beauftragten aus den Gesetzen ergeben, am ehesten erfüllt werden:

- Überwachungspflichten
    - die Einhaltung der auf dem betreffenden Sachgebiet bestehenden Gesetze und Verordnungen sowie der hierauf gestützten Anordnungen und Auflagen überwachen
    - Messungen vornehmen und Ergebnisse aufzeichnen
    - Kontakt mit der Geschäftsleitung bei Mängelanzeigen

- Hinwirkungspflichten
    - hinwirken auf die Entwicklung und Einführung verbesserter umweltfreundlicher Verfahren und Produkte
    - die Betriebsangehörigen über die im Betrieb verursachten Umweltbelastungen aufklären

- Informationspflichten
    - die Betriebsangehörigen über die im Betrieb verursachten Umweltbelastungen aufklären

- Berichtspflichten
    - Berichterstattung gegenüber dem Benutzer bzw. Betreiber (grundsätzlich nicht gegenüber der Behörde) einmal jährlich, in der Regel schriftlich
    - über alle bei der Durchführung seiner Aufgaben getroffenen Maßnahmen („Rechenschaftsbericht")
    - über innerbetriebliche Maßnahmen, die zur Verwirklichung der Umweltschutzziele möglich und erforderlich sind („innerbetriebliches Umweltprogramm")

Auch für den Unternehmer schreiben die Gesetze Pflichten vor:

- Schriftliche Bestellung und Bezeichnung der Aufgaben

- Schriftliche Anzeige der Bestellung des Betriebsbeauftragten bei der zuständigen Behörde

- Unterrichtung des Betriebs- oder Personalrats

- Unterstützungspflicht / Bereitstellung von Hilfsmitteln

- Einholung von Stellungnahmen

- Koordination der Betriebsbeauftragten, z.B. durch Einrichtung eines Umweltausschusses

- Prüfung der erforderlichen Fachkunde und Zuverlässigkeit

Neben der Übertragung komplexer und ordnungsrechtlicher Aufgabenstellungen auf Fachpersonal sollten aber auch möglichst viele weitere Mitarbeiter in das Umweltmanagementsystem einbezogen werden, um sie zur aktiven und kreativen Mitarbeit zu bewegen.

2.2 Delegation und Kontrolle

Für die Geschäftsführung endet die Verantwortung nicht damit, die erforderlichen Stellen eingerichtet und besetzt zu haben. Im Schadenfall kann sich ein Geschäftsführer oder Vorgesetzter nur dann entlasten, wenn er das Folgende beachtet hat:

Er muss das Personal richtig ausgewählt haben, d.h. es muss für die ihm zugewiesenen Aufgaben entsprechend geeignet und qualifiziert sein. Die richtige Qualifikation wird in der Regel über die absolvierte Ausbildung und die berufliche Erfahrung definiert. Nicht zu unterschätzen ist darüber hinaus die Zuverlässigkeit. Die Zuverlässigkeit ist normalerweise nicht gegeben, wenn Verletzungen der Vorschriften

- des Strafrechts über gemeingefährliche Delikte oder Delikte gegen die Umwelt,
- des Immissionsschutz-, Abfall-, Wasser-, Natur- und Landschaftsschutz-, Chemikalien-, Gentechnik- oder Atom- und Strahlenschutzrechts,
- des Lebensmittel-, Arzneimittel-, Pflanzenschutz- oder Seuchenrechts,
- des Gewerbe- oder Arbeitsschutzrechts,
- des Betäubungsmittel-, Waffen- oder Sprengstoffrechts

mit einer bedeutenden Geldbuße oder einer Strafe geahndet wurden. In der 5.BImSchV (Verordnung über Immissionsschutz- und Störfallbeauftragte) wurde die Höhe der Geldbuße, oberhalb der die Zuverlässigkeit nicht mehr gegeben ist, auf 1.000 DM festgelegt. Die Zuverlässigkeit lässt sich zum Beispiel überprüfen, indem man sich das Führungszeugnis und eine Auskunft aus dem Gewerbezentralregister vorlegen lässt.

Weiterhin muss der jeweilige Stelleninhaber die erforderlichen Anweisungen und die notwendige Fortbildung erhalten. Aufgaben, Befugnisse und die Anforderungen an den Stelleninhaber lassen sich am besten in einer detaillierten Stellenbeschreibung festlegen.

Wesentlich ist aber auch die Kontrolle des Stelleninhabers. Der Vorgesetzte muss sich regelmäßig davon überzeugen, dass der Stelleninhaber die ihm zugewiesenen Aufgaben richtig und vollständig erfüllt. Die ausgeführte Überwachung sollte nachvollziehbar dokumentiert werden, z.B. durch die Gegenzeichnung von Betriebstagebüchern oder durch die Protokollierung von Gesprächen mit Kontrollfunktion. Nur auf diese Weise ist es im Schadenfall für den Vorgesetzten möglich nachzuweisen, dass er seinen organisatorischen Pflichten vollständig nachgekommen ist.

2.3 Ablauforganisation

Die Ablauforganisation wird in einer Sammlung von Verfahrensanweisungen festgelegt, die in Arbeitsanweisungen konkretisiert werden. Als Orientierungshilfe für die im Rahmen eines Umweltmanagementsystems zu berücksichtigenden Themen dient z.B. die DIN ISO 14001 (siehe Abbildung 1).

Systemelement	Aufgabenbereiche
1 Umweltpolitik	
2 Planung	- Umweltaspekte - Gesetzliche und andere Forderungen - Zielsetzungen und Einzelziele - Umweltmanagementprogramme
3 Implementierung und Durchführung	- Organisationsstruktur und Verantwortlichkeit - Schulung, Bewusstsein und Kompetenz - Kommunikation - Dokumentation des Umweltmanagementsystems - Lenkung der Dokumente - Ablauflenkung - Notfallvorsorge und -maßnahmen
4 Kontroll- und Korrekturmaßnahmen	- Überwachung und Messung - Abweichungen, Korrektur- und Vorsorgemaßnahmen - Aufzeichnungen - Umweltmanagementsystem-Audit
5 Bewertung durch die oberste Leitung	

Abbildung 1: Die Systemelemente des Umweltmanagementsystems nach DIN ISO 14001

Falls eine Zertifizierung nach diesem System angestrebt wird, sollte man sich bei der Strukturierung der Ablauforganisation strikt an diese Elementaufteilung halten. Die generelle Gestaltung von Verfahrensanweisungen ist der Abbildung 2 zu entnehmen. Die Erstellung der Verfahrensanweisungen sollte möglichst von denjenigen Stellen durchgeführt werden, für die die Verfahrensanweisung später gilt. Dadurch wird erreicht, dass der schriftlich fixierte Ablauf mit dem tatsächlichen Ablauf im Betrieb wirklich übereinstimmt.

Name des Unternehmens	Verfahrensanweisung Aufbau von Verfahrens- anweisungen	Nr. : 1 Ausgabe: 1.11.2001 Seiten: 1 von 1
1. Zweck: In dieser Anweisung wird beschrieben, wie eine Verfahrensanweisung gestaltet wird und welche Inhalte behandelt werden müssen. 2. Geltungsbereich: Hier wird angegeben, an welchen Unternehmensbereich sich diese Verfahrensanweisung richtet. 3. Zuständigkeiten: Der Umweltmanagementbeauftragte ist für die Erarbeitung und Änderung zuständig. Freigegeben werden die Verfahrensanweisungen durch den Geschäftsführer. 4. Verfahren: Alle Verfahrensanweisungen werden nach dem folgenden Schema aufgebaut: 4.1 Zweck: Was wird durch diese Verfahrensanweisung geregelt? 4.2 Zuständigkeiten: Wer ist für den Inhalt und für die Freigabe verantwortlich? Eine namentliche Nennung ist nicht nötig. 4.3 Verfahren: Auf welche Art und Weise werden die Dinge geregelt? Im Prinzip wird hier die Vorgehensweise am Standort beschrieben. Dabei handelt es sich um ein Konzept. Details werden in Arbeitsanweisungen geregelt. 4.4 Mitgeltende Dokumente: Hier werden alle Dokumente aufgelistet, die im Zusammenhang mit der Verfahrensanweisung stehen. Dazu zählen Rechtsvorschriften, Arbeitsanweisungen, Listen, Formblätter u.a. 5. Mitgeltende Dokumente: Im Zusammenhang mit dieser Verfahrensanweisung sind keine weiteren Dokumente zu beachten.		
Erstellt: Datum:	Freigabe: Datum:	

Abbildung 2: Aufbau von Verfahrensanweisungen

2.4 Die Rolle des Personals im Managementsystem

Im Rahmen eines gut funktionierenden Umweltmanagements spielen hinsichtlich des Personals zwei Aspekte eine entscheidende Rolle: Dies ist zum einen die adäquate Besetzung von Umwelt- und Schlüsselpositionen. Der zweite Aspekt ist die Motivation der Mitarbeiter, ein umweltgerechtes Verhalten zu praktizieren, und zwar auf allen Hierarchie- und Funktionsebenen.

Der Bedarf an Umweltwissen und die sich hieraus ergebende Notwendigkeit von Qualifikationen oder Schulungen lässt sich relativ leicht ermitteln, insbesondere, da der Gesetzgeber hierfür den Rahmen vorgibt. So umfasst z.B. die erforderliche Fachkunde des Immissionsschutzbeauftragten

– den Abschluss eines Studiums auf den Gebieten des Ingenieurwesens, der Chemie oder der Physik an einer Hochschule,

– die Teilnahme an von der zuständigen obersten Landesbehörde anerkannten Lehrgängen im Abstand von maximal 2 Jahren und

– während einer zweijährigen praktischen Tätigkeit erworbene Kenntnisse über die Anlage, für die der Beauftragte bestellt werden soll, oder über vergleichbare Anlagen.

Weiterbildungsbedarf entsteht außerdem immer dann, wenn sich wesentliche umweltgesetzliche Novellierungen ergeben haben, von denen der Betrieb betroffen ist, oder wenn im Betrieb selbst Änderungen geplant sind (z.B. Modernisierung der Anlagentechnik, Umverteilung von Zuständigkeiten, Änderungen von Produkten, Neuverteilung von Managementaufgaben).

Unter Umständen fordert der Gesetzgeber auch unmittelbar die Weiterbildung und Schulung für einen größeren Personenkreis. Als Beispiel sei hier der § 20 GefStoffV genannt: Hiernach müssen Betriebsanweisungen erstellt werden, in denen die beim Umgang mit Gefahrstoffen auftretenden Gefahren für Mensch und Umwelt sowie die erforderlichen Schutzmaßnahmen und Verhaltensregeln festgelegt werden. Arbeitnehmer, die beim Umgang mit Gefahrstoffen beschäftigt werden, müssen anhand der Betriebsanweisungen über die auftretenden Gefahren sowie über die Schutzmaßnahmen mindestens einmal jährlich unterrichtet werden. Auch nach den Unfallverhütungsvorschriften sind jährliche Mitarbeiterschulungen vorzunehmen, für deren Durchführung die Fachkraft für Arbeitssicherheit zuständig ist.

Schwieriger ist es, den zweiten Aspekt, die Mitarbeitermotivation, zu realisieren. Grundvoraussetzung hierfür ist die Vorbildfunktion der Unternehmensleitung: Wenn von den Mitarbeitern erkannt wird, dass sich Personen, die im Zentrum des Unternehmens stehen, insbesondere die Unternehmensleitung und das mittlere Management, glaubwürdig umweltgerecht verhalten, so wird dies mit hoher Wahrscheinlichkeit nachgeahmt. Um die Mitarbeiter zu motivieren, sind darüber hinaus folgende Grundsätze zu beachten:

- Ein Motivationsprogramm darf nicht als Manipulation gestaltet und auffassbar sein, sondern lediglich die Rahmenbedingungen dafür schaffen, dass umweltgerechtes Verhalten eine positive Wertung erhält.
- Über Ziele und Methoden eines Umweltmanagementsystems ist die Belegschaft umfassend zu informieren, um das Interesse zu wecken und den Sinn begreifbar zu machen.
- Jeder einzelne Mitarbeiter muss erkennen, dass seine Leistung und sein Beitrag zum Umweltmanagementsystem wichtig für das Gelingen des ganzen Projektes ist.
- Umweltgerechtes Verhalten muss auf Anerkennung stoßen und gefördert werden. Dies schließt vor allem ein, dass jeder Vorschlag eines Mitarbeiters aufgegriffen und geprüft wird und, falls er nicht realisiert wird, dem Mitarbeiter die Gründe hierfür erläutert werden. Eine Frustrationshaltung ist unter allen Umständen zu vermeiden.

Um den beiden personellen Aspekten, der adäquaten Besetzung von Umwelt-Schlüsselpositionen und der Mitarbeitermotivation, gerecht zu werden, sind also Schulungspläne und Motivationsprogramme zu erstellen und möglichst aufeinander abzustimmen, wobei die Vorbildfunktion der Unternehmensleitung nicht außer acht gelassen werden darf.

2.5 Die Erfüllung technischer Normen

Durch die Strukturierung und Implementierung der Aufbau- und Ablauforganisation ergibt sich die qualifizierte Auseinandersetzung der Stelleninhaber mit den ihnen jeweils zugewiesenen Aufgaben, die in die technische Durchführung und Überwachung des Produktionsprozesses mündet. Ziel im Rahmen des Umweltmanagements ist es hierbei, die gesetzlichen Anforderungen zu erfüllen und die bestverfügbare Technik anzuwenden, um Umweltbelastungen zu vermeiden oder zu minimieren. Aus der Fülle der rund 9000 EU-rechtlichen, bundesrechtlichen und landesrechtlichen Vorschriften sind zunächst diejenigen herauszufiltern, die auf den jeweiligen Betrieb zutreffen. Das auf diese Weise erstellte Rechtsverzeichnis muss ständig fortgeschrieben werden. Umweltrechtliche Pflichten eines Unternehmens können sich aus folgenden Gründen ändern:

- Die Rechtslage ändert sich durch Änderung von Gesetzen, Verordnungen etc. oder durch eine neue Rechtsprechung oder Literaturmeinung.
- Im Unternehmen ändert sich der Sachverhalt bei unveränderter Rechtslage, z.B. durch den Einsatz anderer Stoffe oder durch den Neubau oder die Stilllegung von Anlagen.

Nachdem die Rechtslage analysiert wurde, ist zu überprüfen, ob die vorhandenen Anlagen und technischen Einrichtungen den in diesen Gesetzen, Verordnungen, technischen Regeln und sonstigen technischen Normen festgelegten Anforderungen entsprechen. Dies geschieht am besten in Form einer Umweltrisikoanalyse. Hierbei werden alle Betriebsbereiche genau unter die Lupe genommen, der Ist-Zustand mit dem Soll-Zustand verglichen und ein Maßnahmenkatalog erstellt, mit dessen Umsetzung der Soll-Zustand erreicht wird. Folgende Elemente sollten im Rahmen der Umweltrisikoanalyse untersucht werden:

- Betriebsstandort (Umgebung, Nähe zu Gewässern, Untergrundbeschaffenheit, Schutzgebiete)
- Betriebshistorie und Vorschäden
- Genehmigungssituation
- Eingesetzte Stoffe (Mengen, Wassergefährdungsklassen, Brennbarkeit, Gefahrensymbole)
- Abfälle (Abfallarten und -mengen, Lagerung, Entsorgungswege)
- Abwasser (Abwassermengen, Abwasseranlagen, Kanalisation)
- Abluft (Emissionsquellen, Behandlungsanlagen)
- Lärmemissionen
- Lageranlagen (einschließlich Be- und Entladestellen und innerbetrieblichem Transport)
- Produktionsbereiche (Normalbetrieb, An- und Abfahrvorgänge, Wartung und Instandhaltung)
- Nebeneinrichtungen (Dampfkessel, Kälteerzeuger, Betriebstankstelle, Kompressoren, Transformatoren usw.)
- Werkschutz
- Brandschutz (Brandmelde- und Feuerlöscheinrichtungen, Löschmittelversorgung, Löschwasserrückhaltung)

Bei der Umsetzung technischer Normen ist dabei grundsätzlich dem integrierten Umweltschutz der Vorzug gegenüber den End-of-the-pipe-Technologien zu geben. Bei letzteren werden Umweltbelastungen oft nur von einem Umweltkompartiment auf das andere verschoben. Außerdem sind zusätzlicher Platzbedarf und zusätzliche Kosten zu berücksichtigen, die sich bei der Anwendung von integrierter Technik oftmals vermeiden lassen.

Sind nun Anlagen installiert oder nachgerüstet worden, um den rechtlichen Vorschriften zu entsprechen, so ist ihre einwandfreie Funktionsweise durch Messungen zu überprüfen und nachzuweisen. Die Auswahl der geeigneten Messgeräte stellt hierbei eine nicht zu unterschätzende Aufgabe dar. Dafür müssen die chemischen und physikalischen Eigenschaften der Stoffe genau bekannt sein, die erforderliche Messgenauigkeit berücksichtigt werden und die erforderliche Messfrequenz festgelegt werden. Gleichzeitig ist zu berücksichtigen, in welcher Form Messergebnisse aufgezeichnet und wie sie ausgewertet werden sollen. Gegebenenfalls sind Alarmgeber, Notsysteme, automatische Abschaltungen o.ä. mit dem Messgerät zu koppeln.

2.6 Dokumentation

Um die Einhaltung aller unternehmerischen Pflichten nachweisen zu können, ist eine lückenlose Dokumentation unausweichlich. Dokumentiert werden muss zunächst die Aufbau- und Ablauforganisation mit genauer Abgrenzung aller Pflichten und Verantwortungen der Führungskräfte auf allen Ebenen. Es muss nachvollziehbar sein, wer welche Pflicht wann formuliert, delegiert, erfüllt und kontrolliert hat. Die Aufbau- und Ablauforganisation lässt sich am besten in einem Umweltmanagement-Handbuch darstellen.

Bezüglich der Anlagen sind Betriebstagebücher zu führen, denen Wartungs- und Reparaturmaßnahmen, Störungen, routinemäßige Überprüfungen, Betriebs- und Stillstandszeiten und sonstige Betriebszustände zu entnehmen sind. Für Abfälle ist der Verbleib entsprechend den abfallrechtlichen Bestimmungen nachzuweisen. Den Betriebstagebüchern sind Messprotokolle und Analysenergebnisse beizufügen. Alle Eintragungen in die Betriebstagebücher sind mit Datum und Unterschrift zu versehen. Sie müssen dokumentensicher und in Klarschrift geführt werden und vor dem Zugriff Unbefugter geschützt werden.

Vor Gericht haben Betriebstagebücher nur dann Bestand, wenn eine nachträgliche Manipulation ausgeschlossen werden kann. Durch handschriftliche Eintragung in fest gebundene Bücher ist dies am leichtesten zu realisieren. Dem Ausschluss nachträglicher Manipulation ist insbesondere dann besonderes Augenmerk zu schenken, wenn das Betriebstagebuch per EDV geführt wird. Zumindest sollten dann die einzelnen Blätter ausgedruckt, abgezeichnet und archiviert werden. Auch die Speicherung der Daten auf CD-ROM ist empfehlenswert. Dies erschwert einerseits die Manipulation, andererseits dient es der Datensicherung. Darüber hinaus ist es möglich, EDV-Programme so zu gestalten, dass nachträgliche Datenänderungen nicht mehr vorgenommen werden können (Zugangsbeschränkungen).

3. Risikomanagement im Schadenfall

Trotz aller vorbeugenden Maßnahmen verbleibt ein Restrisiko im Unternehmen, einen Umweltschaden zu verursachen, denn 100%ige Sicherheit ist bekanntermaßen nicht zu erreichen. Auf diesen Dennoch-Schadenfall kann man sich vorbereiten, um die negativen Auswirkungen möglichst gering zu halten.

3.1 Alarm- und Gefahrenabwehrpläne

Um das betriebliche und kommunale Gefahrenabwehrpotenzial zu bündeln und koordiniert, rasch und wirkungsvoll vorgehen zu können, ist ein einheitlicher Rahmen erforderlich, der in Alarm- und Gefahrenabwehrplänen festgelegt wird.

Im Alarmplan ist der Melde- und Alarmierungsablauf im Falle eines Schadensereignisses festzulegen, um einen raschen Einsatz betrieblicher und öffentlicher Kräfte zu ermöglichen. Der Alarmplan enthält die Alarmfälle und die darauf abgestimmten Meldestufen. Wesentlich sind die zu benachrichtigenden Stellen mit Namen und Telefonnummern. Außerdem sind Anweisungen zum Verhalten bei Alarm zu geben. Am Bekanntesten sind die Feueralarmpläne, die in den meisten Unternehmen vorhanden sind. In gleicher Weise müssen auch die anderen Fälle (z.B. Freisetzung und Ausbreitung von Stoffen auf dem Luft- oder Wasserpfad, Explosion, Bombendrohung, Hochwasser) behandelt werden.

Im Rahmen der Gefahrenabwehr, die sich an die Alarmierung anschließt, sind Vorkehrungen und Maßnahmen für den Störfall zu planen. Zu diesem Zweck sind, unabhängig vom Stand der Anlagensicherheit und den Ursachen eines Ereigniseintritts, hypothetische Ablaufszenarien von Störfällen zu konstruieren. Ausgangspunkt sind hierbei gefährliche Stoffe in Höhe der Menge, die maximal freigesetzt werden könnte. Die Stoffe können sich ausbreiten, Vergiftungen verursachen, in Brand geraten oder explodieren. Daraus wird eine Ereigniskette abgeleitet, um anschließend Handlungen zu Schutz und Abwehr zu bestimmen (Vgl. KAISER/SCHINDLER, 1996, S.48 ff). Die Planungsunterlagen sollten enthalten:

- Objektbeschreibung
- Benachrichtigungswege (intern zu benachrichtigende Pesonen mit Funktion und Telefonnummer, externe zu benachrichtigende Stellen mit Telefonnummern)
- Technische Informationen zum Einsatz
- Angaben zur Belegschaft
- Zusammenstellung betrieblicher Einsatzkräfte

- Anfahrplan
- Bau- und Nutzungsbeschreibungen
- Fluchtwege und Rettungspläne gemäß § 55 Arbeitsstätten-Verordnung
- Feuerwehreinsatzpläne nach DIN 14095 mit den folgenden Angaben:
  - Darstellung der baulichen Anlage
  - Bezeichnung der Gebäude und Anlagenteile
  - Anzahl der Geschosse
  - Durchfahrten
  - nicht befahrbare Flächen
  - Flächen für die Feuerwehr nach DIN 14090 (Zugänge, Aufstellflächen, Bewegungsflächen)
  - angrenzende und benachbarte Straßen
  - angrenzende und benachbarte Gebäude und deren Nutzung
  - Standort der Brandmelde-Übertragungseinrichtung (Hauptfeuermelder) und Brandmeldezentrale
  - Wasserentnahmestellen, Löschanlagen
  - Löschwasserrückhaltung
  - Trennwände, Brandabschnitte
  - Rauch- und Wärmeabzugseinrichtungen
  - Angaben über Art und Menge von Gefahrstoffen

Derart vorbereitet kann im Schadenfall sofort zielgerichtet gehandelt werden, um die Auswirkungen so weit wie möglich zu begrenzen.

3.2 Unternehmensexterne Kommunikation

Zweifellos hat sich in den letzten Jahren eine Wandlung in den Unternehmen in Bezug auf Risikokommunikation vollzogen. Es geht nicht mehr einfach um reaktive und manipulative Pressearbeit mit dem Ziel der Beschwichtigung nach einem eingetretenen Schaden, sondern vielmehr um das Management der gesamten Beziehungen des Unternehmens zu seinem Umfeld. Wesentlich ist es, Vertrauen zu schaffen, wobei sich dieses aus zwei Aspekten zusammensetzt (Vgl. Becker 1993, S.343 ff.):

- *Vertrauen in die Kompetenz:* Es wird erwartet, dass das Unternehmen seine Rolle technisch kompetent ausübt, d.h. dass es das Know-how hat, die anstehenden Aufgaben und Probleme tatsächlich lösen zu können.
- *Vertrauen in die Berücksichtigung kollektiver Interessen:* Es wird erwartet, dass das Unternehmen seine moralischen Verpflichtungen wahrnimmt und bereit ist, Eigeninteressen zugunsten des Gemeinwohls zurückzustellen.

Die Basis für das Vertrauen muss schon vor dem Schadeneintritt geschaffen werden, indem aktiv auf die Kommunikationspartner zugegangen und der Dialog mit ihnen gepflegt wird. Behörden, Presse und die Nachbarschaft müssen mit dem Blick auf eine langfristige, wechselseitige Beziehung behandelt werden. Ist diese Basis geschaffen worden, so lässt sich im Schadenfall anhand von vorher ausgearbeiteten Plänen der Austausch mit den genannten Kreisen partnerschaftlich und zielgerichtet führen, um eine Schadensbegrenzung und insbesondere die Vermeidung von Vertrauensverlust zu erreichen. Die Pläne müssen vor allem folgende Fragen beantworten:

- Wer informiert die Presse und die Nachbarschaft?
- Wer dient als Ansprechpartner für die Behörden?
- Welche Informationen sollen an die Öffentlichkeit weitergegeben werden? Hierzu gehören Informationen zu Schadenverlauf, -ausmaß und -ursache, die keineswegs verharmlost werden sollten, sondern den jeweiligen Kenntnisstand realistisch wiedergeben sollten.

Als Vorbereitung für den Schadenfall können z.B. Daten zu den eingesetzten und produzierten Stoffen sowie zu chemischen Zwischenprodukten (gesundheitliche Risiken und Umweltauswirkungen bei Freisetzung, Mengenangaben, Ausbreitungsszenarien, Angaben zu bei Bränden entstehenden Schadstoffen, etc.) zusammengestellt werden, die bei Bedarf sofort zur Verfügung stehen. Klargestellt werden soll dabei aber durchaus auch das Greifen von Sicherheitsmaßnahmen wie z. B. gezieltes Abfackeln eines austretenden, gefährlichen Stoffes oder der reibungslose Ablauf eines Löscheinsatzes.

Diese Informationen, gepaart mit der Inaussichtstellung der Übernahme moralischer Verpflichtungen, die sich aus dem Schadenfall ergeben, führen zum Erhalt des Vertrauens. Allen Versprechungen müssen aber in jedem Falle Taten folgen, um die Glaubhaftigkeit zu wahren.

3.3 Versicherungen

Ein wichtiger Baustein für die Risikobewältigung ist der Abschluss von geeigneten Versicherungsverträgen. Der Abschluss eines Versicherungsvertrags ist als Auffangfunktion anzusehen, weil trotz aller Vorsorgemaßnahmen ein Restrisiko verbleibt. Das Risiko wird hierbei vom Betrieb auf den Versicherer übertragen. Man sollte sich aber darüber im Klaren sein, dass lediglich das finanzielle Risiko übertragen werden kann, nicht der Imageschaden, der Absprung von Kunden, Vertrauensverluste oder gar persönliche Straftatbestände. Außerdem ist zu bedenken, dass Eigenschäden in einer Haftpflichtversicherung selbstverständlich nicht gedeckt sind und vom Unternehmen selbst getragen werden müssen.

Die Umwelthaftpflichtversicherung ist als Bausteinmodell konzipiert, das 7 Risikobausteine umfasst (MENTEN 1995 S.112 ff.):

- *Baustein 2.1:* Anlagen, die dazu bestimmt sind, gewässerschädliche Stoffe herzustellen, zu verarbeiten, zu lagern, abzulagern, zu befördern oder wegzuleiten (WHG-Anlagen). Ausgenommen sind solche WHG-Anlagen, die in Anhang 1 oder 2 zum Umwelthaftungsgesetz aufgeführt sind, Abwasseranlagen, Einwirkungen auf Gewässer sowie Schäden durch Abwässer.

- *Baustein 2.2:* Anlagen gemäß Anhang 1 zu Umwelthaftungsgesetz (UmweltHG-Anlagen). Ausgenommen sind Abwasseranlagen, Einwirkungen auf Gewässer sowie Schäden durch Abwässer.

- *Baustein 2.3:* Anlagen, die nach dem Umweltschutz dienenden Bestimmungen einer Genehmigungs- oder Anzeigepflicht unterliegen, soweit es sich nicht um WHG- oder UmweltHG-Anlagen handelt (sonstige deklarierungspflichtige Anlagen). Ausgenommen sind Abwasseranlagen, Einwirkungen auf Gewässer und Schäden durch Abwässer.

- *Baustein 2.4:* Abwasseranlagen oder Einbringen oder Einleiten von Stoffen in ein Gewässer oder Einwirken auf ein Gewässer derart, dass die physikalische, chemische oder biologische Beschaffenheit des Wassers verändert wird (Abwasseranlagen- und Einwirkungsrisiko).

- *Baustein 2.5:* Anlagen gemäß Anhang 2 zum Umwelthaftungsgesetz (UmweltHG-Anlagen/Pflichtversicherung)

- *Baustein 2.6:* Planung, Herstellung, Lieferung, Montage, Demontage, Instandhaltung und Wartung von Anlagen gemäß Ziffern 2.1 – 2.5 oder Teilen, die ersichtlich für Anlagen gemäß Ziffer 2.1 – 2.5 bestimmt sind, wenn der Versicherungsnehmer nicht selbst Inhaber der Anlagen ist.

- *Baustein 2.7:* Umwelteinwirkungen, die im Zusammenhang mit dem im Versicherungsschein stehenden Risiko stehen, soweit diese Umwelteinwirkungen nicht von Anlagen oder Tätigkeiten ausgehen oder ausgegangen sind, die unter den Anwendungsbereich der Risikobausteine Ziffer 2.1 – 2.6 fallen, unabhängig davon, ob diese Risikobausteine vereinbart wurden oder nicht.

Aktiviert werden die Risikobausteine durch die im Versicherungsschein aufgeführten Risiken. Dies bedeutet, dass der Unternehmer seinem Versicherer alle vorhandenen Anlagen mitteilen und in den Versicherungsschein aufnehmen lassen muss (Deklarationsprinzip). Der Versicherungsschutz für das Umwelthaftpflichtrisiko sollte darum in das Umweltmanagementsystem integriert werden, damit bei einer Risikoänderung nicht versäumt wird, hierüber seinen Versicherer zu informieren.

4. Zusammenfassung

Eine mangelhafte Auseinandersetzung mit dem Umweltschutz und ein defensives Verhalten als Reaktion auf neue Umweltschutzanforderungen sind zwar oft aus einer kurzfristigen ökonomischen Sicht heraus begründbar, führen jedoch langfristig zur Gefährdung der gesellschaftlichen Akzeptanz des Unternehmens und zu einer Einengung des Handlungsspielraums durch verschärfte gesetzliche Bestimmungen. Darüber hinaus bleiben die marktbezogenen Vorteile des Umweltschutzes ungenutzt.

Der Aufbau und die Implementierung eines Umweltmanagementsystems ermöglichen es, diese Risiken zu bewältigen, Rechtssicherheit für das Unternehmen und den Unternehmer zu erlangen und die Chancen zu ergreifen, die das Feld des Umweltschutzes bietet.

Literaturverzeichnis:

BECKER, U: Risikowahrnehmung der Öffentlichkeit und neue Konzepte unternehmerischer Risikokommunikation, in: Bayrische Rückversicherungsgesellschaft (Hrsg.): Risiko ist ein Konstrukt, München 1993, S.343-363.

KAISER, W./SCHINDLER, M.: Betriebliche Alarm- und Gefahrenabwehrplanung, in: Technische Überwachung 1996, S. 48-52.

MENTEN, W: Umwelthaftpflichtversicherung, Karlsruhe 1995.

Ralph Elfgen[*]

Implementierung von Risikocontrolling-Systemen

1. Einführung

2. Grundlegende Funktionen und Elemente eines integrierten Risikomanagements
   2.1 Hauptkomponenten eines Risikomanagementsystems
   2.2 Risikocontrolling als System
   2.3 Risikocontrolling als Prozess

3. Vorgehensweisen zur Implementierung von Risikocontrolling-Systemen

4. Der Projektablauf im konkreten Fall
   4.1 Ergebnisse der Planungs- und Systematisierungsphase
   4.2 Ergebnisse der Risikoanalysephase
   4.3 Konzeptentwicklung
   4.4 Implementierung

Literaturverzeichnis

---

[*] Dr. Ralph Elfgen ist Geschäftsführer der Gerling Risiko Consulting GmbH.

1. Einführung

Die aktuelle Diskussion um das Instrumentarium des Risikomanagements wird nicht mehr so intensiv und kontrovers geführt, wie dies noch unmittelbar nach In-Kraft-Treten des KonTraG festzustellen war. In den meisten Unternehmen bestehen nunmehr Erfahrungen im Umgang mit einer periodischen Risikoanalyse, der Aufstellung von Maßnahmenplänen und insbesondere auch der Überprüfung entwickelter Konzepte im Rahmen der Jahresabschlussarbeiten. Dennoch zeigt die Praxis, dass in vielen Unternehmen immer noch – insbesondere bei den Instrumenten des Risikomanagements – Ansatzpunkte für eine Optimierung bestehen und vor allem die systematische Wahrnehmung von Risikocontrollingaufgaben verbesserungsbedürftig ist. Auch sind die entwickelten Risikomanagementsysteme zum Teil losgelöst von den bestehenden Ansätzen zur Unternehmenssteuerung implementiert worden, eine Verknüpfung mit den bestehenden Controllingansätzen oder aber mit Ansätzen der wertorientierten Steuerung (Vgl. POLLANZ 1999; WURL/MAYER 2000; REICHMANN/FORM 2000) ist vielerorts noch nicht erfolgt. Die Gründe für diese Entwicklung liegen auf der Hand: Die in vielen Unternehmen nach Einführung des KonTraG gestarteten Entwicklungsprozesse konzentrierten sich häufig auf den Nachweis der Existenz eines Risikomanagementsystems und insbesondere auf die Erstellung von Vorgabedokumentationen. Entsprechend den Anforderungen der Jahresabschlussprüfer wurden die Erstellung von Risikohandbüchern sowie die Erstellung von Risk Maps des Unternehmens in den Vordergrund gestellt, galt es doch zu belegen, dass das Management die grundlegenden Pflichten des KonTraG erfüllt.

Die Problematik in der Praxis besteht jedoch heutzutage darin, dass viele Systeme nicht in der Lage sind, in periodischen Abständen systematisch valide und reproduzierbare Risikodaten des Unternehmens zu liefern. In einigen Fällen wurden auch methodische Konzepte entwickelt, die nicht zu einem monetären Ausweis unternehmerischer Risiken führen, sondern lediglich anhand klassifikatorischer oder ordinaler Skalen „Hinweise" auf die Bedeutung einzelner Risikopositionen geben (Relevanzkennziffern). Eine Bewertung der GuV-Wirkung des Risikoportfolios und damit auch seiner Auswirkungen auf die Unternehmensbilanz wird in diesen Fällen kaum ermöglicht. Diese Problematik zeigt sich insbesondere dort, wo in mittleren und großen Unternehmensgruppen bzw. Konzernen die Vielzahl operativer Risiken erfasst werden soll: Hier treten z.B. oft Probleme in der monetären Bewertung von Umweltrisiken auf. Zwar sind in vielen Branchen die Umweltmanagementsysteme weit entwickelt (wie z.B. in der Chemischen Industrie) und ausgefeilte Audit-Systeme erfassen regelmäßig die Umweltrisikosituation und geben Hinweise auf potenzielle Auswirkungen einzelner negativer Entwicklungen. Aber die monetäre Bewertung dieser Umweltrisiken (jenseits bereits bestehender Bewertungen der Compliance) stellt die verantwortlichen Risikomanager immer noch vor Probleme, zumal die neu entwickelten Risikomanagementsysteme nicht hinreichend mit bestehenden Systemansätzen (wie z.B. dem Umweltmanagementsystem) verknüpft wurden.

Im Folgenden soll daher ein Ansatz für ein systematisches Risikocontrolling, dem Herzstück von Risikomanagementsystemen, dargestellt werden. Es handelt sich dabei um einen Ansatz, der die Prozesse der Risikobewertung, Risikoklassifikation, Risikobewältigung und insbesondere der permanenten Verfolgung erkannter Risikosituationen in den Vordergrund stellt – damit also weit über derzeit immer noch existente, rein deskriptive Instrumentarien für das Risikomanagement hinausgeht. Es geht also um die praktische Umsetzung des Risikomanagements vor Ort. Risikomanagement soll also nicht mehr allein aus finanzwirtschaftlicher, technischer, versicherungstechnischer oder rein formaler Perspektive betrachtet werden. Risikomanagement soll vielmehr zum integralen Bestandteil der Unternehmensführung avancieren, und damit muss sich das Risikocontrolling zum integralen Bestandteil der Unternehmenssteuerung entwickeln (Vgl. WITTMANN 1999, S. 457; BAETGE/JERSCHENSKY 1999, S. 171-172; GLEIßNER 2000, S. 1625; SCHARPF 1997, S. 740; LÜCK 1998, S. 1926).

Auch in dem im Anschluss beschriebenen Praxisbeispiel sah sich der Vorstand gezwungen, in seine Berichterstattung an Aufsichtsrat und Kapitalgeber immer umfangreichere und detailliertere Risikoinformationen zu integrieren. Daher wurde der Aufbau eines integrierten Risikomanagementsystems mit besonderer Schwerpunktsetzung im Bereich der Risikocontrollinginstrumente beschlossen – dies vor allem deshalb, weil das Unternehmen neben einer Vielzahl strategischer und politischer Risiken auch im Bereich der operativen und finanzwirtschaftlichen Risiken stark exponiert war, jedoch bisher unterschiedliche Ansätze der Risikoermittlung, -bewertung und -verfolgung verfolgte. Darüber hinaus existierte kein Ansatz zur Klassifikation der Risiken oder des Vergleichs einzelner Risiken mit anderen im Risikoportfolio, z. B. anhand von GuV- bzw. Bilanzkennziffern.

2. Grundlegende Funktionen und Elemente eines integrierten Risikomanagements

2.1 Hauptkomponenten eines Risikomanagementsystems

Risikomanagementsysteme haben grundsätzlich die Funktion, die notwendigen Voraussetzungen für eine erfolgreiche Weiterentwicklung des Unternehmens und für die Erreichung der Unternehmensziele zu schaffen. Dies bedeutet insbesondere, dass eine ständige Analyse möglicher bestandsgefährdender oder sonstiger Risiken mit wesentlichem Einfluss auf die Vermögens-, Finanz- und Ertragslage des Unternehmens durchgeführt werden muss. Notwendig ist dies, damit potenzielle negative Abweichungen von dem geplanten Entwicklungspfad des Unternehmens festgestellt und Maßnahmen der Gegensteuerung frühzeitig eingeleitet werden können.

Als Risikomanagementsystem soll im Folgenden die Gesamtheit aller Maßnahmen verstanden werden, die der Erreichung der o.g. Zielsetzung und der Aufrechterhaltung des kontinuierlichen Prozesses der Risikosteuerung dienen (Vgl. FRIEDENSTAB/SIELER 1997). Risikomanagementsysteme sind jedoch nicht als reaktive Instrumentarien zu etablieren. Vielmehr geht es darum, frühzeitig potenzielle Entwicklungen mit risikohafter Auswirkung auf das Unternehmen zu erkennen (Frühwarnung) und durch entsprechende Maßnahmen die Entwicklung risikobehafteter Situationen von vornherein zu vermeiden. Mithilfe der Risikomanagementinstrumente sollen mit anderen Worten Spielräume für unternehmerische Entscheidungen geschaffen werden, sollen die langfristige Sicherung des Unternehmens sowie die Schaffung neuer Erfolgspotenziale ermöglicht und somit der Fortbestand des Unternehmens nachhaltig sichergestellt werden.

Als wichtigste Elemente eines Risikomanagementsystems sind unter Berücksichtigung sowohl rechtlicher Vorgaben als auch der Erfahrungen über die Ausgestaltung von Managementsystemen in der Industrie, die in der Abbildung 1 dargestellten zu unterscheiden (Vgl. ANNIGHÖFER/ELFGEN 1998, S. 682 ff.).

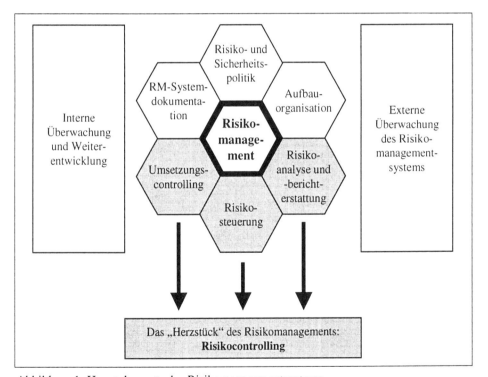

Abbildung 1: Hauptelemente des Risikomanagementsystems

Im Folgenden soll auf die Aspekte der externen und internen Überwachung des Risikomanagements, also die Funktionen des Jahresabschlussprüfers einerseits und der Revision andererseits nicht weiter eingegangen werden. Auch soll nicht dezidiert auf die aufbauorganisatorischen Aspekte des Risikomanagements (und damit die Rollenverteilung innerhalb des Unternehmens) Bezug genommen werden. Letztlich werden auch formale Aspekte des Risikomanagements, wie Aufbau, Gestaltung und Einführung von Systemdokumentationen (z. B. Risikomanagementhandbücher), nicht Gegenstand der folgenden Betrachtungen sein.

Die Darstellung wird sich vielmehr konzentrieren auf das „Herzstück" des Risikomanagements, also das Risikocontrolling und seine Teilfunktionen.

2.2 Risikocontrolling als System

Risikocontrolling zielt auf die systematische Analyse und Steuerung von Risiken ab. Ein kontinuierliches Risikocontrolling soll sicherstellen, dass die Unternehmensleitung und die Führungskräfte jederzeit einen aktuellen Überblick über die Risikosituation und somit die Möglichkeiten zur frühzeitigen Steuerung von Risiken haben.

Die folgenden Teilaufgaben (Systemelemente) eines Risikocontrollings sind zu etablieren:

- Die *Risikoanalyse* umfasst zunächst die regelmäßige, systematische und durch spezifische Instrumentarien unterstützte Untersuchung der Geschäftstätigkeit im Hinblick auf mögliche Risiken. Die identifizierten Risiken sind im Hinblick auf ihr Auswirkungspotenzial auf den Unternehmenserfolg und ihre Eintrittswahrscheinlichkeit zu bewerten, zu klassifizieren und entsprechend festgelegter Berichtsroutinen der Unternehmensleitung und den Führungskräften zur Kenntnis zu bringen. Dies setzt voraus, dass Risikocontrollingaufgaben in die Steuerung des Unternehmens und insbesondere in das Berichtswesen integriert werden (Vgl. PAUSENBERGER/NASSAUER 2000, S. 265; WOLF/RUNZHEIMER, 1999, S. 57 f.). Die Teilaufgaben der Risikoidentifikation, -bewertung und -berichterstattung sind in allen Bereichen sowie in den Tochter- und Beteiligungsgesellschaften des Unternehmens zu etablieren und fortan regelmäßig durchzuführen (Vgl. WEBER U.A. 1999, S. 1713; BAETGE/JERSCHENSKY 1999, S. 173).

- Die *Risikosteuerung* dient einer gezielten Beeinflussung der Risikosituation im Sinne einer langfristigen Absicherung der Unternehmensentwicklung sowie einer Limitierung von Auswirkungen der identifizierten Risiken auf das Betriebsergebnis und die Bilanz. Neben der bloßen Akzeptanz von Risiken stehen für eine effektive Risikosteuerung als grundlegende Alternativen die Risikovermeidung, die Risikoverminderung, die Eigenfinanzierung von Risiken und die Überwälzung von Risiken auf Dritte (z.B. durch vertragliche Risikoausschlüsse bzw. durch Einkauf von Versicherungslösungen) zur Verfügung (Vgl. WEBER U.A. 1999, S. 1715; WITTMANN 1999, S. 457 f.; LÜCK 1999, S. 1925 f.).

Im später beschriebenen Fallbeispiel legte der Vorstand großen Wert darauf, dass Risikosteuerungsmaßnahmen nicht losgelöst von anderen Führungsprozessen in Angriff genommen werden. Vielmehr galt es, die Risikosteuerung in andere Steuerungsprozesse zu integrieren, also z.B. die Bewältigung strategischer Risiken im Rahmen des strategischen Managementprozesses zu planen oder aber die Betrachtung von Projektrisiken im Rahmen des üblichen Projektcontrollings zu vollziehen.

– Das prozessunabhängige *Umsetzungscontrolling* wiederum fördert durch entsprechende Rückkopplungen zu den vorherigen Prozessschritten die Weiterentwicklung des Risikomanagementprozesses. Es geht zum einen darum, die Veränderung einzelner Risikopositionen im Zeitablauf zu überwachen, und zum anderen um ein Controlling der Umsetzung und der Wirksamkeit in Angriff genommener Risikosteuerungsmaßnahmen. Risikomanagement sollte also nicht als eine einmalige, zeitpunktbezogene Durchführung und Abstimmung von Maßnahmen verstanden werden, sondern als ein kontinuierlicher Prozess. Eine Analyse des Risikoportfolios darf somit nicht lediglich anlässlich des Ablaufs von Versicherungsverträgen, anlässlich einer Jahresabschlussprüfung, einer Aufsichtsratssitzung, eines Projektendes durchgeführt werden, sondern muss vielmehr periodisch, z.B. quartalsweise, in Analogie zu den bereits etablierten unternehmerischen Berichtsroutinen erfolgen.

2.3 Risikocontrolling als Prozess

Weit verbreitet ist auch das Verständnis von Risikocontrolling als ein kontinuierlicher Prozess. Dieser nimmt stets den Ausgang bei der Definition der unternehmerischen Sicherheits- bzw. Risikopolitik. Basierend sowohl auf externen Anforderungen als auch auf internen Zielsetzungen gilt es, detaillierte Vorgaben für die Risikosteuerung zu erarbeiten, die sowohl die Definition von Reportinggrenzen für einzelne Risikokategorien als auch Grundsatzvorstellungen für die Art der Risikohandhabung implizieren (Vgl. GLEIßNER 2000, S. 1628; LÜCK 1998, S. 1926).

Auf Basis der unternehmerischen Risikopolitik ist sodann zunächst eine Wertgrenzensystematik zu entwickeln, die individuell auf das jeweilige Unternehmen zuzuschneiden ist. Sie orientiert sich an den unternehmerischen Zielvorstellungen und Entwicklungsplanungen (z.B. Businessplan, Mittelfristplanung, Performancekennziffern) und natürlich auch an den Eckgrößen von Bilanz und Plan-GuV (z.B. Eigenkapitalausstattung, Plangewinn).

Die Wertgrenzensystematik soll letztlich eine Klassifizierung von Risiken ermöglichen und damit eine Differenzierung besonders bedeutsamer bzw. kritischer Risiken von solchen, die es lediglich operativ zu überwachen bzw. zu handhaben gilt. Die Wertgrenzensystematik sorgt mit anderen Worten dafür, dass die Unternehmensleitung nicht über eine Vielzahl von Detailrisiken unterrichtet wird, sondern vielmehr nur die wichtigsten Risikopositionen im Unternehmen und deren Entwicklung verfolgen kann.

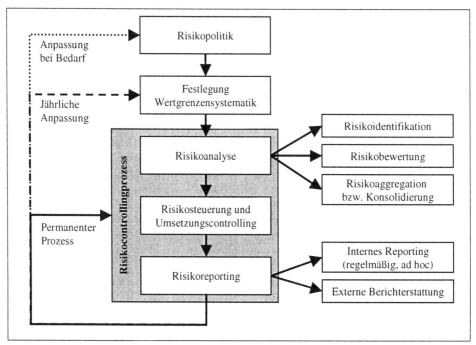

Abbildung 2: Der Risikocontrolling-Prozess

Auf Basis der vorab beschriebenen Festlegungen dann kann der kontinuierliche Prozess des Risikocontrollings im engeren Sinne, d.h. die systematische und regelmäßige Bearbeitung der vorab bereits dargestellten Teilaufgaben des Risikocontrollings erfolgen.

3. Vorgehensweisen zur Implementierung von Risikocontrolling-Systemen

Grundsätzlich stehen bei der Einführung von Risikocontrolling-Systemen zwei unterschiedliche, jedoch in beiden Fällen sehr bewährte Vorgehensweisen zur Verfügung, die im Folgenden als Top-down- bzw. Bottom-up-Vorgehensweisen charakterisiert werden sollen.

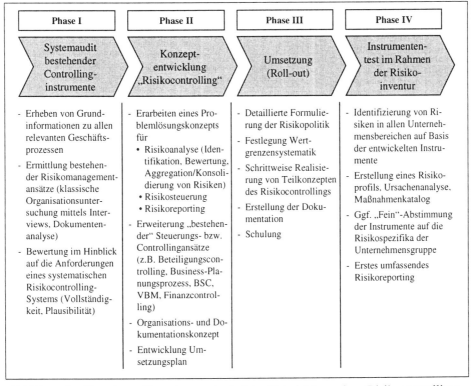

Abbildung 3: Top-down-Vorgehensweise bei der Entwicklung eines Risikocontrollings

Beim *Top-down-Ansatz* wird zunächst, ganz unabhängig von der spezifischen Risikosituation des Unternehmens, das Risikocontrolling-Instrumentarium unter Berücksichtigung bestehender Unternehmenssteuerungs- und Berichtssysteme entwickelt. In der Praxis geht es darum, die Verfahren der Risikoidentifikation inkl. entsprechender Instrumentarien (z.B. Checklisten, Fragebögen), die Verfahren zur Risikobewertung (z.B. monetäre Bemessung des Schadenpotenzials und Festlegung der Eintrittswahrscheinlichkeit), das Vorgehen zur Klassifikation von Risiken sowie die Standards für das Risikoreporting (Periodizität, Risikokonsolidierung, Risikoaggregation und insbesondere Kommentierung von Risikoursachen und vorgeschlagenen Risikobewältigungsmaßnahmen) zu etablieren. Nach erfolgter Instrumentenentwicklung wird im Unternehmen dann im Rahmen einer Risikoinventur das entwickelte Instrumentarium eingesetzt. Dieses liefert nach den üblichen Konzeptmodifikationen (erforderlich in der Regel auf Basis der ersten Erfahrungen im „Feldtest") ein erstes umfassendes Risikoprofil des Unternehmens.

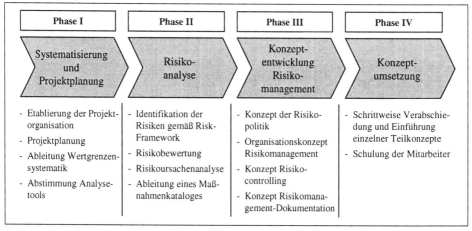

Abbildung 4:   Bottom-up-Vorgehen beim Aufbau eines Risikocontrollings

Bei der *Bottom-up-Vorgehensweise* erfolgt zunächst eine detaillierte Aufnahme aller Risiken des Unternehmens, zumeist auf Basis bereits vorhandener Instrumente bzw. unter Nutzung der in der Literatur beschriebenen bzw. von Beratern zur Verfügung gestellten Instrumente. Nach Durchführung der grundlegenden Risikoinventur und damit nach der Gewinnung eines Überblicks über das Risikoportfolio sind dann Aussagen über die unternehmenstypische Risikoverteilung, die aus Sicht des Vorstandes erforderlichen Verfahren von Risikokonsolidierung und -aggregation und insbesondere auch über die Vorgehensweise bei der Risikoberichterstattung möglich. Mit anderen Worten: Beim Bottom-up-Verfahren erfolgt die Konzeptentwicklung für das Risikocontrolling auf Basis einer bereits vorliegenden, groben, ggf. noch nicht endgültig systematisch ermittelten Übersicht über das unternehmerische Risikoportfolio. Damit kann das Risikocontrolling auf die spezifische Risikosituation stärker zugeschnitten werden, und vor allem liegen der Unternehmensleitung bereits relativ frühzeitig konkrete Auswertungen zur Risikosituation des Unternehmens vor. Andererseits setzt dieser Prozess bereits gewisse methodische Vorkenntnisse im Unternehmen voraus bzw. macht der Prozess den Einsatz erfahrener externer Berater erforderlich, die aufgrund ihrer Erfahrung aus unterschiedlichen Branchen und Unternehmensgrößen die Durchführung der Risikoanalyse erleichtern können.

Die Entscheidung für eine der beiden Vorgehensalternativen hängt grundsätzlich vom bisherigen Entwicklungsstand des Controllings im Unternehmen, von Verfügbarkeit und Detaillierungsgrad der bisherigen Risikoinformationen und vor allem von der im Unternehmen verfügbaren Problemlösungskapazität ab. Das Bottom-up-Verfahren bietet sich überall dort an, wo detaillierte Risikoinformationen innerhalb des gesamten Unternehmens nicht oder nur rudimentär vorhanden sind, andererseits jedoch das zu entwickelnde Risikocontrolling auf die unternehmenstypische Risikosituation (Branche, Größe, Komplexität der Beteiligungen an anderen Unternehmen) individuell zugeschnitten werden soll. Das Bottom-up-Verfahren ist ferner geeignet, auch dann relativ schnell zu einem funktionsfähigen Risikocontrolling zu führen, wenn die bisher bestehenden Ansätze für Unternehmenssteuerung bzw. Controlling gerade überarbeitet werden bzw. zunächst etabliert werden müssen. Demgegenüber liefert das Top-down-Verfahren erst wesentlich später valide Risikoinformationen. Der gewonnene Risikoüberblick ist dafür jedoch sehr systematisch und instrumentell stärker abgesichert. Das Vorgehen wird jedoch von den betroffenen Führungskräften sehr oft auch als ein theoretischer Lösungsansatz mit entsprechenden Konsequenzen für die Umsetzung der entwickelten Instrumente im Unternehmen (Handhabung von Anpassungswiderständen) beschrieben.

4. Der Projektablauf im konkreten Fall

Das im Folgenden beschriebene Projekt wurde während einer Zeitdauer von 14 Monaten in einer mittleren Unternehmensgruppe mit mehreren Produktionsstandorten sowie einer Reihe von Vertriebs(tochter)gesellschaften durchgeführt. Gegenstand der Risikobetrachtung und damit auch des angestrebten Regelungsumfangs des Risikocontrollings waren dabei nicht nur versicherbare Risiken. Vielmehr sollte das gesamte unternehmerische Risikospektrum (also z.B. strategische Risiken, Finanzrisiken und operative Risiken) in die Risikobetrachtung und den Regelungsumfang des Risikomanagements einbezogen werden.

Zum Teil negative Erfahrungen hatte das Unternehmen bereits im Bereich der Debitorenrisiken (hohe Anzahl und steigendes Volumen ausfallender Forderungen), der Zinsänderungsrisiken, der Lieferantenabhängigkeit (Konkurs eines Kernlieferanten) und der Umweltrisiken (Lärmbelastung der Nachbarschaft) gesammelt. Darüber hinaus waren eine Reihe von Projektrisiken (Einführung neuer DV-Systeme) bekannt. Als dominante Maßnahme der Risikobewältigung war in der Vergangenheit der Einkauf von Versicherungsdeckungen priorisiert worden, woraus auch eine starke Fokussierung der bestehenden Risikomanagementansätze auf versicherbare Risiken resultierte. Intern waren Ansätze einer systematischen Risikoüberwachung erst teilweise etabliert. Risikobetrachtungen erfolgten fallweise durch spezialisierte externe Gutachter. Die durchgeführten Risikoanalysen können jedoch weitgehend als Inselbetrachtungen charakterisiert werden, beispielsweise wurden bedeutende Wechselwirkungen von Finanz- und IT-Risiken nicht näher analysiert. Im Rahmen des Entwicklungsprozesses sollte daher zunächst als Basis für alle weiteren Entwicklungsschritte eine umfassende Bestandsaufnahme aller Risiken durchgeführt werden. Auf dieser Basis galt es dann, das Konzept für ein Risikocontrolling Bottom-up zu entwickeln und schrittweise umzusetzen. Der gesamte 14-monatige Entwicklungsprozess wurde durch Berater unterstützt und folgte dem oben dargestellten Vorgehen mit vier Phasen.

Der Zeitbedarf für die Durchführung der Phasen I und II betrug insgesamt etwa zwei Monate, wobei Wert auf eine sehr intensive Abstimmung der Risikoanalyseergebnisse gelegt wurde. Für die Entwicklung des gesamten Risikomanagement-Konzeptes, d.h. also für die Entwicklung eines Organisationskonzeptes und der Risikocontrolling-Instrumente, waren weitere zwei Monate notwendig; die Umsetzung der entwickelten Konzepte erfolgte schrittweise während eines Zeitraumes von 10 Monaten.

4.1 Ergebnisse der Planungs- und Systematisierungsphase

Dem gesamten Projekt wurde eine Systematisierungs- und Planungsphase vorgeschaltet, in deren Verlauf wichtige unternehmensinterne Dokumente gesichtet, die Projektorganisation etabliert und insbesondere die Projektzeitplanung fixiert wurden. Ein weiterer Schwerpunkt der Phase I bestand in der Entwicklung einer Wertgrenzensystematik, d.h. also einer Ableitung insbesondere von Berichtsgrenzen für das Risikoreporting. Wichtige Orientierungspunkte lieferten dabei die Eigenkapitalausstattung des Unternehmens sowie Daten der mittelfristigen Finanz- und Ergebnisplanung (Vgl. HERTEL 1991, S. 48 f).

Das Unternehmen verfügte über ein Gesamteigenkapital von 1,2 Mrd. EUR. Es wurden solche Einzelrisiken als kritisch klassifiziert, deren Schadenpotenzial 60 Mio. EUR übersteigt. Bei Kumul- und Serienschadenrisiken würde jeweils der Gesamtschaden betrachtet. Durch das zu etablierende Risikomanagement sollte verhindert werden, dass sich nachhaltige negative Auswirkungen auf das Eigenkapital des Unternehmens ergeben. Daher wurde festgelegt, dass jedes Risiko, dessen Potenzial eine bestimmte Relation zum Eigenkapital überstieg, als „kritisch" zu bezeichnen ist (Vgl. Abbildung 5). Als „wesentlich" wurden solche Risiken klassifiziert, deren Schadenpotenzial größer als 10 Mio. EUR war. Die Festlegung dieser Wertgrenze orientierte sich dabei an dem operativ geplanten Betriebsergebnis. Als „relevant" wurden letztlich Risiken mit einem Mindestschadenpotenzial von 1 Mio. EUR eingestuft.

Implementierung von Risikocontrolling-Systemen

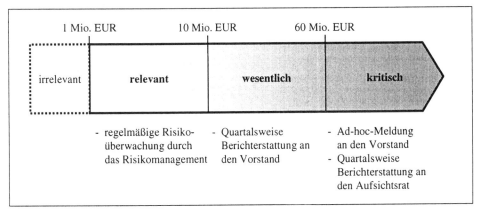

Abbildung 5: Etablierte Wertgrenzensystematik

Nach Festlegung der Wertgrenzen wurde dann das Instrumentarium zur systematischen Erhebung der Risiken abgestimmt. Hierbei handelt es sich im Prinzip um eine Systematisierung einzelner Risikokategorien und eine nachgelagerte Entwicklung von Analysechecklisten. Zur Risikodifferenzierung wurde eine bewährte Systematik mit insgesamt neun Risikobereichen herangezogen (Vgl. Abbildung 6). Bereits dieses „Risk-Framework" zeigt, dass eine Analyse unternehmerischer Risiken weit über eine Betrachtung versicherbarer Risiken hinausgehen sollte.

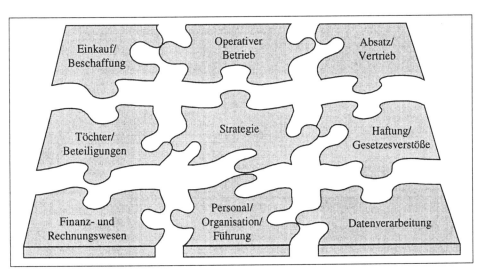

Abbildung 6: Risikosystematik

4.2 Ergebnisse der Risikoanalysephase

Im Rahmen einer vor Ort in einzelnen ausgewählten Produktionsstandorten und Vertriebsgesellschaften durchgeführten Risikoanalyse (Betriebsbegehungen, Dokumentenanalyse, detaillierte Interviews zu den Geschäftsprozessen) wurde das Risikoportfolio der einzelnen Teileinheiten des Unternehmens erhoben. Anschließend wurden die identifizierten Risiken in einem Projektteam hinsichtlich ihres Schadenpotenzials und ihrer Eintrittswahrscheinlichkeit bewertet. Sodann wurden von den einzelnen Mitgliedern des Projektteams auf Basis der gewonnenen Erfahrungen die verbleibenden Teileinheiten und Tochtergesellschaften des Unternehmens analysiert, d.h. aufgrund der Größe bzw. der Komplexität der Legalstruktur der Unternehmensgruppe wurde für die Risikoanalyse bereits ein Vorgehen mit Pilot- und Folgeanalysen gewählt. Das Risikoportfolio (Vgl. Abbildung 7) zeigt, dass das Unternehmen über eine nicht unproblematische Gesamtrisikosituation verfügte.

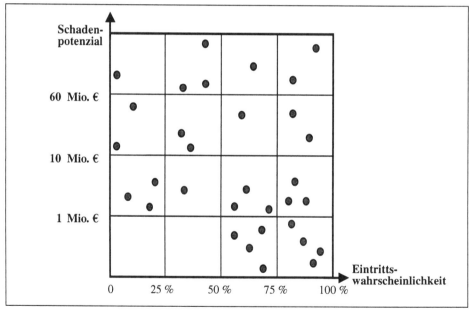

Abbildung 7: Risikoportfolio im Beispielfall

Eine Reihe „kritischer" Risiken resultierte aus Gefährdungen der strategischen Position des Unternehmens (Verlust von wichtigen Kunden durch Insolvenz, Verfehlung des Businessplanes der osteuropäischen Tochtergesellschaften, Rückgänge des erzielbaren Produktpreises bei einzelnen Business Units). In einigen Fällen wurden sogar Schadenpotenziale jenseits von 300 Mio. EUR analysiert.

Bei den „wesentlichen" Risiken war festzustellen, dass vor allem Haftungsrisiken, jedoch auch Risiken des operativen Betriebs der Produktion ausschlaggebend waren. Darüber hinaus wurde konstatiert, dass aufgrund der Eintrittswahrscheinlichkeit von „relevanten" Risiken im administrativen Bereich mit einer Kumulierung von Einzelschäden zu rechnen war, die insgesamt eine sehr negative Auswirkung auf das Jahresergebnis gehabt hätten. Ausschlaggebend für diese kumulierende Risikosituation waren vor allem Unzulänglichkeiten in den Geschäftsprozessen des Kreditoren- und Debitorenmanagements sowie im Bereich der Beschaffung.

Risikofeld	Risikobeschreibung	Schadenpotenzial	Eintrittswkt.	Schadenursache/ Problem	Maßnahme	Verantwortlich	Umsetzung bis
Strategie	Expansion nach Osteuropa durch Zukauf	300 Mio.	Mittel	Länderrisiken nicht beachtet; unzureichende Analyse der Marktnachfrage	Konzept für Expansion nach Osteuropa erstellen; strategische Risikoanalyse vornehmen		
Finanz-/ Rechnungswesen	Betrügerische Manipulation im Forderungsbestand aus Lieferungen	Max. 1 Mio. je ausgebuchter Kundenforderung; max. 5 Mio. p.a.	Mittel	Benutzerzugriffsregelung zu DV Fehlende Stornoüberwachung	Optimierung des IKS		
Haftung	Produkthaftung aus Herstellung einer Sicherheitseinrichtung für Kfz Regress Automobilhersteller für Rückrufkosten	50 Mio.	Gering	Geringes Risikobewusstsein fehlende QM-Maßnahmen fehlende vertragliche Regelungen Kein Versicherungsschutz	Einstellen der Produktion der Produkte im Randsortiment		
Operativer Betrieb	Verlust eines Kunden wegen behördlicher Stilllegung einer Tiefdruckanlage	Ertragsausfall 15 Mio. p.a.; außerdem: Bußgeld; evtl. strafrechtliche Haftung	Mittel	Geringes Risikobewusstsein keine systematische Kontrolle der Einhaltung von Genehmigungen	Systematisches Genehmigungsmanagement		

Abbildung 8:   Beispiel für ein Risikoprotokoll

Bei der Bewertung der Schadenpotenziale wurden dabei bereits realisierte Maßnahmen der Risikosteuerung (wie z.B. technische Sicherheitsmaßnahmen, Vorkehrungen der Notfallorganisation, bestehende Versicherungen) berücksichtigt. Insofern weist das oben dargestellte Risikoportfolio die Netto-Schadenpotenziale aus und gibt somit zugleich Aufschluss über die Ansatzpunkte für eine optimierte Risikosteuerung.

Unmittelbar an die Ermittlung und Bewertung der Risiken schloss sich sodann eine Analyse der Risikoursachen an. So wurden z.B. Unzulänglichkeiten des internen Kontrollsystems (IKS) als Ursache für Vertrauensschadenrisiken, aber auch für Forderungsausfallrisiken ermittelt. Unzureichende Regelungen für die Projektplanung und –überwachung wurden als Ursache typischer Projektrisiken (z. B. ungeplante Erhöhungen von EDV-Budgets) ermittelt.

In einem abschließenden Schritt galt es dann, den ermittelten Handlungsbedarf in einem Katalog zusätzlicher Risikosteuerungsmaßnahmen zusammenzufassen. Für die einzelnen Maßnahmen wurden verantwortliche Mitarbeiter benannt und Zeitpunkte für die Umsetzung jeder einzelnen Maßnahme zusammen mit dem Vorstand festgelegt (Vgl. Abbildung 8).

4.3 Konzeptentwicklung

Innerhalb von Phase III galt es, das Konzept für das gesamte RM-System und ein Feinkonzept für die einzelnen Systemelemente zu entwickeln. Als ein erster wichtiger Schritt wurden die Grundprinzipien der Risikoverantwortung definiert und ein Konzept für die Zuweisung der Risikoverantwortung zu Führungskräften in Linien und Stabspositionen ausgearbeitet.

In einem weiteren Schritt wurden dann die bereits bestehenden Instrumentarien verfeinert, mit deren Hilfe die verantwortlichen Führungskräfte die periodische Risikoanalyse durchführen sollen. Es handelt sich dabei sowohl um ein in Checklistenform konkretisiertes Risk-Framework (s.o.) als auch um Reportingstandards und -formate. So erfolgt z.B. das Risikoreporting der Unternehmens- und Zentralbereiche an das Zentrale Risikocontrolling in Form der bereits dargestellten Risikoprotokolle. Weitere Konzeptelemente des Risikocontrolling-Systems bezogen sich auf die Vorgehensweise bei der Auswahl von Risikosteuerungsmaßnahmen (z. B. Entscheidungsfindung über bestimmte technische bzw. finanztechnische Maßnahmen) oder aber auf das Controlling der Umsetzung der Steuerungsmaßnahmen durch das zentrale Risikocontrolling.

In einem letzten Schritt wurden dann unter Berücksichtigung der externen Anforderungen an ein Risikomanagementsystem die Art und die Periodizität der Berichterstattung an Shareholder und Stakeholder festgelegt. Dabei war insbesondere zu berücksichtigen, in welcher Form die externe Überwachung des Risk Management-Systems (z.B. durch den Aufsichtsrat) stattfindet und welche Aufgabenträger hierin einzubinden sind.

Abschließend wurden alle getroffenen Regelungen in einer Systemdokumentation dargestellt. Diese gibt einerseits den Mitarbeitern eine Orientierungsgrundlage für die Wahrnehmung ihrer Aufgaben innerhalb des Risikomanagementsystems. Andererseits erbringt sie auch den Nachweis für die ordnungsgemäße Umsetzung der rechtlichen Anforderungen gegenüber Dritten (wie z.B. Abschlussprüfer).

4.4 Implementierung

Bei der Implementierung des entwickelten Konzepts wurde sowohl eine Top-down- als auch eine Bottum-up-Strategie verfolgt: Zunächst wurden die wesentlichen Konzeptelemente durch den Vorstand formal in Kraft gesetzt und nachfolgend in Form von Organisationsanweisungen bzw. einer kurzen Risikomanagement-Richtlinie dokumentiert. Die verantwortlichen Führungskräfte wurden über ihre ergänzenden Aufgabenstellungen informiert, ihre verantwortlichen Abteilungsleiter bzw. Controller wurden in der Anwendung des entwickelten Risikoidentifikations- und -bewertungsinstrumentariums geschult.

Im Rahmen der 10-monatigen Umsetzungsphase wurde dabei in jeder Abteilung zusammen mit den verantwortlichen Führungskräften eine Risikoinventur durchgeführt, d.h. das Ergebnis aus Phase II wurde nochmals aktualisiert, auf Vollständigkeit und Plausibilität überprüft und vor allem hinsichtlich der Risikobewertung wiederholt hinterfragt. Bei dieser Risikoermittlung wurde Wert auf eine von einer breiten Mitarbeiterschicht getragene Analyse gelegt, um Fragestellungen des Risikomanagements möglichst in viele Geschäftsprozesse unmittelbar zu integrieren, d.h. also die Risikoberichterstattung in die üblichen internen Berichtsroutinen zu integrieren.

Literaturverzeichnis

ANNIGHÖFER, F./ELFGEN, R.: Integriertes Risikomanagement, in: Winter, G. (Hrsg.): Das umweltbewusste Unternehmen, München 1998, S. 673-688.

BAETGE, J./JERSCHENSKY, A.: Frühwarnsysteme als Instrumente eines effizienten Risikomanagement und -controlling, in: Controlling 4/1999, S. 171-176.

FRIEDENSTAB, T./SIELER, C.: „Vorstände haben für ein angemessenes Risikomanagement zu sorgen, in: Blick durch die Wirtschaft/FAZ vom 25.8.1997.

GLEIßNER, W.: Risikopolitik und Strategische Unternehmensführung, in: Der Betrieb 2000, S. 1625-1629.

HAHN, D./KRYSTEK, U.: Betriebliche und überbetriebliche Frühwarnsysteme für die Industrie, in: Schmalenbachs Zeitschrift für betriebswirtschaftliche Forschung 1979, S. 76-88.

HERTEL, A.: Risk Management in der Praxis. Köln 1991.

LISCHKE, T./KIRNER, H.: Einführung und Organisation eines Risikomanagementsystems, in: Controller Magazin 2000, S. 44-49.

LÜCK, W.: Der Umgang mit unternehmerischen Risiken durch ein Risikomanagementsystem und durch ein Überwachungssystem, in: Der Betrieb 1998, S. 1925-1930.

PAUSENBERGER, E./NASSAUER, F.: Governing the Corporate Risk Management Function: Regulatory Issues, in Frenkel et al. (Hrsg.): Risk Management – Challenge and Opportunity, Berlin 2000, S. 263-276.

POLLANZ, M.: Ganzheitliches Risikomanagement im Kontext einer wertorientierten Unternehmensführung (Risk Adjusted Balanced Scorecarding), in: Der Betrieb 1999, S. 1277-1281.

REICHMANN, T./FORM, S.: Balanced Chance- and Risk Management, in: Controlling 2001, S. 189-198.

SCHARPF, P.: Die Sorgfaltspflichten des Geschäftsführers einer GmbH, in: Der Betrieb 1997, S. 737-743.

SPANNAGL, T.: Ein Ansatz zur Implementierung eines Risikomanagement-Prozesses, in: Deutsches Steuerrecht 1999, S. 1826-1832.

VOGLER, M./GUNDERT, M.: Einführung von Risikomanagementsystemen, Der Betrieb 1998, S. 2377-2383.

WEBER, J./WEIßENBERGER, B.E./LIEKWEG, A.: Ausgestaltung eines unternehmerischen Chancen- und Risikomanagements nach dem KonTraG, in: Deutsches Steuerrecht 1999, S. 1710-1716.

WITTMANN, E.: Organisation des Risikomanagements im Siemens Konzern, in: Schierenbeck, H. (Hrsg.): Risk Controlling in der Praxis, Stuttgart 1999, S. 457-482.

WOLF, B./RUNZHEIMER, K.: Risikomanagement und KonTraG, Wiesbaden 1999.

WURL, H.-J./MAYER, J-H.: Integration des Risikomanagements in das Konzept der Balanced Scorecard, in: Frankfurter Allgemeine Zeitung Nr. 181/2000, S. 27.

Martin Lücken*

Einführung eines Risikomanagementsystems bei einem großen Verkehrsdienstleister

1. Einführung

2. Lösungsansatz der Berliner Verkehrsbetriebe

3. Vorgehen beim Aufbau des Risikomanagementsystems
   3.1 Projektdesign
   3.2 Risikoanalyse
   3.3 Risikosteuerung

4. Das Risikomanagementsystem der Berliner Verkehrsbetriebe
   4.1 Organisationsstruktur
   4.2 Aktueller Stand und Entwicklungstendenzen

---

* Martin Lücken ist bei den Berliner Verkehrsbetrieben zuständig für die Bereiche Versicherungen, Schadenbearbeitung und Risikomanagement und ist Geschäftsführer des Versicherungsmaklers VVE.

1. Einführung

Die Berliner Verkehrsbetriebe (BVG) sind eine Anstalt des öffentlichen Rechts. Die BVG führt den öffentlichen Personennahverkehr für Berlin mit dem Ziel kostengünstiger und umweltfreundlicher Verkehrsbedienung sowie aller hiermit in technischem und wirtschaftlichem Zusammenhang stehenden Tätigkeiten durch.

Auf einer Fläche von gut 900 km² (siehe Abbildung 1) ist die BVG für ca. 3,5 Mio. Einwohner Berlins sowie dem näheren Umland Brandenburgs tätig und daher der mit Abstand größte öffentliche Nahverkehrsbetrieb in Deutschland. Auf 9 U-Bahnlinien, 28 Straßenbahn- und 165 Buslinien hat die BVG im Jahr 2000 rund 800 Mio. Fahrgastfahrten durchgeführt. Ca. 14.000 Mitarbeiter arbeiten daran, dass täglich rund 1.400 Busse, 570 Straßenbahnen und 1.400 U-Bahnwagen sicher und pünktlich rollen.

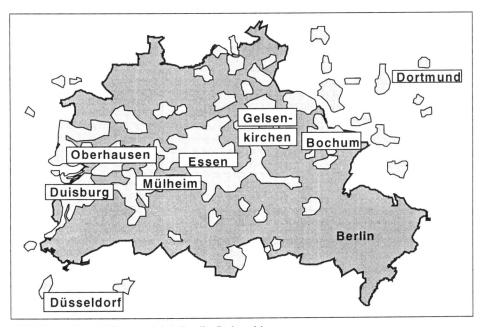

Abbildung 1: Größenvergleich Berlin-Ruhrgebiet

Die BVG befindet sich derzeitig in ihrer größten Umbruchphase. Aus einer ehemaligen Abteilung des Berliner Senats entwickelt sich ein moderner Verkehrsdienstleister, der die Mobilitätsbedürfnisse der Menschen in und um Berlin kostengünstig organisiert und durchführt.

Die BVG steht zu 100 % im Eigentum des Landes Berlin. Das Unternehmen ist sehr risikoavers und stark von politischen und rechtlichen Rahmenbedingungen beeinflusst. Bisher wird die BVG vom Berliner Senat mit der kompletten Durchführung des öffentlichen Nahverkehrs mit Bussen, Straßenbahnen und U-Bahnen beauftragt. Mit der geplanten EU-Verordnung zur Liberalisierung des öffentlichen Nahverkehrs muss die BVG nun aber damit rechnen, dass sie kurzfristig im Wettbewerb mit weiteren Anbietern steht, vorrangig im Busbereich.

Auch als Anstalt des öffentlichen Rechts ergibt sich für die BVG das Erfordernis, ein systematisches Risikomanagementsystem aufzubauen. Die BVG unterliegt dem Berliner Betriebegesetz (BerlBG) und laut § 16 Abs. 5 BerlBG gelten für die BVG analog die Vorschriften der großen Kapitalgesellschaften.

In diesem Beitrag geht es um die Einführung des Risikomanagementsystems in der Praxis. Der Verfasser behandelt die Thematik aus der Sicht des Projektleiters als Erfahrungsbericht.

2. Lösungsansatz der Berliner Verkehrsbetriebe

Ausgehend vom Versicherungsmanagement der BVG wurde Anfang 1998, also noch vor Verabschiedung des Gesetzes zur Kontrolle und Transparenz im Unternehmensbereich (KonTraG), innerbetrieblich diskutiert, welche Risiken den Unternehmenserfolg der BVG nachhaltig negativ beeinflussen könnten. Insbesondere wurde an „versicherbare" Risiken gedacht, die die Unternehmensziele der BVG ernsthaft gefährden könnten.

Nach klassischen Analysen möglicher Personen-, Sach- und Vermögenschäden wurden nach und nach Unternehmensrisiken erkannt, die nicht auf Dritte (also z.B. Versicherungsunternehmen) abgewälzt werden können. Darauf aufbauend stellte sich die Frage, welchen Risiken die BVG in ihrer Gesamtheit unterliegt. Im Verlaufe verschiedener Gesprächsrunden kam schnell die Frage auf, ab welcher wertmäßigen Höhe Risiken für das Unternehmen gefährlich sind und wer diese namhaften Risiken in der Gesamtheit managt. Rein gefühlsmäßig gingen alle Gesprächsteilnehmer davon aus, dass die verantwortlichen Führungskräfte ihre Risiken „im Griff" hätten – aber wer hatte die Gesamtaufstellung aller bedeutenden Risiken und wer kümmerte sich zentral um die Risiken?

Das neue Gesetz zur Kontrolle und Transparenz im Unternehmensbereich (KonTraG) vom 1. Mai 1998 bestätigte auf deutliche Weise diese Gedankengänge. Die Organisationspflichten der Geschäftsleitung und die Berichtspflichten im Lagebericht in Bezug auf Risiken werden im KonTraG deutlich genannt.

Die meisten Unternehmen des öffentlichen Personennahverkehrs (ÖPNV), und somit auch die BVG, sind nicht nur Risiken im rechtlichen und politischen Bereich ausgesetzt, sondern werden auch mit weiteren Herausforderungen konfrontiert:

- *Verlust von (Bus-)Konzessionen:* Auf EU-Ebene ist eine Verordnung zur Liberalisierung des öffentlichen Nahverkehrs geplant (Stand Januar 2002). Darüber hinaus erschweren Wettbewerbsklagen gegen die aktuellen Genehmigungsvergaben vom Berliner Senat den Stand der BVG. Im Falle des Verlustes mehrerer Konzessionen an Mitwettbewerber würden sich zu Lasten der BVG erhebliche Ertragsausfälle und Überkapazitäten an Personal und Fahrzeugen ergeben.

- *Grundsatzveränderungen gemäß Ausbildungsverkehr (§ 45a Personenbeförderungsgesetz PBefG):* Für die erbrachten Schüler- und Ausbildungsverkehre zu Sondertarifen erhält die BVG von der öffentlichen Hand Ausgleichszahlungen. Mögliche Veränderungen der gesetzlichen Rahmenbedingungen auf Bundesebene könnten dazu führen, dass die in Ansatz zu bringenden Gültigkeitstage sowie die durchschnittlichen Reiseweiten eingeschränkt werden. Reduzierte Ausgleichszahlungen an die BVG wären die Folge.

- *Sanierungsbedarf der U-Bahnstrecken:* Die teilweise zu Beginn des letzten Jahrhunderts gebauten U-Bahntunnel müssen in den nächsten Jahren aufwändig saniert werden. Hierzu benötigt die BVG erhebliche Geldbeträge sowie Ingenieurkapazitäten.

- *Einnahme-Aufteilungsverfahren:* Der Großraum Berlin/Brandenburg wird von einer Vielzahl von Verkehrsbetrieben bedient und ist über einen Verkehrsverbund kundenfreundlich organisiert. Im Einnahmeaufteilungsverfahren besteht zwischen den Verkehrsbetrieben zum Teil Uneinigkeit bezüglich der Aufteilung der Einnahmen.

3. Vorgehen beim Aufbau des Risikomanagementsystems

3.1 Projektdesign

Die BVG hat sich zum Ziel gesetzt, ein Risikomanagementsystem aufzubauen, das alle wertmäßig bedeutenden Risiken systematisch und regelmäßig erkennt sowie bewertet. Die Gesamtrisikosituation der BVG soll periodisch analysiert werden, um eine wirksame Portfoliosteuerung aller Risiken zu gewährleisten. Nicht die „Pflichtübung" gegenüber dem Wirtschaftsprüfer, also die schnellstmögliche Erstellung von so genannten „Nachweispapieren", war das Ziel des aufzubauenden Risikomanagementsystems. Nicht das möglichst schnelle und problemlose Testat, sondern die nachhaltige materielle Beeinflussung unternehmerischer Risiken stand im Vordergrund. Zusätzliche bürokratische

Prozeduren, die immer wieder gerne und teilweise auch berechtigt an öffentlichen Unternehmen bemängelt werden, mussten so weit wie möglich vermieden werden.

Da zahlreiche andere Projekte zu betreuen, wichtige Mitarbeiter mit Regelaufgaben tief in das Alltagsgeschäft eingebunden und andere Mitarbeiter teilweise noch unerfahren in der Organisation und Steuerung eines bereichsübergreifenden Risikoprojekts waren, wurde der Aufbau des Gesamtprozesses durch einen erfahrenen Risikomanagementberater unterstützt. Die Aufgaben des Beraters bestanden in Coaching-Funktionen für das BVG-Projektteam, verbunden mit aktiver Unterstützung bei der Vorbereitung und Durchführung von Präsentationen. Weiterhin brachte der Berater betriebswirtschaftliche, technische und juristische Fachunterstützung mit. Neben der flexiblen Bereitstellung an Beraterkapazität, ausgerichtet am Projektverlauf, war der BVG sehr wichtig, nicht nur theoretische Risikomanagementkonzepte vermittelt zu bekommen, sondern das Risikomanagementsystem auch zusammen mit dem Berater im Unternehmensalltag aufzubauen.

Um das Gesamtprojekt für die BVG möglichst effizient durchzuführen und entsprechendes fachliches Know-how im Betrieb dauerhaft aufzubauen, wurde mit dem externen Partner der gesamte Entwicklungsprozess gemeinsam erarbeitet. Dabei wurde nicht angestrebt, dass der externe Partner das Gesamtprojekt alleine durchführt und die entsprechenden Systemelemente und -dokumentationen für die BVG erstellt. Vielmehr wurde als Leitlinie vereinbart, dass das Risikomanagementsystem durch die Mitarbeiter der BVG erarbeitet und etabliert wird. Die Projektergebnisse wurden *aus* dem Unternehmen und nicht *für* die BVG entwickelt (bottom-up).

Damit strebt die BVG eine tatsächliche Steigerung ihrer Performance im Bereich des Risikomanagements an. Im System wurden die Organisationsstrukturen und Prozesse des Unternehmens aufgegriffen. Vor allem wurde nicht nur eine Systemdokumentation als schriftliche Verhaltensvorgabe erstellt, sondern ein in die Geschäftsprozesse der BVG integriertes System in der betrieblichen Praxis geschaffen.

3.2 Risikoanalyse

Ausgehend von dieser Zielsetzung war ein Risikomanagementsystem zu schaffen, das die Unternehmensleitung jederzeit in die Lage versetzt, Risiken frühzeitig zu erkennen, um rechtzeitig gegensteuern zu können. Die Risikoanalyse besteht aus zwei Stufen, der Risikoidentifikation sowie der Risikobewertung.

Die Risikoidentifikation muss durch erfahrene Praktiker erfolgen. Insofern hatte der externe Berater im ersten Schritt eine anleitende und schulende Rolle für das BVG-Projektteam. Gemeinsam wurden zunächst die übergreifenden Risikofelder des Unternehmens identifiziert (z.B. Strategie, operativer Betrieb, Haftung, Beteiligung usw.). Jedes Risikofeld diente als Grundlage für die systematische Aufnahme aller Risiken in jedem Bereich mit seinen Abteilungen. Um die vollständige Risikoaufnahme vor Ort zu gewährleisten, wurden die ermittelten Risikofelder möglichst weit schriftlich untergliedert. Neben Ergebnissen des Qualitätsmanagements flossen z.b. auch Kernaussagen aus Arbeitsablaufbeschreibungen und Zieldefinitionen der zu interviewenden Organisationseinheiten ein.

An Hand der erstellten Checklisten wurden dann mit großem Zeitaufwand Interviews vor Ort durchgeführt. Die detaillierten Checklisten stellten sicher, dass der „rote Faden" auch bei teilweise heftigen und recht konträren Sachdiskussionen vor Ort nicht verloren ging. Untermauert wurden die theoretischen Risikoaufnahmen durch praktische und ausführliche Betriebsbesichtigungen. So konnte einerseits die Risikoaufnahme am „grünen Tisch" durch Rückkoppelungen mit Mitarbeitern, z.B. in den Werkstätten, bestätigt werden, andererseits zeigte in manchen Fällen die Wirklichkeit vor Ort auch einen entsprechenden Nachholbedarf in Bezug auf die zuvor identifizierten Risiken. Ziel der Interviews war immer, die Erstrisikoaufnahme so ausführlich wie möglich zu erstellen, um danach das System auf belastbaren Fakten aufbauen zu können (bottom-up).

Nach der ausführlichen Risikoidentifikation wurde festgelegt, wie mit den erkannten Problemfeldern systematisch umzugehen ist. Das Risikomanagementsystem soll laut Leitlinie wirkungsvoll sein, d.h. Übersicht vor Vollständigkeit. Dazu wurden klare und nachvollziehbare Wertgrenzen definiert, nach denen die Risiken unternehmensweit behandelt werden. Ausgehend vom Grundkapital der BVG wurde die wertmäßige Einstufung der Risiken vorgenommen. Unter Berücksichtigung möglicher Kumulationseffekte sind Kriterien wie Existenzgefährdung, Meldung von Risiken an Kontrollgremien sowie zentrale Unternehmensziele ausschlaggebend gewesen. Für die BVG wurden die ermittelten Risiken in vier wertabhängige Gruppen eingeteilt, wovon die erste Gruppe „Detailrisiken" vom zentralen Risikomanagement nicht weiter verfolgt wird, da auf Grund der Anzahl der Risiken die Übersicht verloren zu gehen droht und von diesen Risiken keine unmittelbare Gefahr für das gesamte Unternehmen ausgeht. Ganz bewusst erfolgt also eine Fokussierung auf die großen und wesentlichen Risiken. Alle unter einer bestimmten Wertgrenze liegenden Risiken werden somit nur in den dezentralen Bereichen ohne Meldung an zentrale Stellen eigenverantwortlich gemanagt. Unabhängig von jeglicher Einstufung bedürfen mögliche dolose Handlungen auf jeden Fall einer sofortigen Handhabung. Drohende Imageschäden können und werden ebenfalls situationsabhängig behandelt.

Die Bewertung der Risiken bezieht sich in der Regel auf einen Zeithorizont von bis zu 3 Jahren, angelehnt an den Rechnungslegungsstandard des Instituts der Wirtschaftsprüfer. Dieser Zeitraum gilt aber nicht, wenn klare Anhaltspunkte dafür vorliegen, dass noch in dieser Zeit mit einer erheblichen Steigerung der Gefährdung der Unternehmensziele zu rechnen ist.

Die Bestimmung der Eintrittswahrscheinlichkeit soll insbesondere der Priorisierung der erforderlichen Maßnahmen dienen. Dazu wurden die ermittelten Risiken in Gruppen mit geringer, mittlerer, hoher und sehr hoher Eintrittswahrscheinlichkeit eingestuft.

Die Einteilung aller Risiken nach monetärer Bewertung und Eintrittswahrscheinlichkeit im Bewertungszeitraum führt zu einer eindeutigen Klassifizierung der Unternehmensrisiken. Mittels einer eindeutigen Prioritätenliste kann die Unternehmensleitung jetzt Risiken frühzeitig erkennen und rechtzeitig gegensteuern.

3.3 Risikosteuerung

Bei der BVG gab es in der Vergangenheit natürlich auch verschiedene „Stellschrauben" zur zentralen Unternehmenssteuerung. U.a. erfüllten die internen Kontrollsysteme (IKS), das zentrale Unternehmenscontrolling, die interne Revision, die strategische Planung und auch das Versicherungsmanagement diese Aufgaben. Die Anforderungen an ein Risikomanagementsystem wurden dadurch aber nur zum Teil erfüllt. Den genannten „Insellösungen" liegt im Vergleich zu einem umfassenden Risikomanagement zudem eine unterschiedliche Sichtweise zugrunde, die zumeist vergangenheitsorientiert ist und die oft nur einen kurzfristigen Betrachtungszeitraum besitzt. Das zu schaffende Risikomanagementsystem hat nun das Ziel, einen interdisziplinären Rahmen zu schaffen. Die Einführung der Risikocontrolling-Instrumente darf aber keinen zusätzlichen organisatorischen Aufwand verursachen, d.h. die Steuerungsinstrumente müssen in die bestehenden Planungs-, Kontroll- und Berichtsprozesse integriert werden. Bei den BVG wurde das gesamte zentrale Risikomanagement dem zentralen Unternehmens-Controlling als Stabsstelle angegliedert. Die Unabhängigkeit gegenüber den dezentralen Bereichen in der Linie sowie die direkte Anbindung an die Unternehmensleitung sind somit gewährleistet.

Zur Risikosteuerung müssen die Ergebnisse der Risikoidentifikation und -bewertung in Entscheidungen und Maßnahmen umgesetzt werden. Durch die Risikosteuerung werden alle namhaften Risiken des Unternehmens aktiv beeinflusst. Die Risikosteuerung folgt dem Process-ownership-Prinzip, d.h. die Führungskräfte sind für ihre Risiken verantwortlich, für übergreifende Risiken des Gesamtunternehmens ist der Vorstand zuständig.

Für die Risikosteuerung stehen mehrere Alternativen zur Verfügung: Die Vermeidung, die Verminderung, der Transfer und die Akzeptanz von Risiken. Die Risikovermeidung zielt auf das Einstellen bzw. Nichteingehen risikobehafteter Aktivitäten ab. Bei der Risikoverminderung geht es um die teilweise oder weitgehende Reduzierung der Eintrittswahrscheinlichkeit und/oder der Schadenauswirkung. Der Risikotransfer bezweckt die Übertragung auf Dritte, z.B. durch Versicherungen oder vertragliche Haftungsausschlüsse. Bei der Risikoakzeptanz wird schließlich das Risiko in Kauf genommen. Risikoakzeptanz ist z.B. bei kleineren Schäden oder Frequenzschäden denkbar.

Die BVG hat jedes namhafte Risiko nummeriert und somit jederzeit nachvollziehbar in einem sogenannten Maßnahmenkatalog aufgeführt. In diesem Katalog sind die derzeitigen Steuerungsmaßnahmen, der Umsetzungszeitpunkt und die Verantwortung namentlich angegeben.

Mit diesem Instrument kann das Unternehmen nun nicht nur die Risikoentwicklung, sondern vor allem die ergriffenen Bewältigungsmaßnahmen regelmäßig und systematisch überwachen. Bereichsintern kontrollieren die dezentralen Risikomanager, BVG-übergreifend überwacht der zentrale Unternehmens-Risikomanager. Gegenstand des Umsetzungscontrollings ist, ob die Risikosteuerungsmaßnahmen im geplanten Umfang und zum geplanten Zeitpunkt durchgeführt wurden. Der namentlich benannte Risikoverantwortliche muss regelmäßig darlegen, inwieweit sich die ergriffenen Maßnahmen bewährt haben bzw. ob und wie gegengesteuert werden muss.

Diese Risikoberichterstattung hat zum Ziel, die Unternehmensleitung und die Führungskräfte zeitnah und nachvollziehbar über die Risiken der BVG zu informieren, um ggf. rechtzeitig reagieren zu können. Daneben dient die Berichterstattung der Information der internen Revision und des Abschlussprüfers.

4. Das Risikomanagementsystem der Berliner Verkehrsbetriebe

4.1 Organisationsstruktur

„Jeder Manager ist der Risikomanager in seinem Verantwortungsbereich". Dies war und ist der zentrale Leitspruch für den Aufbau des Risikomanagementsystems bei der BVG. Daher kommt es insbesondere auf die dezentrale Umsetzung sowie die zentrale Koordination und Steuerung an.

Dezentral sind in den Bereichen alle Führungskräfte risikoverantwortlich, der Bereichsleiter trägt die Gesamtverantwortung für seinen Bereich, unterstützt von einem dezentralen Risikocontroller für die Koordination des jeweiligen Bereichs. Zentral werden alle Risikoinformationen durch das zentrale Risikocontrolling ausgewertet, kommentiert berichtet und überwacht.

Die Unternehmensleitung der BVG definiert die risikopolitischen Ziele. Sie ist laut KonTraG gesamtverantwortlich für die Errichtung eines angemessenen Risikomanagementsystems und eines Überwachungssystems. Weiterhin zeichnet sie verantwortlich für die Festlegung der Aufgabenverteilung innerhalb des Risikomanagementsystems sowie für die organisatorische Einbindung des Risikomanagements in alle Geschäftsprozesse. Die Unternehmensleitung legt die Höhe des maximal einzugehenden Risikos für das Gesamtunternehmen fest und berichtet regelmäßig an den Aufsichtsrat und an die Gesellschafter. Die Unternehmensleitung trägt permanent Sorge dafür, dass das System wirkungsvoll arbeitet.

Das von der Unternehmensleitung eingesetzte zentrale Risikomanagement unterstützt diese bei den o.g. Aufgaben. Es berät die Unternehmensleitung (und alle weiteren Führungskräfte) in jeglichen Fragen des Risikomanagements. Das zentrale Risikomanagement hilft der Unternehmensleitung bei der Berichterstattung an die Kontrollgremien sowie im Rahmen der jährlichen Abschlussprüfung. Planung und Verantwortung für die Durchführung von besonderen Projekten und Anlassuntersuchungen gehören ebenfalls zu den Aufgaben des zentralen Risikomanagers.

Dieser Risikomanager kümmert sich zentral um den Aufbau und die Pflege des Risikomanagementsystems bei ständiger Aktualisierung und Ergänzung der Risikobewertungssystematik und -instrumente. Die jährliche Inventarisierung der Risiken der BVG findet durch Überprüfungen und Zusammenfassungen der berichteten Einzelrisiken aus den verschiedenen Berichten der dezentralen Risikocontroller statt, Unstimmigkeiten werden bei Bedarf vom zentralen Risikomanager geklärt. Aus Sicht des Gesamtunternehmens werden die einzelnen Risiken unter Berücksichtigung der festgelegten Wertgrenzen gewichtet, sich ggf. ausgleichende bzw. kumulierende Einzelrisiken werden berücksichtigt. Nach der Priorisierung und Kommentierung der Risiken werden diese vierteljährlich (bei Bedarf ad hoc) zusammengefasst und der Unternehmensleitung vorgelegt. Gleichzeitig wird ein zusammengefasster Maßnahmenkatalog für den Vorstand mit Herausstellung von (akutem) Handlungsbedarf erarbeitet. Die Wirksamkeit der Umsetzung der Risikobewältigungsmaßnahmen überwacht der zentrale Risikomanager permanent.

Weiterhin informiert das zentrale Risikomanagement regelmäßig die einzelnen Bereiche über die Gesamtrisikoentwicklung des Unternehmens. Darüber hinaus werden Schulungen und Informationsveranstaltungen durchgeführt.

Um diese vielfältigen Aufgaben erfüllen zu können, muss dem zentralen Risikomanagement der Zugang zu allen risikorelevanten Informationen möglich sein. Dazu gehören strategische, politische und finanzwirtschaftliche Rahmendaten sowie Daten über Geschäftstätigkeiten und -entwicklungen. Der permanente Informationsfluss aus den Bereichen muss sichergestellt sein. Nur bei ausreichender Kompetenz ist ein schlagkräftiges Risikomanagement gewährleistet.

Die Risiken der einzelnen Bereiche werden vom jeweiligen Leiter verantwortet. Er trägt Sorge für den Aufbau des Risikomanagementsystems in seinem Bereich, er gewichtet und kommentiert die ihm von seinen Führungskräften zugeleiteten Risiken und berichtet über den (Miss-)Erfolg seiner Risikobewältigungsmaßnahmen. Neben der jährlichen Risikoinventur seines Bereichs berichtet der Bereichsleiter regelmäßig über das zentrale Risikomanagement an den Vorstand. Neue und plötzlich auftretende Risiken werden sofort gemeldet.

4.2 Aktueller Stand und Entwicklungstendenzen

Bisher standen bei der BVG die Risiken aus dem operativen Ablauf klar im Vordergrund. Von dieser Teilrisikobetrachtung, oftmals vergangenheitsorientiert, entwickelt sich der Unternehmensfokus nun mithilfe des beschriebenen Risikomanagementsystems hin zu einer Gesamtsicht des Unternehmens mit seinen zukünftigen Entwicklungen.

Eine starke Fokussierung der Risikobetrachtung auf die operativen Bereiche wie Fahrdienst und Instandhaltung überwog bisher, das Hauptaugenmerk lag auf organisatorischen und technischen Regelungen. Heute konzentriert sich das Unternehmen auf existenzbedrohende Entwicklungen und auf Beeinträchtigungen der Vermögens-, Finanz- und Ertragslage. Die Erreichung der Ziele unseres Sanierungskonzepts hat oberste Priorität. Der Fokus liegt jetzt auf dem Gesamtunternehmen mit seinen Kernkompetenzen. Neben den politischen Risiken treten Markt- und Finanzrisiken in den Vordergrund. Strategien als Mobilitätsdienstleister und Beteiligungen an anderen Verkehrsunternehmen werden zukünftig das wirtschaftliche Handeln in zentralen Punkten beeinflussen.

Stand bisher die Bewältigung der technischen Risiken je Bereich (z.B. Bus, Straßenbahn, U-Bahn) an, so wird nun eine möglichst einheitliche und kompatible Lösung für das gesamte technische BVG-Risiko angestrebt. An die Stelle von Risikodiskussionen in Fachkreisen ist die offene Diskussion über die Unternehmensrisiken insgesamt bei der BVG getreten.

Die Prozessverantwortung für die regelmäßige und systematische Risikoermittlung der BVG obliegt dem zentralen Risikomanagement. Dessen Aufgabe ist es, das System zu etablieren und weiterzuentwickeln. Die Risikohandhabung erfolgt hauptsächlich in den Bereichen. Diese tragen die Verantwortung für die Umsetzung der ergriffenen Maßnahmen. Das zentrale Risikomanagement überwacht die Gesamtheit der Maßnahmen und stimmt gegebenenfalls Einzelmaßnahmen aufeinander ab (z.B. vertragliche Regelungen in Kombination mit Versicherungslösungen von Haftungsrisiken). Bei der Prüfung der Maßnahmenwirksamkeit bei der BVG wird ein ständiger Verbesserungsprozess angestoßen. Der Jahresbericht des zentralen Risikomanagements über die Umsetzung der Risikobewältigungsmaßnahmen bei der BVG basiert auf Bereichsberichten und wird ständig fortgeschrieben. So kann die Unternehmensleitung das Risikomanagementsystem auf Wirksamkeit überprüfen und bei Bedarf die Risikopolitik des Unternehmens anpassen.

Das Risikomanagementsystem der BVG wird seit dem Jahr 2000 aufgebaut und permanent weiterentwickelt. Derzeitig arbeitet das zentrale Risikomanagement zusammen mit dem Beteiligungscontrolling an der Angleichung der Risikoberichte der Töchter und Beteiligungen der BVG, wobei das Beteiligungscontrolling diese Risikocontrollingaufgabe übernimmt. Das Beteiligungscontrolling erfasst die Risiken der Tochtergesellschaften und schreibt die Risikoübersichten fort. Regelmäßig werden Informationen über das Risikomanagement der Beteiligungsgesellschaften eingeholt. Das Beteiligungscontrolling erstellt Programme zur Risikohandhabung und überwacht die Umsetzung und die Wirksamkeit der ergriffenen Risikobewältigungsmaßnahmen.

Eine weitere Herausforderung des zentralen Risikomanagements ist der Aufbau des strategischen Frühwarnsystems mit einem Beobachtungszeitraum der nächsten 10 Jahre. Der wirtschaftliche Erfolg der BVG hängt entscheidend davon ab, sich auf wichtige zukünftige Entwicklungen frühzeitig einstellen zu können. Diese Veränderungen muss die BVG in einer sich ständig weiterentwickelnden Wirtschafts- und Umweltsituation schnell bewerten, um frühzeitig gegensteuern zu können. Neben der Berichterstattung über die aktuelle Risikosituation werden hier also Informationen über zukünftige Entwicklungen (z.B. im rechtlichen/politischen Umfeld der BVG) regelmäßig und systematisch erhoben sowie bewertet. Nicht zuletzt deshalb fordert der Gesetzgeber im KonTraG den Aufbau eines „Überwachungssystems", um gefährliche Entwicklungen frühzeitig zu erkennen.

Zunächst wurden Beobachtungsbereiche festgelegt, aus denen mögliche Gefährdungen entstehen können. Die BVG untersucht Bereiche wie z.B. „regionale Mobilitätsmärkte" oder „Konsum-, Freizeit- und Kulturverhalten". Zu diesen Beobachtungsbereichen versucht das Unternehmen, möglichst exakte Indikatoren in Form von Kennzahlen zu bestimmen. Sollten diese Kennzahlen nach einiger Zeit außerhalb bestimmter Sollgrenzen liegen, signalisiert dies der BVG frühzeitig mögliche Gefährdungen. Durch den Soll--Ist-Vergleich der Kennzahlen wird das Unternehmen in die Lage versetzt, rechtzeitig Gegenmaßnahmen zur Abwehr oder zur Minderung der signalisierten Gefahren zu ergreifen. Wichtig bei diesem Prozess ist die Festlegung der Indikatorenbeobachtung. Die Informationen über zukünftige Entwicklungen müssen in einem Berichtswesen festgelegt sein. Allerdings ist es nicht praktikabel, über alle bzw. über möglichst viele Beobachtungsbereiche laufend zu berichten. Aus Gründen der Übersichtlichkeit und Steuerung sollte eine Beschränkung auf ca. zehn Bereiche ausreichen, eine weitere Beschränkung auf die wichtigsten Sollwerte ist ratsam. Wenn Frühwarn-Sollwerte nur schwer oder gar nicht sinnvoll gewertet werden können, sind vom Beobachter subjektive Einschätzungen vorzunehmen. Da es sich hier um eine Vielzahl unsicherer Faktoren handelt, muss das Risikofrüherkennungssystem ständig überprüft und angepasst werden mit dem Ziel, keinen starren bürokratischen Lösungsweg zu schaffen.

Otto-Peter Obermeier*

Möglichkeiten und Grenzen einer adäquaten Risikokommunikation

1. Die drei wesentlichen Arten der Risikokommunikation

2. „When all news is bad news": Die Krisenkommunikation

3. Einige Regeln zur Krisenkommunikation

4. Die Stakeholderanalyse

5. Zusammenfassung

Literaturverzeichnis

---

* Prof. Dr. Dr. Otto-Peter Obermeier ist Mitglied der Geschäftsführung der Gerling Akademie für Risikoforschung AG, Zürich.

1. Die drei wesentlichen Arten der Risikokommunikation

Kommunikation konstituiert die soziale Dimension einer Gesellschaft, sie ist das Medium des Sozialen. Geld und die Finanzierungsmittel der Unternehmen für Investitionen, also Kapital, mögen entscheidende Mittel für das Wirtschaften sein, ebenso wie geoffenbartes Wissen für die Religion, formales und experimentelles Wissen für die Wissenschaften und Macht für die Politik. Wer jedoch nicht angemessen seine Anliegen, Probleme, Vorhaben, Lösungsvorschläge kommuniziert, ist sozial „unverständlich", d.h. nicht akzeptiert. Alles, was in einer Gesellschaft vorgebracht wird, gleich ob alt oder neu, etwa Brauch, Tradition, Glaube, innovative Technologien, neue Erziehungsmethoden, bahnbrechende Ideen, sie alle unterliegen dem Kommunikationszwang. Wir alle kennen den Spruch: „Es ist unmöglich, nicht ‚nicht' zu kommunizieren." Für Unternehmen bedeutet dies permanente Anstrengungen, sich kommunikativ in die Gesellschaft einzubinden.

Moderne Gesellschaften sind Wagnis- und Grenzüberschreitungskulturen und damit Risikokulturen (Vgl. OBERMEIER 2001). Kaum zu betonen, dass auf den Gebieten des Genetic Engineering, der Informatik, der Finanz- und Kapitalmärkte ideelle, ethische und raumzeitliche Grenzen überschritten und Risiken eingegangen werden müssen. Das erzwingt neben einer Unzahl von Absicherungsmechanismen, z.B. über Erst- und Rückversicherungen, über alternative Risikofinanzierungskonzepte, über Gesetze und Verordnungen, über eine Vielzahl von Kontrollmechanismen auch die sogenannte Risikokommunikation. Kurz: Risiken stehen – wie alle wichtigen sozialen Vorgänge – unter Kommunikationszwang. Vom pragmatischen Standpunkt aus betrachtet, gibt es drei besonders bedeutsame Probleme, die diesem Kommunikationszwang unterliegen. Zum einen gilt es, über gesellschaftsrelevante Risiken, etwa Aids, Krebs, gefährliche Stoffe in Nahrungsmitteln etc. aufzuklären, und damit Schäden vorzubeugen und zu verhüten. Wir sprechen dann von Aufklärungs- und Vorsorgekommunikation. Ein Beispiel hierzu ist etwa eine Antiaidskampagne. Diese Art der Risikokommunikation ist nicht selten bei „Public Relations, Public Affairs, Community Relations" angesiedelt. Dass solche Kampagnen, werden sie über Marketingtechniken gesteuert, erfolgreicher sind als die nüchterne, diskursiv ausgerichtete Aufklärung, sei nur erwähnt. Zum anderen gibt es den provokativen Ausdruck von den „Normal Accidents" (Vgl. PERROW 1984), d.h. jede noch so gut abgesicherte Technologie wird schwere bis schwerste Unfälle hervorbringen. Atomkraftwerk, Großraumflugzeug, Hochgeschwindigkeitszug, der schwere Unfall, die Katastrophe sind „Normalität", d.h. auch das Schiefgehen ist Norm. Diese Art der Risikokommunikation bezeichnen wir als Störfall- oder Krisenkommunikation. Ziel der Störfallkommunikation ist es, Schäden einzudämmen, monetäre und psychische Schäden zu lindern und, soweit dies möglich, Trost zu spenden.

Letztlich steht jedes technische Verfahren, jede Technologie, aber auch jede soziale Innovation unter sozialem Rechtfertigungszwang, also unter Legitimationsdruck. Sollen wir z.B. Gentechnik, Atomkraftwerke, Fertilitätstechniken, Tissue Engineering akzeptieren oder nicht? Hier sprechen wir von Legitimationskommunikation. Nirgendwo spiegelt sich der Kampf von unterschiedlichen Weltbildern, Gesellschafts- und Lebensentwürfen mehr wider als bei dieser Art der Risikokommunikation. Dass sich alle drei Kommunikationsarten vermischen können, ist ebenso klar, wie ihre große Bedeutung in der und für die Gesellschaft.

Ich stelle nun kurz und thesenartig die wichtigsten kommunikativen und strategischen Regeln der Krisenkommunikation vor.

2. „When all news is bad news": Die Krisenkommunikation

Eine Krise, im hier verstandenem Sinne, ist gekennzeichnet durch den überraschenden Eintritt eines bedeutsamen Ereignisses, sie bedroht oder vernichtet wichtige Werte, unsere Reaktionszeit auf die Krise ist äußerst knapp bemessen und jede Krise hat ihr eigenes Gesicht (zum Krisenmanagement vgl. HEATH 1998). Letzteres führt zu prinzipiell „improvisierten" Antworten auf eine Krise. Es besteht daher eine große Lücke zwischen den schlagartig ansteigenden Anforderungen zur Bewältigung einer Krise oder eines Störfalls und den möglichen Maßnahmen. Zu Beginn einer Krise, sei es ein Störfall oder gar eine Katastrophe, übersteigen die Anforderungen bei weitem die Maßnahmen zur Eindämmung oder Linderung. Wir können uns das rasch am Beispiel der furchtbaren Katastrophe vom 11. September 2001 klarmachen, aber auch an jedem industriellen Störfall. Das Ereignis kam überraschend, materielle (Zerstörung der Twin Towers) Werte, ideelle Werte (Menschenleben) wurden vernichtet, die Zeit für wirksame Gegenmaßnahmen war extrem kurz (prinzipielles Entscheiden unter extremen Zeitdruck) und das Ereignis hatte sein eigenes furchtbares Gesicht. Die Anforderungen zur Bewältigung einer Katastrophe überstiegen zu Beginn bei weitem alle menschenmöglichen Maßnahmen.

Allein diese Charakteristik zeigt, dass Krisenkommunikation in einem sozialen und emotionalen Klima stattfindet, das einen dominant sachlichen, rationalen und diskursiven Kommunikationsstil kaum möglich macht. Im Gegenteil, die Flucht in eine verfahrenstechnische Abwicklungssprache führt bei den Betroffenen meist zu enormen Aggressionen und Empörung. Wer nur einen Hauch von Empathie besitzt, also von Einfühlungsvermögen in die Welt der Betroffenen, der wird nicht, wie das bei der Zugkatastrophe von Eschede geschehen, zur abwicklungsorientierten Sprache greifen und: „von verunfalltem Zug, adäquater Abwicklung der Schadenslage, Todesursachenermittlung laut Strafprozessordnung und Unfallumfangfeststellung" sprechen. Die Flucht in sachliches

Vokabular ist in der emotional aufgewühlten Atmosphäre jeder Krise unangemessen. Wenn alles, was zu kommunizieren ist, primär schlechte bis furchtbare Botschaften sind, besteht eben eine starke kommunikative Asymmetrie zwischen der emotionalen und der sachlichen Dimension. Emotionen, sei es Empörung, sprachlose Betroffenheit, sei es Wut, sei es Ohmacht, dominieren. Diese Gefühle lassen sich primär nicht mit wohlfeilen, sachlichen Aussagen besänftigen. Krisenkommunikation sollte zu Beginn immer emotionale Kommunikation sein (Vgl. OBERMEIER 2001a). Daher die erste wichtige Regel: Eröffne die Krisenkommunikation mit der Welt der Betroffenen und zeige innere Anteilnahme. In der Praxis ist dieser Part der Risikokommunikation der schwierigste. Der Überbringer der schlechten Nachrichten darf weder selbst von den Ereignissen emotional überwältigt werden – dann zeigt er Inkompetenz zur Krisenbewältigung bzw. Schadenabwicklung – noch darf er sich in die bequeme Welt der sachlichen Neutralität flüchten. „When all news is bad news" kennzeichnet also eine Kommunikationssituation, in der zwischen der Szylla überbordende Emotionen und der Charybdis sachliche-technische-juristisch-neutrale Welt „hindurchkommuniziert" werden muss.

Erinnern wir uns an MCLUHANs berühmten Beginn seines Buches „Understanding Media". Der erste Satz dieses großen Medientheoretikers endet „... in operational and practical fact, the medium is the message" (zum wechselseitigen Verstehen in schwierigen kommunikativen Situationen vgl. OBERMEIER 1994, S. 39 ff.). Krisenkommunikation ist ja nicht nur Kommunikation mit den direkt Betroffenen. Sie ist ein öffentliches, sprich mediales Ereignis. In diesem Sinne gilt daher: „The crisis is the message", die Krise selbst ist die Botschaft (Vgl. MCLUHAN 2001, S. 7).

Was heißt das? Für die Medien und die Medienkonsumenten existiert das Genre, die Gattung, Krisen- und Katastrophenjournalismus. So makaber es für die Betroffenen klingt, es existiert die Lust am Leid anderer, die Freude am distanzierten Betrachten von Unglück, die Gier nach schlechten Nachrichten. Jeder Journalist weiß: „nur schlechte Nachrichten sind gute Nachrichten".

Vom Katastrophentourismus bis zur Enttäuschung über zu wenige Tote, vom schaurigwohligen Gefühl bis zur Krokodilsträne angesichts schrecklicher Bilder: es bleibt dabei, die Inhalte einer Krise sind beliebig auswechselbar, die Krise selbst ist das „Gefragte". Dies bestätigen auch die vielen sachlichen Fehler selbst der seriösen Presse bei der Krisenberichterstattung. Nicht auf Inhalte kommt es an, sondern auf die Krise als solche. Und hier konvergieren die beiden völlig verschiedenen Voraussetzungen der Krisenkommunikation: „When all news is bad news" verweist auf die emotionale Dominanz der Risikokommunikation, und „The crisis is the message" auf die öffentliche Lust an „distanziert-miterlebten" Katastrophen. Auch beim Genre des Krisenjournalismus zählen nicht Inhalte, nicht sachliche Aussagen, sondern schreckliche Bilder, demonstrativ-tränenrührende Einzelschicksale, in Bild, Ton und Wort gefangene Emotionen. Das Unternehmen, das glaubt, hier mit rein sachlicher Argumentation kommunikativ bestehen zu können, irrt und wird in Frust und – nicht allzu selten – Beschimpfungen der Medien einen Kommunikationsgau erleben.

Der Rahmen, in den die Krisenkommunikation eingespannt ist, ist sowohl in der Nahsphäre, sprich in der Kommunikation mit den direkt Betroffenen, als auch in der öffentlichen Sphäre, also Medien betreffend, emotional. Noch härter: Die Welt der Risikokommunikation ist primär eine nicht diskursive, nicht rationale, nicht dialogische. Es ist daher wenig gewonnen, zu fordern „sie sollte es aber sein", oder direkt Betroffene wegen ihrer sachlichen Ignoranz, die Medien wegen ihrer Sensationslust zu schelten. Diese Welt ist so, wie sie ist, an ihr hat sich eine adäquate Risikokommunikation zu orientieren.

3. Einige Regeln zur Krisenkommunikation

Die konsequenzenreiche Einsicht besteht also darin, dass Krisenkommunikation dem angespannten, emotionalen Klima gerecht werden muss (Zur Krisenkommunikation vgl. auch OBERMEIER 1995). Anders ausgedrückt, die Betroffenen sind dort abzuholen, wo sie sich gegenwärtig psychisch befinden, wenn das Wesentliche, was es mitzuteilen gilt, schlichtweg unerfreulich ist. Das beinhaltet ehrliche Worte des Trostes, des Bedauerns, eventuell der Entschuldigung und das Zeigen innerer Anteilnahme.

Erst dann sollten die Sachaussagen folgen, also das Wo, Wann, Wer, Wie, Weshalb des Störfalls. Diese Aussagen sind zielgruppengerecht zu formulieren. Direkt Betroffene und Laien benötigen einen anderen Jargon als Fachjournalisten. Die Grundregel lautet: klare, kurze, verständliche Information, frei von Fachausdrücken und Fachsprache. Sind jedoch Fachausdrücke unumgänglich, so sind sie in die Alltagssprache zu übersetzen und zu erläutern. Prinzipiell zu vermeiden sind Aussagen über eventuell Schuldige. Dies ist Sache späterer Aufklärungsarbeit, der Gerichte und nicht der Krisenkommunikation. Übrigens besteht häufig eine Diskrepanz zwischen juristisch wohlgefeilten Texten, also der Meinung der Rechtsabteilung, und dem Zwang zur raschen, zielgruppenwirksamen Kommunikation.

Natürlich muss Krisenkommunikation Empfehlungen zum Verhalten der direkt oder indirekt Betroffenen beinhalten, also darüber, wie sich die Betroffenen angesichts eines Störfalls oder den Auswirkungen davon benehmen sollten. Krisenkommunikation sollte also auch instruktive Aussagen beinhalten. Von großem Interesse ist die Frage „Wer bezahlt die angerichteten Schäden?". Der vollmundig ausposaunten „schnellen und unbürokratischen Regelung von Ansprüchen" müssen jedoch rasch Taten folgen. Nichts zerstört eine auf Langfristigkeit angelegte Kommunikationsstrategie schneller als Versprechungen, die nicht eingehalten werden. Krisenkommunikation sollte daher Aussagen über die monetäre Kompensation der materiellen Schäden machen.

Krisenkommunikation hat aber auch eine „Zukunftsdimension". Zum einen ist zu demonstrieren, dass das Unternehmen fähig und willens ist, aus Störfällen zu lernen und Konsequenzen zu ziehen. Zum anderen gibt es hier den Bereich so genannter sozialverpflichtender Gesten. Unter diesem Begriff laufen Aktivitäten von Firmen, die so etwas wie „sozialbefriedende Wohltaten" entweder vorbeugend oder nach einem Störfall tätigen. Nach der berühmt-berüchtigten Störfallserie von Hoechst im Jahre 1993 und den harten Auseinandersetzungen mit der Bevölkerung bzw. NGOs, sprich Non-Governmental-Organizations, wurde der Bau einer neuen Spielanlage und ein Sommerfest sowie ein Erholungsurlaub für Kinder finanziert, ebenso Ausflüge für Junioren und Senioren, etc. Unternehmen sollten sich daher schon während der Krisenkommunikation Gedanken über die Nachbereitung der Krise machen, denn großzügige Regelungen und einfühlsame Kommunikation sind die besten Garanten für den Wiederaufbau von Reputation und Vertrauen.

Kurz: Risikokommunikation sollte die emotionalen, die sachlich informativen, die instruktiven sowie die monetär-kompensativen Belange der Betroffenen ansprechen, und die firmenreputativen Aspekte berücksichtigen. Neben diesen Grundsätzen der Krisenkommunikation gibt es mehr strategisch ausgerichtete Regeln für das interne und externe Verhalten des Unternehmens bei Krisen, die jedoch wesentlich die Krisenkommunikation mitbestimmen. Diese Prinzipien sind einfach, jedoch äußerst schwierig umsetzbar. Sie lauten: Erstens: Das Problem sollte soweit wie möglich isoliert und alles daran gesetzt werden, einen Flächenbrand zu vermeiden. Zweitens: Bemühe dich, das normale Geschäft sicherzustellen, und die Auswirkungen auf den Unternehmensgewinn – trotz anständiger Regulierung – möglichst gering zu halten. Natürlich gilt es – drittens – Kommunikationsstrategien auszuarbeiten, die die Schäden auf die Corporate Identity und das Corporate Image möglichst minimieren und Reputationsschäden von der ganzen Branche abwenden. Schließlich ist noch an die schon erwähnten kommunikativ-sozialpsychologischen Gesten zu denken. Sozialverpflichtende Aktivitäten schaffen ein Klima der Entspannung und die Ausgangsbasis für Reputationserneuerung. Sich über vertrauensbildende und vertrauensrückgewinnende Maßnahmen Gedanken zu machen, ist ein wesentlicher Teil der strategisch ausgerichteten Krisenkommunikation (Eine ausführliche Darstellung der kommunikativen und strategischen Regeln der Krisenkommunikation findet sich auch in OBERMEIER 1999, S. 121 ff.).

4. Die Stakeholderanalyse

Es scheint evident: Bei einer Krise ist primär mit den Betroffenen zu kommunizieren. Aber wer sind die Betroffenen? Sind das nur die direkt Betroffenen, etwa die Geschädigten und deren Angehörige, die Mitarbeiter des Unternehmens, die Investoren, die Behörden? Spätestens seit der Geburt der Bürgerinitiativen und Graswurzelbewegungen haben sich jedoch höchst aktive, indirekte Betroffenheitsgruppen gemeldet, z.B. Greenpeace, B.U.N.D., eben jene NGOs, sprich Non-Governmental Organizations. Der Ausdruck Stakeholder bezeichnet alle jene Gruppierungen, die, aus welchen Motiven heraus auch immer, ein hohes Interesse an der Krise und dem damit verbundenem Problem zeigen. Stakeholder sind also engagierte, stark parteinehmende Gruppierungen, die in Bezug auf das Problem ihre Interessen publikumswirksam, d.h. höchst öffentlichkeitswirksam, mitkommunizieren.

Von der Perspektive eines Unternehmens aus gesehen, sind das jedoch nicht nur die klassischen Interessengruppierungen, etwa direkt Betroffene, ferner Mitarbeiter, Gewerkschaften, Lieferanten, Kunden, Aktionäre, Banken, die Behörden, der Gesetzgeber, und wenn vieles schief läuft, auch die Gerichte. Bei publikumswirksamen Störfällen ist auch mit Bürgerinitiativen, Umwelt- und Naturschützern, mit Frauengruppen, mit ideologisch, moralisch und religiös motivierten Gruppierungen zu kommunizieren. Spätestens hier wird ersichtlich, dass Krisenkommunikation eine äußerst komplexe Angelegenheit ist.

Die Stakeholder, also alle Gruppierungen, die direkt oder indirekt an der Krise beteiligt sind oder starkes Interesse an ihr zeigen, machen natürlich diese Krise zu einem Thema, sprich Issue (Vgl. GERLING/OBERMEIER/SCHÜZ 2001). Ein schwerer Störfall, etwa die Explosion eines Chemiereaktors mit großflächiger Kontamination eines Wohngebiets, ist daher auch immer ein „speziell ausgezeichnetes Thema". Issues sind in der Öffentlichkeit kontrovers wahrgenommene und diskutierte Themen, die von einer Vielzahl von Stakeholdern in die politische, mediale und öffentliche Arena gebracht werden. Krise, Stakeholder und Issue sind also eng verbunden und die Grundlage einer umfassenden Krisenkommunikation. Die Krise ist der Auslöser und Themengeber, sprich Issuelieferant, die Stakeholder, jene Gruppierungen, die das Thema kommunikativ am Kochen halten. Aus der Sicht des Unternehmens ist es daher naheliegend und notwendig, die Vielzahl von Interessengruppen, also die Stakeholder, zu identifizieren, zu ordnen und nach gewissen Kriterien zu beurteilen, um dann die kommunikativen und strategischen Problemfelder abzuarbeiten (Vgl. Abbildung 1).

Die Identifikation von Stakeholdern ist nicht immer so einfach, wie sie erscheint. Bei manchen schwerwiegenden Krisen werden durch sozialpsychologische Blindheit der Unternehmen Gruppen identifiziert, die ziemlich belanglos sind und bedeutsame nur sehr spät erkannt. Als Nestlé durch anrüchige Marketingpraktiken beim Vertrieb von Muttermilchersatzprodukten in der dritten Welt in eine schwere kommunikative Krise schlitterte, wurden „linke Weltverbesserer und Versager" als die eigentliche Zielgruppe ausgemacht und übersehen oder negiert, dass auch hochetablierte Kirchenvertreter hinter den massiven Protesten standen. Die Identifikation von Stakeholdern setzt daher eine gewisse sozialpsychologische Offenheit der Firmenleitung voraus.

> 1. **Gruppen identifizieren**
> 2. **Gruppen ordnen**
>   – *Wie gefährdet das Issue die Beziehungen am Markt?*
>   - Stakeholder: Aktionäre, Eigentümer, Kapitalgeber, Kunden, Lieferanten, Konkurrenten, Branchen, Management, Mitarbeiter
>   – *Wie gefährdet das Issue die Beziehung des Unternehmens zur Gesellschaft?*
>   - Fall- und sachorientierte Gruppierungen
>   - Ethisch-religiös orientierte Gruppierungen
>   - Ideologisch-fundamental orientierte Gruppierungen
>   – *Wie gefährdet das Issue die Beziehungen des Unternehmens zur Exekutive, Judikative und Legislative?*
>   - Stakeholder: Ministerien, Verwaltungen, Aufsichtsbehörden, Fachbehörden, Lobbyisten etc.
>   – *Wie gefährdet das Issue die Beziehungen des Unternehmens zu den Medien?*
> 3. **Einschätzen der wichtigsten Parameter (Bestimmungsgrößen) der Stakeholder nach folgenden Problemkreisen:**
>   – *Kommunikationsproblem*
>   - Welche Sprache spricht die Gruppierung?
>   – *Verständnisproblem*
>   - Welche „Logik", welches Weltbild leitet die Aktivitäten der Gruppe?
>   – *Effizienz- und Durchsetzungsproblem*
>   - Welche Organisationsform besitzt die Gruppierung?
>   – *Ressourcenproblem*
>   - Über welche Macht verfügt die Gruppierung?

Abbildung 1: Kommunikative und strategische Problemfelder im Umgang mit Stakeholder-Gruppierungen

Um die Gruppierungen zu ordnen, helfen uns folgende Fragen: Erstens, wie gefährdet das Issue die Beziehung zum Markt? Die dazugehörigen Stakeholder sind die Aktionäre, Eigentümer, die Kapitalgeber, die Kunden, die Lieferanten, die Konkurrenten, die eigene Branche, das Management und die Mitarbeiter. Mit all diesen Gruppierungen ist daher auf der sachlichen, emotionalen und reputativen Ebene zu kommunizieren. Bei publikumswirksamen Störfällen mögen Kundenboykotte ausgerufen und Aktien verkauft werden sowie Mitarbeiter demotiviert sein. Die zweite wichtige Frage bezieht sich auf das Problem Krise/Issue und seine Beziehung zur Gesellschaft. Vom pragmatischen Standpunkt aus ist es ratsam, die Gruppierungen nach drei Gesichtspunkten zu sortieren. Es gibt mehr fall- und sachorientierte Gruppierungen, die sowohl an dem Fall als auch an dem speziellen Thema interessiert sind. Hier ist der viel besungene argumentative, sprich diskursive Risikokommunikationsstil angebracht. Es gibt aber weiterhin auch ethisch-religiös orientierte Gruppierungen und schließlich ideologisch fundamental ausgerichtete. Hier geht es um Weltanschauung, um divergierende Lebensstile, um fundamental verschiedene Weltbilder. Bei diesen Stakeholdern gelangt der argumentativ rationale Kommunikationsstil rasch an seine Grenzen und die Auseinandersetzung um letzte Werte endet im – wie Max Weber dies ausdrückte – Kampf („... und daß also die höchsten Ideale, die uns am mächtigsten bewegen, für alle Zeit nur im Kampf mit anderen Idealen sich auswirken, die anderen heilig sind, wie uns die unseren", vgl. WEBER 1973, S. 154). Schließlich bleibt noch die Frage, wie die Krise und das dahinterstehende Issue die Beziehung des Unternehmens zur Exekutive, Judikative und Legislative gefährdet. Die dazugehörigen Stakeholder sind Ministerien, Verwaltungen, Aufsichtsbehörden, Fachbehörden, Gerichte, Lobbyisten, die Abgeordneten etc. Fast nach jedem schweren Störfall werden hektisch neue Gesetze gefordet bzw. zurechtgezimmert, Gerichte unter öffentlichen Druck gesetzt und der Ruf nach mehr Druck durch die Exekutive laut.

Und schließlich die letzte wichtige Frage: Wie gefährdet die Krise die Beziehung des Unternehmens zu den Medien? Hierher gehört natürlich eine konsequente, vorausschauende Medienpolitik und Pflege der Medien. Wenn die Krise eingetreten ist, dann spult der Krisen- und Katastrophenjournalismus unerbittlich sein Programm ab.

Für all diese Gruppierungen ist also jeweils eine spezifische Kommunikationspolitik zu entwerfen. Für dieses umfassende Kommunikationskonzept und das damit einhergehende wechselseitige Verstehen der Stakeholder sind vier Bestimmungsgrößen von entscheidender Bedeutung: Erstens die Sprache, zweitens die Weltsicht, sprich „Systemlogik der jeweiligen Gruppen", drittens ihre Organisationsform, von der wesentlich ihre Effizienz und Durchsetzungsfähigkeit abhängen, und viertens die Ressourcen, über die die jeweiligen Stakeholder verfügen oder kurz: ihre Macht. Natürlich spricht jede Gruppe ihre eigene Sprache: die Verwaltungen ihr Beamtendeutsch, die Medien ihren emotional-aufgeblasenen Headlinejargon, die Bürgerinitiativen ihren Slang, die Juristen ihre dürre Paragraphensprache. Natürlich spricht das Management eine völlig andere Sprache als protestierende Gruppierungen und schon deshalb ist eine Verständigung äußerst schwierig. Eine arrogant zur Schau getragene fach- und sachorientierte Sprache kollidiert auf das Heftigste mit dem emotiven Slang einer Bürgerinitiative. Die so auftretenden Kommunikationsprobleme sind nur zu lösen, wenn das Unternehmen in seiner Kommunikationsstrategie Übersetzungen „anbietet", d.h. sachliche und fachliche Aussagen in einem mehr emotionalen Slang darbietet.

Neben das Sprachproblem tritt das ebenfalls hoch bedeutsame Problem des wechselseitigen Verstehens. Wechselseitiges Verstehen, und sei es nur partielles Verstehen, ist nur möglich, wenn das Management das Weltbild, die Ideologie, die bestimmende Logik der wichtigsten Stakeholder wenigstens ansatzweise kennt und vice versa. Wer das Weltbild gewisser Naturschützer nicht kennt, wem die Logik gewisser Protestbewegungen völlig fremd ist, kann mit diesen auch nicht kommunizieren, höchstens vorbeikommunizieren

(Vgl. OBERMEIER 2001b). Und natürlich spielt die Organisationsform der Stakeholder eine gravierende Rolle. Sie gibt vor allem Auskunft über die Effizienz und Durchsetzungsfähigkeit gewisser Gruppierungen. Einer der häufigsten Fehler des Managements ist es, Bürgerinitiativen bzw. gewisse Verbände zu unterschätzen. Die für das Management oft chaotisch wirkenden Organisationsstrukturen sind in so mancher Hinsicht der starren und einseitigen Organisationsform von Unternehmen durchaus überlegen.

Letztlich bleibt noch die Frage nach den Ressourcen, über die die einzelnen Stakeholder verfügen. Über wie viele hoch motivierte und fähige Mitglieder verfügt eine Gruppierung? Wie viele Mitstreiter kann diese Gruppierung mobilisieren und über welche ideellen und monetären Mittel verfügt sie? Welche Medien, welche politischen Parteien, welche Kirchen und andere Verbände unterstützen die Gruppe? Das Ressourcenproblem beinhaltet daher das Machtproblem. Macht zeigt sich in der Mobilisierbarkeit von Ressourcen. Daher als letzte Frage: Über welche Macht verfügt der jeweilige Stakeholder?

Am Ende einer Stakeholderanalyse sollten wir folgendes geleistet haben: möglichst alle wichtigen Stakeholder, die an der Krise, am Thema fleißig mithäkeln und mitstricken, sind identifiziert; die Gefährdungen, die von den Stakeholdern in bezug auf den Markt, die Gesellschaft, die Exekutive, Judikative und Legislative und die Medien ausgehen, sind in etwa bekannt, ebenso, welche Stakeholder welche Gefährdungen bewirken. Wir kennen in etwa die Sprache, die Ideologie, die Organisationsform sowie die Effizienz und die Durchsetzungsfähigkeit der wichtigsten Stakeholder, ebenso ihre Ressourcen. Auf Basis dieses Wissens kann dann ein umfassendes Konzept einer Krisenkommunikation entworfen werden.

5. Zusammenfassung

Die Bewältigung eines Störfalls oder einer schwerwiegenden Krise hat eine technisch-operative und eine kommunikative Dimension. Die kommunikative Seite wird mit der so genannten Krisenkommunikation abgedeckt. Krise heißt vom Ereignis überrascht werden, bedeutet extremen Zeitdruck in Bezug auf alle wichtigen Entscheidungen, eine Bedrohung bedeutsamer Werte und schließlich lässt sich die Krisensituation nie voll standardisieren. Jede Krise hat ihr eigenes Gesicht. Die Kommunikationsvoraussetzungen sind gekennzeichnet durch die Frage: Wie kommuniziere ich in einer Situation, wo gilt „When all news is bad news" und „The crisis is the message". Obgleich beide Voraussetzungen völlig unterschiedliche Betroffenheitsdimensionen charakterisieren, führen sie zu einer Dominanz der Emotionen. Das Klima der Krisenkommunikation ist emotional geschwängert. Die beliebte Flucht in „Sachlichkeit" ändert daran nichts.

Daraus leitet sich ein Grundmuster ab, kurz: Die Krisenkommunikation sollte die Betroffenen in ihrer Welt, sprich emotionalen Betroffenheit, abholen. Dies bedeutet jedoch auch: Zeige innere Anteilnahme. Sie sollte weiterhin informieren und instruieren und Aussagen über die monetäre Kompensation enthalten. Schließlich ist die Ankündigung und das Durchführen von so genannten sozialverpflichtenden Aktivitäten nicht nur der Reputation des Unternehmens zuträglich, sondern eine allgemein akzeptierte, vertrauensbildende Maßnahme. Die mehr nach innen ausgerichteten strategischen Regeln lauten: Das Problem isolieren und falls möglich nicht eskalieren lassen, das normale Geschäft sicherstellen, die Auswirkungen auf den Unternehmensgewinn gering halten, Schäden von Corporate Identity, Corporate Image und Branchenimage abwenden und alle relevanten Stakeholder materiell und ideell berücksichtigen.

Krisen erzeugen eine Vielzahl von direkt und indirekt Betroffenen, also Gruppen, die direkten Schaden und Gruppen, die ideologischen Schaden erlitten haben. Diese Gruppen nennen wir Stakeholder. Die Stakeholderanalyse besteht aus drei Schritten: Gruppen identifizieren, Gruppen ordnen und dem Einschätzen der wichtigsten Bestimmungsgrößen der Stakeholder, nämlich der Sprache, dem Weltbild, Effizienz und Durchsetzungsfähigkeit und schließlich der Macht der Gruppen.

Hinter jeder Krise steht selbstredend eine Thema, ein Problem und eine Chance, sprich ein Issue. Dieses Issue wird nun in verschiedenen Arenen der Politik, der Medien, der Arena der NGOs, der Öffentlichkeit diskutiert. Deshalb führt eine umfassende Krisenkommunikation direkt in den Bereich des Issuemanagements.

Literaturverzeichnis

HEATH, R.: Crisis Management for Managers and Executives, London 1998.

MCLUHAN, M.: Understanding Media, The extension of man, London/New York 2001.

GERLING, R./OBERMEIER, O.-P./SCHÜZ, M. (Hrsg.): Trends – Issues – Kommunikation, München 2001.

OBERMEIER, O.-P.: Risikoverständnis im Wandel, in: Gerling, R./Obermeier, O.-P. (Hrsg.): Risiko – Störfall – Kommunikation, München 1994, S. 14-48.

OBERMEIER, O.-P.: Bedeutung und Grundsätze der Risikokommunikation, in: Gerling, R./Obermeier, O.-P. (Hrsg.): Risiko – Störfall – Kommunikation 2, München 1995, S. 13-45.

OBERMEIER, O.-P.: Die Kunst der Risikokommunikation, München 1999.

OBERMEIER, O.-P.: Philosophie des Risikos, in: Kreysa, G./Langer, O.-U./Pfeil, N. (Hrsg.): Sicherheit bei Lagerung und Transport gefährlicher Stoffe, Frankfurt am Main 2001, S. 1-19.

OBERMEIER, O.-P.: Die Krise als Message, in: Sicherheitsforum, Schweizer Fachzeitschrift für Sicherheit 2001a, S. 29-35.

OBERMEIER, O.-P.: Strategien für Unternehmen bei Konflikten mit der Gesellschaft, in: Gerling, R./Obermeier, O.-P./Schüz, M. (Hrsg.): Trends – Issues – Kommunikation, München 2001b, S. 43-82.

PERROW, C.: Normal Accidents, Living with high-risk technologies, New York 1984.

Oskar Durstin[*]

Die Behandlung von Schadenfällen im Industriebetrieb

1. Einleitung

2. Grundzüge des ganzheitlichen Risikomanagements
    2.1 Regelkreis des Risikomanagements
    2.2 Das betriebliche Zielsystem
        2.2.1 Leistungswirtschaftliche Ziele
        2.2.2 Finanzwirtschaftliche Ziele
        2.2.3 Soziale Ziele
        2.2.4 Ziele des Risikomanagements

3. Ganzheitliches Schadenmanagement
    3.1 Risikoklassifizierung
    3.2 Charakterisierung des Schadens
        3.2.1 Schadenfalldefinition bei spekulativen Risiken
        3.2.2 Schadenfalldefinition bei reinen Risiken
    3.3 Organisation des Schadenmanagements im Unternehmen
        3.3.1 Einordnung in die Betriebsorganisation
        3.3.2 Funktionen des Schadenmanagements

---

[*] Oskar Durstin ist Versicherungsberater in der Kanzlei Falken – Sammer – Durstin.

1. Einleitung

Der Titel dieses Beitrags wird von den meisten Lesern mit der Abwicklung von Versicherungsschäden im Industrieunternehmen assoziiert werden, denn nach wie vor konzentriert sich eine systematisierte Form der Schadenbearbeitung meist auf den Bereich der versicherbaren bzw. versicherten Risiken. Dies würde aber zu kurz greifen und weder der Zielrichtung dieses Handbuches noch dem modernen ganzheitlichen Risikomanagement entsprechen.

Der Umgang mit versicherbaren Risiken – dazu gehört als zentraler Bestandteil und Prüfstein natürlich auch die Abwicklung von Versicherungsschäden – ist ein wichtiger Baustein eines ganzheitlichen Risikomanagements, aber eben nur ein Baustein neben anderen.

In diesem Beitrag wird versucht, auch die Behandlung von Schadenfällen unter einen ganzheitlichen Fokus zu stellen, wohl wissend, dass manche Ausführungen noch Vision sind und ganz sicher auch nicht allgemeinverbindlich sein können, sondern lediglich eine Diskussionsgrundlage darstellen.

Vielleicht ist aber für den Leser dennoch die eine oder andere Anregung dabei, die beim praktischen, täglichen Umgang mit Risiken hilft, auch wenn aufgrund des Umfanges des Beitrages nur eine oberflächliche und verallgemeinernde Darstellung möglich ist und tiefergehende, detaillierte Ausführungen unterbleiben müssen.

2. Grundzüge des ganzheitlichen Risikomanagements

2.1 Regelkreis des Risikomanagements

Im Sinne einer ganzheitlichen Risikostrategie und eines daraus folgenden ganzheitlichen Risikomanagementsystems besteht der Regelkreis des Risikomanagementprozesses aus den Elementen

- Risikoidentifizierung,
- Risikobewertung und
- Risikobewältigung,

wobei es sich beim Risikomanagement um ein komplexes System zahlreicher interdisziplinärer Maßnahmen und Prozesse handelt, die unternehmensindividuell optimiert entwickelt, umgesetzt und – im Sinne eines kontinuierlichen Verbesserungsprozesses – permanent an die dynamische Risikolage des Unternehmens angepasst werden müssen.

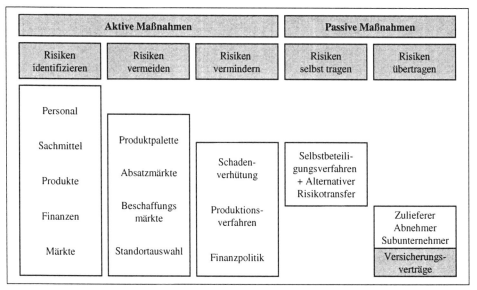

Abbildung 1: Risiko- und Versicherungsstrategie

Der Risikomanagementprozess beschäftigt sich dabei überwiegend mit vorbeugenden Maßnahmen, die den Eintritt eines Schadenfalles vermeiden sollen. Man könnte daraus den Schluss ziehen, dass bei Eintritt eines Schadenfalles das betriebliche Risikomanagementsystem versagt hat. Dies ist aber falsch und würde von einem falschen Verständnis des Risikobegriffes ausgehen.

Da auch nach mehr als 20 Jahren wissenschaftlicher Grundlagenarbeit und mehr als vier Jahre nach KonTraG immer noch kein einheitliches Verständnis und keine einheitliche Terminologie zum Risikomanagement vorhanden ist, muss zunächst der Risikobegriff in dem hier verwendeten Sinn definiert werden, damit die nachfolgenden Ausführungen im richtigen Kontext verstanden werden können.

Jede unternehmerische Betätigung ist aufgrund der Unsicherheit künftiger Entwicklungen mit Chancen und Risiken verbunden. Der Begriff „Risiko" beschreibt dabei die Möglichkeit ungünstiger Entwicklungen, d.h. negativer Zielabweichungen. Risiken, denen eine Chance gegenübersteht, werden als „spekulative Risiken" (synonym „symmetrische Risiken") bezeichnet, z.B. Währungsrisiken. Risiken, die sich nur negativ auf die Erreichung der Unternehmensziele auswirken können, werden als „reine Risiken" (synonym „asymmetrische Risiken" oder „Schadensrisiken") bezeichnet, z.B. die Gefahr eines durch einen Brand verursachten Schadens.

In den vergangenen Jahrzehnten bis vor etwa 3 bis 4 Jahren hat sich das Risikomanagement in der betrieblichen Praxis überwiegend mit den reinen Risiken befasst. Die reinen Risiken waren und sind bis heute meist auch Gegenstand des Versicherungsschutzes; man sprach früher deshalb auch von versicherbaren und nicht versicherbaren Risiken. Das moderne, integrative Risikomanagement befasst sich dagegen mit allen Formen der unternehmerischen Risiken, *nicht aber* mit dem Chancenmanagement, den positiven Komponenten der Risiken. Diese sind Gegenstand des allgemeinen betrieblichen Managements.

Dabei hat das Risikomanagement aber nicht die Aufgabe, alle Schadenereignisse zu vermeiden, sondern ein optimiertes Zusammenspiel zwischen Risikoprävention und Risikoakzeptanz zu organisieren, das nach einer Chance-Risiko-Abwägung zu einem größtmöglichen Unternehmenserfolg beiträgt.

In diesem Sinne bietet sich folgende Definition für den Schadenfall an: Der *Schadenfall* ist als Eintritt eines unerwünschten Ereignisses oder einer ungünstigen Entwicklung zu verstehen, mit der Folge, dass die betrieblichen Ziele in mehr oder weniger großem Umfang beeinträchtigt werden. Dies kann durch ein punktuelles, zeitlich genau zuordenbares Ereignis (z.B. Brand) geschehen, aber auch durch einen schleichenden, möglicherweise auch längere Zeit gar nicht bekannten Prozess (z.B. Technologiesprung von analogen zu digitalen Techniken führt zum Marktverlust „alter" Produkte).

Grundvoraussetzung für die Behandlung von Schadenfällen im Rahmen eines professionellen Schadenmanagements ist, dass ein Schadenfall überhaupt erkannt wird. Vor allem bei den spekulativen Risiken lässt sich dies nur sicherstellen, wenn vorher durch ein betriebliches Zielsystem eine klare Definitionen eines erwünschten Sollzustandes festgelegt wurde.

2.2 Das betriebliche Zielsystem

Nachfolgend werden beispielhaft einige wichtige Ziele aufgezählt, denen viele Unternehmen – bewusst oder unbewusst – unterliegen.

2.2.1 Leistungswirtschaftliche Ziele

Unternehmen bewegen sich in verschiedenen Märkten (z.B. Beschaffungsmarkt, Absatzmarkt, Finanzmarkt, Arbeitsmarkt). Die *Marktziele* werden von politischen, rechtlichen, wirtschaftlichen Entwicklungen sowie Branchen- und Wettbewerbsrisiken beeinflusst. Von erheblicher Bedeutung ist dabei der regionale Tätigkeitsbereich, sodass international tätige Unternehmen in der Regel einen weitergehenden Zielkatalog definieren und beobachten müssen.

In diesem Zusammenhang können Risiken z.b. durch Ein-, Ausfuhrbeschränkungen, kriegerische Aktivitäten, Enteignungen, Verfügungsbeschränkungen, Einschränkungen des Kapitaltransfers, Zins- oder Wechselkursänderungen auftreten. Aber auch Unternehmen mit regional begrenztem Tätigkeitsbereich unterliegen internationalen Einflüssen, die berücksichtigt werden müssen:

- Beschaffungsmärkte sind heute üblicherweise international strukturiert,
- regionale Absatzmärkte können durch das Eindringen internationaler Wettbewerber beeinflusst werden,
- durch das Internet sind grenzüberschreitende Informationen alltäglich geworden. Dies beeinflusst zunehmend alle Marktsegmente.

Produkte – unabhängig davon ob es sich um Informationen, Dienstleistungen oder materielle Produkte handelt – stellen den eigentlichen Kern jeder unternehmerischen Tätigkeit dar. Erfolgreiche Produkte müssen zeit- und marktgerecht sein. Sie müssen deshalb an den Kundenbedürfnissen orientiert, vorausschauend entwickelt und erstellt werden. Kundenbedürfnisse unterliegen einer zunehmenden Veränderungsgeschwindigkeit, sodass ein erhebliches Risiko darin besteht, dass falsche *Produktziele* gestellt werden oder die Produkte nicht auf das richtige Marktzeitfenster gerichtet sind.

Neben der Voraussetzung, dass die „richtigen" Produkte erstellt werden, ist die Fähigkeit, die Rahmenbedingungen für eine optimale Produkterstellung zu schaffen, ein wesentlicher Erfolgsfaktor. Diese Fähigkeit, die ihren Niederschlag in den *Produktionszielen* findet, wird von vielen Faktoren und Risiken beeinflusst, wie z.B. Betriebsorganisation und Geschäftsprozesse, Logistik, Informationsmanagement, Standort- und Umgebungsfaktoren.

Die Erfüllung der *Absatzziele* beeinflusst unmittelbar die betrieblichen Einnahmen. Die Absatzziele sind die Voraussetzung für die Planung und Festlegung der Produktionsziele und stehen in engem Zusammenhang mit dem Erfolg eines Unternehmens. Erhebliche Einbrüche bei den Absatzzielen können deshalb schnell zu einer Gefährdung des Unternehmens führen.

Die Qualität der Produkte und Dienstleistungen im Vergleich zum Wettbewerb stellt einen wesentlichen Erfolgsfaktor dar. Insofern besitzen *Qualitätsziele* eine große Relevanz im unternehmerischen Zielsystem. Qualitätsmanagement vermeidet Risiken und ist deshalb auch in hohem Maße Risikomanagement. Es ist deshalb dafür zu plädieren, Synergieeffekte zwischen den verschiedenen Management-Subsystemen (Qualitätsmanagement, Umweltmanagement, Arbeitssicherheit, Risikomanagement) zu nutzen.

2.2.2 Finanzwirtschaftliche Ziele

Nur bei ausreichenden finanziellen Mitteln kann ein Unternehmen erfolgreich tätig sein. Finanzwirtschaftliche Größen sind deshalb auch zur Risikomessung am besten geeignet.

Von den Ausnahmen der Auflösung und Abwicklung eines Unternehmens abgesehen, sind *Werterhaltung und Wertsteigerung* in der Regel die wichtigsten langfristigen Unternehmensziele. Der Unternehmenswert wird von verschiedenen Faktoren wie Börsenwert, Substanzwert oder Ertragswert beeinflusst. Kurz- und mittelfristige Schwankungen durch den Eintritt geplanter und ungeplanter Risiken können dabei Einfluss auf die Erreichung langfristiger Ziele nehmen. Dies ist beim Risikomanagement zu beachten. Der Unternehmenswert ist einer der wesentlichen Faktoren für die Einstellung zum Risiko und die Risikotragfähigkeit.

Neben der Steigerung des Unternehmenswertes spielt auch der *Bilanzschutz* eine wichtige Rolle. Die Bilanz steht – stellvertretend für die Sicherung der Eigentümer- und Gläubigerinteressen – im Vordergrund des Risikomanagementsystems nach KonTraG. Vorstand und Wirtschaftsprüfer werden zur Erhebung von Informationen über die Risikolage und Risikobeherrschung verpflichtet. Für die Einführung und Umsetzung des Risikomanagementsystems können anhand von Kennzahlen, wie z.B. dem Eigenkapital, dem Jahresüberschuss, den stillen und offenen Reserven, objektive Maßzahlen für die Risikotragfähigkeit gefunden werden.

Des Weiteren muss die *Liquidität* und damit die Zahlungsfähigkeit eines Unternehmens stets gesichert sein. Liquiditätsengpässe und in deren Folge weitergehende finanzielle Probleme können selbst bei grundsätzlich erfolgreichen Unternehmen zu einer Gefährdung des Unternehmens führen. Die Planung der Liquidität und die Beobachtung der Risikofaktoren, die diese bedrohen, muss deshalb mit größter Sorgfalt erfolgen.

Im Vergleich zu den genannten Größen stellen Gewinn oder Verlust eines Geschäftsjahres nur einen nachrangigen Faktor zur Messung des unternehmerischen Erfolgs dar. Als Risikofaktor ist deshalb weniger die Tatsache zu sehen, ob ein Unternehmen Gewinne erzielt, sondern ob unvorhergesehene Ergebnisverschlechterungen die Liquidität bedrohen oder zu einer Image- und Vertrauenskrise bei Zulieferern, Abnehmern und/oder Aktionären (und damit zu Kurseinbrüchen) führen. Langfristig ist die Gewinnerzielung aber selbstverständlich Voraussetzung zur dauerhaften Sicherung und Weiterentwicklung des Unternehmens.

Wichtiger als der Gewinn ist der *Cashflow*. Im Unterschied zum Jahresüberschuss beschreibt der Cashflow den in einem Geschäftsjahr erwirtschafteten Finanzmittelüberschuss. Der Cashflow kann ermittelt werden, indem der Jahresüberschuss um die nicht periodengleich zahlungswirksamen Aufwendungen und Erträge korrigiert wird. In einer vereinfachten Berechnung kann hierzu der Jahresüberschuss um die Abschreibungen und die innerhalb des betrachteten Zeitraums gebildeten Rückstellungen erhöht werden.

Bei der *Wirtschaftlichkeit* handelt es sich schließlich um einen Faktor, der nur im Vergleich mit anderen Unternehmen zu einer aussagefähigen Größe wird. Wirtschaftszweige ohne erheblichen Konkurrenzdruck gibt es kaum oder nur für kurze Zeit. Unternehmen sollten deshalb großen Wert darauf legen, in allen Bereichen wirtschaftlich, also wettbewerbsfähig, zu sein. Dazu dienen Benchmarkvergleiche.

2.2.3 Soziale Ziele

Gegenstand des Risikomanagements sind neben leistungs- und finanzwirtschaftlichen Zielen auch soziale Ziele. Soziale Ziele leiten sich nicht nur aus der gesellschaftlichen Verantwortung von Unternehmen ab. Vielmehr können diese im Zeitalter der Informationsgesellschaft in einem wesentlichen Umfang das Unternehmensimage und damit auch den Unternehmenserfolg bestimmen. Dies gilt vor allem für junge börsennotierte Unternehmen, insbesondere des Neuen Markts. Bei solchen Gesellschaften bestimmen in hohem Maße die weichen Faktoren den Börsenkurs. Hierzu zählen z.B. Unternehmensimage, mitarbeiterbezogene Ziele, gesellschaftsbezogene Ziele, Umwelt, gesellschaftliche Werte, Wertewandel und Arbeitsverhältnisse der Zukunft.

2.2.4 Ziele des Risikomanagements

Das Risikomanagement besitzt quasi automatisch einen engen Zusammenhang zum unternehmerischen Zielsystem, da die Gefahr negativer Zielabweichungen ja das Wesen des Risikos darstellt. Ob und in welchem Umfang es erforderlich ist, explizite Risikoziele zu definieren, kann nicht pauschal beurteilt werden. Es erscheint jedoch sinnvoll, Risikoziele in das Zielsystem aufzunehmen, um die Funktion und Bedeutung des Risikomanagements zu unterstreichen. Primärziele des Risikomanagements sind

- die Sicherung der Existenz des Unternehmens,
- die Sicherung des Erfolgs des Unternehmens und
- die Senkung bzw. Optimierung der Risikokosten.

Das Ziel der Existenzsicherung muss in der Vermeidung bzw. Bewältigung existenzgefährdender Risiken bestehen. Derartige Risiken müssen deshalb frühzeitig erkannt werden. Dies ist auch Gegenstand des durch KonTraG eingeführten § 91 Abs. 2 AktG. Danach hat der Vorstand „geeignete Maßnahmen zu treffen, insbesondere ein Überwachungssystem einzurichten, damit den Fortbestand der Gesellschaft gefährdende Risiken früh erkannt werden" (Risikofrüherkennungssystem). Durch diese Vorschrift soll nach der Begründung zum Regierungsentwurf des KonTraG die Verpflichtung des Vorstands, für ein angemessenes Risikomanagement und eine angemessene interne Revision zu sorgen, verdeutlicht werden. Wie in der Begründung zum Regierungsentwurf weiter ausgeführt wird, ist davon auszugehen, dass diese aktienrechtliche Regelung auch für den Pflichtenrahmen der Geschäftsführer von Gesellschaften anderer Rechtsformen je nach Größe und Komplexität der Unternehmensstruktur eine Ausstrahlungswirkung hat. Das Primärziel der Existenzsicherung bzw. daraus abgeleitete Ziele sollten sich deshalb im unternehmerischen Zielsystem wiederfinden.

Der Erfolg eines Unternehmens wird durch viele Faktoren beeinflusst, die über zahlreiche Einzelziele definiert sind. Das Primärziel der Erfolgssicherung muss deshalb nicht gesondert aufgenommen werden.

Voraussetzung für die Erreichung des Ziels der Senkung bzw. Optimierung der Risikokosten ist, dass die Risikokosten zu Beginn des Bewertungszeitraumes bekannt sind. Dies ist in den meisten Unternehmen bisher nicht der Fall. Es ist umstritten, welche Kosten als Risikokosten anzusehen sind, auch gibt es bisher kaum Vergleichszahlen und Benchmarks, an denen sich Unternehmen orientieren können. Es ist zu empfehlen, in das unternehmerische Zielsystem Maßnahmen zur Identifizierung und Kontrolle der Risikokosten aufzunehmen.

Es ist zu erwarten, dass sich im Zuge der Umsetzung des KonTraG und der allgemeinen Verbreitung des Risikomanagements auch Konkretisierungen hinsichtlich der Risikokosten ergeben werden. Da die Risikokosten jedoch vor allem von der unternehmensindividuellen Risikolage abhängen und diese nur bedingt in ein unternehmensübergreifendes Raster, das einen Vergleich zulässt, gebracht werden kann, ist es zweifelhaft, ob Vergleichszahlen und Benchmarks eine allzu große Aussagekraft haben. Wichtig ist es deshalb, die optimalen Risikokosten des jeweiligen Unternehmens zu ermitteln und anzustreben. Zu den Risikokosten gehören auf jeden Fall folgende Kosten:

- *Versicherungsspezifische Kosten:* Versicherungsbeiträge, Kosten für nicht versicherte, aber versicherbare Schäden, Kosten für die Verwaltung der Versicherungen und die Bearbeitung der versicherten und nicht versicherten Schäden, Personal- und Sachkosten für die Erfüllung versicherungsvertraglicher Verpflichtungen

- *Infrastrukturkosten:* Kosten für den Personenschutz, Kosten für Werkschutz und Sicherheit, Kosten von Einrichtungen zum vorbeugenden Brandschutz, Kosten von Einrichtungen zur Einbruch- und Sabotagesicherheit, Kosten zur Vermeidung von Umweltschäden

- *Weitere Risikokosten* sind z.B. Gewährleistungs- und Garantiekosten, Kosten für Rückrufaktionen, Kosten für nicht versicherbare Schadenereignisse, Kosten für den Datenschutz, Kosten zur Datensicherung, Revisionskosten, Kosten für die Organisation des Risikomanagements

3. Ganzheitliches Schadenmanagement

3.1 Risikoklassifizierung

Zur Definition und Systematisierung von Schäden ist es sinnvoll, auf ein Hilfsmittel der Risikobewertung zurückzugreifen, die Risikoklassifizierung. Hierbei werden die erkannten und bewerteten Risiken üblicherweise in bestimmte Kategorien eingeteilt, wobei ein Risiko durch die Faktoren *Risikodimension* (Risikopotenzial, Tragweite) und *Eintrittswahrscheinlichkeit* beschrieben wird.

Die Risikodimension kann – in Abhängigkeit von den vorhandenen Finanzmitteln (Risikotragfähigkeit) – wie in Abbildung 2 dargestellt festgelegt werden.

Risikokategorie	Definition	Finanzmittel zur Risikofinanzierung
1 = Katastrophenrisiko	Stellt die Existenz des Unternehmens infrage	Übergewinn, Mindestgewinn, stille Reserven, offene Reserven, gezeichnetes Kapital
2 = Großrisiko		
3 = Mittleres Risiko	Zwingt zur Änderung von Zielen und Erwartungen	Übergewinn, Mindestgewinn, stille Reserven
4 = Kleinrisiko	Zwingt zur Änderung von Mitteln und Wegen	Übergewinn
5 = Bagatellrisiko		

Abbildung 2: Risikodimension

Die Eintrittswahrscheinlichkeit kann als mathematischer Faktor oder als Wahrscheinlichkeitskategorie in die Risikoklassifizierung eingebracht werden. Praktische Erfahrungen zeigen dabei, dass eine Klassifizierung in wenige Wahrscheinlichkeitskategorien sinnvoll ist (z.B. 1 = hohe Wahrscheinlichkeit, 2 = mittlere Wahrscheinlichkeit, 3 = geringe Wahrscheinlichkeit, 4 = unwahrscheinlich).

Die Entscheidungsgrundlage für alle Maßnahmen zur Risikobewältigung bildet dann die in Abbildung 3 dargestellte Matrix.

Risiko-kategorie	Eintrittswahr-scheinlichkeit	Risikobewältigung aktiv	Risikobewältigung passiv
1 bis 2	1 bis 2	unbedingt, Vorrang vor passiven Maßnahmen	unbedingt
1 bis 2	3 bis 4	kostenoptimiert	ja
3	1 bis 2	kostenoptimiert	ja
3	3 bis 4	kostenoptimiert	ja, aber Rentabilität prüfen
4	1 bis 2	kostenoptimiert	nein, aber Rentabilität prüfen
4	3 bis 4	nein	nein
5	1 bis 2	kostenoptimiert	nein
5	3 bis 4	nein	nein

Abbildung 3: Verknüpfung von Risikokategorien und Maßnahmen der Risikobewältigung

3.2 Charakterisierung des Schadens

3.2.1 Schadenfalldefinition bei spekulativen Risiken

Bei spekulativen Risiken, die stets ein Chance-Risiko-Potenzial in sich tragen, äußert sich ein Schaden in Form einer *prozentualen* oder *nominalen* Zielabweichung während eines bestimmten Zeitabschnitts. Je größer die Zielabweichung ist, desto größer ist der Schaden und desto effizienter und schneller muss eingegriffen werden. Dabei ist zunächst oft nur ein latentes Schadenpotenzial vorhanden. Durch entsprechende Maßnahmen kann eventuell vermieden werden, dass sich der Schaden tatsächlich realisiert oder vergrößert.

Beispielsweise wäre ein Szenario denkbar, bei dem ein sinkender Dollarkurs bei einer bestimmten Zuliefererstruktur zu höheren Beschaffungspreisen führt (Mengennotierung des Dollars). Bei der Kalkulation der Absatzpreise wurde ein Dollarkurs von 1 Dollar = 1 Euro zugrundegelegt. Eine Reaktionsgrenze könnte bei einer Unterschreitung von z.B. 10 % festgelegt werden. Wenn der Absatzpreis nicht erhöht werden kann, sind Maßnahmen einzuleiten, die den Eintritt eines Schadens verhindern sollen (z.B. Kurssicherungsgeschäfte oder Ausweichen auf andere – dollarunabhängige – Beschaffungsmärkte). Sind diese Maßnahmen erfolgreich, besteht der „Schaden" in den Aufwendungen zur Kurssicherung oder in den Aufwendungen zum Aufbau der neuen Beschaffungsressourcen. Sind die Maßnahmen nicht erfolgreich, besteht der Schaden in einer geringeren Gewinnspanne, einem Verlust oder – im Extremfall – im Marktaustritt mit den damit verbundenen Umsatzausfällen und fortlaufenden Kosten. Die Chance besteht demgegenüber in einem steigenden Dollarkurs, da dies zu höheren Gewinnen führen würde.

3.2.2 Schadenfalldefinition bei reinen Risiken

Bei reinen Risiken (synonym: „asymmetrische Risiken" und „Schadenrisiken"), bei denen es sich häufig auch um versicherbare Risiken handelt, ist ein Schadeneintritt dagegen grundsätzlich ein negatives Ereignis. Deshalb erscheinen zunächst Vorsorgemaßnahmen angebracht, um den Schadeneintritt zu vermeiden. Allerdings sind derartige Vorsorgemaßnahmen auch mit Kosten verbunden, die den Unternehmenserfolg schmälern. Deshalb ist auch bei den reinen Risiken eine Kosten-Nutzen-Abwägung erforderlich, um – mit begrenzten Ressourcen – ein unternehmensindividuelles Optimum zu erzielen.

Beispielsweise kann der Eintritt eines Brandschadens zu einem Sachschaden im Fertigungsbereich und daraus folgend zu einer Einschränkung der Produktions- und Lieferfähigkeit (Betriebsunterbrechung) führen. Aktive schadenverhütende Vorsorge besteht aus baulichen, technischen und organisatorischen Brandschutzmaßnahmen sowie z.B. der Vorhaltung von Fertigungsredundanzen bei Zulieferern. Sofern das Risiko dadurch nicht auf ein akzeptables Maß reduziert werden kann, sind zusätzlich passive Maßnahmen der Risikofinanzierung erforderlich, z.B. Bereitstellung eigener Finanzmittel und Einkauf von Versicherungsschutz. Nach Eintritt eines Schadens ist durch ein aktives Schadenmanagement alles zu unternehmen, um den Schaden auf ein möglichst geringes Maß zu reduzieren. Vorbeugende Notfallpläne können dies unterstützen.

Schadenfälle haben durchaus auch positive Effekte, die keinesfalls übersehen werden dürfen. So können kleinere Schaden- und Gewährleistungsfälle wichtige Frühwarnindikatoren sein, die – wenn entsprechende Präventivmaßnahmen folgen – größere, möglicherweise existenzbedrohende Risiken vermeiden helfen.

Aber auch und vor allem größere Schadenfälle haben einen enormen Informationswert; nicht umsonst heißt es „aus Schaden wird man klug". Diese – besonders teure – Form der Gewinnung von Erfahrungswerten sollte bestmöglich genutzt werden. Schadenerfahrungen müssen im Unternehmen kommuniziert werden, damit andere Unternehmensteile von diesen Erfahrungen profitieren und so möglicherweise rechtzeitig – vor Eintritt eines Schadens – reagieren bzw. vorbeugende Maßnahmen ergreifen können.

3.3 Organisation des Schadenmanagements im Unternehmen

Da der Eintritt von Schadenfällen zum betrieblichen Alltag gehört, ist einem professionellen Schadenmanagement eine hohe Bedeutung beizumessen. In den nachfolgenden Ausführungen wird versucht, einige Anregungen zum betrieblichen Schadenmanagement zu geben. Diese sollen nur als Hinweise verstanden werden, da die unternehmensindividuell optimale Lösung in jedem Unternehmen selbst entwickelt werden muss und von vielen Faktoren abhängt. Der Einsatz einer externen, moderierenden Beratung bei der Entwicklung und Implementierung des Schadenmanagements ist zu empfehlen.

3.3.1 Einordnung in die Betriebsorganisation

Der Eintritt von Schadenfällen im Sinne des ganzheitlichen Risikomanagements ist – wie bereits dargelegt – als negative Abweichung von Zielen zu verstehen. Es handelt sich per Definition um ein unerwünschtes Ereignis, das eine erheblichen Schwankungsbandbreite – vom Bagatellschaden bis zum Katastrophenereignis – aufweisen kann.

Auch wenn sich der jeweilige Schadenfall im Rahmen der akzeptierten Risikobandbreite bewegt, muss nach Eintritt eines Schadenfalles versucht werden, den Schaden so gering wie möglich zu halten (Schadenminderungsprinzip). Die Bearbeitung der Schadenfälle muss deshalb durch diejenigen Stellen erfolgen, die über die jeweils erforderliche Kompetenz und die personellen und sachlichen Ressourcen verfügen. Dabei kann es sinnvoll sein, zwischen spekulativen und reinen Risiken zu unterscheiden.

Schadenfälle aus *spekulativen Risiken* müssen in den operativen Einheiten bearbeitet werden, in deren fachliche Zuständigkeit das jeweilige Thema fällt. Die folgenden Beispiele sollen dies verdeutlichen:

– Zum Tagesgeschäft der Finanzabteilung gehört auch der Umgang mit negativen Entwicklungen von Wechselkursen.

– Fertigungsmängel müssen in der Produktion gelöst werden.

Aber so wie das Risikomanagement im präventiven, schadenverhütenden Sinn ein komplexes System mit interdisziplinären Maßnahmen ist, muss auch das Schadenmanagement interdisziplinär angelegt sein. Dies ist auch vielfach betriebliche Praxis – ohne dass dies immer ausdrücklich als Schadenmanagement erkannt oder verstanden wird. So ist es selbstverständlich, bei Fertigungsproblemen das Qualitätsmanagement hinzuzuziehen. Auch die Entwicklungsabteilung kann u.U. einen positiven Beitrag leisten, wenn das Problem durch Veränderungen im Produktdesign gelöst werden kann.

Ein professionelles und proaktives Schadenmanagement wird versuchen, Problemfälle zu antizipieren und vorausschauend Notfallpläne zu erstellen, um so – bei Eintritt eines

Schadens – möglichst schnell und effizient reagieren zu können. Je größer der Schadenfall, desto wichtiger ist es, das Verhalten und die Maßnahmen nach Eintritt eines Schadens „vorauszuplanen". Dies erfordert dann neben dem fachlichen Know-how der operativen Stellen weitere Fähigkeiten einer systematischen und vereinheitlichenden Schadenbehandlung. Es ist deshalb zu empfehlen, neben der Schadenbehandlung „vor Ort" auch eine zentrale Stelle zu schaffen, die über die erforderliche Systemkompetenz verfügt. Diese zentrale Stelle, die dem betrieblichen Risikomanagement zugeordnet werden kann, sollte *stets* informiert, *bei Bedarf* aktiv beratend eingebunden und – *bei Überschreitung gewisser Schadengrößen* – möglicherweise sogar in eine gemeinsame Federführung zur Schadenbehandlung integriert werden.

Damit ist neben der besseren Kontrolle (Vier-Augen-Prinzip) auch sichergestellt, dass die Informationen an einer zentralen Stelle auflaufen. Das zentrale Schadenmanagement hat neben der Unterstützung im jeweiligen Bedarfsfall folgende zusätzliche Aufgaben:

- Erfassung und statistische Auswertungen der eingetretenen Schadensfälle,
- Analyse und Aufbereitung der Schadensfälle zur Auswertung und zur Vorbereitung eines Entscheidungsprozesses über künftige präventive Maßnahmen,
- Information der Geschäftsleitung und aller Unternehmenseinheiten,
- Auswertung von *unternehmensexternen* Informationsquellen.

Zu den *reinen Risiken* zählen neben den versicherten bzw. versicherbaren Risiken auch sonstige Schadenrisiken, die nicht versicherbar sind. Für den Bereich der *versicherten Schäden* sind in den meisten Unternehmen klar definierte Zuständigkeiten vorhanden. Meist handelt es sich dabei um die Versicherungsabteilung im Unternehmen oder eine externe Stelle, die mit der Abwicklung und Betreuung des betrieblichen Versicherungsprogramms befasst ist, z.B. Versicherungsmakler oder Versicherungsberater.

Gerade bei den – immer wieder auftretenden – kleineren und mittleren Schäden hat sich dabei in den meisten Unternehmen ein systematisches Schadenmanagement herausgebildet, das meist als gut funktionierend bewertet wird und sehr oft in Zusammenarbeit von unternehmensinternen und unternehmensexternen Stellen abgewickelt wird. Je nach Schadensarten handelt es sich dabei um unterschiedliche Ansprechpartner. Beispiele für zusammenarbeitende Stellen sind

- bei Transportschäden: Wareneingang – Logistikabteilung – Spediteur – Versicherungsmakler – Transportversicherer,
- bei Kfz-Kasko-Schäden: Fuhrparkverwaltung – Versicherungsvermittler – Kfz-Versicherer.

Aber Vorsicht: Es wird häufig übersehen, den internen und externen Aufwand zur Schadenbearbeitung in Wirtschaftlichkeitsanalysen zu berücksichtigen und das – vermeintlich gut funktionierende – Schadenabwicklungssystem selbst oder die Risikobewältigungsmaßnahme (z.B. Versicherungsschutz für Kleinschäden) infrage zu stellen. Dies hängt mit der Scheu zusammen, in funktionierende Systeme einzugreifen, weil meist andere „Baustellen" vorhanden sind, denen die knappen organisatorischen Ressourcen gewidmet werden müssen.

Erschwerend kommt hinzu, dass sich diese Bearbeitungssysteme oft in betrieblichen Randbereichen bewegen, die ohne Fachkenntnis nur schwer beurteilt werden können und bei denen nur dann geeignete Alternativen entwickelt und umgesetzt werden können, wenn entsprechende fachliche Kompetenzen vorhanden sind. Im Ergebnis werden betriebswirtschaftlich fragwürdige Lösungen beibehalten; nicht zuletzt deshalb, weil vorhandene Ressourcen und Systeme dazu neigen, sich selbst zu rechtfertigen.

Damit wird aber auf Optimierungspotenziale verzichtet, die teilweise nicht unerheblich sind. Auch werden bei der Bewertung des Versicherungsschutzes oft gerade diese kleineren und mittleren Schäden als Argumente für das Fortbestehen der Versicherungsverträge verwendet. So wird z.B. immer wieder behauptet, dass eine Schadenquote von 80 % und mehr (Verhältnis Versicherungsleistungen zu Versicherungsbeiträgen) aus Unternehmenssicht gut sei, da somit nur 20 % des Versicherungsbeitrages benötigt werden, um die Versicherungsvorsorge für Großschäden zu finanzieren. Bei Einführung von höheren Selbstbeteiligungen würden dann die Schäden – „die ja ohnehin anfallen" – nicht mehr ersetzt, der Beitragsnachlass (SB-Rabatt) sei aber nicht ausreichend, um die Eigenschäden zu finanzieren.

Diese – auf den ersten Blick – logische Argumentation übersieht bzw. verschleiert aber, dass es u.U. sehr wohl wirtschaftlich sinnvoller sein kann, Maßnahmen zur Risikobegrenzung oder zur Risikoverlagerung zu ergreifen, um zu einer Verbesserung der Schadenssituation und damit der Gesamtkosten (Versicherungskosten, Selbstbeteiligungskosten, Administrationskosten) zu kommen.

Im Zusammenhang mit *Groß- und Katastrophenschäden* stellt sich die Situation anders als bei den kleinen und mittleren Schäden dar. Auch wenn Großschäden versichert sind, können derartige Ereignisse mangels Vorhersehbarkeit nur schwer in die laufende Organisation eingebunden werden. Gerade bei diesen Schäden ist es deshalb wichtig, Schadeneintritte durch Katastrophen- und Notfallpläne sowie durch Schadensszenarien zu antizipieren und die Auswirkungen auf den Betrieb zu analysieren.

Vorbeugende Maßnahmen organisatorischer und vertraglicher Art sind erforderlich, um das Schadenereignis in einem tragfähigen Rahmen zu halten, z.B.

- Vertrag über Notfall-/Backuprechenzentrum als Redundanz für ein ausfallendes eigenes Rechenzentrum,

- Datensicherungskonzepte,

- Notfallteams mit kompetenten und entscheidungsfähigen Personen (interne und externe Spezialisten und Führungskräfte), die im Schadenfall kurzfristig zur Verfügung stehen und auf den Schadenfall vorbereitet sind. Die Zusammensetzung variiert nach Schadenstyp.

Auch und gerade bei Groß- und Katastrophenschäden ist neben der – jeweils themenspezifisch erforderlichen – Fachkompetenz eine Systemkompetenz im Umgang mit schwierigen Situationen erforderlich. Diese sollte in Zusammenarbeit zwischen dem allgemeinen Risikomanagement und dem Versicherungsmanagement geschaffen werden. Der Einsatz von externen Spezialisten kann themenspezifisch erforderlich bzw. nützlich sein. Deshalb sollten bei der unternehmensinternen koordinierenden Stelle Kenntnisse über geeignete externe Spezialisten vorliegen. Es ist aber darauf zu achten, dass keine Abhängigkeiten von externen Spezialisten eintreten, um die unternehmensinterne Entscheidungskompetenz nicht zu gefährden. Empfehlenswert ist in diesem Zusammenhang auch eine regelmäßige Revision des Schadenmanagements durch eine sachverständige, unabhängige Stelle.

3.3.2 Funktionen des Schadenmanagements

Sobald der Schadenfall eingetreten ist, müssen kurzfristig alle Maßnahmen ergriffen werden, um den Schaden so gering wie möglich zu halten. In Abhängigkeit von der Schadenhöhe und den zu erwartenden Auswirkungen können diese Schadenbegrenzungs-, Schadenminderungs- und Schadenbeherrschungsmaßnahmen sehr unterschiedlich ausfallen.

Als Sofortmaßnahme müssen deshalb zunächst die Schadenhöhe und die Auswirkungen des Schadens auf das Unternehmen analysiert werden. Ferner muss eine angemessene Palette von Handlungsmöglichkeiten festgelegt und gestartet werden. Dazu gehören auf jeden Fall

- die Bereitstellung des erforderlichen Know-hows durch interne und externe Stellen,
- die Bereitstellung der erforderlichen Ressourcen für die Schadenminderungsmaßnahmen und die Schadenbewältigungsmaßnahmen und
- die Organisation und Sicherstellung der Kommunikation und Information zwischen allen beteiligten Stellen und auch der Öffentlichkeit.

Auch die *Erfassung und Auswertung von Schadenfällen* ist von hoher Bedeutung. Dies wird oft unterschätzt, sodass häufig festzustellen ist, dass man sich hierbei auf externe Stellen verlässt (z.B. Versicherungsmakler, Versicherungsgesellschaft), um sich „unnötige" Arbeiten und Aufwendungen zu ersparen.

Warum ist dies falsch? Bei gut verlaufenden Versicherungsverträgen erhält der Versicherungskunde die Schadenstatistiken nur auf Anforderung bzw. Drängen. Schadenauswertungen und Schadenstatistiken des Versicherers werden von diesem deshalb meist erst zu einem Zeitpunkt vorgelegt, in dem eine Besorgnis erregende Entwicklung bereits eingetreten ist. Oft dienen diese Schadenstatistiken dann der Rechtfertigung höherer Beitragsforderungen. Eine frühzeitig aktive, schadenmindernde Reaktion ist dann aber nicht mehr möglich.

Qualität und Inhalt der vom Versicherer oder Versicherungsmakler geführten Schadenstatistiken sind sehr unterschiedlich und hängen von Art, Umfang und Aktualität der gesammelten Informationen ab. Diese externen Schadenstatistiken sind vom versicherten Unternehmen kaum beeinflussbar und meist auch nur sehr begrenzt abrufbar. Daten, die zur Verfügung gestellt werden, sind dann aufgrund des Datenformates (Papier, nicht kompatible Software) nicht oder nur sehr schwer auswertbar. Bei näherer Prüfung stellt sich dann oft heraus, dass die Daten teilweise falsch sind.

Entscheidungen zum Wechsel des Versicherers oder Versicherungsmaklers erfolgen oft relativ kurzfristig und – fast immer – in einer Phase der gestörten Zusammenarbeit. Gerade in dieser Zeit stößt man aber regelmäßig auf Widerstand, wenn umfassende Informationen verlangt werden. Bei einer Beendigung der Zusammenarbeit wird dann die Kontinuität der Schadenstatistiken abgeschnitten. Oder – noch schlimmer – der Wechsel unterbleibt, weil man in eine Abhängigkeit geraten ist. Diese, häufig festzustellende Abhängigkeit von Informationen bezieht sich übrigens nicht nur auf den Bereich der Schadenstatistiken, sondern wird von Versicherern und Versicherungsmaklern als aktives Kundenbindungsinstrument eingesetzt.

Die vorstehenden Argumente führen zu einem Plädoyer für Schadenstatistiken und Schadenauswertungen in unternehmensinternen, eigenen Datenbanken. Natürlich kann und sollte man dabei externe Daten nutzen. Primär aber sollten die Informationen nach unternehmenseigenen Kriterien gestaltet und erfasst werden. Im Hinblick auf die Behandlung von Schadensfällen sind z.B. folgende Informationen von Bedeutung:

- Schadentag,
- Schadenort,
- Schadenereignis,
- Schadenursache,
- Schadenverursacher,
- Geschädigtes Objekt,
- Schadenhöhe gesamt (interne und externe Sach- und Personalkosten),
- Folgewirkungen (mittelbare Schäden) und
- Entschädigungsleistung durch Versicherer und Dritte.

Schadenfälle können einen wichtigen Frühwarnindikator zur Vermeidung größerer oder weiterer Schadenfälle darstellen, deshalb sollten auch kleinere Schadenfälle erfasst werden. Durch eine Bagatellgrenze für Kleinschäden sollte aber ein unnötiger und unwirtschaftlicher Bearbeitungs- und Erfassungsaufwand vermieden werden.

Schadenauswertungen dienen auch als Bewertungsfaktor für Risikobewältigungsmaßnahmen, damit folgende Fragen entschieden werden können:

- Welche Risiken sollen versichert werden, welche selbst getragen?
- Welche aktiven Risikobewältigungsmaßnahmen sind zur Schadenverhütung oder Schadenbegrenzung erforderlich, z.B. Brandschutz?

Lässt sich aus bisherigen Schadensfällen und Schadenauswertungen erkennen, dass ein Potenzial zur künftigen Vermeidung oder Begrenzung von Schadenfällen vorhanden ist, sollte dieses proaktiv genutzt werden. Dadurch entsteht ein Regelkreislauf im Sinne eines kontinuierlichen Verbesserungsprozesses, der aktiv in das betriebliche Risikomanagement eingebunden werden kann und zu einer Optimierung der betrieblichen Risikokosten, vielleicht sogar zur Existenzsicherung, beiträgt.

Teil III:

Finanzierung und Versicherung industrieller Risiken

Stefan Richter/Stephan Zilkens*

Formen und Probleme der traditionellen Industrieversicherung im deutschen Markt

1. Entwicklung der Industrieversicherung im deutschen Markt seit 1994
   1.1 Ausgangslage und Konzentrationsprozesse auf Versicherer- und Vermittlerseite
   1.2 Spartenlandschaft: Das Angebot der Versicherer
       1.2.1 Haftpflichtversicherungen
       1.2.2 Sachversicherungen
       1.2.3 Transportversicherungen
       1.2.4 Kraftfahrtflottenversicherungen
       1.2.5 Unfallversicherungen
   1.3 Von Spartenprodukten zu Multiline-Multiyear-Konzepten
   1.4 Zustand des Marktes Ende 2001

2. Funktion und Wahrnehmung der Industrieversicherung in den Unternehmen
   2.1 „Fortune 500" und Risk-Management
   2.2 Kleinere und mittlere Unternehmen als stabile Nachfrager von Versicherungslösungen und Kapitalersatz

3. Welches Angebot kann sich die Versicherungswirtschaft zukünftig noch leisten?
   3.1 Veränderung der Haftungsgrundlagen?
   3.2 Katastrophenrisiken
   3.3 Zukünftige Gefahren aus neuen Produktions- und Verwaltungsabläufen
   3.4 Back to Basics: Nur wer die Grundlagen der Gefahrengemeinschaft ernst nimmt, kann dauerhaft Versicherungsschutz bereitstellen

---

* Stefan Richter ist Geschäftsführer des Schaden- und Unfallbereichs des GDV in Berlin. Dr. Stephan Zilkens leitet bei der Gothaer Allgemeine Versicherung AG, Köln, den Bereich Firmenkunden-Komposit, Sach, Transport, Technische Versicherungen, Betrieb und Schaden.

1. Entwicklung der Industrieversicherung im deutschen Markt seit 1994

Wirtschaftsunternehmen sind vielfältigen Gefahren ausgesetzt, die durch ein aktives Riskmanagement seitens des Unternehmers begrenzt werden können. Zu den Instrumenten der Risikobewältigung von Betrieben gehören auch Versicherungen.

Klassisch wird zwischen zwei grundsätzlich unterschiedlichen Gefahrengruppen unterschieden. Zum einen Risiken, die die Sachsubstanz und die aus ihr resultierenden Erträge des Unternehmens betreffen. Hier hat die Versicherungswirtschaft mit den Sachversicherungen, technischen Versicherungen und Transportversicherungen Instrumente der Bewältigung entwickelt. Zum anderen Haftungsrisiken, denen die Unternehmen durch Ansprüche Dritter ausgesetzt werden und die durch Haftpflichtversicherungen gedeckt werden können.

1.1 Ausgangslage und Konzentrationsprozesse auf Versicherer- und Vermittlerseite

Bis in die frühen 90er Jahre hinein galt es in Versichererkreisen als attraktiv und ehrenvoll, die Produktpalette für große Industrierisiken vorzuhalten. Das Selbstverständnis vieler Marktteilnehmer definierte sich über das Ansehen und die Größe der jeweiligen Kunden. Der Wettbewerb untereinander zielte nicht so sehr darauf ab, durch besondere Konzepte als vielmehr über die Preisseite im Wettbewerb wahrnehmbar zu sein.

Die daraus resultierende Ergebnisentwicklung wird im Folgenden dargestellt. Ferner werden die notwendigen Entwicklungen sowie absehbaren Tendenzen der Branche aufgezeigt.

Der rapide Prämienverfall insbesondere in den Industriesparten seit Mitte der 90er-Jahre und der zunehmende Kapitalbedarf von Dienstleistern haben einen Konzentrationsprozess sowohl auf Rückversicherer- wie auf Vermittlerseite eingeleitet.

Als wenige Beispiele seien genannt: Die Fusion der Kölnischen Rück mit der General Re, das Aufgehen der Bestände der Aachener Rück in GE Frankona, die Fusion von Nordstern, Albingia und Colonia zu AXA sowie das Aufgehen von Jauch & Hübener in AON und Gradmann & Holler in Marsh McLennon. Dieser Prozess kulminierte zum Ende des Jahres 2001, auch bedingt durch die dramatischen Ereignisse des 11. September 2001, in einer deutlichen Verknappung von Kapazitäten für Großrisiken und den Ausschluss der nicht kalkulierbaren Gefahr Terrorismus aus den klassischen Versicherungszusagen. Gleichzeitig markiert das Jahr 2001 einen Wendepunkt in den Beziehungen zwischen Erst- und Rückversicherern. Die Jahrhunderte bestehende Schicksalsgemeinschaft zwischen diesen Partnern ist aufgekündigt und führt zu einer drastischen Beschleunigung der Marktveränderung.

1.2 Spartenlandschaft: Das Angebot der Versicherer

1.2.1 Haftpflichtversicherungen

In Bezug auf die Entwicklung der Beiträge und Schadenaufwendungen kann im Bereich der Allgemeinen Haftpflichtversicherung lediglich eine Darstellung der Marktdaten für die Sparte insgesamt erfolgen. Eine Erfassung des *industriellen* Haftpflichtgeschäftes ist schon aufgrund der im Markt nicht einheitlichen Definition des Industriegeschäftes nicht möglich. Dennoch lohnt sich an dieser Stelle ein kurzer Blick auf die Marktdaten, da sich auch in den Gesamtzahlen ein zunehmender Margendruck widerspiegelt, der auch im großgewerblichen und industriellen Geschäft, und zwar in noch ungleich schärferer Form, wahrzunehmen ist.

Insoweit kann festgehalten werden, dass die Beitragsentwicklung insgesamt außerordentlich moderat verlaufen ist. Nach den Jahrbüchern, die vom GDV herausgegeben werden, hat sich das Beitragsvolumen der gesamten Haftpflichtversicherung von 1994 bis 1999 von 5,17 Mrd. EUR auf 5,89 Mrd. EUR erhöht. Der ausgewiesene Anstieg der Beiträge geht allerdings teilweise darauf zurück, dass von 1994 auf 1995 die Zahl der Verbandsmitglieder gestiegen ist. Für das Jahr 2000 wird eine weitere Beitragssteigerung von rund 1 % auf 5,93 Mrd. EUR erwartet. Diesem außerordentlich geringen Beitragswachstum steht ein stärkeres Wachstum auf der Aufwandsseite gegenüber. Von 1994 bis 1999 ist der Schadenaufwand von 3,91 Mrd. EUR auf 4,88 Mrd. EUR gestiegen. Nach einem leichten Rückgang 2000 wird sich der Schadenaufwand 2001 bedingt durch Großschäden bei 5 Mrd. EUR bewegen.

Für den Bereich der großgewerblichen und industriellen Haftpflichtversicherung ist festzustellen, dass dieser bestenfalls moderaten Beitragsentwicklung eine gerade in der jüngsten Vergangenheit signifikant steigende Schadenbelastung gegenübersteht (Vgl. Abbildung 1). Insbesondere im Bereich der erweiterten Produkthaftpflicht- und Rückrufkostendeckungen sowie der industriellen Planungsversicherungen zeigt sich eine deutliche Zunahme der Vermögensschäden und der Aufwendungen für Spätschäden.

Diese Entwicklung geht zu einem nicht unerheblichen Teil auf die in den letzten Jahren gezeigte Bereitschaft der Versicherer zurück, dem durch den Wettbewerb bedingten Druck auf die Prämien mithilfe von Deckungserweiterungen und maßgeblichen Deckungssummenerhöhungen ohne Vereinbarung eines angemessenen Prämienäquivalents zu begegnen. Auch wurde in vielen Fällen darauf verzichtet, notleidende Verträge zu sanieren bzw. risikoadäquate Selbstbehalte einzuführen, die dem im Industriegeschäft unangemessenen Geldwechselgeschäft zwischen den Vertragsparteien ein Ende gesetzt hätten.

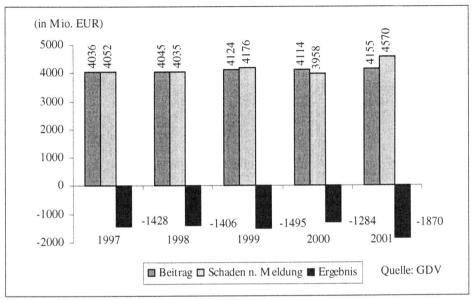

Abbildung 1: Verbuchter Beitrag und Schäden in der Haftpflichtversicherung (ohne Privatkunden)

Angesichts der schlechten versicherungstechnischen Ergebnisse in der industriellen Haftpflichtsparte ist allerdings seit Anfang des Jahres 2000 in zunehmendem Maße festzustellen, dass die Versicherer dazu übergehen, Verträge zu sanieren und in dem Fall, dass Sanierungsforderungen nicht umsetzbar sind, zu kündigen. In diesem Zusammenhang werden auch die Anstrengungen intensiviert, nicht nur schadenbelastete und damit notleidende Verträge im Prämienniveau anzuheben, sondern wieder risikoadäquate Prämiensätze für – wenn auch bislang unauffällig verlaufendes – hoch exponiertes Geschäft zu vereinbaren. Auch im Neugeschäft scheint die Bereitschaft der Versicherer deutlich abzunehmen, Risiken ohne ausreichende Risikoinformationen und im Einzelfall notwendige Besichtigungen durch eigene oder freie Sachverständige zu zeichnen. Selektives Underwriting zu risikoadäquaten Prämiensätzen scheint in zunehmendem Maße das Gebot der Stunde zu sein.

Im Bedingungswettbewerb scheint ebenfalls eine gewisse Beruhigung eingetreten zu sein. Bedingungserweiterungen werden zumindest prämienneutral nicht mehr in dem Umfang zugestanden, wie dies noch in der 2. Hälfte der 90er Jahre zu beobachten war. Andererseits muss allerdings festgehalten werden, dass den modernen industriellen

Haftpflichtversicherungsverträgen bereits außerordentlich weitreichende Bedingungskonzepte zugrunde liegen und somit allenfalls von einer Beruhigung auf einem sehr hohen Niveau gesprochen werden kann.

In diesem Zusammenhang ist insbesondere zu erwähnen, dass die Haftpflichtversicherer – aufbauend auf den Erfahrungen mit dem Kfz-Rückrufkostenmodell – nach Einführung des Produktsicherheitsgesetzes zum 1. August 1997 eine entsprechende Rückrufkostendeckung auch für Produkte außerhalb der Kfz-Industrie entwickelt haben. Neben den bekannten Rückrufkostendeckungen, die sich allerdings auch auf den Eigenrückruf erstrecken können, wurden diverse Deckungserweiterungen in dieses Wording aufgenommen. Im Rahmen dieser Konzepte haben die Haftpflichtversicherer sogar ein bisher nicht versicherbares Vertragserfüllungsinteresse des Versicherungsnehmers in die Deckung mit eingeschlossen, indem der Ausschlusstatbestand des § 4 Abs. 2 Ziff. 5 AHB (Schaden an der hergestellten Sache) durch Sondervereinbarung im Rahmen eines „Sachversicherungsbausteins" abbedungen werden kann. Aufgrund dieser Regelung hat der Versicherer im Fall einer Produkterpressung Ersatz für die vom Versicherungsnehmer hergestellte und nunmehr zurückgerufene Ware einschließlich des entgangenen Gewinns zu leisten. Im Übrigen wurden im Rahmen individueller Erweiterungen auch Versicherungslösungen für finanzielle Leistungen des Versicherungsnehmers zur Abwendung von Produkterpressungen entwickelt.

Auch die neu entwickelten Deckungsmodelle für Unternehmen der Informationstechnologie haben zu einer deutlichen Erweiterung des Versicherungsschutzes geführt. Der Einschluss von Vermögensschäden sowie von Schäden infolge der Verletzung von Persönlichkeits- und sonstigen Schutzrechten und der für die Wiederherstellung von Daten aufgewandten Kosten sind hierbei besonders zu erwähnen.

In diesem Zusammenhang ist im Übrigen auch zu beachten, dass sich Ende der 90er-Jahre im Bereich der Umwelt-Haftpflichtversicherung ein zunehmender Druck auf die Prämien und die Bedingungen entwickelt und sich die Bereitschaft der Versicherer erhöht hat, erneut pauschale Deckungsmöglichkeiten anzubieten. Wesentlicher Hintergrund dieser Entwicklung ist, dass nach der Umstellung der alten WHG-Deckungen, die exorbitante Schadenbelastungen mit sich brachten, bei den neuen Deckungskonzepten ein deutlich geringerer Schadenaufwand zu verzeichnen ist.

Zusammenfassend ist festzuhalten, dass angesichts des niedrigen Prämienniveaus und des kontinuierlichen Anstiegs der Schadenaufwendungen sowie insbesondere auch der Zahlungsquote (Zahlungen im Verhältnis zum verbuchten Beitrag) der Ertragsdruck in der Haftpflichtsparte sehr hoch bleiben wird. Angesichts der Bedingungs- und Deckungssummeninflation der letzten Jahre wird mit einem zunehmenden Sanierungsbedarf in den nächsten Jahren zu rechnen sein.

1.2.2 Sachversicherungen

Die Ergebnisse der industriellen Sachversicherung seit 1994 haben sich dramatisch verschlechtert. Eine drastische Reduzierung des Beitragsniveaus unterhalb des notwendigen Schadensockels hat dazu geführt, dass der Gesamtmarkt drastische Verluste macht. Der Markt war bis dato geprägt von einer massiven Ausweitung der Bedingungen, Integration sachfremder Deckungsinhalte sowie einem rapiden Preisverfall. Diese Entwicklung wurde im Laufe des Jahres 2001 durch eine nachhaltige Sanierung auch schadenfreier Verträge gestoppt.

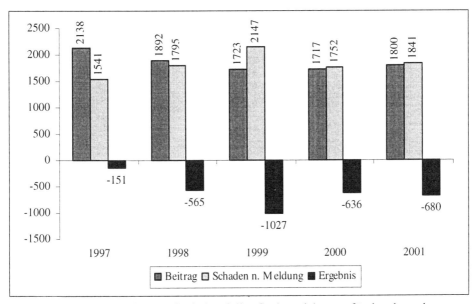

Abbildung 2: Kennzahlen aus der industriellen Sachversicherung für den deutschen Markt von 1997 bis 2001 (in Mio. EUR)

Auch die technischen Versicherungen zeichnen sich – wenn auch versicherungstechnisch auf etwas besserem Niveau – durch eine äußerst angespannte Ergebnissituation aus. Diese ist zu einem Teil bedingt durch Deckungen aus dem Bereich der Energiewirtschaft, in der die Assekuranz in den letzten 10 Jahren keinerlei Gewinne erwirtschaften konnte.

Als problematisch erweisen sich insbesondere kurzfristige Policen aus den Bereichen Bauleistung, Montage und Garantie, die wesentlich zur Entwicklungsfinanzierung der Kunden herangezogen werden. Hier wird ein Teil des Entwicklungsrisikos der Industrie auf die Versicherungswirtschaft verlagert.

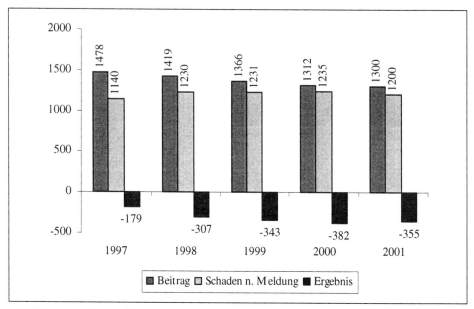

Abbildung 3: Kennzahlen aus den technischen Versicherungen für den deutschen Markt von 1997 bis 2001 (in Mio. EUR)

1.2.3 Transportversicherungen

Auch in der Transportversicherung, die lange als die Königssparte unter den Risikoträgern angesehen wurde, verbuchen die Versicherungsunternehmen mit ihren Geschäften seit Jahren negative Deckungsbeiträge mit nur geringer Aussicht auf Wandlung.

Zum negativen Deckungsbeitrag trägt neben den klassischen Sparten Ware und Kasko insbesondere die Verkehrshaftungsversicherung bei. Ungenügende Beiträge, nicht ausreichende Selbstbehalte und die mangelnde Bereitschaft einiger Versicherungsnehmer, schadenverhütende Maßnahmen, insbesondere in der Verpackung vorzunehmen, sind die primären Ursachen dieser Entwicklung.

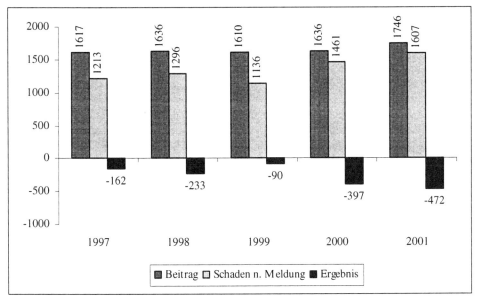

Abbildung 4: Kennzahlen aus der Transportversicherung für den deutschen Markt von 1997 bis 2001 (in Mio. EUR)

1.2.4 Kraftfahrtflottenversicherungen

Für das Kraftfahrzeuggeschäft stellte die im Jahre 1994 erfolgte Deregulierung des Marktes eine entscheidende Zäsur dar. Auch wenn das industrielle Kraftfahrtgeschäft statistisch nicht separat erfasst wird und daher dessen versicherungstechnischer Verlauf auch nicht im Einzelnen dargestellt werden kann, muss aber davon ausgegangen werden, dass das Flottengeschäft zu der sich seit der Deregulierung deutlich verschlechternden Entwicklung nicht unerheblich beigetragen hat.

Die Beitragseinnahmen des gesamten Kraftfahrtgeschäftes sanken in der Zeit von 1995 bis 1999 von 22,55 Mrd. EUR auf nur noch 19,79 Mrd. EUR. Im gleichen Zeitraum stieg die Schadenquote in der Kraftfahrt-Haftpflicht von 96,7 % auf 115,8 % an. Auch die in 1995 noch annehmbaren Schadenquoten in den Bereichen Vollkasko und Teilkasko (75,6 % bzw. 68,7 %) erhöhten sich bis Ende 1999 insbesondere im Vollkaskogeschäft deutlich (94,9 % bzw. 72,3 %).

Zum Verständnis dieser außerordentlich negativen Entwicklung im Kraftfahrtgeschäft muss man sich vergegenwärtigen, welchen gravierenden Einschnitt die Deregulierung des Marktes im Jahre 1994 insbesondere auch für den Bereich des Flottengeschäftes bedeutete.

Die Situation bis zur Deregulierung war im Flottengeschäft dadurch gekennzeichnet, dass es nur einen vom Bundesaufsichtsamt für das Versicherungswesen genehmigten Kraftfahrt-Haftpflicht-Tarif sowie „vorlagepflichtige" Kaskotarife gab. Damit war das Flottengeschäft in seinen heutigen Ausprägungen seinerzeit überhaupt noch nicht darstellbar. In der damaligen „Tarifbestimmung 15" wurde eine Fahrzeugflotte als Verbund von 30 und mehr Fahrzeugen für einen Versicherungsnehmer definiert. Für diesen Verbund war ein tariflich vorgesehener Flottennachlass erlaubt, d.h. auf den für die Fahrzeuge nach den Tarifbestimmungen im allgemeinen Unternehmenstarif individuell berechneten Beitrag durften 2 % bis 7 % „Flottennachlass" eingeräumt werden. Ein Preiswettbewerb fand daher im Wesentlichen nur über den Unternehmenstarif, der entsprechend einer Tarifverordnung zu berechnen war, oder einer gesetzlichen – bei Versicherungsvereinen auf Gegenseitigkeit teilweise auch satzungsgemäßen – Beitragsrückerstattung statt.

Mit dem Wegfall der verbindlichen Vorschriften zur Kalkulation und zum Bedingungswerk durch die Deregulierung im Jahr 1994 änderte sich diese Situation grundlegend. Die einzelnen Wettbewerber stellten unternehmenseigene Flottendefinitionen auf, die teilweise bereits ab fünf Fahrzeugen die Einführung von „Flottenmodellen" mit besonderen Beitragsberechnungen durch abgewandelte Schadenfreiheitsrabatt-Einstufungen vorsahen. Auch gewann der konkrete Vorschadenverlauf der jeweiligen Flotte zunehmende Bedeutung als ein Instrument der Beitragsfindung. In der Praxis sollte sich allerdings sehr schnell herausstellen, dass die Vorschadenverläufe in zahlreichen Einzelfällen eine untaugliche Kalkulationsgrundlage darstellten. Häufig war die Stückzahl der zu einer Flotte gehörenden vergleichbaren Fahrzeuge zu gering, um den Schadenverlauf der Vergangenheit als eine aussagekräftige Kalkulationsgrundlage für die Zukunft nehmen zu können. Auch wurden in einer großen Anzahl von Kundenverbindungen Fahrzeuge erstmalig in Flottenkonzepten zusammengefasst und über eine längere Zeitachse sukzessive bei dem künftigen Versicherer eingedeckt. Bereits diese sich über einen längeren Zeitraum erstreckende Eindeckung einer Flotte entzog der angestellten Kalkulation vielfach die Grundlage.

Weitere nicht kalkulierbare Unsicherheiten waren damit verbunden, dass mit dem Aufkommen der Flottenkonzepte regelmäßig Deckungserweiterungen im Kaskobereich (Verlust von Handy; verbesserte Neuwertklauseln) sowie Selbstbehalts- und Schadenrückkaufmodelle verbunden waren.

Neben optimierten Wordings und festen Beitragssätzen sowie Festbeiträgen je Fahrzeugart oder –wertgruppe wurden im Flottenbereich schließlich vereinfachte, nicht mehr individuell je Fahrzeug kalkulierte Beitragsberechnungsmodelle, wie Pauschalbeiträge für eine ganze Flotte, Stichtagsabrechnungen und ähnliche Modelle marktüblich.

Diese Entwicklung führte vor dem Hintergrund eines sich zunehmend verschärfenden Preis- und Bedingungswettbewerbs im Bereich der Fahrzeugflotten zu massiven versicherungstechnischen Verlusten. Bereits Anfang des Jahres 1999 sahen sich daher erste Versicherer gezwungen, umfangreiche Flottensanierungen einzuleiten. Insbesondere in den Jahren 1999 und 2000 bedeutete die Einleitung von Sanierungen regelmäßig die Kündigung der Einzelverbindung, da die notwendigen Prämienanpassungen im Markt noch nicht durchsetzbar waren.

Mittlerweile scheint sich der Preis- und Bedingungswettbewerb deutlich abgeflacht zu haben, sodass die Annahme gerechtfertigt erscheint, dass die Versicherer durch weitere stringente Sanierungen in drei bis vier Jahren das industrielle Kraftfahrtgeschäft wieder stabilisiert haben könnten.

1.2.5 Unfallversicherungen

In den Jahren 1994 bis 2000 konnte der Bereich der Gruppen-Unfallversicherung auf der Beitragsseite eine grundsätzlich positive Entwicklung verzeichnen. Die Beitragseinnahmen wuchsen von 345,43 Mio. EUR im Jahr 1994 auf 365,11 Mio. EUR im Jahre 2000. Nicht zu übersehen ist andererseits aber auch der kontinuierliche Rückgang der Steigerungsraten in diesem Zeitraum von 3,3 % auf -0,6 % im Jahr 2000. Einen erheblichen Beitragsrückgang hatten die Versicherer bereits im Jahre 1998 zu verzeichnen, als die Beitragseinnahmen um 3,4 % einbrachen. Das Jahr 1999 brachte dann nochmals eine außergewöhnliche Beitragssteigerung in Höhe von 4,5 %. Dieser Trend hat sich aber im Jahr 2000 nicht fortgesetzt.

Der Schadenaufwand ist von 254,88 Mio. EUR im Jahre 1994 (Schadenquote einschließlich Schadenregulierungsaufwendungen: 73,8 %) auf 294,66 Mio. EUR in 2000 (Schadenquote einschließlich Schadenregulierungsaufwendungen 80,7 %) beständig angestiegen. Die Steigerungsraten sind zwar in diesem Zeitraum uneinheitlich, lassen aber keinen Ansatz für eine Trendwende erkennen. Außerdem kann in dieser Sparte ein anhaltender Preiswettbewerb bei weiterhin steigendem Summenniveau betreffend die versicherten Leistungen festgestellt werden.

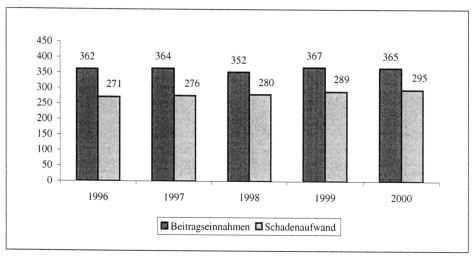

Abbildung 5: Entwicklung von Beitragseinnahmen und Schadenaufwand in der Gruppen-Unfallversicherung von 1996 bis 2000 (in Mio. EUR)

1.3 Von Spartenprodukten zu Multiline-Multiyear-Konzepten

Seit Mitte der 90er-Jahre versucht die Versicherungswirtschaft, der Situation des Verdrängungswettbewerbes durch die Entwicklung neuer Produkte entgegenzuwirken, hier tatkräftig unterstützt von der Maklerschaft, die diese Produkte ebenso zur Differenzierung von ihren Wettbewerbern benötigt. Bisher haben nur wenige Konzepte im Markt Erträge erwirtschaftet. Problematisch sind insbesondere solche Konstrukte, in denen Geschäft mit langfristigen Schadensituationen mit kurzlaufendem Geschäft kombiniert wird, d.h. wenn Haftpflicht- und Sachversicherungen in einer Police zusammengefasst werden. Versicherungstechnisch kann die Situation noch dadurch verschärft werden, dass auch Kraftfahrtrisiken in diese Konzepte integriert werden. Alle diese Konzepte dienen derzeit zur Absicherung der Kostenkalkulation des Versicherungsnehmers. Da die Versicherungswirtschaft großzügig auf die Verwendung klassischer, versicherungstechnischer Korrekturmittel, wie z.B. der Kündigungsmöglichkeit im Schadenfall, verzichtet hat, ist die Entwicklung dieses Bereiches vorgezeichnet. Es ist nur schwer vorstellbar, dass durch nicht ausreichend kalkulierte Risikobeiträge kombiniert mit Verwaltungskostenvorteilen, die, bevor sie wirksam werden, an den Kunden weitergegeben werden, versicherungstechnisch die notwendigen Gewinne generiert werden können.

1.4 Zustand des Marktes Ende 2001

Die deutsche Industrieversicherung ist bis zum Ende des Jahres 2001 den Nachweis schuldig geblieben, dass sie als Markt in der Lage ist, wirtschaftlich zu arbeiten. In allen Sparten werden über lange Zeiträume entweder Verluste geschrieben oder manchmal wird der break even point gerade überschritten. Diese Situation ist bei der hohen Kapitalbindung in der Industrieversicherung unbefriedigend. Daher haben fast alle Versicherer, die auf dem deutschen Markt tätig sind, Sanierungsmaßnahmen zur Verbesserung ihrer Bestandsstruktur und zu Preiserhöhungen eingeleitet.

2. Funktion und Wahrnehmung der Industrieversicherung in den Unternehmen

2.1 „Fortune 500" und Risk-Management

Der Bedarf der Risikoabdeckung in den Unternehmen entwickelt sich deutlich unterschiedlich. Internationale Großkonzerne, die ein weltweit organisiertes Risk-Management aufgesetzt haben, sehen in der Versicherung nur einen kleinen Teil der Risikoabsicherung, die für sie notwendig ist. Die Kapitalausstattung sowie die versicherungstechnische Verteilung der Risiken in diesen Unternehmen weist der Versicherungswirtschaft die Rolle eines billigen Kapitalersatzbeschaffers zu. Die Margen in diesem Bereich sowie die Volatilität des hier zu zeichnenden Geschäfts stehen in einem unter Ertragsgesichtspunkten extrem problematischen Verhältnis. Viele Gesellschaften, allen voran die Marktführer Allianz und AXA, sind dazu übergegangen, für den Kundenkreis international operierender Weltunternehmen eigene Einheiten oder eigene Gesellschaften zu bilden, die dieses Geschäft unter einem besonderen Focus betrachten.

2.2 Kleinere und mittlere Unternehmen als stabile Nachfrager von Versicherungslösungen und Kapitalersatz

Im Gegensatz zu den Großunternehmen benötigt der weniger stark kapitalisierte Mittelstand das Produkt Versicherung als Kapitalersatz. In diesem Segment wird nachhaltig eine Nachfragesituation bestehen bleiben. Die Versicherungswirtschaft wird hier ihre Rolle als unterstützendes Element zur Finanzierung der Unternehmensrisiken weiterhin wahrnehmen und insofern die ihr zugewiesene volkswirtschaftliche Rolle übernehmen.

3. Welches Angebot kann sich die Versicherungswirtschaft zukünftig noch leisten?

Für Versicherungsunternehmen gelten grundsätzlich die gleichen Regeln wie für jede andere Geschäftsidee. Auf Dauer muss für das eingesetzte Kapital eine ausreichende Verzinsung sichergestellt werden. Diese Sichtweise galt insbesondere bei den Nachfragern von Versicherungsschutz bereits im Ansatz als unpopulär. Durch die Zunahme der Komplexität einzelner Risiken sowie die Zunahme der Gefahrenpotenziale im Firmenkunden- und Industriebereich muss sich jedes einzelne Versicherungsunternehmen die Frage stellen, mit welchem Kapitaleinsatz und welcher Verzinsungserwartung letztendlich dieses Geschäft betrieben werden soll.

3.1 Veränderung der Haftungsgrundlagen?

Die seit Jahren zu beobachtende und sich voraussichtlich auch künftig fortsetzende kontinuierliche Verschärfung des Haftungsrechts stellt eine besondere Herausforderung für die Haftpflichtversicherer und ihre Industriekunden dar. Auch wenn man noch nicht der Ansicht, wonach wir vor einer „Amerikanisierung" des deutschen bzw. europäischen Haftungsrechtes stehen, das Wort reden will, so ist doch festzuhalten, dass die derzeit vorhersehbare Rechtsentwicklung dem Verbraucherschutz einen immer höheren und möglicherweise bald nicht mehr zu finanzierenden Stellenwert einräumt. Bereits das vergangene Jahrzehnt war durch eine Vielzahl von Gesetzesänderungen gekennzeichnet, die die Haftungssituation für die Industriekunden und damit auch für die Haftpflichtversicherer nachhaltig verschärft haben.

Zu erwähnen ist hier insbesondere das Produkthaftungsgesetz, dass auf der Basis einer Richtlinie der europäischen Gemeinschaft in der Bundesrepublik Deutschland am 1. Januar 1990 in Kraft getreten ist. Zusätzlich zu der fortbestehenden Produkthaftung nach dem Bürgerlichen Gesetzbuch wurde mit diesem Gesetz eine verschuldensunabhängige Haftung für durch fehlerhaft hergestellte Produkte verursachte Personen- und Sachschäden statuiert. Neben der summenmäßig unbeschränkten Haftung nach dem Bürgerlichen Gesetzbuch wurde ein Haftungshöchstbetrag von 81,81 Mio. EUR für Personenschäden eingeführt. Für Sachschäden besteht auch nach dem Produkthaftungsgesetz eine unbeschränkte Haftung.

Eine weitere Verschärfung der Haftungssituation hat sich mit der Einführung des Produktsicherheitsgesetzes am 1. August 1997 ergeben. Nach diesem Gesetz sind Behörden ermächtigt, bei Produkten für den Endverbraucher, die nicht den an ein sicheres Produkt gemäß § 6 Absatz 1 Produktsicherheitsgesetz zu stellenden Anforderungen entsprechen, den Rückruf zu veranlassen, sofern dies zur Vermeidung von Personenschäden erforderlich ist. Mit dieser Regelung ist – abgesehen von dem bereits bestehenden Arzneimittelgesetz – für die Industrie erstmals eine Warn- und Rückrufverpflichtung im Interesse des Verbraucherschutzes eingeführt worden.

Bereits die Einführung des Umwelthaftungsgesetzes zum 1. Januar 1991 hatte den Haftpflichtversicherungsmarkt sowie die betroffenen Industrieunternehmen vor eine große Herausforderung gestellt. Mit dieser Gesetzesänderung wurde zu Lasten der Inhaber von umweltrelevanten Anlagen eine Gefährdungshaftung in Verbindung mit einer Ursachenvermutung eingeführt. Außerdem wurde eine Haftungshöchstgrenze von 81,81 Mio. EUR jeweils für Personen- und Sachschäden im Gesetz verankert. Im Übrigen gelten die klassischen Haftungsnormen des Bürgerlichen Gesetzesbuches und z.B. des Wasserhaushaltsgesetzes weiterhin neben dem Umwelthaftungsgesetz.

Nach dem derzeitigen Stand der Diskussionen sowohl auf der europäischen als auch der nationalen Ebene sind weitere Verschärfungen im Haftungsrecht absehbar. Hier sind insbesondere folgende Gesetzesvorhaben zu erwähnen.

Seitens der EU wurden in einem sogenannten Grünbuch über die zivilrechtliche Haftung für fehlerhafte Produkte zahlreiche Themen aufgeführt, die man im Interesse des Verbraucherschutzes überarbeiten möchte. Hierzu gehören zum Beispiel Beweislasterleichterungen für die Geschädigten, die Einführung einer Haftung für Entwicklungsrisiken, der Wegfall von Haftungshöchstsummen und damit die Einführung einer unbegrenzten Haftung, die Verlängerung der Verjährungs- und Ausschlussfristen und eine Ausweitung der Haftung auf immaterielle Schäden. Auch wenn die Umsetzung dieses Grünbuches in konkrete Richtlinien bzw. Gesetzesvorhaben noch nicht absehbar ist, so wird anhand dieses Themenkatalogs doch bereits deutlich dokumentiert, in welche Richtung sich das Haftungsrecht weiter entwickeln wird.

Mittlerweile ist ein Gesetzesentwurf der Bundesregierung zur Änderung schadenersatzrechtlicher Vorschriften (sog. Schadenersatznovelle) verabschiedet, der u.a. die Einführung eines generellen Anspruchs auf Schmerzensgeld vorsieht. Damit wäre der Anspruch auf Schmerzensgeld nicht mehr auf den Bereich der Delikthaftung mit der anspruchsbegründenden Voraussetzung eines Verschuldens des Schädigers beschränkt, sondern im gesamten Haftungsrecht (Gefährdungs- und Vertragshaftung) gegeben. Auch hier werden auf die Versicherer weitere Belastungen zukommen.

Im Bereich der Arzneimittelhaftung bringt die in Rede stehende Schadenersatznovelle schließlich erhebliche Verschärfungen für die pharmazeutischen Unternehmen mit sich. Neben einer Beweislastumkehr für den Fehlerbereichsnachweis (es wird vermutet, dass die Ursache für die schädigende Wirkung des Medikaments aus der Risikosphäre des Unternehmens stammt) wird eine Kausalitätsvermutung eingeführt, wenn das Arzneimittel nach den Gegebenheiten des Einzelfalls geeignet ist, den eingetretenen Schaden zu verursachen. Das in Anspruch genommene pharmazeutische Unternehmen muss diese Vermutung dann widerlegen. Das Bild einer sich immer mehr verschärfenden Haftungssituation wird schließlich durch die Einführung eines einseitigen Auskunftsanspruchs des Geschädigten gegen das pharmazeutische Unternehmen noch komplettiert.

Im Gegensatz zur skizzierten Schadenersatznovelle ist das Gesetz zur Modernisierung des Schuldrechts bereits zum 1. Januar 2002 in Kraft getreten. Unabhängig von der Bedeutung der mit diesem Gesetzesvorhaben verbundenen zahlreichen Gesetzesänderungen sind an dieser Stelle insbesondere zwei Neuerungen zu erwähnen.

Im Verjährungsrecht ist eine regelmäßige Verjährungsfrist von drei Jahren eingeführt worden, die allerdings nicht schon mit der Entstehung des Anspruchs, sondern erst mit Kenntnis des Gläubigers von den anspruchsbegründenden Tatsachen ins Laufen gesetzt wird. Der Kenntnis steht grob fahrlässige Unkenntnis gleich. Für kauf- und werkvertragliche Mängelansprüche gilt im Rahmen eines Ausnahmetatbestandes eine Verjährungsfrist von zwei Jahren, die mit der Lieferung der Sache bzw. der Abnahme des Werkes beginnt. Damit ist die bisher kurze Verjährungsfrist von 6 Monaten im Gewährleistungsrecht deutlich verlängert. Die Bedeutung dieser Regelung wird noch dadurch verschärft, dass die Verjährung während laufender Verhandlungen zwischen Gläubiger und Schuldner gehemmt ist.

Angesichts dieser Verlängerung der Verjährungsfristen müssen die Haftpflichtversicherer mit einer deutlichen Steigerung der Schadenaufwendungen rechnen, da im Bereich der Produkt-Haftpflichtversicherung im Fall der gewerblichen Weiterverarbeitung vertragliche Ansprüche wegen Prüf-, Sortier- und Austauschkosten, die durch die Lieferung eines mangelhaften Produktes verursacht werden, mitversichert sind.

Die zweite hier zu erwähnende wesentliche Änderung ist die Einführung einer einheitlichen Grundnorm für Schadenersatzansprüche wegen Pflichtverletzungen aus einem Schuldverhältnis (§ 280 BGB). Im Rahmen dieser Norm ist es wiederum durch eine generelle, zu Lasten des Verkäufers oder Werkunternehmers wirkende Beweislastumkehr zu einer wesentlichen Haftungsverschärfung gekommen. Unabhängig von etwaigen Gefahren- und Risikosphären hat der Unternehmer nachzuweisen, dass er die Pflichtverletzung nicht zu vertreten hat.

Auch wenn die Entwicklung des Haftungsrechts hier nur in Umrissen skizziert werden kann, so machen die vorstehenden Beispiele doch hinreichend deutlich, dass sich die Möglichkeit einer erfolgreichen Geltendmachung von Schadenersatzansprüchen zu Lasten der Unternehmen kontinuierlich erhöht hat und weiterhin verbessern wird. In Verbindung mit einer sich immer stärker ausprägenden Anspruchsmentalität, den allgemeinen Teuerungseinflüssen und der Bereitschaft der Gerichte, insbesondere bei schweren Personenschäden signifikant höhere Schmerzensgeldbeträge festzusetzen, müssen die Haftpflichtversicherer mit einer verstärkt wachsenden Schadenlast rechnen. Prämienerhöhungen, höhere Selbstbeteiligungen und konsequente Sanierungen sind daher in den nächsten Jahren zwingend geboten.

3.2 Katastrophenrisiken

Die Liste der zehn größten versicherten Schäden des letzten Jahrzehntes zeigt deutlich, dass Naturgefahren wie Stürme und Erdbeben zu den herausragenden Katastrophenszenarien gehören. Die Man-made-Catastrophy des 11. Septembers 2001 übertrifft diese Schäden noch bei weitem. Zur Deckung solcher Risiken ist die Existenz gesunder Versicherungsunternehmen und profitabler Finanzierungsstrukturen unabdingbare Voraussetzung. Risiken, die von Terroristen ausgehen, entziehen sich allerdings jeder Möglichkeit der Kalkulation und werden daher zukünftig, wenn überhaupt, nur in einem sehr geringen Maße versicherbar sein. So bietet der deutsche Markt seit dem 1.9.2002 die Versicherung von Schäden durch Terrorismus durch eine eigens hierfür gegründete Gesellschaft, die „Extremus AG", an. Diese Gesellschaft deckt maximal 1,5 Mrd. EUR pro versichertem Unternehmen.

3.3 Zukünftige Gefahren aus neuen Produktions- und Verwaltungsabläufen

Die zunehmende Kommunikationsvernetzung der Welt und damit auch der Unternehmen revolutioniert und verändert Produktions- und Verwaltungsabläufe. Diese sind einer wesentlichen Gefahr ausgesetzt, nämlich dem Angriff durch Dritte, die innerhalb kürzester Zeit, d.h. in weniger als 24 Stunden, weltweit ganze Industriezweige durch das Einschleusen von Viren lahm legen können. Aus Sicht des Versicherers entsteht hier eine Kumulsituation, die nicht zu kontrollieren ist. Bei aller Notwendigkeit, Innovation und Investition zu begleiten, ist die Versicherungswirtschaft darauf angewiesen, dass die von ihr zu übernehmenden Risiken kalkulierbar und das bedeutet überschaubar bleiben.

3.4 Back to Basics: Nur wer die Grundlagen der Gefahrengemeinschaft ernst nimmt, kann dauerhaft Versicherungsschutz bereitstellen

Die deutsche Versicherungswirtschaft stellt sich auf die geschilderten Veränderungen im Bereich der Industriekunden und hier insbesondere im Bereich der Sachversicherungen ein. Derzeit wird ein neues Tarifsystem entwickelt, das sich ausrichtet an Unternehmen mit Versicherungssummen bis zu 50 Mio. EUR. In diesem Bereich werden die notwendigen statistischen Informationen gesammelt und ausgewertet, sodass nach den Grundlagen mathematischer Verfahren zukünftig eine stabile und an den Marktgegebenheiten orientierte Preisfindung für die Versicherungswirtschaft möglich ist. Die Versicherungsunternehmen werden dazu übergehen, einzelnen Produktbereichen eine Kapitalausstattung zuzuweisen, die sich dann entsprechend der Erwartungen der Kapitalgeber zu verzinsen hat. Diese Methode des Risk adjusted capital allocated Underwriting wird zu einer deutlichen Veränderung in den mentalen Auffassungen der Teilnehmer an diesem Kapitalersatz schaffenden Prozess führen.

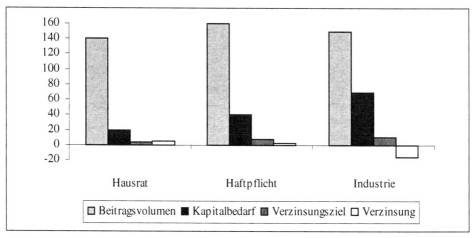

Abbildung 6: Kapitalbedarf verschiedener Versicherungszweige (schematische Darstellung)

Der Kapitalbedarf einzelner Risikogruppen und Klassen ist deutlich unterschiedlich und verlangt dementsprechend eine versicherungstechnisch saubere Kalkulation einzelner Risiken. Die Versicherungswirtschaft wird entgegen dem Bankensektor nicht in der Lage sein, ein der Zinsstruktur vergleichbares Konstrukt zu entwickeln, was dem Kunden die Refinanzierungskosten vor Augen führt, sondern dauerhaft darauf angewiesen sein, mit sauberen mathematischen Methoden unter Beachtung der notwendigen Kapitalkosten für ausreichende Beiträge im Firmenkunden- und Industriekundenbereich zu sorgen.

Da der Kapitalbedarf für Gewerbe- und Industrierisiken deutlich höher ist als für Risiken von Privatkunden und zusätzlich noch die Volatilität der Ergebnisse im Firmenkundensegment ins Gewicht fällt, ist nachhaltig nur dann von einem weiteren Angebot der Versicherer auszugehen, wenn die Kunden bereit sind, den sich aus der Gefahrengemeinschaft ergebenden Prämiensatz zuzüglich des sich aus der Verzinsung des eingesetzten Kapitals resultierenden Betrags zu bezahlen.

Achim Hertel*

Kompakte Versicherungslösungen für die mittelständische Industrie

1. Risikosituation mittelständischer Unternehmen
   1.1 Der Zielkonflikt zwischen Gewinn und Sicherheit
   1.2 Analyse der Risikosituation
   1.3 Problemfelder traditioneller Versicherungslösungen

2. Die kompakte Firmenversicherung

3. Entscheidungsfindung für den mittelständischen Unternehmer

4. Fazit

---

* Dr. Achim Hertel ist Mitglied des Vorstands des Verbands öffentlicher Versicherer, Düsseldorf.

1. Risikosituation mittelständischer Unternehmen

1.1 Der Zielkonflikt zwischen Gewinn und Sicherheit

Ein weitreichendes Problem mittelständischer Unternehmen ist die Optimierung der konvergierenden Ziele „Sicherheit" und „Gewinn". Unter Sicherheit wird dabei der Schutz vor den finanziellen Konsequenzen schlagend gewordener Risiken durch präventive Maßnahmen verstanden. Einerseits erfordert die Einhaltung eines bestimmten Sicherheitsgrades Aufwendungen, die den Gewinn schmälern. Andererseits führt die Akzeptanz eines geringeren Grades an Sicherheit zunächst zu weniger hohen Aufwendungen. Problematisch ist jedoch, dass nun Schäden auftreten können, für die aufgrund des niedrigeren Sicherheitsgrades keine entsprechende Vorsorge getroffen wurde. Diese Schäden ziehen dann Aufwendungen nach sich, die wiederum den Gewinn mindern. Die Unternehmen stehen daher vor einem Optimierungsproblem. So ist der Grad an Sicherheit einzustellen, bei dem der Nutzen des Sicherheitsstandards die Risikokosten, bestehend aus Kosten für Risikoeintritte und Sicherungsmaßnahmen, übersteigt.

Abbildung 1: Optimierung des Sicherheitsstandards

Der Nutzen des Sicherheitsstandards ist nicht alleine objektiv zu bestimmen, sondern hängt stark von subjektiven Kriterien ab. Ein risikoaverser Unternehmer wird eine andere Sicherheitsphilosophie verfolgen als ein risikofreudiger Unternehmer.

Die Risikokosten können in Fixkosten und variable Kosten unterschieden werden. Während Fixkosten unabhängig von Schadenereignissen anfallen, treten variable Risikokosten nur in Schadenfällen auf. Zu den fixen Risikokosten gehören die Versicherungsprämie, die Schadenverhütungskosten und die Verwaltungskosten für Versicherungsverträge. Die variablen Kosten umfassen die Kosten für eingetretene, nicht versicherte Schäden (einschließlich Kosten aufgrund einer vereinbarten Selbstbeteiligung) und die Kosten für angefallene, nicht versicherbare Schäden.

Während der risikoaverse Unternehmer höhere Fixkosten durch verstärkte Schadenverhütungsmaßnahmen und umfangreichere Versicherungen gegenüber dem risikofreudigen Unternehmer hat, sind der Erwartungswert und die Streuung der variablen Kosten beim risikoscheuen Unternehmer niedriger. Zwar ist der Erwartungswert für die gesamten Risikokosten beim risikofreudigen Unternehmer geringer als beim risikoaversen Unternehmer, jedoch ist die Standardabweichung über alle Kosten und damit die Breite der möglichen Streuung beim risikofreudigen Unternehmer größer. Der Risikoaverse kann somit sein Budget präziser planen.

Der Nutzen des Sicherheitsstandards kann letztlich nur von dem Entscheidungsträger selbst bestimmt werden. Insofern gibt es auch keine optimale Risikobewältigungsstrategie und damit auch keine beste Verteilung der Elemente der Risikokosten. Daher müssen die Risikobewältigungskonzepte einschließlich der Versicherungsprodukte flexibel sein, um den unterschiedlichen Risikoeinstellungen des Unternehmers gerecht zu werden.

1.2 Analyse der Risikosituation

Zur einfachen Darstellung der im Rahmen einer systematischen Risikoanalyse vorgefundenen Risikosituation eines Unternehmens werden Risikoprofile eingesetzt. Dabei kann das Schadenpotenzial der Risiken eines Unternehmens entweder über die Gefahren entsprechend den Versicherungssparten oder über die Schadenereignisse abgebildet werden (Vgl. Abbildung 2).

Für die Verwendung eines Risikoprofils nach den Gefahren entsprechend den Versicherungssparten sprechen

- die einfachere Schätzung von Schadenpotenzialen,
- die einfache Übertragung der Erkenntnisse auf einzelspartliche Versicherungslösungen sowie
- das bessere Erkennen nicht notwendiger Policen.

Demgegenüber liegen die Vorteile der Aufstellung von Risikoprofilen nach den Schadenereignissen

- im verständlichen Aufbau für den Unternehmer, der in Ereignissen denkt,
- in der Gesamtdarstellung eines Schadenpotenzials pro Ereignis und
- in der Möglichkeit einer besseren Prüfung auf Vollständigkeit der zu beleuchtenden Risiken, weil die Unternehmensleitung besser die Lückenlosigkeit der Ereignisse als die Vollständigkeit der Versicherungen beurteilen kann.

Für die Erstellung der Risikoprofile aus Sicht des Unternehmers ist die zweite Alternative vorteilhafter, weil der Unternehmer hier die Gesamtsituation eines Schadenereignisses besser überblicken kann.

Kompakte Versicherungslösungen für die mittelständische Industrie

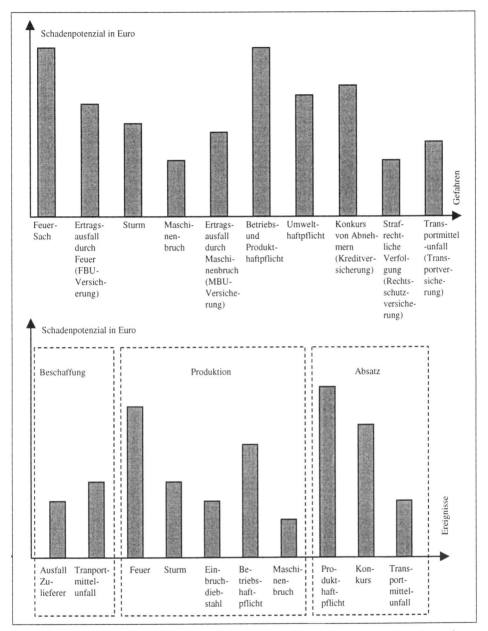

Abbildung 2: Risikoprofil eines Unternehmens nach Gefahren und nach Schadenereignissen

1.3 Problemfelder traditioneller Versicherungslösungen

Die gängigen Versicherungskonzepte sind *spartenbezogen* und nicht *ereignisorientiert* aufgebaut. Dadurch ergeben sich für den Versicherungskunden eine Reihe von Nachteilen. Zur Verdeutlichung der Nachteile dient folgendes Schadenbeispiel:

Durch einen Kurzschluss an einem von einem Mitarbeiter in den Betrieb eingebrachten Kühlschrank entsteht ein Brand, der auf die Produktionshalle übergreift. Der Brand kann sich ungehindert ausbreiten, weil die Brandschutztüren aufgrund von mit Lagerwaren zugestellten Durchgangswegen nicht schließen können. Bei dem Brand werden durch einstürzende Teile des Daches Maschinen von einem Kunden der Firma zerstört, die zur Reparatur in der Produktionshalle standen. Darüber hinaus wird bei den Löscharbeiten ein Feuerwehrmann durch die einstürzende Decke lebensgefährlich verletzt. Das durch Öle und sonstige Schadstoffe stark kontaminierte Löschwasser dringt in den Boden ein und verunreinigt das Grundwasser sowie den nahegelegenen Fluss. Der Staatsanwalt ermittelt gegen den Geschäftsführer wegen fahrlässigem Organisationsverschulden.

Das geschilderte Schadenereignis, ein Brand in der Produktion, tangiert sieben Einzelsparten:

- Das Unternehmen braucht die *Feuer-Sachversicherung* für ihren eigenen Sachschaden,
- die *Feuer-Betriebsunterbrechungsversicherung* für den Ertragsausfall während des Wiederaufbaus,
- die *Elektronikversicherung* für die zerstörten EDV-Anlagen,
- die *Betriebshaftpflichtversicherung* für die Ansprüche des Kunden aufgrund der zerstörten Maschinen und für die Ansprüche der Berufsgenossenschaft auf Regress der Erwerbsunfähigkeitsrente für den verletzten Feuerwehrmann.
- Die *Umwelthaftpflichtversicherung* befriedigt u.a. Schadenersatzansprüche der Gewässeranlieger wegen der Verschmutzung des Grundwassers und des Flusses.
- Die *Bodenkaskoversicherung* deckt den eigenen Schaden an Grund und Boden.
- Die *Strafrechtsschutzversicherung* schließlich zahlt die Rechtsverfolgungskosten des Geschäftsführers aufgrund der Strafanzeige des Staatsanwaltes wegen fahrlässigem Organisationsverschulden.

Weiterhin problematisch ist, dass ein Kunde, der die geschilderten Risiken abdecken möchte, nicht nur sieben Versicherungen abzuschließen hat, sondern auch sieben verschiedene Deckungs- oder Versicherungssummen und häufig auch sieben unterschiedliche Selbstbehalte vereinbaren muss.

Die Probleme gehen aber weiter: Einige Versicherungen sind nach dem *Vollwertprinzip* konstruiert, andere auf Basis „*Erstes Risiko*". Während bei der Versicherung auf „Erstes

Risiko" ein Schaden, dessen Höhe kleiner als die Versicherungs-/Deckungssumme ist, ohne Berücksichtigung einer Unterversicherung vollständig vom Versicherungsunternehmen übernommen wird, wird bei Versicherungen auf Vollwertbasis der Schaden nur im Verhältnis der Versicherungssumme zum tatsächlichen Versicherungswert (i.d.R. Neuwert) aller versicherten Sachen reguliert. Die letztgenannte Regelung ist für den Kunden in Bezug auf die Regulierung eines Schadenfalls weniger günstig (Unterversicherung) als eine ausreichende Erstrisikoversicherung.

Zusätzlich zu der Vielzahl von Versicherungen, die im Rahmen eines einzigen Schadenfalls zur Anwendung kommen können, sind die zugehörigen *Versicherungsbedingungen* oft nur schwer verständlich. Zur Verdeutlichung dieser Problematik dienen die folgenden zwei Fälle:

Der erste Fall basiert auf der Versicherung von Allmählichkeits- und Abwässerschäden im Rahmen der Betriebshaftpflichtversicherung. Ein Vertragsbestandteil solcher Versicherungskonzepte im Firmenkundengeschäft sind regelmäßig die „Allgemeinen Versicherungsbedingungen für Haftpflichtversicherung" (AHB), in denen folgendes zu finden ist:

„§ 4 Ausschlüsse:

Falls im Versicherungsschein oder seinen Nachträgen nicht ausdrücklich etwas anderes bestimmt ist, bezieht sich der Versicherungsschutz nicht auf:

...

5. Haftpflichtansprüche aus Sachschäden, welche entstehen durch allmähliche Einwirkung der Temperatur, von Gasen, Dämpfen oder Feuchtigkeit, von Niederschlägen (Rauch, Ruß, Staub und dergleichen), ferner durch Abwässer, Schwammbildung, Senkung von Grundstücken......

...

8. Haftpflichtansprüche wegen Schäden durch Umwelteinwirkung auf Boden, Luft oder Wasser (einschließlich Gewässer) und alle sich daraus ergebenden weiteren Schäden."

In den „Besonderen Bedingungen" zur Haftpflichtversicherung ist dann zu lesen:

„4.4 Allmählichkeits- und Abwasserschäden

Eingeschlossen sind – teilweise abweichend von § 4 Ziffer I 5 AHB – gesetzliche Haftpflichtansprüche aus Sachschäden durch allmähliche Einwirkung der Temperatur, von Gasen, Dämpfen oder Feuchtigkeit und von Niederschlägen (Rauch, Ruß, Staub und dergleichen) sowie durch Abwässer."

Somit ist der Sachschaden beim Nachbarn durch allmähliche Temperatureinwirkungen aufgrund eines übergreifenden Feuers ebenso wenig versichert wie der Rußbefall der Maschinen des Nachbarn aufgrund einer Fehlfunktion der Abgasanlage oder der Gewässerschaden im angrenzenden Fluss durch eine fehlerhafte Abwasseranlage. Gedeckt sind im Wesentlichen Haftpflichtschäden, die allmählich eintreten und nicht als Umweltschaden gelten, z.B. Leckage einer eingebauten Rohrleitung, die zu einer Nässebildung inner- oder außerhalb der Wand führt.

Der zweite Fall beschäftigt sich mit dem Deckungsumfang für echte Vermögensschäden, also solche Schäden, die nicht aufgrund eines Personen- oder Sachschadens entstehen. Nachdem echte Vermögensschäden prinzipiell eingeschlossen sind, lassen sich bei den Ausschlüssen folgende Textpassagen finden:

„Vom Versicherungsschutz ausgeschlossen sind Ansprüche wegen Vermögensschäden

- durch vom Versicherungsnehmer hergestellte oder gelieferte Sachen oder geleistete Arbeiten,
- durch ständige Immissionen,
- aus planender, beratender, bau- oder montageleitender, prüfender oder gutachterlicher Tätigkeit,
- aus Tätigkeiten im Zusammenhang mit Geld-, Kredit-, Versicherungs-, Grundstücks-, Leasing- oder ähnlichen wirtschaftlichen Geschäften, aus Zahlungsvorgängen aller Art, aus Kassenführung, aus Untreue und Unterschlagung,
- aus der Verletzung von gewerblichen Schutzrechten und Urheberrechten,
- aus der Nichteinhaltung von Fristen, Terminen, Vor- und Kostenanschlägen,
- aus Ratschlägen, Empfehlungen oder Weisungen an wirtschaftlich verbundene Unternehmen, dem gleichgestellt sind entsprechende Unterlassungen sowie fehlerhafte oder unterlassene Kontrolltätigkeiten,
- aus Tätigkeiten im Zusammenhang mit Datenverarbeitung, Rationalisierung und Automatisierung,
- aus Verstößen gegen Bestimmungen in Datenschutzgesetzen,
- aus Reisevermittlung und Reiseveranstaltung
- aus Abhandenkommen von Geld, Sparbüchern, Urkunden, Wertpapieren und Wertsachen,
- aus Vergabe von Lizenzen."

Der Deckungsumfang für echte Vermögensschäden schließt somit faktisch nur sehr wenige Ereignisse ein. Eine Deckung ist beispielsweise gegeben, wenn der Mitarbeiter eines Unternehmens auf Dienstreise mit dem Auto vor der Einfahrt einer Garage parkt, der dort wohnende Rechtsanwalt aus diesem Grund einen Gerichtstermin versäumt und dadurch einen Gebührenausfall hat.

Ein weiteres Problemfeld ist die fehlende *Gesamtbestandsbetrachtung* von Kundenbeziehungen. In der Wirtschaft ist es üblich, den Verlauf einer Geschäftsbeziehung über die Gesamtheit der Beziehung zu betrachten. Niemand kommt auf den Gedanken, über schlecht verlaufende Teilgeschäfte eines einzelnen Kunden zu diskutieren, wenn der Gesamtverlauf der Kundenverbindung positiv zu beurteilen ist. In der Versicherungswirtschaft gibt es diese Betrachtung zwar in letzter Zeit auch vermehrt, doch werden immer noch einzelspartliche Gespräche mit dem Kunden geführt, wenn bestimmte Versicherungen eine hohe Schadenquote aufweisen. Die Account-Betrachtung ist für die Versicherung aufgrund der immer noch üblichen Spartenbetrachtung in der internen und externen Rechnungslegung häufig noch von untergeordneter Bedeutung.

Die Vielzahl der Einzelversicherungen bedeutet auch eine Vielzahl von *Kalkulationsgrundlagen*, die es dem Kunden erschweren, eine Prämienrechnung nachzuvollziehen. Die Kalkulation der Versicherungsprämien kann z.B. nach dem Umsatz, der Lohn- und Gehaltssumme, der Anzahl Mitarbeiter, der Anzahl der PKW oder LKW, den Sachwerten (z.B. Neuwert, Zeitwert, Wert von 1914 oder von 1971), dem Wert der Güter einschließlich einem imaginären Gewinn, dem Rohertrag oder der Fläche der Glasscheiben erfolgen.

Weiterhin problematisch aus Kundensicht ist der hohe *Verwaltungsaufwand*. Für jede Versicherung sind regelmäßig Verwaltungsarbeiten zu erledigen. Versicherungsnehmer müssen daher pro Sparte Fragebögen, Nachträge, Rechnungen, Gutschriften sowie Bedingungsänderungen prüfen und verwalten. Bei einer mittelgroßen Firma werden häufig mehr als 15 Aktenordner geführt, in denen die jeweiligen Versicherungsunterlagen abgeheftet werden. Jeder, der damit beschäftigt ist, weiß, wie aufwendig diese Arbeit ist, sofern ein Minimum an Kontrolle aufrecht erhalten bleiben soll. Bei einem mittelständischen Unternehmen beträgt der Zeitaufwand für die Versicherungsverwaltung einschließlich Bedingungsstudium – ohne Schadenbearbeitung – häufig mehr als 2 Mannmonate für eine qualifizierte Kraft. Dies entspricht bei Vollkostenbetrachtung einem Betrag von über 6.000 €.

2. Die kompakte Firmenversicherung

Im Rahmen des Risk-Management-Prozesses ermittelt ein Unternehmer für sein Unternehmen z. B. das bereits vorgestellte modellhafte Risikoprofil (Vgl. Abbildung 3).

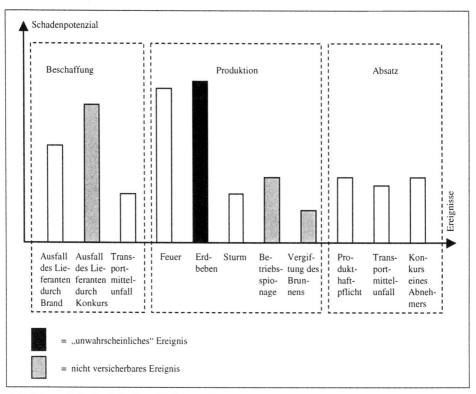

Abbildung 3: Beispielhaftes Risikoprofil eines Unternehmens

Der Unternehmer hat entschieden, dass das Erdbeben ein unwahrscheinlicher Schaden ist und daher im Rahmen des Risk-Managements nicht weiter berücksichtigt werden soll. Der Unternehmer stellt ferner fest, dass er die Ereignisse „Ausfall eines Lieferanten durch Konkurs", Betriebsspionage" und „Vergiftung des Brunnens" nicht versichern kann, da für diese Ereignisse keine Versicherungen existieren. Darüber hinaus hat der Unternehmer einen bestimmten Eigenbehalt festgelegt. Für die versicherbaren Risiken außerhalb des Eigenbehaltes sucht er ein Versicherungskonzept mit folgenden Eigenschaften:

- Verbundene Versicherung auf All-Risk-Basis
- Prämienberechnung auf der Grundlage von Umsatz oder Lohn- und Gehaltssumme
- Verständliches Bedingungswerk
- Jahresselbstbehalt wählbar
- Servicefreundlich und verwaltungsarm

Bei einer *All-Risk-Versicherung* oder All-Gefahren-Versicherung gewährt ein Versicherungsunternehmen Versicherungsschutz gegen alle Gefahren, die nicht explizit ausgeschlossen sind. Damit unterscheiden sich die All-Risk-Versicherungen deutlich von traditionellen Versicherungen. Bei traditionellen Versicherungen erhält ein Versicherungsnehmer nur Deckung für die im Versicherungsvertrag aufgeführten und definierten Gefahren.

Eine sinnvolle Ausgestaltung von All-Risk-Versicherungen sind branchenspezifische Konzepte, die bereits heute vom Versicherungsmarkt angeboten werden. Branchenspezifische Versicherungskonzepte haben für den Versicherungsnehmer den Vorteil, dass sie speziell auf die Bedürfnisse des Unternehmens zugeschnitten sind. Der Versicherungsnehmer erhält eine maßgeschneiderte Auswahl von Bausteinen für seine Branche und muss nur abwägen, inwieweit er branchenuntypische Risiken besitzt. Beispiele für solche Bausteine sind All-Risk-Deckungen für „Sach und Ertragsausfall", Transport und Montage", „Haftpflicht und Rechtsschutz" und „Kredit", die für jede Branche unterschiedlich ausgestaltet sind (siehe Abbildung 4).

Für die Branche „Maschinenbau" existieren z.B. im Baustein Haftpflicht/Rechtsschutz neben der „Grunddeckung Haftpflicht" Deckungserweiterungen, wie z.B. „erweiterte Produkthaftpflicht", „USA Direktexporte", „Produktrückruf" etc., die vom Kunden fallweise hinzugezogen werden können.

Wenn der Kunde sich für eine Grunddeckung bzw. Deckungserweiterung entschieden hat, werden im Rahmen einer All-Risk-Deckung genau die Deckungselemente versichert, die für seine Branche von zentraler Bedeutung sind.

Werden dem Versicherungsnehmer All-Risk-Lösungen über moderne Kommunikationsmedien angeboten, hat er die Möglichkeit, den Preis für seine Grunddeckungen und Deckungserweiterungen sowie seine gewünschten Selbstbehalte sehr schnell zu erfahren. Er kann dann unmittelbar die Grunddeckungen wählen und erweitern sowie die Selbstbehalte verändern und somit das Konzept so zusammenstellen, wie es seiner Risikoeinstellung und dem von ihm reservierten Budget für Versicherungen entspricht.

Eine derartig konzipierte Versicherungslösung als verbundene Firmenversicherung führt auch zu einer kompakten Dokumentierung. Der Kunde erhält einen Vertrag, der auf der Bedingungsseite hinter den allgemeinen Bestimmungen die Wordings für die einzelnen Bausteine enthält. Diese Wordings beziehen sich nicht auf die Allgemeinen Versicherungsbedingungen der einzelnen Sparten (sog. „Kleingedrucktes"), sondern definieren in den Anfangsparagraphen die versicherten Gefahren, danach die Ausschlüsse und nachfolgend die sonstigen bausteinspezifischen Bestimmungen.

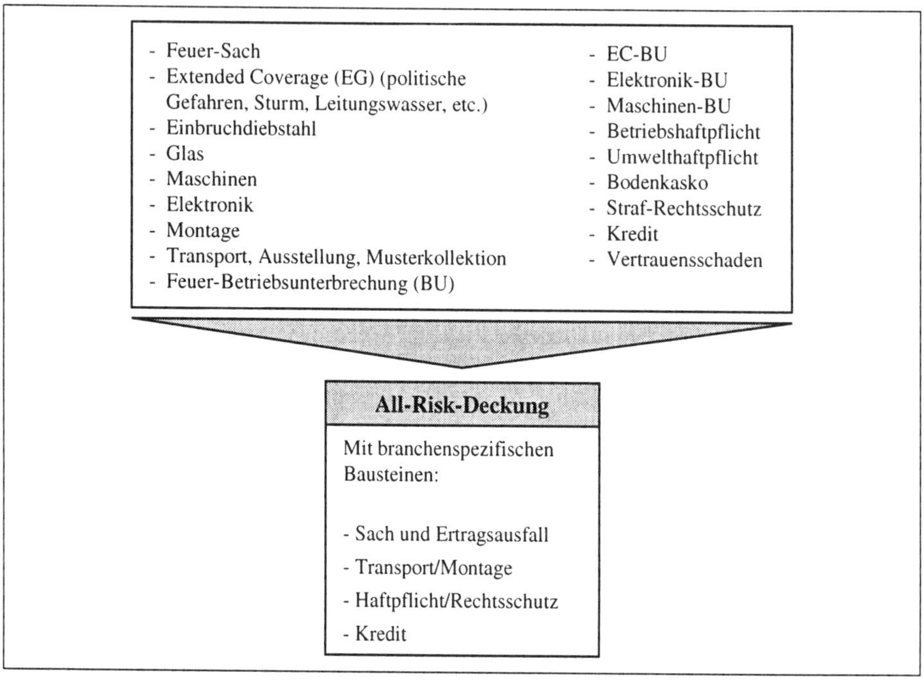

```
- Feuer-Sach                                    - EC-BU
- Extended Coverage (EG) (politische            - Elektronik-BU
  Gefahren, Sturm, Leitungswasser, etc.)        - Maschinen-BU
- Einbruchdiebstahl                             - Betriebshaftpflicht
- Glas                                          - Umwelthaftpflicht
- Maschinen                                     - Bodenkasko
- Elektronik                                    - Straf-Rechtsschutz
- Montage                                       - Kredit
- Transport, Ausstellung, Musterkollektion      - Vertrauensschaden
- Feuer-Betriebsunterbrechung (BU)
```

All-Risk-Deckung

Mit branchenspezifischen Bausteinen:

- Sach und Ertragsausfall
- Transport/Montage
- Haftpflicht/Rechtsschutz
- Kredit

Abbildung 4:   Die integrative Wirkung einer All-Risk-Deckung mit branchenspezifischen Bausteinen.

Besonders hervorzuheben sind z.B. in Bezug auf den Baustein „Sachwerte und Erträge" die verschiedenen Möglichkeiten, eine All-Risk-Deckung zu konzipieren. Einige „Eingangspassagen" (*§ 1 Gegenstand der Versicherung*) sollen hierzu im Folgenden verglichen werden:

1. Fall:

„§ 1 Gegenstand der Versicherung:

1. Der Versicherer leistet Entschädigung für versicherte Sachen, die unvorhergesehen zerstört oder beschädigt werden oder durch Einbruchdiebstahl, Raub, Plünderung oder im Zusammenhang mit einem Sachschaden abhanden kommen sowie daraus resultierende Betriebsunterbrechungen. Montageobjekte, Bauleistungen bis zur Fertigstellung/Bezugsfertigkeit, Objekte in der Erprobung, Bau- und Montageausrüstungen

sowie Fahrzeuge aller Art, Tiere und Pflanzen sind nur gegen Schäden durch Brand, Blitzschlag, Explosion und Absturz eines Flugkörpers versichert.

2. Unvorhergesehen sind Schäden, die der Versicherungsnehmer oder seine Repräsentanten weder rechtzeitig vorhergesehen haben noch mit dem für die im Betrieb ausgeübte Tätigkeit erforderlichen Fachwissen hätten vorhersehen können, wobei nur grobe Fahrlässigkeit schadet.

3. Als Zerstörung oder Beschädigung gilt eine nachteilige Veränderung der Sachsubstanz. Eine Zerstörung oder Beschädigung liegt nicht vor, soweit ein ursprünglich vorhandener Mangel offenkundig wird. Bei Sachen, die zum Eigengebrauch bestimmt sind, gilt eine unwesentliche Veränderung, die den Gebrauchswert nicht beeinträchtigt, nicht als Sachschaden im Sinne dieser Versicherung."

2. Fall:

„§ 1 Gegenstand der Versicherung:

Der Versicherer leistet Entschädigung für während der Versicherungsdauer eintretende Beschädigungen oder Zerstörung an sowie Abhandenkommen von versicherten Sachen oder geldwerte Interessen sowie daraus resultierende Betriebsunterbrechungen."

3. Fall:

„§ 1 Gegenstand der Versicherung:

Der Versicherer leistet Entschädigung für Zerstörung, Beschädigung oder Abhandenkommen der versicherten Sachen sowie daraus resultierende Betriebsunterbrechungen."

Die einleitende Beschreibung des Gegenstandes der Versicherung wird von Fall zu Fall immer kürzer und vorteilhafter für den Kunden. Vorteile für den Kunden bedingen aber im Allgemeinen Nachteile für den Versicherer.

Obwohl alle drei Varianten, die nur beispielhaft für die Möglichkeiten der Konzeption von All-Risk-Lösungen aufgezeigt wurden, gegenüber den einzelspartlichen Versicherungen erheblich kundenorientierter sind, gibt es innerhalb der drei Fälle die in der Abbildung 5 dargestellten Unterschiede:

Die Fälle 2. und 3. enthalten einige Deckungserweiterungen, die für ein Versicherungsunternehmen sehr weitgehend sind:

– *Einschluss „vorhersehbarer" Schäden*: Nur im 1. Fall beschränkt sich die Entschädigungsleistung des Versicherers auf „unvorhergesehene" Schäden, wobei die Beschreibung des Begriffes „unvorhergesehen" unmittelbar nach dem Eingangssatz folgt. Insbesondere bei generellem Einschluss von technischen Risiken bei Maschinen und Anlagen des Unternehmens ist der Verzicht auf die Voraussetzung, dass das Schadenereignis für den Versicherungsnehmer oder seinen Repräsentanten unvorhergesehen sein muss, risikoerhöhend. Dies gilt insbesondere dann, wenn zu den Repräsentanten auch die Werksleiter zählen, weil diese aufgrund ihrer ausgeübten Tätigkeit das erforderliche Fachwissen haben müssten, um vorhersehbare Schäden frühzeitig zu erkennen und Gegenmaßnahmen zu ergreifen. Erfolgt dies nicht, wäre der Schaden im 1. Fall nicht gedeckt. In den Fällen 2 und 3 würde der eingetretene Schaden dagegen ersetzt.

Kriterien	1. Fall	2. Fall	3. Fall
All-Risk-Basis	x	x	x
Sach- und Ertragsdeckung	x	x	x
Einschluss „vorhersehbarer" Schäden	--	x	x
Keine Beschreibung der Begriffe „Zerstörung" und „Beschädigung"	--	x	x
Einschluss "einfacher Diebstahl"	--	x	(x)
Fehlende Präzisierung des "Sachschadens"	--	x	x
Einschluss geldwertes Interesse	--	x	--

Abbildung 5: Unterschiede der drei All-Risk-Deckungen

- *Keine Beschreibung der Begriffe „Zerstörung" und „Beschädigung"*: Wenn die Begriffe „Zerstörung" und „Beschädigung" nicht wie im 1. Fall abgegrenzt werden, zählen alle Veränderungen einer Sache hierzu, sofern der allgemeine Sprachgebrauch bzw. die Rechtsprechung keine anderslautende Interpretation bedingen. Damit gehören auch zu den ersatzpflichtigen Schäden die Beschädigung oder Zerstörung einer Sache dadurch, dass ein ursprünglich vorhandener Mangel offenkundig wird. Eine Maschine wird z.B. mit Kenntnis des Versicherungsnehmers nur provisorisch repariert und wieder angefahren. Kurze Zeit später hat die Maschine aufgrund der notdürftigen Reparatur einen Totalschaden. In den Fällen 2 und 3 wäre eine Entschädigung zu leisten, sofern das Verhalten des Versicherungsnehmers nicht als grob fahrlässig zu beurteilen ist; im 1. Fall schließt die vorhandene Mangelhaftigkeit der Maschine eine Versicherungsleistung generell aus.

- *Einschluss „einfacher Diebstahl"*: Während im 1. Fall „einfacher Diebstahl" generell durch die Beschränkung der Entschädigung auf Einbruchdiebstahl, Raub und Plünderung ausgeschlossen ist, bleibt er in den beiden anderen Fällen zunächst im Deckungsumfang enthalten. Im 3. Fall wird der "einfache Diebstahl" zwar bei den Ausschlüssen genannt, trotzdem ist die Situation gegenüber dem generellen Ausschluss im 1. Fall eine andere. Der Grund liegt in der Umkehr der Beweislast. Während im 1. Fall der Kunde den Nachweis des „Einbruchdiebstahls" erbringen muss, hat der Versicherer im zweiten Fall die Beweislast, dass eine abhanden gekommene Sache tatsächlich durch einfachen Diebstahl entwendet wurde. In der Praxis ist dies im Allgemeinen für den Versicherer schwierig nachzuweisen.

- *Fehlende Präzisierung des „Sachschadens"*: Der Sachschaden wird nur im 1. Fall zur „unwesentlichen Veränderung" abgegrenzt. Der 1. Fall versichert keine Schäden infolge einer unwesentlichen Veränderung der zum Eigengebrauch bestimmten Sachen, die den Gebrauchswert nicht beeinträchtigen, wie z.B. „Kratzer" und „Beulen" an PKW oder Graffiti an Häuserwänden. In den beiden anderen Fällen besteht hierfür grundsätzlich Deckungsschutz, wobei die vereinbarte Selbstbeteiligung des Versicherungsnehmers bei der Entschädigungsleistung berücksichtigt wird.

- *Einschluss „geldwertes Interesse"*: Eine besondere Variante weist der 2. Fall auf, in dem ausdrücklich "geldwerte Interessen" mitversichert sind. Hierunter zählen u.a. Geschäftsunterlagen und Datenträger. Es heißt: „Der Versicherungsschutz erstreckt sich auf das gesamte Anlage- und Umlaufvermögen, ... an dem der Versicherungsnehmer sonstige geldwerte Interessen hat, wie ...– Geschäftsunterlagen, Datenträger ...". Da keine nähere Beschreibung folgt, bedeutet dies bei weiter Auslegung der Bedingungen unter Umständen auch, dass Ertragsausfallschäden durch Betriebsspionage gedeckt sind. Werden also Geschäftsgeheimnisse, z.B. über Produktionsverfahren, entwendet und verschlechtert sich dadurch in der Folgezeit die Wettbewerbsposition des Unternehmens mit Umsatzrückgang, entsteht ein versicherter Ertragsausfallschaden. Diese Interpretation ist bei dem 1. und 3. Fall nicht möglich.

In der Abbildung 6 werden die drei beispielhaft angeführten Fälle hinsichtlich der jeweils ausgeschlossenen Gefahren miteinander verglichen.

Folgeschäden sind generell versichert, sofern sie nicht selbst zu den Ausschlüssen gehören. Weiterhin gelten ab dem vierten Punkt die Ausschlüsse nicht, sofern die dort genannten Ereignisse durch Brand, Blitzschlag, Explosion oder durch einen anderen, dem Grunde nach versicherten Sachschaden, auf dem Versicherungsgrundstück entstanden sind. Die Ausschlusskataloge zeigen nur in wenigen Punkten gravierende Unterschiede:

- Überschwemmung und Sturmflut ist bei den Fällen 2 und 3 mitversichert.

- Die magnetische Einwirkung oder das Löschen von Daten ohne Zerstörung des Datenträgers ist nur beim 1. Fall explizit ausgeschlossen.

- Schäden an Maschinen oder technischen Einrichtungen ohne äußere Einwirkung sind im 3. Fall ausgeschlossen. Dies ist der gravierendste Ausschluss in der Liste, weil hierdurch der „innere Betriebsschaden" der Maschinen und Anlagen ausgeklammert wird. Dies ist aber gerade der preisintensivste Deckungsbaustein einer klassischen Maschinenversicherung. Verkantet z.B. eine 10 t-Presse ohne äußere Einwirkung, entschädigt der Versicherer den möglichen Totalschaden in Millionenhöhe nur im 1. und 2. Fall.

Die fehlenden Ausschlüsse von Diebstahl, Unterschlagung und Veruntreuung im 1. Fall hängen damit zusammen, dass im 1. Fall das „Abhandenkommen von versicherten Sachen" ausschließlich bei nachgewiesenem Einbruchdiebstahl versichert ist.

Ausgeschlossene Gefahren	1. Fall	2. Fall	3. Fall
Krieg	x	x	x
Kernenergie	x	x	x
Vorsatz des Versicherungsnehmers oder Repräsentanten	x	x	x
Diebstahl	(--)	x	x
Unterschlagung, Veruntreuung	(--)	x	x
Grobe Fahrlässigkeit des Versicherungsnehmers oder Repräsentanten	x	--	x
Betriebsbedingte normale und vorzeitige Abnutzung	x	x	x
Schäden an Vorräten durch Ausfall von Klimasystemen	x	--	--
Ver- oder Bearbeitung oder durch Reparatur an den bearbeiteten Sachen	x	x	x
Kontamination (z.B. Vergiftung, Beaufschlagung)	x	x	x
Normales Senken, Dehnen von Gebäuden	x	x	x
Magnetische Einwirkung oder Löschen von Daten ohne Zerstörung des Datenträgers	x	--	--
Witterungseinflüsse an im Freien befindlichen beweglichen Sachen	x	x	x
Innerer Verderb oder natürliche Beschaffenheit der Vorräte	x	x	x
Überschwemmung, Sturmflut	x	--	--
Erdbeben	--	--	--
Soweit ein Dritter im Rahmen von Gewährleistung einzutreten hat	x	--	--
Schäden an Maschinen oder technischen Einrichtungen ohne äußere Einwirkung oder durch Bedienung	--	--	x

Abbildung 6: Vergleich der ausgeschlossenen Gefahren bei den drei All-Risk-Deckungen

Als Ergebnis ist festzuhalten, dass es verschiedene Versicherungskonzepte auf All-Risk-Basis gibt, die im Einzelnen sorgfältig zu prüfen sind, um die mitunter gravierenden Unterschiede zu erkennen. Insgesamt sind jedoch die auf All-Risk-Deckungen basierenden Bedingungswerke wesentlich besser geeignet als die Einzelspartenversicherungen, die Kundenbedürfnisse zu befriedigen. Als beste Lösung für den Versicherungsnehmer ist bei den drei Beispielfällen die 2. Variante anzusehen, da diese den weitesten Deckungsumfang bietet.

3. Entscheidungsfindung für den mittelständischen Unternehmer

Die Bewältigung der betrieblichen Risiken für den mittelständischen Unternehmer sollte sich idealer Weise nach einem Phasenschema vollziehen. Ein Beispiel für ein solches Phasenschema wird im Folgenden beschrieben.

In der *ersten Phase* sollte der Unternehmer seine persönlichen Sicherheitsziele auflisten und bewerten. Der Unternehmer entscheidet über die Gewichtung der Sicherheitsziele untereinander, um bei der Risikobewältigung zwischen Schadenverhütungsmaßnahmen, Schadenminderungskonzepten und Versicherungsprogrammen die richtige Priorität zu setzen.

Im Rahmen der *zweiten Phase* ist vom Unternehmer zu entscheiden, inwieweit die individuellen Interessen der zugehörigen Profit-Center zu berücksichtigen sind. Dazu legt der Unternehmer fest, inwieweit die Profit-Center autonom Risikobewältigungsmaßnahmen festlegen dürfen. Gleichzeitig ist die Höhe der Selbstbeteiligung für die einzelnen Profit-Center zu bestimmen. Hierbei gilt es, die teilweise unterschiedlichen Bewertungen einzelner Sicherheitsziele zwischen Konzern und Profit-Center zu beurteilen.

Gegenstand der *dritten Phase* ist die Entscheidung, welche Schäden unwahrscheinlich sind und welcher Jahres-Selbstbehalt nicht überschritten werden soll. Die als „unwahrscheinlich" klassifizierten Schäden werden in der Risikobewältigungsstrategie nicht berücksichtigt. Die Höhe des Jahresselbstbehaltes ergibt sich aus dem Wert, mit dem die Bilanz maximal belastet werden soll.

In der *vierten Phase* sollte eine Risikoanalyse durchgeführt werden. Das Ziel der Risikoanalyse liegt in der Erkennung und Quantifizierung der Risiken des Unternehmens. Darüber hinaus sollten die Ursachen der Risiken untersucht werden. Als Ergebnis dieser Phase sollte dem Unternehmer ein Risikoprofil vorliegen, aus dem schadenereignisbezogen das wahrscheinlich höchste Schadenpotenzial abgelesen werden kann. Das Risikoprofil ist in die Bereiche Beschaffung, Produktion, Absatz zu unterteilen. Je Schadenereignis sollten alle Teilschäden zusammengefasst dargestellt werden.

Im Zentrum der *fünften Phase* steht die Risikobewältigung. Der Unternehmer hat hierbei festzulegen, welche der Strategien Schadenverhütung, Schadenminderung und Risikotransfer auf das Versicherungsunternehmen jeweils für die identifizierten Risiken eingesetzt werden. Nachdem sich der Unternehmer für eine Strategie der Risikobewältigung entschieden hat, erfolgt die Umsetzung der Strategie. Hierzu sind die Schadenverhütungs- und Schadenminderungsmaßnahmen im Unternehmen zu implementieren sowie die entsprechenden Versicherungen einzukaufen. Das Versicherungskonzept sollte dabei den gewünschten Eigenbehalt beinhalten, branchenspezifisch ausgerichtet und als eine verbundene Police auf All-Risk-Basis konzipiert sein. Weiterhin sollte das Konzept eine

Jahresselbstbeteiligung für den Versicherungsnehmer vorsehen, ein verständliches Bedingungswerk enthalten sowie einfach in der Vertragsverwaltung sein. Beim Vergleich der Leistungen der verschiedenen Versicherungsangebote sind die Höhe der Entschädigung im Schadenfall, die Ausschlusskataloge der einzelnen Bausteine, der Preis und der Zusatzservice (z.B. 24h Notfallbereitschaft, Risk-Management-Beratung, etc.) besonders zu prüfen.

Den Abschluss des Phasenschemas bildet die Kontrollphase. In dieser *sechsten Phase* sollte eine Kontrolle der beschlossenen Phasen durchgeführt werden. Darüber hinaus ist die Risikoanalyse regelmäßig zu wiederholen, um entscheidungsrelevante Änderungen der Risikosituation des Unternehmens möglichst frühzeitig zu erkennen und entsprechende Maßnahmen einzuleiten.

Bei richtiger Anwendung des Phasenschemas lassen sich nicht nur das Sicherheitsniveau, sondern auch die Kosten für Versicherungen ohne grundlegende Verschlechterung der Entschädigungssituation im Schadenfall verringern. Aufgrund sorgfältiger Beobachtungen der eigenen Schäden in der Vergangenheit kann die Selbstbeteiligung im Einzelfall bzw. pro Jahr optimiert werden.

4. Fazit

Bisher sind die Versicherungsprodukte für die mittelständische Industrie an den einzelnen Versicherungssparten orientiert und damit wenig kundenfreundlich. Die Einstellung der Versicherungsnehmer zu Versicherungsprodukten ist jedoch im Wandel. Bereits auf dem Markt befindliche neue Deckungskonzepte, teilweise auf All-Risk-Basis, verdeutlichen, dass der Versicherungsnehmer zunehmend die gleichen Anforderungen an Versicherungsprodukte wie an Konsumgüter stellt. Einige Versicherungsunternehmen sind bereits heute in der Lage, wenn auch mit teilweise erheblichen Problemen, den Wünschen der Kunden zu entsprechen.

Die kompakte Firmenversicherung geht von einem branchenspezifischen Ansatz aus. In dieser verbundenen Police sind alle notwendigen Deckungsbereiche in Bausteine gefasst, die im Bedarfsfall um Ergänzungsbausteine erweitert werden können. Keiner der Bausteine beinhaltet mehr einen Bezug auf „Allgemeine Versicherungsbedingungen". Das sog. „Kleingedruckte" fällt damit weg. Der Versicherungsumfang wird somit insgesamt verständlicher und die Verwaltungskosten für Versicherungen verringern sich für den Versicherungsnehmer signifikant.

Für den Risk-Management-Prozess des mittelständischen Unternehmers sind kompakte Firmenversicherungen eine wesentliche Komponente.

Rüdiger Falken[*]

Die Optimierung der Risikofinanzierung mithilfe von Versicherungsmaklern und Versicherungsberatern

1. Externe Organisation des Versicherungswesens

2. Der Versicherungsmakler

3. Der Versicherungsberater

4. Aufgaben und Leistungsumfang von Versicherungsberater und Versicherungsmakler

5. Vergütung von Versicherungsberatern und Versicherungsmaklern

6. Möglichkeiten und Grenzen von Versicherungsberatern und Versicherungsmaklern bei der Optimierung der Risikofinanzierung

Literaturverzeichnis

---

[*] Dipl.-Volkswirt, Dipl.-Sozialökonom Rüdiger Falken ist Versicherungsberater in Hamburg.

1. Externe Organisation des Versicherungswesens

Für die meisten Unternehmen wird der Risikotransfer auf Versicherungsunternehmen, also der Abschluss von Versicherungsverträgen, nach wie vor die wichtigste Rolle bei der Risikofinanzierung spielen. Ein zunehmender Wandel zu Selbsttragungsmodellen zeichnet sich dort ab, wo eine betriebswirtschaftliche Beurteilung und Bewertung für eine alternative Risikofinanzierung erfolgt. Ohne externe Unterstützung ist kaum ein Unternehmen in der Lage, eine optimale Risikofinanzierung, zumal mit Elementen der alternativen Risikofinanzierung, vorzunehmen.

Für eine Optimierung der Risikofinanzierung ist das Risiko- und Versicherungsmanagement im Unternehmen zu organisieren. Dabei sind die interne und externe Organisation voneinander zu unterscheiden. Unter interner Organisation ist die im Unternehmen eingerichtete Bearbeitung aller Fragen des Risikomanagements und des Versicherungsmanagements zu verstehen. Je nach Unternehmensgröße und Organisationsform gibt es eine eigens für das Risiko- und Versicherungsmanagement zuständige Abteilung, gegebenenfalls auch ausgelagert als firmenverbundene Versicherungsvermittlung oder als Teilaufgabe einer Abteilung. Die externe Organisation des Versicherungswesens betrifft den Kontakt zu Versicherungsunternehmen und allen übrigen Dienstleistern, die das Unternehmen bei der Umsetzung eines integrierten Risiko- und Versicherungsmanagements unterstützen.

Der Verzicht auf eine externe Unterstützung bei der Risikofinanzierung bedeutet das kostenintensive Aufbauen und Vorhalten des notwendigen Know-how im eigenen Unternehmen, damit eine Optimierung der Risikofinanzierung erreicht wird. Neben praktischen und rechtstheoretischen Kenntnissen aller Versicherungsbereiche ist eine umfassende Kenntnis des Versicherungsmarktes ebenso notwendig wie betriebswirtschaftliche und technische Kenntnisse zur Risikobeherrschung, wie zum Beispiel für den Brandschutz, das Qualitätsmanagement oder den reibungslosen Produktionsablauf. Für den Bereich der klassischen Risikofinanzierung, die nach wie vor überwiegend über den Risikotransfer auf Versicherungsunternehmen erfolgt, bietet die Versicherungswirtschaft unterschiedliche Typen von Anbietern.

Versicherungsunternehmen betreuen die gewerblichen und industriellen Verbraucher in aller Regel nicht direkt. Zumeist bedienen sie sich eines Vermittlers, der wiederum fachliche Unterstützung aus dem Versicherungsunternehmen durch Firmenbetreuer oder Maklerbetreuer erfährt. Die verschiedenen Vermittlertypen unterscheiden sich hauptsächlich in der direkten Bindung an das Versicherungsunternehmen. Neben dem fest angestellten Außendienst sind Ausschließlichkeitsvermittler, die nur für ein Versicherungsunternehmen tätig sind, und Mehrfachagenturen, die für mehrere Versicherungsunternehmen tätig sind, direkt mit der Vermittlung der Versicherungsverträge dieser Unternehmen betraut. Bei der Ausschließlichkeitsagentur und Mehrfachagentur handelt es sich um Handelsvertreter nach § 84 Handelsgesetzbuch (HGB). Von diesen sind die Versicherungsmakler zu unterscheiden, die nicht vom Versicherungsunternehmen, sondern vom eigenen Kunden beauftragt sind, Versicherungsverträge zwischen Versicherungsunternehmen und Versicherungssuchenden zu vermitteln. Versicherungsmakler sind Handelsmakler gemäß § 93 HGB. Die Vergütung der unterschiedlichen Vermittlertypen erfolgt jeweils durch das Versicherungsunternehmen.

Außerhalb der Versicherungswirtschaft gibt es den Versicherungsberater, der den rechtsberatenden Berufen zuzuordnen ist. Der Versicherungsberater darf ausschließlich für seinen Mandanten tätig sein und keine vertragliche Bindung zur Versicherungswirtschaft unterhalten. Der Versicherungsberater erhält für seine Tätigkeit ein Honorar von seinem Mandanten. Die Vergütung durch Versicherungsunternehmen ist ausgeschlossen.

Zur Unterstützung bei der Risikofinanzierung bieten sich für das Unternehmen nur der Versicherungsmakler und/oder der Versicherungsberater an. Deren Aufgabe ist nicht primär die Vermittlung von Versicherungsverträgen eines Versicherungsunternehmens, sondern die Beratung des Unternehmens und – wo dies notwendig ist – das Besorgen geeigneten Versicherungsschutzes.

2. Der Versicherungsmakler

Die Entstehung des Versicherungsmaklerberufs reicht bis ins Jahr 1567 zurück. Seit diesem Zeitpunkt hat sich nicht nur die berufliche Tätigkeit gewandelt, vom Besorgen und Organisieren der Risikofinanzierung für Unternehmen hin zum Vermittler von Versicherungsschutz zwischen Versicherungsunternehmen und Versicherungssuchenden. Geändert haben sich auch die berufsrechtlichen Regelungen. Bis Mitte des 19. Jahrhunderts musste der Versicherungsmakler Zuverlässigkeit, Eignung und Sachkunde nachweisen und erhielt als „Handelsmäkler" eine amtliche Erlaubnis zur Berufsausübung. Im Jahr 1871 wurde das Handelsmaklermonopol aufgehoben und spätestens seit Einführung des HGB gibt es keine staatlichen Regelungen für die Berufsausübung des Versicherungsmaklers (Vgl. ABRAM 1998, S. 551, mit weiteren Verweisen).

Der Versicherungsmakler ist Gewerbetreibender nach § 93 HGB; wer die Tätigkeit des Versicherungsmaklers ausüben will, hat dafür gemäß § 14 Gewerbeordnung sein Gewerbe anzumelden. Besondere Zugangsvoraussetzungen über Zuverlässigkeit, Eignung und Sachkunde gibt es nicht.

Zur Wahrung der Unabhängigkeit darf der Versicherungsmakler vertraglich nicht damit betraut sein, für eines oder mehrere Versicherungsunternehmen deren Versicherungsverträge zu vermitteln. Er ist deshalb immer der Beauftragte seines Kunden. Für diesen hat er auf dem Versicherungsmarkt geeigneten Versicherungsschutz zu besorgen. Mit diesem Kunden schließt der Versicherungsmakler einen Geschäftsbesorgungsvertrag, den sogenannten Maklervertrag. Damit ist die Bindung des Versicherungsmaklers sehr eng und die Verpflichtungen dem Kunden gegenüber gehen sehr weit. So hat der Bundesgerichtshof (BGH) im sogenannten „Sachwalterurteil" vom 22.05.1985 (IV a ZR 190/83) festgelegt, dass der Versicherungsmakler für den Bereich des Versicherungsverhältnisses der treuhänderische Sachwalter des von ihm betreuten Versicherungsnehmers ist.

Im Maklervertrag werden die Rechte und Pflichten zwischen dem Versicherungsmakler und seinem Kunden geregelt. Er ist vom Grundsatz her formfrei, wird jedoch in aller Regel schriftlich vereinbart. Für den Inhalt von Maklerverträgen gibt es einen Punktekatalog, in dem die Vertragsregelungen aufgeführt sind, die ein Maklervertrag enthalten sollte. Diese Vertragsregelungen des Maklervertrages wurden 1981 zum Schutz der Verbraucher festgelegt. Auch wenn der Punktekatalog nicht für das industrielle und großgewerbliche Geschäft entwickelt wurde, so sollten auch industrie- und großgewerbliche Betriebe auf die Einhaltung des Punktekatalogs bestehen. Im Punktekatalog wird geregelt, dass

- Maklerverträge nur von Versicherungsmaklern abgeschlossen werden und nur als solche bezeichnet werden,

- auf den Zweck des Maklervertrages, die Vermittlung von Versicherungsverträgen, unter Verwendung des Begriffs „Vermittlung" unmissverständlich hinzuweisen ist,

- eine angebotene Beratung eine Nebenleistung im Rahmen der Versicherungsvermittlung darstellt, also keine selbständige Hauptleistung ist,

- der Makler Hilfe bei der Schadenbearbeitung nur zu von ihm vermittelten bzw. betreuten Versicherungsverträgen und nur in einer Weise anbietet, die seiner Stellung zwischen den Parteien gerecht wird,

- der Versicherungsmakler nicht behauptet, seine Tätigkeit sei kostenlos, oder verschleiert, dass in den Versicherungsprämien auch die Maklerkosten enthalten sind,

- keine Ausschließlichkeitsvereinbarung getroffen wird, indem der Kunde verpflichtet wird, künftige Versicherungsverträge nur durch den Versicherungsmakler vermitteln zu lassen,

- der Maklervertrag unbeschadet einer Verlängerungsmöglichkeit für maximal ein Jahr geschlossen wird und

- sich aus dem Maklervertrag bei Erhalten einer Maklervollmacht durch Verwendung der Worte „Vollmacht" oder „bevollmächtigt" sowie „Kündigung" oder „kündigen" für den Kunden unmissverständlich ergibt, dass eine Maklervollmacht besteht und wie weit diese Vollmacht geht (Vgl. Griess/Zinnert 1997, S. 618 f).

Mit dem Maklervertrag ist der Versicherungsmakler also verpflichtet, die ihm anvertrauten Versicherungsverträge zu betreuen und für den vom Kunden gewünschten Versicherungsschutz zu sorgen. Nach dem Selbstverständnis der im Verband Deutscher Versicherungsmakler e.V. (VDVM) zusammengeschlossenen Versicherungsmakler ist der Versicherungsmakler wegen seiner Unabhängigkeit der „natürliche Bundesgenosse" seiner Kunden und „treuhänderischer Sachwalter" ihrer Versicherungsinteressen (Vgl. VDVM 2002). Die Sachwaltereigenschaft hat jedoch ihre Grenzen, wo der Versicherungsmakler zugleich auch Pflichten eines oder mehrerer Versicherer übernimmt. So hat der BGH in seiner Entscheidung vom 17.1.2001 (IV ZR 282/99) – quasi ergänzend zum oben dargestellten Sachwalterurteil – festgestellt, dass der Versicherungsmakler dann kein treuhänderischer Sachwalter seines Kunden ist, wenn er den Versicherer nicht nur beim Vertragsabschluss vertreten, sondern auftragsgemäß auch alle Rechtshandlungen aus dem Vertrag als Vertreter des Versicherers vorgenommen hat.

Neben den vertraglichen Pflichten aus dem Maklervertrag hat der Versicherungsmakler auch Pflichten gegenüber dem Versicherungsunternehmen zu wahren. Diese ergeben sich zum einen aus der Maklerklausel, die den Makler berechtigen, für den Versicherer zu handeln sowie Willenserklärungen mit Wirkung für und gegen den Versicherer entgegenzunehmen (Vgl. GRIESS/ZINNERT 1997, S. 405), und zum anderen aus der Praxis, für einzelne Versicherungsunternehmen zur Schadenregulierung bevollmächtigt zu sein.

Der Versicherungsmakler, dessen Aufgabe darin besteht, seinem Kunden Versicherungsverträge zu vermitteln und in seinem Auftrag zu betreuen, steht also in einem fortwährenden Interessenkonflikt zu seinen Pflichten gegenüber dem Versicherungsunternehmen.

Jene Versicherungsmakler, die mittelständische und industrielle Kunden betreuen, treten zumeist in Form der GmbH auf und beschäftigen eine Vielzahl von Mitarbeitern. Nur so ist es möglich, den Kunden in allen Versicherungsbereichen eine qualitativ hochwertige Beratung und Betreuung zukommen zu lassen. Dabei ist für den Kunden nicht so sehr der Firmenbetreuer der wichtigste Ansprechpartner, dessen Aufgabe die Akquisition von Versicherungsschutz und Pflege des Kundenkontaktes ist, sondern der fachlich versierte Berater, der Probleme erkennt und löst. Weil bei den mittelständischen Maklern nicht der Makler in Person die Beratung durchführt, sondern deren Angestellte, sollte bei allen Gesprächen und Entscheidungen neben dem Kundenbetreuer auch einer oder mehrere Angestellte aus den Fachabteilungen anwesend sein.

3. Der Versicherungsberater

Die Versicherungsberater sind nicht der Versicherungswirtschaft zuzuordnen. Vielmehr handelt es sich hierbei um freiberuflich tätige Personen oder Unternehmen, deren Tätigkeit überwiegend Rechtsberatung ist und demnach zu den rechtsberatenden Berufen gehört. Der Ursprung des Versicherungsberaters lässt sich bis auf die Zeit kurz nach Einführung des Versicherungsvertragsgesetzes im Jahr 1908 zurückverfolgen. Damals war die Unübersichtlichkeit der Angebote und Anbieter sowie fehlende Markttransparenz Anlass für einige Angehörige der Versicherungswirtschaft, eine unabhängige und neutrale Instanz für die Versicherungsnehmer zu schaffen. Man nannte sich „Versicherungsberater" und führte ausschließlich Beratungen bei gewerblichen und privaten Verbrauchern durch. Die Versicherungsberater vermieden die bei Versicherungsvermittlern und –maklern vorliegende Interessenbindung an die Versicherungswirtschaft dadurch, dass keine Versicherungen verkauft und vermittelt wurden. Dafür erhielt der Versicherungsberater für seine Tätigkeit ein Honorar vom Auftraggeber (Vgl. HOECHSTELLER 1989, S. 75 ff.).

Nach Einführung des Rechtsberatungsgesetzes (RBerG) im Jahr 1935 gehörte der Versicherungsberater zu den im Rechtsberatungsgesetz geregelten Katalogberufen. Dies war notwendig, weil die Beratung zu und Gestaltung von Versicherungsverträgen – eine der damaligen Hauptbetätigungen des Versicherungsberaters – Rechtsbesorgung ist und diese ansonsten nur von Rechtsanwälten ausgeübt werden darf. Auch Versicherungsmakler beraten zu Versicherungsverträgen, jedoch immer nur als erlaubnisfreie Nebenleistung, neben der primären Betätigung als Vermittler von Versicherungsverträgen. Nach der Novellierung des Rechtsberatungsgesetzes im Jahr 1980 war eine Neuzulassung zum Beruf des Versicherungsberaters nicht mehr möglich. Die abschließende Aufzählung der Teilerlaubnisse für die Ausübung der Rechtsberatung sah den Versicherungsberater nicht mehr vor. Damit war der Berufszugang zum Versicherungsberater versperrt und eine neutrale Beratung in Versicherungsangelegenheiten gegen Honorar nicht mehr möglich.

Eine gegen die Schließung des Berufs gerichtete Klage vor dem Bundesverfassungsgericht (BVerfG, Beschl. v. 5.5.1987, 1 BvR 981/81) führte zur Wiedereinführung dieses Berufs. Das BVerfG hat den Gesetzgeber aufgefordert, den Beruf des Versicherungsberaters in den Katalog der zulässigen Berufe nach Art 1 § 1 RBerG aufzunehmen, weil die seinerzeitige Schließung des Berufs gegen die grundgesetzlich geschützte freie Berufsausübung verstößt. Obwohl der BGH mit dem oben aufgeführten Sachwalterurteil die große Nähe des Versicherungsmaklers zu seinem Kunden dokumentiert hat, sah das Bundesverfassungsgericht den Versicherungsberater als notwendig an und hat damit nicht nur eine unabhängige, sondern gegenüber der Versicherungswirtschaft auch wieder neutrale Instanz geschaffen.

Die Erlaubnis für die Berufsausübung ist in Art. 1 § 1 Abs. 1 Nr. 2 RBerG (BGBl. I Nr. 58 vom 19.12.1989, S. 2133) geregelt. Sie umfasst:

„... die Beratung und außergerichtliche Vertretung gegenüber Versicherern

a) bei der Vereinbarung, Änderung und Prüfung von Versicherungsverträgen,

b) bei der Wahrnehmung von Ansprüchen aus dem Versicherungsvertrag im Versicherungsfall."

Mit der Erlaubnis ist das Verbot verbunden, Versicherungen zu vermitteln. Dies ist denn auch der Grund dafür, warum ein Versicherungsmakler nicht gleichzeitig Versicherungsberater sein kann. Bevor der Versicherungsberater die Erlaubnis zur Berufsausübung erhält, muss er die erforderliche Zuverlässigkeit, persönliche Eignung und genügende Sachkunde nachweisen. Die persönliche Eignung ist nicht gegeben, wenn die Gefahr der Interessenkollision für das rechtsuchende Publikum zu befürchten ist (Vgl. FALKEN 1996, S. 149). Anders als beim Versicherungsmakler kann also nicht jeder mit einer Gewerbeanmeldung Versicherungsberater werden, sondern benötigt dafür die Erlaubnis durch den am Geschäftssitz zuständigen Amts- oder Landgerichtspräsidenten und unterliegt dessen Aufsicht.

Der Versicherungsberater vertritt allein die Interessen des Unternehmens, seines Mandanten. Anders als beim Versicherungsmakler wird nicht von vornherein ein Dauerschuldverhältnis begründet. Vielmehr steht beim Versicherungsberater zu Beginn eines Mandats die objektbezogene Beratung im Vordergrund. Der Versicherungsberater wird vom Unternehmen zum Beispiel beauftragt, eine komplette Analyse des Risiko- und Versicherungsmanagements vorzunehmen. Als Ergebnis erhält das Unternehmen einen Bericht, in dem die Risikosituation einschließlich vorhandener Schwachstellen aufgezeigt wird und Vorschläge für die Neugestaltung des Risiko- und Versicherungsmanagements unterbreitet werden. Diese Tätigkeit erfolgt in aller Regel trotz Bestehens einer Maklerverbindung und ist quasi eine Kontrolle der bisherigen Maklerleistung. Im zweiten Schritt werden mit dem Unternehmen Konzepte für die Umsetzung der Vorschläge entwickelt und hierzu die Versicherungsunternehmen und/oder -makler auch zu entsprechenden Verhandlungen hinzugezogen. Erst nach der Umsetzung wird in aller Regel eine Entscheidung getroffen, ob der Versicherungsberater künftig die laufende Beratung und Betreuung – teils als ausgelagerte Versicherungsabteilung – übernimmt, oder die Leistungen des bisherigen oder eines neuen Versicherungsmaklers in Anspruch genommen werden.

Ein weiteres Betätigungsfeld des Versicherungsberaters ist die Begleitung und außergerichtliche Vertretung im Schadenfall. Dem Versicherungsmakler ist die begleitende Beratung nur ausnahmsweise für jene Verträge möglich, die von ihm betreut werden. Versicherungsberater werden auch dann tätig, wenn Sie für den Mandanten vorher noch nicht tätig gewesen sind. Sie agieren hier für die außergerichtliche Beratung wie Rechtsanwälte, mit dem Unterschied, auf das Versicherungsrecht spezialisiert zu sein.

4. Aufgaben und Leistungsumfang von Versicherungsberater und Versicherungsmakler

Die Aufgaben des Versicherungsmaklers erschöpfen sich nicht in der Vermittlung des Versicherungsvertrages und der anschließenden Vertragsbetreuung. Vor der Vermittlung ist festzustellen, ob und welche Versicherungsverträge mit welchem Umfang zu vermitteln sind. Diese Pflichten, die der Versicherungsmakler zu erfüllen hat, betreffen den Versicherungsberater – je nach erteiltem Auftrag – in gleichem Maße. Die Aufgaben des Versicherungsmaklers lassen sich beispielhaft wie folgt zusammenfassen:

- Analyse des Risikos: Dafür ist es notwendig, dass sich der Versicherungsmakler durch Besichtigungen und gezieltes Nachfragen ein umfassendes Bild vom Kunden sowie von dessen Umfeld und Risiko macht.

- Entwicklung eines Deckungskonzeptes für das Risiko: Neben den allgemeinen Versicherungsbedingungen, die in der Regel Grundlage eines Versicherungsvertrages sind, enthalten Versicherungsverträge eine Vielzahl ergänzender Vereinbarungen und Bestimmungen, die die Position des Kunden gegenüber dem Versicherungsunternehmen verbessern und/oder den Versicherungsumfang erweitern. Der Versicherungsmakler ist als Beauftragter seines Kunden verpflichtet, die bestmögliche Absicherung zu erzielen.

- Untersuchung des Marktes im Hinblick auf die für den Kunden bestmöglichen Angebote der in Betracht kommenden Risikoträger: Hierfür wird der Versicherungsmakler, gegebenenfalls auf dem internationalen Markt, Ausschreibungen vornehmen, um die geeigneten Versicherer zu ermitteln und Verhandlungen über Inhalt und Versicherungsbeiträge führen. Bei der Auswahl und Empfehlung hat er auch die Leistungsfähigkeit des Versicherers zu berücksichtigen.

- Prüfung der vom Versicherer vorgenommenen Dokumentierung: Weil im gewerblichen und industriellen Geschäft in der Regel keine Standardprodukte der Versicherungswirtschaft verwendet werden, sondern individuelle Vertragstexte, kommt der Prüfung, ob die Dokumentierung im Versicherungsschein den getroffenen Vereinbarungen entspricht, große Bedeutung zu. Problematisch ist dieser Prüfvorgang, wenn Versicherungsmakler die Dokumentierung für den Versicherer übernehmen. Hier fehlt es an der notwendigen Prüfung, sodass derartige Verträge im Hause des Unternehmens oder von neutralen Dritten überprüft werden sollten.

- Laufende Beratung des Kunden während der Vertragslaufzeit: Zu den Beratungspflichten des Versicherungsmaklers gehört nicht nur die Beratung bei der Auswahl bedarfsgerechten Versicherungsschutzes. Vielmehr ergeben sich für den Kunden aus dem Versicherungsvertrag auch Nebenpflichten, wie Obliegenheiten zum Beispiel im Hinblick auf veränderte Risikoverhältnisse. In diesen Bereich fällt schließlich auch die Beratung zu Präventivmaßnahmen wie zur Vorsorge und Schadenverhütung, zur Vermeidung oder Verminderung von Schäden.

- Unterstützung des Kunden im Schadenfall: Der Versicherungsmakler hat seinen Kunden bei allen Maßnahmen, die für eine abschließende Schadenregulierung notwendig sind, zu unterstützen. Dies beginnt bei der Schadenmeldung, geht über die begleitende Beratung bis hin zur abschließenden Verhandlung mit dem Versicherungsunternehmen. So weit eigene Sachverständige benötigt werden, sollte der Makler bei der Auswahl geeigneter Sachverständiger behilflich sein.

- Befolgung von Weisungen des Kunden: Der Versicherungsmakler ist an alle Weisungen seines Kunden gebunden. Wenn der Kunde die Kündigung eines Versicherungsvertrages oder den Vertragsabschluss bei einem bestimmten Versicherungsunternehmen wünscht, hat der Makler dies auch dann zu tun, wenn er von der Richtigkeit der Entscheidung nicht überzeugt ist. So weit der Versicherungsmakler die Entscheidung seines Kunden für unverantwortlich hält, weil ein nicht unerheblicher finanzieller Verlust droht, hat er diesen darauf hinzuweisen und kann eine Weisung auch ablehnen.

- Laufende Beobachtung des Risikos und der Deckungsangebote im Markt: Alle betrieblichen Veränderungen seines Kunden muss der Versicherungsmakler erfassen und daraufhin überprüfen, ob sich diese auf den Umfang des Versicherungsschutzes auswirken. Änderungen im Versicherungsmarkt, wie günstigere Beiträge oder bessere Vertragsbedingungen, die erzielt werden können, sind für den Kunden zu prüfen. Bei Bedarf ist der Versicherungsschutz entsprechend anzupassen.

Auf den Versicherungsberater treffen die dargestellten Aufgaben ebenso zu, so weit er nicht nur mit der Erstanalyse und Konzeptentwicklung, sondern auch mit der laufenden Betreuung beauftragt ist.

Die aufgezeigten Aufgaben zeigen einen sehr umfangreichen Pflichtenkatalog des Versicherungsmaklers, der damit noch nicht abgeschlossen ist (Vgl. GRIESS/ZINNERT 1997, S. 93 ff.). Dieser Pflichtenkatalog beinhaltet aber nur jene Aufgaben, die sich primär aus der Maklertätigkeit, nämlich der Vermittlung von Versicherungsverträgen, ergeben. Das Risikomanagement erfordert nicht nur vom Unternehmen und Versicherungsberater die Beschäftigung mit auch alternativen Risikofinanzierungsmodellen, sondern ebenso vom qualifizierten Versicherungsmakler.

Die Anforderungen an den klassischen Versicherungsmakler für die gewerbliche Wirtschaft gehen – wie erwähnt – über den dargestellten Pflichtenkatalog hinaus und verlangen eine ebenso umfassende Beratung und Unterstützung beim Umsetzen eines integrierten Risiko- und Versicherungsmanagements. Dies gilt ebenso für den Versicherungsberater. Zu diesem Aufgabenkomplex gehören:

- Beratung und Unterstützung bei der Risikovorsorge: Beratung und Entwicklung von Schutzkonzepten, wie Brandschutz, Schutz vor Einbruchdiebstahl, Sabotage und Vandalismus sowie Unterstützung bei der Bewältigung der Produkthaftungsrisiken und Umweltrisiken.

- Unterstützung beim Schadenmanagement: Versicherungsberater und Versicherungsmakler sollten über alle versicherten und nicht versicherten Schäden, die vom Grundsatz her versichert werden können, informiert werden. Zum einen sollten sie bei der Schadenregulierung behilflich sein, zum anderen bei der Aufstellung der Schadenstatistik mitwirken. Die im Unternehmen zu führende Schadenstatistik sollte immer auch beim Versicherungsberater und Versicherungsmakler vorliegen, weil die Daten zu den Grundlagen der Risikofinanzierung gehören.

- Beratung und Mithilfe bei der Entscheidung für eine alternative Risikofinanzierung: Die Beratung und Mithilfe bei einer alternativen Risikofinanzierung fängt bei der Kalkulation von sinnvollen Selbstbeteiligungen an, geht über die Beratung, wie für nichtversicherte Bereiche finanziell vorgesorgt werden kann, und endet beim Einrichten von Captive-Lösungen für große Industrieunternehmen.

Im Gegensatz zu sonstigen Handelsmaklern muss der Versicherungsmakler ggf. von sich aus tätig werden, um die ihm obliegenden Pflichten aus der Vertragsbetreuung und Versicherungsvermittlung zu erfüllen (Vgl. GRIESS/ZINNERT 1997, S. 93 mit weiteren Verweisen). Diese Tätigkeiten sind mit der Courtage, die er vom Versicherungsunternehmen erhält, abgegolten. Die darüber hinausgehenden Beratungen zur alternativen Risikofinanzierung und Risikovorsorge, die überwiegend technischer und betriebswirtschaftlicher Natur sind, kann er sich gesondert vergüten lassen.

Ein Unternehmer kann vom Versicherungsberater und sollte vom Versicherungsmakler eine umfassende Beratung in allen Fragen der Risikobeherrschung erwarten. Dafür ist es notwendig, dass Versicherungsberater und Versicherungsmakler mit allen Informationen, die für die Beurteilung der Risiko- und Finanzsituation erforderlich sind, ausgestattet werden. Versicherungsberater und Versicherungsmakler führen so zum Beispiel eine Besichtigung aller relevanten Betriebs- und Produktionsbereiche durch und analysieren die Geschäftsberichte mit Bilanz und GuV. Nur wenn alle für eine Risikofinanzierung erforderlichen Daten vorliegen, kann von externen Beratern eine Optimierung der Risikofinanzierung, die nicht mehr nur den Risikotransfer auf Versicherungsunternehmen zum Inhalt hat, erfolgen.

5. Vergütung von Versicherungsberatern und Versicherungsmaklern

Die Vergütungen von Versicherungsberatern und Versicherungsmaklern unterscheiden sich grundlegend. Beim Versicherungsberater erfolgt die Vergütung primär leistungsbezogen, während der Versicherungsmakler für seine reine Maklertätigkeit eine vom Erfolg abhängige Vergütung erhält.

Der Versicherungsberater erhält von seinem Mandanten für die Beratung ein Honorar, dessen Grundlage die Bundesrechtsanwaltsgebührenordnung (BRAGO) ist. Die BRAGO sieht üblicherweise eine Beratungs- und/oder Geschäftsbesorgungsgebühr vor, deren

Höhe durch einen Gegenstandswert bestimmt wird. Weil es für die Versicherungsberatung keinen Gegenstandswert gibt, erfolgt die Vergütung nach dem Zeitaufwand gemäß § 3 BRAGO. Der Versicherungsberater erhält als Honorar einen Stunden- oder Tagessatz. Dieses Honorar wird immer nur dann bezahlt, wenn der Versicherungsberater für seinen Mandanten tatsächlich tätig war. Ein Honorar, das vom Ausgang der Sache abhängig ist, wie nach einem Vertragsabschluss oder als Erfolgshonorar für eingesparte Versicherungsbeiträge, ist dem Versicherungsberater verboten.

Die meisten Versicherungsberater vereinbaren mit den Mandanten feste Stundensätze. Die Stundensätze unterscheiden sich danach, wer für den Mandanten tätig ist. So werden für Tätigkeiten, die von fachlich qualifizierten Sachbearbeitern ausgeführt werden, niedrigere Stundensätze berechnet als für Versicherungsberater mit einer entsprechenden Erlaubnis zur Berufsausübung. Geringere Stundensätze als für Sachbearbeiter gelten für Bürokräfte. Der Mandant erhält je nach Vereinbarung monatlich oder quartalsweise eine Abrechnung mit dem Nachweis der im Einzelnen erbrachten Leistungen.

Die erfolgsabhängige Vergütung taucht gelegentlich ebenfalls bei Unternehmensberatern auf, die mit dem Versprechen antreten, dem Unternehmen Versicherungsbeiträge einzusparen und dafür einen Anteil aus der Ersparnis für ein oder mehrere Jahre erhalten. Vor solchen Angeboten ist zu warnen, weil die damit verbundenen Fehlentwicklungen bei der Risikobeherrschung für ein Unternehmen kaum zu durchschauen sind. Versicherungsbeiträge lassen sich durch Einsparungen beim Versicherungsschutz ebenso senken wie durch die Vereinbarung – auch unrentabler – Selbstbeteiligungen.

Der Versicherungsmakler erhält seine Vergütung, die Courtage, vom Versicherungsunternehmen. Der Versicherungsmakler vereinbart mit dem Versicherungsunternehmen einen Courtagesatz, der je nach Versicherungssparte zwischen 8 % und 40 % des zu zahlenden Beitrags liegt. Ein Courtagesatz von 40 % ist eher selten und kann schon als unseriös betrachtet werden. Im Durchschnitt wird der Industrieversicherungsmakler einen Courtagesatz von 13 % bis 15 % auf alle von ihm verwalteten Versicherungsverträge, sprich Versicherungsbeiträge, erhalten.

Die Courtage wird nach jeder Beitragszahlung durch das versicherte Unternehmen fällig. Wie beim Versicherungsbeitrag, der zum Beginn eines Versicherungsjahres geschuldet wird, erhält der Versicherungsmakler seine Courtage zu Beginn des Versicherungsjahres. Sie fällt auch dann an, wenn der Versicherungsmakler zu einem Versicherungsvertrag oder für den Kunden keine Leistung zu erbringen hat. Der Versicherungsmakler erhält die Courtage selbst dann noch, wenn der Kunde sich längst, möglicherweise auch verärgert, vom Versicherungsmakler getrennt und den Maklervertrag gekündigt hat. Solange kein neuer Versicherungsvermittler für den Vertrag eingetragen ist, führt das Versicherungsunternehmen die Courtage an den Makler ab, der dort zuletzt als zuständiger Vermittler eingetragen ist.

Weil die Höhe der Maklercourtage unabhängig von der Leistung ist, wird es für jedes Unternehmen um so wichtiger, mit dem Versicherungsmakler einen Leistungskatalog zu vereinbaren, aus dem der Umfang der jährlich zu erbringenden Leistungen hervorgeht. Dafür ist es notwendig, dass sich das Unternehmen die Courtagen aufgeben lässt, die der Versicherungsmakler jährlich aus den betreuten Versicherungsverträgen erhält. Nur so ist es dem Unternehmen möglich, einen Überblick über die Kosten der externen Organisation des Versicherungswesens zu erhalten und diese gegebenenfalls mit den Angeboten anderer Anbieter zu vergleichen.

Wie oben dargestellt, sollten vom Versicherungsmakler auch Leistungen erbracht werden, die keine originären Maklerleistungen sind und nicht mit der Maklercourtage abgegolten werden. Für diese technische und/oder betriebswirtschaftliche Beratung unterhalten einige Versicherungsmakler eigene Tochterunternehmen, die diese Leistung erbringen und entsprechend abrechnen. Hier hat sich die Vergütung nach dem Zeitaufwand, wie bei den Versicherungsberatern, durchgesetzt. Aber auch wenn die Zusatzleistungen nicht von separaten Tochterunternehmen ausgeführt werden, ist die direkte Vergütung solcher Leistungen sinnvoll. Häufig lässt sich nicht scharf genug trennen, welche Leistung eine mit der Courtage abgegoltene originäre Maklerleistung ist, und für welche Leistung zusätzlich ein Honorar verlangt werden darf. Bei der Vergütung eines Versicherungsmaklers sollte ebenso wie beim Versicherungsberater die Leistung im Vordergrund stehen. Dafür ist ein Leistungskatalog darüber aufzustellen, welche Aufgaben vom Versicherungsmakler in welchem Umfang zu erbringen sind. Zwischen dem Versicherungsmakler und seinem Kunden kann dann vereinbart werden, ob oder in welchem Umfang die Leistungen über die Maklercourtage vom Versicherungsunternehmen vergütet werden, und in welcher Höhe eine Vergütung darüber hinaus erfolgt, wenn die Maklercourtage ausgeschöpft ist.

Diese Regelung darf jedoch nicht zu einer Honorarvereinbarung führen, die alle Leistungen des Versicherungsmaklers, also auch die eigentliche Vertragsvermittlung, beinhaltet. In diesem Fall wäre die ansonsten mit der Vermittlung verbundene Beratungstätigkeit zumindest für jenen Teil eine verbotene Rechtsberatung, bei dem es um die Prüfung und Gestaltung von Versicherungsverträgen sowie um die Hilfe und die Vertretung im Schadenfall geht. Diese Leistungen darf der Versicherungsmakler nur als Nebenleistung, neben der Vermittlung von Versicherungsverträgen, erbringen. Eine Honorarvereinbarung, die sämtliche Maklerleistungen beinhaltet, ist nach § 134 BGB nichtig und kann zum Rückforderungsanspruch von Seiten des Kunden führen (Vgl. THÜRNAGEL 1997, S. 27).

Besondere Bedeutung hat die klare Vereinbarung zwischen Makler und Kunde bei der Mithilfe bei der Risikofinanzierung. Solange die Risikofinanzierung in Form des klassischen Risikotransfers auf Versicherungsunternehmen erfolgt und die Höhe der Maklervergütung von der Höhe der Risikofinanzierung abhängig ist, kann vom Versicherungsmakler keine Optimierung auch über alternative Risikofinanzierungsformen erwartet werden. Schließlich ist der Versicherungsmakler ebenso wie sein Kunde Gewerbetreibender, dessen primäres Unternehmerinteresse für jedes Handeln die Ertragsoptimierung ist. Den höchsten Ertrag erzielt der Versicherungsmakler bei hohen Courtagen, die sich aus hohen Versicherungsbeiträgen ergeben, und zugleich möglichst niedrigem Service, weil die Personalkosten den größten Kostenfaktor darstellen. Nur wenn ein Versicherungsmakler und sein Kunde verbindliche Regelungen über den Leistungsumfang und die Höhe der Maklervergütung treffen, kann auch eine Mithilfe bei der Optimierung der Risikofinanzierung erwartet werden.

Nicht selten wird es vorkommen, dass die Maklercourtage gegenüber der vom Makler zu erbringenden Leistung unangemessen hoch ist. Eine Rückgabe der Courtage an den Kunden ist dem Versicherungsmakler wegen des nach wie vor gültigen Provisionsabgabeverbots untersagt. Wie lange dieses nach der Liberalisierung des Rabattgesetzes noch Bestand hat, bleibt abzuwarten. Weil die Courtage in den Versicherungsbeitrag, den der Kunde zu zahlen hat, eingerechnet ist, und über diesen ohnehin mit den Versicherungsunternehmen verhandelt wird, kann auch über die Höhe der Vergütung mit dem Versicherungsunternehmen verhandelt werden. Es ist durchaus möglich, einen Courtagesatz von 15 % bei einem hohen Versicherungsbeitrag auf beispielsweise 10 % zu senken, um so zu einer angemessenen Maklervergütung zu kommen.

Auch wenn sich die Vergütung von Versicherungsberatern und Versicherungsmaklern beim ersten Ansehen vom Grundsatz her unterscheiden, kann durch Verhandlungen mit Versicherungsmaklern auch für diese eine leistungsbezogene Vergütung vereinbart werden. Nur so ist es einem Unternehmen möglich, die Kosten für die externe Organisation des Versicherungswesens zu erkennen und zu beurteilen, um neben der zu erwartenden Leistung eine rationale Entscheidung auch in Hinblick auf die Kosten zu treffen.

6. Möglichkeiten und Grenzen von Versicherungsberatern und Versicherungsmaklern bei der Optimierung der Risikofinanzierung

Vom Grundsatz her kann ein Unternehmen sowohl vom Versicherungsberater wie auch vom Versicherungsmakler eine umfassende Unterstützung bei der Risikofinanzierung erhalten. Vom Berufsbild her ist der Versicherungsberater seit jeher mit der optimalen Risikofinanzierung betraut und nutzt den Risikotransfer auf Versicherungsunternehmen für seinen Mandanten immer dann, wenn dies die preiswertere und sinnvollere Alternative ist. Zuvor werden jedoch auch Eigen- oder Fremdfinanzierungsmodelle, von der Kalkulation von Selbstbehalten bis zur bewussten Kreditaufnahme im Schadenfall, geprüft und empfohlen. Letztlich trifft der Unternehmer die Entscheidung für die geeignete Risikofinanzierung.

Auch der Versicherungsmakler kann wie der Versicherungsberater eine umfängliche Beratung zur optimalen Risikofinanzierung vornehmen, stünde ihm nicht die Art seiner Vergütung im Wege. Diese lässt sich jedoch so leistungsorientiert gestalten, dass nicht mehr Höhe und Form der Risikofinanzierung über die Höhe seiner Vergütung bestimmen. Damit der Versicherungsmakler alleiniger Interessenvertreter seines Kunden ist, sollte er sich keine Schadenregulierungsvollmachten erteilen und Vertragspflichten auferlegen lassen. Andernfalls ist er nicht mehr der treuhänderische Sachwalter, der ausschließlich im Lager seines Kunden steht.

Jedes Unternehmen steht in einem sich ständig wandelnden unternehmerischen Umfeld. Deshalb ist es wichtig, neben der internen Organisation des Versicherungswesens insbesondere im Hinblick auf ein integriertes Risiko- und Versicherungsmanagement auf die Spezial- und Marktkenntnisse von Versicherungsmaklern und/oder Versicherungsberatern zurückzugreifen und eine rationale Entscheidung über die externe Organisation des Risiko- und Versicherungsmanagements zu treffen. Die Entscheidung für einen Versicherungsmakler ist in aller Regel eine längerfristige Entscheidung, weil mit dem Maklervertrag ein Dauerschuldverhältnis begründet wird. Der Versicherungsberater kann hingegen auch einzelfallbezogen beauftragt werden, zum Beispiel um die optimale Risikofinanzierung zu ermitteln und danach die Umsetzung mit dem Unternehmen und dessen Makler zu erörtern.

Literaturverzeichnis

ABRAM, N.: Werden in Deutschland gesetzliche Berufsregelungen für Versicherungsvermittler bald Wirklichkeit?, in: Versicherungsrecht, 1998, S. 551 ff.

FALKEN, R.: Der Versicherungsberater als Interessenvertreter des Versicherungsnehmers, in: Basedow, J./Meyer, U./Schwintowski, H.-P. (Hrsg.): Versicherungswissenschaftliche Studien, Band 4, Baden-Baden 1996.

GRIESS, H.-A./ZINNERT, M.: Der Versicherungsmakler: Position und Funktion aus rechtlicher und wirtschaftlicher Sicht, Karlsruhe 1997.

HOECHSTETTER, P.: Der Versicherungsberater, Berufsausübung und Berufszulassung, in: Der Rechtsbeistand, 1984, S. 4 ff.

HOECHSTETTER, P.: Zum Umfang der beruflichen Befugnisse eines Versicherungsberaters, in: Der Rechtsbeistand, 1985, S. 59 ff.

HOECHSTETTER, P.: Der Versicherungsberater, Geschichte und Zukunft, in: Der Rechtsbeistand, 1989, S. 75 ff.

KARLE, N.: Die Honorarberatung durch den Versicherungsmakler, in: Versicherungsrecht, 2000, S. 425 ff.

THÜRNAGEL, K.: Die Zulässigkeit von Honorarvereinbarungs-, Provisionsabgabe- und Nettoprämienmodellen bei der Vergütung des Industrieversicherungsmaklers, Karlsruhe 1997.

VDVM (Hrsg.): Wir über uns, http://www.vdvm.de/german/wir/wir_1.htm, 2002.

Christian Kalhöfer/Uwe-Christian Rücker[*]

Das Selbsttragen industrieller Risiken durch die Bildung bilanzieller Reserven

1. Die Bildung bilanzieller Reserven im Kontext des betrieblichen Risikomanagements
   1.1 Reservenbildung und Risikofinanzierung
   1.2 Rechtliche Rahmenbedingungen

2. Möglichkeiten der bilanziellen Reservenbildung
   2.1 Bildung und Einordnung von bilanziellen Reserven
   2.2 Die Bildung von Rückstellungen im Rahmen der Risikovorsorge
   2.3 Bilanzielle Risikovorsorge durch den Aufbau von Rücklagen

3. Diskussion der Alternativen bilanzieller Risikovorsorge
   3.1 Kritische Würdigung der Rückstellungsbildung
   3.2 Kritische Würdigung der Bildung von Rücklagen

Literaturverzeichnis

---

[*] Dr. Christian Kalhöfer ist wissenschaftlicher Assistent am Lehrstuhl für Finanzdienstleistungen und Finanzmanagement der Universität Kaiserslautern. Dr. Uwe-Christian Rücker ist Leiter der Abteilung Wirtschaftlichkeit und Rechnungswesen im Werk Waiblingen der Robert Bosch GmbH.

1. Die Bildung bilanzieller Reserven im Kontext des betrieblichen Risikomanagements

1.1 Reservenbildung und Risikofinanzierung

Die aktuelle Diskussion über die Risikofinanzierung ist geprägt von den neuen, innovativen Entwicklungen. Stichworte wie „Alternativer Risikotransfer", „Innovative Risikofinanzierung" oder „Hybride Formen der Risikofinanzierung" bilden dabei Schwerpunkte. Wenn auch die Entstehung dieser neuen Formen sicherlich von den Mängeln der traditionellen Risikofinanzierung wesentlich vorangetrieben wird, so stellt sich dennoch die Frage, ob nicht auch mithilfe der klassischen Risikofinanzierung, d.h. über Rückstellungen und Eigenkapital, Impulse für ein modernes Risikomanagement abgeleitet werden können, denn trotz aller innovativen Konzepte bleibt die Notwendigkeit, bestimmte Risiken selbst zu tragen. Bei diesen Risiken handelt es sich um die bewusst übernommenen, auch mit innovativen Konzepten der Risikofinanzierung nicht mehr reduzierbaren Restrisiken, deren finanziellen Folgen das Unternehmen bewältigen muss (Vgl. LUKARSCH 1998, S. 119).

Die Beschäftigung mit dem Selbsttragen von Risiken stellt keinen isolierten Problemkreis dar, sondern muss im Gesamtzusammenhang aus einerseits dem betrieblichen Risikomanagement und andererseits dem Finanzierungsumfeld der Unternehmung gesehen werden. In prozessorientierter Sichtweise kann das unternehmerische Risikomanagement zunächst in drei Prozessstufen unterteilt werden, dabei handelt es sich um die Risikoanalyse, die Risikosteuerung und die prozessbegleitende Kontrolle und Risikonachbereitung. Aufgaben der Risikoanalyse sind die Identifikation und die Bewertung sämtlicher Risiken, denen das Unternehmen ausgesetzt ist. Die Prozessstufe Risikosteuerung umfasst unter Berücksichtigung des Risiko-Chancen-Kalküls und des Risikotragfähigkeitskalküls die möglichen Risikobewältigungsstrategien. In der dritten Stufe geht es darum, die Wirksamkeit der Risikomanagementmaßnahmen, die Richtigkeit der Risikobewertung zu überprüfen und gegebenenfalls Veränderungen des Risikomanagementprozesse herbeizuführen.

Die in der zweiten Stufe angesprochenen Risikobewältigungsstrategien enthalten prinzipiell vier verschiedene Strategien, die im Folgenden kurz vorgestellt werden. Während die drei erstgenannten Strategien zur aktiven Risikobewältigung zählen, umfasst die passive Risikobewältigung – wenn der Fokus der Betrachtungen auf die finanziellen Konsequenzen gerichtet wird – verschiedene Alternativen der Risikofinanzierung. Aktive Risikobewältigung bedeutet, dass eine aktive Gestaltung der Risikostrukturen vorgenommen wird, d.h. es kommt zu einer Verringerung der Eintrittswahrscheinlichkeit und/oder der Tragweite. Demgegenüber bleiben die Risikostrukturen im Rahmen der passiven Risikobewältigung unverändert, vielmehr wird hier Vorsorge betrieben, um Risikoauswirkungen aufzufangen oder die Konsequenzen aus schlagend gewordenen Risiken abwälzen zu können.

- Im Rahmen einer *Risikovermeidungsstrategie* wird das Risiko gänzlich ausgeschaltet, der Risikoeintritt wird also unmöglich. Da eine umfassende Anwendung dieser Maßnahme i.d.R. zu einem Verzicht auf unternehmerische Aktivitäten und demzufolge zu einem Verzicht auf Gewinn führen muss, ist diese Strategie nur für solche Risiken geeignet, die jenseits der vom Unternehmen akzeptierten Grenze liegen.

- Die *Risikominderung* hat die Verringerung der Eintrittswahrscheinlichkeit oder des möglichen Schadenausmaßes zum Ziel. Hierfür stehen eine Reihe von Maßnahmen zur Verfügung, die dem personellen, dem technischen oder dem organisatorischen Bereich zuzuordnen sind.

- *Risikodiversifikation* bewirkt eine Streuung des Gesamtrisikos auf eine größere Anzahl von Einzelrisiken. Sie beruht auf den Erkenntnissen der Portfolio-Theorie von Markowitz. Eine solche Diversifikation kann sich z.B. in regionaler, objektbezogener, produktspezifischer oder personenbezogener Hinsicht manifestieren. Das hieraus resultierende Gesamtrisiko ist dabei geringer als die Summe der Einzelrisiken.

- Die Instrumente der *Risikofinanzierung* nehmen keinen Einfluss auf die Risikostrukturen, sondern greifen erst ein, wenn Risiken schlagend werden und damit finanzielle Konsequenzen verursachen. Neben anderen Formen gehört auch das Selbsttragen von Risiken über die Bildung bilanzieller Reserven zur Risikofinanzierung. Daher soll die Risikofinanzierung im Folgenden genauer betrachtet werden.

Die verschiedenen Instrumente der Risikofinanzierung lassen sich nach traditionellen und innovativen bzw. hybriden Instrumenten systematisieren. Grundsätzlich ist zwischen solchen Instrumenten zu unterscheiden, die ein *Selbsttragen* der finanziellen Auswirkungen eines schlagend gewordenen Risikos zur Folge haben und solchen Instrumenten, denen ein *Risikotransfer* zugrunde liegt (Vgl. z.B. SAUERWEIN/THURNER 1998, S. 38). Gemäß dieser Differenzierung sind zunächst die traditionellen Finanzierungsformen eindeutig zuzuordnen. Hierzu zählen die Bildung von Reserven bzw. Rückstellungen als Form des Selbsttragens sowie Versicherungen und Finanzderivate als klassischer Risikotransfer. Unter den innovativen Formen des Risikotransfers werden die verschiedenen Varianten des Alternativen Risikotransfers, also beispielsweise die Übertragung von Risiken auf den Kapitalmarkt über Risk Bonds, Contingent Capital oder Versicherungsderivate, subsumiert. Hybride Formen der Risikofinanzierung sind durch die Kombination von Risikovorsorge und Risikotransfer gekennzeichnet. Hierzu zählen beispielsweise Captives und Finite-Risk-Deckungen (Vgl. auch Abbildung 1).

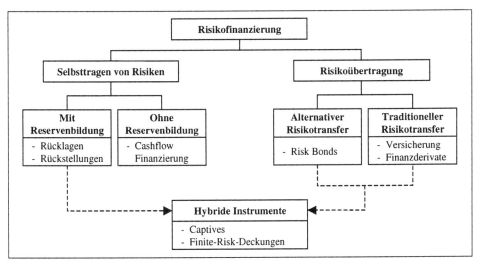

Abbildung 1: Systematik des Instrumentariums der Risikofinanzierung

Während die innovativen Instrumente stark diskutiert werden und hier auch ein relativ dynamischer Entwicklungsprozess zu beobachten ist (Vgl. z.B. BRÜHWILER/STAHLMANN/GOTTSCHLING 1999), kommt den traditionellen Instrumenten im Allgemeinen keine entsprechende Beachtung zu. Die Betrachtung des Selbsttragens ist dennoch von Relevanz, denn beispielsweise nicht transferierbare Restrisiken oder auch Selbstbehalte im Rahmen von Versicherungslösungen müssen über diese Form der Risikofinanzierung abgedeckt werden (Vgl. HÖLSCHER 1999, S. 335).

Wie bereits erwähnt wurde, handelt es sich bei der *Risikofinanzierung* um solche Maßnahmen, die die finanziellen Folgen eines Risikoeintritts bewältigen sollen. Dementsprechend greifen diese Maßnahmen erst dann, wenn das Risiko eingetreten ist und hieraus finanzielle Konsequenzen resultieren. Dies bedeutet allerdings nicht, dass die Risikofinanzierung erst dann eingeleitet wird, wenn der Schaden schon aufgetreten ist. Vielmehr sind mit der Risikofinanzierung schon auf den Zeitpunkt des Schadeneintritts hin Vorkehrungen zu treffen, die es dem Unternehmen erlauben, die finanziellen Folgen des eingetretenen Risikos auf professionelle Risikoträger zu übertragen oder im eigenen finanziellen System selber zu bewältigen (Vgl. NIQUILLE 1986, S. 54). Dabei geht es einerseits um die Bereitstellung der notwendigen Liquidität, andererseits aber auch um die Absicherung möglicher ertragsmäßiger Belastungen.

Insofern geht der Begriff der Risikofinanzierung über den klassischen Finanzierungsbegriff hinaus, denn neben der Kapitalbeschaffung sind hier auch solche Maßnahmen gemeint, die im Schadenfall negative Konsequenzen auf die Ertragslage der Unternehmung verhindern und zu einer ertragsmäßigen Nivellierung beitragen (Vgl. RÜCKER 1998, S. 120).

1.2 Rechtliche Rahmenbedingungen

Die Betrachtung der rechtlichen Rahmenbedingungen ist vor dem Hintergrund zweier Ansatzpunkte interessant.

- Zum einen unterliegt die Bildung bilanzieller Reserven den verschiedenen nationalen bzw. internationalen Vorschriften der Rechnungslegung, sodass für die Bildung bilanzieller Reserven gewisse Grenzen gelten.

- Zum anderen ist mit dem KonTraG gerade das Risikomanagement in den Fokus der Betrachtungen gerückt, was sich zum Beispiel in einer Risikoberichterstattung im Lagebericht niederschlägt (Vgl. z.B. SCHULZE 2001, S. 92). Demnach muss der Lagebericht neben der Darstellung des Geschäftsverlaufs und der Lage auch auf die Risiken der künftigen Entwicklung eingehen (Vgl. LÖW/LORENZ 2001, S. 211).

Die aus dem KonTraG resultierenden Regelungen zur Risikoorientierung der Unternehmen beziehen sich – neben Regelungen zu anderen Problemstellungen – explizit auf das Risikomanagement von Unternehmen. Ein wesentliches Ergebnis des KonTraG ist die Aufnahme des § 91 Abs. 2 ins Aktiengesetz. Danach ist der Vorstand einer Aktiengesellschaft verpflichtet, geeignete Maßnahmen zu treffen, insbesondere ein Überwachungssystem einzurichten, damit den Fortbestand der Gesellschaft gefährdende Entwicklungen frühzeitig erkannt werden. Der Vorstand ist damit verpflichtet, ein Risikomanagementsystem einzurichten. Des Weiteren konkretisieren sich die Vorschriften im Bereich des externen Rechnungswesens. Hier wird den Adressaten des Jahresabschlusses ein Informationsrecht hinsichtlich der Risikolage der Unternehmung eingeräumt, das sich in einer Erweiterung des Lageberichtes um die Darstellung der Risiken der künftigen Entwicklung niederschlägt. Der Risikobericht ist dabei obligatorisch für alle Kapitalgesellschaften und unabhängig davon, ob es sich um ein Einzelunternehmen oder um einen Konzern handelt (Vgl. KREMERS 2002, S. 40).

Nachdem es zunächst Uneinigkeit über die Frage gab, über welche Risiken zu berichten ist, wurden vom Deutschen Rechnungslegungs Standards Committee (DRSC) Standards zur Risikoberichterstattung erarbeitet, die seit Mai 2001 gelten. Diese betreffen die allgemeinen Standards im Deutschen Rechnungslegungs Standard (DRS) 5 und die branchenspezifischen Standards für Kreditinstitute (DRS 5-10) und Versicherungsunternehmen (DRS 5-20). Ohne auf die einzelnen Publizitätsvorschriften im Einzelnen einzugehen bleibt festzuhalten, dass die deutschen Standards auch im Vergleich zu den Vorschriften der internationalen Rechnungslegung einen hohen Detaillierungsgrad aufweisen (Vgl. LÖW/LORENZ 2001).

Bemerkenswert ist im Zusammenhang mit den Vorschriften des KonTraG, dass zwar der Fokus auf das Risikomanagementsystem und die Risikoberichterstattung gelegt wurde, den Unternehmen aber keine zusätzlichen Möglichkeiten der Risikobewältigung, beispielsweise durch veränderte Rechnungslegungsvorschriften, eingeräumt wurden. Auch vor diesem Hintergrund ist die Betrachtung der bestehenden Möglichkeiten des bilanziellen Selbsttragens von Risiken und möglicher Alternativen des Eigenkapitalausweises interessant.

2. Möglichkeiten der bilanziellen Reservenbildung

2.1 Bildung und Einordnung von bilanziellen Reserven

Die Bildung bilanzieller Reserven hat im Gegensatz zum Selbsttragen aus dem laufenden Cashflow den Vorteil, dass die Bewältigung der Folgen eines Schadenfalls nicht allein im Jahr des Eintritts zu leisten ist. Es erfolgt vielmehr eine Vorfinanzierung über mehrere Rechnungsperioden. Der Aufbau bilanzieller Reserven stellt eine Form der *Innenfinanzierung* dar, für deren Zustandekommen zwei Voraussetzungen erfüllt sein müssen: Zum einen ist es erforderlich, dass dem Unternehmen finanzielle Mittel aus dem Umsatzprozess zufließen, zum anderen muss dieser Mittelzufluss größer sein als der ihm gegenüberstehende ausgabewirksame Aufwand.

Für die Bildung bilanzieller Reserven gibt es zwei Alternativen, die entweder die Gewinnermittlung oder die Gewinnverwendung betreffen.

- Im Rahmen der *Gewinnermittlung* werden die Einnahmeüberschüsse vor der Ausschüttung an die Anteilseigner und/oder einer Besteuerung bewahrt, indem beispielsweise die durch die Bildung einer (steuerlich anerkannten) Rückstellung verursachte Aufwandsverbuchung das Jahresergebnis verringert.

- Im Fall der Reservenbildung über die *Gewinnverwendung* werden die finanziellen Mittel vor einer Gewinnausschüttung bewahrt. Teile des festgestellten (und bereits versteuerten) Jahresüberschusses werden hierbei für die Dotierung von Reserven eingesetzt.

Die Abgrenzung der beiden Varianten stellt damit eine Frage der Bilanzierung dar.

Im Vergleich zu anderen Verfahren der Risikofinanzierung weist die Bildung von bilanziellen Reserven insbesondere unter Kosten- und Sicherheitsgesichtspunkten einige Besonderheiten auf, die im Folgenden kurz beleuchtet werden (Vgl. hierzu RÜCKER 1998, S. 199 ff.).

Der Hauptaspekt für die Beurteilung von Kosten und Sicherheit des Selbsttragens liegt im Schadenverlauf. Während das Unternehmen bei einem geringen Schaden im Betrachtungszeitraum von den geringen fixen Kosten profitiert, da beispielsweise keine Versicherungsprämien zu zahlen sind, können sich aus den beim Risikoeintritt entstehenden variablen Kosten große ökonomische Belastungen ergeben. Insbesondere ist hier die Problematik unregelmäßig eintretender Großschäden zu nennen, die zu einer erheblichen

Vergrößerung der Gesamtrisikoposition des Unternehmens führt. Darüber hinaus ist im Schadenfall auch die Schadenbearbeitung und -abwicklung selbst durchzuführen.

Wie bei der Definition des Begriffs „Risikofinanzierung" bereits erläutert wurde, haben die Reserven sowohl eine ertragsmäßige als auch eine finanzielle Funktion zu erfüllen, d.h. die Reserven dienen der Stabilisierung des Ertrags und der Aufrechterhaltung der Liquidität auch bei Schadenfällen. Die Stabilisierung des Ertrags soll erreicht werden, indem den Ertrag belastende Schadenaufwendungen durch die Auflösung der in schadenfreien Jahren gebildeten Reserven ausgeglichen werden. Im Mittelpunkt der finanziellen Funktion steht die liquiditätsmäßige Deckung des Schadens. Da Risiken i.d.R. plötzlich und unvorhergesehen eintreten, müssen die reservierten Mittel kurzfristig zur Verfügung stehen. Um dies zu gewährleisten, kann ein dem Umfang der Reserven entsprechendes Aktivkonto mit liquiden resp. leicht liquidierbaren Vermögensteilen, wie kurzfristigen Kapitalanlagen, aufgebaut werden. Idealerweise sollten diesem Konto im Gleichschritt mit der Entwicklung der Reserven weitere Mittel zugeführt werden. Da die Rendite kurzfristiger Kapitalanlagen meist unter den Eigenkapitalkosten des Unternehmens liegt, entstehen durch die Reservenbildung Kosten in Höhe der Verzinsungsdifferenz. Aus diesem Grund ist die Reservenbildung in der Mehrzahl der Fälle nicht effizient (Vgl. HÖLSCHER 1999, S. 333 f.; NIQUILLE 1986, S. 276; MÜLLER 1979, S. 74)

Im Allgemeinen werden die Reserven aber nicht als solche, im Sinne des Risikomanagements wünschenswerten Liquiditätsreserven aufgebaut, sondern die über die Innenfinanzierung aufgebrachten Mittel werden unspezifisch zur Finanzierung der unternehmerischen Tätigkeit verwendet. Da aber sichergestellt ist, dass ein den Reserven entsprechender Vermögenswert vorhanden ist, wird durch die Reservenbildung prinzipiell dafür gesorgt, dass Schäden in Höhe der Reserven aus unternehmensinternen Mitteln finanziert werden können (Vgl. NIQUILLE 1986, S. 274). Die Reservenbildung trägt dementsprechend zur Stabilisierung der Liquiditätssituation bei.

Allerdings ist unter Sicherheitsgesichtspunkten zu berücksichtigen, dass das Einsparen der sicheren Ausgabe, beispielsweise einer Versicherungsprämie, im Schadenfall zu einem sehr hohen Verlustpotenzial führen kann, da das Unternehmen die eintretenden Schäden eben in vollem Umfang selbst tragen muss. Diesbezüglich ergibt sich ein besonderes Problem, wenn ein Schaden eintritt, bevor die dafür vorgesehene Reserve die kalkulierte Höhe erreicht hat. Dies macht deutlich, dass das Selbsttragen nur für mittlere Risiken angewendet werden sollte, bei denen auch bei einer Versicherungslösung letztlich davon auszugehen ist, dass das Unternehmen seine Schäden in einem überschaubaren Zeitraum selbst bezahlt. Darüber hinaus ist insbesondere im Vergleich zu Versicherungslösungen das Problem mehrerer Schäden in einer Periode zu berücksichtigen. Während die zu bezahlende Versicherungsprämie i.d.R. für jeweils ein Versicherungsjahr gilt und damit auch mehrere Schadenfälle bis zur Höhe der vertraglich festgelegten Deckungssumme gedeckt sind, können innenfinanzierte Reserven im Gegensatz dazu je nach Höhe der Schäden nach dem ersten Schaden aufgebraucht sein.

2.2 Die Bildung von Rückstellungen im Rahmen der Risikovorsorge

Rückstellungen stellen das klassische Instrument der bilanziellen Vorsorge für spezielle Risiken dar (Vgl. HERZIG 1990, S. 1341). Zum Zeitpunkt der Rückstellungsbildung fließen keine finanziellen Mittel ab, da die Auszahlung, wegen der die Rückstellung gebildet wurde, erst zu einem späteren Zeitpunkt anfällt (Vgl. VORMBAUM 1995, S. 412). Der entsprechende Kapitalbetrag steht dem Unternehmen bis zur Auszahlung oder ertragswirksamen Auflösung weiter zur Verfügung.

Bei Rückstellungen handelt es sich um Passivpositionen, mit denen Aufwendungen ausgedrückt werden, deren Bestehen und/oder Höhe unsicher ist, die aber mit ausreichender Sicherheit erwartet werden können (Vgl. PEEMÖLLER/ZWINGEL 1995, S. 41; WÖHE 1997, S. 515). Rückstellungen haben die Aufgabe, Ausgaben, die zwar erst in der Zukunft anfallen, wirtschaftlich aber schon in der Vergangenheit verursacht wurden, vorwegzunehmen und der Periode ihrer Verursachung zuzurechnen. Rückstellungen sind regelmäßig unabhängig von Aktivpositionen. Für Ausgaben, durch die aktivierungsfähige Vermögensgegenstände geschaffen werden, ist eine Rückstellungsbildung ausgeschlossen. Prinzipiell ist gemäß § 252 Abs. 1 Nr. 3 HGB jede Rückstellung und damit jedes Risiko, auf das sich diese bezieht, einzeln zu bewerten. Von diesem Einzelbewertungsgrundsatz darf jedoch nach § 252 Abs. 2 HGB in begründeten Ausnahmefällen abgewichen werden. Solche können sich ergeben, wenn rückstellungspflichtige Risiken vorliegen, diese aber einzelnen Geschäftsvorfällen nicht eindeutig zugeordnet werden können und eine Gruppenbewertung eine objektivere Wertermittlung erlaubt (Vgl. SCHURBOHM-EBNETH 1994, S. 180; GOTTHARDT 1995, S. 104).

Die Bildung von Rückstellungen wird in § 249 HGB geregelt. § 249 HGB enthält aber keine allgemeine Definition der Rückstellung, sondern listet abschließend die Formen von Rückstellungen auf, für die eine Ansatzpflicht oder ein Ansatzwahlrecht besteht. Die dabei genannten Formen lassen sich zu den folgenden drei Kategorien zusammenfassen (Vgl. BACH 1996, S. 66):

- Rückstellungen für ungewisse Verbindlichkeiten gegenüber Dritten, die zum Bilanzstichtag entstanden sind, aber erst in der Zukunft ausgabewirksam werden. Für diese Form, die im Folgenden als *Verbindlichkeitsrückstellung* bezeichnet wird, besteht eine Passivierungspflicht.

- Rückstellungen für drohende Verluste aus einem in der Geschäftsperiode geschlossenen Vertrag, dessen Verpflichtungen noch nicht erfüllt wurden, bei dessen Erfüllung das Unternehmen aber erkennbar einen Verlust erleiden wird. Diese Kategorie kann als *Verlustrückstellung* bezeichnet werden und ist im folgenden nicht von Interesse.

- Rückstellungen für bestimmte Aufwendungen, deren wirtschaftliche Verursachung in der laufenden oder früheren Perioden liegt, die aber erst in der Zukunft zu einer Auszahlung führen und die keinen Anspruch Dritter darstellen. Diese Form wird allgemein als *Aufwandsrückstellung* bezeichnet.

Die Bilanzierung von *Verbindlichkeitsrückstellungen* ist an verschiedene Voraussetzungen gebunden. Eine Bilanzierungspflicht ergibt sich, wenn

- eine Außenverpflichtung vorliegt,
- für die eine ausreichende Konkretisierung und Wahrscheinlichkeit der Inanspruchnahme besteht
- und deren wirtschaftliche Verursachung im abgelaufenen oder einem früheren Geschäftsjahr liegt.

Damit wird deutlich, dass es sich bei der ungewissen Verbindlichkeit nicht um eine Schuld des Unternehmens gegen sich selbst handeln darf. Die Verpflichtung muss von außen an das Unternehmen herangetragen werden. Dabei ist aber nicht notwendig, dass es bei Fälligkeit der Schuld zu Zahlungen an unternehmensexterne Empfänger kommt (Vgl. GOTTHARDT 1995, S. 27). Eine Außenverpflichtung kann auch durch unternehmensinterne Leistungen erfüllt werden. Die Verpflichtung kann aber nur passiviert werden, wenn sie hinsichtlich ihres Inhalts und ihrer Entstehungszeit hinreichend konkretisiert werden kann, d.h. Voraussetzung einer Rückstellungsbildung ist die konkrete Nennung des Risikos oder des drohenden Vermögensverlustes (Vgl. BÄCKER 1989, S. 2073; GOTTHARDT 1995, S. 30). Dabei kommt es insbesondere im Zusammenhang mit öffentlich-rechtlichen Verpflichtungen zu Problemen.

Während außerhalb des öffentlich-rechtlichen Bereichs die Existenz eines entsprechenden Vertrags oder gar ein faktischer Leistungszwang die Verpflichtung ausreichend konkretisieren, fordert der BFH bei öffentlich-rechtlichen Verpflichtungen besondere Konkretisierungserfordernisse (Vgl. HERZIG 1990, S. 1345). Hier liegt eine Konkretisierung erst vor, wenn eine behördliche Verfügung oder Auflage besteht, die ein bestimmtes Handeln vorsieht. Ist dies nicht der Fall, ist die Konkretisierung nur gegeben, wenn sich die Verpflichtung unmittelbar aus einem Gesetz ergibt, in dem eine detaillierte Anweisung für ein bestimmtes, in einem bestimmten Zeitraum durchzuführendes Handeln enthalten ist. Zusätzlich muss bei Nichterfüllung der Anweisung mit einer Sanktionsandrohung zu rechnen sein (Vgl. GOTTHARDT 1995, S. 31; HERZIG 1990, S. 1345). Mit dem Argument, dass Verpflichtungen, die diese Anforderungen erfüllen, hinsichtlich ihrer Existenz sicher seien, d.h. eine Unsicherheit nur hinsichtlich der Höhe besteht, wird dem BFH in der Literatur eine Überobjektivierung vorgeworfen, die zu einem Sonderrecht für öffentlich-rechtliche Verpflichtungen führe (Vgl. HERZIG 1994, S. 71; BARTELS 1992, S. 144).

Eng mit der Konkretisierungsforderung hängt die Frage nach der Wahrscheinlichkeit der Inanspruchnahme zusammen. Verbindlichkeitsrückstellungen unterscheiden sich von Verbindlichkeiten in der Unsicherheit dem Grunde und/oder der Höhe nach, d.h. es ist unsicher, ob und/oder in welcher Höhe die Verbindlichkeit besteht (Vgl. GOTTHARDT

1995, S. 42). Die Unsicherheit dem Grunde nach wirkt dabei in zwei Richtungen: einerseits darf die Verpflichtung nicht völlig sicher sein, sonst müsste eine Verbindlichkeit passiviert werden. Andererseits darf es sich nicht nur um ein vages Risiko handeln. Das Be- oder Entstehen einer Verbindlichkeit muss hinreichend wahrscheinlich sein. Nach BFH-Rechtsprechung kann davon ausgegangen werden, dass eine hinreichende Wahrscheinlichkeit vorliegt, wenn mehr Gründe für als gegen eine zukünftige Belastung sprechen (Vgl. BFH-Urteil vom 1.8.1984, S. 46).

Dritte Voraussetzung der Bildung von Verbindlichkeitsrückstellungen ist die wirtschaftliche Verursachung der Verbindlichkeit in der Vergangenheit. Nur für eine Verpflichtung, die sich auf Vergangenes bezieht und dieses Vergangene gleichzeitig abgilt, ist eine Rückstellung zulässig (Vgl. BÄCKER 1995, S. 505). Ist die ungewisse Verbindlichkeit demgegenüber eng mit künftigen Gewinnchancen verbunden, fehlt es an der wirtschaftlichen Verursachung. Die Grundlage dieser Überlegung liegt im Realisationsprinzip, das in seiner Anwendung auf die Passivseite die Passivierung sämtlicher künftiger Ausgaben fordert, die bis zum Bilanzstichtag realisierte Umsätze alimentiert haben (Vgl. HERZIG 1990, S.1344).

Da die Zielsetzung der Rückstellungsbildung in einer periodengerechten Aufwandserfassung liegt, muss der zur Erfüllung der ungewissen Verbindlichkeit notwendige Betrag in der Periode der Auszahlung bilanziell zur Verfügung stehen. Ansonsten wird diese Periode in ungerechtfertigter Weise mit Aufwand belastet (Vgl. GOTTHARDT 1995, S. 120). Für die Aufbringung dieses Betrags kann zwischen Ansatz- und Ansammlungsrückstellungen unterschieden werden. Während bei Ansatzrückstellungen der volle mutmaßliche Erfüllungsbetrag in einer Periode zurückgestellt wird, kann der voraussichtlich erforderliche Betrag bei Ansammlungsrückstellungen – der wirtschaftlichen Verursachung der jeweiligen Perioden entsprechend – bis zum Zeitpunkt der Auszahlung angesammelt werden (Vgl. BARTELS 1992, S. 195).

Dem Grundsatz der Maßgeblichkeit der Handelsbilanz für die Steuerbilanz entsprechend, führt die handelsrechtliche Passivierungspflicht für Verbindlichkeitsrückstellungen dazu, dass auch steuerrechtlich eine Passivierungspflicht besteht, die Rückstellungsbildung wird also auch steuerlich als Aufwand anerkannt (Vgl. BAETGE/KIRSCH/THIELE 2001, S. 369). Die Bildung von Verbindlichkeitsrückstellungen führt dementsprechend zu einer Minderung des ertragsteuerpflichtigen Gewinns und damit zur Bildung unversteuerter Reserven.

Charakteristisches Element der *Aufwandsrückstellungen* ist das Fehlen der Außenverpflichtung. Die Tatbestandsmerkmale der Konkretisierung und der Wahrscheinlichkeit der Inanspruchnahme gelten demgegenüber auch bei Aufwandsrückstellungen. Allerdings verdeutlicht die in § 249 HGB enthaltene Forderung, nach welcher der Ausgabenfall wahrscheinlich oder sicher sein muss, dass für die Passivierungsfähigkeit von Aufwandsrückstellungen eine höhere Wahrscheinlichkeit der Inanspruchnahme gefordert wird als für Verbindlichkeitsrückstellungen (Vgl. GOTTHARDT 1995, S. 82). Es muss sich um Ausgaben handeln, denen sich das Unternehmen nicht entziehen kann (Vgl. BT-

DRUCKSACHE 10/4268 1985, S. 99). Da durch die Aufwandsrückstellungen konkrete künftige Aufwendungen, die keine Verpflichtung Dritten gegenüber darstellen, vorweggenommen werden, besteht über die Verbindlichkeitsrückstellungen hinaus eine Möglichkeit zur unternehmerischen Risikovorsorge (Vgl. SCHEFFLER 1989, S. 180). Durch die Verringerung des ausschüttungsfähigen Gewinns entlasten sie die Ergebnisse künftiger Geschäftsjahre.

Die Zukunftsorientierung macht deutlich, dass bei der Bildung von Aufwandsrückstellungen das Realisationsprinzip keine Anwendung findet, und die wirtschaftliche Verursachung in der Vergangenheit nicht wie bei den Verbindlichkeitsrückstellungen in der engen Auslegung vorausgesetzt wird. Die wirtschaftliche Verursachung in der Vergangenheit wird hier nicht nur dann gesehen, wenn die Aufwendungen vergangene Erträge alimentiert haben, sondern es reicht aus, wenn die Ausgaben auf Dispositionen der vergangenen Geschäftsjahre zurückzuführen sind (Vgl. GOTTHARDT 1995, S. 89). Dies ist durch Geschäftspläne, Sitzungsprotokolle etc. nachzuweisen.

Im § 249 Abs. 1 und 2 werden zwei Arten von Aufwandsrückstellungen unterschieden, und zwar solche, für deren Passivierung eine *Pflicht* besteht, und solche, für die ein *Passivierungswahlrecht* gilt. Die Passivierungspflicht bezieht sich auf Aufwendungen für Instandhaltung, die innerhalb von drei Monaten oder auf Abraumbeseitigung, die im folgenden Geschäftsjahr nachgeholt werden. Demgegenüber gilt das Wahlrecht für Aufwendungen für Instandhaltung im folgenden Geschäftsjahr und genau umschriebenen Aufwand, der in der Vergangenheit verursacht wurde und dessen Eintritt wahrscheinlich ist. Da nach Abschnitt 31c Abs. 1 Satz 2 EStR für handelsrechtliche Passivierungswahlrechte steuerrechtlich ein Passivierungsverbot besteht, werden Aufwandsrückstellungen für Instandhaltung und genau umschriebenen Aufwand, der im folgenden Geschäftsjahr nachgeholt wird, steuerrechtlich nicht anerkannt. Damit lassen sich nur handelsbilanziell begründete Ansprüche wie Gewinnausschüttungen, nicht jedoch ertragsteuerliche Zahlungen vermeiden. In der Literatur werden allerdings Forderungen nach einer Änderung des Handelsbilanzrechts zugunsten einer Passivierungspflicht für alle Aufwandsrückstellungen laut (Vgl. BACH 1996, S. 117). Letztendlich kommen somit aufgrund der etwas schwächeren Abgrenzung lediglich die in § 249 Abs. 2 genannten Aufwandsrückstellungen für eine Risikovorsorge in Frage.

2.3 Bilanzielle Risikovorsorge durch den Aufbau von Rücklagen

Der Aufbau von Rücklagen kann entweder im Rahmen der *Gewinnermittlung* im Form von stillen Rücklagen oder im Rahmen der *Gewinnverwendung* in Form von offenen Rücklagen erfolgen. Stille Rücklagen sind Teile des Eigenkapitals, sie erscheinen jedoch nicht in der Bilanz und sind damit von außen nicht erkennbar. Die Bildung stiller Reserven kann zum einen durch die Unterbewertung von Aktiva bzw. die Unterlassung von Aktivierungen und zum anderen durch die Überbewertung von Passiva erfolgen. Die stillen Rücklagen erhöhen damit zwar nicht das bilanzielle, wohl aber das effektive Eigenkapital. Nach der Art ihrer Entstehung können

- *gesetzliche Zwangsreserven*, die aufgrund der Beachtung der gesetzlichen Bilanzierungs- und Bewertungsvorschriften entstehen,
- *Dispositions- bzw. Ermessensreserven*, die aus eingeräumten Wahlrechten hinsichtlich Bilanzierung, Bewertung oder Bilanzansatz bzw. aufgrund der Unsicherheit bei Schätzungen resultieren,
- sowie *Willkürreserven*, die auf Verstöße gegen Rechnungslegungsvorschriften zurückzuführen sind,

unterschieden werden. Da stille Reserven als Eigenkapitalteile dem Gläubigerschutz sowie der Substanzerhaltung dienen und über ihre Bildung und Auflösung eine geräuschlose und planmäßige interperiodische Kompensation von Ertragsschwankungen betrieben werden kann, erfüllen sie in zentralem Maße die Funktion von Risikokapital und erhöhen die allgemeine Risikotragfähigkeit des Unternehmens (Vgl. HÖLSCHER 1995, S. 46). Sie dienen i.d.R. aber keiner spezifischen Risikovorsorge und werden ohne Bezug zu speziellen Risiken gebildet.

Im Rahmen der Gewinnverwendung können Rücklagen des Weiteren durch die Einbehaltung von Gewinnen und deren Einstellung in die *offenen Rücklagen* gebildet werden. Offene Rücklagen werden bei Unternehmen mit nominell fest gebundenem Haftungskapital auf der Passivseite der Bilanz als gesonderte Bilanzpositionen ausgewiesen. Interne Reserven in Form offener Rücklagen entstehen einerseits durch die Zuführung von Eigenkapital über das garantierte Haftungskapital hinaus. Andererseits besteht die hier im Mittelpunkt stehende Möglichkeit, Rücklagen im Rahmen der Gewinnverwendung durch die sog. Selbstfinanzierung, d.h. die Thesaurierung ausgewiesener und um Steuern gekürzter Gewinne zu bilden (Vgl. SCHIERENBECK 2000, S. 595 f.). Die Reservenbildung erfolgt dabei durch die Einstellung der einbehaltenen Gewinne in die offenen Rücklagen.

Den offenen Rücklagen steht kein gesonderter Gegenposten auf der Aktivseite gegenüber (Vgl. WÖHE 1997, S. 594). Sie werden wie das gesamte Kapital durch die Gesamtheit aller Vermögenswerte gedeckt, also nicht gesondert angelegt oder verwaltet. Die Rücklagen werden gegen auftretende Verluste aufgerechnet, bevor das gezeichnete Kapital eingesetzt werden muss. Da die Rücklagen damit das nominell ausgewiesene Haftungskapital schützen, erhalten sie den Charakter von Garantieposten für Gläubiger. Die Rücklagenbildung bewirkt damit eine Stärkung des bilanziellen Eigenkapitals und dessen Voraushaftungsfunktion. Da eintretende Verluste zunächst mit dem Eigenkapital verrechnet werden, wird eine Verlustvorsorge erzielt. Rücklagen übernehmen dabei die Rolle eines variablen Puffers zum Ausgleich von Verlusten, bevor das gezeichnete Kapital und das Fremdkapital vermindert werden.

Die Bildung von Reserven über Rücklagen ist dadurch gekennzeichnet, dass es sich um Beträge nach Steuern handelt. Da die Rücklagenbildung den Periodenerfolg, d.h. die

Bemessungsgrundlage der Ertragsteuern, nicht verkürzt, sondern Gewinnverwendung darstellt, sind die Reserven aus dem versteuerten Gewinn zu bilden. Die Bildung offener Rücklagen mindert nur den Teil des Jahresüberschusses, der zur Ausschüttung zur Verfügung steht: den Bilanzgewinn. Durch die fehlende steuerliche Abzugsfähigkeit der Zuführungen zu den Reserven wird das Selbsttragen durch Rücklagenbildung im Vergleich zur Reservenbildung im Rahmen der Gewinnermittlung verteuert. Daraus resultiert ein in der Literatur im allgemeinen besonders hervorgehobener Kostennachteil des eigenkapitalbasierten Selbsttragens (Vgl. NIQUILLE 1986, S. 309).

Die Bildung und Auflösung offener Rücklagen regelt zunächst § 272 Abs. 2-4 HGB rechtsformunabhängig für alle Kapitalgesellschaften. Zusätzliche Vorschriften für Aktiengesellschaften ergeben sich aus dem Aktiengesetz (AktG) und für GmbHs aus dem GmbH-Gesetz. Die folgende Abbildung 2 gibt einen Überblick über die Formen der offenen Rücklagen.

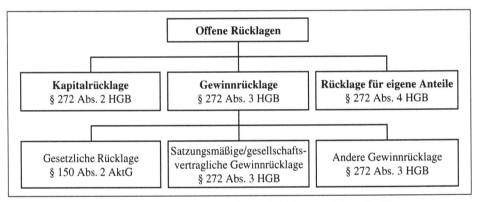

Abbildung 2: Systematik der offenen Rücklagen (Vgl. WÖHE 1997, S. 575)

Die offenen Rücklagen gliedern sich in Kapitalrücklagen und Gewinnrücklagen. Daneben sind bei Kapitalgesellschaften Rücklagen für eigene Anteile zu bilden, wenn das Unternehmen eigene Anteile erwirbt. Die Kapitalrücklagen umfassen alle Einlagen, die kein gezeichnetes Kapital darstellen, beispielsweise das Agio, das bei der Ausgabe von Anteilen über den Nennbetrag hinaus erzielt wurde. Zu den Gewinnrücklagen zählen Beträge, die in vergangenen Geschäftsjahren aus dem Ergebnis gebildet wurden. Dabei ist zwischen gesetzlich und satzungsmäßig vorgeschriebenen Rücklagen und den anderen Rücklagen, d.h. freiwillig gebildeten Rücklagen, zu unterscheiden (Vgl. SCHIERENBECK 2000, S. 533).

Die Kapitalrücklage und die gesetzliche Rücklage dienen durch ihre Ausschüttungssperrfunktion der Verlustabdeckung und sollen verhindern, dass im Verlustfalle sofort das Grundkapital angegriffen wird. Aktiengesellschaften müssen eine gesetzliche Rücklage aufbauen, die zusammen mit der Kapitalrücklage mindestens 10 % des Grundkapitals umfasst. Bis diese Schwelle erreicht ist, dürfen die gesetzliche Rücklage und die Kapitalrücklage nur zum Ausgleich eines Jahresfehlbetrags oder eines Verlustvortrags aufgelöst werden. Voraussetzung dafür ist allerdings, dass zuvor alle anderen offenen Rücklagen aufgelöst worden sind. Im Hinblick auf die spezielle Risikovorsorge mittels Rücklagen wird damit deutlich, dass eine Verlustvorsorge im Rahmen der gesetzlich *erzwungenen* Rücklagenbildung durch die Bestimmungen zu den Kapitalrücklagen und den gesetzlichen Gewinnrücklagen nicht zweckgebunden und nur im Sanierungsfall wirksam ist (Vgl. z.B. VORMBAUM 1995, S. 227 ff.).

Die Bildung der satzungsmäßigen Rücklage wird durch die Satzung der Gesellschaft vorgeschrieben, sie kann auch nur nach deren Bestimmungen wieder aufgelöst werden. In diesem Zusammenhang besteht durch Beschluss der Hauptversammlung die Möglichkeit, in die Satzung einen Zwang zur Bildung zweckgebundener Rücklagen aufzunehmen. Über die Satzung einen Zwang zur Bildung einer Rücklage für die allgemeine Risikovorsorge einzurichten, erscheint allerdings aus zwei Gründen nicht zweckmäßig. Zum einen ist, wenn das Eigenkapital als Risikokapital interpretiert wird, kein signifikanter Unterschied zu den gemäß der bestehenden Möglichkeiten zu bildenden Rücklagen zu erkennen. Zum anderen wird durch die erzwungene Rücklage der ausschüttungsfähige Bilanzgewinn geschmälert, sodass es fraglich erscheint, ob sich die an einer Dividende interessierten Aktionäre freiwillig diesem Zwang unterwerfen. Aufgrund der genannten Einschränkungen verbleiben nur die anderen Gewinnrücklagen für den Aufbau eines bilanziellen Deckungspotenzials. Andere Gewinnrücklagen können von den geschäftsführenden Organen prinzipiell – unter Berücksichtigung der gesetzlichen Vorschriften – nach freiem Ermessen gebildet und wieder aufgelöst werden. Die Bildung kann sowohl mit besonderer Zweckbestimmung als auch zweckfrei erfolgen. Im hier betrachteten Zusammenhang besteht somit die Möglichkeit, als besondere Zweckbestimmung die Risikovorsorge anzusetzen. Grundsätzlich gilt aber auch hier, dass die Rücklagen ohnehin als Risikokapital anzusehen sind.

3. Diskussion der Alternativen bilanzieller Risikovorsorge

3.1 Kritische Würdigung der Rückstellungsbildung

Die Ausführungen zu den *Rückstellungen* haben gezeigt, dass ihrer Bildung in erster Linie aufgrund der restriktiven gesetzlichen Vorgaben relativ enge Grenzen gesetzt sind.

Zunächst wird in § 249 HGB der Kreis der handelsrechtlich zulässigen Rückstellungen abschließend aufgezählt. Dies bedeutet im Umkehrschluss, dass für andere als die dort genannten Zwecke keine Rückstellungen gebildet werden können. Immerhin lässt der Gesetzgeber handelsrechtlich sowohl Verbindlichkeits- wie auch Aufwandsrückstellungen zu (Vgl. COENENBERG 2000, S. 343). Da für die Verbindlichkeitsrückstellungen und die Aufwandsrückstellungen mit Ausnahme der Rückstellungen für bestimmte Aufwendungen gem. § 249 Abs. 2 HGB der Zweck ihrer Bildung aus dem Gesetzestext hervorgeht, bieten sie, wie bei der Beschreibung der schon aufgezeigt wurde, praktisch keine Ansatzpunkte für eine generelle Risikovorsorge (Vgl. HÖLSCHER 1999, S. 335).

Eine Ausnahme hiervon bilden möglicherweise die bereits erwähnten Aufwandsrückstellungen nach § 249 Abs. 2 HGB, die unter Berücksichtigung von bestimmten Voraussetzungen von jedem Kaufmann gebildet werden dürfen. Da diese allerdings zu den Aufwandsrückstellungen zählen, weisen sie gegenüber den Verbindlichkeitsrückstellungen die Besonderheit auf, dass aufgrund ihres Charakters als Bilanzierungshilfe ein Ansatz in der Steuerbilanz nicht möglich ist (Vgl. z.B. BIEG/KUSSMAUL 1993, S. 79; COENENBERG 2000, S. 363). Die steuerliche Vorteilhaftigkeit der Reservenbildung im Rahmen der Gewinnermittlung zeigt sich aber gerade in einer Aufwandsverbuchung, die das Jahresergebnis verringert, denn durch die Gewinnkürzung unterliegt die Rückstellungsbildung nicht der Ertragsteuer. Damit wird deutlich, dass der Vorteil des Aufbaus eines Risikodeckungspotenzials durch Rückstellungen geringer ist, wenn die Rückstellungen nur handelsrechtlich, aber nicht steuerrechtlich anerkannt werden. Der Finanzierungseffekt dieser Maßnahme ist daher um den fehlenden Steuereffekt niedriger als bei einer steuerlich anerkannten Rückstellung. Der Vorteil liegt nur noch darin, dass die den Gewinn mindernden Zuführungen zu den Rückstellungen den ausschüttungsfähigen Gewinn mindern.

Trotz des genannten Nachteils könnte aber zumindest der verminderte Finanzierungseffekt der Aufwandsrückstellung genutzt werden. In diesem Zusammenhang stellt sich dann das Problem als weitaus schwerwiegender dar, dass Rückstellungen eben erst dann gebildet werden dürfen, wenn eine Inanspruchnahme erkennbar, wahrscheinlich und auch tatsächlich quantifizierbar ist (Vgl. BRÜHWILER/STAHLMANN/GOTTSCHLING 1999, S. 23). Es dürfte daher für die meisten Risiken aufgrund der fehlenden Konkretisierung nicht möglich sein, Einzelrückstellungen für drohende Schäden zu bilden. Die Formulierung in § 249 Abs. 2 HGB, nach der eine genaue Umschreibung der Aufwendung notwendig ist, soll ja gerade verhindern, dass die Rückstellungen für eine allgemeine Risikovorsorge missbraucht werden (Vgl. Vgl. BAETGE/KIRSCH/THIELE 2001, S. 369; BITZ/SCHNEELOCH/WITTSTOCK 2000, S. 139). Ein weiteres Problem besteht darin, dass, auch wenn tatsächlich eine hinreichende Konkretisierung vorläge, i.d.R. eine Ansatzrückstellung zu bilden wäre. Eine ratierliche Bildung der Gesamtsumme durch Ansammlungsrückstellungen und damit der sukzessive Aufbau einer Verlustvorsorge wäre dann nicht möglich. Damit führt die Rückstellungsbildung letztendlich zwar zu einer periodengerechten, aber einmaligen Aufwandserfassung. Die mit einer Reservenbildung verfolgte Zielsetzung einer Vorfinanzierung kann auf diese Weise nicht gelingen. Der Schaden ist vielmehr allein in einem Jahr zu finanzieren, jedoch nicht im Jahr der Auszahlung, sondern im Jahr der Rückstellungsbildung (Vgl. RÜCKER 1998, S. 224).

Ein weiterer Punkt, der gegen die Bildung von Rückstellungen spricht, ist in der zunehmenden Orientierung an den *internationalen Rechnungslegungsvorschriften*, beispielsweise die International Accounting Standards (IAS) oder die US-amerikanischen Generally Accepted Accounting Principles (US-GAAP), zu sehen. Aufgrund der Betonung der Informationsfunktion der Rechnungslegung sind diese Vorschriften zur Rückstellungsbildung wesentlich restriktiver als die nationalen, d.h. Rückstellungen werden tendenziell noch später als in Deutschland gebildet. Während nach deutschem Handelsrecht eine Rückstellung zu bilden ist, wenn mehr Gründe für als gegen eine Inanspruchnahme sprechen, darf eine Schuld nach den internationalen Standards erst dann passiviert werden, wenn mit dem Eintritt des Ereignisses fast sicher gerechnet werden muss (Vgl. RÜCKER, 1998, S. 227). Aufwandsrückstellungen, die oben als mögliche Alternative identifiziert wurden, dürfen bei Bilanzierung nach internationalen Standards gar nicht gebildet werden (Vgl. COENENBERG 2000, S. 363).

Zusammenfassend lässt sich also feststellen, dass dem bilanziellen Selbsttragen von Risiken über Rückstellungen sehr enge Grenzen gesetzt sind, weshalb als Alternative auf die Rücklagenbildung zurückzukommen ist.

3.2 Kritische Würdigung der Bildung von Rücklagen

Werden zunächst die *stillen Rücklagen* betrachtet, so ist festzustellen, dass diese im internationalen Vergleich eine deutsche Besonderheit darstellen. Stille Reserven sind prinzipiell dazu geeignet, die finanziellen Folgen von Risikoeintritten abzufedern. Verluste können ohne Inanspruchnahme von offenen Rücklagen ausgeglichen werden, dadurch verleihen stille Reserven dem Unternehmen Widerstandskraft in Krisen und dienen der Substanzerhaltung, außerdem wird das Vertrauen in die Unternehmung nicht beeinträchtigt. Aus einer unternehmensinternen Sichtweise erscheinen stille Reserven daher als für die Risikofinanzierung gut geeignete Instrumente. Die betriebswirtschaftliche Theorie steht den stillen Reserven allerdings eher kritisch gegenüber, da die Aussagekraft der Bilanz dadurch wesentlich beeinträchtigt wird. Beispielsweise sind folgende Kritikpunkte zu nennen (Vgl. KREMIN-BUCH 2001, S. 158 f.):

– Die Vergleichbarkeit von Jahresabschlüssen und die richtige Darstellung der Vermögenslage am Bilanzstichtag sind nicht gewährleistet.

– Die Auflösung von stillen Reserven wird oftmals als Grund dafür angesehen, dass Unternehmenskrisen von externen Bilanzlesern zu spät erkannt und daher Maßnahmen zu spät ergriffen werden.

– Über die Bildung und Auflösung von stillen Reserven wird income management bzw. income smoothing betrieben. Gewinne können auch dann ausgewiesen werden, wenn schon Verluste entstanden sind.

In der internationalen Rechnungslegung haben sich die genannten Kritikpunkte derart niedergeschlagen, dass im Rahmen dieser Vorschriften die Legung von stillen Reserven so weit wie möglich verhindert wird (Vgl. BRÜHWILER/STAHLMANN/GOTTSCHLING 1999, S. 23; SPRIßLER 2001, S. 204). Der prinzipiellen Eignung von stillen Reserven zur Risikovorsorge stehen somit gewichtige Argumente gegen ihre Bildung gegenüber, sodass ihrem Einsatz eher kritisch zu begegnen ist.

Die Variante der Bildung *offener Rücklagen* ist zunächst vor dem Hintergrund des häufig vorgetragenen Argumentes der höheren Kosten anzusprechen, die aufgrund der Tatsache entstehen, dass die Rücklagen aus dem versteuerten Gewinn gebildet werden, während die Bildung von Rückstellung steuerlich als Aufwand anerkannt wird. Insofern wird die Bildung von Eigenkapital in Form von Rücklagen steuerlich „diskriminiert". Dieses Argument relativiert sich allerdings, wenn auch die Auflösung der entsprechenden Reserven in die Überlegungen mit einbezogen wird. Die Auflösung von Rücklagen ist ergebnisneutral, da diese erst nach der Feststellung des Jahresüberschusses erfolgt. Dem aufgrund der Auflösung entstehenden steuerfreien Ertrag steht der Aufwand für den aufgetretenen Schaden gegenüber, der den Jahresüberschuss und damit die Steuerlast mindert. Letztendlich führt diese Konstruktion also zu einer Steuerersparnis im Jahr des Schadeneintritts. Im Fall der Bildung von *Rückstellungen* stellt sich die steuerliche Situation anders dar. Die Rückstellungen wurden in den Jahren vor dem Schadeneintritt gebildet. Sie haben den zu versteuernden Gewinn und damit die Steuerlast verringert. In dem Jahr, in dem ein Schaden eingetreten ist, stehen den Erträgen aus der Auflösung der Rückstellung die Aufwendungen für den Schadenfall gegenüber, was in der Summe ergebnisneutral ist und daher keinen Einfluss auf die Höhe der Steuerzahlung hat. Der steuerliche Effekt entsteht im Fall der Rückstellungsbildung also letztendlich aufgrund der Tatsache, dass die Rückstellung vor dem Schadenfall gebildet wurde und somit eine Steuerstundung in Anspruch genommen werden kann. Ein Erfolg entsteht aus dieser Konstruktion aufgrund des Zinseffektes und für den Fall, dass die Steuersätze in der Zukunft niedriger sind als bei der Bildung der Rückstellung. Im Vergleich mit der Bildung von Rücklagen ist der Vorteil der steuerlichen Anerkennung somit zu relativieren (Vgl. RÜCKER 1998, S. 233).

Ein weiterer wichtiger Aspekt liegt in den widersprüchlichen Anforderungen an die Höhe des Eigenkapitals, die sich aus Risiko-Rendite-Überlegungen ergeben. Prinzipiell wird dem Eigenkapital die Funktion als Risiko- oder Haftungskapital beigemessen (Vgl. z.B. BRÜHWILER/STAHLMANN/GOTTSCHLING 1999, S. 23; PERRIDON/STEINER 2002, S. 353). Diese Interpretation zeigt sich beispielsweise in den aufsichtsrechtlichen Vorschriften im Bereich der Finanzdienstleistungsunternehmen, bei denen Risiken mit Eigenkapital unterlegt werden müssen (Vgl. hierzu z.B. SCHIERENBECK/HÖLSCHER 1998, S. 120 ff. und 239 ff.), in der Definition von Risikodeckungsmassen moderner Risikomanagementsysteme, die i.d.R. auf Eigenkapitalbestandteilen beruhen (Vgl. z.B. SCHIERENBECK/LISTER 2002, S. 356) oder auch in der Beurteilung der Kreditwürdigkeit von Unternehmen. Diese Betrachtungsweise legt nun nahe, dass mit dem Eingehen von Risiken auch die Eigenkapitalbasis ständig vergrößert werden müsste. Obwohl dem prinzipiell zuzustimmen ist, resultieren hieraus möglicherweise Probleme beispielsweise in Form einer sinkenden Eigenkapitalrendite. Gemäß dem vielfach verfolgten Shareholder-Value-Prinzip ist es die Zielsetzung der Unternehmung, die Eigenkapitalrendite größer als die vom Kapitalmarkt geforderte Rendite zu halten. Mit anderen Worten steht nicht die bloße Ausweitung des Eigenkapitals, sondern die Optimierung des Eigenkapitals unter Berücksichtigung von Ertrags- und Risikogesichtspunkten im Mittelpunkt der Eigenkapitaldisposition (Vgl. ROLFES 2001, S. 216). Dies muss beim Aufbau von Eigenkapital in Form von Rücklagen berücksichtigt werden.

Eine Sonderstellung nimmt im Rahmen der Rechnungslegung von Kreditinstituten der *Fonds für allgemeine Bankrisiken* ein. Der Fonds dient der offenen Darstellung der versteuerten Pauschalwertberichtigungen und erlaubt es gemäß § 340g HGB den Kreditinstituten, zur Sicherung gegen die allgemeinen Bankrisiken in offener Form Risikovorsorge zu betreiben, soweit dies nach vernünftiger kaufmännischer Beurteilung wegen der besonderen Risiken des Geschäftszweigs der Kreditinstitute notwendig ist. Da die Zuführungen zu diesem Fonds aus dem versteuerten Gewinn geleistet werden, d.h. steuerlich als Aufwand nicht anerkannt werden, weist der Fonds für allgemeine Bankrisiken starke Parallelen zu den Gewinnrücklagen auf und hat eindeutig Eigenkapitalcharakter (Vgl. SCHIERENBECK/HÖLSCHER 1998, S. 124 und 841). Die Dotierung des Fonds für allgemeine Bankrisiken erfolgt jedoch im Rahmen der Gewinnermittlung, analog zur Bildung von Aufwandsrückstellungen.

Es wäre denkbar, in Analogie dazu einen solchen *Fonds für allgemeine Geschäftsrisiken* zuzulassen, um den Unternehmen die Möglichkeit einer gezielten Risikovorsorge zu geben, wie es beispielsweise für Umweltrisiken bereits angedacht wurde (Vgl. RÜCKER 1998, S. 230 ff.). Materiell weist ein solcher Fonds allerdings keine Unterschiede zu den Gewinnrücklagen auf, auch die Bildung geschieht – obwohl die Dotierung des Fonds im Rahmen der Gewinnermittlung erfolgt – aufgrund der steuerlichen Nichtanerkennung praktisch ebenfalls als Maßnahme der Gewinnverwendung (Vgl. BIEG 1999, S. 485). Dennoch gibt es entscheidende Unterschiede. Durch die Reduzierung der potenziellen Ausschüttung entsteht prinzipiell der gleiche Finanzierungseffekt wie bei der Bildung einer Aufwandsrückstellung, allerdings ohne dass die restriktiven Vorschriften der

Rückstellungsbildung Anwendung finden müssen. Vielmehr kann das Management bei den Zuführungen zu diesem Fonds im Rahmen einer „vernünftigen kaufmännischen Beurteilung" frei disponieren, während bei der Dotierung der Gewinnrücklagen die Zustimmung der Hauptversammlung erforderlich ist (Vgl. SÜCHTING/PAUL 1998, S. 320). Ein weiterer Vorteil läge zudem in der größeren Transparenz der im Jahresabschluss enthaltenen Informationen, denn anhand der Dotierung könnte die Risikolage des Unternehmens durch die Unternehmensführung besser eingeschätzt werden als über die zweckfrei zu bildenden Gewinnrücklagen. Auch eine Auflösung des Fonds wäre nicht willkürlich möglich. Die Bildung eines solchen Fonds könnte möglicherweise auch zu einer größeren Sensibilisierung des Managements für die Notwendigkeit des Risikomanagements im Allgemeinen und die Bildung von Reserven im Speziellen beitragen. Die Einführung eines Fonds für allgemeine Geschäftsrisiken stellt somit eine überlegenswerte Alternative dar. Er macht allerdings nur bei einer Integration in die internationalen Vorschriften zur Rechnungslegung Sinn.

Literaturverzeichnis

BACH, A.: Umweltrisiken im handelsrechtlichen Jahresabschluß und in der Steuerbilanz – Einschließlich der Bewertung der Rückstellungen, Stuttgart 1996

BÄCKER, R. M.: Rückstellungen für die Altlastensanierung, in: Betriebs-Berater, Heft 10, 1995, S. 503-513.

BÄCKER, R. M.: Rückstellungen für die Beseitigung von Altlasten und sonstigen Umweltschäden, in: Betriebs-Berater, Heft 30, 1989, S. 2071-2078.

BAETGE, J./KIRSCH, H.-J./THIELE, S.: Bilanzen, 5. Auflage, Düsseldorf 2001

BARTELS, P.: Umweltrisiken und Jahresabschluß, Frankfurt am Main 1992

BFH-Urteil I R 88/80 vom 1.8.1984, in: BStBl. II 1985, S. 44-47.

BIEG, H.: Die externe Rechnungslegung der Kreditinstitute und Finanzdienstleistungsinstitute, München 1998

BIEG, H./KUSSMAUL, H.: Grundlagen der Bilanzierung, Wiesbaden 1993

BITZ, M./SCHNEELOCH, D./WITTSTOCK, W.: Der Jahresabschluss, 3. Auflage, München 2000

BRÜHWILER, B./STAHLMANN, B.H./GOTTSCHLING, H.D. (Hrsg.): Innovative Risikofinanzierung – Neue Wege im Risk Management, Wiesbaden 1999

Bundestagsdrucksache 10/4268: Beschlußempfehlung und Bericht des Rechtsausschusses (6. Ausschuß) zu dem von der Bundesregierung eingebrachten Entwurf eines Gesetzes zur Durchführung der Vierten Richtlinie des Rates der Europäischen Gemeinschaft zur Koordinierung des Gesellschaftsrechts (Bilanzrichtliniengesetz) 1985.

COENENBERG, A.G.: Jahresabschluss und Jahresabschlussanalyse, 17. Auflage, Landsberg/Lech 2000

HERZIG, N./KÖSTER, T.: Die Rückstellungsrelevanz des neuen Umwelthaftungsgesetzes, in: Der Betrieb, Heft 2, 1991, S. 53-57.

HERZIG, N.: Rückstellungen als Instrument der Risikovorsorge in der Steuerbilanz, in: Probleme des Steuerbilanzrechts, Hrsg.: Werner Doralt, Köln 1991.

HERZIG, N.: Rückstellungen wegen öffentlich-rechtlicher Verpflichtungen, insbesondere Umweltschutz, in: Der Betrieb, Heft 27/28, 1990, S. 1341-1354

HÖLSCHER, R.: Stille Reserven in den Jahresabschlüssen deutscher und schweizerischer Banken, in: DBW, Heft 1, 1995, S. 45-60.

HÖLSCHER, R.: Gestaltungsformen und Instrumente des industriellen Risikomanagements, in: Schierenbeck, H. (Hrsg.): Risk Controlling in der Praxis – Rechtliche Rahmenbedingungen und geschäftspolitische Konzeptionen in Banken, Versicherungen und Industrie, Zürich 1999

KREMERS, M.: Risikoübernahme in Industrieunternehmen, in: Hölscher, R. (Hrsg.): Schriftenreihe Finanzmanagement, Band 7, Sternenfels/Berlin 2002

KREMIN-BUCH, B.: Internationale Rechungslegung – Jahresabschluss nach HGB, IAS und US-GAAP – Grundlagen – Vergleich – Fallbeispiele, Wiesbaden 2001

LÖW, E./LORENZ, K.: Risikoberichterstattung nach den Standards des DRSC und im internationalen Vergleich, in: Zeitschrift für kapitalmarktorientierte Rechnungslegung, 1. Jahrgang (2001), S. 211 – 221

LUKARSCH, G.W.: Maßnahmen der Unternehmung zur Finanzierung von Risiken, in: Hinterhuber, H./Sauerwein, E./Fohler-Norek, C. (Hrsg.): Betriebliches Risikomanagement, Wien 1998, S. 117 – 144

MÜLLER, W.: Instrumente des Risk Managements - Gestaltungsformen und Konsequenzen, in: GEBERA-Schriften, Band 5: Risk Management - Strategien zur Risikobeherrschung, Hrsg.: Wolfgang Goetzke und Günter Sieben, Köln 1979, S. 69-81.

NIQUILLE, C.: Risiko-Finanzierung - Ansätze zu einem Gesamtkonzept, Diss., Hochschule St. Gallen, St. Gallen 1986.

PEEMÖLLER, V./ZWINGEL, T.: Ökologische Aspekte im Jahresabschluss - Bilanzierung, Bilanzpolitik und Bilanzanalyse, Düsseldorf 1995.

PERRIDON, L./STEINER, M.: Finanzwirtschaft der Unternehmung, 11. Auflage, München 2002

ROLFES, B.: Kapitalmarkt und Shareholder Value – Triebfeder für Strukturveränderung in der Finanzindustrie, in: Rolfes, B./Fischer, T.R. (Hrsg.): Handbuch der europäischen Finanzdienstleistungsindustrie, Frankfurt am Main 2001, S. 215 – 227

RÜCKER, U.-C.: Finanzierung von Umweltrisiken, in: Hölscher, R. (Hrsg.): Schriftenreihe Finanzmanagement, Band 1, Sternenfels/Berlin 1998

SAUERWEIN, E./THURNER, M.: Der Risiko-Management-Prozeß im Überblick, in: Hinterhuber, H./Sauerwein, E./Fohler-Norek, C. (Hrsg.): Betriebliches Risikomanagement, Wien 1998, S. 19 –39

SCHEFFLER, E.: Aufwandsrückstellungen – Instrument der Risikovorsorge oder der Ergebnissteuerung, in: Risiken erkennen – Risiken bewältigen, Bericht über die Fachtagung ´88, Hrsg.: IDW, Düsseldorf 1989.

SCHIERENBECK, H.: Ertragsorientiertes Bankmanagement, Band 2: Risiko-Controlling und integrierte Rendite-/Risikosteuerung, 7. Auflage, Wiesbaden 2001

SCHIERENBECK, H., HÖLSCHER, R.: BankAssurance – Institutionelle Grundlagen der Bank- und Versicherungsbetriebslehre, 4. Auflage, Stuttgart 1998

SCHIERENBECK, H./LISTER, M.: Value Controlling – Grundlagen Wertorientierter Unternehmensführung, 2. Auflage, München 2002

SCHIERENBECK, H.: Grundzüge der Betriebswirtschaftslehre, 15. Aufl., München 2000.

SCHULZE, D.: Die Berichterstattung über Risiken der künftigen Entwicklung im Lagebericht nach dem KonTraG, Aachen 2001

SCHURBOHM-EBNETH, A: Rückstellungen für Risiken wegen Produkthaftung und Umwelthaftung, Frankfurt am Main 1995.

SPRIßLER, W.: Auf dem Weg vom Vorsichtsprinzip zum kapitalmarktorientierten Disclosure – Rechnungslegung der Banken im Wandel, in: Rolfes, B./Fischer, T.R. (Hrsg.): Handbuch der europäischen Finanzdienstleistungsindustrie, Frankfurt am Main 2001, S. 199 – 212

SÜCHTING, J./PAUL, S.: Bankmanagement, 4. Auflage, Stuttgart 1998

VORMBAUM, H.: Finanzierung der Betriebe, 9. Aufl., Wiesbaden 1995.

WÖHE, G.: Bilanzierung und Bilanzpolitik, 9. Aufl., München 1997

WOLF, K./RUNZHEIMER, B.: Risikomanagement und KonTraG – Konzeption und Implementierung, 3. Auflage, Wiesbaden 2001

Paul Wöhrmann*

Die Alternative Risikofinanzierung als Teil eines ganzheitlichen unternehmerischen Risk Managements

1. Einleitung
   1.1 Überblick über das unternehmerische Risk Management
   1.2 Risk Management: systematische und ganzheitliche Risikobewältigung
   1.3 Risk-Management-Prozess
   1.4 Bedürfnisse nach Risk-Management-Dienstleistungen im Wandel
      1.4.1 Die Angebotsseite
      1.4.2 Die Nachfrageseite

2. Neue Risikofinanzierungsleistungen am Beispiel der Alternativen Risikofinanzierung
   2.1 Das Spektrum der Risikofinanzierung
   2.2 Definition von ARF und Abgrenzung zu ART
   2.3 Motive für die Entwicklung von Marktleistungen in der ARF
      2.3.1 Die Angebotsoptik
      2.3.2 Die Nachfrageoptik
   2.4 Mehrwerte für die ganzheitliche unternehmerische Wertbetrachtung

3. Das Captive-Spektrum
   3.1 Captive-Konzept
      3.1.1 Formen der Captive-Rückversicherung
      3.1.2 Die Optik des Zessionärs
      3.1.3 Optik des Zedenten
      3.1.4 Prämien- und schadenseitige Synergieeffekte für Zedenten und Zessionäre

---

[*] Dr. Paul Wöhrmann ist als Mitglied der Geschäftsleitung in der Zurich Continental Europe Corporate Leiter des Centers of Excellence „Alternative Risk Transfer".

3.2 Rent-a-Captive-Konzept
3.3 Protected-Cell-Company-Konzept

4. Finite-Risk-Konzept
   4.1 Charakterisierung des Risikotransfers
   4.2 Merkmale von Finite-Risk-Lösungen
   4.3 Erscheinungsformen von Finite-Risk-Lösungen in der Praxis
   4.4 In der Praxis: Finite-Risk-Beispiele in der Schweiz
       4.4.1 Ersatz von bestehenden traditionellen Versicherungslösungen
       4.4.2 Als Ergänzung: Versicherung von traditionell nicht versicherbaren Risiken
       4.4.3 Kombinierte Lösung

5. Die Sicherstellung der Qualität von Alternativen Risikofinanzierungs-Dienstleistungen

6. Ausblick

Literaturverzeichnis

1. Einleitung

Das Weltgeschehen, das in letzter Zeit nachhaltigen Veränderungen unterzogen war, scheint immer schnelllebiger zu werden. Durch die Schaffung supranationaler und rechtlich harmonisierter Wirtschaftsräume hat auch das globale Wirtschaftsleben eine intensivere Interaktion und damit einen effizienteren Wettbewerb erfahren. Diese Entwicklung hinterlässt auch im internen und externen Umfeld der Unternehmen Spuren. Dabei erhält die Wertbetrachtung des Unternehmens eine neue Priorität. In diesem Zusammenhang ist die ganzheitliche Risikobewältigung für den unternehmerischen Erfolg unerlässlich geworden.

Im Rahmen dieses Beitrages werden daher auch einige der in den letzten Jahren vermehrt nachgefragten Instrumente der Risikofinanzierung, nämlich die Finite-Risk- und Captive-Konzepte, beleuchtet werden. Dies einerseits aus der Optik der Nachfrager nach Risk-Management-Dienstleistungen, andererseits aus der Perspektive der Angebotsseite.

1.1 Überblick über das unternehmerische Risk Management

Lange Zeit umfasste das Risk Management im Unternehmen vor allem die Bewältigung der versicherbaren operationellen Risiken und fokussierte sich auf die Optimierung von Versicherungsprämien und -deckungen, kombiniert mit technischen Risikoverbesserungsmaßnahmen (Risk Engineering). Veränderte externe Rahmenbedingungen verlangen heute, dass auch die Geschäftsrisiken (unternehmerische Risiken) in das systematische Risk Management mit einbezogen werden. Traditionell war die erfolgreiche Risikobewältigung solcher Geschäftsrisiken durch das Ausschöpfen der Möglichkeiten in der Innen- und Außenfinanzierung bestimmt. Wenn letztere die Varianten der Eigen- und Fremdfinanzierung beinhalten, haben sich im unternehmerischen Entscheidungsprozess durch den Risikotransfer die Freiheitsgrade erhöht. So eignen sich die Instrumente der Alternativen Risikofinanzierung (ARF) sowohl als Ersatz für den Transfer traditionell versicherter operationeller Risiken als auch zur Glättung der Geschäftsrisiken. Unternehmerische Finanzierungslösungen werden bereichert, indem sich externe Partner finden lassen, welche bereit sind, die Entscheidungsfolgen im Zusammenhang mit dem Eingehen von Geschäftsrisiken mitzutragen. Die von Unternehmensversicherern entwickelten Konzepte der Alternativen Risikofinanzierung sind hierbei zu einem festen Bestandteil im unternehmerischen Risk-Management-Prozess geworden.

1.2 Risk Management: systematische und ganzheitliche Risikobewältigung

Vor dem Hintergrund der Entwicklungen in der unternehmerischen Umwelt gewinnt das Risk Management als Teil der Unternehmensführung immer mehr an Bedeutung. Die systematische Bewältigung von Risiken beinhaltet grundsätzlich drei Kernelemente: Erstens soll sich das Risk Management mit sämtlichen Risiken und deren Interdependenzen einer Organisation befassen. Deshalb wird auch von einer ganzheitlichen Betrachtungsweise gesprochen. Zweitens sollen die Risiken mit einem methodischen Ansatz bewältigt werden, sodass eine kontinuierliche Risikoverbesserung ermöglicht werden kann. Als drittes Kriterium ist eine führungsmäßige und organisatorische Verankerung der Risikobewältigung im Rahmen des Managementsystems erforderlich.

1.3 Risk-Management-Prozess

Eine ganzheitliche und systematische Risikobewältigung durch Implementierung eines unternehmerischen Risk-Management-Prozesses führt zu einer nachhaltigen Risikoverbesserung im Unternehmen. Der Risk-Management-Prozess beinhaltet grundsätzlich fünf Schritte. Als Grundlage jeder Risikobewältigung steht zunächst einmal das Risikobewusstsein, welches auf die Sensibilisierung der Gefährdung von Personen, Sachen, Umwelt, Vermögen und Gewinn abzielt. In einem zweiten Schritt werden die Ursachen und Auswirkungen von Ereignissen im Unternehmen ermittelt und anschließend analysiert.

Die Risikohandhabung kann ursachen- und auswirkungsbezogen erfolgen, wobei sich die ursachenbezogenen Maßnahmen mit der Schadenverhütung und die auswirkungsbezogenen mit der Schadenherabsetzung beschäftigen. Die Finanzierung von Risiken kann auf traditionelle oder alternative Weise sichergestellt werden.

Der fünfte und letzte Schritt ist das Steuerungselement, welches die systemspezifischen und risikobezogenen Erfahrungen wiederum für den Prozess selbst nutzbar macht.

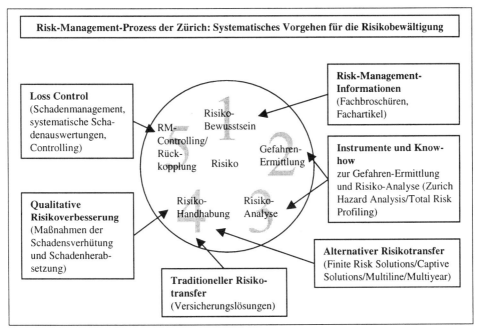

Abbildung 1: Risk-Management-Prozess

1.4 Bedürfnisse nach Risk-Management-Dienstleistungen im Wandel

Die Versicherungswirtschaft hat sich in der Vergangenheit überwiegend als traditioneller Anbieter für die Übernahme von versicherbaren Risiken verstanden. Der Zusammenbruch von Kartellen, die Liberalisierung des europäischen Versicherungsmarktes, Allfinanzentwicklungen sowie die verstärkte Kundenfokussierung haben dazu geführt, dass ein Wandel im Selbstverständnis der am Risk-Management-Prozess beteiligten Personen eingetreten ist.

Unternehmen ihrerseits haben bis vor einigen Jahren in erster Linie nach Versicherungsdeckungen gefragt, um ihre Risiken gegen Entgelt auf einen Dritten überwälzen zu können. Mit traditionellen Versicherungslösungen ließ sich aus der unternehmerischen Optik nur ein Teil der gesamten Risikobewältigung lösen. Im eigenen Interesse haben sich daher Unternehmenskunden vermehrt mit den vielfältigen Anforderungen beschäftigt, die sich aus den veränderten wirtschaftlichen, rechtlichen, sozialen und ökologischen Rahmenbedingungen ergeben.

Da die Risk-Management-Bedürfnisse von einem Unternehmen zum anderen sehr verschieden sein können, erwarten die Kunden auch von den Versicherern, dass sie sich mit ihren Unternehmenszielen auseinandersetzen. Das Eingehen auf individuelle Kundenbedürfnisse hat daher seitens der Anbieter von Risikofinanzierungslösungen eine fortschreitende Segmentierung des Marktes zur Folge. Verschiedene Kundengruppen mit differenzierten Anforderungen wünschen Marktleistungen, die auf ihre individuellen Bedürfnisse abgestimmt sind. Segmentierung und Spezialisierung dürften zu weiteren Innovationen führen.

1.4.1 Die Angebotsseite

Die Kernkompetenzen der Unternehmensversicherer, Risiken zu bewältigen und Gelder zu verwalten, wurden lange ausschließlich in den Kerngeschäften der Nichtlebens- und Lebensversicherungen eingesetzt. Mit den veränderten Marktbedingungen haben seit Beginn der neunziger Jahre Unternehmensversicherer damit begonnen, ihre Geschäftsfelder zu erweitern. Die Ausdehnung der traditionellen Geschäftstätigkeiten zeigt auch nachhaltige Auswirkungen auf die Unternehmensstrukturen, d.h. auf die Aufbau- und Ablauforganisation eines modernen Finanzdienstleisters.

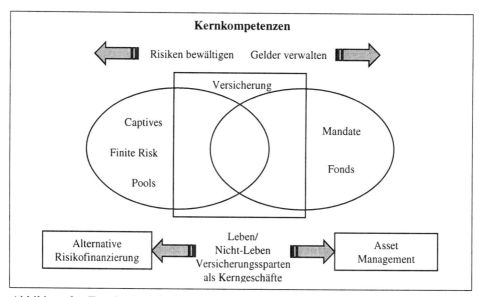

Abbildung 2: Erweitertes Dienstleistungsspektrum auf der Angebotsseite

Den Bedürfnissen von Unternehmenskunden, denen auf herkömmlichen Wegen weder von klassischen Banken noch von traditionellen Versicherungsgesellschaften entsprochen werden konnte, finden durch Alternative Risikofinanzierungslösungen, d.h. durch die Erweiterung der Kernkompetenz „Risikobewältigung", einen neuen Risikoapproach. Aus der Optik eines Unternehmensversicherers entstehen Synergien, da Vertragsabschlüsse in der Alternativen Risikofinanzierung oftmals in Verbindung mit einem zugrunde liegenden Kerngeschäft realisiert werden.

Ausgehend von einer Ausweitung der Kerngeschäfte und Kernkompetenzen werden Risk-Management-Dienstleister gefordert sein, dieser Herausforderung durch fokussierte Marktleistungen zu entsprechen. Auch in Zukunft werden die traditionellen Kerngeschäfte das Fundament bilden. Aus der Kundensicht werden diese aber vermehrt in Anlehnung an modulare Strukturen, fokussiert auf Zielkundengruppen, und in Kombination mit den neuen Instrumenten der Risikofinanzierung nachgefragt. Hierdurch wird die Assekuranz nicht nur weitere Geschäftspotenziale erschließen können, sondern auch in Gebiete vorstoßen, wo sie neue Mitwettbewerber finden wird.

1.4.2 Die Nachfrageseite

Die Risk-Management-Bedürfnisse der Kunden haben sich in den letzten Jahrzehnten spürbar weiter entwickelt. Zu Beginn der siebziger Jahre stand die Internationalisierung im Vordergrund. Entsprechend entwickelten sich die Versicherungsprogramme. Ende der achtziger Jahre und in den neunziger Jahren interessierten sich Unternehmen zunehmend für Captive- und Rent-a-Captive-Lösungen.

Seit Mitte der neunziger Jahre sind im Zeichen der verstärkten Shareholder-Value-Orientierung vermehrt Lösungen zur Stabilisierung der Jahresabschlüsse gefragt. Zudem können seit kurzem im Risk Management von Größtunternehmungen Indikatoren für eine Ausrichtung zu globalen Eigenfinanzierungslösungen ausgemacht werden.

Der Wandel der Bedürfnisse im Risk Management hat sowohl bei den Unternehmen wie auch bei den Anbietern von Risikolösungen und deren Beratern Spuren hinterlassen. In der Kundenoptik bestand im klassischen Risk Management die Kernleistung des Insurance Managers in der Optimierung betrieblicher Versicherungen (operationelle Risiken). Heute wird unter unternehmerischem Risk Management die ganzheitliche und systematische Bewältigung von Unternehmensrisiken (operationelle Risiken und Geschäftsrisiken) verstanden. Risk Management wird damit zunehmend zur „Chefsache" und somit im Umfeld der Geschäftsleitung wahrgenommen, meistens beim Chief Financial Officer, und zwar sowohl bei Nachfragern wie auch bei Anbietern von Risikoschutz. Auch werden neuerdings Trends erkannt, wonach der Chief Financial Officer vermehrt zu einem Chief Value Officer avanciert und so zum Zentrum der Management-Informationen wird.

Die Risk-Management-Beratung stößt auch bei bedeutenden Unternehmensberatern und Wirtschaftsprüfern auf großes Interesse. Sie wird als erweiterte Marktleistung und damit als neue Ertragsquelle wahrgenommen. Ein Blick auf die Webseiten bedeutender Beratungsgesellschaften bestätigt dies: Hier finden sich die neuen Geschäftsfelder und die damit verbundenen Dienstleistungsangebote in großer Zahl. Der Wandel der Risikobedürfnisse wird seit einigen Jahren in manchen Ländern auch durch entsprechende gesetzliche Anforderungen begleitet.

Bei der Bewältigung von operationellen Risiken und Geschäftsrisiken stehen Unternehmer vor allem vor der Frage, welche Möglichkeiten der Innen- oder Außenfinanzierung sie nutzen wollen. Im Rahmen einer ganzheitlichen Risikobetrachtung können sich Unternehmer heutzutage von leistungsfähigen Finanzdienstleistern beraten lassen, welche Finanzierungsform für sie zu empfehlen wäre, um Abweichungen von Mittelwerten, sprich Schadenvolatilitäten, effizient zu bewältigen. Bei der Ermittlung von Risiken werden Abhängigkeiten einzelner Risikokategorien modelliert und in einer Korrelationsmatrix strukturiert. Diese hat zum Ziel, die unternehmenseigenen Risikodiversifikationspotenziale auszuschöpfen.

2. Neue Risikofinanzierungsleistungen am Beispiel der Alternativen Risikofinanzierung

2.1 Das Spektrum der Risikofinanzierung

Das Risk-Management-Spektrum lässt sich in zwei Gruppen von Risiken strukturieren. Einerseits in die sogenannten operationellen Risiken, andererseits in jene der Geschäftsrisiken. Operationelle Risiken ziehen im Ereignisfall nur Schäden oder Verluste mit sich, bei Geschäftsrisiken hingegen ist auch eine Gewinnmöglichkeit damit verbunden. Beide Risikogruppen beeinflussen die Wertbetrachtung eines Unternehmens nachhaltig und stehen damit im Zentrum der Risikofinanzierung. Diese umfasst die Bereitstellung der notwendigen Mittel mit dem Ziel, das finanzielle Schädigungspotenzial eines zukünftigen Ereignisses zu kontrollieren.

Operationelle Risiken (reine Risiken, pure risks):

- Produkthaftpflicht
- Unfall, Krankheit
- Brand
- Umweltschäden
- BU
- ...

Geschäftsrisiken (spekulative Risiken, business risks):

Strategische Risiken	**Marktrisiken**	**Finanzrisiken**
- Produkte, Dienstleistungen	- Zinsen	- Liquidität
- Image	- Währung	- Investitionen
- Märkte	- Inflation	- Finanzanlagen
- Mergers & Acquisitions	- Marktzutritte	- Debitorenverlust
- Management-Fähigkeiten	- ...	- ...
- ...		

Abbildung 3:   Spektrum des Risk Managements

2.2   Definition von ARF und Abgrenzung zu ART

Für die Alternative Risikofinanzierung und für das Spektrum der entsprechenden Lösungen lassen sich im Markt für Unternehmen zwei Terminologien identifizieren, nämlich „ART" und „ARF". Nachfolgend wird ein Strukturierungsversuch unternommen, um auch eine Differenzierung zu erzielen. Dies ausgehend von der Annahme, dass Unternehmen über die notwendige Entscheidungsfreiheit verfügen, um in ihrer Risikofinanzierung einen Transfer anstreben zu können, oder die Finanzierung im Rahmen der unternehmensspezifischen Innen- oder Außenfinanzierung zu bewältigen.

Traditionelle Risikotransfers werden durch ein Überwälzen der Risiken an einen Erstversicherungsträger (Versicherungsmarkt) abgewickelt. Alternative Transfermöglichkeiten können nun in der Wahl eines anderen Rechtsträgers, wie einer Captive, oder durch den Zugang zu bis anhin nicht genutzten Kapitalgebern von Risikokapital bestehen, beispielsweise durch die Inanspruchnahme des Kapitalmarktes via Effekten.

Gegenüber dem Alternativen Transfer steht bei der ARF die Finanzierung des Risikos im Vordergrund (Instrumente / Methoden). Alternative Finanzierungen des Selbsttragens von Risiken werden gegenüber den traditionellen Formen der Eigenfinanzierung überwiegend nicht „on balance", sondern „off balance" abgewickelt. Für den Risikotransfer lassen sich traditionelle oder alternative Risikoträger, wie z.B. Captives, nutzen.

2.3 Motive für die Entwicklung von Marktleistungen in der ARF

2.3.1 Die Angebotsoptik

Die Erweiterung des traditionellen Marktleistungsangebotes um die Möglichkeiten der Alternativen Risikofinanzierung führt auch bei traditionell ausgerichteten Unternehmensversicherern zur Ausschöpfung von Synergiepotenzialen, und zwar unabhängig vom jeweiligen Marktanteil. Versicherer mit einem kleinen Anteil nutzen die Möglichkeiten der Alternativen Risikofinanzierung insbesondere dafür, um neue Geschäftschancen zu ergreifen. Solche mit großem Marktanteil wiederum sehen in der Alternativen Risikofinanzierung häufig ein probates Instrument zur Vertiefung ihrer Kundenbindungen.

2.3.1.1 Einzelkundenbetrachtung

Alternative Risikofinanzierungslösungen reflektieren sehr komplexe und zugleich maßgeschneiderte Leistungen. Da die zugrunde liegenden Bedürfnisse individuell aufgenommen, strukturiert und umgesetzt werden, erfordert eine Bereitstellung der notwendigen Infrastruktur erheblichen Aufwand. Wegen der Heterogenität der Risikobedürfnisse der Kunden sind bis anhin diese Lösungen weitgehend nur großen, an der Börse kotierten Unternehmen zugänglich gewesen.

2.3.1.2 Kundengruppenbetrachtung

Sollten nun die mit den ARF-Instrumenten erzielbaren Mehrwerte bereits durch die Entwicklungs- und Implementierungskosten aufgezehrt werden, so muss das Interesse an einer solchen Lösung schwinden. Daher sind die Unternehmensversicherer gefordert auszuloten, ob sich in solchen Fällen auch Individualinteressen zu einem Kollektivinteresse zusammenführen lassen. Die Bildung einer „Kundengruppe für mittlere bis hin zu kleineren Unternehmen" kann entweder in der Zugehörigkeit zu einer Wirtschaftsbranche begründet sein oder aber in der gleichartigen Herausforderung der Unternehmensfinanzierung. Auszeichnen würde sich eine solche Gemeinschaft dadurch, dass sie sich ein Verbesserungspotenzial erschließen könnte, wobei sich keine gegenseitigen Beeinträchtigungen in der Marktleistung einstellen würden. Der Anstoß dazu kann entweder auf Grund von gesetzlichen Einflüssen oder anhand von Marktbewertungen erfolgen. Sobald die Risikogemeinschaft die kritische Größe erreicht hat, wird eine ARF-Lösung auch für jedes einzelne Mitglied einen Mehrwert zur Folge haben. Lassen sich die Bedürfnisse der Geschäftsrisiken von Unternehmenskunden für ein Wirtschaftssegment homogenisieren und strukturieren, sollte es auch möglich sein, die einzelfallbezogenen Gesamtkosten einer Transaktion zu senken. Die Marktdurchdringung würde eine weitere Dimension erhalten, weil sich nicht nur Einzelkunden, sondern auch Kundengruppen eines Segmentes systematisch erreichen ließen. Wesentliche Voraussetzungen für eine optimale Ausschöpfung des Marktpotenzials wären erfüllt.

2.3.2 Die Nachfrageoptik

Die Ineffizienzen traditioneller Versicherungslösungen haben substanziell die Entwicklung von Alternativen Risikofinanzierungslösungen gefördert. Häufig werden folgende Beweggründe der Inanspruchnahme solcher Lösungen genannt.

- *Guter Schadenverlauf:* Unternehmenskunden werden verständlicherweise bei eigenem guten Schadenverlauf geringe Bereitschaft zeigen, Versicherungsprämien in Analogie zum Gesetz der Großen Zahl zu entrichten. Durch die individuelle Umsetzung eines aktiven Risk Managements erwächst auch der plausible Anspruch auf eine individuelle Honorierung des Risikoverlaufes. Mit einem Risikoträger in der Rückversicherung kann sich der Unternehmenskunde ferner durch eine gezielte Preisselektion bei den Retrozessionsprämien einen finanziellen Vorteil erarbeiten.

- *Verbesserte Deckung:* Vielfach bestehen beim Unternehmenskunden Risiken, für die er keinen Versicherungsschutz von einem Erstversicherer erhält. Hierzu zählen vor allem unzureichende Deckungslimite und unversicherbare Risiken, wie politische Risiken, Preisschwankungen, Ausfallrisiken, Patentverletzungen oder andere Unternehmerrisiken. Das Spektrum der Alternativen Risikofinanzierung bietet Unternehmern damit die Möglichkeit, sich solchen Herausforderungen erfolgreich zu stellen.

- *Erfolgsorientiertes Führungsinstrument:* Der Unternehmenskunde stellt seinem Risk Manager ein Führungsinstrument zur Verfügung, das ihm eine gruppenweite Risikotransparenz ermöglicht. Die strukturierte Auswertung von Schäden und die Suche nach den Ursachen ermöglichen es auch, Schadenfrequenzen zu beeinflussen. Ein systematisches Risk Management erlaubt denn auch bei gut verlaufendem Risiko gegenüber den lokalen Gruppengesellschaften eine differenzierte, individuelle Belohnung.

2.4 Mehrwerte für die ganzheitliche unternehmerische Wertbetrachtung

Viele Ereignisse lassen sich im Unternehmen mit umfassender Prävention und maßgeschneiderten Versicherungslösungen meistern. Mit einer ARF-Lösung hingegen nimmt das Unternehmen selber stärker am Risikoverlauf teil, kann ein breiteres Feld von Risiken bewältigen und erhält ein gruppenweites Steuerungsinstrument für sein Risk Management.

Der Wert von ARF-Lösungen wird vor allem darin gesehen, die Effizienz des Risikotransfers zu erhöhen, das Spektrum der Risikobewältigung auszuweiten und den Zugang zu zusätzlichen Versicherungskapazitäten zu erhalten.

Im Unternehmensmarkt der Schweiz hat sich gezeigt, dass die Instrumente der Alternativen Risikofinanzierung genutzt werden, um die Effizienz in den unternehmensspezifischen Beschaffungs- und den Absatzprozessen zu steigern. Dies hat eine Erhöhung der kundenseitigen Wettbewerbsfähigkeit bei der Erbringung seiner Kernleistungen zur Folge. Dies wiederum wird einen Rollenwandel in der Beziehung vom Versicherten zum Versicherer zur Folge haben, nämlich vom Risikoschutzkäufer zum Partner eines Versicherers.

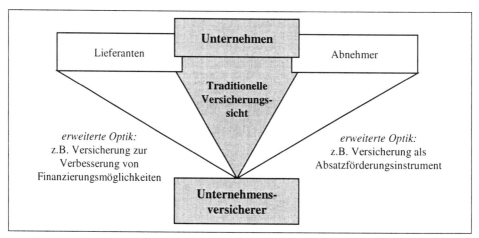

Abbildung 4: Rollenwandel

3. Das Captive-Spektrum

3.1 Captive-Konzept

Unter einer Captive-Gesellschaft ist ein Assekuranzunternehmen zu verstehen, welches als Tochtergesellschaft eines „Nicht-Versicherungsunternehmens" in Form einer Kapitalgesellschaft gegründet wird. Der Hauptzweck solcher konzerneigener Versicherungsunternehmungen besteht in der Übernahme von versicherungstechnischen Risiken der angeschlossenen Gruppengesellschaften. Captives können sowohl als Erst- wie auch als Rückversicherer lizenziert werden. Die in vielen Staaten strengen Eigenkapitalvorschriften und Aufsichtsverfahren haben in der Vergangenheit mehrheitlich zur Gründung von Off-Shore-Rückversicherungs-Captives geführt. Derzeit verfügen schweizerische Unternehmen über mehr als fünfzig Captives. In den letzten Jahren wurden auch in der Schweiz die Rahmenbedingungen zur Errichtung von Rückversicherungs-Captives dereguliert, sodass für Unternehmenskunden lukrative Standort-Rahmenbedingungen bestehen.

Infolge der geringeren Regulierungsdichte und der global weitgehend verwirklichten Dienstleistungsfreiheit sind Captives bislang überwiegend auf Rückversicherungsebene implementiert worden.

3.1.1 Formen der Captive-Rückversicherung

Für eine Captive-Rückversicherung bietet sich dem Kunden grundsätzlich die gesamte Palette der proportionalen und der nichtproportionalen Rückversicherung (RV) an. Voraussetzung ist allerdings, dass der Erstversicherer über die notwendige Flexibilität und die Infrastruktur für eine jeweilige Vertragsumsetzung verfügt. Sowohl für die proportionale als auch für die nichtproportionale Rückversicherung lassen sich einerseits auf Seiten des Zedenten (Erstversicherer), andererseits beim Zessionär (Captive bzw. Unternehmenskunde) plausible Argumente finden. Gestützt auf die Praxis des schweizerischen Großkundengeschäftes soll hier die hinter der jeweiligen Rückversicherungslösung zu vermutende Interessenlage beleuchtet werden.

Die proportionale Rückversicherung ist dadurch charakterisiert, dass die Versicherungssummen, die Originalprämien und die Schäden in einem im Voraus vereinbarten prozentualen Verhältnis zwischen dem Erst- und dem Rückversicherer aufgeteilt werden. Der Rückversicherer bezahlt dem Zedenten von der zedierten Rückversicherungsprämie eine Rückversicherungsprovision. Mit dieser beteiligt sich der Rückversicherer anteilsmäßig an den Akquisitions- und Verwaltungskosten des Erstversicherers. Die Provision wird als Durchschnittsprozentsatz von der zedierten Bruttoprämie berechnet und je nach Branche und Vertragsart individuell ausgehandelt. Die proportionale Rückversicherung wird allgemein in die Quoten- und Summenexzedenten-RV unterteilt. Bei einem Quotenvertrag partizipiert die Captive an jedem rückversicherten Risiko von Grund auf sowohl prämien- als auch schadenseitig im vereinbarten prozentualen Verhältnis. Bei der Summenexzedenten-Rückversicherung werden Prämien und Schäden entsprechend der RV-Quote zwischen Erst- und Rückversicherer aufgeteilt, jedoch erst für Risiken, deren Versicherungssummen den Eigenbehalt des Erstversicherers übersteigen.

Bei der nichtproportionalen Rückversicherung wird die Leistungspflicht des Rückversicherers ausschließlich durch die Höhe des Schadens bestimmt und hängt nicht von der Versicherungssumme ab. Der Erstversicherer haftet für Schadenzahlungen bis zur Höhe des definierten Schadenlimits. Der Rückversicherer haftet für den übersteigenden Teil bis zur vereinbarten Haftungsbegrenzung zu 100 %. Die Hauptformen der nichtproportionalen Rückversicherung sind der „WXL" (Working Excess of Loss), der „HXL"

(High Excess of Loss), der „CATXL" (Catastrophe Excess of Loss) und der „SL" (Stop Loss). Da bei der nichtproportionalen Rückversicherung in der Höhe des zu leistenden Schadens ein betragliches Limit besteht, hat die Captive bezüglich der Anzahl der eintretenden Schäden innerhalb der Vertragsperiode keinen zeitlichen Begrenzungsschutz.

Um eine Limitierung für das von der Captive gezeichnete Risiko zu erzielen, kaufen Captive-Gesellschaften häufig so genannte Stop-Loss-Versicherungen (SL) ein. Solche Verträge schützen Captives, indem mit dem SL-Vertragspartner z.B. ein bestimmter jährlicher Schadenbetrag definiert wird. Übersteigende Schadenzahlungen werden dann von dem Stop-Loss-Versicherer (Retrozessionär) übernommen bzw. via Captive an den Zedenten bezahlt. Der Retrozessionär kann eine Gesellschaftsunion mit dem Zedenten bilden. Beispielsweise könnte das Captive-Management eine Rückversicherungsvereinbarung getroffen haben, nach der pro Ereignis die erste Million Franken an gemeldeten Schäden übernommen wird, wobei die jährliche von der Captive zu finanzierende Schadenlast auf 5 Mio. CHF limitiert sein könnte. Gewöhnlich sind solche Verträge auf eine bestimmte Versicherungssparte, wie die Sach- oder Haftpflichtversicherung, bezogen.

Im traditionellen Rückversicherungsgeschäft findet man in der Regel die nichtproportionalen Formen in der Haftpflichtversicherung. Proportionale Ausprägungen wurden in der Vergangenheit meistens in der Sachversicherung verwendet. Captive-Rückversicherungsstrukturen zeichnen sich oft dadurch aus, dass sie sowohl Elemente aus der proportionalen als auch aus der nichtproportionalen Rückversicherung enthalten. Entscheidend für die Vertragsgestaltung ist zum einen das Kalkül seitens der Captive-Entscheidungsträger (Zessionäre) und zum anderen das Maß der Bereitschaft seitens der Erstversicherer (Zedenten), der kundenseitigen Strategie zu folgen. Nachfolgend sollen daher im Wesentlichen die Interessenslagen von Zessionären und Zedenten aufgezeigt werden.

3.1.2 Die Optik des Zessionärs

In Höhe der Zessionsquote werden vom Zedenten die entsprechenden Risiken an den Zessionär (Captive) rückversichert. Das an die Konzernfamilie retournierte Prämienvolumen und Risikopotenzial wird je nach gewähltem Rückversicherungsumfang variieren. Das von der Captive gezeichnete „Exposure" kann entweder in Form von Retrozessionen an Dritte weiterzediert (Rückversicherung der Rückversicherung) oder weitgehend im Eigenbehalt finanziert werden. Der Zugang zum internationalen RV- oder Retro-Markt wird der Captive zum einen durch Unterstützung des Zedenten oder zum anderen durch einen spezialisierten Rückversicherungsbroker erleichtert. Letzterer reduziert gewöhnlich die angestrebte Marge im Captive-Geschäft durch die Vereinnahmung einer Brokerage.

Die Alternative Risikofinanzierung als Teil eines ganzheitlichen Risk Managements 465

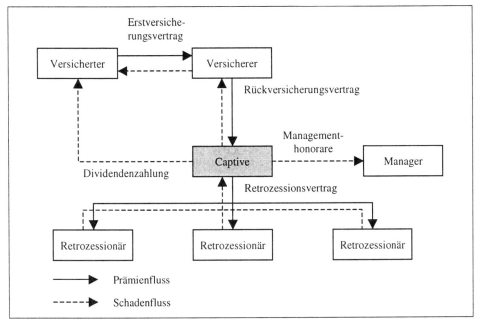

Abbildung 5: Rückversicherungs-Captive-Konzept

Der Kunde, der an seinem Risiko partizipieren möchte, will ein optimales Verhältnis zwischen dem zu zeichnenden Risiko und der korrespondierenden Prämie erzielen. Da häufig der Kundenwunsch geäußert wird, in die Captive-Rückversicherung prämienergiebige Risikobereiche einfließen zu lassen, bietet sich auch hier die nichtproportionale Rückversicherung an. Eine unerwartete Kumulierung von Einzelschäden ließe sich vermeiden, wenn – wie bereits erwähnt – mit dem Zedenten auch ein Jahresaggregat (SL) vereinbart werden könnte. Die Captive übernimmt in solchen Verträgen zum einen Einzelschäden bis zur Priorität und hat zum anderen die Sicherheit, dass für die zugrunde liegende Vertragsdauer gegenüber dem Zedenten nur Schäden bis zum vereinbarten Jahresaggregat übernommen werden müssen. Im Vergleich zur proportionalen Rückversicherung, bei welcher der Zedent an den Rückversicherer die zur RV-Quote korrespondierende Originalprämie zuleitet und der Rückversicherer eine Provision zu Gunsten des Zedenten erstattet, wird bei der nichtproportionalen Rückversicherung die Rückversicherungsprämie losgelöst vom einzelnen Risiko und pauschal für das Versicherungsprogramm des Kunden berechnet. Rückversicherungsprovisionen werden nicht vergütet, da diese bei der Berechnung der RV-Prämie bereits berücksichtigt werden. Bei der Ermittlung der Prämie für die Captive-Rückversicherung eines internationalen Programms wird auf die individuelle Schadenerfahrung abgestellt. Daher werden Captives bei der Zeichnung eines Primary oft auch substanzielle Risikoprämien, bezogen auf die zedierte Nettoprogramm-Prämie, zugesprochen. Unter zedierter Nettoprämie wird in diesem Zusammenhang die Bruttoprämie (in Höhe der Zessionsquote) abzüglich Brokerage, Overrider, Steuern, FLK- (= Feuer-Lösch-Kosten) Abgaben usw. verstanden. Die Honorierung des von der Captive übernommenen Exposures wird auch durch die Einstellung der fakultativen Rückversicherer zum bestehenden Captive-Konzept mit beeinflusst werden.

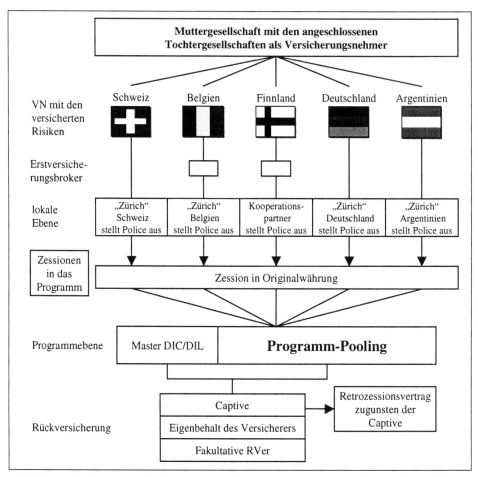

Abbildung 6: Internationale Programmstruktur mit integrierter Captive-Rückversicherung

Solch eine Struktur könnte man sich in der Praxis dahingehend vorstellen, dass die Captive eine kombinierte Sach- und Betriebsunterbrechungs-Rückversicherung zeichnet, bei der sowohl lokale als auch Master-Schäden auf 1 Mio. CHF pro Ereignis (Sach- und

BU-Schäden kumuliert) und im Jahresaggregat auf 2 Mio. CHF plafoniert werden könnten. Der Selbstbehalt der Captive kann jedoch auch separat nach Sach und BU getragen werden. Wird dem Versicherungsprogramm daher ein Einzelschaden in Höhe von 2 Mio. CHF belastet, kann von der Captive nur ein schadenseitiger Anteil von 1 Mio. CHF eingefordert werden. Die Differenz ist vom Zedenten, sprich vom Erstversicherer, zu zahlen. Werden im Verlaufe der Vertragsperiode überdies mehrere Schäden an die Captive zediert, erlischt deren Zahlungspflicht beim Erreichen des Jahresaggregates von 2 Mio. CHF. Diese Form der Captive-Rückversicherung stellt sehr hohe administrative Anforderungen an den Zedenten.

3.1.3 Optik des Zedenten

Für den Zedenten stellen Rückversicherungsstrukturen, denen eine proportionale Struktur zugrunde liegt, dann ein substanzielles Ausfallrisiko dar, wenn die finanzielle Stärke der Captive und der allenfalls dahinter liegenden Retrozessionäre Anlass zur Besorgnis gibt. Captive-Rückversicherungen, bei denen beispielsweise 80 % von 100 % der Programmrisiken an eine Captive zediert werden, zeichnen sich dadurch aus, dass die Captive eine proportionale Leistungspflicht in Höhe der korrespondierenden Versicherungssumme übernimmt. In einem „Worst-Case-Szenario" müsste die Captive daher kapitalmäßig so ausgestaltet sein, dass sie den rückversicherungsvertraglichen Forderungen des Zedenten vollumfänglich entsprechen kann. Da Captives jedoch erfahrungsgemäß nicht über so viel Eigenkapital verfügen, können sie das übernommene Exposure nicht selbständig finanzieren. Daher suchen sie Retrozessionsschutz. Die Verpflichtungen der Captive gegenüber dem Zedenten lassen sich häufig erst im Nachgang zu der Leistungserbringung der Retrozessionäre erfüllen. Da letztere nicht selten nach Kostenerwägungen selektiert werden, nimmt die Captive hiermit oft eine niedrigere Bonitätsskalierung in Kauf als diejenige, welche vom Zedenten erwartet worden wäre. Für den Erstversicherer jedoch, der unter seinen Erstversicherungsverträgen zur Erbringung der vertraglichen Leistung verpflichtet ist, kann eine teilweise Illiquidität von Retrozessionären die Verunmöglichung der Leistungserbringung durch die Captive zur Folge haben. Um solche Risiken für den Erstversicherer und den Zedenten zu eliminieren, werden nicht nur bei proportionalen Rückversicherungsstrukturen externe Garantien gefordert. Solche lassen sich in Form von „Letter of Credits", welche durch Banken ausgestellt werden, oder in Form von „Parental Guarantees" erbringen. Anfragen von Erstversicherern in Bezug auf die Zurverfügungstellung von Captive-Garantien werden in der Regel von den Captive-Verantwortlichen nicht mit Begeisterung aufgenommen. Selbst wenn der Retrozessionär über eine ausgezeichnete Bonität verfügt, die auch dem Sicherheitsbedürfnis des Zedenten entspricht, ist im Insolvenzfall der Captive, der möglicherweise auch aus einem gewagten Asset Management resultieren könnte, nicht sichergestellt, dass Zahlungen des Retrozessionärs den Zedenten zwecks Schadenausgleichs erreichen, weil z.B. das Konkursrecht im jeweiligen Sitzstaat dies möglicherweise verhindert.

Nichtproportionale Captive-Rückversicherungen mit entsprechenden Jahresaggregaten reduzieren für den Zedenten das Insolvenzrisiko erheblich. Erstversicherer werden daher gewiss auch Rückversicherungslösungen begrüßen, bei denen im ersten Geschäftsjahr der Captive ein ausgewogenes Verhältnis von zedierter Risikoprämie, liberiertem Eigenkapital sowie erzielten Kapitalerträgen zum gezeichneten Captive-Exposure bestehen. Ein zu gewagtes Asset Management kann jedoch auch hier zum Fiasko führen.

Weist die Schadenstatistik des Unternehmenskunden weitgehend Schäden auf, die sich im Rahmen des von der Captive gezeichneten Risikobereiches bewegen, werden die Underwriter des Zedenten dies entsprechend honorieren, weil sich auch die fakultative Plazierung höherer Layer reibungsloser gestalten dürfte. So kann ein substanzieller Teil der Programmprämie in den Konzernkreislauf des Kunden retransferiert werden.

3.1.4 Prämien- und schadenseitige Synergieeffekte für Zedenten und Zessionäre

Captive-Manager schätzen einen effizienten Prämientransfer. Dieser sieht einerseits einen raschen Transfer der Prämie, andererseits die Zahlung in einer Währung vor. In der Regel wird daher in den Captive-Rückversicherungsverträgen die Valuta-Stellung von Prämientransfers vereinbart. Diese reichen von unverzüglich bis zeitgleich, nachdem die lokalen Konzerngesellschaften (kundenseitige Berachtung) die korrespondierenden Erstversicherungsprämien entrichtet haben. Captive-Konzepte zeichnen sich ferner dadurch aus, dass Prämienflüsse in der Erst- und der Rückversicherung von den Beteiligten weltweit sehr gut organisiert sind. Da lokale Währungen an das Versicherungsprogramm transferiert werden, stellt sich für den Zedenten, welcher an die Captive normalerweise in Schweizer Franken leisten soll, eine enorme Herausforderung im Bereich des Währungsmanagements. Solche flexiblen Strukturen sind nur dann möglich, wenn ein exzellent funktionierendes Netzwerk sowohl beim Versicherer als auch beim Versicherungsnehmer besteht.

Captive-Rückversicherer verfügen aufgrund der konzerninternen Informationen via Corporate Risk Management über einen umfassenden und detaillierten Kenntnisstand auf der Stufe der Erstversicherung. Da im Großschadenfall von den versicherten Gesellschaften die Einleitung von Zahlungen durch den Versicherer umgehend erwartet wird, hat man analoge Vereinbarungen auch mit den am Versicherungsprogramm partizipierenden Rückversicherern. „Cash-Call"-Klauseln werden auch mit den Captives abgeschlossen.

Da der Unternehmenskunde durch seinen eigenen Rückversicherungsträger schadenseitig das Schicksal des Erstversicherers teilt, zeigt die Captive ein nachhaltiges Interesse für ein effizientes Schadenmanagement. Die gleichgerichtete Interessenlage von Versicherer und Captive führt dazu, dass letztere sogar Einfluss auf die Kosten von Reparaturen bzw. Wiederherstellungen beschädigter oder zerstörter Sachen nehmen kann. Eine

Beteiligung seitens des Captive-Managements ist denkbar. Dieses kann ein Auditing bei den Konzerngesellschaften durchführen und kontrolliert somit, ob auch die besten Offerten von Firmen berücksichtigt wurden, die mit der Beseitigung der erlittenen Schäden beauftragt wurden.

Eine wesentliche Voraussetzung für die Umsetzung einer erfolgreichen Captive-Rückversicherungs-Administration (prämien- und schadenseitig) besteht darin, dass die Captive von einem Zedenten (dem Programmmanager) bedient wird. Versicherungsprogramme, die auf der Ebene des Mastervertrages Mitversicherungen aufweisen, und bei denen jeder Mitversicherer seinen Anteil selbst gegenüber der Captive abrechnet, sind erfahrungsgemäß durch komplizierte und langwierige Abrechnungsprozesse charakterisiert. Um die Abrechnungsmodalitäten mit der Captive zu erleichtern, ist es empfehlenswert, die sogenannte „Rückversicherung für gemeinsame Rechnung" anzuwenden.

3.2 Rent-a-Captive-Konzept

Als eigenständige juristische Person ist eine Captive mit ausreichend Kapital zu gründen und zu managen. So wird Kapital gebunden, welches der Kerntätigkeit des Mutterhauses entzogen wird. Die anfallenden Kosten schmälern zwar die grundsätzliche Attraktivität von Captives nicht. Dennoch können sie für kleine und mittlere Unternehmen prohibitiv wirken, kommen doch die Vorteile einer Captive-Lösung erst bei einem gewissen Versicherungsvolumen voll zum Tragen.

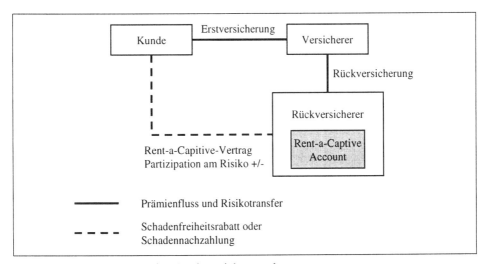

Abbildung 7: Rent-a-Captive-Rückversicherungskonzept

Um diese Selbstversicherungslösungen auch mittelgroßen Unternehmungen zugänglich zu machen, haben die Unternehmensversicherer ihr Dienstleistungsspektrum um das Rent-a-Captive-Konzept erweitert. Hier gründet der Kunde keine eigene Gesellschaft, sondern mietet sich gleichsam in die bestehende Infrastruktur eines Erst- oder Rückversicherungsträgers ein. Im Innenverhältnis wird für jeden Kunden ein Konto geführt, auf welchem die Prämien sowie die darauf erzielten Anlageerträge gutgeschrieben und gleichzeitig die Managementgebühren und allfällige Schadenzahlungen belastet werden. Resultiert am Ende der Laufzeit eines Rent-a-Captive-Vertrages ein Gewinn, wird dieser in den Unternehmenskreislauf des Kunden zurückgeführt. Weist das Konto dagegen einen negativen Saldo aus, muss der Kunde einen Nachschuss leisten. So stellen Rent-a-Captive-Lösungen ein flexibles Finanzierungsinstrument auf vertraglicher Basis dar. Sie erlauben es dem Unternehmenskunden, mit limitierten Kosten unmittelbar an seinem Risikoverlauf teilzuhaben.

Gewöhnlich sind im Mantel eines Rent-a-Captive-Vehikels mehrere Accounts verschiedener Kunden operativ, die sich folglich auch die Kosten dieser Eigenversicherungseinrichtung teilen. Im Außenverhältnis erscheint diese Fazilität als eine Gesellschaft. Konsequenterweise stehen alle sich in dieser Gesellschaft befindlichen Vermögenswerte, unbesehen ihrer Zugehörigkeit, zu einem individuellen Kundenkonto zwecks Befriedigung von Ansprüchen Dritter zur Verfügung. Dieser Umstand kann denn auch als Schwäche des Rent-a-Captive-Konzeptes empfunden werden. Weist nämlich ein Konto einen ausgesprochen schlechten Schadenverlauf auf und wird die entsprechende Muttergesellschaft durch schwere Auswirkungen eines Schadenereignisses derart erschüttert, dass sie nicht mehr in der Lage ist, den geschuldeten Nachschuss zu leisten, können zur Begleichung von Ansprüchen gegen die Rent-a-Captive-Gesellschaft Mittel anderer Kundenkonti herangezogen werden. Im Extremfall führt dies gar zum Konkurs der Rent-a-Captive-Gesellschaft. Dabei würden die Vermögenswerte aller Konten in die Konkursmasse fallen und entsprechend in Mitleidenschaft gezogen. Daher werden Rent-a-Captive-Konzepte in der Regel von Versicherungsgesellschaften angeboten, die über nach versicherungstechnischen Parametern ermittelte angemessene Eigenkapitalmittel verfügen.

3.3 Protected-Cell-Company-Konzept

Um mittelgroßen Unternehmen eine Alternative zum Rent-a-Captive-Konzept anbieten zu können, sind seit neuerem an vereinzelten Off-shore-Standorten auch Gründungen von Protected Cell Companies (PCCs), einer neuartigen Gesellschaftsform, zugelassen. Eine PCC ist eine juristische Person, die aus einem Kern und einer beliebigen Anzahl von eigenständigen Zellen besteht. Mehrheitlich haben solche Gesellschaften eine Rückversicherungslizenz erworben. Als charakteristische Eigenheit sind die den einzelnen Zellen zugeordneten Vermögenswerte gesetzlich voneinander isoliert und damit geschützt. In keinem Falle haftet eine Zelle für Ansprüche Dritter gegenüber einer anderen

Zelle. Gläubiger einer bestimmten Zelle können demnach einzig auf die Mittel der betroffenen Zelle greifen. Hingegen besteht für den Gläubiger einer Zelle grundsätzlich die Möglichkeit, sich durch die Liquidation von Aktiven des Kerns schadlos zu halten.

Dadurch eignen sich Protected Cell Companies als Captive-Einrichtung für mehrere, voneinander unabhängige Kunden. Mit der Kombination von Eigenständigkeit der Selbstversicherung über die Zellen sowie der gemeinsamen Abwicklung von Kosten und Kapitalisierung über die Mantelgesellschaft verbinden PCCs die Vorteile einer Captive mit jenen einer Rent-a-Captive und stellen eine Weiterentwicklung innerhalb der Alternativen Risikofinanzierung dar.

Protected Cell Companies sind seit dem 1. Februar 1997 auf der britischen Kanalinsel Guernsey zugelassen. Mittlerweile sind dort ca. 30 Gesellschaften entstanden. Erstversicherer, welche an PCC Risiken rückversichern, sind gut beraten, das Haftungssubstrat zu analysieren, welches bei den bisherigen Implementierungen nachhaltig geringer ausfällt als dies bislang bei Rent-a-Captive-Anbietern besteht. Da üblicherweise Kern- und Zellaktionäre nicht identisch sind, verstehen sich die Eigentümer und Betreiber einer PCC selbst eher als Dienstleister und nicht als Versicherer. Bei den derzeitigen PCC-Gesellschaften können denn auch keine Versicherungsgeschäfte auf eigene Rechnung beobachtet werden, wie dies bei den üblichen Betreibern von Rent-a-Captive-Konzepten der Fall ist.

Das schweizerische Recht steht in der gegenwärtigen Ausgestaltung der Errichtung von Protected Cell Companies entgegen. Das Gesellschaftsrecht sieht keine Strukturen vor, welche es erlauben würden, innerhalb einer Gesellschaft verschiedene abgegrenzte Vermögenspositionen zu schaffen und Aktien nur auf diese auszugeben. Es ist derzeit nicht zu erwarten, dass in der Schweiz der Numerus Clausus der Gesellschaftsformen aufgebrochen und das Gesellschaftsrecht um dass PCC-Konzept erweitert wird.

Schweizer Unternehmen, die PCC-Lösungen ins Auge fassen, müssen sich deshalb auf jene Off-shore-Standorte fokussieren, die bereits über eine PCC-Gesetzgebung verfügen. Dazu zählen neben Guernsey etwa Bermuda und die Cayman Islands. Als Unwägbarkeit zu beachten gilt es allerdings, dass die rechtliche Durchsetzbarkeit der gesetzlichen Isolation der Zellen nicht unbestritten ist. Dürfte sie an den Off-shore-Standorten in einem Prozess standhalten, ist sie im internationalen, durch vielfältige rechtliche Verflechtungen geprägten Kontext fraglich. Bei derartigen rechtsordnungsübergreifenden Fragestellungen ist namentlich das anwendbare Recht bedeutungsvoll. Dieses bestimmt sich im Einzelfall nach verschiedenen Anknüpfungen und oftmals einer zu beachtenden Rechtswahl. Überdies ist in diesem Zusammenhang nach dem Grundsatz der Territorialität der Geltungsanspruch des staatlichen Zwangsvollstreckungsrechts zu berücksichtigen. Diese komplexen Gegebenheiten münden in eine Unsicherheit, die berücksichtigt werden muss, wenn die Protected-Cell-Captive der Rent-a-Captive in einem Entscheidungsprozess gegenüber gestellt wird.

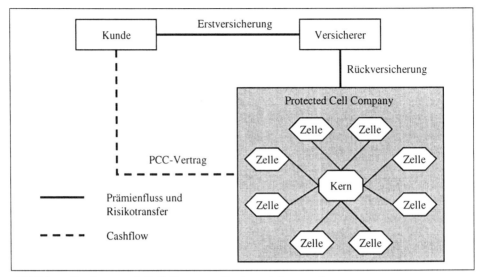

Abbildung 8: Protected-Cell-Company-Rückversicherungskonzept

4. Finite-Risk-Konzept

4.1 Charakterisierung des Risikotransfers

Finite-Risk-Lösungen sind Finanzierungskonzepte mit Risikotransfer, in welchem der Versicherungsnehmer das zu versichernde Risiko substanziell selbst finanziert. Der Umfang des Risikotransfers wird letztlich durch die recherchierbare Datenqualität und die Qualifizierung des Moral Hazard bestimmt. Je nach Umfang von Risikotransfer, Selbstfinanzierungs- und Dienstleistungsgrad reflektiert eine Finite-Risk-Lösung entweder eine bank- oder assekuranznahe Lösung.

Das Spektrum des Risikotransfers besteht aus :

- *Zeichnungsrisiko:* Effektive Schadenbelastung ist höher als erwartet
- *Zeitrisiko:* Schadenzahlungen fallen früher als erwartet an
- *Anlagerisiko:* Anlageerträge fallen niedriger aus als geplant
- *Kreditrisiko:* Ungewissheit zukünftiger Zahlungen

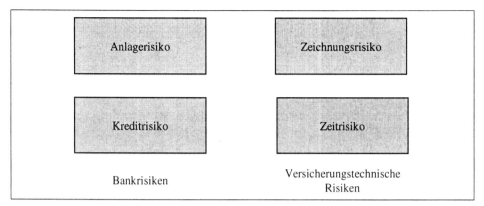

Abbildung 9: Spektrum Risikotransfer

Im Gegensatz zu traditionellen Versicherungslösungen, die auf dem Prinzip der Großen Zahl beruhen und mittels derer eine Solidarisierung des Schadens vorgenommen wird, orientieren sich Finite-Risk-Lösungen grundsätzlich am individuellen Risiko.

Finite-Risk-Lösungen zeichnen sich dadurch aus, dass nach Ablauf der in der Regel über mehrere Jahre abgeschlossenen Verträge die geleisteten Prämiengelder und – je nach Risikosituation – Anlageerträge im Rahmen der Vertragskonditionen an den Versicherungsnehmer zurückfließen.

Die Gewinnbeteiligung bemisst sich aus der Summe der periodisch bezahlten Prämien, zuzüglich erzielter Zinserträge, abzüglich geleisteter Schadenzahlungen sowie anteiliger Kosten. Während der Vertagsdauer kann zudem ein Rückkaufsrecht zugunsten des Versicherungsnehmers vereinbart werden.

Angesprochen seien in diesem Zusammenhang auch rechnungslegungstechnische Vorschriften von Finite-Risk-Lösungen. Für einen internationalen Kontext sind die IAS (International Accounting Standards) und die US-GAAP (United States Generally Accepted Accounting Principles) zu berücksichtigen. Eine zentrale Rolle für die richtige buchhalterische Behandlung spielen die Definition des Konsolidierungskreises sowie das Ausmaß von Übertragungs- und Zeitrisiko.

Es haben in die Praxis der Alternativen Risikofinanzierungen zwei Vertragsformen von Finite-Risk-Konzepten Eingang gefunden. Einerseits solche mit einem Erfahrungskonto, andererseits die mit einem Selbstbehaltskonto. Erstere (mit Erfahrungskonto) zeichnet sich dadurch aus, dass für den gesamten Deckungsumfang eine Police ausgestellt wird und sie aus einem Prämienbetrag besteht. Bei Letzterer (mit Selbstbehaltskonto) wird ein Split des für die Risikofinanzierung vorgesehenen Liquiditätsbeitrages vorgenommen. Der eine Teil beinhaltet eine Prämie für den Risikotransfer und der andere einen Beitrag für die Selbstfinanzierung, welche mithilfe eines Selbstbehaltskontos durch den Versicherer im Rahmen eines Deposit Accounts gemanagt wird.

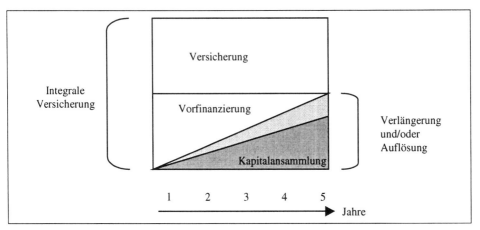

Abbildung 10: Finite-Risk-Konzept

4.2 Merkmale von Finite-Risk-Lösungen

Bei den Finite-Risk-Lösungen handelt es sich um maßgeschneiderte Lösungen für die nationale und internationale Unternehmenskundschaft, welche auf herkömmlichen Wegen weder von klassischen Banken noch von traditionellen Versicherungsunternehmen angeboten werden. Häufig werden Finite-Risk-Lösungen für schwer bis unversicherbare Risiken angewendet, wobei sie aber nicht auf bestimmte Versicherungssparten begrenzt sind.

Jeder Vertrag ist genau auf die Bedürfnisse des Kunden zugeschnitten. Neben klassischen Versicherungsrisiken können weitere Risiken versichert werden, welche die Bilanz bzw. das Vermögen eines Unternehmens beeinflussen. Denkbar sind also Modelle zum Schutz des Versicherungsnehmers vor unvorhersehbaren Ereignissen oder anderen Unternehmerrisiken, die traditionell nicht versicherbar sind. Dies kann sowohl bei retrospektiven (Loss-Portfolio-Transfer) als auch bei prospektiven Programmen (Antizipierung künftiger Schäden) der Fall sein.

Bei Finite-Risk-Verträgen wird ein festes Verhältnis von Prämie und Risikoschutz vereinbart. Der Risikoschutz kann aus einem ereignisbezogenen Limit, aus einem jährlichen Limit oder aus einer Vertragssumme für eine mehrjährige Laufzeit des Vertrages bestehen. Selbst bei einem schlechten Risikoverlauf bleibt die zu Beginn des Vertrages vereinbarte Versicherungssumme garantiert. Ferner wird die Möglichkeit der Bilanzpflege durch die Budgetierbarkeit eines Risikos – unabhängig vom effektiven Risikoverlauf – geschaffen.

4.3 Erscheinungsformen von Finite-Risk-Lösungen in der Praxis

Erfahrungen, die man im schweizerischen Markt für Unternehmensversicherungen gewonnen hat, zeigen, dass sich Finite-Risk-Konzepte in drei Anwendungskategorien positionieren lassen. Erstens als Ersatz von bestehenden traditionellen Versicherungslösungen, zweitens als Instrument der Risikobewältigung von traditionell nicht versicherbaren Risiken und drittens als kombinierte Lösung.

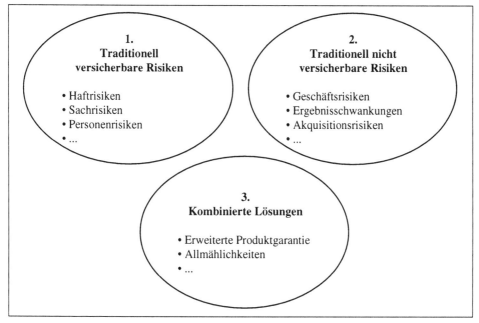

Abbildung 11: Anwendungsmöglichkeiten von Finite-Risk-Lösungen

4.4 In der Praxis: Finite-Risk-Beispiele in der Schweiz

Nachfolgend wird für jede der oben aufgezeigten Kategorien ein typisches, branchenspezifisches Beispiel aus dem schweizerischen Markt aufgezeigt.

4.4.1 Ersatz von bestehenden traditionellen Versicherungslösungen

Langzeitschäden bei Haftpflichtversicherungen für Spitäler:

Mit Haftpflichtschäden im Gesundheitswesen sind langwierige Abwicklungszeiten verbunden. Überwiegend handelt es sich um Risiken mit einer hohen Schadenquote. Die schweizerische Praxis zeigt, dass zwischen der Meldung des Schadens durch den Versicherungsnehmer und der gesamten Schadenbegleichung bis zu zehn Jahre oder mehr verstreichen können. Während dieser Zeitdauer werden vom Versicherer in der Bilanz versicherungstechnische Rückstellungen gebildet. Die korrespondierenden Aktivpositionen werden durch das konzerneigene Asset Management professionell angelegt, sodass daraus attraktive Kapitalerträge resultieren.

Selbst wenn nun der Risikoverlauf eine sehr hohe Schadenquote aufweist, wird der Kunde nicht begeistert sein, wenn der Versicherer die Prämie erhöht. Ein alternatives Finite-Risk-Konzept kann dem Kunden gegenüber dem traditionellen Konzept spürbare Mehrwerte erbringen. Es wird vereinbart, dass das Unternehmen ein bestimmtes Risikospektrum selbst finanziert. Im Vertrag wird festgehalten, dass für den Kunden beim Versicherer intern ein Risikobereich isoliert wird. Dieser wird vom Unternehmenskunden selbst übernommen und die entsprechenden Prämien werden ihm überlassen. De facto werden ihm in solch einem Modell die entsprechenden Prämien sowie die Kapitalerträge, die aus den gebildeten Rückstellungen seines Risikobereiches erwirtschaftet werden, gutgeschrieben. Wenn aus der Auflösung von Rückstellungen Abwicklungsgewinne resultieren oder sich der effektive Schadenverlauf günstiger als der prognostizierte herausstellt, fließen die nicht für die Risikofinanzierung in Anspruch genommenen Gelder an den Unternehmenskunden zurück.

Im Rahmen der Finite-Risk-Lösung ist somit sichergestellt, dass die Verzinsung von Prämienreserven dem Kunden vollumfänglich zufließt. Zusätzlich können folgende Mehrwerte erzielt werden:

Die Planungssicherheit von langfristigen Risiken wird erhöht. Zu Vertragsbeginn werden für mehrere Jahre die Konditionen (Deckungsumfang, -summen und Selbstbeteiligung) sowie die Versicherungsprämien festgelegt, sodass die Stabilität des Cashflows für den Kunden gewährleistet ist und dies unabhängig vom effektiven Schadenverlauf.

Der Kunde kann den Umfang seiner Risikobeteiligung frei bestimmen. Die Deckung steht von Anfang an zur Verfügung, d.h. allfällige früh eintretende Großschäden werden durch den Versicherer gegenüber dem Anspruchsberechtigten beglichen. Auch innerhalb des Selbstfinanzierungsteils erbringt der Versicherer weiterhin die professionellen Dienstleistungen in der Schadenerledigung, sodass das Außenverhältnis unverändert bleibt.

Für Katastrophenschäden – d.h. Schäden, welche das Volumen des vom Kunden definierten Risikobereiches übersteigen – behält er jedoch weiterhin eine traditionelle Versicherungslösung mit vollumfänglichen Risikotransfer an den Versicherer bei. In diesem Katastrophenbereich ist die Finanzierung der Risiken auf das Gesetz der Großen Zahl abgestellt und ist daher nicht wie bei der individuellen Lösung durch eine zeitliche Risikoverteilung charakterisiert. Die Verzinsung der Prämienreserven erfolgt anhand einer am individuellen Risiko angepassten Kapitalanlagestrategie.

Das Finite-Risk-Konzept eröffnet auch die Möglichkeit, ungedeckte Schadenfälle aufgrund einer Ausschöpfung der Versicherungskapazität von anderen Versicherungsfällen mit in die Deckung zu integrieren, um so retrospektiv einen Deckungsschutz zu erreichen.

4.4.2 Als Ergänzung: Versicherung von traditionell nicht versicherbaren Risiken

Preisschwankungen aus der Nahrungsmittelindustrie:

Ergebnisschwankungen können aus Mengen- oder Preisabweichungen resultieren. Will der Unternehmer Ausschläge bei Geschäftsabschlüssen über die Zeit stabilisieren, kann er häufig auf spezielle Finanzprodukte in Form von Effekten zurückgreifen. Existieren keine börsenfähigen Finanzinstrumente, lassen sich auch mit den Finite-Risk-Konzepten nachhaltige Erfolge in der Risikobewältigung erzielen.

Im Bereich der Nahrungsmittelherstellung gibt es z.B. Unternehmen, deren Nahrungsmittelproduktion stark von einem Rohstoff abhängig ist. Dieser Rohstoff kann für die entsprechende Branche zudem die bedeutendste Einnahmequelle sein. Der Einkaufspreis für diesen Rohstoff kann sich – verglichen mit einem europäischen Durchschnitt – durchaus in einem höheren Preissegment bewegen. Während der Rohstoffpreis auf der Anbieterseite konstant bleibt, sind die betreffenden Abnehmer in der Nahrungsmittelbranche infolge beträchtlicher Marktderegulierung starken Preisschwankungen ausgesetzt. Der bestehende Preisdruck und die daraus resultierenden Umsatzreduktionen können – auch bei zusätzlichen Produktionskapazitäten – wegen einer Kontingentsregelung auf der Anbieterseite nicht durch eine Mehrproduktion kompensiert werden. Deshalb sind Unternehmen mit starker Abhängigkeit von diesem Rohstoff erheblichen Ergebnisschwankungen ausgesetzt. Es ist zudem nicht auszuschließen, dass sich dieses Risiko in Zukunft noch erhöht, etwa infolge von politischen Entscheidungen oder eines allfälligen Marktzusammenbruchs.

Für Unternehmen, welche bedeutenden Preisschwankungen im Markt ausgesetzt sind, besteht keine Möglichkeit, sich mithilfe von traditionellen Risikofinanzierungskonzepten gegen dieses Risiko abzusichern. Insbesondere dann nicht, wenn eine Risikobewältigung durch börslich handelbare Wertpapiere nicht möglicht ist.

Eine Finite-Risk-Lösung erlaubt hingegen die Modellierung eines Versicherungsschutzes für Preisschwankungen im Rohstoffbereich. Bei Preisabweichungen von einer vordefinierten Bandbreite leistet der Versicherer Ausgleichszahlungen. Dadurch lassen sich Umsatz-Ausreißer im Jahresergebnis reduzieren. Als Folge liegt eine verbesserte Bilanzstruktur vor und es wird eine Erhöhung des Unternehmenswertes erzielt.

4.4.3 Kombinierte Lösung

4.4.3.1 Erweiterte Garantie eines Softwareherstellers

Informatik-Dienstleistungsbetriebe sind mit einem lebhaften Konkurrenzmarkt konfrontiert. Offensichtlich kristallisiert sich dabei heraus, dass für die Entwicklung von maßgeschneiderten Informatiklösungen neben dem Preis auch Dienstleistungen wie Garantie, Online Services, zusätzliche Funktionen, usw. in dieser Branche zu wesentlichen Erfolgsfaktoren zählen. Der Hersteller muss sich so möglicherweise bereits heute gegenüber dem Käufer verpflichten, allfällig verursachte Schäden infolge einer mangelhaften Softwareherstellung zu beheben. Die eventuell aus dieser Garantie resultierenden vertraglichen Verpflichtungen und die somit bestehenden Risiken übersteigen den Versicherungsschutz einer traditionellen Versicherungslösung. Um einen bedeutenden Vertrag abschließen zu können, müssen Informatik-Dienstleister im Rahmen ihrer Verkaufs- und Verhandlungsstrategien ihren Kunden erweiterte Garantien offerieren. Diese zusätzlichen Risiken wollen sie natürlich durch eine Versicherungspolice abdecken.

Eine Lösungsoption ließe sich für diesen Fall in Form einer kombinierten Betriebshaftpflichtversicherung modellieren, welche eine traditionelle und eine alternative Versicherung beinhaltet. Mittels einer konventionellen Deckung würden beispielsweise Sach- und Personenschäden abgedeckt. Der Finite-Risk-Teil könnte die Finanzierung reiner Vermögensschäden sicherstellen, sodass sich gesamthaft eine neue Versicherungskapazität entwickeln ließe.

Der Software-Hersteller kann also gegenüber seinen Mitwettbewerbern einen Mehrwert für seinen Kunden schaffen, wozu die Versicherung durch die Alternative Risikofinanzierung beiträgt.

4.4.3.2 Combined-Risk-Lösungen

Beim vierten Beispiel möchte ein börsenkotiertes Unternehmen seine Sach- und Haftpflichtversicherung erneuern und einen Teil seines Währungsrisikos effizienter finanzieren. (Unter dem Währungsrisiko werden schwankende Buchwerte auf Grund von Wechselkursveränderungen verstanden.) Mit einer Combined-Risk-Lösung verbessert sich das Risikoprofil des Kunden, die Bilanz wird vor kumulativen Verlusten aus den Währungs- und Versicherungssparten und vor Volatilität geschützt. Durch die Integration des Translation-Risikos in die Combined-Risk-Lösung besteht für den Kunden die Möglichkeit, Kosteneinsparungen in Folge der Diversifikation von nicht-korrelierten Risiken zu erzielen. Die Prämie der integrierten Währungsdeckung ist im Vergleich zu einer Kapitalmarktprämie (Plain-Vanilla-Option) erheblich günstiger. Um eine solche Lösung zu realisieren, muss der Kunde aber bereit sein, substanzielle Selbstbehalte zu finanzieren.

5. Die Sicherstellung der Qualität von Alternativen Risikofinanzierungs-Dienstleistungen

In schnelllebigen Märkten kommt – im Rahmen des Entscheidungsprozesses von Unternehmenskunden – dem Angebot von qualitativ hoch stehenden und zugleich transparenten Lösungen eine entscheidende Rolle zu. Der Erfolg des Versicherers hängt letztlich von seiner Fähigkeit ab, auf ständig wechselnde Anforderungen der Unternehmenskunden einzugehen und die Dienstleistungen in der gewünschten Qualität zu erbringen. Denn nur so lassen sich im Markt Wettbewerbsvorteile erlangen und die Zufriedenheit der Kunden erhöhen.

Qualität und Qualitätsmanagement sind demnach zentrale Themen für Produzenten, Händler und Konsumenten, verlangt doch der Markt heute immer mehr den Nachweis für Qualitätsbestrebungen.

Daher sind Finanzdienstleister gut beraten, auch für Belange der Alternativen Risikofinanzierung ein integrales Qualitätsmanagement-System zu entwickeln und dieses im Unternehmen zu implementieren. Mit solch einem System werden folgende Ziele angestrebt:

- die Motivation und Kommunikationsfähigkeit der Mitarbeiter sowie die Eigenverantwortlichkeit durch klar strukturierte Abläufe und Prozesse zu steigern,
- dem Unternehmen einen Wettbewerbsvorteil gegenüber den übrigen Anbietern zu verschaffen,

– die Qualität und Kompetenz der definierten Lösungen und Dienstleistungen sicherzustellen sowie das Qualitätsbewusstsein der Mitarbeiter zu verankern und zu fördern.

6. Ausblick

Die Instrumente der Alternativen Risikofinanzierung sind von Unternehmensversicherern in den letzten Jahren entscheidend weiter entwickelt worden. Sie werden mehr und mehr zu einer Verschmelzung von Versicherungs- und Finanzmärkten führen. Im Vordergrund steht die Entwicklung von Risikofinanzierungslösungen, die sowohl Versicherungs- als auch Kapitalmarktkomponenten aufweisen. Vereinzelt lassen sich bereits Organisationsstrukturen auf der Anbieterseite finden, die eine Marktbearbeitung nach Kundengruppen ermöglichen. Das Erkennen homogener Bedürfnisse eines Kollektivs erlaubt, dass Kundenanliegen nicht mehr einzeln von Grund auf analysiert werden müssen. Durch kollektive Lösungsstrukturen sollten auch mittelgroße und kleinere Unternehmen somit in den Genuss der Vorteile von ARF-Lösungen gelangen. Eine erfolgreiche Implementierung dieser Marktleistungen verlangt aber für ein Kollektiv einen Konsens, da kundenseitig ein reduzierter Individualisierungsgrad in Kauf genommen werden muss.

Financial Service Provider bleiben auch bei der Verfolgung einer Zielkundengruppenstrategie gefordert, ihre Risikofähigkeit zu definieren. Die optimale Risikobewältigung wird sowohl für die Angebots- als auch für die Nachfrageseite eine ständige Herausforderung im Risk Management bleiben.

Waren die letzten Jahre dadurch gekennzeichnet, dass der Preis für den Transfer operationeller Risiken im Unternehmensgeschäft markant zurückging, so sind derzeit Anzeichen für eine Verhärtung des Marktes zu beobachten. Wird diese nachhaltig sein und europaweit ausstrahlen, hat sie einen Trendwechsel hin zum Verkäufermarkt zur Folge. In der unternehmerischen Risikofinanzierung werden dann bedingt durch einen Anstieg des Risikotransferpreises vermehrt auch Fragen nach der optimalen operationellen Risikobewältigung thematisiert. Instrumente der Alternativen Risikofinanzierung werden dabei einen entscheidenen Beitrag leisten und somit stärker ins Rampenlicht der Marktteilnehmer gerückt.

Einen wahren Boom Alternativer Finanzierungslösungen, bezogen auf das operative Risikospektrum, wird es dann geben, wenn der Risikotransferpreis erheblich über dem des Schadenerwartungswertes liegt oder eine neue Qualität in der Nachfrage nach Risk-Management-Dienstleistungen entsteht. Solch eine könnte dann auftreten, wenn Unternehmer bei den Erstellungs- und Vermarktungsprozessen ihrer Kernleistungen neue Risiken identifizieren. Diese könnten beispielsweise in das Bedürfnis münden, die Versicherungssummen ihrer bestehenden Produkthaftpflichtdeckungen zu vervielfachen. Traditionelle Instrumente der Risikofinanzierung werden den Marktteilnehmern wahrscheinlich rasch die Grenzen einer pragmatischen Risikofinanzierung aufzeigen. Die im Rahmen dieses Beitrages nicht diskutierten Contingent-Capital-Modelle als weitere alternative Risikofinanzierungsvariante könnten für dieses kundenseitige Bedürfnis gewiss neue Lösungsopportunitäten ermöglichen. In den letzten Jahren wurden diverse Anstrengungen unternommen, Versicherungsrisiken direkt an Kapitalmarktinvestoren zu transferieren. Der Umfang solcher Lösungen zum Volumen des gesamten Versicherungsmarktes darf derzeit aber noch als bescheiden beurteilt werden. Abzuwarten bleibt, ob Verbriefungslösungen in den nächsten Jahren eine gewiss wünschbare signifikant stärkere Marktdurchdringung erzielen werden. Dies würde eine Bereitstellung zusätzlicher kreditrisikofreier Kapazität für die Unternehmenskunden einerseits und Diversifikationsmöglichkeiten in den Anlageportfolios der Kapitalinvestoren andererseits bedeuten.

Erfreulich ist, dass die Wissenschaft das spannende Gebiet der Risikofinanzierung als Forschungsdisziplin aufgreift und bearbeitet. In diesem Zusammenhang wäre es interessant, auch empirisch zu analysieren, in welchem Umfang konjunkturelle Preisentwicklungen in der Risikofinanzierung strukturelle Auswirkungen zur Folge haben. Sollte nämlich die Vielzahl von Anbietern als Folge von konjunkturellen Schwankungen reduziert werden, könnte sich eine weitere Entscheidungsgrundlage zu Gunsten von alternativen Risikofinanzierungslösungen entwickeln, nämlich die Sicherstellung der kundenseitigen unternehmerischen Entscheidungsfreiheit.

Literaturverzeichnis

KUSS, M./SCHÖNBÄCHLER, O./BETSCHART, R.: Risk Management ist Chefsache, in: Handelszeitung, Sonderdruck aus Nr. 43/99.

KUSS, M./SCHÖNBÄCHLER, O./BETSCHART R.: Schlüssel zur innnovativen Risikofinanzierung, in: Schweizerische Handelszeitung, Sonderdruck aus Nr. 22/1998.

KUSS, M.: Schadenminderung durch Prävention, in: H.-P. Wollner (Hrsg.): Risk-Management für die Praxis, München 2000, S. 61-88.

KUSS, M./SCHÖNBÄCHLER O.: Bilanzschutz durch umfassende Finanz- und Risk-Management-Dienstleistungen aus einer Hand - Der Ansatz der Zürich, in: I.VW Management Information vom 3/99, S. 8-11

RENGGLI, T.: Wohin steuert die Risikofinanzierung? ART als Schlüssel für die Zukunft, in: Neue Zürcher Zeitung vom 19.2.2000.

SCHÖNBÄCHLER, O.: Die Renaissance des Risk Managements – Im Zeichen von Corporate Covernance, in: Schweizer Arbeitgeber vom 21.12.2000, S. 1207.

SCHÖNBÄCHLER, O.: Integriertes Risiko-Management in der Praxis – am Beispiel des Flughafens Zürich, in: M. Allenspach (Hrsg.): Perspektiven einer chancenorientierten Unternehmensführung, St.Gallen 2001, S. 139-154.

STREBEL, B.: Stabiler dank Expansion, in: Schweizer Bank, Heft Nr. 9, 2001, S. 22 ff.

SWISS RE (Hrsg.): Alternativer Risikotransfer (ART) für Unternehmen: Modeerscheinung oder Risikomanagement des 21. Jahrhunderts?, Sigma Nr. 2/1999, Zürich 1999.

THALMANN, B./STOELZEL, A.: Der traditionelle Finanzchef hat ausgedient, in: Neue Zürcher Zeitung vom 13./14.1.2001, S. 23.

VAN RIJS, J./STEIDLE, F.: Systematische Risikobewältigung: Der Risk Managementprozess, in: Management & Qualität, Heft Nr. 9, 2001, S. 8f.

WÖHRMANN, P.: Liechtenstein: Ein neuer Versicherungsstandort für Europa?, in: Schweizer Versicherung, Heft Nr. 9/1995, S. 26-28.

WÖHRMANN, P.: Captives: Überblick über die Praxis im schweizerischen Grosskundengeschäft – Synergien dank Profit-Sharing, in: Schweizer Versicherung, Heft Nr. 12/1996, S. 17-20.

WÖHRMANN, P.: Vom Kunden zum Partner: Alternative Risikofinanzierung, in: Schweizerische Handelszeitung, Sonderausgabe Nr. 7 vom 13.2.1997, S. 37.

WÖHRMANN, P.: Alternative Risk Transfer verlangt auch alternative Arbeitsabläufe - Kundenorientierte Ablauforganisation für Captive Accounts, in: Schweizer Versicherung, Heft Nr. 11/1997, S. 53-56.

WÖHRMANN, P.: Alternative für mittelgrosse Unternehmungen, in: Schweizerische Handelszeitung, Nr. 44 vom 28.10.98, S. 53-54.

WÖHRMANN, P.: Alternative Risikofinanzierungsmodelle eröffnen Unternehmen attraktive Chancen, Teil I: Captive und Rent a Captive Lösungen, in: Schweizer Aussenwirtschaft, Heft Nr. 30/1998, S. 28-30.

WÖHRMANN, P.: Alternative Risikofinanzierungsmodelle eröffnen Unternehmen attraktive Chancen, Teil II: Finite Risk-Lösungen, in: Schweizer Aussenwirtschaft, Heft Nr. 31/1998, S. 28-30.

WÖHRMANN, P.: Swiss developments in alternative risk financing models, in: The official Journal of the European-American Business Council, Ausgabe Frühjahr 1998, S. 132-133.

WÖHRMANN, P.: Neue Lösungen gefragt. Alternative Risikofinanzierungen. Unternehmensversicherer bieten Dienstleistungen von professionellen Vermögensverwaltern an, in: Schweizer Bank, Heft Nr. 11/1998, S. 52–54.

WÖHRMANN, P.: Neue Finanzdienstleistungen für neue Kundenbedürfnisse, in: Schweizerische Handelszeitung, Nr. 21 vom 26.5.99, S. 61.

WÖHRMANN, P.: Corporate customers' evolving needs pose a challenge to the insurance industry, in: The official Journal of the European-American Business Council, Ausgabe Frühjahr 2000, S. 58 f.

WÖHRMANN, P.: Versicherungspool für KMU. Marktpotenziale der alternativen Risikofinanzierung, in: Neue Zürcher Zeitung, Nr. 31 vom 7.2.2001, S. 25.

WÖHRMANN, P.: Ein innovatives Risikotool. Alternative Risikofinanzierung, in: Schweizerische Handelszeitung, Nr. 8 vom 21.2.2001, S. 6.

WÖHRMANN, P.: Versicherungspools für KMU. Marktpotenziale der alternativen Risikofinanzierung, in: Neue Zürcher Zeitung vom 7.2.2001, Nr. 31, S. 25.

WÖHRMANN, P.: Corporate customers' evolving needs pose a challenge to the insurance industry, in: Business Guide, April 2001, S. 2 f.

WÖHRMANN, P.: Alternative Risikofinanzierung, Teil IV, Weniger Schäden, stabile Prämien, in: KMU Manager, Ausgabe 5/2002, S. 16

WÖHRMANN, P./BÜRER, C.: Protected Cell Captives: Auch für die Schweiz geeignet? Instrument der alternativen Risikofinanzierung, in Schweizer Versicherung, Heft Nr. 7/2001, S. 14 ff.

WÖHRMANN, P./BÜRER, C.: Captives, in: Lane, M. (Hrsg.): Alternative Risk Strategies, published by Risk Books, London 2002, S. 181-200.

WÖHRMANN, P./BÜRER, C.: The alternative running of risks, in: Finance Today, July 2002, S. 181-182.

WÖHRMANN, P./JOCHAM, H.-J.: Captive-Gesellschaft: Das Vorgehen bei der Liquidation. Nur ein gut ausgebautes Netzwerk führt zum Ziel, in: Schweizer Versicherung, Heft 5/2002, S. 13-16.

WÖHRMANN, P./LOBATO, M.: Qualitätsmanagement der Zürich Schweiz: Risikogeschäft nach Mass, in: Management & Qualität, Heft 2/2001, S. 18-21.

WÖHRMANN, P./SCHÖNBÄCHLER, O.: Alternative Risk Transfer für Unternehmen – praxisorientierte Lösungen zur unternehmerischen Risiko-Bewältigung im Allfinanzumfeld, in IVW/HSG Trendmonitor für Risiko-und Finanzmärkte, Heft Nr. 3/2000, S. 9-16.

WÖHRMANN, P./WÄLCHLI, U.: Captive-Standort: Kanton Zürich im Vergleich mit Liechtenstein. Zürich als neue Captive-Adresse, in: Schweizer Versicherung, Heft Nr. 1/1999, S. 11-12.

ZURICH FINANCIAL SERVICES (Hrsg.): Fact Sheet Finite Risk, CoE, Structured Insurance Solutions, Zürich 1998.

ZURICH FINANCIAL SERVICES (Hrsg.): Fact Sheet Captive, CoE, Captive Consulting, Zürich 2001.

ZURICH FINANCIAL SERVICES (Hrsg.): Fact Sheet Rent-a-Captive, CoE, Captive Consulting, Zürich 2001.

ZURICH FINANCIAL SERVICES (Hrsg.): Schützen Sie Ihre Bilanz mit System - Unternehmensrisiken erfolgreich bewältigen, CEC, Risk Management, Zürich 1998.

ZURICH FINANCIAL SERVICES (Hrsg.): Risk Management für Unternehmen - methodisch vorgehen, CEC, Risk Management, Zürich 1997.

ZURICH FINANCIAL SERVICES (Hrsg.): Qualitätsmanagement - Setzen Sie auf Qualität, CEC, Risk Management, Zürich 2001.

Stephan Schopp[*]

Beitrag und Wirkung des Alternativen Risikotransfers auf das unternehmerische Ergebnis

1. Einleitung

2. Wandel der wirtschaftlichen und strukturellen Rahmenbedingungen

3. Bedeutung des unternehmerischen Ergebnisses für das Risikomanagement und die Unternehmensführung

4. Begriffsbestimmung und Abgrenzungsprobleme des Alternativen Risikotransfers

5. Lösungsansätze und Methoden zur Ergebnisglättung durch Alternativen Risikotransfer
   5.1 Finite-Risk-Lösungen
   5.2 Multi-Trigger-Lösungen
   5.3 Multi-Year-/Multi-Line-Lösungen
   5.4 Wetter-Derivate
   5.5 Weitere Lösungsansätze

6. Künftige Bedeutung Alternativer Risikotransfer-Lösungen

7. Schlussbemerkung

Literaturverzeichnis

---

[*] Dipl.-Kfm. Stephan Schopp (MBA) ist Assistent des Vorstandsvorsitzenden der Gerling-Konzern Versicherungs-Beteiligungs-AG.

1. Einleitung

Die neunziger Jahre sowie die ersten Jahre des neuen Jahrtausends sind im besonderen Maße von einem Wandel der wirtschaftlichen Strukturen und Rahmenbedingungen geprägt. Die zunehmende Internationalisierung seit den siebziger Jahren mündet in einer Globalisierung der Weltwirtschaft in einem bislang nicht erlebten Maße. Technische Innovationen, allen voran die Verbreitung des Internets, ermöglichen die Erschließung neuer Märkte und Geschäftsfelder. Zusätzlich wurde diese Expansion durch vielfache Deregulierungen in den Industrieländern unterstützt. Handelsbarrieren wurden gesenkt, überholte Strukturen zentralistisch geführter Staaten durch moderne, reformierte Wirtschaftssysteme ersetzt und der Euro trat an die Stelle vieler verschiedener Währungen im europäischen Raum.

Diese Veränderungen führen zu einer Konzentrationswelle über fast alle Industrien, deren Ende noch nicht abzusehen ist. Ziel ist zum einen die Internalisierung verschiedener Ebenen entlang der Wertschöpfungskette. Zum anderen erkaufen sich Organisationen Zugangsmöglichkeiten zu neuen Märkten und Produkten, um zeit- und kostspielige Eigenentwicklungen zu vermeiden. Der aus diesen Entwicklungen resultierende Kapitalbedarf wird zunehmend aus den weltweiten Aktienmärkten befriedigt, wodurch sich die Unternehmensführung und -steuerung wesentlich verändert hat. Dabei kommt dem unternehmerischen Ergebnis eine bedeutende Rolle zu.

Alternative Risikotransferlösungen versuchen die aus diesen Entwicklungen resultierenden Anforderungen an das Risiko- und das Finanzmanagement von Organisationen zu decken. Nach den Ursprüngen im Rückversicherungsgeschäft erstrecken sich die Anwendungsgebiete mittlerweile auch auf industrielle Unternehmen.

Im folgenden Beitrag wird die Wirkung dieser neuen Formen des Alternativen Risikotransfers auf das unternehmerische Ergebnis diskutiert. Dazu werden zunächst die wesentlichen Änderungen der wirtschaftlichen Rahmenbedingungen und ihr Ergebniseinfluss aufgezeigt. Darauf aufbauend wird die Bedeutung des unternehmerischen Ergebnisses für das Risikomanagement und die strategische Unternehmensführung erörtert. Im Anschluss erfolgt eine Erläuterung der wesentlichen konstitutiven Merkmale Alternativer Risikotransferlösungen sowie die Darstellung ausgewählter Lösungsansätze und ihrer Wirkungsweise. Der Beitrag schließt mit einem Ausblick auf die erwartete Entwicklung für Alternative Risikotransferlösungen und einer Zusammenfassung der wesentlichen Erkenntnisse.

2. Wandel der wirtschaftlichen und strukturellen Rahmenbedingungen

Der eingangs bereits erwähnte wirtschaftliche Strukturwandel vollzieht sich auf makro- wie auch auf mikroökonomischer Ebene und wird die wirtschaftlichen Verflechtungen des 20. Jahrhunderts grundlegend verändern. Durch die Deregulierung in verschiedensten Industrien sahen sich Unternehmen einem Wettbewerbsdruck ausgesetzt, dem sie zum Teil weder organisatorisch noch finanzwirtschaftlich gewachsen waren bzw. sind.

In Abhängigkeit von Umfang und Ausmaß der strukturellen Rahmenbedingungen haben bereits Transformationsprozesse eingesetzt, die jedoch industriell unterschiedlich stark ausgeprägt sind. Die Deregulierung des Versicherungsmarktes in der ersten Hälfte der neunziger Jahre hat beispielsweise bereits deutliche Spuren auf dem Versicherungsmarkt sowie bei den einzelnen Versicherungsunternehmen hinterlassen. Ein abgeschlossener Strukturwandel ist jedoch insbesondere in Verbindung mit der laufenden Verbreitung von Allfinanzkonzepten nicht zu erkennen. Die Deregulierung in anderen Bereichen, wie beispielsweise im deutschen Postwesen und bei den öffentlichen Verkehrsmitteln, ist bislang noch unterentwickelt, obwohl auch hier in absehbarer Zukunft mit einschneidenden Veränderungen zu rechnen ist.

Diese Entwicklungen führen zu einer Veränderung der Risikolandschaft, insbesondere zu einer Erweiterung des *risk exposures*. Durch technologischen Fortschritt entstehen neue Geschäftsfelder, deren Ausmaß und Wirkung erst zu erkunden sind. Durch die Verbreitung des Internets entstanden beispielsweise Datensicherheits- und Rechtsrisiken, die schrittweise zu lösen waren. Auch sogenannte *Cyber risks*, z.B. virtuelle Gefahren durch Computerviren, sind nach wie vor, insbesondere aufgrund der sich kontinuierlich wandelnden Ausprägungen, nur schwer beherrschbar und daher versicherungstechnisch kaum abzusichern. Weiterhin bergen innovative Produktentwicklungen Gefahren, die häufig erst im Laufe mehrerer Jahre nach Einführung erkannt und, zum Teil, behoben werden können. Beispiele aus der Vergangenheit sind hier die Verwendung asbesthaltiger Bausubstanzen oder die Einführung nicht hinreichend erforschter pharmazeutischer Produkte (z.B. Contergan). Als aktuelles Beispiel kann man die zu erwartenden Veränderungen durch die Entschlüsselung des menschlichen Genoms anführen. Weiterhin führen Prozessinnovationen zu neuen Gefahrpotenzialen. Durch die Just-in-time-Philosophie ist eine Abhängigkeit zwischen Fertigungsprozessen entstanden, die bei Ausfall eines Gliedes zum Produktionsausfall und damit zu hohen Kosten führen kann. Ebenso entstanden durch die Entwicklung virtueller Vertriebswege neue Anforderungen aus Bonitäts- und Lieferrisiken. Ferner ergeben sich neue Risiken durch die Ausweitung des Geschäftsbetriebes auf neue Märkte und Länder. Diese beinhalten beispielsweise politische Risiken, Unkenntnis des Marktes und des neuen regulatorischen Umfeldes oder, je nach Land, neue Währungskursrisiken. Zudem haben die Anschläge in New York und

Washington im September 2001 eine neue Dimension der Risikopotenziale aus Terror eröffnet. Welche Konsequenzen sich hieraus dauerhaft für das Risikomanagement ableiten lassen, kann derzeit noch nicht hinreichend bestimmt werden. Es ist aber davon auszugehen, dass auch hier die weltwirtschaftlichen Änderungen der letzten Jahrzehnte Auslöser für eine veränderte Risikolandschaft sind.

Wirtschaftlicher Wandel verändert zudem die Gewichtung der verschiedenen Risiken innerhalb der Risikoportefeuilles von Unternehmen. Modifikationen des Geschäftsmixes führen zu Änderungen der wirtschaftlichen Bedeutung von bestehenden Risiken innerhalb von Unternehmen. Durch die Fokussierung auf Kerngeschäftsfelder und die resultierende Abnahme nachrangiger Produkte wird sich auch das Risikomanagement auf solche Bereiche konzentrieren, die wesentlichen Einfluss auf das unternehmerische Ergebnis haben. Weiterhin ändert sich die Gewichtung bestehender Risiken durch eine Änderung der Dimension einiger Risiken. Die Terroranschläge vom September 2001 haben beispielsweise die Bedeutung von Luftfahrthaftpflichtrisiken erheblich geändert. Während man bislang davon ausging, dass bei einem Absturz neben dem Verlust der Insassen und der Maschine kaum Drittschäden entstehen würden, hat sich der Umfang möglicher Ansprüche nunmehr deutlich erweitert. Auch durch die Expansion bestehender Auslandsaktivitäten kann sich die Gewichtung der Risiken verschieben, da hierdurch finanzwirtschaftliche Risiken, wie Währungs- und Zinsrisiken, relativ zunehmen können.

Nicht zuletzt aufgrund der Veränderungen der Risikolandschaft und des Risikopotenzials wurden neue regulatorische Rahmenbedingungen entwickelt, die effizientere Risikomanagementsysteme herbeiführen sollen. In Deutschland entstanden im Jahr 1998 mit dem *Gesetz zur Kontrolle und Transparenz im Unternehmensbereich (KonTraG)* verschiedene Richtlinien, welche die Anforderungen an ein Kontrollsystem konkretisieren und die Verantwortung direkt der Geschäftsführung zuweisen (§ 91 Abs. 2 AktG). In anderen Industrieländern wurden vergleichbare Kontrollmechanismen eingeführt.

Aus finanzwirtschaftlicher Sicht erhöht sich die Unternehmenskontrolle durch die Zunahme der Bedeutung von Aktienanalysten und Ratingagenturen. Durch den verstärkten Zugriff auf den Aktienmarkt als Kapitalbeschaffungsinstrument sehen sich die Unternehmen einer neuen Dimension von Transparenz und Informationspflichten ausgesetzt. Gläubiger- und Investorenschutz erlauben eine wesentlich erweiterte Offenlegung der Risikostrukturen eines Unternehmens, welche sich auch in den Geschäftsberichten in Form von Risikoberichten widerspiegelt. Internationale Rechnungslegungsvorschriften wie IAS und US-GAAP, welche ein höheres Transparenzniveau erreichen sollen und Zulassungsvoraussetzung an verschiedenen bedeutenden Börsen sind, können bereits von bestimmten Unternehmensgruppen zur Bilanzierung herangezogen werden. Es ist zu erwarten, dass diese mittelfristig die herkömmlichen Vorschriften ablösen werden. Dadurch werden sich die Möglichkeiten der Bildung stiller Reserven reduzieren. Die Unternehmen haben folglich weniger Gestaltungsmöglichkeiten, Ergebnisschwankungen intern auszugleichen.

Aufgrund der skizzierten vielfältigen Änderungen und Anforderungen an das Risikomanagement hat sich die Erkenntnis durchgesetzt, dass die individuelle Bewältigung von Risiken der Komplexität der wirtschaftlichen Anforderungen nicht ausreichend Rechnung trägt. Daher hat sich ein ganzheitliches Risikomanagement entwickelt. In der Literatur werden hierzu verschiedene Begriffe wie Holistic Risk Management (HRM), Enterprise Risk Management (ERM) oder Integrated Risk Management (IRM) verwendet, die im Kern zum gleichen Ergebnis kommen. Grundgedanke des ganzheitlichen Risikomanagements ist die Erkenntnis, dass das Management mehrerer/aller Risiken einer Organisation aufgrund interner oder externer Ausgleichsmöglichkeiten effizienter ist als die separate Absicherung einzelner Risikoarten. Daraus ergibt sich die Möglichkeit, Ergebniseinbußen (Risiken) eines Bereiches mit Mehrerträgen (Chancen) eines anderen Bereiches zu verrechnen, um so die Summe der zu transferierenden Risiken zu minimieren. Dies führt einerseits zur Reduktion von Risikokosten und verringert andererseits die Ergebnisvolatilität.

Um diesen Anforderungen gerecht zu werden, müssen Lösungen geschaffen werden, die das ganzheitliche Risikomanagement unterstützen und den geänderten wirtschaftlichen und strukturellen Rahmenbedingungen Rechnung tragen. Alternative Risikotransferkonzepte versuchen dies zu erreichen. Bevor deren Ausgestaltung und Effizienz sowie Wirkung auf das unternehmerische Ergebnis näher vorgestellt werden, soll die Bedeutung des unternehmerischen Ergebnisses als Zielgröße für den Alternativen Risikotransfer kurz skizziert werden.

3. Bedeutung des unternehmerischen Ergebnisses für das Risikomanagement und die Unternehmensführung

Die Diskussion über die Bedeutung des unternehmerischen Ergebnisses für die Unternehmenssteuerung ist keineswegs trivial. Aus dem Capital Asset Pricing Model (CAPM), welches zur Unternehmensbewertung herangezogen wird, lässt sich ableiten, dass einmalige, unregelmäßige Abweichungen des Unternehmensergebnisses keine Auswirkungen auf die Investitionsentscheidung eines Anlegers haben. Voraussetzung dabei ist, dass die Ergebnisschwankungen unkorreliert zum Aktienmarkt auftreten und der Investor eine ausreichende Diversifizierung seines Portefeuilles vorhält. Andere Untersuchungen unterscheiden die Bedeutung des unternehmerischen Ergebnisses nach Interessengruppen. Während Ratingagenturen demnach primär Cashflow-Volatilitäten beachten, fokussieren Aktienanalysten vornehmlich auf Ergebnisstabilität. Allen Diskussionen um den Stellenwert des unternehmerischen Ergebnisses ist jedoch das grundsätzliche Bekenntnis zur Bedeutung des Unternehmenswertes als strategische Steuerungsgröße gemein.

Vor allem durch die zunehmende Bedeutung des Shareholder-Value-Konzeptes ist das unternehmerische Ergebnis in den Blickpunkt der Unternehmensführung gerückt. Shareholder Value führt zu einer kapitalmarktorientierten Unternehmensführung. Dabei ist Gewinnmaximierung als oberstes Ziel zu nennen. Als kritisch wird das Ziel einer eher kurzfristigen Ertragssteigerung, anstatt den Unternehmenserfolg langfristig zu sichern, genannt. Dem muss unter Going-concern-Gesichtspunkten widersprochen werden, da unter Annahme von Marktvollkommenheit Transparenz über die tatsächliche Geschäftslage des Unternehmens gegeben ist und eine negative, langfristige Ergebnisperspektive sofortige Kurskorrekturen am Kapitalmarkt auslösen würde. Dies würde zur Vernichtung von Shareholder Value führen.

Damit ist bereits implizit die Signalfunktion des unternehmerischen Ergebnisses für den Kapitalmarkt genannt. Ergebnisvolatilität wirkt sich grundsätzlich negativ auf den Unternehmenswert und damit letztlich auf den Aktienkurs aus. Dies reflektiert das größere Risiko gegenüber einer Anlage in weniger risikoreichen Wertpapieren. Folglich wird das unternehmerische Ergebnis vor allem in den Analysen und Beurteilungen der Investmenthäuser zur Beurteilung der Leistungsfähigkeit eines Unternehmens herangezogen. Zu beachten bleibt, dass das unternehmerische Ergebnis zunächst lediglich eine retrospektive Größe ist. Isoliert betrachtet hat es also nur eine bedingte Aussagekraft für die künftige Ertragslage des Unternehmens. Somit erreicht man erst durch den Vergleich des Ergebnisses mit dem Wettbewerb beziehungsweise durch gesamtwirtschaftliche Vergleichsanalysen eine Aussage zur echten Performance des Unternehmens. Aus Sicht der Unternehmensführung sind daher auch solche Steuerungs- und Risikomanagementsysteme zu entwickeln, die eine Ergebnissteuerung im Wettbewerbsvergleich erlauben.

Darüber hinaus wird das unternehmerische Ergebnis auf verschiedenen internen wie externen Ebenen zur Bewertung herangezogen. Dies geschieht zum einen als integraler Bestandteil von Managementwerkzeugen zur Unternehmenssteuerung (z.B. Balanced Scorecard). Außerdem wird das Ergebnis zur Personalführung und -motivation eingesetzt. So ist der Anteil variabler Vergütungssysteme in den letzten Jahren deutlich gestiegen. Dabei wird als Messgröße für den variablen Vergütungsbestandteil nicht selten neben der persönlichen Zielerreichung eine unternehmensweite Ergebniserzielung vereinbart. Letztlich wirkt sich das unternehmerische Ergebnis ebenfalls auf die Wahrnehmung der Produktqualität (durch Kunden) sowie der Bonität eines Unternehmens (durch Zulieferer) aus.

Im Zusammenhang mit Risikomanagement wird die Absicherung des unternehmerischen Ergebnisses häufig mit Bilanzschutz in Verbindung gebracht. Bilanzschutz beschreibt jedoch nicht nur den Schutz des Jahresergebnisses vor unerwünschten Abweichungen von Ergebnisprognosen, sondern vielmehr eine Absicherung aller Bilanzpositionen vor möglichen unerwarteten Wertabweichungen. Eine Reduktion des Begriffs Bilanzschutz auf die Vermeidung von Ergebnisvolatilität ist somit nicht zutreffend.

Abschließend sei erwähnt, dass der Begriff des unternehmerischen Ergebnisses nicht hinreichend definiert ist. Er unterliegt zum einen, in Abhängigkeit von den zugrunde liegenden Rechnungslegungsvorschriften, keiner einheitlichen Bestimmung und wird durch unterschiedliche Faktoren beeinflusst. Für die weitere Diskussion ist es daher wichtig zu erwähnen, dass die Entwicklung alternativer Lösungen die Besonderheiten des anzuwendenden regulatorischen Umfeldes zu berücksichtigen hat. Des Weiteren bezieht sich der Begriff des unternehmerischen Ergebnisses im Folgenden auf das Jahresergebnis nach Steuern, da der Beitrag Alternativer Risikotransferkonzepte häufig von deren steuerlicher Wirkung unterstützt oder aber behindert wird.

4. Begriffsbestimmung und Abgrenzungsprobleme des Alternativen Risikotransfers

Bedingt durch die Veränderungen der wirtschaftlichen Rahmenbedingungen ist in den vergangenen Jahren der Begriff Alternativer Risikotransfer (ART) entstanden, obwohl erste Lösungsansätze bereits in den siebziger Jahren, vornehmlich in der Rückversicherung, konzipiert wurden. Vom traditionellen Risikotransfer, dem Versicherungsgeschäft im klassischen Sinne, unterscheidet sich ART nach dem Risikozedenten, dem Risikoträger sowie der angewandten Versicherungstechnik. Risikozedent bzw. der originäre Risikoträger kann neben Privatpersonen, Unternehmen oder Versicherungen nunmehr auch ein unternehmenseigener Risikoträger (Captive) sein. Als Risikoträger kann neben den Versicherungs- und Rückversicherungsunternehmen der Kapitalmarkt bzw. ein Investor auch in Form eines anderen Unternehmens fungieren. Die Versicherungstechnik bzw. die entstehenden Risikotransfer-Lösungen unterscheiden sich insofern, als dass neben dem klassischen Versicherungs-Know-how neues rechtliches, bilanzielles und vor allem finanzwirtschaftliches Wissen notwendig ist. Die sich hieraus entwickelnde fachliche Disziplin wird zunehmend unter dem Begriff *financial engineering* zusammengefasst.

Die Zielsetzung von ART-Lösungen betrifft mehrere Ebenen. Zum einen soll durch eine ganzheitliche Betrachtung der Risiken die Effizienz des Risikotransfers erhöht werden. Dazu werden interne Risikoausgleichspotenziale bestmöglich genutzt. Weiterhin erweitern Alternative Risikotransfer-Lösungen die Grenzen der Versicherbarkeit, da traditionell nicht oder nur schwer versicherbare Risiken berücksichtigt werden können. Dies wird im Wesentlichen durch die Kombination verschiedener Risikoarten oder den Transfer auf solche Wirtschaftssubjekte, die das Risiko effizienter beherrschen können, erreicht. Letztlich wird durch ART zusätzliche Kapazität geschaffen, da bestimmte Großrisiken, für die der traditionelle Versicherungsmarkt keine adäquate Deckung anbietet, an Investoren weitergeleitet werden.

Es ist zu erwarten, dass Kapazitätsprobleme künftig von zunehmender Bedeutung sein werden. Durch die Globalisierung und den damit einhergehenden Konzentrationsprozessen verschiedener Industrien sind weltweite Unternehmensgruppen entstanden, denen Versicherungskonzerne alleine kaum noch adäquate Deckung anbieten können. So übersteigt die Marktkapitalisierung der zehn größten Industrieunternehmen den Wert der zehn größten Versicherungsunternehmen bereits heute um ein Vielfaches. Eine volle Absicherung des Risikopotenzials über traditionelle Versicherungen erscheint damit schwer realisierbar.

Da sich der Begriff des Alternativen Risikotransfers definitorisch nicht auf eine neue Form der Versicherung reduzieren lässt, sondern vielmehr eine Vielzahl verschiedener Elemente beinhaltet, hat sich bislang keine allgemein akzeptierte Definition durchsetzen können. Es erscheint vielmehr angebracht, die verschiedenen konstitutiven Merkmale einer solchen Lösung aufzuzählen und zu erläutern.

- Schwerpunkt auf Risiko*finanzierung* statt traditionellem Risiko*transfer*: Im Gegensatz zu traditionellen Versicherungsprodukten, die einen Ausgleich des einzelnen Risikos im Kollektiv, also in der Summe gleichartiger Risiken, anstreben, zielt ART häufig auf eine stärkere Eigenfinanzierung der Risiken. Daher wird in der Literatur zum Teil der Begriff „Alternative Risikofinanzierung" (ARF) bevorzugt, obwohl daraus keine inhaltliche Differenzierung von ART-Lösungen resultiert. Die Eigenfinanzierung von Risiken über einen mehrjährigen Zeitraum trägt wesentlich zum Einschluss traditionell nicht versicherbarer Risiken bei.

- Absicherung traditionell nicht versicherbarer Risiken: Alternative Risikotransfer-Lösungen erweitern die Bandbreite der bislang als versicherbar geltenden Risikoarten. Auch wenn manche traditionelle Versicherungsdeckungen durch alternative Techniken effizienter gestaltet werden können, wird ART nicht die traditionellen Versicherungsprodukte ersetzen, sondern das Spektrum der Versicherbarkeit erweitern. Dies zeigt sich ebenfalls in der Möglichkeit des Einschlusses von Finanzrisiken, die bislang nur über standardisierte Kapitalmarktprodukte darstellbar waren.

An dieser Stelle sei darauf hingewiesen, dass ART-Lösungen nicht zur Deckung jeglicher Risiken herangezogen werden können. Zwar erweitert sich der Rahmen der theoretisch abdeckbaren Risiken erheblich, es werden jedoch auch weiterhin bestimmte Risiken nicht auf Dritte übertragbar sein. Dies ergibt sich schon aus dem Informationsvorsprung des Zedenten bei bestimmten unternehmerischen Risiken (*Moral-hazard*-Problematik). Die Erweiterung absicherbarer Risiken sowie die Abgrenzungsproblematik zu bestehenden Risikoklassen kann mit folgender Abbildung verdeutlicht werden:

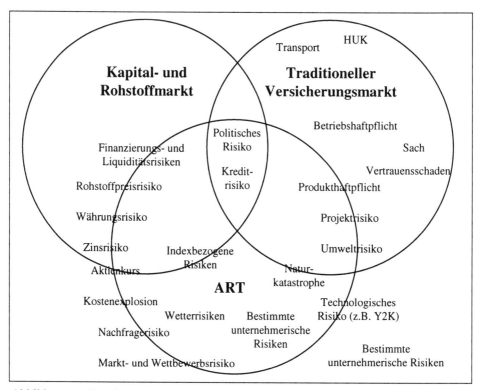

Abbildung 1: Erweiterung versicherbarer Risiken durch ART

- Komplexe, integrierte Lösungen mit finanzwirtschaftlichen Elementen: Eine der zentralen Folgerungen aus ganzheitlichem Risikomanagement ist die Erkenntnis, dass effiziente Risikotransfer-Lösungen die gesamte Risikosituation des Unternehmens berücksichtigen müssen. ART-Lösungen beinhalten daher in der Regel die Kombination verschiedener Risiken sowie die Integration von Ansätzen, die bislang in das Hoheitsgebiet von Bank- und Kapitalmarktprodukten fielen. Hierzu zählen Sicherungsinstrumente für Währungskurs- und Zinsrisiken sowie auch für Aktienkurs- und Rohstoffpreisschwankungen. Die Kombination der verschiedenen Methoden zur Risikobeherrschung erfolgt durch *financial engineering*.

- Stärkere Risiko- und Gewinnbeteiligung: Ausgehend von dem verstärkten Finanzierungscharakter alternativer Lösungen und der Berücksichtigung schwer versicherbarer Risiken, beinhalten ART-Lösungen in der Regel eine größere Risikobeteiligung des Zedenten. Gleichzeitig partizipiert dieser jedoch bei positivem Schadenverlauf, also bei einem Schadenverlauf unterhalb des erwarteten Schadenniveaus, durch eine hohe Gewinnbeteiligung. Dadurch ist die Risikoprämie des Zedenten in diesem Fall nicht unwiederbringlich verloren, sondern kommt dem Kunden in geeigneter Form zugute.

- Maßgeschneiderte Struktur und Versicherungsauslöser (Trigger): In Abhängigkeit von der Risikosituation der verschiedenen Organisationen werden alternative Lösungen auf die Anforderungen des ganzheitlichen Risikomanagements zugeschnitten. Dieser hohe Individualisierungsgrad ergibt sich zum einen aus den Bedürfnissen des Unternehmens, zum anderen aus der Optimierung bilanzieller, steuerlicher und rechtlicher Rahmenbedingungen. Zudem erlauben alternative Lösungen die Auslösung des Versicherungsschutzes nach individuell definierten Ereignissen. Hierdurch wird eine exakte Absicherung der relevanten Risikoereignisse, die das unternehmerische Ergebnis bedrohen, erreicht. Kommt es erst durch die Kombination verschiedener Ereignisse zu einer ungewollten Ergebnisbeeinträchtigung, kann dies ebenfalls durch die Kombination verschiedener Auslöser dargestellt werden. Aufgrund des hohen Individualisierungsgrades sollten ART-Lösungen daher auch nicht als Versicherungs*produkte* behandelt werden, sondern vielmehr als einzelfallbezogene *Lösungen* für komplexe Risikodeckungen verstanden werden. ART-Lösungen bilden somit die Risikostrategie des Unternehmens bestmöglich ab und unterstützen das strategische Risikomanagement.

- Mehrjährige, spartenübergreifende Deckungen mit aggregierten Selbstbehalten: Alternative Risikotransfer-Lösungen umfassen in der Regel verschiedene Versicherungs- und Risikosparten und haben eine mehrjährige Laufzeit. Dadurch wird zum einen die Ergebniswirkung von Schadenereignissen über mehrere Perioden verteilt. Zum anderen wird ein besserer Risikoausgleich über die verschiedenen Risikoklassen realisiert. In der Regel werden solche Lösungen mit aggregierten Selbstbehalten kombiniert. Letztlich ist es für ein Unternehmen nämlich unbedeutend, aus welchem Risiko eine Ergebnisbelastung resultiert, sondern vielmehr, bis zu welcher Höhe Schadenereignisse selber finanziert werden sollen und können. Der aggregierte Selbstbehalt quantifiziert somit die maximale Schadenbelastung für das Unternehmen je Periode oder über die mehrjährige Laufzeit.

- Berücksichtigung von Zinseffekten: Aufgrund der mehrjährigen Laufzeit und der zum Teil erheblichen Prämienzahlungen durch die Finanzierung bestimmter Schadenereignisse, gewinnen Opportunitätskostenüberlegungen an Bedeutung. Der aus den Prämienzahlungen resultierende Liquiditätsverzicht des Versicherten spiegelt sich daher in einem Verzinsungsanspruch des gezahlten Kapitals wider. Außerdem werden erwartete Schadenzahlungen künftiger Perioden mit einem individuellen, risikoadäquaten Zinssatz diskontiert.

Die Kombination verschiedener Merkmale definiert somit Alternative Risikotransfer-Lösungen. Dabei kommen nicht immer alle Eigenschaften zum Einsatz. Eine Abgrenzung zwischen traditionellem Risikotransfer und alternativen Lösungskonzepten ist nicht immer eindeutig möglich, da ART-Lösungen zumeist auch traditionelle versicherungstechnische Elemente enthalten.

Im Folgenden werden ausgewählte ART-Lösungen aufgeführt, wobei insbesondere deren Beitrag zur Ergebnisstabilisierung herausgestellt wird. Es handelt sich dabei um solche Lösungsansätze, die auf eine Ergebnisglättung abzielen. Weitere Alternative Risikotransfer-Lösungen werden zur Vollständigkeit gegen Ende des Kapitels aufgeführt.

5. Lösungsansätze und Methoden zur Ergebnisglättung durch Alternativen Risikotransfer

5.1 Finite-Risk-Lösungen

Unter dem Begriff Finite-Risk-(FR-)Lösungen werden Lösungsansätze subsumiert, die verschiedene Merkmale aufweisen:

- *Begrenzter Risikotransfer:* Dieser lässt sich bereits aus dem englischen Begriff „finite" ableiten. Im Vordergrund von FR-Lösungen steht daher primär der Finanzierungsgedanke des abzusichernden Risikos, weshalb diese Lösungen häufig für traditionell schwer versicherbare Risiken herangezogen werden.

- *Mehrjährige Vertragslaufzeit:* Während traditionelle Versicherungsprodukte einen Ausgleich über verschiedene Risiken innerhalb einer Sparte anstreben, kennzeichnet FR-Lösungen eine Diversifizierung der Ergebniswirkungen bestimmter Ereignisse über die Zeit. Daher erstrecken sich solche Verträge oftmals in Abhängigkeit des zugrunde liegenden Schadens über einige Jahre.

- *Berücksichtigung von Zinserträgen:* Da die Prämienzahlungen oftmals bei Vertragsbeginn oder in jeder Periode der Laufzeit gezahlt werden, Schadenzahlungen jedoch häufig erst gegen Ende der Vertragslaufzeit auftreten, wird eine positive Differenz zwischen Prämienein- und Schadenauszahlungen verzinst. Die Verbuchung von Ein- und Auszahlungen erfolgt dabei in einem Erfahrungskonto (experience account), welches vom Risikoträger geführt wird.

- *Ergebnisbeteiligung:* Übersteigt die Summe der verzinsten Prämienzahlungen die Summe der Schadenzahlungen, erfolgt eine signifikante Beteiligung des Zedenten an diesem Saldo.

- *Hoher Individualisierungsgrad:* Deckungssumme und -umfang sowie Selbstbehalt und Vertragslaufzeit werden in enger Abstimmung zwischen Zedenten und Versicherer vereinbart. Dabei entspricht die Summe der Prämienzahlungen dem Barwert der prognostizierten Schadenerwartungen zuzüglich einer Marge für Transaktionskosten.

Aufgrund der skizzierten Merkmale ist zu beachten, dass trotz eines limitierten Risikotransfers des zugrunde liegenden Risikos verschiedene assoziierte Risiken eingeschlossen sind. So übernimmt der Versicherer das Zeitrisiko, also das Risiko, dass der Schaden tatsächlich früher als erwartet eintritt, da sich dadurch der Barwert der Schadenzahlungen erhöht. Zudem trägt der Versicherer das Zinsänderungsrisiko, also die Abweichung des realisierten Anlagezinssatzes von der Höhe der vertraglich vereinbarten Verzinsung eines positiven Erfahrungskontosaldos. Da der Versicherungsschutz bereits ab Vertragsbeginn in voller Höhe gegeben ist, Prämienzahlungen des Versicherten jedoch über die Vertragslaufzeit verteilt sein können, verbleibt zudem das Delkredererisiko, also das Bonitätsrisiko des Versicherten, beim Versicherer. Letztlich übernimmt der Versicherer auch Währungskursrisiken, falls Schäden oder Prämien in Fremdwährung geleistet werden.

Innerhalb der Finite-Risk-Lösungen werden, in Abhängigkeit vom Eintritt des Schadenfalls, zwei Vertragsformen unterschieden. Während *retrospektive Verträge* die Ergebniswirkung bereits eingetretener Ergebnisbelastungen zu glätten versuchen, beziehen sich *prospektive Verträge* auf künftige Schadenereignisse.

Der wesentliche Beitrag retrospektiver Verträge zur Ergebnisglättung resultiert vor allem aus der ergebnisverbessernden Wirkung einer Wertschöpfung durch die Diskontierung künftiger Verpflichtungen. Sie erlauben dem Zedenten, bei Vertragsabschluss einen einmaligen positiven Ergebniseffekt zu erreichen, der ein temporär negatives Ergebnis ausgleichen kann. Dies geschieht in der Regel über einen *Loss Portfolio Transfer* (LPT). LPTs werden in der Rückversicherung zur Diskontierung von Schadenreserven, also bekannten, aber noch nicht gezahlten Schäden, eingesetzt. Sie konzentrieren sich überwiegend auf Schäden, deren Abwicklung zumeist über einen mehrjährigen Zeitraum abläuft (z.B. bestimmte Haftpflichtschäden). Denkbar ist ebenfalls der Einsatz von LPTs zur Diskontierung von Rückstellungen industrieller Unternehmen, die aus gesetzlichen Anforderungen gebildet wurden, deren Zahlung jedoch nach tatsächlichen Gesichtspunkten erst später eintreten wird.

Ergänzt werden können solche retrospektiven Verträge durch die Absicherung der Übersteigung einer erwarteten Ergebnisbelastung durch *Adverse Development Covers* (ADC). Dabei geht es weniger um die Streckung von Risiken über die Zeit, sondern um die Begrenzung der maximalen Ergebnisbelastung eines Ereignisses während der Laufzeit. Hieraus ergeben sich verschiedene Einsatzmöglichkeiten, wie beispielsweise bei M&A-Prozessen oder bei der Aufgabe von Unternehmenszweigen. Ziel ist dabei, eine mögliche Ergebnisbelastung aus Nicht-Kerngeschäftsbereichen abzusichern. Voraussetzung für diese Lösung ist jedoch eine hinreichende Bestimmbarkeit der erwarteten Schadenszenarien.

Prospektive Vertragsformen von FR-Lösungen treten in der Regel in Form von *funded covers* auf. Dabei zahlt der Versicherte in Erwartung künftiger Ergebnisbelastungen regelmäßig Prämienraten, die einem Erfahrungskonto gutgeschrieben werden und sich dort verzinsen. Trotz der Verteilung der Prämienzahlungen über die Vertragslaufzeit besteht für den Versicherten mit Vertragsabschluss Deckung in voller Höhe des vereinbarten Limits. Bei diesen Lösungen steht daher weniger die Schadenhöhe als vielmehr der Zeitpunkt des Schadeneintritts des Risikos im Vordergrund.

FR-Lösungen bieten zudem die Möglichkeit, verschiedene Versicherungs- und Kapitalmarktprodukte miteinander zu verknüpfen, sodass eine Vielzahl von Risiken abgedeckt werden können. Trotz dieses Potenzials ist ihr Einsatz bislang nur begrenzt. Dies resultiert im Wesentlichen aus steuerlichen und bilanziellen Restriktionen. So ist beispielsweise trotz des hohen Finanzierungsanteils der Prämie von einer Versicherungssteuerbelastung auszugehen. Zudem ist eine Aktivierungspflicht der gezahlten Prämien nur schwer vermeidbar, da der Versicherte einen Auszahlungsanspruch in Form von Schadenzahlungen oder Prämienrückerstattungen erwirbt. Aus diesem Grund wird der Finanzierungsteil von FR-Lösungen in vielen Fällen relativ gering gehalten, wodurch die Einsetzbarkeit dieser Lösung beeinträchtigt wird.

5.2 Multi-Trigger-Lösungen

Der Einsatz von Multi-Trigger-Lösungen resultiert zum einen aus der ganzheitlichen Risikobetrachtung, zum anderen aus zumeist sehr diversifizierten Strukturen internationaler Unternehmen. Letztere erlauben es Unternehmen häufig, Ergebniseinbußen eines Unternehmensbereiches mit Mehrerträgen aus anderen Unternehmensteilen zu kompensieren. Eine konsolidierte Ergebnisvolatilität ergibt sich daher erst, wenn mehrere Ereignisse innerhalb des gleichen Berichtszeitraumes eintreten. Multi-Trigger-Lösungen ermöglichen die Kombination verschiedener Ereignisse, die nur gemeinschaftlich zum Versicherungsfall führen. Aus dem ganzheitlichen Risikomanagement resultiert die Erkenntnis, dass es letztlich nicht darauf ankommt, aus welchem Bereich das unternehmerische Ergebnis beeinflusst wird, sondern vielmehr auf die Beeinflussung an sich. Multi-Trigger-Lösungen erlauben daher die Kombination von versicherungstechnischen und finanzwirtschaftlichen Triggern, um die Ergebnisvolatilität zu reduzieren.

Der Auswahl der Trigger sind prinzipiell keine Grenzen gesetzt. Wichtig ist, objektive Größen zu identifizieren, um das einseitige, bewusste Herbeiführen des Versicherungsfalls zu vermeiden. Bei einem stark exportorientierten Unternehmen kann beispielsweise die Erstattung von Feuerschäden bis zu einer bestimmten Höhe an eine Erhöhung des Wechselkurses über ein zu vereinbarendes Niveau gekoppelt werden. Bleibt der Kurs unterhalb der vereinbarten Linie, kann das Unternehmen die Schäden durch Wechselkursgewinne ausgleichen. Ebenso kann ein Schadenereignis an einen Performanceindex geknüpft werden. Setzt sich dieser Index aus den Ergebnissen der Wettbewerber zusammen, erfolgt ein Ergebnisausgleich nur, wenn der Wettbewerb ein vereinbartes Performanceniveau erreicht.

Multi-Trigger Lösungen führen neben der beschriebenen Maßschneiderung auf die Risikosituation des Unternehmens vor allem zu einer Reduktion der Risikokosten. Durch die

Kombination verschiedener Trigger sinkt die Wahrscheinlichkeit einer Schadenzahlung und damit die Risikoprämie. Zudem wird durch den internen Ausgleich positiver und negativer Ergebnisabweichungen eine Glättung des unternehmerischen Gesamtergebnisses erreicht.

5.3 Multi-Year-/Multi-Line-Lösungen

Bei Multi-Year-/Multi-Line-(MYML-)Lösungen werden verschiedene Risikoklassen über einen mehrjährigen Zeitraum zu einer Lösung zusammengefasst. Dabei können neben traditionellen Versicherungsrisiken auch Bank- und Kapitalmarktrisiken eingeschlossen werden. Auch die Einbindung bestimmter unternehmerischer Risiken ist möglich.

Ausschlaggebend für effiziente MYML-Lösungen ist die Aggregation sowohl der Haftungslimite des Anbieters als auch der Selbstbehalte des Versicherten über alle Sparten. Diese werden in der Regel pro Periode sowie über die gesamte Laufzeit vereinbart. Bei den bislang angebotenen Kombinationsversicherungen handelt es sich zumeist um die schlichte Verknüpfung verschiedener traditioneller Produkte in einer Police, die wie eigenständige Versicherungsprodukte behandelt werden. Hieraus ist jedoch kaum Mehrwert zu generieren.

Die ergebnisglättende Wirkung dieser Lösungen wird vor allem durch eine Reduktion von Überversicherungen erreicht. Durch die Zusammenführung der Selbstbehalte aus verschiedenen Sparten werden ungenutzte Selbstbehaltspotenziale in Sparten mit höherem Schadenaufkommen verteilt. Dadurch reduziert sich die Volatilität innerhalb der Selbstbehalte der einzelnen Risikoklassen. Zudem ergeben sich ergebnisglättende Wirkungen aus der Fixierung der Prämienzahlungen über einen mehrjährigen Zeitraum. Hierdurch erlangt der Versicherte Planungssicherheit und schützt sich vor Prämienänderungen während der Vertragslaufzeit.

Weitere Vorteile ergeben sich aus administrativen Effizienzgewinnen. Verhandlungs- und Koordinationskosten sinken, da in der Regel weniger Versicherer und Intermediäre eingebunden sind. Zudem erfolgt die Schadenbearbeitung nur über einen Vertrag, was die interne wie externe Schadenbearbeitungen vereinfacht. Bei längerer Vertragsdauer entfallen außerdem die üblicherweise jährlich anfallenden Kosten durch Vertragserneuerungsverhandlungen.

5.4 Wetter-Derivate

Ein weiterer sehr kapitalmarktorientierter Ansatz Alternativer Risikotransfer-Lösungen ist die Absicherung von Risiken über derivative Finanzmarktinstrumente. Hierbei handelt es sich vereinfacht gesprochen um den Handel bzw. Tausch von Risiken zwischen Unternehmen oder Investoren. Das bekannteste und am meisten entwickelte Instrumentarium sind Wetter-Derivate zur Absicherung der Auswirkungen von Wetterrisiken.

Unter Wetterrisiken versteht man im Allgemeinen die Auswirkungen verschiedener Witterungsereignisse auf den Umsatz von Unternehmen. Hierunter fallen vor allem Temperaturschwankungen und Niederschlagsmengen. Untersuchungen ergaben, dass der Umsatz von mehr als 80 Prozent aller Unternehmen von Witterungseinflüssen abhängig ist. Da sich diese in der Regel wesentlich auf das unternehmerische Ergebnis auswirken, versuchen Wetterderivate diese Schwankungen handelbar zu machen.

Ausgangspunkt ist die Überlegung, dass unterschiedliche Unternehmen von der gleichen Witterungsbedingung gegensätzlich betroffen sind. In einem besonders kalten Winter wird sich beispielsweise der Absatz von Energieunternehmen durch steigenden Heizbedarf erhöhen. Gleichzeitig führen niedrige Temperaturen in der Baubranche zu Umsatzeinbußen, da die Arbeiten durch Frost und widrige Arbeitsverhältnisse eingestellt oder erheblich behindert werden. In einem milden Winter kehren sich diese Wirkungen um.

Wetterderivate ermöglichen den Handel eines solchen Risikos. Ein Unternehmen verpflichtet sich beispielsweise, pro Tag einer Unterschreitung eines vorab definierten Temperaturlevels (strike level), einen festzulegenden Betrag zu zahlen. Diese Zahlung leistet das Unternehmen aus dem aufgrund der niedrigen Temperatur erreichten Mehrumsatz. Das empfangende Unternehmen kann dadurch den temperaturbedingten Umsatzausfall ausgleichen. Für dieses Recht zahlt das empfangende Unternehmen in der Regel eine Optionsprämie.

Wetterderivate wurden zunächst ausschließlich an der Chicago Board of Trade gehandelt. Mittlerweile werden solche Papiere weltweit auf verschiedenen, auch virtuellen, Markplätzen gehandelt. Die Gestaltungsmöglichkeiten sind dabei sehr flexibel. Mit unterschiedlicher Marktfähigkeit entstanden wetterbasierte Swaps, Optionen oder Futures, die auch im Over-The-Counter-(OTC-)Handel platziert werden. Obwohl die meisten Papiere in Abhängigkeit von der Überschreitung (Heating Degree Days) bzw. Unterschreitung (Cooling Degree Days) eines bestimmten Temperaturlevels (in der Regel 65 Grad Fahrenheit) abgeschlossen werden, können Wetterderivate auch auf Basis von Niederschlagsmengen, Schneehöhen oder anderen objektiv messbaren Witterungseinflüssen entwickelt werden. Auf Grund der sehr geringen Korrelation mit anderen Kapitalmarktpapieren werden Wetterderivate zunehmend auch aus Diversifizierungsgründen von institutionellen Anlegern nachgefragt.

5.5 Weitere Lösungsansätze

Neben den bereits erläuterten alternativen Lösungsansätzen existieren eine Reihe weiterer innovativer Lösungen, deren primäres Ziel jedoch nicht eine Ergebnisstabilisierung ist.

Über Katastrophenanleihen können beispielsweise Risiken in den Kapitalmarkt transferiert werden, die aus Kapazitätsgründen nicht vom Versicherungsmarkt übernommen werden können. Bei dieser Form der Verbriefung von Risiken handelt es sich um festverzinsliche Wertpapiere, denen ein bestimmtes Schadenpotenzial (z.B. Sturmschäden aufgrund eines Hurricanes oder Erdbebenschäden) zugrunde liegt. Dabei können Höhe und Zeitpunkt der Zins- und Tilgungsleistungen vom Realisierungsgrad des Risikos abhängen. Im Extremfall droht einem Anleger der Totalverlust.

Zudem finden Alternative Risikotransfer-Lösungen zunehmende Anwendung als Finanzierungsinstrument. Dies beinhaltet, vergleichbar zur Vereinbarung eines Kreditrahmens im Bankgeschäft, die Bereitstellung von Kapital zu festen Kriterien für den Fall, dass ein definiertes Ereignis eintritt. Solche ART-Lösungen werden häufig mit einem *credit enhancement* verbunden. Bei einer solchen Lösung garantiert der Versicherer, ähnlich einer Bürgschaftserklärung, die Rückzahlung des definierten Kapitallimits. Unter der Annahme eines höheren Kreditratings des versichernden Instituts sinken somit die Kapitalkosten der Drittfinanzierung. Hierbei stehen daher die reine Cashflow-Verfügbarkeit sowie eine Senkung der Finanzierungskosten im Vordergrund.

Eine der frühesten Formen von ART-Lösungen war die Bildung von unternehmenseigenen Versicherungsgesellschaften, sogenannte Captive-Insurer. Diese versichern ausschließlich Risiken der Muttergesellschaft. Vorteile sind vor allem in der Optimierung des Selbstbehalts, im direkten Zugang zum Rückversicherungsmarkt sowie in der Nutzung steuerlicher Vorteile im Asset Management zu sehen. Eine ergebnisstabilisierende Wirkung wird durch Captives in der Regel nicht erreicht.

6. Künftige Bedeutung Alternativer Risikotransfer-Lösungen

Die Entwicklung Alternativer Risikotransfer-Lösungen wird sich von der Nachfragerwie auch von der Anbieterseite weiter beschleunigen. Unternehmen sehen sich ständig wandelnder Risikostrukturen ausgesetzt, die sie mit traditionellen Produkten kaum beherrschen können. Die Zunahme bestandsgefährdender Risikopotenziale, operativer wie finanzieller Interdependenzen verschiedener Wirtschaftszweige sowie die aus dem Shareholder Value folgenden Anforderungen an eine wertorientierte Unternehmenssteuerung werden den Bedarf an maßgeschneiderten, das strategische Management unterstützenden Instrumenten, wachsen lassen. Die aus diesen Entwicklungen resultierende Entwicklung von ganzheitlichem Risikomanagement kann als ein Indiz hierfür herangezogen werden.

In den Unternehmen werden organisatorische Strukturen geschaffen, die eine Risikoanalyse aller Geschäftsbereiche ermöglichen und Alternative Risikotransfer-Lösungsansätze unterstützen. Es bilden sich vermehrt interdisziplinäre Teams, die unter der Leitung eines Chief Risk Officer (CRO) auf die Risikosituation des Unternehmens zugeschnittene Lösungen erarbeiten. Durch die hierarchische Anbindung an den Finanzvorstand wird zudem eine enge Abstimmung mit den finanzwirtschaftlichen Zielen des Unternehmens erreicht. Insbesondere in Zeiten eines sich verhärtenden Versicherungsmarktes, also eines Anstiegs des Prämienniveaus für Versicherungsprodukte, wird die Nachfrage nach und die Attraktivität von Alternativen Risikotransfer-Lösungen zunehmen.

Auch anbieterseitig werden Rahmenbedingungen geschaffen, die eine wachsende Bedeutung dieses Bereiches im Angebotsportefeuille erwarten lassen. Die zunehmende Verschmelzung von Banken und Versicherungsunternehmen resultiert in einer Konzentration finanzwirtschaftlichem Know-hows, welches zur Entwicklung von ART-Lösungen benötigt wird. Einige Versicherungsunternehmen haben bereits spezialisierte Gesellschaften gegründet, die sich ausschließlich mit der Beratung, Strukturierung und dem Vertrieb von ART-Lösungen befassen. Die Bereitstellung von Kompetenz im Bereich Financial Engineering stärkt zudem das Image der Versicherer als innovative Finanzdienstleister. Außerdem wird durch Alternativen Risikotransfer die Kundenbindung gestärkt. Dies ergibt sich vor allem aus dem im Gegensatz zu traditionellen Versicherungsprodukten deutlich höheren Informationsaustausch. Um die Effizienz von ART-Lösungen zu gewährleisten, ist ein intensiver Austausch operativer Ziele und Risiken, historischer Schadendaten sowie finanzwirtschaftlicher Ziele des Kunden notwendig. Hierdurch wird das Vertrauensverhältnis gestärkt, ferner werden Möglichkeiten zum Cross-Selling anderer Dienstleistungen geboten.

Letztlich lässt auch die zunehmende wissenschaftliche Bedeutung des Themas auf Wachstumspotenziale schließen. Neben einem deutlichen Anstieg von Aufsätzen und

Fachbeiträgen ist das Thema ART mittlerweile fester Bestandteile universitärer Vorlesungspläne und professioneller Seminarveranstalter. Das entstehende Kompetenzwachstum wird sich mittelfristig ebenfalls positiv auf das Wachstum und die Bedeutung dieses Themas auswirken.

Ausschlaggebend für die weitere Entwicklung wird vor allem die Gestaltung der regulatorischen Rahmenbedingungen sein. Vor allem im Bereich der steuerlichen und bilanziellen Behandlung bestehen gerade im europäischen Raum nach wie vor Unsicherheiten, die ein stärkeres Wachstum dieser Lösungen bislang verhindert haben.

7. Schlussbemerkung

Die Veränderung der wirtschaftlichen Rahmenbedingungen, die Komplexität des Risikoportefeuilles internationaler Unternehmen sowie die zunehmende Bedeutung der Kapitalmärkte haben zu einer Konzentration auf ergebnisorientierte Steuerungsmechanismen geführt. Dabei sind Unternehmen bemüht, durch die Reduktion von Ergebnisschwankungen, den Unternehmenswert zu steigern.

Alternativer Risikotransfer erlaubt den Ausgleich von Schwankungen des unternehmerischen Ergebnisses durch die Verbindung versicherungs- und finanztechnischer Instrumente. Somit steht häufig weniger die monetäre Entschädigung für entstehende Schäden als vielmehr eine ergebnisglättende Verrechnung von unregelmäßig auftretenden Ergebnisbelastungen mit ergebnisverbessernden Ereignissen im Vordergrund. Durch den hohen Individualisierungsgrad und die Kombinationsmöglichkeit von versicherungstechnischen und finanzwirtschaftlichen Risiken unterstützen ART-Lösungen das strategische Risikomanagement und damit letztlich die strategische Unternehmensführung. Alternativer Risikotransfer leistet damit einen wichtigen Beitrag zur effizienten Ergebnissteuerung in Unternehmen.

Literaturverzeichnis

BAUR, E./SCHANZ, K.: Alternativer Risikotransfer (ART) für Unternehmen: Modeerscheinung oder Risikomanagement des 21. Jahrhunderts?, in: Hehn, E. (Hrsg.): Innovative Kapitalanlagekonzepte, Wiesbaden 2000, S. 67-103.

EICKSTÄDT, J.: Alternative Risiko-Finanzierungsinstrumente, München 2001.

HEROLD, B./PAETZMANN, K.: Alternativer Risiko-Transfer, München 1999.

JOHNSON, T./SCHOPP, S.: ART – Fad or Fact?, in: Global Reinsurance, September 2000, S. 39-40.

LIEBWEIN, P.: Klassische und moderne Formen der Rückversicherung, Karlsruhe 2000.

MAJOR, J./VENTER, G.: Why transfer Risk?, in: Financing Risk & Reinsurance, London 2000, S. 52-57.

MAYERS, D./SMITH C.: On the corporate demand for insurance: evidence from the reinsurance market, in: Journal of Business, 1990, S. 19-40.

MINTON, B./SCHRAND, C.: Does cash flow volatility affect firm value: its impact on discretionary investment and the cost of debt and equity financing, in: Journal of Financial Economics, 1998, S. 432-460.

ZECH, J.: Rethinking Risk Management – The Combination of Financial and Industrial Risk, in: Genfer Hefte, 2001, S. 71-82.

Arnd Wiedemann[*]

Messung und Steuerung von Risiken im Rahmen des industriellen Treasury-Managements

1. Bedeutung der Erfolgsrisiken im industriellen Treasury-Management

2. Messung und Steuerung von Marktpreisrisiken
   2.1 Methoden zur Messung von Marktpreisrisiken
   2.2 Risikolimitierung und Erfolgsmessung
   2.3 Instrumente zur Risikosteuerung

3. Messung und Steuerung von Ausfallrisiken

4. Zukunft des industriellen Treasury-Managements

Literaturverzeichnis

---

[*] Prof. Dr. Arnd Wiedemann ist Inhaber des Lehrstuhls für Finanz- und Bankmanagement an der Universität Siegen.

1. Bedeutung der Erfolgsrisiken im industriellen Treasury-Management

Zu den Aufgaben eines Treasury-Managements zählen das *finanzielle Rentabilitätsmanagement* und das *finanzielle Risikomanagement* einer Unternehmung. Das finanzielle Rentabilitätsmanagement beinhaltet das Management der Finanzstruktur, der Unternehmensrentabilität, der Investitionen und der Kosten. Zum finanziellen Risikomanagement, dem in letzter Zeit steigende Bedeutung zukommt, gehören das Management der Liquiditätsrisiken und das Management der Erfolgsrisiken. Abbildung 1 gibt einen Überblick über die Aufgaben des Treasury-Managements.

Finanzielles Rentabilitätsmanagement	**Finanzielles Risikomanagement**
Management der – Finanzstruktur – Unternehmensrentabilität – Investitionen – Kosten	Management von – Liquiditätsrisiken – Erfolgsrisiken

Abbildung 1: Aufgaben des Treasury-Managements (in Anlehnung an WIEDEMANN 1998, S. 3)

Die *Liquiditätsrisiken* bestehen aus den Refinanzierungsrisiken und den Terminrisiken. Die Steuerung der Liquiditätsrisiken zählt zum traditionellen Bereich des Treasury-Managements. Sie lässt sich in die kurzfristige und die langfristige Liquiditätsrisikosteuerung unterteilen. Während sich die kurzfristige Liquiditätssteuerung auf die Gewährleistung der jederzeitigen Zahlungsfähigkeit konzentriert, orientiert sich die langfristige Liquiditätssteuerung an strukturellen Zusammenhängen von Kapitalausstattung und Kapitalverwendung. Die langfristige Liquiditätssteuerung findet ihren Ausdruck in bilanziellen Strukturnormen.

Neben diesem traditionellen Bereich der Risikosteuerung gewinnt zunehmend die Steuerung der *Erfolgsrisiken* an Bedeutung. Zu den Erfolgsrisiken eines Unternehmens zählen zum einen die *Marktpreisrisiken* in Form von Zins-, Währungs- und sonstigen Preisrisiken. Daneben gibt es die *Ausfallrisiken* in Form von Adressen- und Sachwertausfallrisiken. Im Rahmen des Treasury-Managements sind primär die Adressenausfallrisiken zu messen und zu steuern. Die Sachwertausfallrisiken bestehen in der Gefahr einer Sachwertminderung z.B. bei Produktionsanlagen oder Immobilien und sind dem Leistungsbereich eines Unternehmens zuzuordnen. Mit dieser Betrachtungsweise werden im Rahmen eines modernen unternehmerischen Risikomanagements alle finanziellen Risiken erfasst (Vgl. WIEDEMANN 1998, S. 1 ff.).

Zusätzlich zu den finanziellen Risiken eines Unternehmens gibt es noch eine Vielzahl weiterer Risiken, die unter dem Begriff der *operationellen Risiken* zusammengefasst werden können. Hierzu zählen Management-, Beschaffungs-, Produktions-, Absatz-, Personal-, EDV-, Organisations- und Vertragsrisiken. Für das finanzielle Risikomanagement sind die operationellen Risiken insofern von Bedeutung, als dass ein Eintritt dieser Risiken oft auch mittelbare oder unmittelbare Auswirkungen auf den finanziellen Bereich eines Unternehmens hat. Einen Überblick über die Risiken eines Unternehmens gibt Abbildung 2.

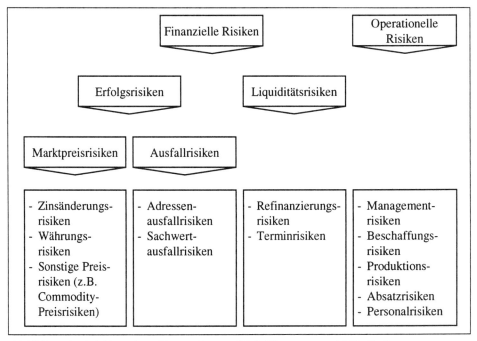

Abbildung 2: Risiken eines Unternehmens (Vgl. WIEDEMANN 1998, S. 4)

Von den in Abbildung 2 aufgeführten Risiken soll im weiteren Verlauf nur die Messung und Steuerung der Erfolgsrisiken näher untersucht werden, da die operationellen Risiken nicht zum direkten Einflussbereich des Treasury-Managements zählen und die Liquiditätsrisikosteuerung eine klassische Aufgabe darstellt, die in Unternehmen weitgehend etabliert ist.

Die folgende Darstellung konzentriert sich daher auf die in Unternehmen eingesetzten Mess- und Steuerungsinstrumente zur Erfassung der Erfolgsrisiken und beschreibt gleichzeitig den aktuellen Stand des Einsatzes dieser Instrumente. Grundlage für letzteres ist eine am Lehrstuhl für Finanz- und Bankmanagement der Universität Siegen durchgeführte Umfrage zum finanziellen Risikomanagement in Unternehmen. Ziel dieser Studie war es, den aktuellen Stand des finanziellen Risikomanagements zu ermitteln, sowie zukünftige Entwicklungen und mögliche Ergebnispotenziale aufzuzeigen. Die Umfrage wurde unter den 500 vom Umsatz größten deutschen Unternehmen durchgeführt, wobei Banken, Versicherungen und Finanzdienstleister bewusst ausgeklammert wurden, da sie die Ergebnisse stark verzerrt hätten. Von den befragten Unternehmen haben sich 129 an der Studie beteiligt. Dies entspricht einer Rücklaufquote von 26 % (Vgl. WIEDEMANN 2000).

2. Messung und Steuerung von Marktpreisrisiken

2.1 Methoden zur Messung von Marktpreisrisiken

Die Verfahren zur Messung von Marktpreisrisiken lassen sich in Messmethoden unterteilen, für die Kenntnisse über die Wahrscheinlichkeitsverteilung der Risikofaktoren notwendig sind, und solche, für die diese nicht bekannt sein müssen. Zu den Methoden, die keine Kenntnis über die Wahrscheinlichkeitsverteilung voraussetzen, zählen die *Szenario- und Sensitivitätsanalysen*. Die moderneren Messkonzepte setzen dagegen die Kenntnis der Wahrscheinlichkeitsverteilung der Risikofaktoren voraus. Hierzu zählen die Methoden zur Bestimmung des *Value at Risk, Cashflow at Risk* und *Earnings at Risk* (Vgl. GEBHARDT/MANSCH 2001, S. 64).

In der *Szenarioanalyse* werden die Auswirkungen alternativer Entwicklungen von Marktpreisen, wie z.B. Wechselkursen oder Zinssätzen, auf den finanziellen Überschuss oder die Marktwerte einer Position oder eines Portfolios bestimmt. Dabei kommen sowohl Normalszenarien als auch Stressszenarien in Betracht. Die Vorgehensweise ist bei beiden grundsätzlich identisch. Unterschiede ergeben sich lediglich im Ausmaß der angenommenen Marktpreisveränderungen.

Bei den *Sensitivitätsanalysen* werden ebenfalls die Auswirkungen von Marktpreisen aber auch von anderen Einflussfaktoren (wie z.B. Volatilitäten oder Restlaufzeiten) auf den finanziellen Überschuss oder die Marktwerte untersucht. Im Zinsbereich sind namentlich die Durationsanalysen zu nennen. Diese wurden im Zeitablauf immer weiter verfeinert. Ausgehend von der Macaulay-Duration, die die durchschnittliche Kapitalbindungsdauer einer kupontragenden Anleihe misst, wurde die Modified Duration entwickelt. Diese gibt die Veränderung des Marktwertes einer Anleihe in Abhängigkeit von der Zinsveränderung an. Die Modified Duration unterstellt dabei implizit eine horizontale Zinsstrukturkurve und eine Parallelverschiebung der entsprechenden Zinssätze. Durch Verwendung der Effective Duration wird die Annahme einer horizontalen Zinsstrukturkurve aufgegeben. Eine weitere Steigerung der Flexibilität in Bezug auf die zu modellierenden Einflussfaktoren bieten die Key Rate Duration oder Basispoint Values. Mit ihnen können auch komplexere, d.h. nicht-parallele Verschiebungen der Zinsstruktur abgebildet werden (Vgl. SCHIERENBECK 2001, S. 107 ff.).

Sensitivitätskennzahlen werden auch für die Messung von Risiken im Optionsgeschäft verwendet (die sogenannten „Griechen" oder „Greeks"). Mit den Optionspreissensitivitäten wird die Veränderung des Optionspreises in Abhängigkeit von der Veränderung optionspreisbestimmender Parameter dargestellt, wie z.B. Veränderungen des Kassakurses des Basiswertes (Delta), der Volatilität (Vega), des Zinssatzes (Rho) oder der Restlaufzeit (Theta) (Vgl. STEINER/BRUNS 2000, S. 336 ff.).

Die moderneren Konzepte der Risikomessung setzen dagegen die Kenntnis der Wahrscheinlichkeitsverteilung der Risikoparameter voraus. Mit ihnen lässt sich eine Wahrscheinlichkeitsaussage bezüglich des maximal erwarteten Verlusts machen. Der *Value at Risk* ist demnach definiert als der maximale Verlust, der innerhalb einer bestimmten Haltedauer mit vorgegebener Wahrscheinlichkeit nicht überschritten wird. Das statistische Maß ist das Quantil der angenommenen Verteilung von Wertveränderungen einer Position oder eines Portefeuilles (Vgl. ausführlich WIEDEMANN 2002).

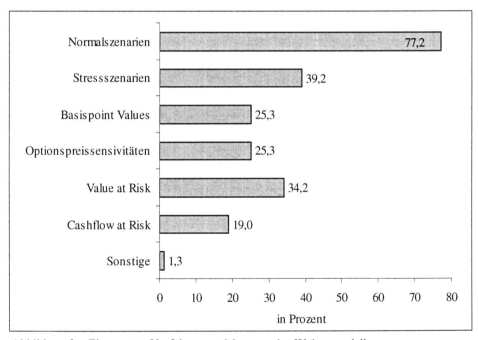

Abbildung 3: Eingesetzte Verfahren zur Messung des Währungsrisikos

Die Ermittlung des *Cashflow at Risk* bzw. *Earnings at Risk* erfolgt in Analogie zum Value at Risk. Unterschiede ergeben sich lediglich in der Bezugsgröße. Während sich der Value at Risk auf den Marktwert einer Position oder eines Portefeuilles bezieht, liegen dem Cashflow at Risk Zahlungsströme und dem Earnings at Risk periodische Erfolgsgrößen der Gewinn- und Verlustrechnung als Bezugsgröße zugrunde (Vgl. GEBHARDT/MANSCH 2001, S. 65).

Die aufgezeigten Verfahren sind aktuell in Unternehmen unterschiedlich verbreitet. Die Ergebnisse der Studie zeigen auch, dass deutliche Unterschiede bei den zum Einsatz kommenden Messmethoden im Hinblick auf das zu messende Risiko (Währungsrisiko, Zinsrisiko, Commodity-Risiko) bestehen.

Von den an der Studie teilnehmenden Unternehmen gaben 83,7 % an, dass sie das *Währungsrisiko* als relevant erachten und auch managen. In nur 61,2 % der Unternehmen wird das Währungsrisiko allerdings auch gemessen. 77,2 % dieser Unternehmen verwenden zur Messung des Währungsrisikos Normalszenarien. Jeweils 25,3 % der Unternehmen ermitteln Basispoint Values und Optionspreissensitivitäten. In 34,2 % der Unternehmen wird der Value at Risk und in 19,0 % der Cashflow at Risk ermittelt. Nur 39,2 % ergänzen die eingesetzten Verfahren um Stressszenarien, mit denen außergewöhnliche Veränderungen der Risikoparameter simuliert werden können. Abbildung 3 gibt einen Überblick über den Stand der Messkonzepte beim Währungsrisiko.

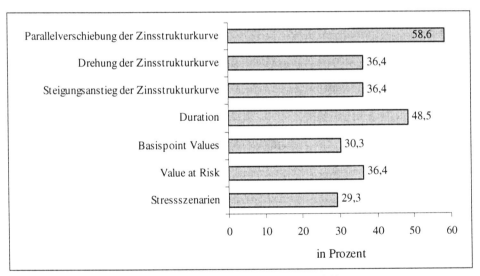

Abbildung 4: Eingesetzte Verfahren zur Messung des Zinsrisikos

Für das *Zinsrisiko* zeigt sich folgendes Bild (Vgl. Abbildung 4). Das Zinsrisiko wird von 83,7 % der Unternehmen gemanagt und in 76,7 % aller Unternehmen auch gemessen.

58,6 % der das Zinsrisiko messenden Unternehmen setzen das Szenario der Parallelverschiebung der Zinsstrukturkurve ein, jeweils 36,4 % eine Drehung und einen Steigungsanstieg der Zinsstrukturkurve. Bei den Sensitivitätsanalysen werden in 48,5 % aller Fälle die Duration und in 30,3 % Basispoint Values berechnet. Eine Ermittlung des Value at Risk erfolgt nur in 36,4 % der Unternehmen. Auch wird die Risikomessung lediglich von 29,3 % der Unternehmen durch den Einsatz von Stressszenarien ergänzt.

Das *Commodity-Risiko* ist nur für 41,1 % der teilnehmenden Unternehmen relevant. Gemanagt wird es nur von 30,2 % der Unternehmen. Die betroffenen Unternehmen handeln insbesondere mit Energie, Agrarprodukten und Edelmetallen. Lediglich 19,4 % der Unternehmen messen das Commodity-Risiko. Als Messinstrumente werden von 48 % der Unternehmen Normalszenarien eingesetzt. 16 % berechnen Basispoint Values und 32 % Optionspreissensitivitäten. Der Value at Risk kommt bei 36 % und der Cashflow at Risk bei 16 % der Unternehmen zum Einsatz. Die Risikomessung wird in 28 % der Unternehmen durch Stressszenarien ergänzt. Die eingesetzten Risikomessverfahren für Commodity-Risiken sind in Abbildung 5 dargestellt.

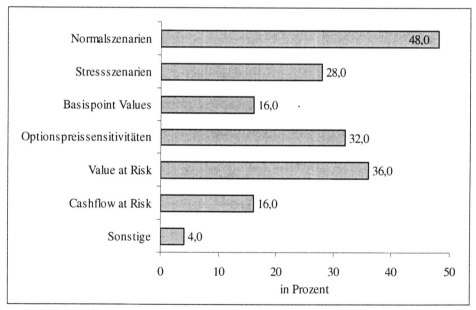

Abbildung 5: Eingesetzte Verfahren zur Messung des Commodity-Risikos

2.2 Risikolimitierung und Erfolgsmessung

Zur Begrenzung der Marktpreisrisiken werden in Unternehmen vielfältige Limite eingesetzt. An erster Stelle sei hier das *Nominallimit* genannt, das in vielen Unternehmen Anwendung findet. Es spiegelt die nominale Höchstgrenze wider, bis zu der Positionen eingegangen werden dürfen. Problematisch sind Nominallimite insbesondere, wenn mit ihnen Risiken aus dem Einsatz von Derivaten begrenzt werden sollen, da deren Risiko oft deutlich niedriger als der Nominalbetrag des Geschäftes ist. Für eine sachgerechte Limitierung von Marktpreisrisiken sind Nominallimite daher ungeeignet. Daneben gibt es auch *Produktlimite*, die Höchstgrenzen in Abhängigkeit von den eingesetzten Produkten angeben.

Neben den Nominallimiten werden auch *Verlustlimite* in Form von Stop-Loss-Limiten und Take-Profit-Limiten eingesetzt. *Stop-Loss-Limite* dienen dazu, den maximalen Verlust durch die Veränderung von Marktpreisen zu begrenzen. Hierbei wird ein Marktpreis festgelegt, bei dessen Unterschreiten (Long-Position) oder Überschreiten (Short-Position) die entsprechende Position verkauft oder eingedeckt bzw. ein Gegengeschäft abgeschlossen werden muss, um die offene Position zu schließen. Durch dieses Schließen von Positionen werden bisher lediglich kalkulatorische Verluste zwar realisiert, der realisierte Verlust steht damit aber fest und kann nicht mehr größer werden.

Eine Variante des Stop-Loss-Limits ist das *Take-Profit-Limit*. Hier wird ein Limit gesetzt, das (bei einer Long-Position) über dem ursprünglichen Einstandspreis einer Position liegt. Durch das Setzen des Take-Profit-Limits wird gewährleistet, dass erreichte Gewinne nicht durch ungünstige Marktpreisbewegungen wieder verloren gehen. Sobald ein im Vorhinein festgelegter Mindestgewinn erreicht ist, wird dieser realisiert.

Eine weitere Möglichkeit der Limitierung von Marktpreisrisiken ist der Einsatz von *Sensitivitäts-* oder *Szenariolimiten*. Durch Sensitivitäts- oder Szenariolimite wird der maximale Verlust begrenzt, der bei Eintritt bestimmter Szenarien oder der Veränderung optionspreisbestimmender Parameter auftreten kann.

Neben der Messung und Limitierung von Marktpreisrisiken sollte ein Unternehmen auch den Erfolg aus dem Eingehen von Marktpreisrisiken messen. Der gemessene Erfolg kann sich dabei sowohl auf kalkulatorische als auch auf realisierte Größen beziehen.

Zur Begrenzung des *Währungsrisikos* werden in 81 % der Unternehmen, die das Währungsrisiko begrenzen, Nominallimite eingesetzt. Stop-Loss-Limite werden in 46,8 % der Unternehmen verwendet. Lediglich 15,2 % setzen auch Produktlimite ein. Sensitivitäts- und Szenariolimite sind mit unter 12 % ebenfalls von untergeordneter Bedeutung. Abbildung 6 zeigt die eingesetzten Verfahren zur Währungsrisikolimitierung im Überblick.

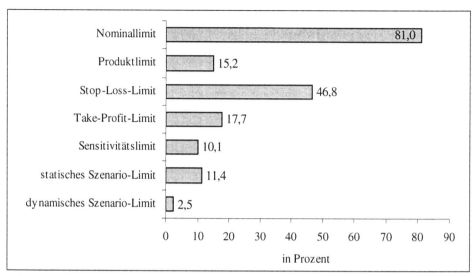

Abbildung 6: Eingesetzte Limitverfahren im Währungsrisikomanagement

Bei der Befragung gaben 67,4 % der Unternehmen an, dass sie den Erfolg ihres Währungsrisikomanagements messen. Damit messen überraschenderweise mehr Unternehmen das Ergebnis ihres Währungsrisikomanagements als das Risiko selbst (61,2 %). Von den Unternehmen, die den Erfolg des Währungsrisikomanagements bestimmen, messen ca. zwei Drittel sowohl das kalkulatorische als auch das realisierte Ergebnis. 28,7 % messen ausschließlich das realisierte und 5,7 % ausschließlich das kalkulatorische Ergebnis.

Beim Management des *Zinsrisikos* setzen lediglich die Hälfte der Unternehmen Limite zur Begrenzung des Risikos ein. Auch im Zinsrisikomanagement wird das Nominallimit mit 76,1 % am häufigsten eingesetzt. Stop-Loss-Limite finden hingegen nur bei 31,3 % der Unternehmen Anwendung. Im Gegensatz zum Währungsrisikomanagement haben die Sensitivitätslimite mit 22,4 % noch eine gewisse Bedeutung. Alle anderen Limite sind von untergeordneter Bedeutung (Vgl. Abbildung 7).

Eine Messung des Erfolges des Zinsrisikomanagements findet in 63,6 % der Unternehmen statt. Davon berechnen 46,3 % das kalkulatorische und das realisierte Ergebnis. Eine ausschließliche Messung des kalkulatorischen Ergebnisses wird durch 29,3 % und eine ausschließliche Messung des realisierten Ergebnisses wird nur von 24,4 % der Unternehmen durchgeführt.

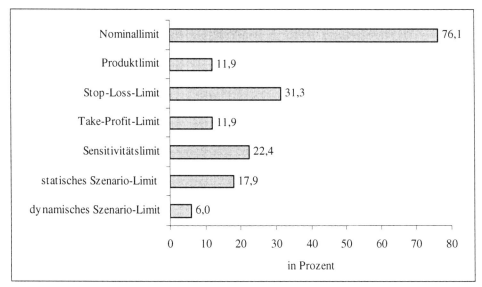

Abbildung 7: Eingesetzte Limitverfahren im Zinsrisikomanagement

Für das Management des *Commodity-Risikos* werden nur von 16,3 % der Unternehmen Limite eingesetzt. Von diesen verwenden mehr als drei Viertel Nominallimite. Produkt- und Stop-Loss-Limite nutzen nur knapp ein Viertel der Unternehmen. Die weiteren Limitarten sind in den befragten Unternehmen von untergeordneter Bedeutung (Vgl. Abbildung 8).

Bei der Erfolgsrisikomessung im Commodity-Riskomanagement zeigt sich, dass diese nur von 17,8 % der Unternehmen vorgenommen wird. Hiervon berechnen 52,2 % das realisierte und das kalkulatorische Ergebnis. Nur das realisierte Ergebnis wird von 39,1 % gemessen. 8,7 % beschränken sich auf die Messung des kalkulatorischen Ergebnisses.

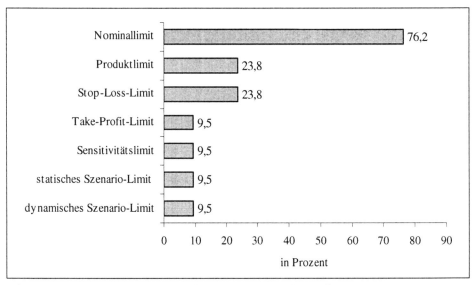

Abbildung 8: Eingesetzte Limitverfahren im Commodity-Risikomanagement

2.3 Instrumente zur Risikosteuerung

Zur Risikosteuerung der Marktpreisrisiken steht eine ganze Palette von Instrumenten zur Verfügung. Von der großen Vielfalt der zur Verfügung stehenden Instrumente seien hier nur die wichtigsten erläutert. Zu den bedeutendsten derivativen Instrumenten zählen Swaps, Forwards, Futures und Optionen. Bei allen handelt es sich um Termingeschäfte, die dadurch gekennzeichnet sind, dass Vertragsabschluss und Vertragserfüllung zeitlich auseinander fallen. Bei den Swaps, Forwards und Futures handelt es sich um unbedingte Termingeschäfte. Jeder Vertragspartner hat die Pflicht zur Vertragserfüllung. Charakteristisch ist für sie ein symmetrisches Ergebnisprofil. Während es sich bei den Futures um börsengehandelte Produkte handelt, findet der Handel mit Swaps und Forwards außerbörslich (Over the Counter, OTC) statt.

Optionen sind dagegen bedingte Termingeschäfte. Der Käufer hat das Recht, aber nicht die Pflicht, das Basisgeschäft durchzuführen. Der Verkäufer (Stillhalter) hat dagegen die Pflicht, auf Anforderung zu liefern (Call) oder abzunehmen (Put). Optionen besitzen daher ein asymmetrisches Ergebnisprofil. Sie kommen als börsengehandelte oder außerbörslich gehandelte Optionen vor (Vgl. SCHIERENBECK/WIEDEMANN 1996, S. 279 ff.).

Dass derivative Finanzinstrumente eine große Bedeutung im Treasury-Management von Unternehmen allgemein und im Währungsrisikomanagement speziell haben, zeigt auch die Befragung. 83,7 % der Unternehmen gaben an, dass sie diese zur Steuerung des *Währungsrisikos* einsetzen. Dabei nehmen außerbörslich gehandelte Instrumente eine dominierende Stellung ein. Mit 79,6 % werden Forwards am häufigsten eingesetzt, gefolgt von Optionen mit 58,3 % und Swaps mit 52,8 %. Auf die an der Börse gehandelten Futures und Optionen entfallen lediglich Anteile unter 20 %. Die eingesetzten Instrumente zur Währungsrisikosteuerung sind in Abbildung 9 dargestellt.

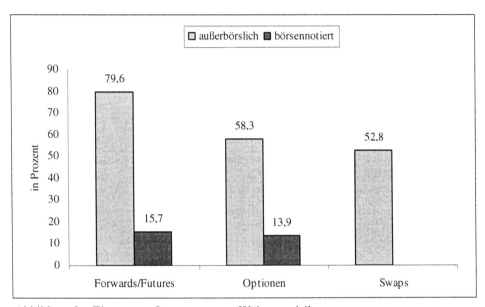

Abbildung 9: Eingesetzte Instrumente zur Währungsrisikosteuerung

Zur Steuerung des *Zinsrisikos* werden in 82,2 % der Unternehmen Zinsderivate eingesetzt. Dabei stehen Swaps mit 79,2 % deutlich an der Spitze. Aber auch die anderen Instrumente werden im Zinsrisikomanagement häufig eingesetzt. 50,9 % der Unternehmen nutzen Forwards und 49,1 % außerbörsliche Optionen. Abbildung 10 gibt einen Überblick über die eingesetzten Instrumente und macht gleichzeitig deutlich, dass die außerbörslich gehandelten Instrumente die börslich gehandelten eindeutig dominieren.

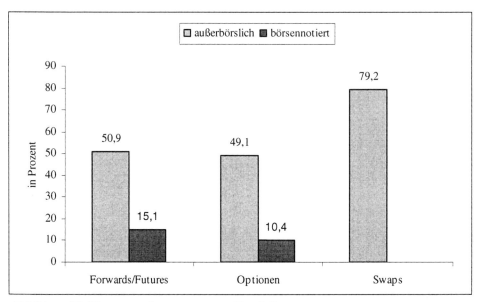

Abbildung 10: Eingesetzte Instrumente zur Zinsrisikosteuerung

Zur Steuerung des *Commodity-Risikos* werden in 30,2 % der Unternehmen Derivate eingesetzt. Von diesen nutzen 41 % Forwards und Futures. Außerbörslich gehandelte Optionen werden in 23,1 % und börsengehandelte Optionen in 17,9 % der Unternehmen eingesetzt. In 20,5 % der Fälle wird das Commodity-Risiko auch mit Swaps gesteuert (Vgl. Abbildung 11).

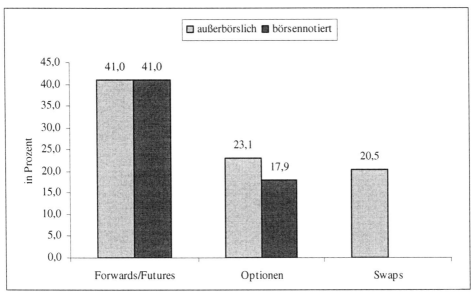

Abbildung 11: Eingesetzte Instrumente zur Commodity-Risikosteuerung

3. Messung und Steuerung von Ausfallrisiken

Dem Ausfallrisiko wird in vielen Unternehmen große Bedeutung beigemessen. 88,4 % der befragten Unternehmen sehen das Ausfallrisiko als relevant an. Die eingesetzten Verfahren zur Messung des Ausfallrisikos unterscheiden sich deutlich von denen zur Messung der Marktpreisrisiken (Vgl. Abbildung 12). Von den Unternehmen, die ihr Ausfallrisiko analysieren, nehmen 73,5 % Auskunfteien in Anspruch. Eine große Bedeutung kommt auch Ratings zu. Diese werden von 60,2 % der Unternehmen genutzt. Bilanz- und Jahresabschlussanalysen finden in 39,8 % und Branchenanalysen in 16,8 % der Unternehmen Verwendung. Die weiteren Instrumente sind von untergeordneter Bedeutung.

Das *Kundenausfallrisiko* wird von 47,3 % der Unternehmen durch Limite begrenzt. Hiervon setzen 91,8 % Nominallimite ein. 11,5 % der Unternehmen haben auch Stop-Loss-Limite definiert. Der Einsatz anderer Limitverfahren ist von völlig untergeordneter Bedeutung. Damit setzt nur etwas mehr als die Hälfte der Unternehmen, die ihr Ausfallrisiko in außenstehenden Forderungen aus Lieferungen und Leistungen begründet sehen, überhaupt Kundenlimite ein.

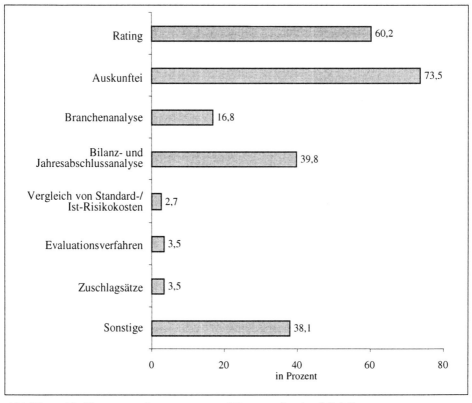

Abbildung 12: Eingesetzte Instrumente zur Messung des Ausfallrisikos

Zur Begrenzung des *Länderrisikos* verwenden lediglich 25,6 % der Unternehmen Limite. Auch hier hat das Nominallimit eine herausragende Bedeutung. Es wird von 40,3 % der Unternehmen eingesetzt. Das Ausfallrisiko von Banken wird von 34,1 % der Unternehmen limitiert.

Zur Steuerung des Ausfallrisikos werden insbesondere klassische Instrumente wie Akkreditive, Dokumenteninkasso und Exportkreditversicherungen eingesetzt. Mithilfe von Anzahlungen reduzieren 68,4 % der Unternehmen ihr Ausfallrisiko zumindest teilweise. Dem Verkauf von Forderungen kommt auch eine gewisse Bedeutung zu. 33,3 % der Unternehmen verkaufen ihre Forderungen mittels Forfaitierung und 17,1 % mittels Factoring. Immerhin 12,0 % der Unternehmen gaben auch an, dass sie bereits Kreditderivate zur Steuerung ihrer Ausfallrisiken einsetzen. Die eingesetzten Instrumente zur Ausfallrisikosteuerung zeigt Abbildung 13 im Überblick.

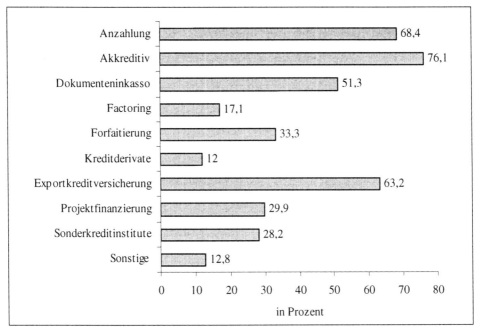

Abbildung 13: Eingesetzte Instrumente zur Ausfallrisikosteuerung

Darüber hinaus ist für die Ausfallrisikosteuerung auch die gezielte Lenkung der operativen Zahlungsströme von größerer Bedeutung. Das Pooling von Zahlungsströmen wird von 86,0 % und das Netting von 67,4 % der Unternehmen eingesetzt.

4. Zukunft des industriellen Treasury-Managements

Die Messung und Steuerung der Erfolgsrisiken in Unternehmen ist in vielen Fällen noch nicht ausgereift bzw. teilweise sogar mit erheblichen Mängeln behaftet. Besonders deutlich wird dieser Sachverhalt bei der Risikomessung. Bei allen Marktpreisrisiken zeigt sich durchgängig, dass diese teilweise ohne Risikomessung gemanagt werden. Für den Fall, dass die Risiken gemessen werden, offenbaren sich Mängel in den eingesetzten Methoden. Das bedeutendste Messinstrument sind (immer noch) Normalszenarien, die auf subjektiven Einschätzungen beruhen. Die moderneren Methoden, wie z. B. der Value at Risk, die Wahrscheinlichkeitsaussagen liefern, sind noch von untergeordneter Bedeutung.

Die Situation bei der Limitierung der Erfolgsrisiken stellt sich ebenfalls problematisch dar. Während das Währungsrisiko immerhin noch in 61,2 % der Unternehmen limitiert wird, machen dies beim Zinsrisiko nur 51,9 % und beim Commodity-Risiko lediglich 19,4 % der Unternehmen. Aber auch dort wo die Risiken limitiert werden, zeigen sich Mängel. Häufig dominieren die Nominallimite, obwohl diese insbesondere beim Einsatz derivativer Instrumente zur Risikolimitierung völlig unzureichend sind.

Zur Messung und Steuerung von Ausfallrisiken werden bisher hauptsächlich die klassischen Verfahren eingesetzt. Moderne Instrumente zur Risikosteuerung, wie z. B. Kreditderivate, finden noch selten bis kaum Verwendung. Für über zwei Drittel der Unternehmen haben die Möglichkeiten, die sich aus der zunehmenden Handelbarkeit von Ausfallrisiken losgelöst vom Grundgeschäft ergeben, (noch) keinen oder nur geringen Einfluss auf die Ausfallrisikosteuerung.

Die Anforderungen an die Messung und Steuerung der Erfolgsrisiken im Rahmen des industriellen Treasury-Managements werden in Zukunft noch weiter steigen. Anstöße kommen sowohl von Seiten des Gesetzgebers (KonTraG), als auch durch die steigenden Anforderungen des Kapitalmarktes.

Zur Verbesserung des Risikomanagements in Unternehmen müssen die bestehenden Instrumente zur Risikomessung und -steuerung weiterentwickelt und um neue Instrumente ergänzt werden. Hier besteht noch erheblicher Forschungsbedarf. Deshalb wird diesem Gebiet am Lehrstuhl für Finanz- und Bankmanagement der Universität Siegen besondere Aufmerksamkeit gewidmet (Informationen unter www.zinsrisiko.de).

Es zeigt sich auch, dass bereits verfügbare Instrumente in den Unternehmen nur unzureichend zum Einsatz kommen. Hier wäre eine intensivere Auseinandersetzung in den Unternehmen mit dem Thema finanzielles Risikomanagement wünschenswert. Ein Wandel resp. Umdenkungsprozess ist jedoch zu beobachten.

Literaturverzeichnis

GEBHARDT, G./MANSCH, H. (Hrsg.): Risikomanagement und Risikocontrolling in Industrie- und Handelsunternehmen: Empfehlungen des Arbeitskreises „Finanzierungsrechnung" der Schmalenbach-Gesellschaft für Betriebswirtschaft e.V., Düsseldorf/ Frankfurt am Main 2001.

SCHIERENBECK, H./ WIEDEMANN, A.: Marktwertrechnungen im Finanzcontrolling, Stuttgart 1996.

SCHIERENBECK, H.: Ertragsorientiertes Bankmanagement, Band 2: Risiko-Controlling und integrierte Rendite-/Risikosteuerung, 7. Auflage, Wiesbaden 2001.

STEINER, M./BRUNS, C.: Wertpapiermanagement, 7. Auflage, Stuttgart 2000.

WIEDEMANN, A.: Die Passivseite als Erfolgsquelle: Zinsmanagement in Unternehmen, Wiesbaden 1998.

WIEDEMANN, A.: Finanzielles Risikomanagement in Unternehmen, Siegen 2000.

WIEDEMANN, A.: Die Risikotriade – Zins-, Kredit- und Operatives Risiko, Stuttgart 2002.

Hans-Dieter Erfkemper*

Absicherung von Marktpreis- und Kreditrisiken durch derivative Instrumente und Risikomitigationstechniken

1. Einführung

2. Marktpreisrisiken und ihre Absicherung
   2.1 Marktrisiko und offene Positionen
   2.2 Absicherung durch Preisgleitklauseln
   2.3 Absicherung durch Derivate

3. Kreditrisiko, Kreditrisikomessung und Kreditrisikomitigation
   3.1 Arten und Messung des Kreditrisikos
   3.2 Mitigation des Kreditrisikos
       3.2.1 Vertragliche Risikominimierung
       3.2.2 Stellung von Sicherheiten

4. Zusammenfassung

Literaturverzeichnis

---

* Dipl.-Betriebswirt Hans-Dieter Erfkemper ist Vorsitzender der Geschäftsführung der RWE Trading GmbH, Essen.

1. Einführung

Die „klassischen" vor- und nachgelagerten Märkte von Industrieunternehmen haben mittlerweile größtenteils eine Entwicklung genommen, die erhebliche Risikopotenziale für diese Unternehmen beinhalten. Durch die so genannte „Commoditisierung" von Märkten, d.h. dem Wandel von traditionell geprägten, oftmals lokalen und intransparenten Märkten mit langfristigen bilateralen Vertragsbeziehungen hin zu Märkten, die durch ein hohes Maß an Preistransparenz, Standardisierung von Kontrakten sowie das zunehmende Auftreten von reinen Handelsmittlern (Großhändler ohne eigene Erzeugungsstufe oder Produktionskapazitäten, Broker und Makler) und damit erhöhter Liquidität bezüglich des Ausgleichs von Angebot und Nachfrage geprägt sind, steigt das Marktpreisrisiko, dem Industrieunternehmen ausgesetzt sind, signifikant an. Begünstigt werden diese Marktentwicklungen durch das von der Politik im Zuge von Deliberalisierungsoffensiven erzwungene Aufbrechen von monopolistischen Strukturen, die Aufhebung nationaler Schutzgrenzen und damit einhergehend die zunehmende Vernetzung von Teilmärkten bis hin zur Schaffung eines globalen Marktes für ein Produkt, dessen langfristige regionale Preisunterschiede lediglich durch Transportkostendifferenzen geprägt sind. Solchermaßen strukturierte Märkte zeichnen sich in der Regel durch deutlich volatilere Preise aus als die zuerst beschriebenen, monopolistisch geprägten Märkte, in denen insbesondere die Anbieter, aber oftmals auch – bei geeignetem Schutz vor Preismissbrauch – die Nachfrager wenig Interesse an Preisschwankungen haben.

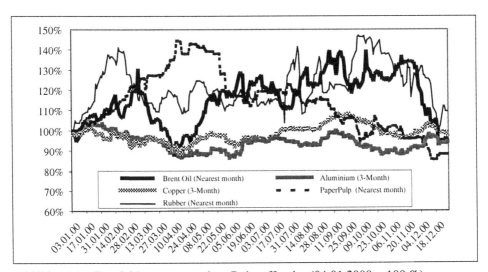

Abbildung 1: Entwicklung ausgesuchter Rohstoffpreise (04.01.2000 = 100 %)

Beispielhaft zeigt Abbildung 1 die Marktpreisentwicklung für Rohöl (Sorte Brent), Aluminium, Zellstoff und Kupfer während des Kalenderjahres 2000.

Aus den dargestellten historischen Terminpreisen wird ersichtlich, dass die Ertragslage eines Unternehmens, das auf der Einkaufs- oder Absatzseite solchen Preisschwankungen unterliegt, erheblich beeinflusst werden kann. Zur Vermeidung von Unternehmenskrisen, die bis zur Existenzgefährdung durch Illiquidität und Überschuldung führen können, ist die Erfassung und das aktive Management dieser Marktpreisrisiken unumgänglich.

Doch nicht nur das eigene Unternehmen ist schwankenden Marktpreisen ausgesetzt, auch die Marktpartner sowohl auf der Lieferanten- als auch auf der Abnehmerseite, die in denselben Märkten oder zusätzlich in weiteren, ebenfalls volatilen Märkten agieren, sehen sich diesen Risiken gegenüber. Dadurch erhöht sich das Kreditrisiko für Industrieunternehmen und ein aktives Management ist unerlässlich.

Im Folgenden soll nun weiter auf Marktpreis- und Kreditrisiken und auf Ansätze zur Erfassung und zum Management dieser Risiken eingegangen werden.

2. Marktpreisrisiken und ihre Absicherung

2.1 Marktrisiko und offene Positionen

Als Marktpreis einer Ware wird im Allgemeinen der durch Angebot und Nachfrage auf einem Markt entstehende Preis bezeichnet. Liegt kein geregelter, an einer Börse durchgeführter Markt vor, so werden Marktpreise im Freiverkehr durch Broker oder Kursmakler quotiert.

Die Erfassung von Marktpreisrisiken wird anhand der Ermittlung von so genannten „offenen Positionen" durchgeführt. Eine offene Position gegenüber einem Marktpreis besteht dann, wenn die Veränderung dieses Marktpreises eine Veränderung des (künftigen) Ergebnisses eines Unternehmens indiziert. Eine in dieser Hinsicht geschlossene Position existiert dagegen dann, wenn Marktpreisänderungen keinen Einfluss auf die aktuelle oder künftige Ergebnislage haben.

Die Höhe der offenen Position wird normalerweise in der Anzahl der Einheiten des Rohstoffs angegeben. Eine Darstellung der offenen Position in Geldeinheiten ist dagegen eher unüblich und führt zu dem Problem, dass bei schwankendem Marktpreis täglich ein geänderter Wert berichtet werden muss.

Hat z.B. ein Energieversorgungsunternehmen (EVU) für die Erzeugung elektrischer Energie 1 Mio. t Steinkohle mit Preisbindung an den Einfuhrpreis für Importkohle, der durch das Bundesamt für Statistik ermittelt wird, zur Stromproduktion eingekauft, und hat das EVU auf der Absatzseite Lieferverträge mit unterschiedlicher Preisgestaltung wie Steinkohlepreisbindung, Festpreis und Allgemeiner Tarif für Privat- und Gewerbekunden abgeschlossen, so ergibt sich die in Abbildung 2 verdeutlichte offene Position.

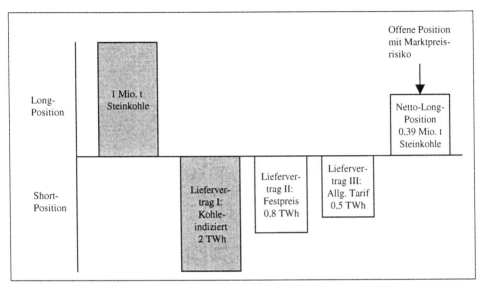

Abbildung 2: Ermittlung der offenen Position im Kohlepreis eines EVU, Long-Position = Kauf-Position, Short-Position = Verkaufs-Position, 1 Mio. t Steinkohle ergibt 3,3 TWh elektrischer Energie

Das EVU hat im Beispiel ein Marktpreisrisiko für 0,39 Mio. t Steinkohle, da ein sich ändernder Steinkohlepreis für diese Menge nicht durch gleichlaufende Preisanpassungen auf der Absatzseite ausgeglichen werden kann ((0,8+0,5)/3,3 = 0,39). Im obigen Beispiel besteht eine offene Long-Position, da das Risiko auf der Bezugsseite entsteht.

2.2 Absicherung durch Preisgleitklauseln

Verträge mit Preisgleitklauseln werden insbesondere im Großanlagenbau geschlossen. In diesen Verträgen werden bevorzugt Risiken aus eher volkswirtschaftlich bestimmten Kostenkomponenten, wie der allgemeinen Inflationsrate, dem Produzentenpreisindex, aber auch tariflichen Lohnerhöhungen, weitergereicht. Zur Absicherung von Marktpreisrisiken finden sich Preisgleitklauseln z.B. auch in Stromlieferverträgen, die an Brennstoffindizes gebunden sind. Dadurch sichert sich der Energieproduzent gegen schwankende Brennstoffpreise ab, bzw. wälzt er das Risiko weiter auf den Abnehmer.

Bekannt sind indizierte Stromlieferverträge auch für die Aluminium produzierende Industrie, hier jedoch als Absicherung des Aluminiumproduzenten gegenüber schwankenden Preisen auf seinem Absatzmarkt. Durch die Bindung des Strompreises, der in der Aluminiumproduktion einer der Hauptkostenbestandteile ist, an die Aluminiumnotierungen an der Londoner Metallbörse LME wälzt der Aluminiumproduzent sein Marktpreisrisiko auf einen Vorlieferanten ab. Dieser hat nun jedoch eine offene Aluminiumpreisposition, die er seinerseits absichern muss (Vgl. dazu ausführlich CRAUL 2000).

2.3 Absicherung durch Derivate

Der Einsatz von Derivaten ist in Industrieunternehmen mittlerweile ein etabliertes Instrumentarium zur Absicherung von Risiken (Vgl. GEBHARDT/RUß 1999). Unter einem Derivat versteht man dabei ein Instrument, dessen Wert vom Preis bzw. der Preisentwicklung einer Ware, einer Aktie oder einer Anleihe als so genannter Basiswert (Underlying) abgeleitet wird. Offene Positionen werden bei Derivaten häufig lediglich durch einen so genannten Barausgleich (Cash Settlement) glattgestellt, sodass eine Befassung mit dem Transport oder der Lagerung von physischen Gütern nicht notwendig ist. Es wird zu einem festgelegten Zeitpunkt zwischen den Vertragsparteien ein Wertausgleich zwischen dem vereinbarten Vertragspreis und dem aktuellen Marktpreis geleistet.

Nachfolgend werden die wesentlichen am Markt bekannten derivativen Instrumente kurz charakterisiert und ihre Eignung zur Absicherung von Marktpreisrisiken erläutert:

- *Forward:* Unter einem Forward versteht man einen Kauf (Verkauf) einer festen Menge eines Gutes zu einem fixierten Termin zu einem bei Abschluss des Forwards vereinbarten, festen Preis. Bei Abschluß eines Forward-Kontraktes wird keine Prämie fällig. Forwards sind Termingeschäfte und werden im OTC-Markt (Over-the-Counter, Freiverkehr) gehandelt. Es handelt sich dabei um individuelle Vereinbarungen zwischen den Vertragsparteien. Bereits bei Abschluss des Vertrages ist zu vereinbaren, ob die physische Lieferung oder ein Barausgleich für Wertdifferenzen zwischen Vertragspreis und herrschendem Marktpreis am vereinbarten Liefertag erfolgen soll.

Durch dieses Instrument kann sich ein Industrieunternehmen den Forward-Preis für den Liefertag sichern. So können Rohstoffe auf Termin zum heute vereinbarten Preis eingekauft und Produkte zum Forward-Preis verkauft werden. Diese Absicherung ist zunächst nicht mit Kosten verbunden, das Unternehmen geht aber sowohl Chancen als auch Risiken ein. Wenn der Rohstoffpreis im Zeitablauf sinkt, dann wäre es aus Ertragsgesichtspunkten vorteilhafter gewesen, die Rohstoffe erst bei Bedarf zu kaufen, anstatt den höheren Forward-Preis für die Terminlieferung zu zahlen. Andererseits sichert sich das Unternehmen gegen das Risiko steigender Rohstoffpreise ab.

Eine solche Risikoabsicherung ist immer dann angebracht, wenn das Unternehmen steigende Beschaffungspreise oder sinkende Absatzpreise für sehr wahrscheinlich hält.

Häufig kann auf Grund einer gewissen Illiquidität des Marktes nicht für jeden Forward-Kontrakt hinsichtlich Menge und Zeitpunkt ein Vertragspartner gefunden werden. In diesem Fall kann das Risiko nicht vollständig abgesichert werden. Es wird nun ein Forward-Kontrakt gesucht, dessen Gewinn- und Verlustentwicklung möglichst gut mit der des eigentlich gewünschten Forwards korreliert ist. Es verbleibt jedoch ein Restrisiko. Zudem ist bei Forwards die Erfüllung durch den Kontraktpartner nicht gesichert, sodass hier ein Kreditrisiko besteht.

- *Futures*: Im Gegensatz zu Forwards sind Futures standardisierte Termingeschäfte, welche nur über geregelte Märkte (Börsen) gehandelt werden. Die Börse legt die Merkmale der Futures-Kontrakte für alle Teilnehmer verbindlich fest. Es wird eine Vereinbarung geschlossen, eine standardisierte Menge eines Gutes zu einem standardisierten Termin zu einem bei Abschluss des Geschäftes vereinbarten Preis zu kaufen bzw. zu verkaufen. Dabei hat das Gut eine definierte Qualität und einen oder mehrere definierte Lieferorte. Kontraktpartner bei Futures-Geschäften ist immer die Börse selbst oder ein von der Börse zugelassenes Clearing-House, das intern Angebot und Nachfrage in einem „Matching-System" zusammenbringt. Bei Abschluss eines Future-Kontraktes sind zur Sicherung der Zahlungsfähigkeit an das Clearing-House Einzahlungen zu leisten. Futures-Kontrakte sehen in den Vertragsbedingungen zwar zumeist eine physische Lieferung am vorgegebenen Lieferort vor, werden jedoch in der Regel vor Lieferdatum „geschlossen", d.h. offene Kauf- und Verkaufspositionen werden saldiert und nur die Nettoposition ist zu liefern. Schließt ein Unternehmen seine Positionen komplett vor Auslieferdatum, so muss es in Bezug auf die Futures-Kontrakte weder Waren liefern noch entgegennehmen.

Fowards und Futures können durch die unterschiedlichen Zahlungsweisen für den Wertausgleich (einmalig oder täglich über Margin), durch den Grad der Standardisierung (frei verhandelbar oder von der Börse vorgegeben), durch die Kontraktpartei (z.B. anderes Unternehmen oder immer die Börse/das Clearing-House) sowie durch die mit der jeweiligen Kontraktpartei einhergehenden Kreditrisiken (Bonität des Kontraktpartners oder geringes Kreditrisiko der Börse bzw. des Clearing-Houses) unterschieden werden. Damit ist es im Wesentlichen von der Art des abzusichernden Marktpreisrisikos abhängig, ob ein Forward oder ein Future ausgewählt werden sollte. Bei beiden Termingeschäften werden sowohl Chancen als auch Risiken unterbunden.

- *Swap*: Ein Swapgeschäft ist in seiner Grundausprägung eine Vereinbarung zwischen zwei Kontraktpartnern, über einen definierten Zeitraum eine Reihe fest vereinbarter Preise für mehrere Lieferzeitpunkte gegen den variablen Marktpreis des Gutes zu den jeweiligen Lieferzeitpunkten zu tauschen, ohne dass bei Abschluss des Vertrages eine Prämie fällig wird. Eine physische Lieferung ist von vornherein nicht vorgesehen. Bei einem so genannten Fix-for-Floating-Swap verpflichtet sich der Verkäufer zur

Zahlung des Festpreises, während der Käufer des Swaps dem Verkäufer den jeweils zum Lieferzeitpunkt aktuellen variablen Preis erstattet. Praktischerweise wird lediglich die Differenz zwischen fixem und variablem Preis zwischen den Partnern transferiert (Spitzabrechnung). Ein Swap dieser Ausprägung stellt faktisch nichts anderes als eine Serie von Forward-Kontrakten mit Cash Settlement dar.

Swaps sind auch als Floating-for-Floating-Swaps, bei denen jede der Seiten jeweils einen unterschiedlichen variablen Preis an die Gegenseite zahlt, denkbar. Die beiden variablen Preise werden dabei ebenfalls gegeneinander aufgerechnet und nur der Nettobetrag wird der Gegenseite überwiesen.

Ein Swap ist in seiner Ausprägung Fix-for-Floating ein Instrument, mit dem sich ein Industrieunternehmen für einen längeren Zeitraum über mehrere Lieferzeitpunkte im Rahmen einer einfachen finanziellen Struktur einen festen Preis sichern kann. Swapvereinbarungen sind vor allen Dingen dann einzusetzen, wenn eine sichere Kalkulationsbasis z.B. für Rohstoffverbräuche benötigt wird, Fixpreiskontrakte aber auf dem Markt nicht erhältlich sind oder gegenüber einer Swapvereinbarung ein zusätzliches Aufgeld beinhalten. Floating-for-Floating-Swaps eignen sich dann, wenn ein nicht absicherbares Marktrisiko in ein absicherbares Marktrisiko „umgewandelt" werden soll. Solche Swapvereinbarungen sind insbesondere dann sinnvoll, wenn Risiken zweier lokaler Märkte mit einer Gegenpartei getauscht werden können, sodass als Resultat der Swapvereinbarung jede der beiden Parteien nur noch das Risiko des eigentlichen Heimatmarktes hat.

- *Option:* Eine Option beinhaltet für den Käufer das Recht, aber nicht die Verpflichtung, einen Vermögensgegenstand von dem Optionsverkäufer (auch Stillhalter) zu einem vereinbarten Zeitpunkt (sog. europäische Option) oder innerhalb eines vereinbarten Zeitraums (sog. amerikanische Option) zu einem vereinbarten Preis (dem Basis- oder Strike-Preis) zu kaufen (Call-Option) oder zu verkaufen (Put-Option). Für dieses Recht zahlt der Käufer dem Verkäufer der Option eine Optionsprämie.

Optionen entsprechen aus der Sicht der Käufers vom Grundgedanken her einer eingegangenen Versicherung, die Optionsprämie ist die zu entrichtende Versicherungsprämie. Der Käufer sichert sich bei der Call-Option einen garantierten Höchstpreis, den er für das zu beschaffende Gut zu einem vereinbarten Zeitpunkt maximal zahlen muss. Liegt der Marktpreis zu diesem Zeitpunkt unterhalb des vereinbarten Basispreises, so verzichtet der Käufer auf die Ausübung der Option und kauft zum günstigeren Marktpreis. Liegt der Marktpreis über dem Basispreis, so übt der Käufer sein Optionsrecht aus.

Bei der Put-Option dagegen sichert sich der Käufer einen garantierten Mindestpreis für den Absatz seiner Ware, da er das Recht hat, bei einem niedrigeren aktuellen Marktpreis zum höheren Basispreis zu verkaufen.

Der Versicherungscharakter von Optionen zeigt sich auch dadurch, dass häufig Cash Settlement vereinbart wird. Im Gegensatz zu Forwards, Futures und Swaps haben

Optionen den Vorteil, dass man sich lediglich gegen das Risiko fallender Absatz- bzw. steigender Beschaffungspreise gesichert hat, ohne die Chancen auf steigende Absatz- und fallende Beschaffungspreise zu opfern. In letzterem Fall werden nämlich die Optionen nicht ausgeübt, und es finden keine Ausgleichszahlungen statt. Dieser Vorteil wird mit dem Nachteil erkauft, zum Vertragsabschluss eine Prämie entrichten zu müssen. Wenn das Unternehmen mit hoher Wahrscheinlichkeit von steigenden Beschaffungspreisen ausgeht, dann sollte es Forwards, Futures oder Swaps zur Absicherung verwenden, da diese Absicherung nichts kostet. Wird hingegen nur mit einer geringen Wahrscheinlichkeit mit steigenden Beschaffungskosten gerechnet, so ist eine Option vorzuziehen.

3. Kreditrisiko, Kreditrisikomessung und Kreditrisikomitigation

3.1 Arten und Messung des Kreditrisikos

Der Begriff Kreditrisiko ist mit zwei Bedeutungen, dem Bonitätsrisiko und dem Adressenausfallrisiko, unterlegt.

Die Bonität eines Kontrahenten ist mit der Einschätzung der Ausfallwahrscheinlichkeit des Kontrahenten verknüpft. Das Bonitätsrisiko ist folglich das Risiko, dass sich diese Ausfallwahrscheinlichkeit erhöht. Die Verschlechterung der Bonität eines Kontrahenten bedeutet, dass die Forderungen gegenüber dem Kontrahenten auf Grund der geringer werdenden Wahrscheinlichkeit der Forderungsbegleichung an Wert verlieren und somit bei Neubewertung ein Buchverlust entsteht.

Adressenausfallrisiken lassen sich in zwei Untergruppen unterteilen, die im Folgenden anhand eines Forwards, bei dem sich der Marktpartner A verpflichtet, dem Kontrahenten B eine vertraglich bestimmte Menge eines Gutes zu einem vereinbarten Preis an/in einem vereinbarten Zeitpunkt/Zeitraum zu liefern, erläutert werden.

- *Erfüllungsrisiko (Pre-Settlement Risk):* Bei einem Forward ist B bei Ausfall von A dem Risiko ausgesetzt, die vertraglich bestimmte Menge des Gutes im Rahmen eines neuen Geschäfts nun zu möglicherweise höheren Kosten zu beschaffen. Demgegenüber besteht für A bei Ausfall von B das Risiko, dass die zur Erbringung der Leistungen aus dem Forward eingegangenen Gegengeschäfte nun zu schlechteren aktuellen Marktkonditionen glattgestellt werden müssen. In beiden Fällen spricht man von Erfüllungsrisiko oder Pre-Settlement Risk.

- *Zahlungsrisiko (Settlement Risk):* Das Zahlungsrisiko oder Settlement-Risk definiert das finanzielle Risiko, dass eine offene Forderung nicht zeitgerecht oder überhaupt nicht beglichen wird, woraus ein Verlust entsteht. Im vorliegenden Beispiel wird also das Risiko erfasst, dass A seine erbrachten Leistungen von B nicht (termingerecht) vergütet bekommt. Dieses Risiko tritt grundsätzlich dann auf, wenn eine Zug-um-Zug-Erfüllung erfolgt. Dies ist insbesondere dann von Bedeutung, wenn die Rechnungsstellung und Bezahlung erst längere Zeit nach der Lieferung erfolgt.

Im Vergleich zu den Adressenausfallrisiken ist der Umfang der Bonitätsrisiken bei den üblichen Geschäften von Industrieunternehmen eher gering. Bei der Bewertung der Adressenausfallrisiken ist wie folgt vorzugehen:

- *Zahlungsrisiko (Settlement Risk):* Üblicherweise handelt es sich beim Settlement Risk um ein kurzfristiges Risiko, das leicht zu bestimmen und zu quantifizieren ist. Es besteht vom Zeitpunkt der Lieferung an bis zum Zeitpunkt der Zahlung bzw. bis eine Wertberichtigung erfolgt. Mathematisch ausgedrückt ist das zugehörige Settlement Exposure der Differenzbetrag aus allen erwarteten Zahlungen und allen geleisteten Zahlungen.

- *Erfüllungsrisiko (Pre-Settlement Risk):* Aufwändiger ist die Bestimmung des Pre-Settlement Risks. Das zu allen Transaktionen mit einem Kontrahenten gehörige Pre-Settlement Exposure (PSE) setzt sich hierbei aus den aktuellen Marktwerten (Current Exposure) und der über alle Transaktionen summierten und über die gesamte Laufzeit der Transaktionen betrachteten maximalen Wertsteigerung (Potential Exposure) zusammen.

Während das Current Exposure dem Marktwert des Geschäftes entspricht, stellt die Bestimmung der Potential Exposures eine neue Herausforderung dar. Als Potential Exposure gilt derjenige zukünftige Wert, der mit einer bestimmten vorgegebenen Wahrscheinlichkeit maximal eintreten kann. Diese Ermittlung kann mit dem aus der Value-at-Risk-Bewertung bekannten Verfahren erfolgen.

3.2 Mitigation des Kreditrisikos

Zunächst können Börsen als Instrument zur Mitigation (Abschwächung) des Kontrahentenrisikos eingesetzt werden. Terminhandelsbörsen eliminieren, wenn sie gut organisiert sind, das Kontrahentenrisiko für die einzelnen Marktteilnehmer, da sowohl Käufer als auch Verkäufer Sicherheiten hinterlegen müssen. Das einzig verbleibende Risiko ist das Risiko, dass zusätzlich erforderliche Sicherheiten nicht eingeschlossen werden.

3.2.1 Vertragliche Risikominimierung

Das Kreditrisiko aus dem Handelsgeschäft lässt sich ferner durch eine entsprechende vertragliche Gestaltung deutlich reduzieren bzw. mitigieren.

Ein relativ leicht zu handhabendes Instrument zur Reduzierung des Kreditrisikos ist die vertragliche Vereinbarung der Aufrechnung von Forderungen aus einzelnen Zahlungsverpflichtungen (Settlement Netting). Hierbei verpflichten sich beide Vertragsparteien zur gegenseitigen Aufrechnung der Forderungen. Der verbleibende Restbetrag ist im Rahmen der Rechnungsbegleichung zu zahlen. Voraussetzung für ein solches Vorgehen sind gleiche Zahlungsdaten sowie gleiche zugrunde liegende Währungen.

Einige im Derivate- und im Energiehandel übliche Rahmenvereinbarungen (wie z. B. der ISDA (International Swaps and Derivatives Association, Inc.) oder auch der EFET- (European-Federation-of-Energy-Traders-)Vertrag erlauben die Aufrechnung von Forderungen im Falle einer außerordentlichen Kündigung (Close-Out-Netting). Voraussetzung für die Wirksamkeit einer solchen Vereinbarung ist, dass das nationale Insolvenzrecht diese Vorgehensweise erlaubt. Ziel ist es hierbei zu verhindern, dass im Falle der Insolvenz ein Insolvenzverwalter entscheidet, nur diejenigen Verträge zu bedienen, die zu Gunsten des insolventen Unternehmens laufen und diejenigen, die zu seinen Ungunsten stehen, nicht mehr weiter zu bedienen („cherry picking"). Gleichzeitig führt diese Art der Aufrechnung von Forderungen aber auch zu der Möglichkeit, das Erfüllungsrisiko deutlich zu reduzieren.

Eine Vielzahl von Transaktionen im internationalen Commodity-Handel wird durch entsprechende Rahmenvereinbarungen geregelt. Eine dieser Rahmenvereinbarungen ist das EFET Agreement für den Handel von Strom. Dieser Vertrag sieht z.B. vor, dass bei sich verschlechternder Bonität der Vertragsparteien die jeweils andere Partei Sicherheiten verlangen kann. Hierbei hat die sicherheitsnehmende Vertragspartei ein Wahlrecht zwischen Konzerngarantien im weitesten Sinne oder externen Sicherheiten. Es hat sich insbesondere die Definition der nachhaltigen wirtschaftlichen Verschlechterung des Vertragspartners als besonders schwierig erwiesen. Anders als im angelsächsischen Raum, in dem eine Vielzahl von Unternehmen über ein externes Rating verfügt, gibt es insbesondere in Deutschland keine belastbare langfristige Kreditbeurteilung durch einen unabhängigen Dritten. Vor diesem Hintergrund hat das EFET Agreement ein Alternativkonzept entwickelt, in dem besondere wirtschaftliche Kennzahlen definiert werden, die eingehalten werden müssen.

Eine weitere Option der vertraglichen Risikominimierung ist die Möglichkeit der Vertragskündigung bei nachhaltiger Verschlechterung der wirtschaftlichen Verhältnisse des Geschäftspartners. Hierbei sind die folgenden Varianten zu unterscheiden:

- *Ratinginduzierte Kündigung*: Vor allem im' angelsächsischen Raum hat es sich eingebürgert, die nachhaltige wirtschaftliche Verschlechterung von Vertragsparteien anhand eines externen Ratings zu definieren. Hierbei werden üblicherweise Ratings der großen internationalen Agenturen wie Standard & Poor's und Moody's in Betracht gezogen. Der Vorteil der Einbindung von externen Ratings ist die Unabhängigkeit der Beurteilung. Dieses Konzept erlaubt keiner der beiden Vertragsparteien, einseitig Sicherheiten zu fordern bzw. den Vertrag infolge nicht geleisteter Sicherheitenstellung auf Grund der eigenen Feststellung einer wirtschaftlichen Verschlechterung des Vertragspartners zu kündigen. Der Nachteil dieser Methode hat sich zuletzt in der Stromkrise in Kalifornien gezeigt. Wie schon in der Vergangenheit wurde die Verschlechterung der wirtschaftlichen Verhältnisse der betroffenen Unternehmen nicht zeitnah durch eine entsprechende Ratingherabstufung öffentlich.

- *Kündigung auf Grund des Bruchs von Kreditauflagen*: Auf Grund der geringen Zahl von extern gerateten Unternehmen in Europa, insbesondere in Deutschland, hat die Energiehandelsbranche ein Alternativ-Konzept entwickelt, das dem nicht gerateten Vertragspartner entsprechende Kreditauflagen macht. Hierbei ist zu unterscheiden zwischen Auflagen zur Solvenz- und Liquiditätserhaltung bzw. zur Werterhaltung.

Kreditentscheidungen werden üblicherweise auch vor dem Hintergrund eines vorhandenen Unternehmenswertes getroffen. Um zu verhindern, dass sich dieser Wert über die Laufzeit der vertraglichen Geschäftsverbindung nachhaltig vermindert, erlaubt der EFET-Vertrag die Vereinbarung bestimmter Mindestwertgrenzen, in diesem Falle des sog. Tangible Net Worth.

- *Auflagen zur Solvenz- und Liquiditätserhaltung*: Da die gesicherte Liquidität eines Unternehmens das Insolvenzrisiko maßgeblich vermindert, sieht der EFET-Vertrag ferner die Möglichkeit vor, Untergrenzen für Liquiditätskennziffern zu vereinbaren. Die im EFET-Vertrag vorgesehenen Kennziffern sind EBIT/Interest Ratio und Funds from Operations/Total Debts. Ferner kann ein bestimmtes Verhältnis des Fremdkapitals zum Eigenkapital festgeschrieben werden.

- *Erhaltung der Identität des Geschäftspartners*: Insbesondere in Zeiten von Unternehmensfusionen und Unternehmensverkäufen ist der Erhalt der Identität des Geschäftspartners von besonderer Bedeutung. Um das Risiko einer Verwässerung dieser Identität zu vermeiden, sieht der EFET-Vertrag vor, dass die Bonität des neu entstehenden Geschäftspartners mindestens der des ursprünglichen Handelspartners entsprechen muss.

Zur Überwachung der beschriebenen Kreditauflagen ist es notwendig, dass sich die Geschäftspartner Einblick in die wirtschaftlichen Verhältnisse gewähren. Vor diesem Hintergrund ist vorgesehen, dass die Geschäftspartner ihre jeweiligen Jahresabschlüsse, im Zweifelsfall auch Halbjahres- oder Vierteljahreszahlen, zur Verfügung stellen müssen.

3.2.2 Stellung von Sicherheiten

Zur Reduzierung des Kreditrisikos können diverse Formen von Vorab-Sicherheiten zwischen den beiden Vertragspartnern vereinbart werden. Hierzu zählen in erster Linie Konzerngarantien im weitesten Sinne, Bankgarantien sowie Barhinterlegungen.

- *Konzerngarantie*: Die Garantie ist sicherlich die im internationalen Handelsgeschäft am häufigsten verwendete Form einer Konzernhaftung. In dieser verpflichtet sich üblicherweise die Konzernholding, berechtigte, aber nicht erfüllte Forderungen, die gegenüber der Konzerntochter bestehen, zu erfüllen. Hierbei hat es sich zum Standard entwickelt, Zahlungen auf erstes Anfordern zu vereinbaren. Besonders kritisch ist dennoch grundsätzlich zu prüfen, inwieweit die Forderungen unter der Garantie in dem jeweiligen Rechtskreis der Garantie selbst sowie des Garantiegebers durchgesetzt werden können.

  Verwandte Formen sind die in Deutschland üblichen Patronatserklärungen. Grundsätzlich übertragen diese Instrumente das Bonitätsrisiko auf ein wirtschaftlich stärkeres Unternehmen. Dennoch verbleibt ein Kreditrisiko.

  In Deutschland bieten Gewinnabführungs- und Beherrschungsverträge einen ähnlichen Schutz wie Konzernbürgschaften. Allerdings sind Gewinnabführungs- und Beherrschungsverträge kündbar. Zusätzlich entsteht im Gegensatz zur Garantie kein direkter Zahlungsanspruch gegenüber dem bonitätsmäßig besser gestellten Mutterunternehmen, woraus sich ein zeitlicher Verzug bei der Erfüllung des Anspruchs ergeben kann.

- *Barhinterlegung:* Die Barhinterlegung birgt für beide Vertragsparteien geringe operationale Risiken und für die Sicherheit nehmende Partei entsteht keinerlei zusätzliches Kreditrisiko. Besonderes Augenmerk ist auf die rechtliche Gestaltung der Barhinterlegung zu richten. Hierbei muss die Dokumentation exakt definieren, wann der Sicherheitennehmer Zugriff auf die Sicherheit erlangen darf. Dies ist unter anderem auch abhängig von dem jeweiligen Landesrecht. Ferner ist die Stellung einer Barhinterlegung als Sicherheit üblicherweise mit der Gutschrift von Guthabenzinsen verbunden.

- *Bankgarantien:* Hierbei sind die unterschiedlichsten Formen denkbar. Üblich sind Bankgarantien bzw. sog. Standby-Letter-of-Credits, aber auch Akkreditive im Rahmen physischer Lieferungen sowie Perfomance-Bonds. Die Vorteile dieser Instrumente liegen eindeutig in der relativ einfachen Handhabung. Außerdem sind diese Sicherheiten üblicherweise für den Sicherheitennehmer kostenlos. Dennoch erfordern auch diese Sicherheiten die Kenntnis der rechtlichen Rahmenbedingungen. Hierbei sind insbesondere das nationale Bankenrecht sowie die Einheitlichen Richtlinien und Gebräuche für Dokumenten-Akkreditive (ERA 500) zu berücksichtigen. Ferner ist zu beachten, dass das Kreditrisiko nunmehr auf die Sicherheit gebende Bank übertragen wird. Es handelt sich hierbei also ebenfalls nicht um ein Risiko-reduzierendes, sondern um ein Risiko-mitigierendes Instrument. Im Rahmen des internen Kreditrisikomanagements muss folglich das unter dieser Sicherheit entstehende Credit Exposure gegen ein entsprechend einzurichtendes Kreditlimit für die Sicherheit gebende Bank gemessen werden.

Insbesondere Derivate, die ursprünglich entwickelt worden sind, um spezielle Risiken abzusichern, bringen den unerwünschten Nebeneffekt eines eigenen Kreditrisikos mit sich. Vor dem Hintergrund der Möglichkeit eines sich verändernden Bonitäts- und Erfüllungsrisikos haben sich bereits in der Vergangenheit Nachschussverpflichtungen als eine Möglichkeit der Risikoreduzierung etabliert. Eine rechtliche Präzisierung der Nachschussverpflichtungen stellen die sog. Margin-Vereinbarungen dar, die in den vergangenen Jahren als separater Vertrag bzw. als Anhang zum Vertrag der ISDA entwickelt worden sind.

Die Margin-Vereinbarung ist ein Vertrag, in dem sich beide Vertragsparteien im Vorhinein ein Kreditlimit einräumen, gegen das das vorhandene Kredit-Exposure gemessen wird. Bei Überschreiten dieses Kreditlimits ist die betroffene Vertragspartei verpflichtet, Sicherheiten einzuschießen. Als Sicherheiten werden üblicherweise Barhinterlegungen oder Bankgarantien verwendet. Bei Banken werden ebenfalls in großem Umfang Wertpapiere als Sicherheiten vereinbart.

Margin-Vereinbarungen sind besonders für den Finanzhandel entwickelt worden. Der Grund dafür ist, dass es hier wesentlich schwieriger ist, im Vorhinein das Risiko zu quantifizieren im Vergleich zum traditionellen Kreditgeschäft. Insbesondere werden in Margin-Vereinbarungen die sog. Freibeträge oder auch Kreditlimite festgelegt. Darüber hinaus wird ein Mindest-Transferbetrag vereinbart, der festlegt, in welcher Höhe Sicherheiten nachzuschießen sind. Ferner einigt man sich über die Häufigkeit der vorzunehmenden Bewertungen. Diese ist abhängig von der Volatilität des jeweiligen Marktes bzw. der Größe des Kredit-Portfolios. Auch werden im Vorhinein akzeptable Sicherheiten vereinbart. Für den Fall, dass Sicherheiten selbst Wertschwankungen unterliegen wird i.d.R zusätzlich ein Sicherheiten-Wertabschlag abgesprochen. Bei der Wahl der Sicherheiten ist zu bedenken, dass diese Sicherheiten selbst eine möglichst hohe Kreditwürdigkeit besitzen müssen (dies gilt insbesondere für Bankgarantien oder auch Wertpapiere). Eine einfache Verwaltung der Nachschüsse ist nur dann gewährleistet, wenn die Preisfindung transparent ist und die Verwahrung, Lieferung, Liquidierung und Wiederverwendung der gegebenen Sicherheiten keinerlei besonderer Vorkehrungen bedarf.

Vorteil dieser Sicherungsvereinbarungen ist insbesondere die Vorabbegrenzung des Kreditrisikos bei Geschäften, deren Wert Marktpreisschwankungen unterliegt. Ferner bieten solche Vereinbarungen die Möglichkeit zur Ausweitung des Geschäftsvolumens innerhalb eines festgelegten Kreditrahmens. Die Besicherung von Kredit-Portfolios über die Margin-Vereinbarung bringt jedoch auch Kosten mit sich. Diese sind in einer teilweise aufwändigen Dokumentation begründet sowie in den durch den Austausch der Sicherheiten verursachten Transaktionskosten. Grundsätzlich gibt es zwei Konzepte bei der Entwicklung von Besicherungsvereinbarungen. Das eine Konzept sieht die Verpfändung der zu stellenden Sicherheiten vor, das andere die Vollrechtsübertragung. Bei der Verpfändung ist die Weitergabe der empfangenen Sicherheiten nur in sehr begrenztem Umfang möglich. Ferner ist die Pfandrechtbestellung schwerfällig, insbesondere bei grenzüberschreitenden Transaktionen. Vor diesem Hintergrund hat sich die Vollrechtsübertragung am Markt durchgesetzt. Hierbei empfängt der Sicherheitennehmer die Sicherheiten uneingeschränkt und kann sie daher auch uneingeschränkt weitergeben. Die Vollrechtsübertragung ist üblicherweise auch bei Auslandsberührung weniger aufwändig. Typisches Muster einer solchen Besicherungsvereinbarung stellt die sog. Besicherungsvereinbarung als Anhang zum Deutschen Rahmenvertrag zum Handel von Finanzprodukten dar, ferner ist der Credit-Support-Annex als Anhang zum ISDA-Agreement ein bekannter Standard zur Besicherungsvereinbarung. Die Vorteile solcher Vereinbarungen hat sich der internationale Rohstoffhandel, ausgehend von den Märkten für Öl und Nicht-Eisenprodukte, immer mehr zu Eigen gemacht.

4. Zusammenfassung

Während zur Absicherung von Marktpreisen eine Vielzahl von Derivaten zur Verfügung steht, lassen sich Kreditrisiken zur Zeit im Wesentlichen nur über ein kontrahenten- und produktbezogenes Limitsystem und die dargestellten rechtlichen Konstrukte mitigieren. Mit fortschreitender Reife der Commodity-Märkte werden jedoch die schon im Bankenbereich üblichen Kreditderivate in verbriefter oder unverbriefter Form als zusätzliche Instrumente zur Kreditrisikosteuerung an Bedeutung gewinnen.

Der Einsatz all dieser Instrumente weist viele Chancen für eine Ausweitung des bestehenden Geschäfts aus, die jedoch mit einer Zunahme der Risiken einhergehen, beides sowohl in quantitativer als auch qualitativer Sicht. Für den Unternehmenserfolg ist somit ein effizientes und angemessenes Risikomanagement, das die eingegangenen Risiken in einem dynamischen Prozesskreislauf qualitativ und quantitativ analysiert, überwacht und steuert, von herausragender Bedeutung. Hierfür sind neben den Handels- und Abrechnungskapazitäten adäquate personelle und EDV-technische Kapazitäten in einer bedarfsgerechten Organisation zu schaffen.

Literaturverzeichnis:

CRAUL, M.: Hedging von indexierten Stromlieferungsverträgen, in: Energiewirtschaftliche Tagesfragen, Oktober 2000, S. 734-738.

GEBHARDT, G./RUß, O.: Einsatz von derivativen Finanzinstrumenten im Risikomanagement deutscher Industrieunternehmen, in: Zeitschrift für betriebswirtschaftliche Forschung, Sonderheft 41, 1999, S. 23-83.

Weiterführende Literaturempfehlungen:

Als (auf die Finanzmärkte bezogene) Einführung in Optionen und Futures eignet sich USZCZAPOWSKI, IGOR: Optionen und Futures verstehen, 4. Auflage, München, 1999.

Zur Vertiefung sei empfohlen: HULL, JOHN C.: Options, Futures and other Derivatives, 4. Auflage, Upper Saddle River/New Jersey, 1999.

Bernd Rolfes*

Das Management von Zins- und Währungsrisiken in Industrieunternehmen

1. Einleitung

2. Messung von Zins- und Währungsrisiken
   2.1 Begriffsabgrenzungen
   2.2 Methoden zur Messung von Zinsrisiken
   2.3 Ansätze zur Quantifizierung von Währungsrisiken

3. Steuerung von Zinsrisiken
   3.1 Zinsswaps
   3.2 Forward Rate Agreements und Futures
   3.3 Zinsbegrenzungsvereinbarungen

4. Steuerung von Währungsrisiken
   4.1 Währungsswaps
   4.2 Devisenfutures und -forwards
   4.3 Devisenoptionen

5. Schlussbetrachtung

Literaturverzeichnis

---

* Prof. Dr. Bernd Rolfes ist Inhaber des Lehrstuhls für Banken und betriebliche Finanzwirtschaft an der Gerhard-Mercator-Universität Duisburg. Ich danke Frau Dipl.-Kffr. Tanja Bauersfeld für ihre Hilfe.

1. Einleitung

Nicht erst seit der Einführung des KonTraG („Gesetz zur Kontrolle und Transparenz im Unternehmensbereich") im Jahre 1998 werden zunehmend höhere Anforderungen an Risikomanagement- und Überwachungssysteme in Industrieunternehmen gestellt. Vor dem Hintergrund der Schwankungen der Zinsen und Wechselkurse ist insbesondere das Management von Marktpreisrisiken für international tätige Unternehmen von besonderer Relevanz. Die Auswirkungen der hohen Volatilität der Wechselkurse sind umso bedeutender, als sich bei vielen deutschen Unternehmen der Anteil des Auslandsgeschäftes am Gesamtumsatz in der Vergangenheit deutlich erhöht hat. Nahezu alle großen deutschen Unternehmen weisen einen Auslandsanteil von deutlich über 50 % auf. Im Jahre 1999 betrug der Auslandsanteil von Bayer beispielsweise 84,3 %, von Daimler 81,1 % und von Siemens 72,8 % (Vgl. GEBHARDT/MANSCH 2001, S. 1 ff.). Ebenfalls großen Einfluss auf die Ergebnisentwicklung in Unternehmen haben die durch den geldpolitischen Paradigmenwechsel von der Zinssteuerung zur Geldmengensteuerung seit Anfang der achtziger Jahre deutlicheren Zinsschwankungen. Vor diesem Hintergrund sehen sich selbst in Entwicklung oder Fertigung führende Unternehmen verstärkt Verschlechterungen ihrer Wettbewerbspositionen durch Zins- und Währungsrisiken gegenüber. Dieser Zusammenhang wird durch drastische Verlustfälle der Vergangenheit verdeutlicht. Hierzu zählen beispielsweise Procter&Gamble 1994 infolge eines Zinsrisikos und Daimler-Benz, BMW, Lufthansa und Opel 1995 verursacht durch Währungsrisiken (Vgl. PFENNIG 2000, S. 4). Mittlerweile akzeptieren insbesondere die Kapitalgeber unerwartete Schwankungen der Marktpreise nicht länger als Entschuldigung für ungünstige Ergebnisentwicklungen, sondern erwarten vielmehr eine zielorientierte Steuerung dieser Risikopositionen. Ein bewusstes Abwägen von Chancen und Risiken ist zu einer Kernaufgabe des Managements von Unternehmen geworden (Vgl. GEBHARDT/MANSCH 2001, S. 3 f.).

Risikomanagement besteht aus den Prozessen Identifikation, Quantifizierung, Steuerung und Kontrolle. Daher sollen in diesem Beitrag nach einer umfassenden Begriffsabgrenzung verschiedene Konzepte zur Identifikation und Messung von Zins- und Währungsrisiken vorgestellt werden. Im Anschluss daran werden derivative Steuerungsinstrumente analysiert, da das Management von Zins- und Währungsrisiken mittlerweile nicht nur in Banken und Versicherungen, sondern auch in Industrieunternehmen ohne eine Feinsteuerung mit Derivaten nicht mehr vorstellbar ist.

2. Messung von Zins- und Währungsrisiken

2.1 Begriffsabgrenzungen

Unter Risiko wird allgemein die Gefahr verstanden, dass der tatsächliche Wert eines Ereignisses aufgrund von unvorhergesehenen Veränderungen der Determinanten in negativer Weise vom erwarteten Wert abweicht. Die Möglichkeit einer positiven Abweichung wird demgegenüber als Chance angesehen. Dies bedeutet für den Fall des Marktpreisrisikos, dass die negative Veränderung durch Schwankungen der relevanten Marktpreise verursacht wurde. Bei einer festverzinslichen Refinanzierung besteht das Zinsänderungsrisiko in der Gefahr, dass die Marktzinsen unter die vertraglich vereinbarten Zinsen sinken. Auf der Anlageseite ist das Risiko hingegen darin zu sehen, dass die Marktzinsen über die kontrahierten Zinsen steigen. Das Zinsänderungsrisiko zeigt sich folglich als Opportunitätskosten, d. h. in der Gefahr entgangener Gewinne. Da es sich auf das Zinsergebnis auswirkt, kann es auch als Cashflow-Risiko bezeichnet werden. Eine weitere Ausprägung des Zinsrisikos ist das Marktwertrisiko, da bei einem Anstieg des Marktzinses über den kontrahierten Nominalzins bei Zahlungsansprüchen Marktwertverluste entstehen.

Im Bereich des Währungsrisikos werden drei Bereiche unterschieden:

- Translation Exposure
- Transaction Exposure
- Economic Exposure

Das *Translation Exposure* entspricht dem Betrag, der dem Währungsumrechnungsrisiko ausgesetzt ist. Es betrifft ausschließlich Bilanzpositionen bei internationalen Unternehmen, die einen konsolidierten Jahresabschluss aufstellen müssen. Da die Bilanzwerte der betreffenden Positionen entscheidend von der zugrunde gelegten Umrechnungsmethode abhängen und die Liquidität durch die Buchverluste nicht betroffen ist, wird das Translation Exposure, dessen Wert auf buchhalterischen Vereinbarungen beruht, in den meisten deutschen Unternehmen nicht abgesichert.

Das *Transaction Exposure* ist der Betrag, der dem Währungsumtauschrisiko ausgesetzt ist. Es umfasst alle feststehenden Positionen, die einen Währungstausch begründen und deren Zahlungsströme von Schwankungen des Wechselkurses abhängen. Es bezieht sich sowohl auf Fremdwährungsforderungen und -verbindlichkeiten als auch auf -kassenbestände. Das Währungsrisiko entsteht hierbei aufgrund der Tatsache, dass zwischen der Entstehung und der Glattstellung der Positionen ein Zeitraum liegt, innerhalb dessen Wechselkursschwankungen auftreten können. Im Gegensatz zum Translation Exposure existiert das Transaction Exposure auch bei Nicht-Konzernunternehmen.

Das *Economic Exposure* stellt den Betrag dar, der dem ökonomischen Währungsrisiko ausgesetzt ist. Im Gegensatz zum Transaction Exposure, bei dem lediglich die zum Betrachtungszeitpunkt fixierten Fremdwährungspositionen betrachtet werden, bezieht das Economic Exposure auch zukünftige Positionen ein. Das Economic Exposure lässt sich daher kaum exakt bestimmen. Abgesehen von der Tatsache, dass für das Management des ökonomischen Währungsrisikos enorme Datenmengen benötigt würden, wären Absicherungsstrategien mithilfe von originären und derivativen Finanzinstrumenten auf Grund der hohen Unsicherheit regelmäßig nicht sinnvoll. Um das Economic Exposure zu minimieren, eignen sich lediglich strategische Maßnahmen, wie beispielsweise die Diversifikation der Beschaffung auf verschiedene Währungsräume.

In den meisten Unternehmen wird folglich ausschließlich das Transaction Exposure abgesichert. Dieses setzt sich zusammen aus dem reinen Kursrisiko und dem Swapsatzrisiko. Das Kursrisiko tritt bei offenen Währungspositionen auf, während das Swapsatzrisiko bei betragsmäßig geschlossenen Positionen, deren Terminkurse durch unterschiedliche Fälligkeiten nicht übereinstimmen, zu beachten ist. Als Swapsatz wird in diesem Zusammenhang die Differenz zwischen Kassakurs und Terminkurs bezeichnet. Liegt der Terminkurs über dem Kassakurs, spricht man von einem Aufschlag (Report), bei einem negativen Swapsatz liegt ein Abschlag (Deport) vor. Ein positiver Swapsatz existiert, wenn der Zinssatz für eine Geldanlage im Ausland unter dem inländischen Zinssatz liegt. Ist der ausländische Zins höher, resultiert daraus ein negativer Swapsatz.

2.2 Methoden zur Messung von Zinsrisiken

Als Mindestvoraussetzung für ein effizientes Management von Marktpreisrisiken wird die regelmäßige Neubewertung sämtlicher Finanzgeschäfte mit den aktuellen Marktwerten (Mark-to-Market) angesehen. Dadurch wird relativ schnell deutlich, wie sich zumindest das vergangenheitsbezogene Marktpreisrisiko darstellt. Bei Industrieunternehmen wäre eine tägliche Bewertung sinnvoll, allerdings ist diese Vorgehensweise in der Praxis größtenteils noch nicht üblich.

Als Verfahren zur Messung von Preisrisiken in Industrieunternehmen bieten sich insbesondere Sensitivitäts- und Szenarioanalysen an. Es handelt sich hierbei um ceterisparibus-Analysen, bei denen zur Untersuchung des Einflusses eines Risikofaktors die restlichen Faktoren konstant gehalten werden.

Als Messgrößen der Sensitivität des Marktwertes von Zinspositionen mit sicherem Zahlungsstrom gegenüber Zinssatzänderungen werden in Industrieunternehmen häufig Durationskennzahlen verwendet. Die Duration D errechnet sich als Summe der mit den Barwertanteilen der Einzelzahlungen (E) am Gesamt-Barwert gewichteten Zahlungszeitpunkte (t = 1 bis T), wobei der Marktzins mit r bezeichnet wird (Vgl. ROLFES 1999, S. 63 f.):

$$D = \sum_{t=1}^{T} t \cdot \frac{E_t \cdot (1+r)^{-t}}{\sum_{t=1}^{T} E_t \cdot (1+r)^{-t}}$$

Die Duration entspricht der durchschnittlichen Bindungsdauer der betrachteten Zinsposition. Je kleiner der Wert der Duration ausfällt, desto geringer ist das Zinsänderungsrisiko der Position. Wird die Duration durch den Zinsfaktor 1+r dividiert, erhält man die Modified Duration, die die prozentuale Kursänderung bei einer Marktzinsänderung um einen Prozentpunkt angibt. Der Nachteil dieser Kennzahlen ist, dass sowohl von einer flachen Zinsstrukturkurve als auch von einer Parallelverschiebung des Zinsniveaus ausgegangen wird. Die aus der unterstellten flachen Zinsstruktur entstandene Fehleinschätzung kann durch die Effective Duration vermieden werden, bei der die Barwerte der einzelnen Zahlungen mithilfe der laufzeitspezifischen Zerobondrenditen bestimmt werden (Vgl. SCHIERENBECK/LISTER 2001, S. 432 f.). Die Annahme einer Parallelverschiebung der Zinsstruktur lässt sich mithilfe eines Vektors von verschiedenen Durationskennzahlen für bestimmte Zinssätze aufheben. Anhand dieser Key-Rate-Durations kann durch Variationen der Zinssätze eine Gesamtsensitivität gegenüber nichtparallelen Änderungen der Zinsstrukturkurve modelliert werden (Vgl. SCHIERENBECK/LISTER 2001, S. 434 f.). Häufig zum Einsatz kommt auch der Price Value of a Basis Point (oder auch Value per Basis Point), der die absolute Veränderung einer Position bei einer Änderung des Marktzinses um einen Basispunkt (0,01 %) angibt.

Diese Kennzahlen geben dem Management Aufschluss über die Wertsensitivität der betrachteten Positionen. Erscheint diese dem Risikomanagement als zu hoch, sind geeignete Hedge-Maßnahmen zu ergreifen. Während bei Sensitivitätsanalysen die Auswirkungen einer geringen Änderung des Risikofaktors untersucht werden, unterstellt man bei Szenarioanalysen realistische oder auch extreme Änderungen der Risikofaktoren.

Die Kennzahl Value at Risk (VaR) wird bisher lediglich in größeren Unternehmen eingesetzt. Der VaR gibt die maximale Wertverschlechterung einer Position an, die mit einer vorgegebenen Wahrscheinlichkeit (meist 95 % oder 99 %) innerhalb eines bestimmten Zeitraums nicht überschritten wird. Zur Ermittlung des VaR existieren zahlreiche Modelle mit spezifischen Vor- und Nachteilen (Vgl. ROLFES 1999, S. 104 ff.). Analog zum VaR sind Cashflow at Risk und Earnings at Risk als Kennzahlen definiert, die sich auf periodenbezogene Größen, wie den finanziellen Überschuss oder das Periodenergebnis, beziehen. Im Idealfall sollten diese Kennzahlen durch Worst-Case-Simulationen bzw. Stresstests, die den maximalen Verlust durch extreme Veränderungen der Risikofaktoren erfassen, ergänzt werden. Mithilfe der dargestellten Kennzahlen ist neben der Berechnung für Einzelgeschäfte ebenso eine Abschätzung des Risikos ganzer Portfolios möglich.

2.3 Ansätze zur Quantifizierung von Währungsrisiken

Wie im Abschnitt „Begriffsabgrenzungen" gezeigt, existieren verschiedene Methoden zur Ermittlung des Wechselkursrisikos von Unternehmen. Empirische Studien haben gezeigt, dass das Management des Währungsrisikos der Unternehmen überwiegend auf das Transaction Exposure, das sowohl die vertraglich festgelegten Fremdwährungsforderungen und -verbindlichkeiten als auch die Fremdwährungszahlungsmittel beinhaltet, fokussiert ist (Vgl. GLAUM/ROTH 1993, S. 1186.). Zur vollständigen Identifizierung des Transaktionsrisikos müssten laufend für jede Währung die Nettopositionen aus Forderungen und Kassenbeständen einerseits und Verbindlichkeiten andererseits bestimmt werden. Dies ließe sich durch die Erstellung einer Fremdwährungsbilanz erreichen, in der alle Zahlungen nach Währung, Höhe und Fälligkeit aufgeschlüsselt werden. Durch die exakte Auflistung der Höhe und der Fristigkeit werden Absicherungserfordernisse sofort ersichtlich. Gerade im industriellen Bereich wird jedoch häufig das Transaction Exposure für jede Fremdwährung lediglich an bestimmten Stichtagen, wie beispielsweise am Monatsultimo, ermittelt. Als Alternative könnte ein variables Zeitraster gewählt werden, sodass für den ersten Monat eine taggenaue Ermittlung des Exposures durchgeführt wird, für das erste Quartal eine wochengenaue und für das erste Jahr lediglich eine monatsgenaue Bestimmung erfolgt (Vgl. SCHARPF/LUZ 2000, S. 110 ff.).

Grundsätzlich spiegeln diese „Net Exposures" das Risiko korrekt wider, da sich die Effekte von Änderungen des Wechselkurses auf Forderungen und Verbindlichkeiten gegenseitig kompensieren. Allerdings ist diese auch als Netting bezeichnete Vorgehensweise zur Risikoquantifizierung nicht optimal, da im Steuerungsprozess das Ziel darin bestehen sollte, für Exporterlöse Kurse zu erzielen, die einem möglichst hohen Außenwert der heimischen Währung entsprechen, und im Gegensatz dazu für Importzahlungen einen möglichst niedrigen Außenwert der Heimatwährung herbeizuführen. Das separate Management der einzelnen Währungspositionen würde folglich zu einem besseren Ergebnis führen.

Bei der Quantifizierung von Währungsrisiken werden grundsätzlich die gleichen Verfahren wie bei der Messung von Zinsrisiken eingesetzt. Insbesondere die bereits dargestellten Sensitivitäts- und Szenarioanalysen spielen eine wichtige Rolle. Besonders aufschlussreich kann hierbei die Durchführung eines Stresstestes zur Ermittlung des Breakeven-Wechselkurses sein. Dabei handelt es sich um den kritischen Wert, bei dem der finanzielle Überschuss gerade null wird.

3. Steuerung von Zinsrisiken

Bei der Mehrzahl der deutschen Nicht-Finanzunternehmen nimmt das Zinsrisikomanagement mithilfe von derivativen Instrumenten einen hohen Stellenwert ein. Eine 1997 durchgeführte Studie ergab, dass fast 70 % der großen deutschen Unternehmen ihr Zinsrisiko mit derartigen Instrumenten steuern (Vgl. GEBHARDT/RUß 1999, S. 35 und 40). Die nachstehende Abbildung veranschaulicht die Ergebnisse einer Umfrage in deutschen Unternehmen, welche Produkte im Zinsrisikomanagement bevorzugt eingesetzt werden.

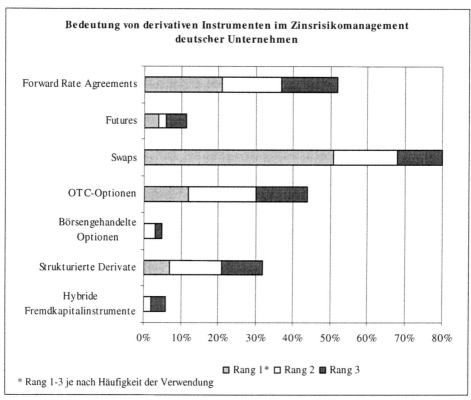

Abbildung 1: Im Zinsrisikomanagement eingesetzte Instrumente (Quelle: GEBHARDT/ RUß 1999, S. 64)

Im Bereich des Zinsrisikomanagements verwenden Industrieunternehmen größtenteils Zinsswaps, durch die eine vertraglich vereinbarte Zinsbindung oder Zinsbasis verändert werden kann. Zur Sicherung von Konditionen zukünftiger Geschäfte setzen Unternehmen häufig Zinstermingeschäfte wie Forwards und Futures ein. Auch OTC-Optionen, vor allem in Form von Caps, Floors und Collars, haben eine große Bedeutung. Des Weiteren kommen im Bereich des Zinsrisikos zunehmend komplexere Varianten oder Kombinationen der klassischen Grundformen zum Einsatz. Zu diesen strukturierten Instrumenten gehören z.B. Swaptions oder Bandbreiten-Optionen. Hybride Fremdkapitalinstrumente wie Doppelwährungsanleihen spielen in der Praxis hingegen eine untergeordnete Rolle (Vgl. GEBHARDT/RUß 1999, S. 63 f.).

3.1 Zinsswaps

Die bevorzugt zur Steuerung von Zinsrisiken eingesetzten Zinsswaps gehören zu den unbedingten Termingeschäften, da beide Vertragsparteien zur Erfüllung verpflichtet sind. Der Plain Vanilla Interest Rate Swap, die Grundform eines Zinsswaps, ist eine vertragliche Vereinbarung zweier Partner über den periodischen Tausch von Verbindlichkeiten mit unterschiedlichen Zinsberechnungsbasen. Bei einem Payer-Swap zahlt der Käufer einen festen Zinssatz und erhält einen variablen, die Gegenposition wird als Receiver-Swap bezeichnet. Da Zinsswaps mit Kassageschäften nachbildbar sind, lassen sich auch ihre Risikopotenziale mit denen der kombinierten Kassageschäfte duplizieren. Ein Payer-Swap entspricht beispielsweise einer gekauften Floating Rate Note und einer verkauften Festzinsanleihe.

Bei einem erwarteten Zinsrückgang kann eine bestehende Festzinsverpflichtung mithilfe eines Receiver-Swaps in einen variabel verzinslichen Kredit umgewandelt werden. Als Inhaber eines Receiver-Swaps bekommt das Unternehmen fixe Zinszahlungen als Ausgleich für die zu zahlenden Kreditzinsen, während es variable Zahlungen zu leisten hat. Werden Zinserhöhungen prognostiziert, kann mithilfe eines Payer-Swaps eine variable Refinanzierung in eine synthetische Festzinsverpflichtung getauscht werden. Aufgrund des breiten Laufzeitspektrums bis über 10 Jahre und wegen der periodischen Zinszahlungen eignen sich Zinsswaps insbesondere zum mittel- und langfristigen Hedging des Zinsänderungsrisikos.

Ist die Kapitalanlage oder -aufnahme noch unsicher, bietet sich auch der Einsatz von Swaptions an. Dadurch sichert sich das Unternehmen das Recht, zu einem späteren Zeitpunkt einen Swap zu den derzeit gültigen Konditionen einzugehen.

3.2 Forward Rate Agreements und Futures

Bei einem unbedingten Termingeschäft wird bereits heute der zu einem zukünftigen Termin zu zahlende Preis für die zugrunde liegende Position (Underlying) vereinbart. Dabei verpflichtet sich der Käufer, die festgelegte Menge des Underlyings zum Terminkurs abzunehmen, während der Verkäufer das Underlying liefern muss. Kann das Underlying nicht effektiv geliefert werden, wie beispielsweise Aktienindizes oder Geldmarktzinsen, ist lediglich eine Ausgleichszahlung (Cash Settlement) in Höhe der Differenz zwischen Kassakurs und vereinbartem Terminkurs vorgesehen. Die Long-Position profitiert von dem Geschäft, wenn der Kassakurs des Underlyings bei Fälligkeit über dem vereinbarten Terminkurs liegt. Ist der Kassakurs hingegen niedriger als der vereinbarte Kurs, erzielt der Verkäufer einen Gewinn.

Während bei Forward Rate Agreements als OTC-Produkten (Over the Counter) die Vertragsbedingungen individuell ausgehandelt werden, sind bei den börsengehandelten Futures der Handel und die Handelsobjekte weitgehend standardisiert. Die Terminbörse legt sowohl Volumen und Qualität des Underlyings als auch den Fälligkeitstermin für jeden Future-Kontrakt fest. Vertragspartner wird regelmäßig die Clearingstelle der Börse, sodass für die einzelnen Futures-Kontrahenten kein Ausfallrisiko besteht.

Bei der Risikosteuerung mit Termingeschäften lassen sich Short und Long Hedge unterscheiden. Ein Short Hedge dient dazu, eine geplante bzw. variabel verzinsliche Kreditaufnahme oder eine bestehende Kapitalanlage durch den Verkauf von Zinsfutures gegen einen Zinsanstieg resp. Kurswertverlust abzusichern. Erwartet beispielsweise ein Unternehmen, das überwiegend variable Kredite aufgenommen hat, steigende Zinsen, hätte dies erhöhte Finanzierungskosten zur Folge. Dieser höhere Aufwand könnte kompensiert werden durch den Gewinn aus einem verkauften Zinsfuture, da dessen Kurswert bei steigenden Zinsen sinkt. Im Gegensatz dazu soll bei einem Long Hedge eine geplante Kapitalanlage oder ein existierender Festzinskredit mithilfe einer gekauften Future-Position gesichert werden.

Außerbörsliche Geschäfte zur Fixierung eines bestimmten Zinssatzes für einen zukünftigen Zeitraum sind Forward Rate Agreements (FRA). Dabei handelt es sich um Zinssicherungsinstrumente in Form von Zinsausgleichsvereinbarungen. Zwei Parteien legen sowohl einen bestimmten Festzinssatz (FRA-Satz) als auch einen als Basis fungierenden variablen Referenzzinssatz, wie beispielsweise den 3-Monats-EURIBOR, fest. Des Weiteren wird die Vorlaufzeit, die Dauer des Geschäftes (FRA-Periode) und ein fiktiver Kapitalbetrag vereinbart. Am Referenztag erfolgt eine Zinsausgleichszahlung in Höhe der Differenz zwischen dem vereinbarten FRA-Zinssatz und dem am Referenztag gültigen Marktzinssatz. Sollte der Referenzzinssatz am Ende der Vorlaufzeit über dem vereinbarten Zinssatz liegen, erhält der Käufer des FRA vom Verkäufer eine Ausgleichszahlung. Liegt der Marktzinssatz hingegen unter dem vereinbarten Zinssatz, bezieht der Verkäufer des FRA eine entsprechende Zahlung. Forward Rate Agreements bieten somit eine Absicherung gegen kurzfristige Zinsschwankungen, da im Zeitpunkt des Abschlusses der Zins für einen in der Zukunft liegenden Zeitraum fixiert wird. Durch diese Möglichkeit entsteht bereits heute eine sichere Kalkulationsbasis.

3.3 Zinsbegrenzungsvereinbarungen

In den letzten Jahren verstärkt nachgefragt werden Zinsbegrenzungsvereinbarungen, da sie die Möglichkeit bieten, sich gegen eine befürchtete ungünstige Zinsentwicklung abzusichern, ohne dabei auf die Chance zu verzichten, dennoch von einer möglichen günstigen Entwicklung zu profitieren. Zu derartigen bedingten Zinstermingeschäften zählen Caps, Floors und Collars. Ein Cap ist eine vertragliche Vereinbarung, dass der Käufer bei einem Anstieg des variablen Marktzinssatzes über eine vereinbarte Zinsobergrenze die Differenz zwischen Referenzzinssatz und Zinsobergrenze bezogen auf einen zugrunde liegenden Nominalbetrag erhält. Für diese Absicherung zahlt der Käufer dem Verkäufer eine Prämie, Kapitalbewegungen finden hierbei nicht statt. Da der Einsatz eines Caps es ermöglicht, Zinsaufwendungen zu begrenzen, bietet er eine Versicherung gegen steigende Zinsen bei einer variablen Refinanzierung. Es handelt sich also um die Vereinbarung eines Höchstaufwandzinses. Der maximale Verlust für den Käufer besteht in Höhe der vereinbarten Prämie.

Während Caps einen variablen Zinssatz nach oben begrenzen, bilden Floors eine Absicherung nach unten, wodurch ein Mindestertragszins bei einer bestehenden oder geplanten variabel verzinslichen Anlage gesichert werden kann. Dies geschieht dadurch, dass beim Floor eine Ausgleichszahlung durch den Verkäufer geleistet werden muss, wenn am jeweiligen Zinsfeststellungstag eine fixierte Untergrenze unterschritten wird (Vgl. ROLFES 1999, S. 78 f.).

Durch Kombination eines Caps mit einem Floor entsteht ein Collar. Da der Käufer eines Collars gleichzeitig Käufer eines Caps und Verkäufer eines Floors ist, wird im Ergebnis eine Zinsbandbreite abgesichert. Dadurch gelingt es dem Käufer des Collars, die zu leistende Prämie für den Cap zu reduzieren und dennoch eine Versicherung gegen steigende Zinsen zu erhalten. Allerdings verzichtet er auf einen Teil seiner Gewinnmöglichkeiten, denn bei einem Rückgang der Zinsen unter die vereinbarte Grenze, muss er seinerseits eine Ausgleichszahlung an den Verkäufer des Collars leisten.

4. Steuerung von Währungsrisiken

Neben den zahlreichen internen und externen Maßnahmen wie Fakturierung in Inlandswährung, Währungskursversicherungen oder gegenseitigen Wechselkurskrediten kommen insbesondere derivative Steuerungsinstrumente zur Reduktion des Währungsrisikos in Industrieunternehmen zum Einsatz. Über 90 % der deutschen Unternehmen sichern ihr Transaction Exposure häufig oder gelegentlich ab, 75 % setzen dazu überwiegend Derivate ein (Vgl. GEBHARDT/RUß 1999, S. 51.). Die Bedeutung der einzelnen Instrumente im Bereich des Managements von Währungsrisiken in deutschen Unternehmen zeigt die folgende Abbildung:

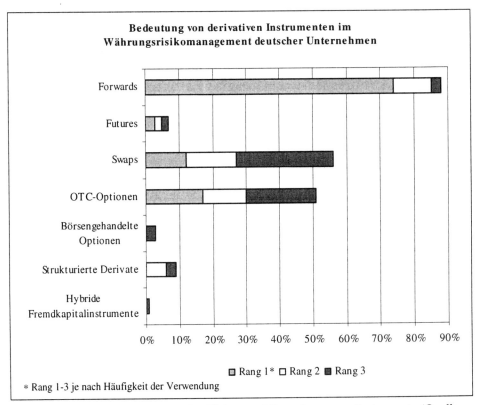

Abbildung 2: Zum Management des Währungsrisikos eingesetzte Instrumente (Quelle: GEBHARDT/RUß 1999, S. 54)

Dominierend im Bereich des Währungsrisikomanagements sind Forwards, während die börsengehandelten Futures eher eine untergeordnete Rolle spielen. Devisenswaps und OTC-Optionen werden ebenfalls häufig zur Risikosteuerung eingesetzt. Im Gegensatz dazu kommen strukturierte Derivate, börsengehandelte Optionen sowie hybride Fremdkapitalinstrumente selten zum Einsatz.

4.1 Währungsswaps

Durch einen Währungsswap wird eine Verbindlichkeit in einer bestimmten Währung durch eine Verbindlichkeit in einer anderen Währung ersetzt. Zunächst nehmen beide Swap-Partner Kapital auf, das zu Beginn der Laufzeit zum vereinbarten Wechselkurs (i.d.R. der aktuelle Kassakurs) zwischen den Partnern ausgetauscht wird. Während der Laufzeit des Swaps werden bei einem kombinierten Zins- und Währungsswap die anfallenden Zinszahlungen ebenfalls getauscht, bevor die Finanzmittelbeträge am Ende der Laufzeit des Swaps zum Ursprungskurs zurückgetauscht werden.

Analog zum klassischen Zinsswap werden bei einem kombinierten Zins-Währungsswap variable gegen fixe Zinsverpflichtungen getauscht (Cross Currency Interest Rate Swap). Weitere Varianten sind der Fixed-for-Fixed Currency Swap, der einen Austausch von festen gegen feste Zinsverpflichtungen vorsieht, und der Cross Currency Base Rate Swap, bei dem variable gegen variable Zinszahlungen ausgetauscht werden. Währungsswaps unterscheiden sich von Zinsswaps insofern, dass die Verbindlichkeiten in unterschiedlichen Währungen bestehen und außerdem zusätzlich die Nominalbeträge ausgetauscht werden.

Durch Währungsswaps werden bestehende kurzfristige Währungspositionen beliebig gestaltbar, sodass beispielsweise Long- und Short-Positionen ausgeglichen werden können. Ebenso wie bei Zinsswaps ist es möglich, mithilfe von Währungsswaps komparative Kostenvorteile zweier Parteien auszunutzen. Diese Vorteile ergeben sich in der Regel dadurch, dass ein Unternehmen in seinem Heimatland günstigere Konditionen bei einer Kapitalaufnahme realisieren kann als im Ausland.

Eine typische Situation für den Einsatz eines Währungsswaps liegt vor, wenn eine Tochtergesellschaft im Ausland während der kommenden Jahre einen Finanzmittelbedarf aufweist, für den ein relativ hoher Zins zu zahlen wäre. Hat die inländische Muttergesellschaft in den nächsten Jahren einen Liquiditätsüberschuss, könnte diese durch den Abschluss eines Swaps die Auslandswährung erhalten und der Tochtergesellschaft zur Verfügung stellen. Auf diese Weise könnten beide Gesellschaften einen Kostenvorteil erzielen, wenn die Mutter- von der Tochtergesellschaft einen höheren Zinssatz bekommt als sie bei einer Geldanlage im Inland erhalten würde.

Auch bei Swaps existieren vielfältige Gestaltungsformen wie Forward Swaps, die erst in der Zukunft beginnen, oder Amortizing Swaps, deren Nominalbeträge periodisch reduziert werden. Hingegen erhöht sich der Nominalbetrag während der Laufzeit bei einem Step-Up Swap. Während bei Extendable Swaps ein Vertragspartner den Swap über die Vertragslaufzeit hinaus zu den ursprünglichen Konditionen prolongieren kann, ist es bei Callable und Putable Swaps jeweils einer Partei erlaubt, den Vertrag vorzeitig aufzulösen.

4.2 Devisenfutures und -forwards

Bei einem Devisentermingeschäft verpflichtet sich eine Vertragspartei, einen bestimmten Fremdwährungsbetrag an einem zukünftigen Zeitpunkt zu einem festgelegten Terminkurs von der Gegenpartei zu kaufen oder an sie zu verkaufen. Da beide Vertragsparteien zur Erfüllung dieses Geschäftes verpflichtet sind, handelt es sich – wie auch bei einem Swap – um ein unbedingtes Termingeschäft. Außerbörsliche Devisentermingeschäfte werden als Devisenforwards bezeichnet, börsengehandelte und somit standardisierte Geschäfte nennt man – analog zu Zinstermingeschäften – Devisenfutures.

Im Falle eines Ex- oder Importes bieten Devisentermingeschäfte den Vorteil einer fixierten Kalkulationsbasis, da sich mit ihrer Hilfe bestimmte Wechselkurse für vertraglich vereinbarte oder erwartete Cashflows fixieren lassen. Außerdem können bestehende oder geplante Aktiv- oder Passivpositionen abgesichert werden. Allerdings geht – wie bei unbedingten Zinstermingeschäften – auch das Unternehmen die Verpflichtung zur Erfüllung ein, sodass es von einer günstigen Entwicklung des Wechselkurses nicht profitieren kann.

Neben dem einfachen Devisentermingeschäft (Outright-Geschäft) können ebenfalls Termingeschäfte mit Optionszeit vereinbart werden, welche die Erfüllung innerhalb eines bestimmten Zeitraums in der Zukunft vorsehen. Bei Forward-Forward-Geschäften wird gleichzeitig ein Devisenterminkauf und -verkauf mit unterschiedlichen Fälligkeitszeitpunkten abgeschlossen, wodurch das Währungsrisiko für den Zeitraum zwischen den Fälligkeitszeitpunkten eliminiert werden kann.

Inzwischen existieren zahlreiche Sonderformen, wie beispielsweise der Participating Forward, bei dessen Einsatz trotz der Absicherung zumindest teilweise von einer günstigen Kursentwicklung profitiert wird. Bezahlt wird diese Chance allerdings durch einen ungünstigeren Terminkurs im Vergleich zu einem normalen Forwardgeschäft. Ein weiteres flexibles Instrument ist der Range Forward, bei dem der fixe Terminkurs durch eine Bandbreite ersetzt wird. Hierbei wird die erhöhte Flexibilität dadurch ausgeglichen, dass der Durchschnitt der Bandbreite ungünstiger ist als der fixe Terminkurs. Option-date Forwards werden häufig zur Absicherung eingesetzt, wenn der Zeitpunkt der Zahlung noch nicht bekannt ist. Der Käufer dieser Kontrakte hat das Recht, das Termingeschäft zwischen zwei festgelegten Zeitpunkten durchzuführen. Dies ist für Unternehmen besonders sinnvoll, da üblicherweise Zahlungsziele von z.B. 90 Tagen vereinbart werden.

4.3 Devisenoptionen

Im Gegensatz zu unbedingten Termingeschäften verknüpfen Optionen den Vorteil einer sicheren Kalkulationsbasis mit der Chance, von einer günstigen Marktentwicklung zu profitieren. Außerdem bieten sich Optionen auch zur Absicherung noch unsicherer Positionen an, da für den Inhaber der Option kein Erfüllungszwang besteht. Eine Devisenoption beinhaltet für den Erwerber (Long-Position) das Recht, innerhalb (amerikanische Option) oder nach Ablauf der Optionsfrist (europäische Option) einen bestimmten Währungsbetrag (Underlying) zu einem vereinbarten Kurs (Basispreis) zu kaufen (Call) oder zu verkaufen (Put). Da der Verkäufer der Option (Short-Position) eine Verpflichtung eingeht, erhält dieser eine Optionsprämie.

Das Risiko bei einem Devisenbestand oder einer Devisenforderung besteht darin, bei einer Abwertung der ausländischen Währung einen Verlust zu erleiden. Durch den Erwerb von Verkaufsoptionen kann dieses Risiko begrenzt werden. Dabei ist es nicht unbedingt notwendig, die Optionen auszuüben, da durch den Verkauf der Puts ein entsprechender oder größerer Gewinn erzielt werden kann. Der potenzielle Verlust ist hierbei auf die Optionsprämie begrenzt. Die Gefahr einer Aufwertung der Fremdwährung bei einer Devisenverbindlichkeit wird durch den Erwerb von Calls abgesichert, die den Kauf der Währung zu einem vereinbarten Kurs ermöglichen.

Sinnvoll ist der Einsatz von Devisenoptionen insbesondere bei der Beteiligung an internationalen Ausschreibungen. Zur Erstellung einer Kostenkalkulation ist eine Währungsprognose durchzuführen, da ein verpflichtendes Angebot abgegeben werden muss. Weil falsche Prognosen in der Vergangenheit häufig zu erheblichen Verlusten geführt haben, ist es für ein Industrieunternehmen sinnvoll, für die voraussichtlich benötigten Fremdwährungsbeträge bereits heute eine Kaufoption abzuschließen und die Prämie zumindest teilweise in die Kalkulation einzubeziehen. Sollte das Unternehmen den Zuschlag für das Geschäft nicht erhalten, kann die Option wieder aufgelöst werden, sodass zumindest ein Teil der Prämie wieder zurückfließt. Besonders eignet sich in diesem Fall auch der Kauf einer Compound-Option. Hierbei handelt es sich um eine Option auf eine Option, wodurch das bietende Unternehmen beispielsweise das Recht auf den Erwerb eines Calls kaufen kann. Bei einer Absicherung möglicher Risiken ist der Prämienaufwand hierbei deutlich geringer als bei einer klassischen Option.

Auch andere Optionskombinationen, die es ermöglichen, den Aufwand für den Einsatz einer Option zu begrenzen, werden bevorzugt in Unternehmen verwendet. Banken bieten zu diesem Zweck mittlerweile vielfältige Optionspakete an wie Cylinder, Corridor oder Forward-Reversing-Options. Bei einem Cylinder kauft das Unternehmen z.B. einen Put und verkauft gleichzeitig einen Call, wobei der Basispreis des Puts unter dem des Calls liegt. Sollte der Wechselkurs bei Fälligkeit der Option niedriger sein als der Basispreis der Kaufoption, muss das Unternehmen die Währung liefern. Um einen geringeren Prämienaufwand zu realisieren, verzichtet das Unternehmen folglich lediglich auf einen Teil des Gewinnpotenzials. Alternativ wird die Optionsprämie bei Einsatz eines Corridors durch den Einsatz einer Option mit niedrigerem Basispreis reduziert. Diese Vorgehensweise sollte allerdings nur in Märkten mit sehr geringer Volatilität gewählt werden, da die Absicherung dadurch begrenzt wird. Eine Kombination aus Devisentermingeschäft und Option ist die Forward-Reversing-Option. Im Falle eines Exportes würde die Fremdwährung auf Termin verkauft und gleichzeitig eine Kaufoption mit dem aktuellen Terminkurs als Basispreis gekauft. Die auf den Fälligkeitstag des Termingeschäftes aufgezinste Optionsprämie wird im Preis für das Termingeschäft verrechnet. Liegt nun der Wechselkurs am Ausübungstag über dem Terminkurs, entsteht für das Unternehmen ein Opportunitätsverlust, der allerdings durch die Forward-Reversing-Option auf die Differenz zwischen Terminkurs und Basispreis der Option begrenzt ist.

Optionskombinationen, bei denen sich die Prämienzahlungen gegenseitig aufheben, werden auch Zero-Cost-Optionen genannt. Ähnlich beliebt sind Deferred Premium Options, die berücksichtigen, dass in vielen Unternehmen keine ausreichenden finanziellen Mittel zur Zahlung der Optionsprämien bei Abschluss des Geschäftes verfügbar sind. Hier wird die Entrichtung der Optionsprämie auf den Ausübungstag verschoben, indem diese mit dem Basispreis verrechnet wird.

Im Bereich des Währungsmanagements haben sich neben den Compound-Options weitere exotische Optionen wie Average-Rate- oder Barrier-Options etabliert. Die Average-Rate-Option (oder Asian-Option) ist ein sinnvolles Absicherungsinstrument bei einer Serie von Währungsströmen. Im Gegensatz zur klassischen Währungsoption, bei der die Ausübung vom aktuellen Wechselkurs abhängt, ist die Ausübung hierbei von dem arithmetischen Mittel einer bestimmten Anzahl von Wechselkursen während der Laufzeit abhängig. Im Falle einer Ausübung fließen keine effektiven Währungsbeträge, sondern es wird lediglich die Differenz zwischen Basispreis und Durchschnittskurs gezahlt. Dadurch kann beispielsweise ein kontinuierlicher Export oder Import von Waren mit nur einem Instrument abgesichert werden. Der Preis dafür liegt deutlich unter der Summe, die für mehrere auf die einzelnen Währungsströme abgestimmten Einzeloptionen zu zahlen wäre.

Eine Barrier-Option wird entweder erst gültig, wenn während der Laufzeit ein bei Abschluss vereinbarter Kassakurs erreicht wird (Knock-In) oder sie wird bei Erreichen dieser Barrier wertlos (Knock-Out). Durch diese Zusatzkomponente kann ebenfalls der Prämienaufwand reduziert werden, allerdings besteht die Gefahr einer ungesicherten Position. Daher sollten Barrier-Optionen lediglich bei Märkten mit einem relativ eindeutigen Kurstrend eingesetzt werden.

5. Schlussbetrachtung

Ein effizientes Risikomanagement gewinnt auch in Industrieunternehmen zunehmend an Bedeutung. Im Bereich der Quantifizierung von Zins- und Währungsrisiken nehmen derzeit Sensitivitäts- und Szenarioanalysen einen besonderen Stellenwert ein. Komplexere Verfahren, wie beispielsweise die Value-at-Risk-Methode, sind bisher lediglich in sehr großen Unternehmen zu finden, allerdings sind in diesem Bereich in den kommenden Jahren weitere Fortschritte zu erwarten.

Das bevorzugt eingesetzte Instrument bei der Steuerung des Zinsrisikos ist der Swap. Durch den Abschluss von Zinsswaps lässt sich in Abhängigkeit von der erwarteten Zinsentwicklung eine bestehende Zinsberechnungsbasis verändern. Des Weiteren können Industrieunternehmen mithilfe von Swaps günstigere Finanzierungskosten im Vergleich zu den Marktkonditionen realisieren. Außerbörsliche Termingeschäfte wie Forward Rate Agreements werden häufig zur Absicherung einer bestehenden oder geplanten Kapitalanlage bzw. -aufnahme eingesetzt. Dadurch lässt sich ein bestimmter Zinssatz für einen zukünftigen Zeitraum fixieren, sodass eine sichere Kalkulationsbasis entsteht. Auch Zinsoptionen wie Caps, Floors und Collars kommen zunehmend in Industrieunternehmen zum Einsatz. Mit deren Hilfe ist die Sicherstellung eines bestimmten Höchstaufwandzinses, Mindestertragszinses oder einer Bandbreite möglich.

Die Steuerung von Währungsrisiken erfolgt in Industrieunternehmen überwiegend mit Forwards, wodurch sich die Konditionen zukünftiger Geschäfte bereits in der Gegenwart fixieren lassen. Da sich bei diesen unbedingten Termingeschäften auch das Unternehmen zur Erfüllung des Geschäftes verpflichtet, werden oft Devisenoptionen bevorzugt. Diese beinhalten die Möglichkeit, von einer günstigen Marktentwicklung zu profitieren, indem die Option nicht ausgeübt wird. Daher ist der Abschluss dieser bedingten Termingeschäfte besonders sinnvoll bei internationalen Ausschreibungen, wenn das Zustandekommen des Geschäftes unsicher ist. Ähnlich wie im Bereich des Zinsrisikos sind auch zur Steuerung des Währungsrisikos Swaps hilfreich, um bestehende Währungspositionen zu verändern oder Kapital im Ausland zu günstigen Konditionen aufzunehmen.

Die Tatsache, dass Industrieunternehmen mittlerweile verstärkt Derivate einsetzen, führt zu einer zunehmenden Vielfalt an Sonderformen, die an die speziellen Bedürfnisse der Unternehmen angepasst sind. Dazu zählen beispielsweise Zero-Cost-Optionen, durch die der Aufwand für den Einsatz derivativer Instrumente minimiert werden soll. In der Zukunft ist neben Weiterentwicklungen im Management der Zins- und Währungsrisiken eine verstärkte Berücksichtigung weiterer Marktpreisrisiken wie Rohstoff- oder Warenpreisrisiken zu erwarten.

Literaturverzeichnis

GEBHARDT, G./MANSCH, H. (Hrsg.): Das Management von Preisrisiken, in: Risikomanagement und Risikocontrolling in Industrie- und Handelsunternehmen, Sonderheft Nr. 46 der Zeitschrift für betriebswirtschaftliche Forschung, 2001, S. 56-147.

GEBHARDT, G./RUß, O.: Einsatz von derivativen Finanzinstrumenten im Risikomanagement deutscher Industrieunternehmen, in: Gebhardt, G./Pellens, B. (Hrsg.): Rechnungswesen und Kapitalmarkt, Sonderheft Nr. 41 der Zeitschrift für betriebswirtschaftliche Forschung, 1999, S. 23-83.

GLAUM, M./ROTH, A.: Wechselkursrisiko-Management in deutschen internationalen Unternehmungen, in: Zeitschrift für Betriebswirtschaft, 1993, S. 1181-1206.

PFENNIG, M.: Shareholder Value durch unternehmensweites Risikomanagement, in: Johanning, L./Rudolph, B. (Hrsg.): Handbuch Risikomanagement, Band 2, Bad Soden/Ts. 2000.

ROLFES, B.: Gesamtbanksteuerung, Stuttgart 1999.

SCHARPF, P./LUZ, G.: Risikomanagement, Bilanzierung und Aufsicht von Finanzderivaten, 2. Aufl., Stuttgart 2000.

SCHIERENBECK, H./LISTER, M.: Value-Controlling: Grundlagen Wertorientierter Unternehmensführung, München/Wien 2001.

Autorenverzeichnis

Oskar Durstin, Jahrgang 1957, war von 1977 bis 1981 für die Allianz Versicherung in Augsburg tätig. Anschließend war er bis 1998 Leiter Versicherungen eines weltweit tätigen Münchener Elektronik-Unternehmens. Seit 1992 ist Herr Durstin gerichtlich zugelassener Versicherungsberater in Kissing/Augsburg und München sowie Partner der Sozietät Falken, Sammer, Durstin. Seit 1996 hat er den Vorsitz des irvm – Institut für Risiko- und Versicherungs-Management e.V. inne und leitet den Arbeitskreis Industrieversicherungen im Bundesverband der Versicherungsberater (BVVB). Nähere Informationen unter www.kanzlei-durstin.de und www.irvm.de.

Dr. Ralph Elfgen, Geschäftsführer der Gerling Risiko Consulting GmbH, ist seit 1988 im Bereich der Risikoberatung tätig. Nach Abschluss eines Studiums der Betriebswirtschaftslehre an der Universität zu Köln trat Herr Dr. Elfgen als Berater in die Consulting-Gruppe des Gerling-Konzerns ein. Er hat als Projektleiter eine Vielzahl von Beratungsmandanten mit Schwerpunkt im Bereich des umfassenden Risikomanagements und in spezifischen Teilgebieten, wie z.B. Umwelt- und Sicherheitsmanagement, Debitorenmanagement oder internen Kontrollsystemen, betreut. Sein derzeitiger Aufgabenschwerpunkt liegt in der Etablierung von Systemen und Instrumenten der Unternehmenssteuerung (insbesondere der Risikosteuerung) sowie in der Optimierung von Strukturen und Prozessen in Unternehmen. Herr Dr. Elfgen verfügt über umfangreiche Beratungserfahrung sowohl in Industrie-, Handels- und Dienstleistungsunternehmen als auch in Unternehmen des öffentlichen Sektors.

Dipl.-Betriebsw. Hans-Dieter Erfkemper ist seit mehr als 25 Jahren für den RWE-Konzern tätig. Als Vorsitzender der Geschäftsführung der RWE-Trading GmbH, Essen, die im Oktober 2000 gegründet wurde, ist Herr Erfkemper verantwortlich für die Geschäftsbereiche Risk Control & Reporting, Credit Risk Management, Operations, Corporate & Business System Development, Legal & Compliance sowie Human Recources.

Dipl.-Volksw., Dipl.-Sozialökonom Rüdiger Falken, Jahrgang 1955, erhielt nach einem Urteil des Bundesverfassungsgerichts im Jahr 1988 als einer der Ersten die Erlaubnis zur Ausübung der Versicherungsberatung. Seit 1998 ist er in Hamburg in der Sozietät „Falken – Sammer – Durstin, Versicherungsberater – Rentenberater" tätig. Rüdiger Falken veröffentlichte diverse Sachbücher und Aufsätze zum Thema Versicherungen und übt eine gelegentliche Lehrtätigkeit zum Thema Risk Management an der Fachhochschule Nordostniedersachsen aus. Des Weiteren ist er gerichtlicher Gutachter für die Beurteilung von Versicherungsverträgen.

Dipl.-Kfm. techn. Philipp Gaenslen ist wissenschaftlicher Mitarbeiter am Lehrstuhl für Betriebswirtschaftslehre, Accounting – Auditing – Consulting, an der Technischen Universität München.

Thomas Graf, Jahrgang 1967, war nach einer Offizierausbildung bei der Bundeswehr von 1989 bis 1992 im Firmenaußendienst bei der Gothaer Versicherungsbank VVaG und beim Gerling-Konzern tätig, wobei er eine berufsbegleitende Lehre zum Versicherungskaufmann absolvierte. Anschließend wechselte er zur L.&C. Steinmüller GmbH, wo er (ab 1998 in der Funktion eines Geschäftsführers) für das Konzern-Versicherungs- und Schadenmanagement zuständig war. Im Jahre 1999 trat Herr Graf als Mitglied der Geschäftsleitung in die SRB Riskmanagement AG, Zürich, ein. Von Juli bis Dezember 2000 war er Mitglied der Geschäftsleitung bei der Babcock Borsig AG innerhalb des Versicherungswesens. Anfang 2001 erfolgte die Gründung der RCS Risk & Claim Management Services AG, Thalheim/Schweiz. Für die Babcock Borsig AG ist Herr Graf weiterhin in einer beratenden Funktion tätig.

Dr. Thomas Hartung, Jahrgang 1971, absolvierte nach der Erlangung der Allgemeinen Hochschulreife im Jahr 1990 eine Ausbildung zum Bankkaufmann bei der Deutsche Bank AG in München. 1992 schloss sich ein Studium der Betriebswirtschaftslehre an der Ludwig-Maximilians-Universität München an, das er im Jahr 1997 mit dem Diplom abschloss. Es folgte eine Tätigkeit als wissenschaftlicher Mitarbeiter am Institut für Betriebswirtschaftliche Risikoforschung und Versicherungswirtschaft (INRIVER) der Ludwig-Maximilians-Universität München. Im Jahr 2000 erfolgte die Promotion zum Dr. oec. publ. mit einer Arbeit über die Unternehmensbewertung von Versicherungsgesellschaften. Seitdem ist Herr Dr. Hartung wissenschaftlicher Assistent am INRIVER.

Dipl.-Hdl. Werner Heinze studierte Wirtschaftspädagogik an der Universität zu Köln. Nach seinem Abschluss als Diplom-Handelslehrer und der Ableistung seines Zivildienstes trat er 1986 in die damalige Ruhrkohle Aktiengesellschaft ein und absolvierte ein Traineeprogramm für kaufmännische Führungsnachwuchskräfte. Im Anschluss war er bis Mitte 1991 als Referent in der Hauptabteilung Beteiligungen der RAG AG tätig. Danach bekleidete Herr Heinze bis April 1998 die Position des kaufmännischen Geschäftsführers in verschiedenen Immobilien-Tochtergesellschaften der RAG. Mit In-Kraft-Treten des KonTraG im Mai 1998 übernahm er in der RAG Holding die Leitung für das KonTraG-Projekt der RAG. Seit Anfang des Jahres 2000 ist Herr Heinze Risikomanagementbeauftragter der RAG Aktiengesellschaft und koordiniert konzernweit die Weiterentwicklung des etablierten Risikomanagementsystems.

Prof. Dr. Elmar Helten, Jahrgang 1939, studierte Mathematik, Physik, Wirtschaftswissenschaften und Recht an den Universitäten Köln und Bonn. Nach dem Diplom in Mathematik (1965) schloss sich im Jahr 1957 die Promotion zum Dr. rer. pol. und im Jahr 1973 die Habilitation an der Universität zu Köln an. Von 1973 an war er Professor für Allgemeine Betriebswirtschaftslehre und Versicherungsbetriebslehre an der Universität Mannheim und Direktor des Instituts für Versicherungswissenschaft. Seit 1987 ist Prof. Helten Inhaber des Lehrstuhls für Betriebswirtschaftslehre, insbesondere Versicherungsbetriebslehre, und Leiter des Instituts für Betriebswirtschaftliche Risikoforschung und Versicherungswirtschaft (INRIVER) an der Ludwig-Maximilians-Universität München.

Dr. Michael Henke ist wissenschaftlicher Mitarbeiter am Lehrstuhl für Betriebswirtschaftslehre, Accounting – Auditing – Consulting, an der Technischen Universität München.

Dr. Achim Hertel, Jahrgang 1954, studierte Versicherungsmathematik an der Universität zu Köln und promovierte bei Prof. Dr. Dieter Farny in Versicherungswissenschaften. Ab 1981 war Herr Dr. Hertel bei Gerling tätig und leitete dort überspartlich den Verantwortungsbereich Sach und Haftpflicht im Geschäftsfeld Firmen und Privat. Zum 1. Oktober 2002 wechselte er als Vorstand zum Verband öffentlicher Versicherer in Düsseldorf.

Prof. Dr. Reinhold Hölscher, Jahrgang 1954, absolvierte zunächst eine Ausbildung zum Bankkaufmann und studierte dann Betriebswirtschaftslehre an der Westfälischen Wilhelms-Universität Münster. Anschließend war Prof. Hölscher wissenschaftlicher Mitarbeiter am Institut für Kreditwesen der Universität Münster (Promotion 1987) und am Institut für Betriebswirtschaft der Universität Basel (Habilitation 1993). Seit 1994 ist Prof. Hölscher Inhaber des Lehrstuhls für Finanzdienstleistungen und Finanzmanagement an der Universität Kaiserslautern, Ablehung eines Rufes auf die Professur für Versicherungsbetriebslehre der Universität Leipzig. Prof. Hölscher ist Herausgeber der Schriftenreihe „Finanzmanagement" sowie Autor zahlreicher Aufsätze und Monografien zur Bank- und Versicherungsbetriebslehre. Ferner ist Prof. Hölscher wissenschaftlicher Beirat des Instituts für Risiko- und Versicherungs-Management e.V. (irvm).

Dipl.-Kfm. Georg von Hohnhorst studierte von 1974 bis 1980 Betriebswirtschaftslehre an der Universität des Saarlandes, Saarbrücken. Nach dem Abschluss als Diplom-Kaufmann trat er in die Prüfungsabteilung der KPMG Mannheim ein. An die Bestellung zum Steuerberater im Jahr 1984 schloss sich eine zweijährige Prüfungs- und Beratungstätigkeit bei KPMG New York an. Im Jahr 1990 wurde Georg von Hohnhorst zum Wirtschaftsprüfer bestellt und ist seit 1993 Partner von KPMG. 1998 übernahm er die Leitung der Niederlassung in Mannheim.

Prof. Dr. Herwig Hulpke, Jahrgang 1940, studierte Chemie und Biologie an der Universität Bonn. An die Diplomprüfung im Jahre 1964 und die Promotion im Jahre 1967 schloss sich eine Tätigkeit bei der Bundesanstalt für Qualitätsforschung an. 1970 trat Prof. Hulpke in die Bayer AG ein, wo er zunächst in der Pharmaforschung beschäftigt war. Im Jahr 1975 erhielt er den Auftrag zur Neuordnung der weltweiten Qualitätssicherung von Pflanzenschutzmitteln, ab 1978 koordinierte er die diversen physikalisch-chemischen Dienstleistungen der Bayer AG. 1980 erfolgte der Wechsel zur Pflanzenschutz-Sparte als Leiter der Rückstandsanalytik sowie der Metabolismus-Forschung. Seit 1987 ist er Betriebsbeauftragter für Umweltschutz der Bayer AG. Im Jahr 1987 wurde Prof. Hulpke zum Honorarprofessor an der Universität-Gesamthochschule Wuppertal auf dem Gebiet der analytischen und ökologischen Chemie berufen. Derzeit ist Prof. Hulpke Leiter des Bayer-Konzernstabes Qualitäts-, Umwelt- und Sicherheitspolitik.

Dr. Christian Kalhöfer, Jahrgang 1968, ist seit dem Abschluss seines Studiums – Wirtschaftsingenieurwesen mit der technischen Fachrichtung Maschinenbau an der Universität Kaiserslautern und an der Queen's School of Business in Kingston, Ontario – Mitarbeiter am Lehrstuhl für Finanzdienstleistungen und Finanzmanagement an der Universität Kaiserslautern und seit der Promotion zum Dr. rer. pol. im Februar 2000 wissenschaftlicher Assistent und Habilitand von Prof. Dr. Reinhold Hölscher. In seiner Dissertation beschäftigte er sich mit dem Einsatz des Marktzinsmodells in Lebensversicherungsunternehmen. Seine Forschungsschwerpunkte liegen in den Bereichen Bewertung von Finanzprodukten und Risikomanagement.

Dr. Markus Kremers, Jahrgang 1969, studierte von 1990 bis 1996 Wirtschaftsingenieurwesen, Fachrichtung Maschinenbau, an der Universität Kaiserslautern. Seit dem Abschluss als Diplom-Wirtschaftsingenieur gehört er als wissenschaftlicher Mitarbeiter dem Lehrstuhl für Finanzdienstleistungen und Finanzmanagement an. Im Januar 2002 erfolgte die Promotion zum Dr. rer. pol. mit einer Dissertation zur quantitativen Risikobewertung und -steuerung in Industrieunternehmen. Die bevorzugten Arbeits- und Forschungsgebiete liegen im Bereich des industriellen und bankbetrieblichen Risikomanagements.

Dr. Stefan Kullmann studierte Betriebswirtschaftslehre an der Universität-Gesamthochschule Essen. Nach seinem Abschluss als Diplom-Kaufmann trat er 1990 in die Abteilung Betriebswirtschaft des Gesamtverbandes des deutschen Steinkohlenbergbaus ein. Im Jahr 1997 legte er am Lehrstuhl für Energiewirtschaft an der Universität-GH Essen seine Promotion ab. Von Anfang 1999 bis Mitte 2000 war er Mitarbeiter in der Abteilung Betriebswirtschaftliche Grundsatzfragen im kaufmännischen Vorstandsressort der Deutsche Steinkohle AG in Herne. Seit Juli 2000 ist er stellvertretender Leiter des Zentralbereichs Konzernrevision der RAG Aktiengesellschaft in Essen.

Prof. Dr.-Ing. Bernhard J. G. Leidinger studierte Reaktortechnik im Fachbereich Maschinenwesen der RWTH Aachen. Nach dem Abschluss im Jahr 1980 war er in verschiedenen Positionen für Siemens/KWU, RWE Energie und ERNO-Raumfahrttechnik/DASA tätig. Nach einer externen Promotion an der Universität Karlsruhe im Jahr 1985 wurde Bernhard Leidinger im Jahr 1992 vom Senator für Bildung und Wissenschaft der freien Hansestadt Bremen zum Honorarprofessor für Hydromechanik ernannt. 1993 stieß Prof. Leidinger zum Versicherungsmakler Jauch & Hübener, wo er zuletzt Geschäftsführer der J&H Risk Management Consutants GmbH war. Im Jahr 2001 folgte der Wechsel zur Droege & Comp. GmbH, wo er als Unternehmerberater mit dem Schwerpunkt industrielle Energieversorgung und EVU tätig ist.

Ass.-Prof. Dr. Michael Lister, Jahrgang 1964, ist Assistenzprofessor der Abteilung Bankmanagement und Controlling an der Universität Basel und Habilitand von Prof. Dr. Dr. h.c. Henner Schierenbeck. Nach dem Abitur absolvierte er eine Bankausbildung und war außerdem in der Anlageberatung und im Finanzierungsgeschäft tätig. Anschließend studierte er Betriebswirtschaftslehre an der Westfälischen Wilhelms-Universität Münster. 1996 promovierte er an der Universität Basel.

Prof. Dr. Dr. h.c. Wolfgang Lück ist Wirtschaftsprüfer und Steuerberater und lehrt seit 1994 als Ordinarius für Betriebswirtschaftslehre mit den Schwerpunkten Accounting – Auditing – Consulting an der Technischen Universität München. Nach Studium in Freiburg i. B., Gießen, Köln, der Harvard University und der University of Illinois war er 10 Jahre bei einer großen amerikanischen und bei einer großen deutschen Wirtschaftsprüfungsgesellschaft tätig. Anschließend lehrte er an der Technischen Universität Berlin, der Wirtschaftsuniversität Wien, der Philipps-Universität Marburg sowie im Rahmen verschiedener Gastprofessuren im Ausland. Seit 1992 ist Wolfgang Lück Honorarprofessor an der Uraler A. M. Gorky University, Jekaterinburg / Russland. Er leitet des Weiteren einige wissenschaftliche Kommissionen und ist Mitglied von Beiräten und Verwaltungsräten.

Martin Lücken arbeitete nach der Ausbildung zum Versicherungskaufmann 10 Jahre für einen großen Versicherer. Nach verschiedenen Fachtätigkeiten in Düsseldorf, München und Hamburg kümmerte er sich ab 1991 um den Auf- und Ausbau des Versicherungsgeschäfts im Berliner Raum. Ab 1994 arbeitete Herr Lücken mit beim Aufbau des Bankenvertriebs in Sachsen, Thüringen und Sachsen-Anhalt. Seit 1995 ist Herr Lücken für die Berliner Verkehrsbetriebe tätig, er ist zuständig für die Bereiche Versicherungen, Schadenbearbeitung und Risikomanagement. Gleichzeitig ist er Geschäftsführer des Versicherungsmaklers VVE, über den die öffentliche Hand und ihre Unternehmungen Versicherungen bündeln.

Dr. Bernd Meyer, Jahrgang 1953, studierte Betriebswirtschaftslehre an der Technischen Universität Braunschweig und an der Universität zu Köln. An das Studium schloss sich von 1982 bis 1985 eine Tätigkeit als wissenschaftlicher Mitarbeiter an, die in die Promotion mündete. Bis 1987 war Herr Dr. Meyer Assistent des Vertriebsvorstands der Otto Wolf AG in Köln. Von 1988 an war er als Prokurist für die Gerling Consulting Gruppe tätig, bevor er 1993 als Geschäftsführer zur Gothaer Risk Management GmbH in Köln wechselte.

Prof. Dr. Dr. Otto-Peter Obermeier, Jahrgang 1941, ist Mitglied der Geschäftsleitung der Gerling Akademie für Risikoforschung, Zürich. Zusätzlich lehrt er an der Hochschule für Politik in München Politische Theorie und ist Honorarprofessor für Philosophie an der Universität Ulm. Des Weiteren bekleidet Prof. Obermeier verschiedene Gastprofessuren im In- und Ausland und ist Autor zahlreicher wissenschaftlicher Veröffentlichungen.

Prof. Dr. Ortwin Renn ist leitender Direktor der Akademie für Technikfolgenabschätzung und Inhaber des Lehrstuhls für Technik- und Umweltsoziologie an der Universität Stuttgart. An das Studium der Volkswirtschaftslehre, des Journalismus und der Soziologie an der Universität zu Köln schloss sich die Promotion in Sozialpsychologie an. Von 1986 bis 1992 war Ortwin Renn Professor an der Clark University, Worcester/USA und von 1992 bis 1993 Gastprofessor an der ETH Zürich. Prof. Renn leitet die im Auftrag der Bundesregierung Deutschlands eingesetzte Nationale Kommission zur Harmonisierung der Risikostandards und ist Mitglied der Europäischen Akademie der Wissenschaften, Wien, der Umweltrates der evangelischen Landeskirche in Württemberg, des Bildungsrates des Landes Baden-Württemberg und des Deutschen Komitees für Katastrophenvorsorge. Ferner erhielt Prof. Renn die Ehrung zum Fellow der Internationalen Gesellschaft für Risikoanalyse und hat über 30 Buchveröffentlichungen und rund 250 Publikationen in Zeitschriften und Sammelbänden vorzuweisen.

Stefan Richter ist Volljurist und begann seine Laufbahn in der Versicherungswirtschaft als juristischer Referent in der Abteilung Haftpflicht-Betrieb bei der Allianz, Generaldirektion in München. Im Jahre 1992 wechselte er zur Zürich International, Direktion für Deutschland, in Frankfurt, wo er zunächst im Leitungsbereich Industrie und internationales Departement in der Abteilung Haftpflicht-Betrieb und -Schaden tätig war. 1996 übernahm er die Leitung des Bereichs Haftpflicht-Schaden der Geschäftseinheit Industrie- und Firmenkunden. 1997 erfolgte der Wechsel zur Gothaer Versicherungsbank VVaG als Leiter der Sparte Allgemeine Haftpflicht. 2001 übernahm er die Leitung des Bereichs Industriekunden in den Kompositsparten. Seit Februar 2002 ist Stefan Richter Geschäftsführer für den Schaden- und Unfallbereich des Gesamtverbands der deutschen Versicherungswirtschaft (GDV) in Berlin.

Prof. Dr. Bernd Rolfes, Jahrgang 1957, lehrt seit 1991 an der Gerhard-Mercator-Universität Duisburg. Dort leitet er den Lehrstuhl für Banken und Betriebliche Finanzwirtschaft und ist Direktor des European Center for Financial Services (ecfs). Nach der Promotion im Jahr 1985 zur Steuerung von Zinsänderungsrisiken habilitierte er sich im Jahr 1990 an der Westfälischen Wilhelms-Universität Münster mit einer Arbeit zur marktzinsorientierten Investitionsrechnung. Professor Rolfes ist Autor und Herausgeber zahlreicher Publikationen. Dazu zählen u.a. sechs Monografien und über hundert Fachaufsätze. Daneben war er an den Universitäten Münster, Osnabrück und Mainz, wohin er im Jahr 1994 einen Ruf erhielt, als Lehrbeauftragter tätig. Seit 1999 lehrt Professor Rolfes auch an der polnischen Eliteuniversität Szkola Glowna Handlowa (SGH) in Warschau. Im Jahr 1992 gründete er gemeinsam mit Prof. Dr. Dr. h.c. Henner Schierenbeck die auf Finanzdienstleister spezialisierte Unternehmensberatung zeb/rolfes.schierenbeck.associates und ist Mitherausgeber der zeb/Schriftenreihe.

Dr. Uwe-Christian Rücker, Jahrgang 1967, war nach Abschluss seines Studiums des Wirtschaftsingenieurwesens mit der technischen Fachrichtung Maschinenbau an der Universität Kaiserslautern und an der Birmingham University (UK) Mitarbeiter am Lehrstuhl für Finanzdienstleistungen und Finanzmanagement an der Universität Kaiserslautern. Seine Forschungsschwerpunkte lagen in den Bereichen Investitionscontrolling, Risikomanagement und wertorientiertes Management. In seiner Dissertation beschäftigte er sich mit der Finanzierung von Umweltrisiken. Seit 1998 ist er bei der Robert Bosch GmbH beschäftigt, wo er Controllingverantwortlicher des Großprojekts Benzin-Direkteinspritzung im Geschäftsbereich Gasoline Systems war. Seit April 2002 leitet er die Abteilung Wirtschaftlichkeit und Rechnungswesen im Werk Waiblingen Kunststofftechnik im Gasoline Systems Verbund.

Prof. Dr. Dr. h.c. Henner Schierenbeck, Jahrgang 1946, ist seit 1990 ordentlicher Professor für Bankmanagement und Controlling an der Universität Basel. Zugleich ist er wissenschaftlicher Leiter des Zentrums für Ertragsorientiertes Bankmanagement in Münster. Er studierte an der Freien Universität Berlin und an der Universität Freiburg/Breisgau. Von 1978 bis 1990 war er Professor für allgemeine Betriebswirtschaftslehre, insbesondere Unternehmensrechnung, und Professor für Bankbetriebslehre und zugleich Direktor des Instituts für Kreditwesen an der Universität Münster.

Dipl.-Kfm. Stephan Schopp (MBA) studierte nach dem Abschluss einer Lehre zum Bankkaufmann Betriebswirtschaftslehre an der Universität Passau. Des Weiteren schloss er ein Studium an der Western Michigan University, USA, als Master of Business Administration (MBA) ab. Im Anschluss daran stieß Stephan Schopp zur Gerling Industrie Service AG, Köln, wo er als Product Manager für Alternative Risk Transfer für die Produktentwicklung im Bereich industrielle Großkunden zuständig war. Nachdem er bei der Gerling Group Financial Products Europe, London, den deutschen Erstversicherungsmarkt betreut hat, wechselte er im April 2001 als Assistent des Vorstandsvorsitzenden sowie als Referent für Unternehmensentwicklung zur Gerling-Konzern Versicherungs-Beteiligungs-AG.

Dr. Mathias Schüz, Jahrgang 1956, studierte Physik, Philosophie und Pädagogik an der Universität Mainz. Nach der Promotion zum Dr. phil. im Jahr 1985 war er zunächst als Trainee und anschließend als Vertriebsbeauftragter für IBM tätig. Seit der Gründung der Gerling Akademie für Risikoforschung in Zürich ist er Mitglied der Geschäftsleitung dieser Einrichtung. Herr Dr. Schüz ist Autor bzw. Herausgeber zahlreicher wissenschaftlicher Veröffentlichungen, z.B. des zweibändigen Werkes „Risiko und Wagnis" sowie des 1999 im Gerling Akademie Verlag erschienenen Buches „Werte – Risiko – Verantwortung. Dimensionen des Value Managements".

Dipl.-Ing. Matthias Trunk ist Leiter Konzernstrategie und Risikomanagement der Stadtwerke Düsseldorf Aktiengesellschaft. Er ist verantwortlich für strategische Projekte, Innovationsmanagement und Risikomanagement. Der Tätigkeitsbereich Risikomanagement umfasst sowohl das unternehmensweite Risikomanagement als auch das Risikomanagement für den Energiehandel. Herr Trunk studierte Elektrotechnik an der RWTH Aachen und an der University of Bath, Großbritannien. Das betriebswirtschaftliche Grundstudium ergänzte er mit dem INSEAD-General Management Programm in Leipzig und Fontainebleau, Frankreich. Bevor Herr Trunk im Jahre 1999 zur Stadtwerke Düsseldorf AG kam, war er als Handlungsbevollmächtigter in der Konzernentwicklung der VEW AG in Dortmund tätig.

Dr. Carola Welzl, Jahrgang 1963, studierte Chemie an der Universität zu Köln. Im Anschluss an das Studium erfolgte die Promotion auf dem Gebiet der anorganischen Chemie. Nach einer Tätigkeit bei der TÜV-Akademie Rheinland, wo sie mit der Organisation und Durchführung von Schulungen zu Umweltthemen betraut war, wechselte Dr. Welzl zur Gothaer Risk Management GmbH. Seit 10 Jahren arbeitet sie dort in den Bereichen Umweltrisikoanalysen und -beratung sowie Zertifizierung von Entsorgungsfachbetrieben und Zertifizierung bzw. Validierung von Umweltmanagementsystemen. Weiterhin ist sie als öffentlich bestellte und vereidigte Sachverständige für die Verwertung von Altautos tätig.

Dr. Hartwig Wendt, Jahrgang 1966, studierte Chemie an der Universität Göttingen. Das Studium schloss er 1991 mit der Diplomprüfung ab, im Jahre 1995 erfolgte die Promotion. Seit 1996 ist Dr. Wendt Mitarbeiter der Bayer AG, wo er zunächst mit der Erforschung mikrobizider Wirkstoffe beschäftigt war. 1997 erfolgte der Wechsel zum Marketing biologisch abbaubarer Feinchemikalien. Seit 2000 ist Dr. Wendt Mitarbeiter im Konzernstab Qualitäts-, Umwelt- und Sicherheitspolitik.

Prof. Dr. Arnd Wiedemann war nach seinem Studium der Betriebswirtschaftslehre an der Westfälischen Wilhelms-Universität Münster mit Abschluss als Diplom-Kaufmann wissenschaftlicher Mitarbeiter am Institut für Kreditwesen an der Universität Münster und am Institut für Betriebswirtschaft, Abteilung Bankmanagement und Controlling an der Universität Basel. Die Promotion und Habilitation erfolgten an der Universität Basel. Seit 1998 ist er Professor für Betriebswirtschaftslehre an der Universität Siegen und Inhaber des Lehrstuhls für Finanz- und Bankmanagement, daneben Alleingesellschafter der ccfb – Prof. Dr. Wiedemann Consulting GmbH & Co. KG (www.zinsrisiko.de).

Dr. Paul Wöhrmann studierte an den Universitäten Hamburg, Köln und Fribourg (CH) Volks- und Betriebswirtschaftslehre (1989: Dr. rer. pol.). Er ist seit 1990 im internationalen Unternehmensgeschäft der Zürich tätig und leitet als Mitglied der Geschäftsleitung der Zürich Continental Europe Corporate das Center of Excellence „Alternative Risk Transfer". Herr Dr. Wöhrmann ist Autor zahlreicher Fachpublikationen, die sich auf die Entwicklung und die Ausprägungen von alternativen Risikofinanzierungslösungen im europäischen Unternehmensmarkt beziehen.

Dr. Jürgen Zech studierte von 1960 bis 1965 Betriebswirtschaftslehre an der Universität zu Köln. Von 1965 bis 1967 war er für die Uniroyal Inc., New York, tätig. An die Promotion zum Dr. rer. pol. im Jahr 1967 schloss sich bis 1968 ein MBA-Studium am INSEAD, Fontainebleau, an. Nach einer Tätigkeit für McKinsey & Co. war er von 1965 bis 1985 in wechselnden Aufgabengebieten Mitglied des Vorstands der Colonia Versicherung, Köln. Von 1986 bis 1992 arbeitete er für die Kölnische Rückversicherungs-Gesellschaft AG, seit 1987 als Vorstandsvorsitzender. 1993 wechselte er in den Gerling-Konzern, wo den Vorstandsvorsitz bei verschiedenen Gesellschaften übernahm. Ab 1996 war er Vorstandsvorsitzender der Konzern-Holding. Seit Januar 2002 ist Dr. Zech Mitglied bzw. Vorsitzender der Aufsichtsräte mehrerer in- und ausländischer Gesellschaften.

Dr. Stephan Zilkens studierte an den Universitäten Köln, Aix-en-Provence und Wien Kunstgeschichte, Geschichte und politische Wissenschaften und promovierte an der Universität zu Köln. Ab 1983 war er bei der Nordstern Allgemeine Versicherung AG, Köln, beschäftigt, wo er das deutsche Kunstversicherungsgeschäft sowie den Industrie- und Maklervertrieb in Berlin und in den neuen Bundesländern aufbaute. Schließlich leitete er dort das Industrieressort. 1996 erfolgte der Wechsel zur Jaspers Industrie Assekuranz GmbH, Frankfurt, wo er als Geschäftsführer tätig war. Seit 1998 leitet Dr. Zilkens bei der Gothaer Allgemeine Versicherung AG den Bereich Komposit-Firmenkunden, Sach, Transport, Technische Versicherungen, Betrieb und Schaden.

Stichwortverzeichnis

Ablauforganisation 298, 301
Abschlussprüfer 93, 95, 105
Adverse Development Covers 497
Aggregationsebene 6
Aggregierbarkeit 10
Aktiengesetz 94
Aktienrecht 93
Alarmplan 307
ARF *Siehe* Risikofinanzierung, Alternative
Aufbauorganisation 298
Aufsichtsrat 93, 94, 95, 140
Ausfalleffektanalyse 266
Ausschließlichkeitsvermittler 415
Ausstrahlungswirkung 94, 228
Bankgarantie 555
Barausgleich 548
Barhinterlegung 555
Barwert 276, 277
Basispoint Values 510
Belastungsfälle 25
Berichterstattung 133
Berichtswesen 39, 168
Beteiligungscontrolling 341
Betriebstagebücher 306
Bilanzpflege 474
Bilanzplanung
    strategische 195
Bilanzschutz 42, 363, 491
Bilanzschutzrisikoanalyse 245
Bottom-up 21, 322
Businessplanung
    mehrwertige 209
Capital Asset Pricing Model 200, 490
CAPM *Siehe* Capital Asset Pricing Model
Caps 533, 535
Captive 18, 432, 457, 459, 462, 492
    Off-Shore-Rückversicherungs- 462
    Rent-a- 457, 470
    Rückversicherungs- 463
Captive Insurance Company *Siehe* Captive
Cash Settlement 534, 548
Cashflow 12, 27, 132, 185, 209, 213, 363, 435, 476
    Brutto- 132
    Perioden- 290
    -Rendite 132
    -Volatilität 490
Cashflow at Risk 22, 25, 277, 290, 509, 511, 530
Cash-Management-System 196
Catastrophe Excess of Loss 464
CATXL *Siehe* Catastrophe Excess of Loss
CEO *Siehe* Chief Executive Officer
CFO *Siehe* Chief Financial Officer
Chance 97, 129, 183, 360
Chancen
    -management 361
    -potenzial 26
Chicago Board of Trade 500
Chief Executive Officer 37
Chief Financial Officer 37, 457
Chief Value Officer 457
Collars 533, 535
Combined-Risk-Lösung 479
Commoditisierung 545
Contingent Capital 18, 432
Controlling 98, 129, 136, 207, 227
    -prozess 131
    Rentabilitäts- 186
    -system 130
Controllinghandbuch 131
Corporate Governance 93, 97, 114, 117, 122, 227
Corridor 539

Courtage 424
Crashszenario 25
Cyber risks 488
Cylinder 539
DCF *Siehe* Discounted Cashflow
Deckungserweiterung 405
Deckungsmassen *Siehe*
    Risikodeckungsmassen
Deckungsmodelle 382
Deckungsumfang 402
Deregulierung 487
Derivat 548
Detaillierungsgrad 281
Devisentermingeschäft 538
Discounted Cashflow 185
Diversifikation 112
Diversifikationseffekt 21
Diversifikationspotenziale 43
Dokumentation 138, 306
DRSC 434
Duration 529
    Effective- 509, 530
    Key-Rate- 510, 530
    Macaulay 509
    Modified- 509, 530
Durationsanalyse 509
Earnings at Risk 22, 25, 277, 290, 509, 511, 530
EBIT 213
Economic Exposure 528
Eigenkapital 6, 23, 61, 431, 446
Eigenkapitalkosten
    kapitalmarkttheoretische 200
Eigenkapitalrentabilität 186, 198
Eintrittswahrscheinlichkeit 9, 10, 14, 23, 40, 75, 77, 79, 102, 133, 141, 165, 176, 184, 245, 246, 247, 261, 264, 297, 322, 327, 337, 366, 431, 432
Einzelrisiko 8, 21, 39
Entscheidung 39, 86
Erfahrungskonto 473
Ergebnisglättung 37
Ergebnisschwankung 477

Ergebnisvolatilität 37
Erstversicherer 463
Erwartungswert 9, 85, 151, 290
Existenzgefährdung 23
Fehlerbaumanalyse 267
Finalität 258
Financial engineering 38, 492
Financial Service Provider 480
Finanzderivate 432
Finanzdienstleister 479
Finanzieller Mobilitätsstatus 195
Finanzinstrumente 103
Finanzmanagement 129
Finanzplanung 291
Finanzrisiken 37
Finite-Risk 19, 472, 496
    -Deckung 432
Firmenversicherung
    verbundene 405
Floors 533, 535
Fonds für allgemeine Bankrisiken 447
Fonds für allgemeine Geschäftsrisiken 447
Forward 516, 548
    Devisen- 538
Forward Rate Agreement 534
Forward-Forward-Geschäfte 538
Forward-Reversing-Options 539
Fremdkapitalverzinsung 198
Frequenzschäden 42
Früherkennung 94, 117
Frühwarnindikatoren 98, 135, 219
Frühwarnsystem 98, 130, 184, 208, 210, 212, 342
    Arten 213
    Aufbau 218
Frühwarnung 211
Führungsstil 98
Funded covers 497
Future 516, 534, 549
    Devisen- 538
    wetterbasierter 500
Gefahr 116
Gefahrenabwehr 307

Gefahrensituation 116
Gesamtkapitalrentabilität 198
Gesamtrisiko 21, 35
Gesamtzielabweichungsverteilung 260
Geschäftsbericht 104, 140
Geschäftsrisiken 37
Gesetz zur Kontrolle und Transparenz im
    Unternehmensbereich *Siehe* KonTraG
Gesetzesänderungen 93
Gesetzgeber 97
Gewinn- und Verlustrechnung 112
Gewinnermittlung 435, 440, 444
Gewinnmaximierung 145
Gewinnrücklagen 442
Gewinnverwendung 435, 440
Gewinnziel 21
Gleichgewichtsbedingung 23
Gleichgewichtsmodell 195
Globalisierung 35, 487
Großrisiken 8
Grundsätze
    risikopolitische 40, 99, 131, 147
Haftpflichtschaden 476
Haftungsausschluss 338
Haftungsbegrenzung 463
Haftungsrecht 392
Handelsmakler 416
Hauptversammlung 94, 95
High Excess of Loss 464
HXL *Siehe* High Excess of Loss
Hybride Instrumente 16
IDW-Prüfungsstandard 227
Illiquidität *Siehe* Zahlungsunfähigkeit
Imageschaden 36
Implementierung 329
Indikatoren *Siehe* Frühwarnindikatoren
Informationsdefizit 258
Innenfinanzierung 435
Inputgröße 281
Insolvenzprognose 212
Insolvenztatbestand 8
Instabilität der Gewinnentwicklung 183
Interdependenzen 8, 22, 37, 102, 283, 454

Interessengruppe 53
Internationalisierung 487
Interne Revision 95, 98, 100, 105, 130,
    136, 168, 227
    Aufgabenbereiche der 234
Investition 275
    Groß- 118
    Netto- 185
Investitions
    -Cashflow 276, 281
    -entscheidung 133, 275
    -planung 118
    -rechnung 276
    -volumen 116
Jahresabschluss 95
Jahresüberschuss 6
Kalkulationszins 276
Kapitalallokation 131
Kapitalausstattung 389
Kapitalbedarf 394
Kapitaleinsatz 145, 275
Kapitalgesellschaften 95
Kapitalkosten 43, 132, 185
    risikoorientierte 133
Kapitalmarkt 16
Kapitalmarktprämie 479
Kapitalrücklagen 442
Kapitalverwendungsvorgang
    zielgerichteter 275
Kapitalverzinsung 209
Kapitalwert
    marktzinsorientierter 282
Kapitalwertmethode 185, 276
Katastrophe 80
Katastrophenanleihen 501
Katastrophenpotenzial 77
Katastrophenrisiken 393
Katastrophenschäden 371
Kernprozesse 168
Kernrisiko 47
KGV 187
Kleinrisiken 8
Kommunikation 86, 104, 171, 345

Krisen- 345
strukturierte 173
unstrukturierte 174
Kommunikationsstrategie 348
Kommunikationszwang 345
Konfidenzniveau 10
Konkretisierung 439
KonTraG 7, 35, 93, 117, 128, 146, 159, 211, 227, 315, 334, 360, 363, 434, 489, 522, 527
Kontrolle
prozessbegleitende 16, 431
unabhängige 168
Kontrollphase 412
Kontrollsystem 93, 104, 130
internes 338
Konzern 127
Konzernabschluss 95
Konzerngarantie 555
Konzerngesellschaften 152
Konzernhierarchie 133
Konzernstrategie 131
Koordination 99
Korrelation 21, 283
Korrelationskoeffizient 283
Kosten 435
Kostendegressionseffekt 43
Kreditrisikomodelle 10
Krisenkommunikation 346, 348
Krisenmanagement 184
Lagebericht 104, 140, 434
Leadership 67
Leitungsaufgabe 227
Letter of Credits 467
Limit 513
Liquidität 363, 436
Liquiditätsreserven 436
Liquiditätswirkungen 6
Long Hedge 534
Loss Portfolio Transfer 474, 497
Mark-to-Market 529
Marktpreis 546
Marktwert 12, 277

des Eigenkapitals 185
des Unternehmens 185
Marktziele 361
Maximum possible loss 263
Mehrfachagenturen 415
Mitigation 552
Monte-Carlo-Simulation 279, 285
Moral Hazard 472
MPL *Siehe* Maximum possible loss
Multiline-Multiyear 19, 42, 388, 499
Multi-Trigger-Lösungen 498
Naturkatastrophe 17, 80
NGO *Siehe* Non-Governmental Organisations
Nicht-Finanzunternehmen 277
Nichtregierungsorganisationen *Siehe* Non-Governmental Organisations
Non-Governmental Organisations 62
Non-Governmental Organizations 350
Normalszenario 23, 25
Off-shore-Standorte 471
Operating Leverage 195, 196
Opportunitätskosten 528
Option 516, 550
Barrier- 540
Devisen- 539
OTC- 533
wetterbasierte 500
Organisationshandbuch 252
Organisationsverantwortung 127
Parental Guarantees 467
Passivierungswahlrecht 440
PCC *Siehe* Protected Cell Company
Perfect Hedge 18
Performancemessung
risikoadjustierte 27
Periodenerfolg 441
Plain-Vanilla-Option 479
Planung
operative 133
strategische 133
PML *Siehe* Probable maximum loss
Portfoliosteuerung 335

Prämie 465
Prämienverfall 379
Preisgleitklausel 547
Probable maximum loss 263
Process-Ownership-Prinzip 41
Protected Cell Company 470
Prüfungsauftrag 95
Prüfungsbericht 95
Prüfungsergebnis 95
Prüfungspflicht 96
Prüfungsstandard 98
Psychologie 55, 58, 75
Qualität 479
Qualitätsmanagement 129, 241, 415, 479
Qualitätsziele 362
Reaktive Maßnahmen 14
Rechtsberatung 418
Regelkreis 131, 149
Rentabilitätsmanagement
  finanzielles 507
Reserven 432
  bilanzielle 435
Reservenbildung 435, 444
Restrisiko 11, 431
Retrozessionär 464
Retrozessionsschutz 467
Return on Equity 145
Return on Risk adjusted Capital *Siehe*
  RORAC
Risiko 5, 39, 53, 56, 75, 93, 112, 147, 162,
  183, 230, 257, 360, 528
  aggregiertes Unternehmens- 93
  als Schicksalsschlag 80
  Anlage- 472
  -arten 39
  asymmetrisches 6, 361, 368
  Ausfall- 519
  -begriff 39
  Bestands- 53, 59
  bestandsgefährdendes 21
  Cashflow- 528
  Commodity- 512, 515, 518
  der künftigen Entwicklung 146

Entwicklungs- 383
Erfolgs- 507
Erfolgsdimension des 6
Erfüllungs- 551
Ethik- 53, 60
externes 129
finanzwirtschaftliches 6
Geschäfts- 453, 458
Groß- 7
im engeren Sinne 97
im weiteren Sinne 97
Industrie- 379
internes 129
Investitions- 276
-kategorien 7, 183
Kredit- 472, 551
leistungswirtschaftliches 6, 11, 277
Liquiditäts- 507
Management- 114
Markt- 119, 160
Marktpreis- 10, 103, 277, 527, 528, 546
Marktwert- 528
nicht versicherbares 361, 493
operationelles 10, 242, 453, 458, 508
operatives 184
periodenbezogenes 22
physisches 243
Preis- 529
Produkt- 116
Produktions- 116
reines 230, 360, 368
Sinn- 53, 62
spekulatives 230, 360, 369
strategisches 133, 184, 207, 242
subjektives 75
symmetrisches 6, 360
-systematik 7
Übernahme von 20
Unternehmer- 242
versicherbares 334, 359, 361, 453, 455
-verständnis 86
wahrgenommenes 75, 79
-wahrnehmung 85

Wahrnehmung von 75, 115
Wechselkurs- 488, 511, 513, 517, 531
Zahlungs- 552
Zeichnungs- 472
Zeit- 472
Zielbezogenheit des 257
Zins- 511, 514
Zinsänderungs- 528
zivilisatorisches 77
Risikoaggregation 322
Risikoakzeptanz 41, 122, 338, 361
Risikoanalyse 12, 102, 170, 188, 245, 318, 411, 431
  naturwissenschaftliche 85
  periodische 315
  technische 86
  Umwelt- 304
Risikoausgleich 37
Risikobeauftragter 168
Risikobericht 434
Risikoberichterstattung 42, 105, 339, 434
Risikobeteiligung 494
Risikobewältigung 8, 13, 112, 134, 316, 379, 411, 453, 457
  aktive 14, 189, 431
  passive 15, 16, 189, 431
Risikobewertung 8, 13, 40, 118, 151, 165, 188, 316, 336
Risikobewusstsein 138, 170, 454
Risikobudgetmatrix 192
Risiko-Chancen-Kalkül 13, 20, 27, 189, 200, 276
Risikocontroller 167
Risikocontrolling 130, 133, 208, 316, 318
Risikodeckungsmassen 21, 23, 26, 191, 276, 289
Risikodimension 366
Risikodiversifikation 14, 432
  objektbezogene 15
  personanbezogene 15
  regionale 15
Risikodokumentation 148
Risikoeintritt 20, 435

Risikofinanzierung 16, 38, 43, 415, 426, 431, 432, 473
  Alternative 453, 457, 459, 462, 471, 479, 493
  hybride Formen 431
  innovative 431
  Optimierung der 415
Risikoforschung 58
  psychologische 58
  soziologische 58
Risikofrühabklärung 211
Risikofrüherkennung 133, 211
Risikofrüherkennungssystem 95, 245
Risikohandhabung 454
Risikoidentifikation 12, 40, 101, 131, 151, 242, 336
Risikoinformationen 381
Risikoinventur 139, 173
Risikokapital 441, 459
Risikokapitalallokation 201
Risikokategorien 43
Risikoklassifikation 316
Risikokommunikation 62, 123, 131, 136, 152, 308, 345
Risikokompensation 177
Risikokonsolidierung 322
Risikokontrolle 190
Risikokosten 365, 397
Risikokultur 114, 136, 138
Risikolage 93
Risikolimite 192
Risikomanagement 5, 36, 76, 93, 98, 112, 114, 127, 129, 145, 159, 183, 207, 227, 257, 276, 379, 431, 453
  aktives 114
  finanzielles 507
  ganzheitliches 37, 39, 55, 63, 359
  holistischer Ansatz des 37
  integratives 8, 361
  integriertes 37, 39, 43
  operativer Ablauf des 163
  operatives 184, 241
  Primärziele des 364

-prozess 97, 103, 104, 135, 371, 470
strategisches 190, 213
-system 8, 44, 97, 102, 133, 145, 156, 168, 178, 213, 235, 325, 327, 347, 371, 448, 563
-system, Dokumentation des 108
-system, Elemente eines 42
-system, holistisches 151
-system, Implementierung von 97
wertorientiertes 197
Risikomanagementbeauftragter 135, 141
Risikomanagementexperte 160
Risikomanagementhandbuch 108, 143
Risikomanagementziele 135
Risikomanager 97, 159, 352
Risikomatrix 105, 169, 199, 254
Risikomessung 11, 285
   Downside- 286
   marktwertbasierte 285
   Worst-case- 286
Risikominderung 15, 43, 105, 183, 446
Risikominimierung 117
Risikonachbereitung 17, 445
Risikoparameter 288, 530
Risikophilosophie 178
Risikopolitik 42, 88, 89
Risikoportfolio 10, 338
Risikopotenzial 22, 24, 29, 124, 198, 299, 378, 507
Risikoprämie 191, 513
Risikoprävention 117, 373
Risikoprofil 105, 410
Risikoprotokoll 339
Risikoreporting 197, 217
Risikoselektion 14, 22
Risikosensibilisierung 177
Risikosteuerung 43, 105, 183, 196, 327, 329, 350, 445
Risikostrategie 97, 102
Risikoträger 16, 20, 40
Risikotragfähigkeit 23, 27, 299, 455
   Grenze der 24
   Grundsatz der 22

Risikotragfähigkeitskalkül 14, 196, 285
Risikotragweite 9, 10, 15, 22, 171, 183, 190, 272
Risikotransfer 16, 40, 105, 429, 446, 490
   Alternativer 18, 40, 48, 445, 447, 505, 510
   Effizienz des 477
   klassischer 446
   traditioneller 475
Risikotransfers 106
Risikoüberwachung 135, 197
Risikoüberwälzung 106, 184
Risikoursachen 217
Risikoverantwortlicher 102
Risikovermeidung 15, 105, 139, 183
Risikovermeidungsstrategie 446
Risikoverminderung *Siehe* Risikominderung
Risikovolumen 24
Risikovorsorge 16, 447, 461
Risikoziele 376
Risk Bond 19, 447
Risk Engineering 469
Risk exposure 506
Risk Management *Siehe* Risikomanagement
Risk Map 10, 105, 137, 157, 158, 273
Risk-Reward-Kennzahl 29
RORAC 29, 207
Rücklage
   für eigene Anteile 457
   satzungsmäßige 457
Rückstellung 445, 446, 451, 459
   Aufwands 459
   Aufwands- 452, 454
   Formen von 452
   Verbindlichkeits- 452, 459
   Verlust- 452
Rückstellungsbildung 451
   Zielsetzung der 453
Rückversicherer 391
Rückversicherung
   nichtproportionale 480

proportionale 479
Quoten- 479
Summenexzedenten- 479
Sachanalyse 57
Sachanlagevermögen 121
Schadenaufwand 399
Schadenausmaß 9, 77, 307
Schadenbearbeitung 371
Schadenereignis 56, 412
Schadenfall 373, 449
Schadenindex 19
Schadenlimit 480
Schadenmanagement 373
Schadenpotenzial 43, 333, 379
Schadenprävention 307
Schadenquote 398, 493
Schadenshöhe 105, 138
Schadenverhütungsmaßnahme 423
Schadenverlauf 477, 513
Schnittstellen 266
Schnittstellenmanagement 181
Schuldverschreibung 19
schwache Signale 214, 220
Selbstbehalt 39, 441, 447
Selbstbehaltskonto 490
Selbsttragen 139, 445, 446, 449, 475
Sensitivität 565
Sensitivitätsanalyse 105, 529, 565
Sensitivitätskennzahl 530
Shareholder 39
Shareholder Value 47, 151, 190, 473, 509
Short Hedge 570
Sicherheit 123, 409, 450
Sicherheitsgrad 11
Sicherheitsniveau 286
Sicherheitsphilosophie 82
Sicherheitsstandard
   Nutzen des 409
Sicherungsmaßnahmen 139
   organisatorische 100, 135, 161
Skaleneffekte 79
SL *Siehe* Stop Loss
Sollwerte 227

Sorgfalt 96
Sorgfaltspflicht 233
soziale Ziele 376
Sozialwissenschaften 57, 60
Stabsstelle 102, 214
Stakeholder 63, 69, 118, 124, 125, 362
   -gruppierungen 64
stille Reserven 455, 460
Stop Loss 480
Störfallanalysen 276
Störfallkommunikation 357
strategische Planung 350
Stressszenario 26, 27
Swap 537, 551
   Payer- 569
   Receiver- 569
   Währungs- 573
   wetterbasierter 519
   Zins- 569
Swaptions 569
Szenarioanalyse 529, 565
Teamorganisation 160
Teilkasko 398
Termingeschäft 537
Terminpreise 548
Tochtergesellschaften 97
Toleranzgrenzen 227
Top-down-Ansatz 332
Total Investor Performance 207
Tragweite 378, 446 *Siehe* Risikotragweite
Transaction Exposure 564, 567
Transformationsprozess 266
Translation Exposure 564
Transparenz 95
Transparenz- und Publizitätsgesetz 98
Treasury-Management 527
Trigger 45, 513, 516
Überschuldung 6, 22
Überwachung 233
   prozessabhängige 240
   prozessunabhängige 101, 161, 240

Überwachungssystem 8, 95, 96, 98, 100,
    101, 111, 122, 135, 152, 217, 233, 235,
    238, 245, 341, 351, 377, 448, 563
  internes 161, 235, 239
  Internes 17
  Präventivfunktions des 238
Überwachungssystems
  Korrekturfunktion des 238
Umsetzungscontrolling 44, 329
Umweltbelastung 315
Umwelteinflüsse 166
Umwelteinwirkung 308
Umweltmanagement 249, 308
    -aufgaben 308
    -system 308, 311
Umweltschaden 307
Umweltschutz 123
Umwelttechnik 307
Underlying 570
Underwriting 48, 394
Unsicherheit 189
Unternehmensberater 474
Unternehmensführung 470
Unternehmensgewinn 23
Unternehmenskrise 95
Unternehmenskultur 71, 118, 165
Unternehmensleitung 96, 214, 352
Unternehmenssteuerung 42
  strategische 214
  wertorientierte 190
Unternehmensstrategie 39, 102, 104
Unternehmensüberwachung 95, 96
Unternehmenswert 137
Unternehmensziele 66
unternehmerisches Ergebnis 510
Unterstützungsfunktionen 145
Ursache-Wirkungs-Beziehungen 265
Value at Risk 11, 23, 49, 199, 284, 285,
    296, 529, 530, 566
  einer Investition 286
VaR *Siehe* Value at Risk
Verantwortung 67, 79, 310
  ganzheitliche 68

organisatorische 135
Verbundeffekt 46
Verfahrensanweisung 311
Vergütungssystem 69
Verlustgefahr 99
Vermittler 429
Verschuldungsgrad 205
Versicherer 320
Versicherung 16, 106, 116, 350, 391, 401,
    413, 446, 473
  Allgemeine Haftpflicht- 392
  All-Risk- 417
  Betriebshaftpflicht 412
  Bodenkasko- 412
  Elektronik- 412
  Feuer-Betriebsunterbrechungs- 412
  Feuer-Sach- 412
  Gruppen-Unfall- 399
  Haftpflicht- 321, 391, 400, 480
  industrielle Sach- 395
  Kraftfahrtflotten- 397
  Lebens- 472
  Nichtlebens- 472
  Sach- 400
  Strafrechtsschutz- 412
  technische 391, 395
  traditionelle 417
  Transport- 391, 396
  Umwelthaftpflicht- 321, 412
  vermitteln von 434
Versicherungsabteilung 434
Versicherungsbedingungen 413
Versicherungsberater 430, 433
  Vergütung von 438
Versicherungsdeckungen 471
Versicherungsderivat 19, 447
Versicherungskapazitäten 478
Versicherungskonzept 412
Versicherungsmakler 430
  Aufgaben 435
  Vergütung von 438
Versicherungsmanagement 134, 350, 429
Versicherungsnehmer 16, 417

Versicherungsprämie 17, 45, 450, 469
Versicherungsprogramm 423, 473
Versicherungsschäden 371
　Abwicklung von 371
Versicherungsschutz 373
Versicherungssparte 410
Versicherungsunternehmen 17, 39, 40, 413, 429
Versicherungsvermittlung
　firmenverbundene 429
Versicherungsvertrag 320, 429
　Vermittlung 435
Versicherungsvertragsgesetz 433
Versicherungswirtschaft 471
Versorgungswirtschaft 165
Vertragsbetreuung 435
Verwaltungsaufwand 415
Vollenumeration 294
Vollkasko 398
Vorstand 96, 146, 375, 448
Vorstellungsmuster 81
Wahrnehmung 77
Wahrnehmungsmuster 88
Wahrscheinlichkeit 5, 79
　der Inanspruchnahme 454
Wahrscheinlichkeitsniveau 24
Wahrscheinlichkeitsverteilung 5, 24, 269, 284, 288, 530
　bedingte 292
　theoretische 291
Währungskursrisiko *Siehe* Risiko, Wechselkurs-
Währungsrisiko 564
Wechselkurse 563
Wechselwirkungen 23
Wertanalyse 57
Wertbegriff 267
Wertbeitrag 137
Werte 55, 60, 88
　ethische 68
Wertemanagment 66
Wertgrenzen

-systematik 330
Wertorientierung 89, 137
Wertsteigerung 41
Werttreiber 191
Wertvorstellungen 57
Wesentlichkeitsgrenze 174
Wesentlichkeitsgrenzen 107
Wettbewerbsvorteile 37
Wetter-Derivate 519
Wirtschaftlichkeit 376
Wirtschaftlichkeitsprinzip 71
Wirtschaftsprüfer 142, 375, 474
Wissensorientierung 89
Working Excess of Loss 480
Worst-Case 27
WXL *Siehe* Working Excess of Loss
Zahlungsfähigkeit 375
Zahlungsquote 394
Zahlungsstrom 6, 12, 285, 531
Zahlungsunfähigkeit 6, 16, 22
Zedent 479, 481, 513
Zerobondrenditen 566
Zertifizierung 312
Zessionär 479, 481
Zessionsquote 481
Ziel 5, 66, 136, 409
　-größen 141
　Sicherheits- 423
　-system 45
　-verfehlung 5
　-verfehlung, bewertete 284
Zielabweichung 267, 379
Zielabweichungshöhenverteilung 268
Zielabweichungszahlverteilung 268
Zinsbegrenzungsvereinbarung 571
Zinsen 563
Zinsrisikomanagement 568
Zinsstruktur 530
Zinsstrukturkurve 566
Zinstitel 19
Zufallsereignisse 82
Zukunftsorientierung 454

Ganz gleich, was Sie sich heute oder für die Zukunft vorgenommen haben: Als einer der weltweit führenden Versicherer begleiten wir Sie bei allen Ihren Vorhaben. Dabei spielt es keine Rolle, ob es sich um große oder eher kleinere Unternehmungen handelt. So kommen Sie sicher ans Ziel. **Mehr über uns unter www.gerling.com**

Sie bestimmen den Weg, wir sichern ihn ab: Der Gothaer Unternehmer-Service.

Als Inhaber oder Geschäftsführer eines mittelständischen Unternehmens haben Sie viel Verantwortung und wenig Zeit. Wann wollen Sie sich da noch mit der notwendigen Absicherung Ihrer betrieblichen Risiken befassen?

Mit dem Gothaer Unternehmer-Service nehmen wir Ihnen die Arbeit ab. Wir kümmern uns um die

- Bedarfs- und Risikoanalyse sowie die Ermittlung der Versicherungswerte
- Regelmäßige Anpassung an die aktuelle Risikosituation
- Risikoexpertise inklusive individueller, maßgeschneiderter Angebote
- Vermittlung von innovativen betrieblichen Versicherungslösungen

Fachwissen kann man sich jahrelang aneignen oder einfach bestellen: Wenden Sie sich an einen Gothaer-Fachmann in Ihrer Nähe.

Besuchen Sie uns im Internet: www.gothaer.de